The Unfinished Nation

있는 그대로의
미국사
3

■ 역자소개

황혜성 (1권 1~5장 번역)
서강대학교 사학과를 졸업하고 University of Hawaii at Manoa 사학과에서 박사학위를 받았으며 현재 한성대학교 역사문화학부 교수로 재직 중이다. 주요 저서로 《미국역사학의 역사》(공저), 번역서로 《〈미국민중사〉를 만든 목소리들》 등이 있다. 주요 논문으로는 〈마틴 루터 킹과 말콤 엑스〉 〈미완성의 모자이크: 미국의 '60년대' 와 '젊은이들의 반란' 연구〉 등이 있다.

조지형 (1권 6~11장 번역)
서강대학교 사학과를 졸업하고 University of Illinois at Urbana-Champaign 사학과에서 박사학위를 받았으며 현재 이화여자대학교 사학과 교수로 재직 중이다. 주요 저서로 《자유를 위한 탄생: 미국 여성의 역사》, 《헌법에 비친 역사》 등이 있다. 주요 논문으로는 〈Marbury v. Madison 사건과 John Marshall의 사법심사〉와 〈'평등' 의 언어와 인종차별의 정치: 브라운 사건을 중심으로〉 등이 있다.

이영효 (2권 12~16장 번역)
서울대학교 역사교육과를 졸업하고 University of Texas at Austin 역사교육과에서 박사학위를 받았으며 현재 전남대학교 역사교육과 교수로 재직 중이다. 주요 저서로 《미국학》(공저), 《서양문명과 인종주의》(공저) 등이 있다. 주요 논문으로는 〈18세기말 대서양 흑인의 삶과 의식〉, 〈미국 흑인건국세대의 이념과 활동〉 등이 있다.

손세호 (2권 17~22장 번역)
연세대학교 신학과를 졸업하고 서강대학교 사학과에서 박사학위를 받았으며 현재 평택대학교 미국학 교수로 재직 중이다. 주요 저서로 《하룻밤에 읽는 미국사》, 번역서로 《서양 문명의 역사》 등이 있다. 주요 논문으로는 〈19세기 말 미국 사회주의 사상의 성격: 에드워드 벨라미의 "공화적 사회주의"를 중심으로〉, 〈미국 대학의 자국사 교육의 역사와 현실〉 등이 있다.

김연진 (3권 23~28장 번역)
고려대학교 사학과를 졸업하고 University of Illinois at Urbana-Champaign 사학과에서 박사학위를 받았으며 현재 단국대학교 사학과 교수로 재직 중이다. 주요 저서로 《서양의 가족과 성》(공저), 《현대 미국의 사회운동》(공편) 등이 있다. 주요 논문으로는 〈미국 이민의 이미지와 '이민의 나라' 미국: 시사잡지 표지(1965-1986)를 통해 본 이민의 이미지를 중심으로〉, 〈세자르 차베즈와 UFW, 그리고 치카노 운동〉 등이 있다.

김덕호 (3권 29~34장 번역)
성균관대학교 사학과를 졸업하고 State University of New York at Stony Brook 사학과에서 박사학위를 받았으며 현재 한국기술교육대학교 교양학부 교수로 재직 중이다. 주요 저서로 《아메리카나이제이션》(공편), 《현대 미국의 사회운동》(공편) 등이 있다. 주요 논문으로는 〈광고를 통해서 본 코카콜라의 변신: 특허매약에서 청량음료로, 1885-1916〉 〈유토피아를 위한 망각의 공간: 1930년대 대공황과 미국의 세계 박람회〉 등이 있다.

The Unfinished Nation, 6th Edition
by A. Brinkley

Copyright ⓒ 2011 by A. Brinkley
Published by arrangement with The McGraw-Hill Companies, Inc.
All rights reserved.

Korean Translation Copyright ⓒ 2011, by Humanist Publishing Group
Korean edition is published by arrangement with The McGraw-Hill Companies, Inc.
through Imprima Korea Agency.

이 책의 한국어판 저작권은 Imprima Korea Agency를 통해
The McGraw-Hill Companies, Inc.와의 독점 계약으로 휴머니스트에 있습니다.
저작권법에 의해 한국 내에서 보호를 받는 저작물이므로 무단 전재와 복제를 금합니다.

The Unfinished Nation

앨런 브링클리 지음 | 황혜성 조지형 이영효 손세호 김연진 김덕호 옮김

있는 그대로의 미국사 3

미국의 세기 ― 제1차 세계대전에서 오바마 행정부까지

Humanist

★ ★ ★
한국어판 머리말

    나는 한국의 독자가 이 책, 즉 미국의 역사서인 《있는 그대로의 미국사(원제;*The Unfinished Nation*)》를 접할 수 있게 되어 매우 기쁘게 생각한다.

    물론 미국사는 미국인에게 아주 오랫동안 관심거리였다. 그러나 이제는 전 세계인의 주목을 받고 있다. 현대사에서 미국과의 관계가 매우 중요한 한국인에게는 특히 그렇다고 하겠다.

    오늘날 미국은 세계사를 통틀어 가장 강력한 나라라는 평가를 받고 있다. 이 말이 진실이든 아니든, 우리가 살고 있는 이 시대에서는 미국이 가장 강하고 부유하며, 그래서 커다란 기회와 엄청난 위험을 모두 지닌 나라라는 점은 분명하다. 미국의 경제는 한국을 포함한 세계 여러 지역의 국가가 수십 년에 걸친 극적인 경제성장을 추진하는 데 일조해왔다. 그러나 그와 함께 미국이 세계 전 지역에 파급시킨 자유 시장 모델은 국가 간 또는 국가 내에서 새로운 차원의 불평등을 만들어내고 있다.

  미국의 대중문화는 여러 대륙을 거쳐 광범위한 지지를 얻고 있지만, 한편으로는 그 지역의 관습과 전통을 위협하는 측면이 있어 강한 분노를 자아내고 있다. 미국의 군대는 세계에서 가장 끔찍한 갈등을 완화시키는 데 공헌하고 있지만, 반면에 공격적으로—수많은 사람들의 생각으로는 무모하게—국지적인 갈등에도 개입함으로써 세계를 보호하는 것이 아니라 더욱 위험하게 만들 소지가 있다.

  미국은 세계에서 가장 존경받고 모방의 대상이 되는 동시에, 세계가 가장 두려워하고 증오하는 나라이기도 하다. 나는 한국어판이 미국의 두 가지 면모, 즉 세계 전역에 걸쳐 공포와 반감을 자아내게끔 하는 측면 그리고 안정과 사회적 진보에 공헌하는 측면 그 모두를 보다 잘 이해하는 데 도움이 되기를 희망한다. 미국을 존경하든지, 미국에 대해 분노를 느끼든지 간에, 세계의 현재와 미래에 결정적인 역할을 하고 있고 할 것으로 보이는 나라와 그 나라 사람의 행위를 이해하는 데에 그 나라의 지난 역사는 가장 중요한 열쇠가 될 것이다.

앨런 브링클리(Alan Brinkley)
뉴욕 시 컬럼비아 대학교

★★★
머리말

끝없는 변형의 이야기

　이 책의 주제인 미국의 과거에 관한 이야기는 지난 수십 년 사이에 변모를 거듭했다. 물론 과거 자체는 변하지 않는다. 그러나 미국인들이 과거를 이해하는 방법은 급격한 변화를 보여주었다. 그리고 이러한 변화의 물결 속에는 새로운 형태의 서술과 치열한 논쟁이 등장하고 있다.

　오늘날 미국사는 미국 대중문화의 한 부분으로서 그 어느 때보다 풍성해진 것처럼 보이기도 한다. 역사 박물관과 전람회 등이 점점 늘어나서 많은 관중을 끌어들이고 있으며, 역사에 관한 대중적 글들—논픽션이든 픽션이든—의 인기가 점점 높아가고 있다. 텔레비전과 영화에 역사가 계속 등장하고 인터넷에도 점점 더 많이 나타난다. 미국사에 대한 대중의 욕구는 거의 끝이 없는 듯하다. 그러나 한편으로 역사 연구는 역사가들 사이에서, 역사가들의 노력으로 의식화된 다양한 유형의 대중 속에서 그리고 역사학이 과거에 대해 지나치게 비판적이라고 공격을 가하는 정치가들 사이에서 논쟁거리가 되고 있다.

　역사에 대한 대중의 관심이 점차 고조됨과 동시에 이를 둘러싸고 벌어지는 논쟁들은 곧 우리 시대의 성격을 반영하고 있다. 지금은 급격하고도 혼란스럽게 변화하는 시대다. 특히 2001년 9월 11일의 테러 이후, 사람들은 삶의 지향점과 마음의 안정을 구하기 위해 그리고 과거 시대가 더욱 단순하면서도 안정적이었다는 믿음을 상기하기 위해 과거를 바라보고 있다. 그러나 오늘날 대두되고 있는 혼란스런 문제들은 역사가들로 하여금 과거에 대해 새로운 질문을 던지고 다시금 해석하도록 주문한다. 그것은 현재 우리를 둘러싸고 있는 긴장과 경쟁을 이해하려는 노력이기도 하다. 미국에 살고 있는 사람들이 더욱 다양해진 데다, 한때는 학자들의 주목을 받지 못했던 여러 집단이 학문의 중심 대상으로 떠오르게 되자 역사가들은 무척이나 복잡한 미국의 과거를 재현하기 위해 분투하고 있다. 미국의 경제와 문화, 위세가 세계 곳곳에 점점 더 깊이 개입하자 역사가들은 이 세계적인 강대국이 어떤 방식으로 국가 발전을 이룩했는지 알아내기 위해 머리를 싸매고 있다. 일찍이 역사 서술은 여러 위인의 경험과 거국적 사건들을 제시하는 정도에 그쳤다. 그러나 오늘날에는 공적인 삶과 사적인 삶, 유명 인사와 보통 사람, 통합과 차이, 국가적 현상과 국제적 현상 등을 모두 포괄하는 매우 복잡한 내용을 담고 있다. 이처럼 새로워진 역사는 과거의 서술보다 훨씬 더 많은 인간 경험의 영역을 포함하려 하기 때문에 때로는 파편화되어 보이기도 한다. 성공적인 업적뿐만 아니라 실패와 불의까지 드러내기 때문에 가끔 혼란스럽기도 하다. 그러나 우리가 살고 있는 번잡하고 문제투성이의 세계를 이해하기에는 이러한 방식이 더 적합하다.

이 책에서 나는 미국사의 특징인 다양성과 통합성을 모두 살펴보고자 했다. 미국은 수많은 문화가 혼재된 나라이며, 그것은 과거에도 늘 마찬가지였다. 미국사를 이해하기 위해서는 미국 사회를 형성해온 수많은 집단—지역, 종교, 계급, 이상, 인종, 성, 민족 등—을 토대로 발전해온 수많은 분야의 내력을 이해해야만 한다.

그러나 미국은 단순히 서로 다른 문화의 집합체가 아니라, 명실상부한 국가다. 각각으로 나누어져 있음에도 서로 화합해왔고 또한 존속, 번영하도록 포용해왔던 역량을 이해하는 것은 미국이라는 나라의 다양성을 이해하는 것만큼이나 중요하다. 미국은 모든 국민의 삶에 밀착된, 너무나 안정되고 영속적인 정치제도를 건설했다. 또한 모든 국민의 일과 소비 생활에 실질적으로 영향을 미칠 뿐만 아니라 지구촌 구석구석까지 연계되어 있는 거대하면서도 생산성 높은 국가 경제를 발달시켰다. 그리고 대다수의 미국인뿐만 아니라 전 세계 수많은 사람들의 체험과 상상력을 하나로 묶는 대중문화를 만들어냈다. 미국의 이러한 통합력은 국가적 차원에서 중요한 성공 요인으로 간주하여 찬사를 보낼 수도 있고, 불공평한 일들을 조장해냈거나 그것을 부각시키는 데 실패했다고 비난할 수도 있다. 그러나 미국사를 이해하고자 한다면 누구도 이러한 통합력을 무시할 수는 없을 것이다.

이 책의 개정판을 내면서 나는 역사 전공자나 일반 독자를 위해 복잡하면서도 매혹적인 이야기로 미국사를 담아내려고 노력했다. 각 장별로 최근의 연구 동향을 반영하여 내용을 완전히 새로 편집, 보완했다. 또한 다음의 세 가지 분야를 특별히 강조했다.

1. '세계 속의 미국'이라는 지면을 새로 추가하여 세계적 차원의 맥락에서 미국사를 바라보았고,
2. 과학과 기술 분야의 내용을 늘렸으며,
3. 주변 환경을 고려한 새롭고 광범위한 사료를 제시하였다.

이외에도 각 장마다 도입부와 여백 페이지를 두어 독자들에게 편의를 제공하고자 했다. 그리고 가장 눈에 띄는 변화는 다양한 색상을 넣어 만든 많은 지도, 사진, 기타 그래픽 등을 넣었다는 점이다.

나는 이 책이, 독자들로 하여금 미국사의 엄청난 내용적 풍부함과 복잡함을 인지하게 하는 데 충분할 정도로 다양한 국면들을 보여줄 것이라고 생각한다. 그와 동시에 이 책이 독자들에게 어느 정도 미국인들의 공통된 체험 및 국가로서의 미국을 존속시켜온 원동력도 제시하게 되기를 희망한다.

나는 이 개정판에 대하여 케빈 머피(Kevin Murphy)에게 감사한다. 그리고 한결같이 이 책의 편집과 출판을 도와준 맥그로우 힐 출판사의 많은 분에게 감사드린다. 또한 원고를 검토하고 개정을 위해 다양한 제안을 해준 여러 선생님과 학자에게 감사드린다. 마지막으로 나에게 의견을 제시하거나 비판하고 수정해준 독자들에게도 감사드리며, 앞으로도 많은 지도 편달을 기대하고 있다. 만약 새로운

제안이 있다면 컬럼비아 대학교 사학과(The Department of History, Columbia University, New York, NY 10027) 또는 전자우편(ab65@columbia.edu)으로 보내주기 바란다.

앨런 브링클리(Alan Brinkley)

★ ★ ★
옮긴이의 글

　오늘날 가속화하는 전 지구화의 물결 속에서 세계는 극심한 변화를 겪고 있다. 변화의 중심에는 미국이라는 나라가 있으며, 미국이 세계 변화를 주도하고 있음을 부인할 수 없다. 따라서 복잡하게 얽힌 세계 문제를 이해하기 위해서는 일단 미국을 알아야만 한다. 더욱이 미국은 우리나라와 정치·경제·외교·문화적 측면에서 밀접한 관계를 맺고 있다. 그러나 미국에 대한 우리의 지식은 우리나라와 관련된 분야에 한정되어 피상적이거나 젊은이의 문화를 통해 어느 정도 짐작하는 수준일 뿐이다. 많은 사람이 미국을 언급하면서도 정작 미국의 실상에 대해서는 무관심하며, 미국에 대한 체계적이고 종합적인 지식도 부족한 상황이다. 따라서 미국은 여전히 우리에게 가깝고도 먼 나라다.
　그 결과 우리는 미국이 우리에게 어떤 나라인가에 대해 확고한 규명 없이, 한편으로는 미국을 선망하면서도 미국과의 관계에서 우리

정서나 국익에 어긋나는 일이 일어나면 철저한 원인 규명이나 미국을 '있는 그대로' 이해하지 않고 반미 감정을 앞세웠다. 하지만 이제는 그 틀에서 벗어나 세계 속의 미국을 이해해야만 한다. 즉, 미국에 대해 분노하는 사람부터 동경하는 사람에 이르기까지 피상을 넘어서야 한다. 미국은 우리가 좋아하든 싫어하든 간에 세계의 현재와 미래에 결정적인 역할을 할 것이므로, 반미나 친미의 프리즘을 걷어내고 미국을 있는 그대로 이해해 우리의 시각을 균형 있게 잡아가야 한다. 그리고 이것이 미국의 역사를 새롭게 접하는 태도여야 한다.

《있는 그대로의 미국사》 개정판은 미국의 역사학자 앨런 브링클리(Allan Brinkley)의 《The Unfinished Nation : A Concise History of the American People》을 완역한 내용에 6판(2009년 출간)의 추가 정보를 덧붙이고 보완한 책이다. 이 책은 미국 대학에서 사용하는 교과서로서, 내용면에서 미국 역사의 정수를 이해하기 쉽게 설명하고 있다. 하지만 미국의 역사를 단순하게 요약한 건조한 지식을 모아놓은 미국사가 아니라, 미국을 이해하는 데 있어서 중요한 여러 시각 중 하나를 제시해주는 저서임을 먼저 독자에게 밝히고자 한다. 특히 이 개정판은 콜럼버스 이전의 아메리카에서부터 오바마 행정부와 같은 최근의 주요 사건까지 다루어 그 내용을 보강했다. 또한 〈과거를 논하며(Debating the Past)〉 시리즈를 독자들에게 제공하여 미국사에 대한 한층 깊은 이해를 돕고, 〈세계 속의 미국(America in the World)〉을 통해 미국을 보다 넓은 눈으로 생각해보도록 했다. 이외에도 미국 독립선언서나 헌법처럼 함께 읽으면 좋은 자료는 물론, 역대 대통령 선거에 관한 정보와 미국사 연표 등 참신한 부록을 곁들임으로써 미국의 주요 역사를 한눈에 개관할 수 있게 했다.

미국의 역사가들이 미국의 과거를 보는 시각은 시기에 따라 변화해왔다. 대략 정리해보면, 19세기 초부터 20세기 초까지의 역사가는 미국사를 자유와 진보의 역사이며 신으로부터 세계에 자유를 전파하는 사명을 부여받은 국가의 역사라고 보았다. 19세기 후반기에는 다윈주의의 영향을 받아 조야한 프런티어 환경으로부터 문명사회로 진보하는 각 단계별 과정을 중요시하는 경향이 두드러지게 나타났지만, 미국사가 더 큰 발전을 향한 과정임을 부인하지 않았다.

그러나 20세기 초에 이르러 등장한 혁신주의 역사가는 미국사가 단순히 유럽 문명의 이식이 아니라 매우 역동이며 다양한 요인 간의 갈등 속에서 발전했다는 시각을 제시했다. 즉, 미국사는 귀족주의와 민주주의의 갈등, 부자와 가난한 자의 갈등, 정치적 특권층과 비특권층 간의 갈등, 지역 간의 갈등 등이 복합적으로 작용하는 가운데 '개혁의 시기'와 '반동의 시기'가 주기적으로 교체되어왔다고 본 것이다.

제2차 세계대전은 미국을 '민주주의의 수호국'이라는 위치에 올려놓았고, 이 시기의 신보수주의 역사가는 미국사에서 또다시 통합적인 면모와 연속성을 강조했다. 그들은 봉건적 역사를 지니지 않은 미국은 식민지 시기부터 사유재산제도를 바탕으로 자유주의적 제도를 발전시키고, 통합된 사회를 형성해왔다고 보았다. 비록 1960년대와 1970년대부터 시작된 '아래로부터의 역사 쓰기' 경향과 1980년대 이후의 문화사적 접근 방법이 미국사를 보는 시각을 다양하게 하고 있으나 아직도 신보수주의 역사가의 관점은 상당한 호응을 얻고 있다.

이러한 맥락 속에서 저자 앨런 브링클리는 다양성과 통합성이라는 두 개의 힘이 계속 미국의 역사를 변형시키고 있다는 시각을 제시한다. 그는 이 책에서 다양성을 미국의 두드러진 성격으로 파악하고 자칫 백인 위주의 단순한 역사 서술로 흐르기 쉬운 미국사를 흥미롭고 다채로운 이야기를 통해 들려주는 동시에 미국이 지닌 통합의 힘을 강조한다. 즉, 안정되고 영속적인 제도와 통합적인 문화에 의해 미국이 발전했음을 동시에 강조하는 것이다. 따라서 이 책은 독자에게 균형 잡힌 시각을 제시함으로써 미국을 이해하는 데 지침이 될 수 있다고 하겠다.

책을 번역하는 데 미국사를 연구해온 여섯 사람이 힘을 합했다. 그중 1장부터 5장까지 황혜성, 6장부터 11장까지 조지형, 12장부터 16장까지 이영효, 17장부터 22장까지 손세호, 23장부터 28장까지 김연진, 29장부터 34장까지 김덕호가 각각 맡아 번역했다. 그렇지만 옮긴이들이 여러 차례 함께 논의하여 용어와 번역상의 어려움을 풀어나갔고, 마지막으로 전체를 다시 한 번 살펴보았기에 일관성을 잃지는 않았다고 생각한다.

근자에 들어 그 어느 때보다도 미국에 관한 저서와 역서가 많이 나오고 있다. 그럼에도 이 책만큼 미국의 역사를 체계적으로 상술한 저술이 없는 실정이다. 그러므로 옮긴이들은 《있는 그대로의 미국사》가 미국의 실체를 이해하는 데 있어서 독자에게 중요한 디딤돌이 되리라 기대해본다. 끝으로 이 책이 나오기까지 정성과 열의로 도움을 주신 휴머니스트 여러분에게 감사드린다.

옮긴이들을 대표하여
황혜성 씀

The Unfinished Nation

있는 그대로의
미국사
3

차례

한국어판 머리말　5
머리말　7
옮긴이의 글　12

23장 미국과 제1차 세계대전

1 전쟁으로 가는 길　27
　유럽 평화의 붕괴 | 윌슨의 중립 | 군비 확충 대 평화주의 | 민주주의를 위한 전쟁

2 무제한 전쟁　35
　군사전 | 전쟁의 신기술 | 전시경제의 조직화 | 사회의 통합 추구

3 새로운 세계 질서 추구　48
　14개조 | 파리평화회의 | 비준 논쟁

4 혼란한 사회　53
　불안정한 경제 | 아프리카계 미국인의 요구 | 적색공포 | 이상주의의 후퇴

24장 새로운 시대

1 새로운 경제　67
　기술, 조직, 경제적 성장 | 자본의 시대와 노동자 | 여성과 소수 인종 노동력 |
　농업기술과 농민의 고초

2 새로운 문화　78
　소비주의와 대중매체 | 심리학과 정신의학 | 새로운 시대의 여성 | 환상에서 깨어난 이들

3 문화적 갈등　87
　금주법 | 토착주의와 클랜 | 종교적 근본주의 | 민주당의 시련

4 공화당 정부　95
　하딩과 쿨리지 | 정부와 기업

25장 대공황

1 공황의 도래　105
　대폭락 | 대공황의 원인 | 대공황의 전개

　〈과거를 논하며〉 대공황의 원인　110

2 고난기의 미국인　113
　실업과 구호 | 아프리카계 미국인과 대공황 | 공황기 미국의 히스패닉과 아시아인 |
　대공황기의 여성과 가족

3 대공황과 미국 문화　122
　공황기의 가치관과 문화 | 대공황기의 예술가와 지식인 | 라디오 | 영화 |
　대중문학과 언론 | 인민전선과 좌파

4 허버트 후버의 시련　136
　후버 프로그램 | 대중적 저항 | 1932년 선거 | 정치권 교체기

　〈세계 속의 미국〉 세계공황　147

26장 뉴딜

1 뉴딜의 시작　153
　신뢰의 회복 | 농업의 조정 | 산업부흥 | 지역 계획 | 연방 구호의 증강

2 뉴딜의 변천　166
　뉴딜의 비판자 | 2차 뉴딜 | 노동의 호전성 | 투쟁의 조직화 | 사회보장 | 구호의 새로운 방향 |
　1936년 국민투표

3 혼란 상태의 뉴딜　181
　법원과의 투쟁 | 긴축과 경기 후퇴

〈과거를 논하며〉 뉴딜   185

4 뉴딜의 한계와 유산   188
아프리카계 미국인과 뉴딜 | 뉴딜과 '인디언 문제' | 여성과 뉴딜 | 뉴딜과 서부 |
뉴딜, 경제, 정치

27장 세계적 위기(1921~1941)

1 새 시대의 외교   199
연맹의 대체 | 채무와 외교 | 후버와 세계 위기

〈과거를 논하며〉 중일 전쟁(1931~1941)   206

2 고립주의와 국제주의   208
공황기 외교 | 고립주의의 부상 | 뮌헨의 실패

3 중립에서 개입으로   215
시험대에 오른 중립 정책 | 1940년 선거 | 중립 포기 | 진주만으로 가는 길

28장 세계대전 중의 미국

1 양 전선의 전쟁   227
일본 봉쇄 | 독일군의 지체 | 미국과 유대인 대학살

2 전시의 미국 경제   236
번영과 노동권 | 경제 호황의 안정화와 생산의 동원 | 전시의 과학과 기술

3 전시 미국의 인종과 성   246
아프리카계 미국인과 전쟁 | 아메리카 원주민과 전쟁 | 멕시코계 미국인 전시 노동자 |
일본계 미국인의 수용 | 중국계 미국인과 전쟁 | 전시의 여성과 어린이

4 전시 문화 속 근심과 풍요   256
전시의 오락과 여가 | 군대의 여성과 남성 | 개혁으로부터의 후퇴

5 추축국의 패배   261
프랑스의 해방 | 태평양에서의 공격 | 맨해튼 계획과 원자탄 전쟁

〈과거를 논하며〉 원폭 투하 결정   274

29장 냉전

1 냉전의 기원   279
미소 긴장의 원천 | 전시 외교 | 얄타

2 평화의 붕괴   285
포츠담의 실패 | 중국 문제 | 봉쇄정책 | 마셜플랜 | 국내에서의 동원 | 나토로 가는 길 | 냉전정책의 재평가

〈과거를 논하며〉 냉전   295

3 전후 미국   297
재전환의 문제 | 거부된 페어딜 | 1948년 선거 | 되살아난 페어딜 | 핵의 시대

4 한국전쟁   307
분단된 반도 | 침공에서 교착상태로 | 제한된 동원

5 매카시즘   313
하원 반미 활동 위원회와 엘저 히스 | 연방 충성 프로그램과 로젠버그 사건 | 매카시즘 | 공화당의 부활

30장 풍요로운 사회

1 경제 '기적'   325
경제 성장 | 현대 서부의 등장 | 자본과 노동

2 과학과 기술의 폭발   331
의학의 획기적인 발전 | 살충제 | 전후 전자 연구 | 전후 컴퓨터 기술 | 폭탄, 로켓, 미사일 | 우주 프로그램

3 풍요로운 국민   342
  소비문화 | 교외의 나라 | 교외의 가족 | 텔레비전의 탄생 | 여행, 야외 레크리에이션, 그리고 환경주의 |
  조직 사회와 비난자 | 비트족과 불안정한 청년 문화 | 로큰롤

4 또 다른 미국   358
  풍요로운 사회의 주변 | 농촌의 빈곤 | 도시 내부

5 민권운동의 등장   362
  브라운 판결과 '대대적인 저항' | 확대되는 운동 | 민권운동의 원인

6 아이젠하워 공화주의   368
  "제너럴모터스에 좋은 것은……" | 복지국가의 생존 | 매카시즘의 쇠퇴

7 아이젠하워, 덜레스, 냉전   373
  덜레스와 '대량 보복' | 프랑스, 미국, 그리고 베트남 | 냉전의 위기 | 유럽과 소련 | U2기 위기

31장 자유주의의 시련

1 자유주의 국가의 확대   385
  존 케네디 | 린든 존슨 | 빈곤에 대한 공격 | 도시, 학교, 이민 | '위대한 사회'의 유산

2 인종 평등을 위한 투쟁   395
  증대하는 저항 | 국가적 공약 이행 | 투표권 투쟁 | 변화하는 운동 | 도시의 폭력 | 블랙 파워

3 '유연한 대응'과 냉전   404
  외교정책의 다양화 | 소련과의 대치 | 존슨과 세계

4 베트남의 고뇌   409
  미국과 디엠 | 원조에서 간섭으로 | 전쟁의 늪 | 국내에서의 전쟁

  〈과거를 논하며〉 베트남 공약   417

5 1968년의 상처   419
  구정 공세 | 정치적 도전 | 킹 목사 암살 | 케네디 암살과 시카고 | 보수주의의 반발

  〈세계 속의 미국〉 1968년   428

32장 권위의 위기

1 청년 문화 433
  신좌파 | 대항문화

2 마이너리티 440
  아메리카 원주민의 투쟁 | 아메리카 원주민 민권운동 | 라티노의 활동 | 동성애자 해방

3 새로운 페미니즘 449
  재탄생 | 여성해방 | 여성운동의 성과 | 낙태 문제

4 환경 운동 455
  새로운 생태학 | 환경 옹호 | 환경 파괴 | '지구의 날'과 그 이후

5 베트남전쟁 463
  베트남화 | 가속화 | 명예로운 평화 | 인도차이나에서의 패배

6 닉슨, 키신저, 그리고 세계 472
  미중 관계 개선과 미소 데탕트 | 제3세계와 미국의 관계

7 닉슨 시대의 정치와 경제 476
  국내 정책 | 워렌 법원에서 닉슨 법원으로 | 1972년 선거 | 어려운 경제 | 닉슨의 응전

8 워터게이트 위기 486
  스캔들 | 닉슨의 몰락

  〈과거를 논하며〉 워터게이트 사건   492

33장 한계의 시대에서 레이건 시대로

1 워터게이트 이후의 정치와 외교 497
  포드의 관리인 역할 | 지미 카터의 시련 | 인권과 국익 | 인질 사건

2 신우파의 출현　506
　선벨트 지역 | 종교적 부흥 운동 | 신우파의 등장 | 세금 반란 | 1980년 대통령 선거

3 레이건 혁명　517
　레이건 연합 | 백악관의 레이건 | '공급 중시'의 경제학 | 재정 위기 | 레이건과 세계 |
　1984년 선거

4 냉전의 쇠퇴　530
　소련의 붕괴 | 레이건 혁명의 퇴색 | 1988년 선거 | 부시 대통령 시절 | 걸프전 | 1992년 선거

34장 지구화 시대

1 당파심의 부활　549
　클린턴 행정부 출범 | 공화당의 재기 | 1996년 선거 | 클린턴의 승리와 전투 준비 |
　탄핵, 방면, 그리고 재기 | 2000년 대통령 선거 | 부시 가문의 두 번째 대통령

2 경제 부흥　568
　불황에서 성장으로 | 경기 침체 | 경제의 양면

3 신경제의 과학과 기술　572
　디지털 혁명 | 인터넷 | 유전학에서의 획기적인 진전

4 변화하는 사회　579
　인구 변화 | 인권 운동 이후 시대의 아프리카계 미국인 | 마약과 에이즈

5 서로 대립하는 문화　588
　페미니즘과 낙태를 둘러싼 갈등 | 환경주의의 성장

　〈세계속의 미국〉 전 지구적 환경 운동　593

6 세계화의 위험　596
　'신세계 질서'에 대한 저항 | 정통성의 수호 | 테러리즘의 부상 | 테러와의 전쟁 |
　이라크 전쟁 | 부시 행정부의 쇠락 | 2008년 선거

부록

미국의 주　619 | 미국의 도시　620 | 미국사 주요 연표　622 | 미국 독립선언서　634 |
미국 헌법　639 | 미국 역대 대통령 선거자료　668 | 찾아보기　675

1권 미국의 탄생 — 식민지 시기부터 남북전쟁 전까지

1장 문화의 만남
2장 이식과 경계 지역
3장 아메리카 식민지의 사회와 문화
4장 전환기의 제국
5장 미국 혁명
6장 미국 헌법과 새로운 공화국
7장 제퍼슨 시대
8장 미국 국민주의의 다양성
9장 잭슨 시대의 미국
10장 미국의 경제 혁명
11장 면화, 노예제도 그리고 구(舊)남부

2권 하나의 미국 — 남북전쟁에서 제1차 세계대전 전까지

11장 남북전쟁 이전 시대의 문화와 개혁
12장 임박한 위기
13장 남북전쟁
14장 재건과 신(新)남부
15장 극서부 정복
16장 최고의 산업국가
17장 도시의 시대
18장 교착상태에서 위기로
19장 제국주의
20장 혁신주의의 대두
21장 국가적 개혁을 위한 투쟁

1914	1915	1916	1917
제1차 세계대전 발발	루시타니아호 격침/ 윌슨, 전쟁 준비	윌슨, 재선에 성공	독일의 무제한 잠수함 작전/ 미국, 제1차 세계대전 참전/선발 징병제/전시 산업 위원회 설립

23장
미국과 제1차 세계대전

국민의 의무에 대한 호소

화가 제임스 몽고메리 플랙(James Montgomery Flagg)이 그린 이 작품은 미국의 전쟁 관련 포스터 중 가장 유명하다. 이 그림에서 무서운 얼굴을 한 엉클 샘(Uncle Sam)은 미국인에게 제1차 세계대전에서 싸우기 위해 입대하기를 요청하기보다는 거의 강요하는 모습이다. 참전이 과연 현명한지 미국인의 의견이 날카롭게 양분되자, 윌슨 행정부는 미국인이 전쟁을 지지하게 하고, 정부가 해외에서 매진하는 일에 대해서도 의무감을 느끼도록 설득해야 한다고 믿었다.

1918	1919	1920	1927
선동 방지법/윌슨의 14개조/휴전으로 전쟁 종식/파리평화 회의	상원, 베르사유조약 거부/시카고 등 여러 도시의 인종 폭동/철강 산업 파업과 노동쟁의	헌법 수정 조항 19조 비준/파머 습격과 적색공포/하딩, 대통령 당선	사코와 반제티 사형 집행

제1차 세계대전은 1914년 8월 오스트리아-헝가리 제국이 발칸 반도의 작은 나라인 세르비아를 공격하면서 발발했으나, 몇 주도 지나지 않아 유럽 주요 국가의 군대가 거의 다 가담하는 대전쟁이 되어버렸다. 한층 더 거대한 규모인 제2차 세계대전이 곧 뒤따르겠지만, 그것을 몰랐던 세대에게 제1차 세계대전은 큰 전쟁이었다. 미국인은 이 전쟁이 역사상 가장 야만스럽고 잔인하게, 또 결정적인 상황 없이 2년 반 동안이나 계속되자, 두려운 마음으로 지켜보았다. 전쟁 초기에 미국인은 이 전쟁이 자신과 별로 관계 없는 분쟁이라고 생각했다. 미국인은 잘못 판단했던 것이다. 미국은 1917년 4월에 공식적으로 참전하게 되었다.

1
전쟁으로 가는 길

1914년경, 유럽 국가는 비정상적이며 위태로운 국제 체제에 놓여 있었다. 이로 인해, 대부분의 역사가가 동의하듯이, 별로 중요하지도 않았던 일련의 도발이 유럽 국가를 급속하게 전쟁으로 이끌어갔다.

유럽 평화의 붕괴

유럽의 주요 세력은 1914년까지 상호 경쟁하는 두 개의 거대한 동맹으로 조직되어 있었다. 그 하나는 영국, 프랑스, 러시아가 맺은 삼국협상(Triple Entente)으로, 이는 전쟁 중에 연합국으로 알려졌다. 다른 하나는 나중에 동맹국(Central Powers)으로 불려진 삼국동맹(Triple Alliance)으로 여기에는 독일, 오스트리아-헝가리 제국, 그리고 전쟁 발발 후 연합국 측에 가담한 이탈리아가 연합했다. 그런데 주된 경쟁은 두 동맹 사이가 아닌, 두 동맹을 지배하고 있었던 거대한 세력, 즉 영국과 독일 간에 있었다.

영국과 독일의 경쟁이 전쟁을 일으킨 직접적 요인은 아니었다. 이 전쟁은 오스트리아-헝가리 제국 내의 민족주의 운동과 관련된 분란으로 일어났다. 1914년 6월 28일, 위기를 겪고 있던 제국의 왕위 계승자 프란츠 페르디난트 대공(Archduke Franz Ferdinand)이 사라예보를 국빈 방문하던 중 암살당했다. 사라예보는 슬라브 민족주의자가 인접한 세르비아에 합병하고자 하던, 오스트리아-헝가리의 한 지방인 보스니아의 수도였고, 대공의 암살자는 세르비아 민족주의자였다.

• 전쟁을 위한 동원

이 지역적 분쟁은 거대 세력이 만들어놓은 동맹 체제의 작용으로 급속히 확산되었다. 독일은 세르비아를 징벌하려는 오스트리아-헝가리의 결정을 지지했다. 세르비아인은 자국을 방어하기 위하여 러시아에 도움을 청했고, 러시아는 7월 30일 군대를 동원하기 시작했다. 8월 3일, 독일은 러시아와 프랑스에 선전포고하고, 벨기에를 침공했다. 8월 4일, 영국이 프랑스와 맺은 동맹을 표면적인 이유로 내세워 독일에 선전포고했다. 8월 6일, 러시아와 오스트리아-헝가리 제국은 공식적으로 교전을 개시했다. 수개월도 되지 않아 다른 소규모 국가도 참전했고, 1915년 초에 이르러서는 거의 전 유럽 대륙이 (아시아의 일부도) 이 전쟁에 휩쓸려 들어갔다.

윌슨의 중립

• 영국에 대한 호의

1914년, 윌슨은 미국 시민에게 '행동만이 아니라 사고에서도 중립'을 지켜달라고 요구했다. 그러나 여러 가지 이유로 중립은 불가능했다. 그 이유 중 한 가지는, 많은 미국인이 진정으로 중립적이지는 않았다. 어떤 사람은 독일에 호의적이었으나, 많은 사람이 영국에 더 호의적이었다. 영국의 선전 활동가가 교묘하게 과장한, 벨기에와 프랑스에서 독일인이 저질렀다는 잔학 행위에 대한 무시무시한 보도 때문에 많은 미국인은 독일에 대해 더욱더 적대감을 갖게 되었다.

경제적 현실 때문에도 미국은 교전국을 동등한 조건으로 상대하지 못했다. 영국은 적에게 군수품이 보급되지 못하도록 막기 위해 독일에 대해 해상 봉쇄를 가했다. 중립국인 미국은 이론적으로는 어느 나라와도 교역을 할 권리가 있었다. 봉쇄에 대해 진정 중립적으로 대응한다면 미국은 봉쇄를 무시하거나, 영국과의 무역을 중지해야 했다. 그러나 미국은 독일과 그 동맹국과의 비교적 경미한 교역은 중단할 수 있었지만, 훨씬 더 포괄적인 연합국과의 통상은 쉽사리 포기할 수 없었다. 그러므로 미국은 독일에 대한 봉쇄를 전략적으로 승인하면서 영국과의 통상은 계속했다. 1915년까지 미국은 중립 세력에서 연합국의 군수창으로 점차 변모해갔다.

당분간 독일은 새로우면서도, 미국의 시각에서 볼 때는 야만적인 전술이었던 잠수함 작전(submarine warfare)에 의존했다. 독일은 대양에서 영국의 우세를 넘어설 수 없자, 1915년 초 적군의 선박을 보는 대로 침몰시키겠다고 선언했다. 몇 달 후인 1915년 5월 7일, 독일 잠수함은 아무런 경고 없이 영국 국적의 여객선 루시타니아호(Lusitania)를 침몰시켜 승객 1,198명이 사망했는데, 그중 128명이 미국인이었다. 이 선박에는 승객뿐만 아니라 군수품도 실려 있었으나, 대부분의 미국인은 정당한 이유 없이 민간인을 공격한 것이라고 보았다.

• 잠수함 작전

윌슨은 독일에게 이 같은 불법 행위를 다시는 하지 않겠다고 약속할 것을 강력히 요구했고, 독일도 결국에는 윌슨의 요구를 받아들였다. 그러나 1916년 초, 연합국이 잠수함을 침몰시키기 위해 상선을 무장시키고 있다고 발표하자 독일은 그 같은 선박에는 경고 없이 발포하겠다고 선언했다. 몇 주 후에 독일은 비무장 상태인 프랑스

증기선 서식스호(Sussex)를 공격했고, 미국인 승객 몇 명이 부상을 입었다. 또다시 윌슨은 독일에게 '불법적' 전술을 버리라고 요구했고, 독일 정부도 이에 대하여 순순히 대응했다.

군비 확충 대 평화주의

1916년, 윌슨은 점차 호전성을 드러내고 있었으나, 여전히 미국을 전쟁으로 몰고 갈 준비가 되어 있지는 않았다. 한 가지 장애는 미국의 국내 정치였다.

• 평화주의자와 개입주의자

미국이 참전에 대비해 군사적, 경제적 준비를 해야 할 것인지의 문제가 평화주의자(pacifists)와 개입주의자(interventionists) 간에 우선적 논란 대상이 되었다. 윌슨은 초기에 미국이 군비를 확충해야 한다는 주장을 쓸데없으며 도발적이라고 비난했다. 그러나 1915년 가을, 그는 거대한 규모의 군사력을 급속하게 증강하라고 요구하는 미국 군사 지도자의 야심찬 제안을 승인했다.

그러나 1916년 여름 민주당 전당대회에서 분명히 드러났듯이, 평화주의 세력은 여전히 상당한 정치적 힘을 행사하고 있었다. 기조 연설자가 "우리는 무엇을 했는가? 우리는 무엇을 했는가? …… 우리는 전쟁에 개입하지 않았다! 우리는 전쟁에 개입하지 않았다!"라고 반복하며 대통령의 외교적 업적을 강조했을 때, 전당대회는 거의 열광 상태에 빠졌다. 이 연설은 윌슨 재선 운동의 가장 유력한 구호 중의 하나인 "그는 우리를 전쟁으로 끌고 가지 않았다"를 만들어 내는 데 일조했다. 선거전 동안, 윌슨은 공화당 후보이며 진보 성향을 띤 뉴욕 주 주지사 찰스 에번스 휴즈(Charles Evans Hughes)가 자

1916년 선거

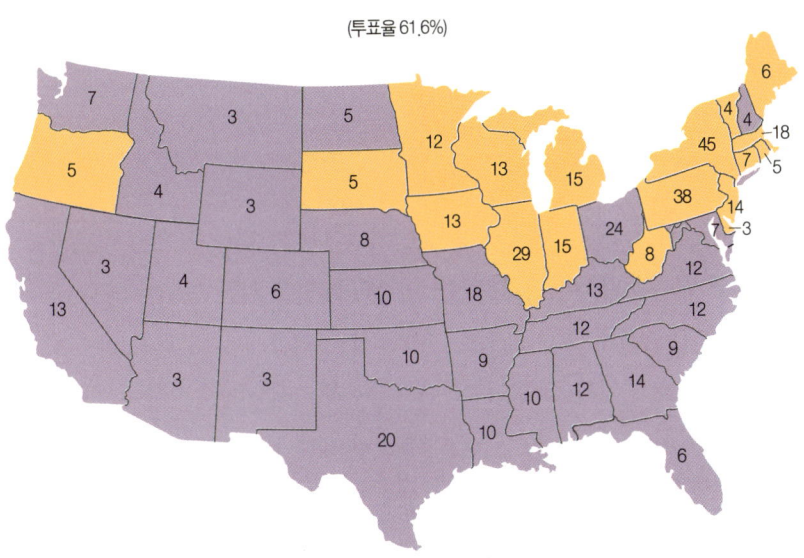

	선거인단 투표	일반투표(%)
우드로 윌슨(민주당)	277	9,129,606(49.4)
찰스 에번스 휴즈(공화당)	254	8,538,221(46.2)
A. L. 벤슨(사회당)	—	585,113(3.2)
기타 정당(금주당, 사회노동당)	—	233,909

1916년, 우드로 윌슨이 재선에 대하여 관심을 가질 이유는 충분했다. 그는 1912년 단지 42퍼센트의 득표율로 승리를 거두었고, 4년 전에는 분열되었던 공화당은 대중적으로 인기 있는 찰스 에번스 휴즈를 중심으로 다시 통합되어 있었다. 결국, 윌슨은 일반투표에서는 50퍼센트도 안 되는 득표율과 적은 표차로, 그리고 선거인단 투표에서는 훨씬 적은 표차로 휴즈를 누르고 승리했다. 이 승리에서 나타난 분명한 지역적 성격을 주목해보자.

신보다 미국을 전쟁으로 이끌고 갈 가능성이 높다고 주장하는 이들을 제지하지 않았다. 결국 윌슨이 일반투표에서는 60만표 차, 선거인단 투표에서는 단지 23표 차로 재선되었다.

민주주의를 위한 전쟁

• 승리 없는 평화

미국과 독일 간의 긴장 상태는 여전했다. 그러나 윌슨은 여전히 국민 여론을 통일시킬 수 있는, 미국의 개입을 위한 명분이 더욱 필요했다. 마침내 그는 개입을 정당화할 논리를 만들어냈다. 미국이 새로운 세계 질서를 세우는 하나의 수단으로서 전쟁을 이용할 수 있다는 것이다. 그 질서는 미국 내에서 한 세대 동안 개혁을 위한 노력을 북돋아주었던 혁신주의적 이상에 기반을 둔 것이었다. 1917년 1월, 윌슨은 의회의 상하 양원 합동 회의에서 미국이 영구적인 국가 간의 연맹을 통하여 '승리 없는 평화'를 유지시키는 데 일조할 수 있는 전후 질서에 대한 계획을 제시하는 연설을 했다. 윌슨은 새로운 세계 질서의 확립과 세계 평화는, 이에 충분한 도전이 있다면 참전을 해서라도 이루어낼 가치가 있는 목표라고 생각했다.

• 치머만 전문

1월에 독일의 군사 지도자는 승리를 거두기 위해 결정적인 공격을 가하기로 했다. 그들은 프랑스 내 적군의 주력선에 연속적으로 강공을 시도했다. 동시에, 영국에 긴요한 군수물자 공급을 저지하기 위해 연합국 선박뿐 아니라 미국 선박에도 무제한 잠수함 작전을 시도했다. 그러자 2월 5일, 영국은 독일의 외상인 아르투르 치머만(Arthur Zimmermann)이 멕시코 정부에게 보낸 전문을 중간에 가로채 윌슨에게 주었다. 그 전문에는 독일이 미국과 전쟁을 하게 될

승리를 위한 행진

1917년, 미국 정부가 제1차 세계대전에 참전하며 직면했던 가장 큰 일 중 하나는, 대부분의 미국인이 참전하기 꺼렸던 전쟁에 대한 대중적 지지를 불러일으키는 것이었다. 그 같은 노력은 시민의 자유에 대한 일부 놀랄 만한 위반 사태를 일으키기도 했다. 이는 또 전쟁 지지를 위한 수많은 퍼레이드, 지지 대회, 그리고 다른 대중적 시위들을 촉구했다. 사진은 윌슨 대통령이 전쟁 선포 직후 워싱턴에서 열린 적십자 퍼레이드에서 행진하는 모습이다.

경우, 미국에 대항하여 멕시코와 독일이 손을 잡자는 제안이 담겨 있었다. 그 대가로, 전쟁이 끝나면 멕시코는 멕시코 북쪽에 있는 '빼앗겼던 지역'을 되 찾게 될 것이라고 했다. 영국의 선전 활동가와 미국 신문이 치머만 전문을 널리 알리자 여론이 들끓었다. 윌슨은 1917년 3월에 일어난 또 다른 사건으로 한층 더 유리한 입장을 확보했다. 러시아에서 혁명이 일어나 보수적인 전제 정권이 무너지고 새롭고 공화주의적인 정부가 세워졌기 때문이다. 미국은 이제 전제적 왕정과 동맹을 맺게 되는 난처한 입장에서 벗어날 수 있었다.

독일 잠수함이 미국 선박 세 척을 공격한 지 2주일 후인 4월 2일 비 오는 저녁, 윌슨은 상하 양원 합동 회의에 참석하여 전쟁 선포를 요구했다. 그때에도 여전히 반대는 있었다. 4일 동안 의회 내의 평화주의자는 보람 없는 투쟁을 계속했다. 4월 6일, 마침내 전쟁 선포안이 통과되었을 때도, 50명의 하원 의원과 6명의 상원 의원이 반대 투표를 했다.

2

무제한 전쟁

윌슨이 전쟁을 선포한 즈음 유럽 내 쌍방의 군대는 이미 상당한 인명을 희생했으며, 기진한 상태였다. 연합국은 이 같은 교착상태를 깨뜨리기 위하여 미국의 지원을 목마르게 기다렸다.

군사전

미국이 개입하자 해양 격돌에서 가장 즉각적인 효과가 나타났다. 1917년 봄에 이르러 영국은 독일의 잠수함 공격으로 엄청난 손실을 입어, 대서양을 건너 긴요한 군수품을 공급받는 것조차 위태로운 상황이었다. 미국은 참전 후 몇 주 내에 이 같은 상황을 반전시켰다. 미국의 구축함은 영국을 도와 유보트(U-boats)를 공격했다. 또 다른 미국 전함은 대서양을 건너는 상선을 호위했다. 미국은 북해(North Sea)에 대(對) 잠수함 수뢰 설치도 지원했다. 결과는 놀라웠다. 연합국의 선박은 1917년 4월 한 달 동안 거의 90만 톤이 침몰했으나, 그 피해는 12월에 35만 톤으로, 1918년 10월에는 11만 2,000톤으로 감소했다.

많은 미국인은 해군 지원만 제공해도 전세를 바꿀 수 있기를 바랐으나, 지상군 파견의 필요성이 바로 명백해졌다. 영국과 프랑스에는 예비 병력이 거의 남아 있지 않았다. 그리고 1917년 11월 볼셰비

• 볼셰비키 혁명

제1차 세계대전에 참전한 미국: 서부 전선(1918)

키 혁명 이후, 레닌(V. I. Lenin)의 지도로 새로 등장한 공산주의 정부는 러시아(Russia)와 동맹국 사이에 성급하면서 값비싼 평화 협상을 벌여, 서부전선에서 독일 군대가 마음 놓고 싸울 수 있도록 했다.

그러나 1917년에 미국은 필요한 지상군을 보낼 수 있을 만큼 충분한 상비군이 없었다. 국가에서 징병해야만 필요한 수의 병사를 제공할 수 있었다. 반대가 있었지만, 윌슨은 5월 중순 징병법(Selective Service Act)을 통과시켰고, 약 300만 명이 징집되었다.

이렇게 징집된 군사가 전투에 투입된 것은 단기간이었으나, 이들은 격전을 치렀다. 1918년 봄까지 미군의 상당수는 전투에 투입될 수 없었고, 8개월 후에는 전쟁이 끝나버렸다. 미군은 존 퍼싱(John J. Pershing) 장군의 지휘로, 새로 시작된 독일군의 연이은 공격에 대항하여 보복전을 벌이던 연합군과 합류했다. 6월 초, 미군은 프랑스군을 도와 파리 근처의 샤토-티에리(Château-Thierry)에서 독일군의 격렬한 공격을 격퇴시켰다. 6주 후 미국 원정군(American Expeditionary Force, AEF)은 더 먼 남쪽, 랭스(Rheims)에서 또 다른 공격을 물리치는 데 도움을 주었다. 7월 18일경에 독일군의 진격은 중단되었다.

왼쪽의 지도에는 제1차 세계대전의 마지막 해에 미국이 참가했던 주요 전투가 나타나 있다. 아래쪽 작은 지도에서는 좀 더 넓은 유럽의 지형 속에서 전투가 있었던 지역을 찾아볼 수 있다. 위쪽 지도에는 프랑스 내 서부 전선의 길고 구불구불한 붉은 선이 나타나 있다. 그 전선은 프랑스와 서남 독일 사이의 국경부터 벨기에와 프랑스 사이의 북동 경계에까지 뻗어 있다. 그 방대한 전선을 따라 양편의 군대는 미군이 도착할 때까지 3년이 넘게 살인적이며 결정적 상황 없는 전쟁을 계속했다. 1918년 봄과 여름, 미국의 참전으로 전력이 강화된 연합군은 연이어 중요한 승리를 거두었고, 결국 독일 군대는 후퇴했다. 이 지도에서 분명히 알 수 있듯이, 미군은 전선의 남부를 따라 결정적인 역할을 했다.

> 아르곤 숲

9월 26일, 아르곤 숲(Argonne Forest) 전투에서 100만 명이 넘는 미군이 독일군에 대항하여 싸웠다. 10월 말에 이르러 미군은 독일군을 독일 국경 너머로 몰아냈고, 전선으로 향하는 주요 보급선을 차단했다.

독일 군사 지도자는 자국이 침공되는 상황을 맞자 즉시 휴전하려고 했다. 퍼싱 장군은 독일 영토 내로 계속 진군하기를 원했으나, 다른 연합국 지도자는 처음에 (최소한 그들이 보기에는) 항복과는 약간 다른 협정(agreement)을 맺는다는 조건을 주장했다가, 결국에는 독일의 제안을 수락했다. 1918년 11월 11일, 제1차 세계대전은 종결되었다.

전쟁의 신기술

> 참호전

제1차 세계대전은 군사와 그 외 과학 기술의 시험장이었다. 새로이 성능이 증진된 기관총과 더 강력해진 대포의 엄청난 파괴력으로 인해 참호전이 이 전쟁의 특징이자 필요불가결한 것이 되었다. 군대를 개활지(開闊地)에 보내는 것은 이제 불가능했다. 새로운 무기의 공격을 받아 순식간에 전멸되기 때문이었다. 병사들은 일시적으로 참호에 몸을 숨길 수 있었고, 그에 따라 제한적이고 결말 없는 공방만이 있었다. 그러나 과학 기술은 참호도 압도하여 탱크와 화염 방사기와 같은 이동형 무기로 참호에 침투할 수 있게 되었다. 가장 가공할 만한 것은 새로운 화학무기—군대가 항상 방독면을 휴대하게 한 독성 있는 겨자가스—의 개발이었고, 이 무기로 인해 전투를 직접 하지 않고도 참호 안의 병사를 공격할 수 있게 되었다.

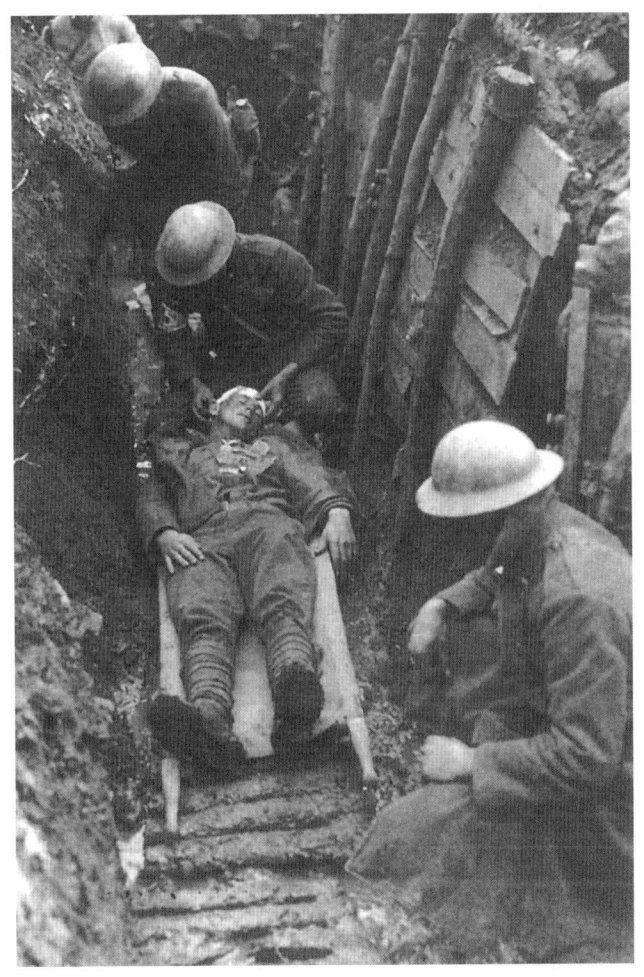

참호 생활

전쟁 중 군인을 가장 무력하게 만든 것은 끝나지 않을 것 같았던 참호 생활이었다. 일부 청년은 춥고 습하고 진창인 참호 속에서 벌레와 함께 지냈고, 대개 상한 음식을 먹으면서 불결한 환경 속에서 수개월, 심지어는 수년간 생활했다. 참호 속의 적을 밖으로 나오도록 하기 위해 종종 행했던 공격은 대개 실패로 끝났고, 참호는 참혹한 참살의 현장이 되었다.

과학 기술에 기반을 둔 새로운 형태의 전쟁에서는 정교한 장비를 유지하고 수선해야 했다. 더 빠른 기관총에는 더 많은 탄약이 필요했고, 자동화된 운송 수단에는 연료와 예비 부품과 담당할 기술자가 필요했다. 그같이 많은 물자를 공급하는 병참과 관계된 문제가 전략과 전술을 계획하는 데 중요한 요소가 되었다. 일단 물자가 보급되고 보관되면, 군대가 진격할 때 다시 포장하고 옮기는 데 상당한 시간이 걸렸다. 전쟁 후반에 연합군이 독일로 진격해 들어갈 때, 장비를 기다리느라 며칠씩 진격을 중지하는 경우가 자주 있었다.

제1차 세계대전은 비행기가 중요한 역할을 담당했던 첫 번째 전쟁이었다. 비행기 자체는 비교적 단순했으나 조정하기가 쉽지는 않았다. 그러나 대공(anti-aircraft) 기술 또한 그리 고도로 발달되지 않았기 때문에 비행기의 효과는 상당했다. 비행기는 폭격기, 전투기(다른 비행기와 공중전을 벌이는 비행기), 또 정찰기로서 다양한 역할을 수행하도록 만들어졌다.

제1차 세계대전기에 가장 '현대적'이었던 군사 부문은 해군이었다. 터빈 추진력, 유압식 함포 조정 장치(hydraulic gun controls), 전광과 전력, 무선 전신, 그리고 진전된 항해 보조 기구 등과 같은 새로운 과학 기술을 활용한 새로운 전투함이 등장했다. 미국의 남북전쟁(American Civil War) 중 잠시 나타났던 잠수함이, 1915년과 1916년에 독일 유보트 작전(U-boat campaign)에서 분명히 밝혀졌듯이 이제는 중요한 무기가 되었다. 새로운 잠수함은 추진 기관으로 디젤엔진을 사용했다. 디젤엔진은 증기 엔진보다 규모가 작고, 가솔린엔진보다 연료의 폭발성이 적은 이점이 있었다.

새로운 과학 기술로 인해 제1차 세계대전의 가장 놀랍고 두려운

전시 과학 기술

한 미국 병사가 프랑스 전선 가까이 설치된 모래 포대로 만든 벙커에서 기관총 한 대를 지키고 있다. 기능이 새로이 향상된 기관총은 제1차 세계대전의 필수품이었다.

결과, 즉 섬뜩할 정도로 많은 사상자가 발생했다. 대영제국(영국, 캐나다, 오스트레일리아, 인도 등)을 대표하던 100만 명에 이르는 병사가 사망했다. 프랑스는 170만, 독일은 200만, 구 오스트리아-헝가리 제국은 150만, 이탈리아는 46만, 그리고 러시아는 170만 명의 병사를 잃었다. 영국에서 1892년과 1895년 사이에 태어난 남성의 3분의 1이 이 전쟁에서 사망했다. 전쟁에 가담한 다른 국가의 경우도 희생자가 상당했다. 그에 반해, 전쟁 말기에 참전하여 최후의 성공적인 공격에만 가담했던 미국은 상대적으로 사상자가 적었다. 미국은 11만 2,000명이 희생되었는데, 이 중 절반이 전투가 아니라 독감 때문에 사망했다. 그러나 미군이 중심적 역할을 했던 전투에서는 미

• 섬뜩한 사상자 수

국의 사상자 비율이 매우 높았다.

전시경제의 조직화

• 자유 채권

연방정부는 전쟁이 끝날 때까지 전쟁과 직접 관련된 비용으로 320억 달러를 책정했다. 이는 당시 기준으로 볼 때 어마어마한 액수였다. 1915년 이전에는 연방정부의 총예산이 10억 달러를 넘는 경우가 드물었고, 미국의 국민 총생산은 1910년에도 350억 달러에 불과했다. 정부는 필요한 자금을 구하기 위하여 두 가지 방법을 썼다. 우선, '자유 국채(Liberty Bonds)'를 판매하여 미국 국민으로부터 차입을 활성화하는 운동을 개시했다. 애국심에 호소한 국채 판매는 1920년까지 230억 달러에 이르렀다. 그와 동시에, 새로운 세금을 부과하여 거의 100억 달러를 거둬들였다. 이 세금의 일부는 기업체의 '과도한 이윤'에 부과한 것이었고, 나머지 대부분은 누진세와 상속세 등의 세율을 70퍼센트 가까이 올려 조달한 것이었다.

더 큰 문제는 전시 필요에 대비하여 경제를 조직하는 것이었다. 1916년, 윌슨은 내각 각료로 구성된 국가 방위 회의(Council of National Defense)와, 모든 주와 지역에 지역 방위 회의를 세운 민간 고문 위원회(Civilian Advisory Commission)를 설립했다. 그러나 이러한 초기 행정 구조는 거의 제 역할을 다하지 못했다. 국가 방위 회의의 위원은 좀 더 중앙 집중적인 접근을 강력하게 요구했다. 이들은 경제를 지리적으로 분할하는 대신에, 특정한 각각의 경제 분야를 감독하는 일련의 계획 기구를 조직하여 기능적으로 분할하자고 제안했다. 그러므로 한 기구는 운송을, 다른 기구는 농업을,

또 다른 기구는 제조업을 관리하도록 했다. 이 제안의 결과 서서히 등장하게 된 행정 기구는 일련의 '전쟁 위원회'의 관리를 받았다. 그 기구 중 하나는 [재무부 장관 윌리엄 매카두(William McAdoo)의 지휘로] 철도를 감독하고, 또 하나는(대부분 석탄이었던) 연료 공급을 감독하며, 또 다른 한 기구—명석한 공학자이며 기업체 경영인 허버트 후버를 각광받는 위치로 올려놓은 위원회—는 식량 수급을 다루었다. 이들 위원회는 약점도 있었으나, 전반적으로는 국내 경제를 마비시키지 않고 필수적 전시 수요를 충족시키는 데 성공했다.

경제를 합리화하려는 시도의 중심에는 전시 산업 위원회(War Industries Board, WIB)가 있었는데, 이는 1917년 7월 정부가 군수품 구매를 조정하기 위하여 만든 기구였다. 이 위원회는 처음에는 심사숙고 없이 조직되어, 1918년 3월 윌슨이 이를 재조직하고 월 스트리트의 금융가인 버나드 바루크(Bernard Baruch)가 관리하게 될 때까지 상당한 혼란을 겪었다. 바루크는 필요한 전시 물자를 생산하도록 어떤 공장을 전환할지를 결정했고, 공장에서 생산한 상품 가격을 책정했다. 또한, 원자재가 부족할 때 어디에서 구할지도 정했다. 기업체가 정부와 계약하기 위해 경쟁할 때, 그가 경쟁 업체 중 하나를 선정했다.

• 전시 산업 위원회

바루크는 공개적이고도 분명하게 기업의 동반자로 자처했고, 전시 산업 위원회 내에서 기업인은 기업체에서 유급휴가를 얻고 정부에서 상징적 봉급만 받으며 일하는 '1년에 1달러만 받는 사람(dollar-a-year men)'으로서 민간 경제 상황을 감독했다.

1918년 4월에 설립된 전국 전시 노동 위원회(National War Labor

여성 산업 노동자

사진은 여성 산업 노동자가 1918년 필라델피아의 미드베일 스틸과 오드넌스(Midvale Steel and Ordnance) 공장에서 압축 공기 망치로 일하고 있는 모습을 담고 있다. 제2차 세계대전 중 여성 산업 노동자들은 종종 '리벳공, 로지(Rosie, the Riveter)'라고 불렸다. 이전에는 남성만이 일하던 작업환경 속에서 일하는 여성은 제1차 세계대전 동안 미국인을 놀라게 했다.

Board)는 노동분쟁에서 최종 중재자의 역할을 했다. 위원회는 기업이 노동자에게 중요한 양보를 하도록 압력을 가했다. 하루 8시간 노동, 최소한의 생활 수준 유지, 동등한 작업의 경우 여성에게 동등한 임금 지불, 노동조합 결성권과 단체교섭권 인정 등이 그 내용이다. 위원회는 이에 대한 보답으로 노동자에게는 파업을 보류하라고 했고, 고용주에게는 작업장을 폐쇄하지 말라고 요구했다.

사회의 통합 추구

정부 지도자는 미국 참전에 대한 대중적 정서가 양분되어 있다는 것을 잘 알고 있었다. 많은 이는 전쟁 수행을 뒷받침할 여론이 통일되어야 승리할 수 있다고 믿었다. 정부는 여론을 통합시키기 위하여 여러 가지 방법을 썼다.

그 노력 중 가장 특출한 것이 덴버 출신의 언론인 조지 크릴(George Creel)이 이끌던 공보 위원회(Committee on Public Information, CPI)가 지휘한 방대한 선전이었다. 공보 위원회는 7,500만 장이 넘는 인쇄물 배급을 감독했고, 신문과 잡지에 실릴 정보를 대부분 통제했다. 크릴은 언론인이 전쟁 관계 뉴스를 보도할 때 '자기 검열'을 실시하라고 했고, 대부분의 언론인은 그 권고에 따라 정부가 원하는 대로 전쟁 보도를 했다. 1918년에 이르러 정부가 배포한 포스터와 영화는 독일인의 야만성을 그리는 무시무시하고도 과장된 초상화가 되어갔다.

· 공보 위원회

또한, 정부는 반대를 억압하기 위한 여러 시도를 곧 개시했다. 공보 위원회는 시민에게 이웃의 불충, 비관주의 또는 평화 갈구에 대한 어떠한 증거도 당국에 보고하라고 호소하는 잡지 광고에 재정 지원을 했다. 1917년의 방첩법(Espionage Act)은 정부가 간첩, 태업, 또는 전쟁 수행 노력에 대한 방해(광범위하게 정의된 범죄)와 싸우기 위한 새로운 수단이 되었다. 1918년 4월 20일에 제정된 태업법(Sabotage Act)과 그해 5월 16일에 제정된 선동 방지법(Sedition Act)은 좀 더 억압적인 성격을 띤 조처였다. 이 두 가지 법은 방첩법의 의미를 확대시켜, 전쟁을 반대하는 의견 표명을 모두 위법화했

· 방첩법과 선동 방지법

다. 실제로 공무원은 이 두 가지 법에 따라, 대통령이나 정부를 비판하는 사람은 누구라도 기소할 수 있었다.

새로운 법에 가장 빈번하게 저촉된 대상은 사회당(Socialist Party)과 세계산업노동자동맹(Industrial Workers of the World, IWW)과 같은 반(反)자본주의적 집단이었다. 유럽의 사회주의자와는 달리, 미국의 사회주의자는 미국이 참전하기로 결정한 후에도 전쟁 반대를 철회하지 않았다. 다수의 미국인은 전쟁 이전에도 이미 사회주의자와 급진주의자를 억압하는 정책에 호의적이었다. 전시 정책은 이제 충분한 법적 효력을 가지고 그들을 억압할 수 있게 했다. 사회당의 인도적 지도자이며 전쟁에 반대했던 유진 데브스(Eugene V. Debs)는 1918년 10년형을 언도받았다(그는 하딩 대통령의 사면으로 마침내 1921년에 석방되었다). 빅 빌 헤이우드(Big Bill Haywood)와 세계산업노동자동맹원 다수가 기소되었다. 헤이우드만이 소련으로 망명하여 수감을 피할 수 있었다. 1918년, 모두 1만 1,500명이 넘는 이들이 정부나 전쟁을 비판했다는 죄목으로 체포되었다.

- 전쟁 반대 억압

주 정부와 지방 정부, 거대 기업, 대학, 그리고 일반 시민 또한 억압의 분위기를 돋우는 데 일조했다. 많은 시민 집단이 불충을 뿌리 뽑기 위해 '존경받을 만한' 회원을 동원한다는 명목으로 등장했다. 가장 심각한 피해를 입었던 대상은 독일계 미국인 사회였다. 유럽에서 전쟁이 발발한 해에 어떤 이는 미국이 동맹국을 지원하라고 공개적으로 주장했고, 또 많은 이는 연합국을 대신하여 미국이 개입하는 것을 반대했다. 대부분의 독일계 미국인은 일단 전쟁이 시작되자 미국의 전쟁 수행 노력을 지지했으나, 여론은 이들에게 매우 적대적으로 변해갔다. 모든 독일적인 것을 일소하려는 선전이 빠르게 진행되었고, 때로는 우스꽝스런 형태를 띠기도 했다. 독일 음악 공연도 빈번하게 금지되었다. 독일 서적은 도서관 서가에서 치워졌고, 독일어 강의는 교과목에서 삭제되었다. 독일계는 중요한 업무에 대하여 '태업'을 하지 않았지만, 전쟁 관련 산업체에서 해고되곤 했다.

3

새로운 세계 질서 추구

우드로 윌슨은 전쟁이 끝나면 공정하고 안정적인 평화가 올 것이라고 약속하며, 미국을 전쟁으로 이끌었다. 휴전 이전에도 그는 민주적 전후 해결이라고 간주했던 것, 즉 새로운 세계 질서를 수립하기 위한 투쟁을 이끌어나갈 준비를 하고 있었다.

14개조

윌슨의 국제주의적 이상

1918년 1월 8일, 윌슨은 미국의 전쟁 목표라고 주장했던 원칙을 제시하기 위하여 의회에 출석했다. 전쟁 목표는 14개조(the Fourteen Points)라고 널리 알려진 14개의 제목으로 작성되었다. 그것은 크게 세 가지 범주에 해당되었다. 첫째, 윌슨의 제안에는 전후 국경을 재조정하고, 괴멸된 오스트리아-헝가리(Austro-Hungarian) 제국과 오토만(Ottoman) 제국을 대체할 새로운 국가를 수립하기 위한 8개의 특정 권고 사항이 들어 있었다. 둘째, 미래의 국제 간 행위를 지배할 5가지의 일반 원칙이 있었다. 그 원칙은 해양에서의 자유, 비밀 협정을 대신할 공개적 협약, 군비 축소, 자유무역, 그리고 식민지 보유 권리 주장에 대한 공정한 중개 등이다. 마지막으로, 이 같은 새로운 원칙과 영토 조정을 실행하고, 미래의 논쟁거리를 해결하는 데 도움을 줄 국제연맹(League of Nations)을 창설하자는 제안이 있었다.

윌슨의 국제주의적 이상은 미국과 유럽 모두에서 당대인뿐만 아니라, 다음 세대도 매료시켰다. 이것은 개별 국가와 마찬가지로 전 세계도 공정하고 효율적인 정부를 이룩할 수 있다고 보는 그의 신념이 반영된 이상으로, 일단 국제사회가 특정한 기본 행동 원칙을 받아들인다면, 또 그 원칙을 실행할 근대적 기구를 만들기만 한다면 인류는 평화로이 살 수 있다는 것이다.

윌슨은 자신감이 있었으나, 유럽 연합국 지도자는 휴전협정을 맺기도 전에 이미 윌슨을 거부할 준비를 하고 있었다. 특히 영국과 프랑스는 엄청난 피해를 입어, 자비롭고 관대한 평화를 이룰 분위기가 아니었다. 동시에, 윌슨은 국내에서도 어려움을 겪게 되었다. 1918년 전쟁이 거의 끝날 무렵, 윌슨은 어리석게도 미국 유권자에게 11월 선거에서 민주당원들을 뽑아 의회로 보내 자신의 평화 계획을 지지해 달라고 호소했다. 며칠 후, 공화당이 상하 양원의 다수를 점하게 되었다. 국제적 이슈보다 국내의 경제적 어려움 때문에 이러한 투표 결과가 나왔으나, 결과적으로 윌슨은 자신의 평화 계획에 대해 폭넓은 대중적 지지가 있다고 주장하기 어려워졌다. 윌슨이 파리평화회의에 미국을 대표하여 참석할 협상 팀에 비중 있는 공화당원을 임명하기를 거부하자, 공화당의 적대감은 더 심해졌다.

연합국의 거부

파리평화회의

윌슨은 역사상 극히 소수만이 누렸던 환영을 받으며 유럽에 도착했다. 그가 1918년 12월 13일 파리에 도착했을 때 프랑스 역사상 가장 대규모의 군중들로부터 환영받았다 주장하는 사람도 있다. 그러나 평화회의 자체는 그다지 만족스럽지 못했다.

• 평화 협상

협상에 참석한 주요 인물은 승리한 연합국의 지도자였다. 영국 수상인 데이비드 로이드 조지(David Lloyd George), 프랑스 대통령 조르주 클레망소(Georges Clemenceau), 이탈리아 수상 비토리오 올랜도(Vittorio Orlando), 그리고 그들 모두를 지배하려는 윌슨이었다.

협상 시작부터, 윌슨이 창출하려 했던 이상주의적 분위기는 자국 이기주의와 경쟁했다. 더욱이, 동부 유럽의 불안정한 상황과 공산주의의 위협에 대한 불안감이 넓게 깔려 있었다. 새로이 수립된 볼셰비키 정부가 아직도 반혁명적 '백군(white)'과 싸우고 있던 러시아는 파리에 대표를 보내지 않았다. 그러나 협상 대표는 러시아가 서구 정부에게 급진적 위협을 가할 것이라고 생각했다.

• 국제연맹

이같이 긴장되고 종종 패전국을 응징하려는 듯한 분위기에서 윌슨은 자신이 주창했던 광범위한 원칙의 많은 부분에 동의를 얻을 수 없었다. 또한 그는 다른 연합국이 패전국에게 상당한 배상을 요구하는 것을 막지 못했다. 파리에서 윌슨은 국경 결정과 과거의 식민지 문제 해결에서 몇 가지 중요한 승리를 얻어냈다. 그러나 그에게 가장 눈부신 승리이자 가장 중요한 것은 세계정세를 감독하고 미래의 전쟁을 방지할 영구적 국제조직의 창설이었다. 1919년 1월 25일, 연합국들은 국제연맹의 '규약'을 투표로 승인했다.

비준 논쟁

윌슨은 1919년 7월 10일 상원에 베르사유조약(Treaty of Versailles)을 제출했다. 베르사유조약이라는 명칭은 최종 협상 회의가 열렸던 파리 근교의 옛날 왕궁 이름에서 따온 것이다. 그러나 상원에서 조약에 대한 반대가 상당했다. 일부의 소위 '강경파 (irreconcilables)'는 윌슨의 원칙에 동의하지 않았다. 그러나 많은 다른 반대자는 1920년 공화당의 승리를 위해 논쟁거리를 만들어내는 데 관심이 많았다. 이들 중 가장 중요한 인물이 외교 관계 위원회 (Foreign Relations Committee)의 강력한 의장이며, 윌슨을 극도로 싫어하던 매사추세츠 주 상원 의원 헨리 캐벗 로지(Henry Cabot Lodge)였다. 그는 조약을 반대하기 위하여 가능한 수단을 모두 사용했다.

● 헨리 캐벗 로지

대중 정서가 분명히 비준을 선호하였기 때문에 로지는 처음에는 비준 지연을 위해 시간을 버는 것 외에 할 수 있는 일이 거의 없었다. 그러나 점차 조약에 대한 로지의 총체적인 반대는 일련의 '유보 조항(reservations)'—기구에 대한 미국의 의무를 더 축소시키는 방향으로 연맹 헌장을 수정한 조항—으로 구체화되었다. 윌슨이 조약에 사용된 용어 일부를 비교적 미미하게 바꾸는 데 동의했다면 비준을 얻어낼 수 있었을지도 모른다. 그러나 대통령은 그 같은 양보조차 거부했다. 윌슨은 미국이 규약의 조건을 있는 그대로 존중할 도덕적 의무가 있다고 주장했다. 윌슨은 상원이 조금도 태도를 바꾸려 하지 않는다는 것을 분명히 알게 되자 대중에게 호소하기로 했다.

윌슨은 조약에 대한 대중적 지지를 불러일으키기 위해 고된 일정의 전국 순회 연설을 시작했다. 그는 3주 넘도록 거의 쉬지 않고, 종종 하루에 연설을 네 차례 하며, 기차로 8,000마일 이상을 여행했다. 결국 그는 기진했고, 1919년 9월 25일 콜로라도 주의 푸에블로(Pueblo)에서 연설한 후 심한 두통으로 실신했다.

윌슨은 나머지 일정을 취소하고 워싱턴으로 서둘러 돌아왔으며, 며칠 후 심각한 심장마비를 겪었다. 2주일 동안 그는 죽음의 문턱에 있었고, 6주일 이상 심하게 앓아 공적 업무를 거의 볼 수 없었다. 윌슨의 아내와 주치의는 윌슨의 회복을 저해할 모든 공적 업무 부담을 없애기 위해 주위에 철통같은 장벽을 세웠다.

• 연맹, 거부되다

마침내 윌슨은 제한된 정도나마 공적 일정을 재개할 수 있을 정도로 건강을 회복했으나, 임기의 나머지 18개월 동안 사실상 무력하게 지냈다. 윌슨은 상태가 이렇자, 공적 문제를 도덕적으로 보려 하고 어떠한 타협 시도도 거부하는 성향이 강해졌다. 외교 관계 위원회가 50개항의 수정과 유보를 권하며, 마침내 상원에 조약을 송부했을 때, 윌슨은 그중 어느 것도 고려하기를 거부했다. 비준 승인을 위한 노력은 실패하고 말았다.

이 패배 이후 윌슨은 1920년에 있을 전국 선거가 연맹에 대한 '엄숙한 국민투표'가 되리라고 확신하게 되었다. 그러나 그때 이미, 평화조약에 대한 대중의 관심은 줄어들기 시작했다.

4

혼란한 사회

파리평화회의가 진행되던 중에도 다수의 미국인은 국제 문제보다는 국내의 소란스러운 사건으로 더 불안해했다. 이 같은 불안의 일정 부분은 전쟁 기간 동안의 신경병적인 사회 분위기가 남은 것이고, 또 일부는 휴전 이후에 표출된 문제에 대한 반응이었다.

불안정한 경제

어느 누가 예견했던 것보다도 전쟁은 빨리 끝났다. 그리고 아무런 경고도, 또 아무런 계획도 없이, 미국은 경제 재전환이라는 어려운 일을 시작하게 되었다. 처음에는 전시 호황이 지속되었지만 인플레이션 또한 맹렬했다. 1919년에서 1920년까지 물가 상승률은 연평균 15퍼센트 이상이었다. 마침내 1920년 말, 인플레이션이 소비재 시장을 말살시키며 경제의 거품이 폭발했다. 1920년과 1921년 사이 국민 총생산은 거의 10퍼센트 감소했고, 10만에 이르는 기업이 파산했으며, 거의 500만 명의 미국인이 일자리를 잃었다.

• 전후 경기 침체

격심한 경제 침체가 시작되기 훨씬 이전, 노동 소요가 급격히 증가했다. 1919년에 인플레이션이 심하게 일어나자, 전시에 노동자가 얻어냈던 경미한 임금 상승도 다 상쇄되어 버렸다. 수십만의 군인이 다시 노동력에 복귀하면서, 노동자는 직업 안정성을 우려하게

• 노동 소요

되었다. 힘든 노동 상황이 임금 하락의 원인이 되었다. 고용주가 1917년과 1918년 정부의 강요에 의해 노동자에게 제공했던 혜택— 가장 중요한 것은 노동조합의 승인—을 취소하기 위해 전쟁의 종식을 이용하자 노동자의 분노가 더 심해졌다. 그래서 1919년은 전례 없는 파업 물결을 기록했다. 1월에 워싱턴 주 시애틀(Seattle)에서 일어난 부두 노동자 파업은 전 도시의 기능을 거의 마비시킨 총파업으로 발전했다. 9월에는 보스턴 경찰이 조합을 인정해달라고 요구하며 파업했다. 시애틀에서는 대체적으로 큰 문제가 없었으나, 경찰이 파업했던 보스턴에서는 폭력과 약탈이 빈발했다.

시애틀과 보스턴의 파업, 그 외의 파업을 보며 중간계급은 조합에 대해 적대감을 갖게 되었다. 몇몇 중서부 도시에서 35만 명의 제철 산업 노동자가 8시간 노동과 조합의 인정을 요구하며 9월에 시작한 파업은 1919년에 일어난 파업 중 가장 규모가 컸는데, 중간계급의 적대감으로 인해 실패하고 말았다. 제철 산업 노동자의 파업은 장기간 격렬하게 계속되었고, 파업 노동자 18명이 살해된 인디애나 주의 개리(Gary)에서 일어난 폭동으로 절정에 달했다. 제철 산업 경영자는 대부분의 공장을 비(非)조합 노동자들로 운영하려 했고, 여론이 파업 노동자에게 매우 적대적으로 나타나자, 미국노동총동맹(AFL)도 비겁하게 이들을 비난했다. 1월이 되자, 1919년에 일어난 거의 대부분의 파업처럼 이 파업도 와해되었다.

아프리카계 미국인의 요구

전쟁 중 군에 복무했던 흑인(그들 중 36만 7,000명)이 1919년 고향에 돌아왔고, 다른 귀환병과 함께 산업도시의 중심 도로를 따라 행진했다. 그런 다음, (뉴욕과 다른 도시에서) 이들은 수천의 아프리카계 미국인의 환호 속에 재즈밴드를 따라 할렘과 같은 흑인 동네에서 행진을 계속했다. 흑인은 전쟁 중 자신들의 영웅적 행위로 백인 사회에서 이제는 동등한 시민으로 대우받을 것이라고 믿었다.

흑인 병사가 전쟁터에 나가 싸웠다는 사실은 실상 백인의 태도에 아무런 영향을 끼치지 못했다. 그러나 흑인들의 태도에는 상당한 영향을 미쳤다. 흑인의 분노는 격화되었고, 자신들의 권리를 위해 투쟁하려고 굳게 결단했다. 거의 50만 명에 이르는 흑인이 전시 공장에 취업하려고 남부 농촌 지역에서 산업도시로 이주했다. 이들은 종종 무료로 운송 수단을 제공한 북부의 '노동 대리인(labor agents)'의 유혹에 넘어가 이주하기도 했다. 이것이 바로 '대이주(Great Migration)'의 시작이었다. 수년 내에 전국의 인종 분포가 변화했다. 북부 도시에 대규모의 흑인 지역사회가 급격히 늘어났고, 그중 몇 군데는 과거에는 아프리카계 미국인 수가 매우 적었던 곳이었다.

• '대이주'

그러나 1919년에 인종 관계를 둘러싼 상황은 야만적이고, 살인적이었다. 남부에서는 린치가 급증했고, 1919년 한 해 동안 참전자를 포함하여 70명이 넘는 흑인이 백인 폭도의 손에 살해당했다. 북부에서는 귀환한 백인 퇴역 군인이 흑인의 일자리를 대신 차지하게 되자, 흑인 산업 노동자는 대대적으로 해고 되었다. 백인은 더 낮은 임금을 받는 흑인 노동자 때문에 자신들이 경제적으로 해를 입는다고 믿게 되면서, 적대감이 급격히 커져갔다.

이스트세인트루이스와 타 도시에서 발발한 인종 폭동은 1919년

아프리카계 미국인의 이주(1910~1950)

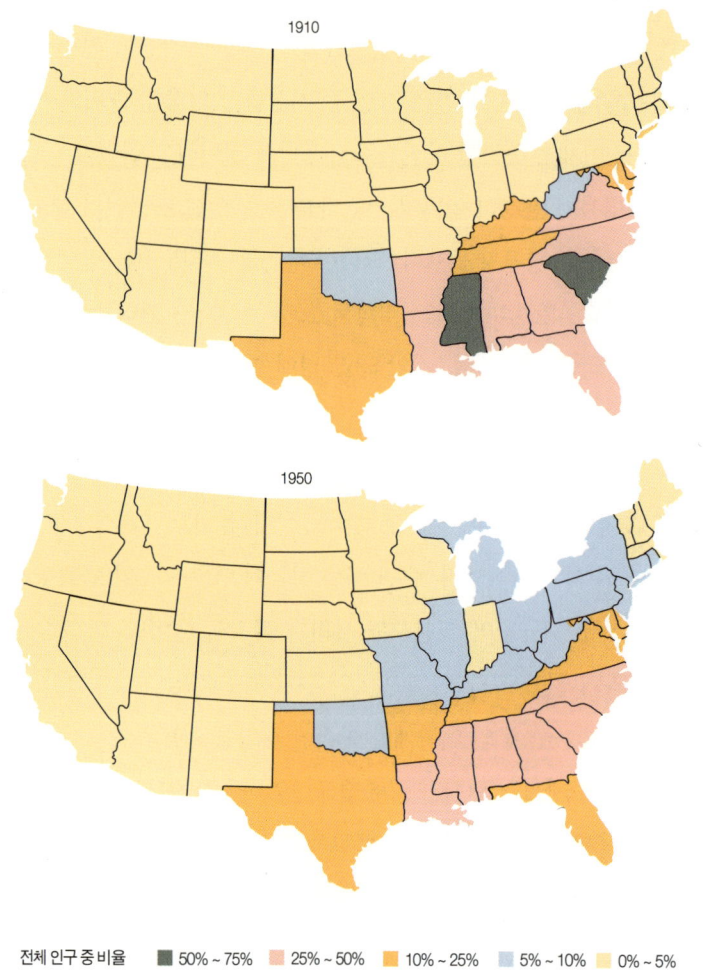

두 차례의 대이주 물결로 인해 20세기 초반 50년간 아프리카계 미국인 인구는 급격히 분산되었다. 한 차례는 제1차 세계대전기를 전후하여, 또 한 차례는 제2차 세계대전 이후에 일어났다. 상단의 지도는 1910년에 아프리카계 미국인이 고도로 집중 거주하고 있는 것을 보여준다. 하단의 지도는 1950년경 북부의 여러 주에 흑인 인구가 엄청나게 증가하고, 남부에는 흑인 인구가 상대적으로 감소했음을 보여준다. 미시시피 주와 사우스캐롤라이나 주의 변화를 주목해 보자.

여름에 일어난 훨씬 더 심각한 인종 간 폭력 사태의 예고편이었다. 1919년 무더운 7월의 어느 날, 시카고의 미시간 호에서 수영하던 흑인 소년이 백인 전용 해변으로 밀려가는 일이 발생했다. 전하는 바에 따르면 해변에 있던 백인들이 그 소년을 혼수상태가 되도록 때리고 물에 빠뜨려 익사시켰다고 했다. 분노에 찬 흑인 군중은 보복하려고 백인 지역으로 몰려갔고, 백인은 더 많은 군중을 모아 흑인 지역으로 쳐들어갔다. 시카고는 일주일이 넘게 거의 전쟁 상태에 빠졌다. 결국 38명—15명의 백인과 23명의 흑인—이 죽었고 537명이 부상을 입었으며, 1,000명 이상이 집을 잃었다. 시카고 폭동은 소위 '1919년의 적색 여름(red summer)'에 일어난 인종 간 폭력 사태 중 최악의 경우다. 그러나 폭력 사태는 그 한 번만이 아니었다. 3개월 정도의 짧은 기간에 일어난 여러 차례의 인종 폭동에서 모두 120명이 사망했다.

• 시카고 인종 폭동

인종적 이유로 발발한 도시 폭동은 새로운 일이 아니었으나, 1919년의 폭동은 한 가지 다른 면이 있었다. 이들 폭동은 흑인을 공격한 백인만이 아니라, 백인의 공격에 맞서 싸운 흑인도 관련되었다는 점이다. 전국 유색인 지위 향상 협회(NAACP)가 이 같은 변화에 신호탄을 던졌다. 이 협회는 정부의 보호를 요구했을 뿐 아니라, 흑인이 자신들을 보호하기 위하여 맞서 싸울 것을 주장했다. 할렘 르네상스(Harlem Renaissance, 1920년대 뉴욕을 중심으로 하여 일어난 아프리카계 미국인의 문화 운동—옮긴이)의 주요 인물 중 한 명이었던 시인 클로드 매케이(Claude Mckay)는 시카고 폭동 후 '우리가 죽어야 한다면(If We Must Die)'이라는 시를 썼다.

우리는 살의를 품은 비겁자 집단에 남자답게 맞설 것이다.
벽에 밀려 죽어갈지라도, 맞서 싸울 것이다.

세계 흑인 향상 협회

이와 동시에, 마커스 가비(Marcus Garvey)라는 자메이카 출신의 흑인이 흑인 민족주의를 주장하며 미국 내에서 폭넓은 추종 세력을 형성하기 시작했다. 가비는 아프리카계 미국인이 백인 사회에 동화되기를 거부하고, 자신의 인종과 문화에 자부심을 계발해나갈 것을 장려했다. 그가 이끌었던 세계 흑인 향상 협회(Universal Negro Improvement Association, UNIA)는 흑인 식품 잡화점 체인망을 만들었고, 다른 흑인 기업을 창설하라고 주장했다. 가비는 심지어 자신의 지지자가 미국을 떠나 아프리카로 돌아가 새로운 사회를 만들 것을 주창하기도 했다. 1920년대에 가비 운동은 한동안 폭발적으로 성장했으나, 1923년 가비가 기업 사기로 기소되면서 쇠퇴했다. 가비는 2년 후 자메이카로 추방되었다. 그러나 가비가 사라진 이후에도 오랫동안 흑인 민족주의의 매력은 흑인 문화 속에 살아남아 있었다.

적색공포

급진주의에 대한 대중의 공포

당시 다수의 대중은 산업계에서 나타난 노사 간의 갈등과 인종 간 폭력 사태를 불안정과 급진주의의 징조로 보았다. 이는 당시에 나타난 또 다른 현상들로 인해 급진주의의 위협이 보였기 때문이기도 했다. 1917년 11월에 일어난 러시아혁명은 공산주의가 더 이상 단순히 이론이 아니라, 중요한 체제의 기반이 되었다는 것을 의미했다. 1919년, 소련 정부가 전 세계로 혁명을 수출하는 것을 목적으로 하는 국제공산당(Communist International 또는 Comintern)의 수립을 선언했을 때 공산주의의 위협을 염려하는 목소리가 더 커졌다.

한편, 미국에서는 다수가 추정된 급진주의자(imagined radicals)였고 소수만이 진정한 급진주의자였다. 이들 소수의 급진주의자가 1919년 봄, 전국을 경악시킨 일련의 폭탄 사건을 일으켰다고 간주되었다. 4월에 들어와, 우체국은 지도적 위치에 있는 기업가와 정치가를 수취인으로 하는 우편물 수십 통을 중간에서 가로챘다. 그 우편물에는 열면 폭파되는 장치가 있었다. 두 달 후, 8개의 도시에서 8개의 폭탄이 몇 분 간격으로 폭발했고, 이는 전국적 음모가 있음을 시사하는 것이었다.

이와 또 다른 도발에 대응하여, 적색공포(Red Scare)라는 상황이 시작되었다. 거의 30개 주가 혁명을 선전하는 이들에게 엄격한 벌을 주는 새로운 '평화시 선동 방지법(peacetime sedition laws)'을 통과시켰다. 어떤 지역에서는 급진주의자로 간주된 사람에게 충동적으로 폭력을 행사하는 사태가 발생했고, 대학과 그 외의 기관도 내부에서 급진주의자를 추방하기 위해 좀 더 계획적으로 노력했다. 그러나 적색공포에 가장 크게 기여한 것은 연방정부였다. 1920년 새해 첫날, 법무부 장관 미첼 파머(Mitchel Palmer)와 의욕 넘치는 젊은 보좌역 에드가 후버(J. Edgar Hoover)는 전국에 걸쳐 급진주의의 중심지로 지목된 곳을 차례로 습격하여 6,000명 넘게 체포했다. 체포된 이들 중 거의 대다수는 결국 석방됐으나, 미국 시민이 아닌 500명은 즉각 추방되었다.

적색공포로 인한 만행은 줄어들었으나, 1920년대에도 그 영향력

• 법무부 장관 미첼 파머

사코와 반제티

화가 벤 샨(Ben Shahn)이 무정부주의자 니콜라 사코와 바르톨로메오 반제티를 그린 그림이다. 두 사람은 보스턴의 회계 주임 살해 혐의에 내려진 1921년의 판결에 대한 항소가 받아들여졌는지를 듣기 위해 1927년 법정에서 함께 수갑이 채워진 채 기다리고 있다. 항소는 받아들여지지 않았고, 두 사람은 그해 사형되었다. 사형당하기 직전 반제티는 "우리의 전 생애에 있어 우리가 지금 우연히도 하고 있는 것처럼, 관용과 인간에 대한 인간의 이해를 추구하는 일을 하기를 이처럼 희구했던 적은 없다. 우리의 말—우리의 삶—우리의 고통—은 아무것도 아니다! 우리의 목숨을 빼앗는 것—선량한 구두수리공과 불쌍한 생선장수의 생명—이 전부다! 마지막 순간은 우리의 것이다—고통은 우리의 승리다"라는 말을 남겼다.

은 여전했다. 1920년 5월, 두 명의 이탈리아 이민자인 니콜라 사코(Nicola Sacco)와 바르톨로메오 반제티(Bartolomeo Vanzetti)가 매사추세츠 주의 브레인트리(Braintree)에서 회계 주임을 살해한 혐의로 기소되었다. 이 기소 건은 토착주의적 편견과 두려움이 작용되어 빈약하고 의혹투성이였으나, 두 사람이 다 무정부주의자라고 자백하자 대중은 이들이 유죄일 것이라고 추측했다. 그들은 기소되었고 사형 판결을 받았다. 그 후 몇 년이 지나자 사코와 반제티에 대한 대중의 지지가 무시 못할 정도로 늘어났다. 그러나 1927년 8월 23일, 전 세계적으로 사형 반대가 계속되던 와중에, 사코와 반제티는 여전히 무죄를 주장하며 전기의자에서 죽었다.

• 사코와 반제티

이상주의의 후퇴

1920년 8월 26일, 여성에게 투표권을 보장하는 19조 수정안이 헌법의 일부분이 되었다. 여성참정권 운동에서 여성 투표권을 얻어낸 것은 거의 1세기에 이르는 투쟁의 정점이었다. 많은 혁신주의자는 이것이 개혁에 대한 새로운 지지를 약속하는 것이라고 보았다. 그러나 헌법 수정 조항 19조의 통과는 개혁의 시작이 아니라, 그 끝을 장식했다.

경제문제, 노동 불안, 인종적 긴장, 반급진주의의 강화 등 이 모든 것이 결합하여 전쟁 직후에 총체적인 환멸감을 일으켰다. 이는 특히 1920년의 선거에서 분명해졌다. 우드로 윌슨은 이 선거전이 국제연맹에 대한 국민투표가 되기를 원했고, 민주당 후보인 오하이오 주지사 제임스 콕스(James M. Cox)와 해군 차관보 프랭클린 루스벨트

• 환멸과 반동

(Franklin D. Roosevelt)는 윌슨의 이상주의를 지켜내려고 노력했다. 그러나 공화당 대통령 후보 지명자는 다른 비전을 제시했다. 그는 무명의 오하이오 주 상원 의원 워렌 가말리엘 하딩(Warren Gamaliel Harding)이었다. 하딩은 어떠한 이상도 보여주지 않았고, 후일에 '정상(normalcy)'으로의 복귀라고 이름 붙여진 미미한 공약만을 내세웠을 뿐이었다. 그는 압도적인 승리를 거두었다. 공화당 후보는 일반투표에서 61퍼센트를 얻었고, 남부 이외 지역의 경우 모든 주에서 승리했다. 공화당은 의회에서도 상당한 의석을 차지했다. 많은 미국인은 좋든 싫든 새로운 시대가 시작되었다고 느끼게 되었다.

결론

1914년에 유럽에서 전쟁이 발발한 이후, 윌슨 대통령을 포함하여 대다수의 미국인은 이 전쟁에 끌려 들어가지 않기를 원했다. 그러나 점차 전쟁이 장기화되고, 영국과 독일의 전술로 인해 미국이 무역과 해양에서 자유를 침해받기 시작하자, 미국은 서서히 이 전쟁에 휩쓸리기 시작했다. 1917년 4월, 마침내 의회는 미국이 영국의 동맹으로 참전하자는 대통령의 요구를 받아들였다.

미국은 수년 간 결정적 상황 없이 참호전으로 지속되던 유럽 전쟁의 교착상태를 깨뜨렸다. 상당수의 미군이 유럽에 파견된 지 몇 개월도 못 되어 독일이 휴전에 동의하자 전쟁은 막을 내렸다. 미국의 사상자 수는 상당했어도, 유럽 참전군이 겪었던 수백만의 피해에 비하면 매우 약소했다.

개혁가는 전쟁기에 미국 사회가 겪은 경험에 전반적으로 실망했다. 비록 전쟁이 금주법과 여성참정권 등 몇 가지 개혁 시도에 힘을 보태주었지만, 전쟁은 또한 미국인의 삶에 불관용과 억압의 분위기를 만들어냈다. 혁신주의자는 전후의 시기를 더 불만스러워했다. 이는 단기간이었으나 매우 불안정한 침체가 일어났기 때문이었으며, 또한 1919년과 1920년에 노동자, 급진주의자, 아프리카계 미국인, 그리고 이민자에게 가해진 억압의 물결 때문이기도 했다.

이와 동시에, 민주주의와 정의에 기초한 우드로 윌슨의 대담하고도 이상적인 꿈은 고통스런 종말을 맞았다. 그가 초안 작성을 도왔던 베르사유조약은 윌슨의 기대와는 매우 다른 것이 되었다. 그러나 그 조약에는 국제 질서를 바꾸리라고 윌슨이 믿었던 국제연맹 창설을 위한 조항이 포함되어 있었다. 하지만 국제연맹은 곧 미국 내에서 논란거리가 되었고, 윌슨이 건강을 악화시키면서까지 열정적으로 노력했지만, 조약은 상원에서 통과되지 못했다. 그처럼 크나큰 상처를 남긴 전쟁 이후, 미국 국민은 윌슨과 그의 이상에서 눈을 돌렸고, 이전과는 매우 다른 새로운 시대를 맞이할 준비를 했다.

1914-1920	1920	1922	1923
흑인, 북부로 대거 이주	금주법 시행/하딩, 재선에 성공	루이스의 《배빗》	하딩 사망/쿨리지, 대통령직 승계/하딩 행정부의 스캔들 표면화

24장
새로운 시대

플래퍼(1927)

1927년, 대중 패션 잡지 《보그(Vogue)》는 표지에 맵시 있게 옷을 차려입은 '플래퍼(flapper)'를 실었다. 짧은 머리와 이마 아래까지 눌러쓴 모자는 플래퍼 스타일의 일부였다. 노동계급 여성 사이에서 일종의 패션으로 시작된 것이 1927년에 이르러 세련된 상류사회에까지 파급되었다.

1924	1925	1927	1928
국적 기원법 통과/쿨리지, 대통령 당선/큐 클럭스 클랜 회원 수 절정에 달함	피츠제럴드의 《위대한 개츠비》/스콥스 재판	린드버그, 대서양 단독 횡단 비행/최초의 유성 영화, 〈재즈 싱어〉	후버, 대통령 당선

1920년대는 종종 경제적 풍요, 보수주의, 그리고 천박한 문화의 시대로 기억된다. 그러나 사실상 이 10년간은 사회적·경제적·정치적으로 엄청난 변화가 일어난 중요한 시기였다. 미국 경제가 놀랍도록 성장했을 뿐 아니라, 새로운 형태의 조직을 발전시켜나갔던 시기이기도 했다. 이 시기에는 미국이 점진적으로 도시 중심적·산업적·소비 지향적 사회로 변화하는 것에 영향을 받아 미국의 대중문화가 재편되었다. 그리고 이 10년 동안 미국 정부는 공공 정책 부문에서 새로운 방법을 시도하기도 했다. 이것이 당대인이 1920년대를 '새로운 시대(the New Era)'—미국이 현대 국가가 되어가는 시대—라고 불렀던 이유다.

그러나 동시에, 이 시기에는 미국인의 생활에 변화를 가져온 현대적 발전에 저항하는 맹렬하고도 때로는 효과적이었던 반항적 기운이 연이어 일어나기도 했다. 1920년대를 특징지었던 격렬한 문화적 갈등은 미국 사회가 현대화되어가는 새로운 시대적 조류에 얼마나 비타협적이었는지를 보여주는 증거였다.

1
새로운 경제

1921년에서 1922년까지 경기 침체가 있은 후, 미국은 장기간에 걸쳐 거의 중단 없는 번영과 경제적 팽창의 시기에 들어갔다. 당시에는 별로 뚜렷하게 나타나지 않았으나, 경제적 번영과 함께 심각한 불평등과 불균형이 이루어지고 있었을 뿐 아니라 오히려 더 심화되었다.

기술, 조직, 경제적 성장

1920년대에 미국이 이루어낸 놀랄 만한 경제적 성취를 부정할 수 있는 사람은 아무도 없었다. 미국의 산업 생산은 60퍼센트 이상 증가했고, 개인소득도 3분의 1 정도 늘어났다. 1923년에 약간의 침체로 인해 성장 패턴이 일시적으로 중단되었지만, 1924년 초 경제 침체에서 벗어나자 미국 경제는 그전보다 더욱 힘차게 팽창했다.

경제적 호황은 많은 요인이 종합적으로 이루어낸 결과였으나, 가장 중요한 요인 가운데 하나는 기술력이었다. 일관작업 라인(assembly line)과 그 외 기술이 발전한 결과, 자동차 산업은 이제 미국의 가장 중요한 산업 중 하나가 되었다. 자동차 산업이 발달하자 다른 관련 산업도 활기를 띠게 되었다. 자동차 제조업자는 철, 고무, 유리 제품과 공구 회사를 사들였다. 자동차 소유자는 정유 회사에서 가솔린을 구매했고, 도로 건설이 중요한 산업이 되었다. 자동

자동차 산업의 성장

차로 인해 이동성이 증가하자 교외 주택에 대한 수요가 늘어났고, 이에 따라 건설업이 번성했다.

기술혁신의 혜택을 입은 또 다른 산업도 경제성장에 기여했다. 라디오가 대중화되기 시작했다. 초기 라디오는 펄스(pulses)를 통해서만 방송할 수 있었다. 모스 부호(Morse code)를 써야만 라디오 방송이 가능했던 것이다. 그러나 캐나다의 과학자 레지널 페선든(Reginal Fessenden)이 최초로 변조(modulation) 이론을 발견함으로써 음성과 음악을 전파를 통해 전송할 수 있게 되었다. 값싼 광석 수신기(crystal)가 (가까운 곳에서는 그리 잘 들리지 않았지만) 먼 곳에서도 신호를 받을 수 있다는 것을 발견하자, 많은 사람이 집에서 거의 비용을 들이지 않고 라디오 세트를 만들었다. 이 같은 '단파(short wave)' 라디오로 개별 라디오 소유자가 서로 접촉할 수 있게 되었으며, 이는 후일에 나온 '햄 라디오(Ham radio)'의 시초였다. 일단 상업방송이 시작되자, 미국인은 좀 더 통상적인 라디오 세트를 사려고 몰렸는데, 이것은 근거리, 중거리 모두 고품질의 신호를 받을 수 있었다. 이 라디오 세트에는 초기 모델보다 성능이 훨씬 더 뛰어난 진공관이 설치되었다. 1925년까지 미국 가정에 200만 대의 라디오 세트가 보급되었고, 1920년대 말까지 거의 모든 가정이 라디오 세트 하나씩은 보유하게 되었다.

• 상업 비행

비행기가 우편물을 배달하는 데 이용되면서 1920년대에 상업 비행은 서서히 발전했다. 전반적으로 비행기는 호기심의 대상이자 흥밋거리였다. 방사형 엔진(radial engine)의 발달과 기압 유지 장치 발명과 같은 기술의 진보가 발판이 되어 1930년대와 그 이후에 상업 여행이 엄청나게 증가했다. 기차는 디젤전기 엔진의 개발로 더욱 빨라지고 효율적이 되었다. 전자, 가전, 플라스틱, 나일론과 같은 인조섬유, 알루미늄, 마그네슘, 석유, 전기, 그리고 다른 여러 산업이 기술의 진전에 힘입어 급속하게 성장했다. 전화도 계속 급격히 늘어갔다. 1930년대 말, 미국에는 거의 6명당 1대꼴인 2,500만 대의 전화기가 있었다.

1920년대와 1930년대에는 미래의 산업을 혁신시킬 싹이 보였다. 영국과 미국, 양국에서 과학자와 공학자는 원시적인 계산기를 좀 더 복잡한 업무를 수행할 수 있는 기구로 변환시키려는 연구를 계속했다. 1930년대 초, 베너바 부시(Vannevar Bush)가 이끌던 MIT의 연구자는 다양한 복합 업무를 수행할 수 있는 기구, 즉 최초의 아날로그 컴퓨터를 발명했다. 몇 년 후, 하버드 대학과 MIT의 재정 지원을 받아 연구하던 하워드 에이킨(Howard Aiken)이 3초 내에 11자리의 수를 곱할 수 있으며, 암기력을 갖춘 한층 더 복합적인 컴퓨터를 개발했다.

유전자 연구는 19세기 중반, 오스트리아의 가톨릭 수도사 그레고르 멘델(Gregor Mendel)이 수도원 정원에서 식물의 교배 실험을 하면서 시작되었다. 멘델의 발견은 그의 생존시에는 거의 주목받지 못했으나, 20세기 초 여러 연구자가 그 연구의 중요성을 발견했다. 이는 근대 유전자 연구를 성립시키는 데 일조했다. 미국에서 이 부문의 개척자 중 한 명이 컬럼비아 대학에 재직하다가 후에 칼텍(Cal Tech)으로 옮겨간 토머스 헌트 모건(Thomas Hunt Morgan)이었다. 그는 과실 파리(fruit flies)를 이용한 실험에서 여러 유전자가 어떻게 함께 유전될 수 있는지를 제시했다. 그는 또 유전자가 염색체(chromosome)를 따라 배열된 방식을 찾아냈다. 그의 연구로 유전

• 유전자 연구

자가 어떻게 재결합할 수 있는지 이해할 수 있게 되었다. 이는 매우 중요한 발견으로, 교배와 유전학 실험를 진전시켰다.

> 산업 통합의 증가

미국의 거대 기업 분야는 전국적인 조직화와 통합을 이루기 위해 빠르게 움직였다. 제철과 자동차 산업 등과 같이, 대규모의 대량생산에 의존하는 특정 산업은 자연히 몇몇의 거대 회사에 집중되었다. 다른 분야, 즉 기술력에 대한 의존성이 적고, 대규모 경제에 별 영향을 받지 않는 산업은 통합에 저항했다.

기업가가 경제 전반에 걸쳐 경쟁을 완화시키려고 열심히 노력한 것은 과잉생산을 매우 두려워했기 때문이었다. 1920년대의 경제적 번영기에도, 기업가는 1893년, 1907년, 그리고 1920년에 너무 급속한 팽창과 과잉생산이 경기 후퇴를 가져왔던 일을 잊지 않고 있었다. 새로운 시대의, 거대하지만 아직은 이루어지지 않은 꿈은 경제를 안정시키는 방법을 찾아내어 다시는 경제 붕괴가 일어나지 않도록 하는 것이었다.

자본의 시대와 노동자

> 복지 자본주의

경제적 성장은 놀라울 정도였으나, 1929년에 미국인의 3분의 2 이상이, 어떤 한 주요 연구에서 '최소한의 안락한 수준(minimum comfort level)'이라고 제시한 것에도 못 미치는 생활을 했다. 그들 중 반 정도는 '근근이 생활하는 빈곤 수준' 또는 그 이하의 생활을 하고 있었다.

1920년대 미국의 노동자는 다른 집단과 마찬가지로 성공과 실패를 다 맛보았다. 한편으로는, 1920년대의 10년 동안 노동자의 대다

증기 파이프 수리공

루이스 하인(Lewis Hine)은 사진 기술을 하나의 예술로 인식한 최초의 미국인 사진작가였다. 1920년 중반 이래로, 하인은 이같이 세심하게 포즈를 취하게 한 사진에서 많은 다른 예술가가 다른 매체를 통해 지적했던 바를 부각시켰다. 기계의 등장은 인간에게 도움이 될 수 있지만, 또한 기계 자체의 목적을 위해 인간을 기계에 예속시킬지도 모르는 것이었다.

수는 생활수준이 향상되었다. 1920년대의 어떤 고용주는 '복지 자본주의(welfare capitalism)'라고 하는 온정주의적 방식을 도입했다. 예를 들면, 헨리 포드(Henry Ford)는 주간 노동시간을 감축하고 임금을 올려주었으며, 또 유급휴가를 제도화했다. 1926년까지 거의 300만 명의 산업 노동자가 은퇴시에 최소한 약간의 연금을 받을 수 있게 되었다. 이러한 노력에도 불구하고 더 이상 고초를 이기지 못하게 되었을 때, 노동자는 여러 산업체에 생기기 시작한 노동자 협의회(workers' councils)와 작업장 위원회(shop committees)와 같이 기업이 조직한 회사 노조(company union)를 통해 문제를 제기할 수 있었다. 그러나 결과적으로 복지 자본주의는 노동자가 자신의 운명을 통제할 수 있는 진정한 권한을 전혀 주지 않았다. 회사 노조는 노동자를 대변하기에는 미약한 수단이었고, 복지 자본주의는 기업이 번성할 때만 유지될 수 있었다. 1929년 이후 경제가 위기를 맞게 되자, 복지 자본주의는 무너졌다.

복지 자본주의는 소수의 노동자에게만 영향을 미쳤을 뿐이다. 대다수의 노동자는 노동비용을 최소한으로 유지하는 데만 주로 관심을 쏟는 고용주 밑에서 일했다. 그러므로 전체적으로 노동자의 임금은 비율면에서 전반적 경제성장에 훨씬 못 미치는 정도로만 인상되었다. 연 수입 1,800달러는 되어야 최소한의 인간다운 생활을 할 수 있었던 1920년 말엽, 노동자의 연 평균 소득은 1,500달러를 밑돌았다. 노동계급 가정은 가족원 여럿이 함께 벌어야만 수지를 맞출 수 있었다.

• 노동자의 어려운 시기

새로운 시대는 노동조합에게 어려운 시기였다. 이는 많은 조합이 비교적 보수적이기 때문이었고, 현대적 경제 현실에 적응하지 못했기 때문이기도 했다. 윌리엄 그린(William Green)이 이끌던 미국노동총동맹(AFL)은 여전히 직능별(숙련) 노동조합으로 유지되어, 노동자는 특정 직능에 따라 조직되어 있었다. 미국노동총동맹은 고용주와 평화로운 협조 관계를 추구했다. 그동안 비숙련 산업 노동자의 수가 급증했으나, 이들은 숙련 노동조합들로부터 거의 아무런 주목을 받지 못했다.

• '미국적 계획'

그러나 노동조합의 약점이 무엇이었든 간에, 1920년대에는 기업의 세력이 강력했기 때문에 효과적인 노동조합이 존재할 수 없었다. 1919년의 소요 이래, 기업계 지도자는 (어떤 노동자도 조합에 가입할 것을 요구하지 않는) '개방 사업장(open shop)'을 유지하는 것이 민주적 자본주의의 중요한 요소 중 하나라고 열렬히 주장했다. '미국적 계획(American Plan)'이라고 완곡하게 명명된 개방 사업장을 확립하기 위한 운동은 전국적 노동조합 파괴 운동의 구실이 되었다. 그 결과, 1920년에 500만이 넘었던 노조원의 수가 1929년에는 300만 명을 밑돌 정도로 줄어들었다.

여성과 소수 인종 노동력

점차 노동력의 많은 비중을 차지하게 된 여성은 주로 '여성 직종(pink-collar jobs)'으로 알려진 저임금 서비스직에 종사했다. 많은 여성이 비서, 판매원, 전화교환원 등 서비스 업종에서 일했다. 그런 직종은 산업 분야가 아니었기 때문에, 미국노동총동맹을 비롯한 많은 노동조직은 이들을 조직화하는 데에는 별 관심이 없었다. 이들만이 아니라 1914년 이후의 대이주기(Great Migration)에 남부 농촌에서 도시로 이주한 50만에 이르는 아프리카계 미국인도 조합을 통해 자신들의 이익을 대변할 기회를 전혀 갖지 못했다. 미국노동총동맹에 속한 숙련 노동자는 종종 조합과 조직에서 흑인을 배제했다. 대다수의 흑인은 미국노동총동맹이 아무런 관심을 갖지 않았던 문지기, 접시닦이, 청소부, 가내 하인으로 고용되거나 다른 서비스 직종에서 일했다. 필립 랜돌프(Philip Randolph)의 침대차 짐꾼 노동조합(Brotherhood of Sleeping Car Porters)은 아프리카계 미국인이 통솔해가던 몇 안 되는 주요한 조합 중의 하나였다.

• 침대차 짐꾼 노동조합

서부와 남서부에서는 상당수의 아시아인과 히스패닉이 비숙련 노동자로 일했다. 중국인 배척법(Chinese Exclusion Act)이 통과된 이후, 캘리포니아 주에서는 중국인 대신 일본인 이민자가 육체노동을 점점 더 많이 담당하게 되었다. 이들은 철도 공사, 건설 현장과 농장 등 보수가 낮은 여러 직종에서 일했다. 일본인 중 일부는 작은 가게를 열거나 야채 재배업을 시작하며 비숙련 노동직에서 벗어났고, 일본인 이민 1세대(Issei)와 미국에서 태어난 이미 2세대(Nisei) 중 많은 사람이 경제적으로 상당히 성공했다. 그 결과 캘리포니아에서는 1913년과 1920년 두 차례에 걸쳐 일본계의 토지 구매를 더욱 어렵게 하는 법이 통과되었다. 그 외의 아시아인—특히 필리핀인—도 비숙련 노동직에 참여했고, 이는 미국인에게 엄청난 반감을 불러일으켰다. 1929년 캘리포니아에서 반(反)필리핀인 폭동이 일어나면서 1934년에는 필리핀인의 미국 이민을 사실상 금지하는 법이 통과되었다.

• 멕시코 이민의 증가

멕시코계 이민자는 남서부와 캘리포니아 주 전역에서 비숙련 노동력의 상당 비중을 차지했다. 거의 50만 명에 달하는 멕시코인이 1920년대에 미국에 왔다. 이들 대부분은 캘리포니아, 텍사스, 애리조나, 뉴멕시코에 거주했으며, 1930년대에는 대다수가 도시에서 살았다. 로스앤젤레스, 엘패소(El Paso), 샌안토니오(San Antonio), 덴버(Denver) 등 여러 도시와 타운에 대규모의 멕시코인 거주 지역(barrio)이 생겨났다. 어떤 이는 거주 지역의 공장이나 가게에서 일거리를 찾았으며, 일부는 광산으로 떠나거나 철따라 농장에서 일하기도 했지만, 일거리가 없는 때에는 도시로 돌아갔다. 거주 지역의 백인은 멕시코인 노동자 역시 적의를 가지고 대했고 차별했다. 인구가 그리 많지 않은 서부 지역의 대다수 고용주는 이처럼 적은 임금을 받고도 일하는, 숙련되지 않고 조직화되지 못한 예비 노동자 집단이 필요했다.

농업기술과 농민의 고초

1920년대에는 미국의 산업과 마찬가지로 농업에서도 새로운 과학 기술이 쓰였다. 트랙터에 예전의 불편했던 증기기관 대신 (자동차에서와 같은) 내연기관이 장착되자 1920년대 동안 미국 농촌에 보급된 트랙터 수는 4배로 증가했다. 이로 말미암아, 3,500만 에이커에 이르는 농토를 새로 경작하게 되었다. 한층 성능이 향상된 콤바인과 수확기가 점차 널리 보급되면서, 소수의 노동자로도 이전보다 더 많이 수확할 수 있게 되었다.

농업 연구자는 또 다른 발전을 이루기 위해 연구했는데, 그중 한 가지가 (유전자 연구의 발전으로 가능해진) 변형 옥수수를 만들어낸 것이었다. 이것은 1921년에 이미 농민이 재배할 수는 있었으나, 10년 이상 대량으로 재배되지는 않았다. 화학비료와 살충제도 발명되었으나 1920년대에는 제한적으로 사용되었고, 1930년대와 1940년대에 와서야 급속히 보급되었다.

기술이 새로워지자 농업 생산은 엄청나게 증가했으나, 농업 생산물 수요는 생산만큼 빨리 늘어나지 못했다. 그 결과 생산물이 남아돌자 식품 가격이 폭락했고, 농민 소득이 1920년대 초부터 급격히 감소하기 시작했다. 10년도 안 돼, 300만 명 이상이 농사를 포기하고 완전히 떠났다. 계속 남아 있던 이들도 다수가 토지소유권을 잃고, 대신 은행이나 다른 지주에게 토지를 빌려 농사짓는 소작농이 되었다.

이렇게 되자, 일부 농민은 정부에 가격 조정의 형태로 구호해달라고 요구했다. 농민이 특히 바란 것은 단일 가격 인상안(one price-

• 식품 가격의 폭락

농촌의 고립 해소: 일리노이 주 오리건(Oregon)의 여행망 확대

1900

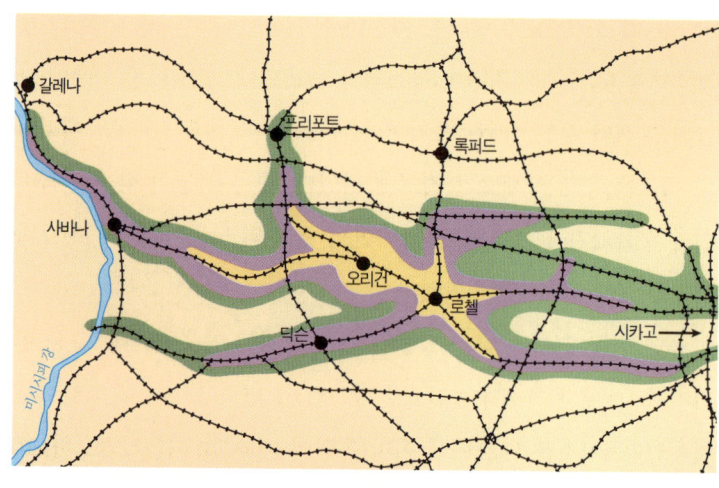

1930

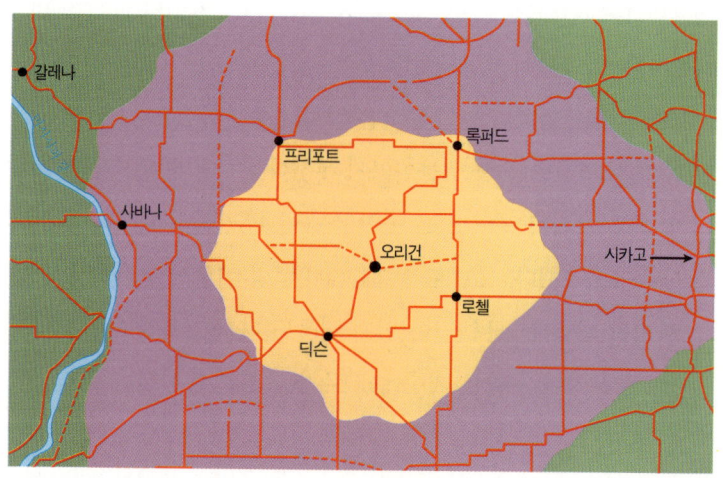

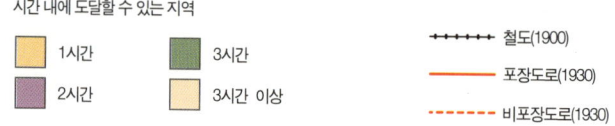

raising scheme)이었다. 이는 '평형(parity)' 개념에 기반을 둔 가격을 요구하는 것으로, '평형'이란 농업 생산물의 적정 가격을 정하는 복잡한 공식이었다. 그 목적은 국내 또는 세계의 농작물 시장이 크게 출렁이더라도, 농민이 최소한의 생산비는 받도록 보장하려는 것이었다. 평형 가격을 주창하던 이들은 정부가 외국의 농작물에는 높은 관세를 부과하고, 평형 가격에 따라 국내의 과잉 농작물을 사들여 해외에 판매할 것 등을 약속하라고 강력히 요구했다.

평형 가격을 법제화할 것을 요구하는 맥네리-호겐 법안(McNary-Haugen Bill)은 1924년부터 1928년까지 의회에 계속 제출되었다. 이 법안의 이름은 의회 내 중요한 후원자인 찰스 맥네리(Charles McNary) 상원 의원과 길버트 호겐(Gilbert Haugen) 하원 의원 두 사람의 이름을 딴 것이다. 1926년과 1928년에 의회가 곡물, 면화, 담배, 쌀에 대하여 평형 가격을 요구하는 법안을 통과시켰으나, 쿨리지(Coolidge) 대통령은 이를 모두 거부했다.

• 맥네리-호겐 법안

이 지도는 일리노이 주 오리건(시카고 서쪽의 작은 마을)을 예로 들어, 20세기 초반 몇십 년 만에 기차와 자동차가 농촌 지역의 고립을 어떻게 완화시켰는지 보여준다. 두 지도의 금색과 보라색 지역은 오리건 주민이 2시간 내에 도달할 수 있는 곳이다. 1900년에 그 같은 지역이 얼마나 좁았는지, 또 이 마을에서 쉽게 갈 수 있는 100평방 마일 이상 떨어진 지역이 1930년에는 얼마나 넓어졌는지 주목해보자. 또한 1900년에는 거의 없었던 이 지역 포장도로망이 1930년에는 엄청나게 증가한 것을 주목해보자.

24장 새로운 시대 | 77

2
새로운 문화

1920년대의 도시적이며 소비 지향적인 문화가 퍼지자 지역을 막론하고 모든 미국인이 점차 비슷한 생활 방식에 따라 살아가고 비슷한 의식을 갖게 되었다. 그러한 동질적 문화로 인해 미국인은 새로운 가치관을 접하게 되었다. 그러나 미국 사회의 각기 다른 부문은 새로운 문화를 매우 다른 방식으로 경험했다.

소비주의와 대중매체

• 소비 문화의 발달

    1920년대의 미국은 소비사회였다. 과거 그 어느 때보다 더 많은 사람들이 단지 필요해서가 아니라, 편의와 쾌락을 추구하려고 상품을 구매했다. 중간계급 가정은 전기냉장고, 식기세척기, 진공청소기를 샀다. 사람들은 손목시계를 찼고, 담배를 피웠다. 여성은 화장품과 대량생산된 의복을 구입했다. 미국인은 무엇보다도 먼저 자동차를 샀고, 1920년대 말엽에는 3,000만 대가 넘는 자동차가 미국의 도로를 달리고 있었다.

• 브루스 바튼

    광고 산업계는 소비주의의 등장을 그 누구보다도 잘 알고 있었다(광고 산업이 소비주의를 창조하는 데 큰 역할한 것일 수도 있다). 1920년대에 들어와 광고의 시대가 도래했는데, 이에는 전시(戰時) 선전술의 발달에 힘입은 면이 있다. 광고업자는 단순히 정보만을 제

전기냉장고

새로운 가정용 제품이 개발되자 1920년대 소비재의 생산과 판매는 호황을 누렸다. 제너럴모터스(General Motors)의 자회사인 델콤 전기 회사(Delcom Light Company)의 한 임원이 1921년 최초의 프리지데어(Frigidaire) 전기냉장고가 오하이오 주의 데이튼(Dayton)으로 수송되기 전에 그 앞에서 포즈를 취하고 있다.

공하는 것이 아니라, 상품을 특정 생활양식과 동일화하려 했다. 이들은 또한 대중이 광고와 세일즈맨의 가치를 알고, 효과적인 광고와 광고인을 높이 평가하도록 부추겼다. 1920년대에 가장 성공한 책 중 하나는 광고 회사의 간부 브루스 바튼(Bruce Barton)이 지은 《아무도 모르는 사람(The Man Nobody Knows)》이었다. 이 책에서는 예수 그리스도를 종교적 선지자로서뿐만 아니라, '위대한 세일즈맨(super salesman)'으로 그리고 있다. 바튼의 메시지는 새로운 소비

문화 정신과 궤를 같이하는 것으로, 예수는 현세에서 완전하고도 보상받는 삶에 관심을 가졌던 사람이며, 20세기 사람은 예수처럼 현세의 삶에 관심을 가져야 한다는 것이다.

광고 산업은 다수의 청중에게 빠르고도 쉽게 전달할 수 있는 새로운 대중매체가 등장하지 않았다면 그렇게 큰 영향을 미칠 수 없었을 것이다. 신문은 전국적 유통망을 통해 보급되었고, 잡지는 대량 유통되어 전국의 독자를 매혹시켰다. 영화는 좀 더 대중적이며 강력한 대중 정보 전달의 수단이 되었다. 영화 관람자가 1922년에는 4,000만 명이었으나, 1930년에는 1억 명을 넘어섰다.

· 상업 라디오의 등장

그러나 가장 중요한 대중매체는 라디오였다. 미국 최초의 상업 라디오 방송국은 1920년에 방송을 시작한 피츠버그(Pittsburgh)의 케이 디 케이 에이(KDKA)였고, 최초의 전국적 라디오 네트워크는 1927년에 설립된 NBC(National Broadcasting Company)였다.

심리학과 정신의학

1920년대에 점점 풍요해지고 소비주의가 성장하면서 사람들은 심리적으로 새로운 위기를 느끼게 되었다. 소비 시대의 특징적 병증으로서 '불안'과 '소외'가 생겼고, 이와 동시에 심리학과 정신의학에서 신이론이 등장했다. '불안'과 '소외' 두 가지 현상 공히 의학과 과학에서 중요한 의미를 지니며 새로이 등장한 신이론은 강화시키고 확산시켰다.

20세기 초 이래, 미국에서는 지그문트 프로이트(Siegmund Freud)와 칼 융(Carl Jung)의 이론에 대한 관심이 커지는 데 이에 힘입어 정신의학이 확산되고 있었다. 프로이트와 융은 여러 면에서 매우 이질적이었으나, 이들은 정신적 문제의 뿌리를 찾아내는 한 방법으로 무의식의 탐구가 합리적인 것이 되도록 지원했다. 프로이트가 개척하고 융이 발전시킨 정신분석은 1912년 초 미국의 동조자를 매혹시켰고, 1920년대에 널리 보급되었다.

존스 홉킨스 대학교(Johns Hopkins University)의 존 왓슨(John B. Watson)은 자기 분석과 무의식의 탐구를 중시한 프로이트적 신념에 도전했다. 그 대신, 그는 육체적 질병과 마찬가지로 정신적 질병도 행동의 증상을 관찰하고 치료함으로써 치유해야 한다고 주장했다. 치료법의 핵심은 바람직하지 못한 행동을 금지하고 '용인될 수 있는' 행동을 장려하는 방식으로 행동을 변화시키는 것이었다. 많은 정신의학자가 행동주의를 부정하고, 이와 관계된 치료법을 원인이 아닌 증상을 치료하는 것이라며 비판했으나, 이 방식은 알코올 중독, 마약중독과 공포증과 같은 정신 질환을 치료하는 데 상당한 성공을 거두었다.

• 행동주의

의학 훈련을 받지 않은 심리학자들이 정신분석과 그 외 다른 형태의 치료법을 수행했어도, 정신의학은 의학 분야의 일부분으로서 가장 많이 성장했다. 초기에 정신의학자는 대개 정신병원에서 일했다. 그러나 정신병원이 환자가 치료를 받기 위해 오는 곳에서 주로 만성적 질병을 가진 이들(그들 중 다수가 노인)이 무기한 거주하는 곳으로 바뀌어가자, 정신의학자는 곧 일반 병원으로 옮기거나 개인 병원을 개업하기도 했다. 정신의학은 널리 알려지기 시작했고, 정신적 질병이 있는 이들만이 아니라 일상생활에서 어려움을 겪는 일반인에게도 확대, 적용되었다. 20세기 초에 '역동적(dynamic)' 정신의학이라는 새로운 이론이 등장하여, 1920년대에 심각한 정신적 혼란뿐만 아니라 일상적인 근심도 치료해주게 되었다.

여성을 위한 기회

심리학과 정신의학은 처음부터 그 어떤 의학 분야보다 여성이 남성보다 훨씬 더 중요한 역할을 했던 분야였다. 그것은 심리학과의 실습이 여성이 전통적으로 강세를 보였던 직종—교육, 사회사업, 간호—에서 유용하게 쓰였기 때문이기도 했다. 의학 실습을 받은 여성은 전통적으로 남성이 우위인 다른 의학 분야보다 정신의학 분야에 진출하기가 더 쉬웠다.

새로운 시대의 여성

1920년대에는 대학 교육을 받은 여성이 더 이상 선구자가 아니었다. 그때에는 이미 2세대, 3세대에 걸쳐 배출된 여자 대학 또는 남녀 공학 대학 졸업생이 있었고, 이전에는 여성이 거의 진출할 수 없었던 전문 분야에서 이미 두각을 나타낸 이도 있었다. 1920년대의 '신 전문직 여성(new professional woman)'은 널리 선전된 이미지였다. 그러나 사실 취업 여성의 대다수는 비전문직이나 하층계급 노동 등에 종사했고, 중간계급 여성은 집에 있는 경우가 많았다.

어머니 역할의 재정의

그렇지만 중간계급 여성에게 1920년대는 새로운 시대였다. 특히 이 시기에 어머니의 역할이 재정의되었다. 제1차 세계대전 직후, 존 왓슨과 '행동주의자'라는 유력한 심리학자 그룹은 여성이 어머니로서의 능력을 선천적으로 가지고 있다는 전통적인 사고에 대하여 문제를 제기했다. 학자들은 모성애만으로는 자녀 양육을 충실히 할 수 없으므로, 어머니는 의사, 간호원, 훈련받은 교육자와 같은 전문가의 충고와 지원을 받아야 한다고 주장했다.

　이러한 변화는 수많은 중간계급 여성이 해왔던 중요하고도 소모적인 노동의 가치를 깎아내렸다. 많은 사람이 아내와 동반자로서의 역할에 대하여 새로이 관심을 보이면서 보상받으려 했다. 그리고 이제 많은 여성은 남편과의 성적 관계를 이전 세대에게 배웠던 대로 출산만을 위한 수단이 아니라, 낭만적 사랑의 절정으로서 그 자체가 중요하고 즐거운 경험이라고 터놓고 생각하게 되었다.

　그 결과 산아제한에 대한 관심이 커졌다. 미국 산아제한의 선구자인 마가렛 생어(Margaret Sanger)는 노동계급 여성에 대한 관심에서 페서리와 그 외의 여러 가지 피임법을 널리 전했다. 그녀는 많은 빈곤층 가정이 빈곤과 절망에 빠지게 되는 중요한 원인 중의 하나가 아이를 많이 낳는 것이라고 생각했다. 1920년대에 생어는 중간계급 여성에게 산아제한의 혜택을 알리는 데 더 관심을 갖게 되었다. 그렇지만 일부 피임법은 많은 주에서 불법이었다(낙태는 거의 모든 곳에서 불법이었다).

　어떤 여성은 새로운 시대에는 더 이상 엄격한 빅토리아적 여성의 '체통(respectability)'을 따를 필요가 없다고 결론내렸다. 그들은 담배 피고 술 마시고 춤췄으며, 매혹적인 옷을 입고 화장을 하는 생기발랄하게 파티에 참석했다. 이러한 생각은 해방된 삶의 방식을 의상, 머리 모양, 말투와 행동을 통해 표출하는 현대 여성인 '플래퍼(flapper)'의 기반이 되었다. 플래퍼의 생활양식은 산업과 서비스 분야에서 새로운 일자리를 찾던 하층 중간계급과 노동계급 독신 여성에게 특히 많은 영향을 미쳤다. 그들 여성은 밤이 되면 짜릿한 흥분을 느끼고 사교를 즐기려고 클럽과 무도장으로 몰려갔다.

· 마가렛 생어

· '플래퍼'

이렇게 많은 변화가 일어났지만, 대다수의 여성은 남성에게 의존하고 있었고, 남성이 그 의존성을 악용하더라도 상대적으로 힘이 없었다. 앨리스 폴(Alice Paul)이 이끌던 전국 여성당(National Woman's Party)은 의회에서는 거의 지지를 얻지 못했어도, 남녀 동등권 수정안(Equal Rights Amendment) 통과 운동을 하면서 여성의 무력한 상태를 타파하기 위해 투쟁했다. 여성들은 참정권 획득에 성공하자 이에 부응하여 여성 유권자 연맹(League of Women Voters)을 결성했고, 민주당과 공화당 양당에도 여성 부속 기구를 조직했다. 여성이 주도하던 소비자 단체도 급속히 늘어났고 다방면으로 열성적인 노력을 펼쳤다.

여성 운동가들은 1921년에 셰퍼드-타우너법(Sheppard-Towner Act)을 통과시키는 작은 승리를 맛보았다. 이는 태아와 어린이의 건강 관리 프로그램을 위하여 연방정부의 자금을 각 주에 제공한다는 내용이었다. 그러나 이 법안은 처음부터 논쟁을 불러일으켰다. 앨리스 폴과 지지자들은 이 법안에서 모든 여성을 어머니로 분류한 것에 항의하며, 반대했다. 더욱 심각한 일은 미국 의학 협회(American Medical Association)에서 셰퍼드-타우너법이 실시되면 건강 관리 분야에 훈련받지 못한 이들이 개입하게 된다고 경고하면서 반대한 것이다. 1929년, 의회는 이 프로그램을 폐지했다.

환상에서 깨어난 이들

1920년대에 등장한 많은 예술가와 지식인은 현대 미국에 대하여 근본적으로 환멸감을 느끼고 있었다. 이 같은 환멸감과 소외의 한

• 비판받는 현대사회

가지 결과는 여러 범주에 속한 작가가 현대사회에 대해 일련의 혹독한 비판을 한 것이며, 이들 중 몇몇은 '폭로자(debunkers)'라고 알려졌다. 이들 중 볼티모어의 언론인 멘켄(H. L. Mencken)은 종교, 정치, 예술, 심지어는 민주주의까지 조소하기를 즐겼다. 싱클레어 루이스(Sinclair Lewis)는 여러 편의 적나라한 소설—《메인 스트리트(*Main Street*)》(1920), 《배빗(*Babbit*)》(1922), 《애로우스미스(*Arrowsmith*)》(1925) 등—을 출판하며 현대 부르주아 사회의 일면을 혹독히 비판했다. 1920년대의 지식인은 미국인의 삶을 지배해 왔다고 믿었던 '성공 윤리(success ethic)'를 거부한다고 선언했다. 예를 들면, 소설가인 스콧 피츠제럴드(F. Scott Fitzgerald)는 《위대한 개츠비(*The Great Gatsby*)》(1925)에서 물질적 성공에 집착하는 미국인을 비난했다. 1920년대에 의미 있는 작품을 남긴 중요한 미국 작가의 명단을 보면, 그 어느 시대보다도 화려했다. 피츠제럴드, 루이스, 어네스트 헤밍웨이(Ernest Hemingway), 토머스 울프(Thomas Wolfe), 존 도스 파소스(John Dos Passos), 에즈라 파운드(Ezra Pound), 티 에스 엘리엇(T. S. Eliott), 거트루드 스타인(Gertrude Stein), 에드나 훠버(Edna Ferber), 윌리엄 포크너(William Faulkner), 그리고 유진 오닐(Eugene O'Neill) 등이 그 대표적인 인물이다.

1920년대에는 일단의 주목할 만한 흑인 예술가 그룹도 등장했다. 신세대 아프리카계 미국인 지식인은 뉴욕 시에서 '할렘 르네상스(Harlem Renaissance)'라고 널리 알려진 아프리카계 미국인 문화를 창조했다. 할렘의 시인, 소설가, 그리고 예술가 들은 그들의 인종적 유산이 풍성함을 증명하기 위해 아프리카적 뿌리로부터 많은 영감

'할렘 르네상스'

을 끌어왔다. 시인 랭스턴 휴즈(Langston Hughes)는 이 운동의 정신을 다음의 한 마디로 표현했다. "나는 흑인(Negro)이다. 그리고 아름답다." 할렘과 다른 곳에 있는 제임스 존슨(James Weldon Johnson), 쿤테 쿨렌(Countee Cullen), 조라 닐 허스턴(Zora Neal Hurston), 클로드 매케이(Claude McKay), 알랜 로크(Alain Locke) 등의 흑인 작가와 흑인 화가나 음악가도 흑인종의 역사적 유산에 뿌리내리고 있고 때로는 매우 정치성 짙은 문화를 번창시키기 위해 힘을 모았다.

3

문화적 갈등

1920년대의 현대적이고 세속적인 문화에 대항하는 도전이 없었던 것은 아니다. 그 문화는 오래 되고 전통적인 문화와 더불어 지속적이고도 때로는 격렬하게 경쟁하면서 성장했다.

금주법

1920년 1월에 주류 판매와 제조를 금지하는 법안이 발효되자, 중간계급과 혁신주의자로 자처하던 사람 대다수는 이를 지지했다. 그러나 1년도 못 되어, 금주론자가 지칭했던 '고상한 실험(noble experiment)'이 잘 되지 않고 있음이 명백해졌다. 금주법이 시행되자 미국 대부분의 지역에서 음주가 상당히 줄어들긴 했으나, 그와 함께 위법 사태도 속출했다. 오래지 않아, 과거에 합법적으로 주류를 구했던 것처럼, 미국의 많은 곳에서 불법 주류를 손쉽게 구할 수 있게 되었다. 그리고 합법적 기업가가 거대하고 이윤이 많은 주류 사업을 할 수 없게 되자, 범죄 조직이 그 사업을 인수했다.

• 금주법의 실패

처음에 금주를 지지했던 많은 중간계급의 혁신주의자는 곧 이 실험이 시들해졌다. 그러나 지방의 농촌 지역에 주로 거주하는 개신교도 미국인인 많은 유권자는 금주를 열성적으로 지지했다. 그들에게 금주는 미국의 전통적 도덕관과 윤리를 수호하려는 노력을 드러내는 것이었다. 음주는 현대 도시와 가톨릭교도 이민자와 결부되어, 전통적 미국을 대치하려고 한다는, 그들이 생각한 새로운 문화의 상징이 되었다.

시간이 지나면서 금주 반대자(또는 '음주자')는 서서히 영향력을 미치게 되었다. 1933년, 대공황이 일어나 금주 반대자의 주장이 힘을 얻게 되자, 마침내 '금주론자(drys)'를 효과적으로 공격하고, 헌법 수정 조항 18조를 폐지할 수도 있었다.

• '금주 반대자 (wets)' 대 '금주론자 (drys)'

토착주의와 클랜

금주론자 중 다수가 이민자에 대해 품고 있었던 공포는 또 다른 방식으로 표출되었다. 외국인의 미국 이민을 감소시키려는 움직임은 19세기에 시작되었으며, 금주법과 마찬가지로 주로 중간계급 혁신주의자의 지지 덕분에 전쟁 이전에 이미 그 세력을 키워놓았다. 제1차 세계대전 직후, 이민이 급진주의와 연관되면서, 이민 제한을 지지하는 대중적 정서가 급격히 부상했다.

• 1924년의 국적 기원법

1921년, 의회는 긴급 이민법을 통과시켜, 어느 나라든 연간 이민자 수를 1910년에 미국에서 거주했던 그 나라 국적인(國籍人) 총 수의 3퍼센트를 넘기지 못한다는 쿼터제를 만들었다. 이 새 법으로 연간 허용 이민자가 80만 명에서 30만 명으로 축소되었으나, 토착주의자는 이에 만족하지 못했다. 1924년에 국적 기원법(National Origins Act)이 실시되자 동아시아의 미국 이민은 완전히 금지되었고, 유럽인의 쿼터도 3퍼센트에서 2퍼센트로 감축되었다. 더욱이 쿼터를 1910년의 인구조사가 아니라, 미국에 거주하는 동부와 남부

유럽인이 훨씬 적었던 때인 1890년의 인구조사에 기반을 두게 했다. 달리 말하면, 북서부 유럽인의 이민을 매우 선호한 것이었다. 5년 후에는 또 다른 제약을 가해 연간 이민자 수를 15만 명으로 엄격히 제한했다. 그 후 이민국 관리는 미국에 실제로 입국하려는 이들 중 거의 절반도 받아들이지 않았다.

좀 더 지방 중심적인(provincial) 과거의 미국을 수호하려는 이들은 언어와 관습과 가치관이 생소한 외국인의 지역사회가 거대하게 성장하는 것을 보고는 자신들이 싸워 이룩한 삶의 방식이 직접적으로 위협받고 있다고 여기게 되었다. 이러한 지방적 토착주의는 큐 클럭스 클랜(Ku Klux Klan, KKK)이 미국 사회의 중요한 세력으로 다시 등장하게 했다. 재건기에 성립되었던 최초의 클랜은 1870년대에 사라졌다. 그러나 1915년에 남부 백인으로 구성된 집단이 애틀랜타 근교 스톤 마운틴(Stone Mountain)에서 집회를 갖고 현대적 형태의 클랜을 새로이 조직했다. 1914년, 여성 고용자를 살해했다는(증거는 매우 희박했음) 이유로 애틀랜타에서 기소된 유대인 공장 관리자 레오 프랭크(Leo Frank)의 사건에 대응하여 조지아와 다른 지역에서도 토착주의적 열기가 휩쓸었고, 한 무리의 폭도가 수감되어 있는 프랭크를 공격하여 린치를 가했다. 1915년, 그리피스(D. W. Griffith)가 만든 영화 〈국가의 탄생(*The Birth of a Nation*)〉에는 초기 클랜을 찬양하는 내용이 담겨 있었는데, 이 영화의 시사회(애틀랜타에서도 개최됨)를 본 남부 백인은 새로운 클랜에 가담하도록 고무되었다.

새로운 클랜은 처음에는 예전의 클랜처럼 흑인을 겁주는 것에 주로 관심이 있었다. 그러나 제1차 세계대전 이후에는 흑인보다는 가

• 뉴 클랜의 등장

톨릭교도, 유대인, 그리고 외국인에 관심이 점점 커졌다. 이때를 즈음하여 클랜의 조직원 수는 남부의 작은 마을과 농촌 지역뿐만 아니라, 북부와 중서부의 여러 산업도시에서도 급속하게, 또 엄청나게 늘어갔다. 1924년에는 많은 여성을 포함하여 회원이 400만에 달했고, 회원은 별도의 병행 단위로 조직되어 있었다. 클랜의 수가 가장 많았던 주는 남부가 아니라, 인디애나(Indiana) 주였다. 1925년에 클랜 조직의 지도자가 연루된 스캔들이 연이어 일어나면서 클랜의 세력은 서서히 지속적으로 줄어들었다.

대부분의 클랜 단위 조직(또는 'klaverns')은 조직원이 애국자이며 도덕성의 수호자로 보이도록 노력했다. 어떤 이는 가끔 퍼레이드나 집회를 거행하는 것 외에는 그리 위협적이지 않았다. 그러나 클랜은 종종 '외국인'을 잔인하게 대했고, 심지어는 폭력까지 휘두르며 적대했다. 클랜 회원은 흑인, 유대인, 가톨릭, 그리고 외국인을 조직적으로 위협했다. 때때로 이들은 공개적으로 채찍질을 하거나, 타르 칠을 하고 새털을 몸에 씌워놓기도 했으며, 불을 지르고 린치를 가하기도 하는 등 상당히 폭력적이었다. 그러나 클랜이 두려워했던 것은 단순히 '외국적'이거나 '인종적으로 순수하지 않은' 집단만이 아니라, 전통적 가치관에 도전하는 모든 사람이었다.

종교적 근본주의

근본주의자와
모더니스트

현대사회에서 종교가 차지하는 위상에 대한 심각한 의견 충돌은 1920년대에 또 다른 문화적 논쟁거리를 낳았다. 1921년에 미국의 개신교(Protestantism)는 이미 두 개의 서로 적대적인 집단으로 나

데이튼의 대로우와 브라이언

1925년의 스콥스 재판은 주로 그것이 불러일으킨 이슈에 의미가 있기는 하지만, 이는 또 최소한, 두 사람의 유명한 변호인 때문에 전국적 관심을 모으기도 했다. 클래런스 대로우(Clarence Darrow)는 미국에서 가장 유명한 변호인이었고, 근대의 회의적이며 세속적인 지성의 전형이었다. 윌리엄 제닝스 브라이언(William Jennings Bryan)은 말년에 근본주의적 기독교의 열렬한 수호자가 된 위대한 정치 지도자였다.

뉘어 있었다. 한편에는 도시의 중간계급에 속하는 모더니스트(modernists)가 있었다. 그들은 종교를 현대 과학의 가르침과 현대적이며 세속적인 사회의 실제 상황에 맞추려고 했다. 또 다른 한편에는 근본주의자(fundamentalists)가 있었는데, 그들은 지방 중심적(provincial)이며, 대개 농촌 지역에 거주하면서 전통적 가치관을 지키고, 미국인의 생활에서 종교의 중요성을 유지하려고 투쟁했다. 근본주의자는 성경을 문자 그대로 해석해야 한다고 주장했다. 무엇보다도 그들은 성서의 창조론에 공개적으로 도전했던 찰스 다윈

(Charles Darwin)의 진화론을 반대했다.

    1920년대 중반에 들어와 공립학교에서 진화론 교육을 금지하는 법을 요구하면서 근본주의가 몇몇 주에서 정치적 세력을 더해 가자, 모더니스트들은 경악을 금치 못했다. 1925년 3월, 테네시(Tennessee) 주 의회는 모든 공립학교 교사가 "성경에서 가르치는 대로 신이 인간을 창조했다는 창조론에 반하는 어떠한 이론도 가르칠 수 없다"는 법안을 채택했다.

• 스콥스 재판

    미국 민권 연합(American Civil Liberties Union, ACLU)이 이 법을 거부하여 일종의 시험대가 될 재판에서 피고가 되는 테네시 주의 교사 누구에게라도 무료 변론을 해주겠다고 하자, 데이튼(Dayton) 타운에서 생물 교사로 근무하는 24세의 존 스콥스(John T. Scopes)가 자진하여 체포되었다. 그리고 민권 연합이 유명한 변호사 클래런스 대로우(Clarence Darrow)를 스콥스의 변호인으로 보내기로 결정하자, (근본주의 신앙의 대변인으로 명성을 얻은) 연로한 윌리엄 제닝스 브라이언(William Jennings Bryan)이 데이튼으로 가서 기소를 돕겠다고 발표했다. 전국의 언론인이 이 재판을 보도하기 위하여 테네시 주로 몰려들었다. 물론 스콥스는 법을 위반했고, 특히 판사가 진화론 학자의 전문가적 증언을 허용하지 않았을 때 이미 유죄판결이 나리라고 예상되었다. 스콥스에게는 벌금 100달러가 부과되었고, 이 재판은 결국 기술상의 문제로 고등법원에서 기각되었다. 그렇지만 대로우는 브라이언을 '성서 전문가'로서 증언대에 세움으로써 모더니스트에게 중요한 승리를 안겨주었다. 미국의 많은 지역에 라디오로 중계되었던 반대 심문에서 대로우는 성서적 진실을 옹호하는 브라이언의 완고함을 우스꽝스럽게 만들었고, 마침내는 브라이언이 모든 종교적 교리는 한 가지 의미로만 해석할 수 있는 것이 아님을 인정하도록 심문을 교묘하게 이끌어갔다.

스콥스 재판으로 인해 근본주의자는 수세에 몰렸으며, 이들 중 많은 사람이 공개적으로 정치에 참여하지 못하게 되었다. 그러나 스콥스 재판은 근본주의자와 모더니스트 간의 갈등을 해소하지는 못했다. 다른 4개 주에서 자체적으로 진화론에 반대하는 법을 곧 통과시켰고, 이 문제는 수십 년간 계속 논쟁거리가 되었다.

민주당의 시련

익숙한 삶의 양식을 수호하려는 지방 중심적(provincial) 미국인의 고뇌는 1920년대에 특히 민주당에 타격을 주었다. 민주당은 공화당보다 더 다양한 이익집단으로 구성된 연합체였다. 이 같은 이익집단의 한편에는 금주론자, 클랜 조직원과 근본주의자가 있었고, 다른 한편에는 가톨릭 신자, 도시 노동자, 그리고 이민자가 있었다.

• 분열된 민주당

1924년, 뉴욕에서 열린 민주당 전당대회에서 도시 지역 민주당원이 금주법의 폐지와 클랜에 대한 비난을 요구하는 조항을 당 강령에 포함시키려 하자, 이를 둘러싸고 심각한 분쟁이 일어났다. 이 두 조항은 모두 근소한 차이로 부결되었다. 더 심각했던 진퇴양난의 사태는 대통령 후보 지명 투표에서 일어났다. 도시 지역 민주당원은 뉴욕 주의 주지사이자 아일랜드계 가톨릭교도인 알프레드 스미스(Alfred E. Smith)를 지지했다. 이에 반해, 농촌 지역 민주당원은 우드로 윌슨 행정부의 재무부 장관이었던 윌리엄 매카두(William McAdoo)를 지원했고, 매카두는 현대 도시 생활에 의혹을 품고 있던 남부와 서부 하원 의원의 지지를 받도록 자신의 입장을 교묘하게 정했다. 전당대회는 103표를 얻는 후보가 나올 때까지 계속 진행되었다. 결국 스미스와 매카두 둘 다 후보 철회를 하고서야 민주당은 타협하여 대통령 후보로 기업 변호사인 존 데이비스(John E. Davis)를 지명했다.

● 알 스미스

1928년, 알 스미스(Al Smith)가 마침내 민주당 대통령 후보 지명을 받았을 때, 민주당은 또다시 비슷한 분열을 겪게 되었다. 그러나 스미스는 분열된 민주당을 통합할 수 없었다. 이는 특히 남부 지역에 광범위하게 퍼져 있는 반(反)가톨릭주의 때문이기도 했다. 스미스는 남북전쟁 이래 남부 전체의 지지를 받지 못한 첫 번째 민주당 후보였다. 남부 이외의 지역으로는 매사추세츠 주와 로드아일랜드 주 두 곳에서만 지지를 받았다. 스미스의 상대자로 대통령 선거전에서 승리를 거둔 이는 새로운 시대의 현대적이며 번영하는 중간계급 사회의 전형을 누구보다도 잘 보여준 허버트 후버(Herbert Hoover)였다.

4

공화당 정부

1921년 초부터 12년간 대통령직과 의회는 공화당의 수중에 있었다. 이 시기에 연방정부는 미국의 기업계와 따뜻하면서도 상호 협조적인 관계를 즐겼다. 그러나 새로운 시대의 정부는 수동적이기보다는 비판자가 종종 묘사했던 대로 순응적인 기구였다. 정부는 여러 면에서 경제적 변화를 일으키기 위해 시도했다.

하딩과 쿨리지

1920년대에 대통령으로 재직했던 두 사람, 즉 워렌 하딩(Warren G. Harding)과 캘빈 쿨리지(Calvin Coolidge)의 성격보다 1920년대 정치의 비(非)모험적 성향을 잘 설명해주는 것은 없을 것이다.

1920년에 대통령으로 선출된 하딩은 오하이오 주 상원 의원으로 별로 뛰어난 점이 없었다. 하딩이 공화당 대통령 지명을 받은 것은 누군가의 말처럼 그를 '선량하지만 2류 정도밖에 안 되는 인물(good second-rater)'로 간주한 공화당 지도자가 동의한 덕분이었다. 하딩은 가장 중요한 직책에 유능한 인물을 임명했고, 미국의 혼란스러운 외교정책을 안정시키려 했다. 그러나 하딩은 스스로 대통령직에 적합하지 못하다고 인정하는 것처럼, 자신의 직책을 수행하면서도 책임에 대한 중압감으로 인해 좌절하는 듯했다. 그는 때때로 친구에게 "나는 작은 마을 출신의 능력도 별로 없는 사

워렌 하딩

1928년 선거

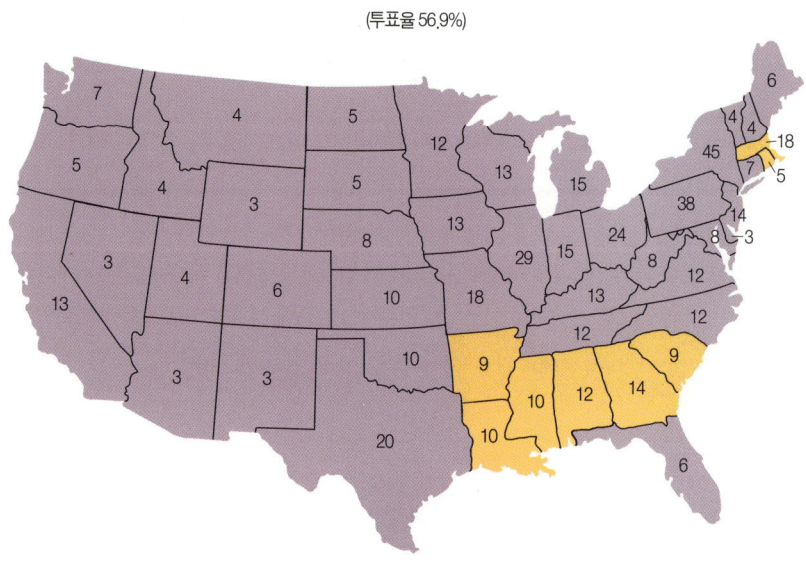

(투표율 56.9%)

	선거인단 투표	일반투표(%)
허버트 후버(공화당)	444	21,391,381(58.2)
알프레드 스미스(민주당)	87	15,016,443(40.9)
노먼 토머스(사회당)	—	267,835(0.7)
기타 정당(사회주의 노동당, 금주당)	—	62,890

1928년 선거는 어떤 기준으로 보더라도 매우 일방적인 것이었다. 알프레드 스미스가 투표의 41퍼센트를 획득한 것에 비해, 허버트 후버는 58퍼센트를 얻어 승리했다. 스미스는 매사추세츠, 로드아일랜드, 그리고 전통적으로 민주당을 지지하던 남부 몇몇의 주에서만 승리했다.

람이다", "나는 내가 대통령이라는 것을 제대로 인식하지 못하는 것 같다"고 말했다고 한다. 하딩의 지적 한계는 도박, 불법 음주, 호색 취향과 같은 여러 가지 인간적 약점이 복합된 것이었다.

하딩은 자신의 정치적 성공을 도와준 정당꾼을 쫓아낼 힘이 없었다. 하딩은 정당꾼 중 오하이오 주 공화당 당수인 해리 도허티(Harry Daugherty)를 법무부 장관으로, 뉴멕시코 주 상원 의원 앨버트 휠(Albert B. Fall)을 국토관리부 장관으로 임명했다. 소위 오하이오 패거리(Ohio Gang)가 행정부의 중요한 직책을 맡았다. 대중들에게 알려지지는 않았지만, 도허티와 휠과 그 외 다른 이들은 사기와 부정을 일삼았다. 가장 큰 규모의 스캔들은 와이오밍 주의 티팟 돔(Teapot Dome)과 캘리포니아 주의 엘크 힐즈(Elk Hills)에 있는 풍부한 해양 유류 저장소와 연관된 것이었다. 하딩은 휠의 권고에 따라 이들 저장소 감독권을 해군부에서 국토관리부로 이관했다. 그리고 나서 휠은 이 감독권을 부유한 기업가 두 명에게 임대했고, 그 대가로 거의 50만 달러에 이르는 '대부'를 받아 자신의 재정적 어려움을 해결했다. 휠은 결국 뇌물죄로 기소되어 1년형을 선고받았다. 해리 도허티는 또 다른 스캔들에 연루되어 휠과 거의 같은 운명을 맞이할 뻔했다.

1923년 여름, 상원 조사와 언론이 그 스캔들을 폭로하기 한 달 전에 지치고 우울한 하딩은 서부 순회 연설을 하러 워싱턴을 떠났다. 7월 말, 시애틀에서 하딩은 극심한 고통을 겪었으나 주치의는 식중독으로 오진했다. 며칠 후, 그는 심각한 심장마비를 두 번 일으켰고, 결국 샌프란시스코에서 사망했다.

대통령직을 승계한 캘빈 쿨리지(Calvin Coolidge)는 여러 면에서

• 티팟 돔 스캔들

선임자와 매우 달랐다. 하딩이 다정하고 수다스러우며 퇴폐적이었다면, 쿨리지는 완고하고 조용하며 청교도적이기까지 한 인물이었다. 그러나 다른 면에서 하딩과 쿨리지는 비슷했다. 두 사람 다 근본적으로 대통령직을 소극적으로 수행했다.

• 캘빈 쿨리지

1919년, 매사추세츠 주의 주지사로 선출된 쿨리지는 그해에 보스턴 경찰이 파업하자 "공공의 안전에 반하여 파업할 권리는 없다"는 간결한 말로 단호히 대처하여 전국적으로 관심을 끌었다. 이 일로 그는 1920년에 공화당 부통령 후보 지명을 얻었다. 그로부터 3년 후, 하딩이 갑자기 사망하고 나서 쿨리지는 치안판사인 아버지에게 받은 케로신(kerosene, 등유) 등불 옆에서 대통령 취임 선서를 했다.

쿨리지는 대통령으로서 하딩보다도 더 소극적이었다. 이는 쿨리지가 국민의 생활에 정부는 가능한 한 간섭하지 말아야 한다는 신념을 갖고 있었기 때문이었다. 1924년, 그는 거의 아무런 반대 없이 공화당의 대통령 후보 지명을 받았고, 존 데이비스(John W. Davis)를 상대로 안정적 승리를 거두었다. 그는 일반투표에서 54퍼센트의 지지를 얻었고, 531명의 선거인단 투표 중 382표를 획득했다. 쿨리지는 1928년 선거에 나섰다면 재지명을 받고 재선되었을 것이다. 그러나 쿨리지는 그 대신 어느 날 기자 회견실에 들어와 기자들에게 종이 한 장씩을 건네주었다. 거기에는 그의 특징인 간결한 방식으로, "나는 1928년 대통령 후보로 출마하지 않기로 결정했다"는 한 문장이 쓰여 있었다.

정부와 기업

새로운 시대의 대통령들은 별다른 활동을 하지 못했지만, 1920년대 연방정부는 널리 승인된 시대의 목표, 즉 기업과 산업이 최대한의 효율성과 생산성을 갖도록 도와주기 위해 공공 정책을 효과적이고도 효율적으로 이용했다. 제1차 세계대전 동안 추진되었던 민간 부문과 연방정부 간의 밀접한 관계가 지속되었다. 철강과 알루미늄 산업체를 소유하고 있던 대기업가이자 재산가인 재무부 장관 앤드류 멜론(Andrew Mellon)은 기업이득, 개인소득, 상속에 부과되는 세율을 상당 정도 감소시키려고 애썼다. 그의 노력으로, 의회는 세액을 거의 반 이상 축소시켰다. 멜론은 또한 쿨리지 대통령과 긴밀히 협조하여 1924년 이래 이미 축소된 연방 예산을 과감히 삭감하는 일련의 법안을 제정했다. 정부는 미국이 제1차 세계대전 때 다른 나라에 빌려준 채무의 절반을 회수하려고도 했다.

● 세금 축소

내각에서 가장 특출한 인물은 상무부 장관 허버트 후버(Herbert Hoover)였다. 후버는 상무부를 맡고 있던 8년간, 민간 부분의 자발적 협력을 안정을 이루는 최고의 방편으로 보고 이를 지속적으로 후원했다. 그러나 자발주의 때문에 정부가 수동적일 수는 없었다. 그와는 반대로, 후버는 새롭고 협조적 질서를 창출하는 데 공공 기관이 적극적 역할을 담당할 의무가 있다고 생각했다. 무엇보다도, 후버는 특정 산업에서 전국적 기업가 조직이 만들어지기를 바라는 기업 '협의체주의(associationalism)' 개념의 옹호자였다. 후버는 이 기업 협의를 통해 개인 기업가가 산업을 안정시킬 수 있고, 생산과 영업에 효율성을 증진할 수 있다고 믿었다.

● '협의체주의'

일부 혁신주의자는 1928년 허버트 후버의 대통령 당선에 고무되었다. 후버는 민주당 후보였던 알 스미스를 쉽게 이겼다. 그리고 미국의 경제적 문제를 해결하기 위한 대담하고 새로운 시도를 약속하며 대통령직에 올랐다. 그러나 후버는 능력을 보여줄 기회가 없었다. 취임 후 1년도 못 되어, 미국은 역사상 가장 심각하고 장기적인 경제적 위기에 빠졌다. 위기로 인해 새로운 시대에 대해 품고 있던 낙관적인 희망이 대부분 깨졌고, 미국은 전례 없는 사회적 혁신과 개혁의 시대를 맞게 되었다.

결론

1920년대의 괄목할 만한 번영은 활기 넘치던 당대인이 '새로운 시대'라 칭하던 것의 많은 부분을 만들어냈다. 제1차 세계대전 이후에 미국은 활력 있는 전국적 문화를 만들어냈다. 중간계급은 성장하는 소비문화에 젖어 갔다. 정치는 호황을 이루던 상호의존적 산업경제의 필요에 부응하여 재조직되었으며, 전(前) 세대의 개혁을 위한 많은 시도를 거부했고, 새로운 기구를 창설하여 경제성장과 안정을 증진하는 데 지원했다.

그러나 새로운 시대의 화려한 겉모습 이면에는 상당한 논란과 불평등이 있었다. 미국 산업사에 있어 1920년대의 번영은 그 어느 때보다도 널리 확산되었지만, 인구의 절반 이상이 성장의 진정한 혜택을 조금도 맛볼 수 없었다. 수백만의 도시 중간계급은 새롭고 낙관적이며 세속적인 문화에 매혹되었다. 그러나 다른 많은 미국인은 새로운 문화에 경악했으며, 대단한 열정으로 그에 맞서 싸웠다. 이 시대의 매력 없는 보수적 성향의 대통령은 안정의 시대를 제시했으나, 실제로는 현대 미국의 역사에서 1920년대만큼 정치·문화적 갈등이 많았던 시기도 없었다.

1920년대는 파멸적인 경제 붕괴로 막을 내렸고, 그 후 경제 붕괴는 이 시대에 대한 이미지를 고착시켰다. 1930년대의 위기 때문에 새로운 시대에 이루어낸 경제적 성과를 아무런 의미가 없다고 할 수는 없다. 그러나 1920년대의 번영에만 주목하여, 그 이후 고통의 시대를 산출하는 데 일조한 이 시대의 불평등과 불안정을 간과해서도 안 될 것이다.

1929	1930	1931	1932
주식시장 붕괴, 대공황 시작/농산물 판매법	홀리-스무트 관세법/황진지대(the Dust Bowl)에 가뭄 시작	스카츠보로 피고인들 체포	재건 금융 공사 설립/보너스 군대, 워싱턴 진입/프랭클린 루스벨트, 대통령 당선

25장
대공황

**리콘테 스튜어트(Leconte Stewart) 작
〈개인용 열차(Private Car)〉(1932) 중 일부**

대공황기 동안 수천 명의 남성(그리고 일부 여성)이 일거리를 찾기 위해 집을 떠나 기차 화물칸에 무임승차하여 이 도시 저 도시를 떠돌아다녔다.

1934	1935	1936	1939	1940
남부 소작농 조합 조직	미국 공산당, 인민 전선 공포	미첼의 《바람과 함께 사라지다》	스타인벡의 《분노의 포도》	라이트의 《토착인 아들》

1928년 8월, 허버트 후버는 "인류 역사상 어느 나라도 지금의 미국처럼 빈곤을 거의 극복한 적은 없었다"고 공언했다. 그러나 겨우 15개월이 지난 후 미국은 역사상 가장 심각하고도 장기적인 경제 침체에 들어가게 되면서 그 공언이 무색해졌다. 경기 침체는 미국만이 아니라, 10년간 전 세계적으로 여러 가지 형태로 지속되었다.

1

공황의 도래

1929년에 갑작스럽게 대공황이 일어나자 미국인은 심각한 충격을 받았다. 새로운 시대(New Era-1930년대)에도 1920년대 주식시장에 나타났던 놀라운 성과와 같은 경제적 기적이 계속되리라고 기대하고 있던 때라서 그 충격은 더욱 컸다.

1928년 2월, 주가는 1년 반 동안 몇 번만 일시적인 소강상태를 보였을 뿐 지속적으로 상승하고 있었다. 1928년 5월과 1929년 9월 사이, 평균 주가는 40퍼센트 이상 올랐다. 주식 거래량은 하루에 2~300만 주에서 500만 주가 넘었고, 때로는 1,000만 주나 2,000만 주까지 이르기도 했다. 간단히 말하면, 증권회사가 주식 투자자에게 터무니없이 쉽게 신용 대부를 해주며 부추기자 투기 열풍이 점점 더 심해지고 확산되었던 것이다.

• 과열된 주식시장

대폭락

1929년 가을, 주식시장은 산산이 무너져 내렸다. 불안이 점점 커져가던 일주일이 지난 후, '암흑의 화요일(Black Tuesday)'이라는 10월 29일, 주식시장을 살리려는 모든 노력은 결국 수포로 돌아갔다. 주식 1,600만 주가 거래되었고, 산업 지수는 거의 10퍼센트에 달하는 43포인트가 떨어져 그 전해의 상승분을 다 상쇄해버렸다. 많은 회사의 주식이 거의 휴지 조각이 되어버렸다. 한 달도 되지 않아 주식 가치는 9월에 비해 절반 이하로 떨어졌다. 가끔 일시적인

• '암흑의 화요일'

반등이 있었지만, 그 후로 몇 년간 주가는 계속 하락했다.

일반적으로 주식시장의 대붕괴가 대공황의 시초이자 원인이었다고 한다. 그러나 위기의 신호가 1929년 10월에 처음으로 드러나긴 했지만, 대공황은 더 일찍, 더 중요한 이유 때문에 일어났다.

대공황의 원인

경제학자, 역사가, 그 외 많은 사람이 수십 년간 대공황의 원인에 대하여 논란을 거듭했다. 그리고 대다수의 학자는 몇 가지 면에서 동의한다. 위기에 관하여 가장 먼저 주목할 점은 대공황의 발생이 아니라, 대공황이 무척이나 심각했다는 것과 매우 오랫동안 계속되었다는 것이다. 대부분의 관망자 역시 수많은 각기 다른 요인이 이 혹독한 위기에 책임이 있다고 봤다.

• 경제 다양성의 부족

첫째 요인은 1920년대 미국 경제에 다양성이 부족했다는 점이다. 경제적 번영은 건설업과 자동차 산업과 같은 몇몇 기초산업에 특히 심하게 의존하고 있었다. 이 산업은 1920년대 후반에 쇠퇴하기 시작했다. 건설에 대한 지출이 1926년과 1929년 사이에 110억 달러에서 90억 달러로 감소했고, 자동차 판매는 1929년 1월부터 9월까지 3분의 1 정도 감소했다. 석유·화학·전자·플라스틱 공업 등에서 새로 등장한 산업이 불황을 흡수하기는 했으나, 다른 부문의 감소를 보충할 정도의 능력은 아니었다.

• 부의 불균등 분배

둘째로 중요한 요인은 구매력이 잘 분배되어 있지 않았다는 점이다. 그 결과, 소비자 수요를 창출하기 어려웠다. 산업과 농업 생산이 증가하면서, 잠재적 소비자에게 돌아가는 이윤의 비율이 너무 낮아,

경제가 생산하고 있던 상품에 대한 충분한 시장을 만들어내지 못했다. 거의 10년 동안이나 경제가 성장했지만 1929년에 미국 가정의 절반 이상이 최저 생계 수준이나 그 이하로 살았다.

셋째로 중요한 문제는 경제의 신용 구조였다. 농민은 빚을 많이 지고 있었으나, 경작물 가격은 너무 낮아 빚을 청산할 수도 없었다. 소규모 은행은 고객이 대출금을 갚지 못하자 지속적으로 곤란을 겪고 있었고, 거대 은행 역시 곤경에 처해 있었다. 미국 은행 대다수는 매우 보수적이었지만, 미국의 최대 은행 중 몇몇은 주식시장에 무모하게 투자하거나 현명하지 못한 대부를 해주고 있었다. 주식시장이 붕괴하고 대부가 불량 채권화하자, 일부 은행은 파산했고, 그 외 은행은 이미 희소해진 신용 대부를 더 긴축하거나 채무자가 갚을 수 없는 상황인데도 대부금을 회수하여 사태를 악화시켰다.

넷째 요인은 국제 무역에 있어서 미국이 차지하고 있던 위치였다. 1920년대 후반, 유럽에서 미국 상품의 수요가 감소하기 시작했다. 이것은 유럽의 산업과 농업 생산이 이전보다 많아졌기 때문이었으며, 또 몇몇의 유럽 국가가 경제적으로 어려워서 해외에서 물자를 구매할 수 없었기 때문이기도 했다. 그러나 이는 또한 유럽 경제가 제1차 세계대전 직후에 국제적 채무 구조를 지게 되어 안정을 잃고 있었기 때문이었다.

다섯째 중요한 요인은 국제적 채무 구조였다. 1918년에 전쟁이 끝났을 때, 미국과 연합했던 모든 유럽 국가는 미국 은행에 거대한 규모의 채무를 지고 있었다. 액수가 너무 커, 그들의 산산조각난 경제로는 지불하기 어려웠다. 이것이 연합국이 독일과 오스트리아에게 배상금을 지불하라고 주장했던 한 가지 이유였다. 이들은 배상금

국제적
채무 구조

을 받으면 빚을 갚을 수 있겠다고 생각했다. 그러나 독일과 오스트리아는 연합국이 빚을 갚을 수 있을 정도로 배상금을 지불할 수 없었다.

미국 정부는 채무 탕감이나 축소를 거부했다. 그 대신 미국 은행들은 유럽 정부에게 대규모의 대부를 제공하여 그들이 이전에 진 빚을 갚게 했다. 그러므로 빚과 배상금은 더 큰 빚을 새로 져야만 갚을 수 있게 되었다. 이와 동시에 미국이 보호관세를 실시하여 유럽 국가는 미국 시장에 상품을 판매하기가 더욱 어려워졌다. 유럽 국가가 외국과의 거래 또는 교역 없이 채무를 갚기란 불가능했다. 그러므로 국제 신용 구조의 붕괴가 1931년 이후 유럽에 대공황이 파급된 원인 중의 하나였다.

대공황의 전개

1929년 주식시장의 붕괴는 대공황의 원인이라기보다는 미국 경제에 깔려 있던 더 큰 약점을 노출시킨 일련의 사태를 야기하는 데 일조한 것이었다. 그 후 3년간, 위기는 서서히 더 심해져갔다.

은행의 위기

처음에 가장 심각한 문제는 금융 시스템의 붕괴였다. 1930년에서 1933년까지 9,000개가 넘는 미국 은행이 도산하거나, 도산을 피하기 위해 폐업했다. 부분적으로는 은행 폐쇄의 결과, 국가의 총통화 공급이 1930년과 1933년 사이에 3분의 1 이상 감소했다. 통화 공급이 감소하자 구매력이 감소하고 물가가 하락했다. 제조업자와 상인은 가격을 낮추고, 생산을 감축하며, 노동자를 해고하기 시작했다. 어떤 경제학자는 연방 지불 준비 제도(Federal Reserve system)가 좀 더 책임 있는 조처를 취했다면, 심각한 경기 침체를 피할 수 있었을지도 모른다고 주장했다. 그러나 1931년 후반, 이자율을 높여 달러에 대한 국제적 신뢰를 쌓으려던 잘못된 시도로 인하여 통화 공급은 더 감소되었다.

미국의 국민총생산은 1929년에 1,040억 달러가 넘었으나, 1932년에는 764억 달러로, 3년 사이에 25퍼센트나 감소했다. 당시의 대략적인 추산에 따르면, 1932년에 미국 노동자의 25퍼센트가 실업 상태였다(어떤 이들은 이 수치가 훨씬 더 높다고 생각했다). 그 후 1930년대 말까지 실업률은 거의 평균 20퍼센트를 유지하며, 15퍼센트 이하로 떨어지지 않았다. 또한 고용 노동자의 3분의 1 정도는 임금과 노동시간, 또는 두 가지 모두가 상당히 감소한 '불완전고용(underemployed)' 상태에 있었다.

⟨과거를 논하며⟩

대공황의 원인

★★★

대공황의 원인이 무엇인가? 경제학자와 역사가는 경제 붕괴가 시작된 이래 이 문제를 논의해왔으나 아직 그 원인에 대해 합의하지 못했다. 그러나 그 과정에서, 이들은 근대 경제가 어떻게 작동하는지에 대해 매우 다른 여러 가지 이론을 제시했다.

공황이 지속되는 동안, 여러 그룹이 위기의 원인에 대하여 자신의 이해와 잘 맞아떨어지는 해석을 제시했다. 기업 지도자 중 일부는 공황이 '기업의 자신감'이 결여된 결과 일어났다고 주장했다. 이는 기업가가 정부의 규제와 높은 세금을 두려워하여 투자하려 하지 않았기 때문이라는 것이다. 후버 행정부는 국제적으로 작동하던 경제적 세력을 비난했고, 전 세계의 통화와 채무 구조를 안정시키려 했다. 뉴딜의 주도자는 이 위기에 대해 국내적 해결책을 찾으려 했고, 공황이 '과소 소비'로 인한 위기라고 주장했다. 즉, 저임금과 높은 가격 때문에 산업 경제의 생산물을 구매하기 어렵게 되었고, 수요가 부족하여 경제가 붕괴했다고 주장했다. 그 외 그룹도 자신의 이해에 걸맞은 설명을 제시했다.

대공황 이래로 학자는 경제의 작동에 대한 자신들의 견해에 맞는 해석을 제시했다. 전후에 최초로 등장한 주요 해석 중 하나가 밀튼 프리드먼(Milton Friedman)과 애나 슈워츠(Anna Schwartz)가 공저해 출간한 《미국 통화사(Monetary History of the United States)》(1963)에 나와 있다. 이들은 '대경색(The Great Contraction)'이라고 명명한 장에서 '통화적(通貨的)' 해석을 주장했다. 이들의 의견은 급작스런 통화 경색의 결과 공황이 일어났다는 것이다. 즉, 연방 지불 준비 위원회(Federal Reserve Board)가 금리를 내려야 할 때 올려버린 잘못된 결정의 결과라고 했다. 이 같은 통화수축적 조치가 일반적 경기 침체를 대공황으로 변모시켰다는 것이다. 통화론적 주장은 밀턴 프리드먼이 특별히 수십 년간 옹호해왔던 생각, 즉 세금 부과와 소비와 같은 재정 정책이 아니라 건전한 통화정책이 경제문제를 해결하는 최선의 방법이라는 생각에 잘 부합했다.

둘째로, 이와 매우 다른 주장이 자유주의적(liberal) 케인스주의 경제학자가 지지한 '지출(spending)'론적 해석이다. 이 해석은 누구보다도 경제학자 피터 테민(Peter Temin)과 그의 저서 《통화력이 대공황을 일으켰는가?(*Did Monetary Forces Cause the Great Depression?*)》(1976)와 동일시되었다. 이 문제에 대한 테민의 답은 그렇지 않다는 것이다. 비록 통화 경색이 문제를 심화시켰지만, 위기의 원인은 통화 경색이 아니고, 투자와 소비자의 지출이 감소했기 때문이라고 했다. 투자와 지출 감소가 통화 공급의 감소에 앞서 발생했으며, 또한 이는 투자와 소비 감소에 일조했다고 주장했다. 이 같은 주장에도 분명히 정치적 함의가 있음을 알 수 있다. 지출의 감소가 공황의 원인이라면, 그에 대한 적절한 대응책은 정부의 지출 확대, 구매력의 증대, 부의 재분배와 같은 수요를 자극하려는 시도일 것이다. 뉴딜은 충분한 지출을 하지 않았기 때문에 공황을 종식시키지 못했고, 결국은 많은 공공자금을 경제에 쏟도록 했던 제2차 세계대전이 공황을 벗어나게 했다.

역사학자 마이클 번스타인(Michael Bernstein)은 또 다른 중요한 해석을 제시했다. 그는 1987년에 출판된 《대공황(*The Great Depression*)》에서 왜 경제 하강이 발생했는가를 설명하는 대신, 공황이 왜 그리 오래 지속되었는가라는 문제를 제기했다. 그는 1929년의 경제 침체가 1930년대의 공황이 된 이유를 붕괴의 타이밍이라고 주장했다. 경기 침체는 일반적 경기순환상의 하강으로 시작되었다. 만일 경기 침체가 몇 년 앞서 시작되었다면, 1920대 자동차 산업과 건설업의 기본적 강점이 경제를 비교적 빠르게 회복시켜 나갔을 것이다. 만약 경기 침체가 몇 년 뒤에 시작되었다면, 새로이 등장하던 일단의 산업이 비교적 단기간 내에 경기가 회복되도록 도움을 주었을 것이다. 그러나 1929년에 경기 침체가 시작되었고, 이는 자동차 산업과 건설업이 도와주기에는 너무 늦었고, 새로이 등장하던 항공, 석유 화학, 플라스틱, 알루미늄 등의 산업이 돕기에는 아직 초기 단계였다.

이 주장의 정치적 함의는 다른 해석보다는 명확하지 않다. 그러나 만일 경제적 성장이 사양산업을 대체하는 새로운 산업의 성공적 발전에 달려 있다면, 정부가 취할 가장 적절한 경제정책은 투자를 증진시키는 것과 새로운 경제 부문의 성장을 위한 또 다른 정책일 것이라는 한 가지 결론이 나올 수 있다. 제2차 세계대전이 미국 경제의 장기적 회복에 그렇게 중요했던 이유 중 하나는, 번스타인의 주장이 제시해주듯이, 자본을 경제에 지속적으로 투여했기 때문만이 아니라, 그 같은 자본이 새로운 산업의 발전에 기여했기 때문이다. 다른 말로 표현하자면, 이는 1980년대와 1990년대에 널리 영향력을 미친, 새로운 산업의 성장을 자극하는 데 좀 더 직접적인 정부의 역할을 요구하는 경제사상의 일부를 옹호, 지지하는 것으로 보인다.

그러나 결국, 대공황에 대한 해석 중 대부분의 학자가 충분하다고 보는 것은 단 하나도 없다. 경제학자 로버트 루카스(Robert Lucas)가 한때 주장했듯이, 이 사건은 어떠한 이성적, 합리적 계산으로는 설명될 수 없다. 무엇이 대공황을 일으켰는지의 문제에 대하여 단 하나의, 전적으로 설득력을 지닌 해답은 존재하지 않는다.

2

고난기의 미국인

누군가가 1930년대 영국의 경제학자 존 메이나드 케인스(John Maynard Keynes)에게 대공황에 필적할 만한 역사 시기가 또 있었는지 물었다. 케인스는 "그렇다. 암흑시대[중세를 의미함]라 불린 시대로, 400년간 지속했다"고 대답했다. 대공황은 400년간 지속되지는 않았으나 미국과 서방세계의 경제를 전례 없는 절망 상태에 빠뜨렸다.

실업과 구호

미국의 북동부와 중서부에 있는 산업도시는 실업 때문에 사실상 거의 마비되었다. 예를 들어, 1932년에 오하이오 주의 클리블랜드(Cleveland)는 50퍼센트, 애이크런(Akron)은 60퍼센트, 톨리도(Toledo)는 80퍼센트에 이르는 실업률을 기록했다. 실업자는 있지도 않은 일거리를 찾아 매일 길거리를 헤매었다. 단지 끼니를 잇기 위해 주와 정부의 공공 구호 제도에 의존하게 된 가정이 점차 많아졌다. 그러나 그 제도는 1920년대에 소수의 빈곤층만을 대상으로 했기에 늘어난 실업자를 구호할 능력이 없었다. 그래서 많은 도시의 구호 제도는 붕괴되고 말았다. 민간 자선단체에서도 공공의 구호 노력을 도우려 했으나, 그러기에는 능력이 턱없이 부족했다.

농촌 지역은 여러 면에서 상황이 더 심각했다. 농가 소득은 1929

실업자(1930)

수천 명의 실업자가 뉴욕 시의 시립 숙박소 바깥에서 식사를 기다리고 있다.

• '황진지대'

년과 1932년 사이 60퍼센트 감소했고, 미국 전체 농민의 3분의 1이 토지를 잃었다. 게다가 대평원(Great Plains)에 있는 대규모의 농업 정착 지역은 대격변적 자연 재앙이며 미국 역사상 최악의 가뭄 중 하나인 대가뭄 때문에 고통받았다. 텍사스 주에서 북쪽으로 다코타 주까지 펼쳐진 '황진지대(Dust Bowl)'는 1930년부터 강우량이 점차 감소하고, 그 반면 열사량은 증가하기 시작했다. 가뭄이 10년간 지속되자, 한때 비옥했던 농업 지역이 거의 사막으로 변해버렸다.

도시의 많은 실업자가 그랬던 것처럼, 많은 농민도 일거리를 찾아 고향을 떠났다. 특히 땅을 잃은 남부의 많은 농민은, 흑인이든 백인이든 일거리를 찾거나 도움을 바라며 이 마을 저 마을 방랑했다. 황진지대를 떠난 수십만의 가족은 그들이 떠나온 곳보다 상황이 조금이라도 나은 캘리포니아와 다른 주로 옮겨갔다(그들은 오클라호마 주에서 왔기 때문에 종종 오키즈Okies라고 했다). 많은 농업 이주자가, 기아선상의 임금을 받으며 과일과 농작물 따는 일을 하러 농장에서 농장으로 떠돌아다녔다.

아프리카계 미국인과 대공황

대다수의 아프리카계 미국인은 이전 10년간의 경제적 번영은 전혀 누리지 못했으나, 대공황으로 인한 고통은 함께 겪었다.

공황이 시작되었을 때, 미국 흑인의 반 이상이 여전히 남부에서 살고 있었고, 이들 대부분은 농민이었다. 면화와 다른 주요 작물의 가격이 폭락하여 소득을 거의 올리지 못한 이도 있었다. 많은 사람은 자발적으로 선택하거나, 또는 소작제가 더 이상은 이롭지 못하다는 것을 알게 된 지주에게 쫓겨나 농토를 떠나갔다. 남부의 도시로 이주해간 이도 있었다. 그러나 백인 실업자는 어떠한 일거리이든 자신들이 먼저 차지해야 한다고 생각했고, 어떤 이는 과거에 흑인이 담당했던 청소부, 도로 청소원, 가내 하인 등의 일거리까지 흑인들 대신 맡기 시작했다. 1932년까지 남부에서 흑인의 반 이상이 일자리를 잃었다.

• 급증하는 흑인 실업

그러므로 놀라운 일은 아니지만, 1930년대에 남부에 있던 흑인 중 대략 40만 명이 남부를 등지고 북부 도시로 떠나갔다. 그러나 그곳의 상황도 남부보다 별로 나을 것이 없었다. 흑인 실업률은 뉴욕의 경우 거의 50퍼센트에 이르렀고, 다른 도시에서는 더 높았다. 전미 흑인 인구의 절반 정도인 200만 명의 아프리카계 흑인이 1932년까지 어떤 형태로든 구호에 의존하고 있었다.

• '스카츠보로 소년들'

남부의 전통적인 인종차별과 참정권 박탈은 공황기에도 거의 그대로 유지되고 있었다. 그러나 몇몇의 악명 높은 인종주의적 사례가 전국적으로 관심을 끌었다. 가장 잘 알려진 것이 스카츠보로(Scottsboro) 사건이었다. 1931년 3월, 화물 기차를 타고 있던 흑인 10대 소년 9명이 북부 앨라배마 주의 스카츠보로 근처에 있는 작은 마을에서 부랑과 질서 파괴 혐의로 체포되었다. 그 후, 그 기차에 타고 있었던 두 명의 백인 여성이 흑인 소년들을 강간죄로 고발했다. 사실, 그 여성들이 전혀 강간당하지 않았다는 의학적인 증거와 여타 증거가 충분히 있었다. 이 여성은 자신들도 체포될지 모른다는 두려움 때문에 거짓 고발을 했을 수도 있었다. 그렇지만 백인만으로 구성된 앨라배마의 배심원은 '스카츠보로 소년' 9명 모두를 신속하게 기소했고, 그중 8명에게 사형선고를 내렸다.

대법원이 1932년에 기소를 뒤집고, 재판을 새로 시작했다. 국제 노동 수호(International Labor Defense)라는 공산당과 연계된 조직이 기소된 소년들을 지원하러 왔고 이 사건을 널리 알리기 시작했다. 이 사건을 담당했던 남부의 백인 배심원이 피고인 중 누구의 무죄도 인정하지 않았지만, 결국 그들은 모두 자유를 얻었다. 스카츠보로 피고인 중 한 소년만이 1950년까지 감옥에 갇혀 있었지만, 그도 결국 자유의 몸이 되었다.

흑인 이주자

남부 농촌에서 도시로의 흑인 대이주는 제1차 세계대전 이전에 시작되었으나 1930년대와 1940년대에 가속화되었다. 뛰어난 아프리카계 미국인 화가 제이콥 로렌스(Jacob Lawrence)는 아프리카계 미국인의 역사에서 중요한 이 사건을 묘사하기 위해 〈흑인의 이주(The Migration of the Negro)〉라고 명명한 일련의 그림을 그렸다.

공황기 미국의 히스패닉과 아시아인

　많은 멕시코 인과 멕시코계 미국인도 흑인과 비슷한 차별을 받았다. 20세기 초부터 캘리포니아와 남서부의 다른 지역에 멕시코 이민자가 대대적으로 들어오면서 미국의 히스패닉 인구는 꾸준히 증가했다. 치카노(Chicanos, 멕시코계 미국인을 종종 이렇게 불렀다)는 다른 지역에서 전통적으로 흑인이 담당해왔던 미천한 직종에서 많이 일했다. 작은 불모지를 경작하는 이도 있었고, 이곳저곳을 떠도는 농업 이주자가 된 사람도 있었다. 이들은 늘 생존조차 위태로웠는데, 대공황으로 상황은 더 나빠졌다. 남서부의 백인 실업자는 과거에는 백인이 할 일이 아니라고 여겼던, 히스패닉이 차지했던 일자리를 빼앗았다. 그러므로 멕시코인의 실업은 백인보다 훨씬 높은 수준까지 급속히 늘어났다. 실제로 미국의 일부 관리는 멕시코인을 구호자 명단에서 마음대로 빼버리거나, 그들을 체포해 국경을 넘어 이송시켜버리기도 했다. 대략 50만 명 정도의 치카노가 공황이 시작된 지 1년도 못 되어 미국을 떠나 멕시코로 갈 수밖에 없었다.

● 히스패닉의 저항

　멕시코계 미국인이 조직적으로 저항한 일도 종종 있었는데, 캘리포니아에서 이주 농업 노동자가 조합을 만들었던 경우가 가장 특기할 만하다. 그러나 지역의 재배업자와 그들과 연합한 공공 기관의 억압이 심해 그 조직은 많은 영향을 미칠 수 없었다. 그 결과, 다수의 히스패닉이 로스앤젤레스와 같은 도시로 이주하여, 남부와 북동부의 도시에 거주하는 흑인과 유사한 빈곤 속에서 살았다.

● 소외된 아시아계

　아시아계 미국인은 공황 때문에 오랫동안 차별받았고, 경제적으로도 더욱 소외되었다. 일본계와 중국계 미국인이 가장 많이 거주하던 캘리포니아에서 교육받은 아시아계도 주류 사회에서 직업을 갖는 일은 불가능하지는 않았지만 매우 어려웠다. 일본계 미국인 대학 졸업생은 가족이 운영하는 과일 가판대에서 일하기도 했다. 산업과 서비스 부문에서 일하던 사람도 취업이 위태로웠다. 흑인과 히스패닉과 마찬가지로, 아시아계도 종종 직업 찾기에 골몰하던 백인에게 일자리를 뺏겼다. 치카노 농장 노동자같이 일본계 농장 노동자도 대평원에서 온 백인 이주민 때문에 저임금 일자리를 구하려고 치열하게 경쟁해야 했다.

중국계 미국인의 경우도 별반 다르지 않았다. 수십 년간 그러했듯이, 그들 중 대다수가 중국인 소유의 세탁소와 음식점에서 일했다. 아시아계 지역사회 밖으로 이주한 이들은 말단직 외에는 일자리를 거의 구할 수 없었다. 예를 들면, 중국계 여성은 백화점에서 창고 일을 할 수는 있었으나 판매직에는 종사할 수 없었다. 교육받은 중국계 여성과 남성은 차이나타운을 벗어나면 전문 직업을 가질 희망이 거의 없었다.

대공황기의 여성과 가족

경제적 위기가 일어나자 여성이 있어야 할 곳은 가정이 적절하다는 널리 퍼진 신념이 여러 면으로 강화되었다. 대부분의 남성과 많은 여성은 취업 기회가 적을 때는 어떤 일거리라도 남성에게 돌아가야만 한다고 믿었다. 특히, 남편이 취업하고 있을 때는 여성이 일자리를 가지면 안 된다는 신념이 강했다. 실제로 1932년에서 1937년까지 한 가족당 두 명 이상이 연방 공무원으로 근무하는 것은 불법

• 여성 취업의 증가

이었다.

그러나 기혼 여성이 '바깥'에서 일하지 말아야 한다는 생각이 널리 퍼져 있었지만 여성의 취업을 막지는 못했다. 1930년대에는 독신 여성이든 기혼 여성이든, 자신이나 가족에게 돈이 필요하기 때문에 취업했다. 대공황이 끝날 때쯤에는, 공황이 시작될 때보다 여성의 취업이 25퍼센트나 늘어났다. 엄청난 장애가 있었지만 이런 일이 발생했다. 실직한 남성이 과거에는 여성의 분야로 간주되던 직종으로 옮겨가자 여성은 전문직을 가질 기회가 줄었다. 여성 산업 노동자는 그들과 같은 자격을 가진 남성보다 해고되거나 임금이 감소되기 쉬웠다. 그러나 백인 여성은 일자리면에서 특별히 유리한 점도 있었다. 판매원, 속기사, 그 외의 서비스직과 같이 여성이 전통적으로 강세를 보였던 비전문 직종은 남성이 주로 일했던 중공업 직종보다는 직종 자체가 없어질 가능성이 적었다.

흑인 여성은 특히 남부에서 하녀일이 상당히 감소하자, 대량 실업을 겪게 되었다. 1930년대에 흑인 여성 노동자의 거의 반 정도가 일자리를 잃었다. 그렇기는 해도 1930년대 말에 백인 여성의 취업률이 24퍼센트였던 것에 비해 흑인 여성의 38퍼센트는 취업하고 있었다. 기혼이든 미혼이든, 백인 여성보다 흑인 여성은 개인적 선호보다는 경제적 이유 때문에 일해야 했다.

대공황기의 경제적 고초는 미국인의 가정에 엄청난 긴장과 갈등을 일으켰다. 중간계급 가정은 취업하고 있던 이들의 실업이나 소득 감소 때문에 자신들도 갑작스레 불확실한 미래에 직면했다는 것을 깨닫게 되었다. 일부 노동계급 가정도 1920년대에 아주 약간의 재산을 모으기도 했으나, 1930년대에는 그것마저도 완전히 상실해버렸다. 상황이 이렇자 많은 가정은 생활 방식을 바꾸었다. 어떤 여성은 자신과 가족을 위해 다시 옷을 재봉질했고, 저장식을 만들기도 했다. 집에서 세탁물을 받거나 하숙을 치는 사람도 있었고, 친척이 함께 모여 지내는 가구도 많았다.

그러나 대공황 때문에 가족이 하나의 단위라는 응집력이 약해지기도 했다. 이혼율은 감소했으나, 이것은 대개의 경우, 이혼 비용이 너무 많이 들었기 때문이다. 실직 남성이 생활비를 벌 수 없는 치욕을 벗어나려고 가족을 버리는 경우와 같은 비공식적인 가족해체가 특히 흔했다. 결혼률과 출생률 모두 19세기 초 이래 처음으로 감소했다.

• 결혼과 출산 감소

3

대공황과 미국 문화

수백만의 미국인에게 대공황은 매우 견디기 힘든 경험이었다. 이 같은 위기를 벗어나면서 미국인의 삶에 대한 면밀한 비판이 나왔다. 그러나 공황으로 인해 더 전통적인 가치가 강하게 재확인되기도 했고, 또 여러 가지 전통적 목표가 강화되기도 했다. 공황 문화는 하나가 아니라 여러 가지였다.

공황기의 가치관과 문화

• 일반적인 가치관의 강화

경제적 번영과 산업 성장은 1920년대 미국인의 가치관을 형성하는 데 크게 기여했다. 최소한 주류 문화는 부와 소비주의를 찬미했다. 그러므로 다수의 미국인은 어려운 시기의 경험이 미국의 사회적 가치관에 지대한 영향을 미쳤을 것으로 예상했다. 그러나 전반적으로 미국의 사회적 가치관은 대공황을 맞아 그리 큰 변화를 겪지 않았다. 오히려 많은 사람은 익숙한 사고와 목표에 더욱더 집착하며 어려운 시기에 대응했다.

능력이 충분하고 근면한 이는 누구나 성공할 수 있다는 믿음이 대공황기에 크게 손상을 입고 약화되었다. 그리고 어떤 면에서는 경제적 위기가 미국의 전통적 '성공 윤리'를 훼손시키기도 했다. 많은 사람이 정부에 구호를 요청했고, 자신이 고통을 겪는 것은 거대 기업가와 다른 이의 책임이라고 비난했다. 그러나 공황 때문에 성공 윤리가 파괴될 수는 없었다.

노동과 개인의 책임에 대한 전통적 사고가 여전히 살아 있었다는 것은 여러 면에서 명백했다. 공황으로 가장 고초를 겪은 이, 즉 갑자기 실직하게 된 노동자에게도 전통적 사고는 여전히 남아 있었다. 어떤 이는 분노하며 경제체제를 공격했으나 많은 이는 자신에게 비난을 돌렸다. 이와 동시에 수백만의 사람은 스스로의 노력으로 부와 성공을 다시 얻을 수 있다는 확신에 열정적으로 반응했다. 데일 카네기(Dale Carnegie)의 《친구를 사귀고 다른 이에게 영향력을 미치는 방법(How to Win Friends and Influence People)》(1936)이라는 개인의 자발성을 설교하는 자조(self-help) 지침서가 1930년대의 베스트셀러가 되었다.

• 데일 카네기

대공황기의 예술가와 지식인

물론, 모든 미국인이 대공황에 그렇게 소극적으로만 대응한 것은 아니었다. 예술가와 지식인은 농촌의 빈곤 문제를 극적으로 표현하려고 다방면으로 노력했다. 이 작업에 관여하여 농촌 지역 빈곤의 정도를 가장 효과적으로 전해준 것은 기록사진가 그룹이었다. 그들 중 다수는 1930년대 후반 연방 농장 안정청(Federal Farm Security Administration)에 고용되어 남부 전역을 돌아다니며 농업 지역의 생활을 기록했다. 워커 에번스(Walker Evans), 아서 로스타인(Arthur Rothstein), 러셀 리(Russell Lee), 그리고 벤 샨(Ben Shahn)과 같은 남성과 마가렛 보크-화이트(Margaret Bourke-

White)와 도로시 랭(Dorothea Lange)과 같은 여성은 농촌 가정과 그들의 환경에 대해 연구하여 적대적인 환경이 그 희생자에게 얼마나 잔인한 영향을 미쳤는가를 보여주는 주목할 만한 업적을 남겼다. 많은 작가도 이와 유사하게 사회적 불평등의 폭로에 전념했다. 어스킨 컬드웰(Erskin Caldwell)의 《타바코 로드(Tobacco Road)》 (1932)는 남부 농촌의 빈곤을 폭로한 작품으로, 후일에 장기 공연되었다. 중요한 아프리카계 미국인 소설가 리처드 라이트(Richard Wright)는 《토착인 아들(Native Son)》(1940)에서 도시 게토(ghettoes, 흑인 빈민가) 지역 거주자의 고통을 표현했다.

그러나 1930년대에 가장 폭넓은 청중을 끌었던 문화적 산물은 대공황에서 다른 것으로 관심을 돌리게 해준 것이었다. 그리고 이들은 1930년대 대중문화의 가장 강력한 두 가지 도구였던 라디오와 영화를 통해 주로 제공되었다.

라디오

- 라디오의 큰 인기

1930년대에는 거의 모든 미국인 가정에 라디오가 한 대씩 있었다. 도시와 마을 곳곳에서 라디오 콘솔은 탁자와 의자같이 거실과 부엌을 장식하는 데 널리 이용되었다. 전기가 들어오지 않는 외떨어진 시골에서도 많은 가정이 라디오를 구매하였고, 라디오를 듣고 싶을 때는 자동차 배터리에 연결했다.

집에서 혼자 또는 가족과 라디오를 청취하는 것은 보통 개인적 경험으로 간주되었다. 그러나 어떤 지역에서는 라디오를 듣는 것이 종종 지역 공동체가 함께하는 경험이었다. 젊은이는 현관에 라디오를 놓고 친구를 초청하여 그 옆에 앉아서 이야기하거나 춤추기도 했다. 도시 내 빈곤 지역에서는 사람들이 길거리나 뒤뜰에 모여 운동 경기나 음악회에 귀를 기울이곤 했다. 종종 좋아하는 라디오 프로그램을 듣기 위해 부모와 자녀가 한자리에 모이기도 했다.

미국인이 라디오에서 청취했던 것은 무엇이었는가? 라디오 방송국이 종종 사회적으로 또는 정치적으로 도발적인 프로그램을 내보내기도 했지만, 방송에서 중심이 되었던 것은 현실 도피주의였다. 그것은 〈에이머스 앤 앤디(*Amos n' Andy*)〉와 같은 코미디, 〈슈퍼맨(*Superman*)〉이나 〈딕 트레이시(*Dick Tracy*)〉, 〈외로운 방랑자(*The Lone Ranger*)〉와 같은 모험물, 그리고 기타 오락 프로그램 등이었다. 라디오는 폭넓은 청중에게 새로운 종류의 코미디물을 제공했다. 세련되었을 뿐 아니라 시기를 적절하게 맞춘 유머와 재치 있는 즉답을 구사하던 잭 베니(Jack Benny), 조지 번스(George Burns), 그리고 그레이시 앨런(Gracey Allen)과 그 외 여러 코미디언은 애청자가 많았다. 일일 연속극 또한 특히 낮 시간에 집에 혼자 있던 여성에게 상당한 인기를 얻었다.

● 현실 도피 프로그램 편성

미국인은 중요한 공적 사건을 라디오를 통해 듣게 되었고, 라디오 뉴스와 스포츠 부문이 수요의 증가에 따라 급속히 성장했다. 1930년대의 가장 극적인 순간 몇 가지는 월드시리즈(World Series), 아카데미상 수상식(Academy Awards), 정치 집회와 같은 유명한 사건을 라디오에서 방송하였기 때문이었다. 1937년 뉴저지 주의 레이크허스트(Lakehurst)에서 독일 비행선 힌덴부르크호(*Hindenburg*)가 폭발했을 때, 한 방송인이 감정을 자제하며 그 잔혹한 폭발 사태를 생생하게 보도하여 전국적으로 엄청난 반응을 불러일으켰다. 배우이자 감독이었던 오슨 웰즈(Orson Welles)도 1938년 할로윈 밤에 기억할 만한 사건을 또 하나 만들어냈다. 웰즈는 외계인이 중부 뉴저지에 우주선을 착륙시키고, 무시무시한 무기로 무장하고 뉴욕으로 떠났다는 내용의 라디오 극을 뉴스 형태로 방송했다. 이를 실제라고 믿은 수많은 사람은 잠시 공포심으로 몹시 당황했다.

영화

공황이 발발했던 첫해에 영화 관람자 수는 급격하게 줄어들었다. 그러나 1930년대 중반이 되면서 대부분의 미국인은 다시 영화를 보러 가기 시작했다. 이는 컬러 유성영화가 등장하면서 영화가 좀 더 흥미 있었기 때문이기도 했다.

• 할리우드의 자체 검열 제도

할리우드는 행동과 검열관인 윌 헤이즈(Will Hays)에게 할리우드에서 제작되는 영화를 지속적으로 엄격하게 규제하도록 했다. 헤이즈는 대부분의 영화가 안전하고 관례적인 메시지만을 담도록 했다. 스튜디오 시스템은 소수의 대형 영화사가 배우, 작가, 그리고 감독에게 철권 통제를 행사하여 할리우드 영화가 어떠한 논란도 일으키지 않도록 막았다

그러나 검열과 스튜디오 시스템도 영화에서 사회문제를 다루는 것을 전적으로 막을 수는 없었다. 킹 비도(King Vidot)의 〈우리의 일용 양식(*Our Daily Bread*)〉(1932)과 존 포드(John Ford)가 소설을 각색하여 영화화한 〈분노의 포도(*The Grapes of Wrath*)〉(1940)와 같은 몇몇의 영화는 정치적 주제를 다루었다. 〈리틀 시저(*Little*

오페라에서의 하룻밤

막스 브라더스(Marx Brothers)의 익살스런 코미디는 대중적 인기를 누렸으며, 대공황의 가혹함에서 잠시 도피하게 해주었다. 그의 가장 유명한 필름 중 하나인 〈오페라에서의 하룻밤〉을 광고하는 이 포스터에서는 많은 미국인들이 부와 안락에 이르는 쉬운 길을 찾으려고 끝없이 애쓰지만 대개는 성공하지 못한 시도 속에서 직면했던 딜레마를 효과적으로 풍자했다.

Caesar)〉(1930)와 〈공공의 적(Public Enemy)〉(1931)과 같은 갱 영화는 미국인이 거의 알지 못하는 어둡고 거칠며, 또 폭력적인 세계를 그렸다. 그렇지만 이들 절망적인 이야기는 고통을 겪고 있던 이들에게 인기를 끌었다.

그러나 약간 완화시켰지만 사회적 메시지를 가장 효과적으로 제시한 것은 이탈리아 태생의 명석한 감독 프랭크 카프라(Frank Capra)였다. 카프라 감독은 자신이 고국으로 택한 미국에 대해 깊고도 어느 정도 낭만적인 애정을 가지고 있었고, 이러한 애정을 보통 사람에 대한 막연한 대중주의적 숭배로 변화시켰다. 그는 도시의 기회주의와 탐욕스런 자본주의적 시장을 작은 마을과 보통 사람의 고상함과 대비시켰다. 〈디즈 씨 도시에 가다(*Mr. Deeds Goes to Town*)〉(1936)에서 작은 시골 마을 출신의 단순한 한 남자는 상당한 재산을 물려받아 도시로 이주했으나, 도시에서 보게 된 탐욕스럽고 부정직한 이와 달리, 돈을 모두 나눠주고 고향으로 돌아온다. 〈스미스 씨 워싱턴에 가다(*Mr. Smith Goes to Washington*)〉(1939)에서는 서부 주 출신의 한 점잖은 남자가 미국 상원 의원으로 선출되었으나, 워싱턴의 이기적 정치에 참여하기를 거부하고 동료 의원의 부패와 이기적 작태를 폭로한다. 1930년대에 특히 인기 있었던 카프라의 영화는 이상화된 작은 시골 마을의 온정과 선함, 그리고 보통 사람의 고상함을 보여주며, 상상을 통해 미국의 과거에 대한 비전을 제시하여 관객이 위안을 얻도록 도와주었다.

그러나 종종 1930년대의 상업 영화는 대부분의 라디오 프로그램과 마찬가지로 교묘하고도 명백하게 회피주의적인 성향을 보였다. 1933년의 〈금을 캐는 이들(*Gold Diggers*)〉과 같은 화려한 뮤지컬과 카프라의 〈어느 날 생긴 일(*It Happened One Night*)〉과 같은 '엉뚱한' 코미디물, 또는 막스 브라더스(Marx Brothers)의 많은 영화는 관객이 고통에서 잠시라도 벗어날 수 있게 했고, 빠르고 손쉽게 부를 얻으려는 그들의 환상을 만족시켜주려 했다.

• 월트 디즈니

　1930년대에 월트 디즈니(Walt Disney)는 만화와 어린이를 위한 오락 프로그램에서 오랫동안 일인자로 군림했다. 1920년대 후반, 디즈니는 미키 마우스라는 새로이 창조된 만화 주인공이 등장하는 극장 상영용 단편 만화영화를 제작한 이후, 1937년에는 〈백설공주(Snow White)〉로 장편영화 길이의 만화영화를 만들기 시작했다. 1930년대에 매우 인기 있었던 또 다른 영화는 1939년에 개봉된 〈오즈의 마법사(The Wizard of Oz)〉와 〈바람과 함께 사라지다(Gone with the Wind)〉 등과 같이 인기 소설을 각색한 것이었다.

할리우드는 성과 인종 문제에 있어서 대중문화의 관례에 거의 도전하려 하지 않았다. 영화에 등장하는 여성은 대부분 가정주부와 어머니, 아니면 성적으로 매력 있어 남자와 복잡한 연애에 바쁜 이로 그려졌다. 메이 웨스트(Mae West)는 성공을 거둔 일련의 영화에서 그녀의 매력으로 남성을 마음대로 조정하는 매우 육감적인 여성의 역할을 연기했다. 아프리카계 미국인이 중요한 역할을 맡은 영화는 거의 없었다. 영화에 등장한 대부분의 흑인 남성과 여성은 하인이나 농장 일꾼, 또는 연예인 역할을 맡았다.

대중문학과 언론

대공황이 낳은 사회적, 정치적 긴장은 라디오 방송이나 영화보다는 인쇄 매체를 통해 더 잘 제시되었다. 1930년대의 문학과 언론은 당시 사람들이 갖던 엄청난 환멸감과 점증하던 급진주의를 직접적, 간접적으로 다루었다.

물론 모든 문학작품이 다 도전장을 던지거나 논쟁적이었던 것은 아니었다. 사실, 1930년대에 가장 인기 있었던 책과 잡지도 가장 인기 있던 라디오 쇼나 영화와 마찬가지로 회피주의적 성향과 낭만적 경향을 함께 가지고 있었다. 1930년대 최고의 판매고를 기록했던 소설 중 2편이 마가렛 미첼(Margaret Mitchell)의 《바람과 함께 사라지다(Gone with the Wind)》(1936)와 허비 앨런(Hervey Allen)의 《불운의 앤소니(Anthony Adverse)》(1933)였으며, 이는 이전 시대를 무대로 한 낭만적 서사시였다. 이 시기의 주요 잡지는 국가의 사회 상황보다는 패션, 묘기, 풍경, 그리고 예술에 더 초점을 맞췄다. 1936년 창간된 《라이프(Life)》는 사진을 주로 싣는 잡지로 매우 인기를 끌었고, 미국의 모든 간행물 중 《리더스 다이제스트(Reader's Digest)》를 제외하고 독자가 제일 많았다. 《라이프》는 정치와 공황기의 경제 상황에도 약간의 페이지를 할애했다. 그러나 이 잡지는 스포츠와 연극, 자연 풍경, 그리고 인상적인 공공 프로젝트에 대한 근사한 사진으로 가장 잘 알려져 있었다. 그중 대중의 이목을 가장 끌었던 것이 〈라이프지 파티에 가다(Life Goes to a Party)〉로, 이는 일간 신문에 실린 잡담조의 사회 칼럼을 모방했으며, 부유하고 유명한 이의 삶의 일면을 번쩍거리는 사진을 통해 엿볼 수 있도록 했다.

• 존 도스 파소스

그러나 공황기에 등장한 또 다른 문학작품은 분명하고도 명백하게 미국 대중문화의 지배적 가치관에 도전했다. 가장 중요한 문학작품 몇 편은 미국인 삶의 거침과 공허함에 대한 신랄한 초상을 그려냈다. 존 도스 파소스(John Dos Passos)의 3부작 《미국(U.S.A.)》(1930~1936)은 미국 문화의 물질주의적 광기를 공격했으며, 나다나엘 웨스트(Narthanael West)의 《외로운 아가씨(Miss Lonelyhearts)》(1933)는 칼럼니스트가 자신이 상담한 이들의 삶에서 본 슬픔을 이야기한 것이었다. 잭 컨로이(Jack Conroy)는 《폐적자(The Disinherited)》(1933)에서 탄광 노동자의 삶을 거칠게 그려냈으며, 제임스 퍼렐(James T. Farrell)은 《종마 로니건(Studs

Lonigan》(1932)에서 갈 길을 잃고 비정해진 노동계급 청년의 초상을 제시했다.

인민전선과 좌파

1930년대 후반에 정치문학의 대부분은 종종 덜 급진적이지는 않더라도, 사회에 대해 좀 더 낙관적으로 접근했다. 이는 부분적으로 좌파의 '반(反)파시스트' 그룹의 광범위한 연합, 즉 인민전선(Popular Front)이 등장한 결과였으며, 이 중 가장 주요한 위치를 차지했던 것이 미국 공산당(American Communist Party)이었다. 미국 공산당은 미국 자본주의와 그 자본주의에 의해 통제되는 정부에 대해 가혹하고도 무자비한 비판자였다. 그러나 1935년 소련의 지시로 공산당은 프랭클린 루스벨트(Franklin Roosevelt)에 대한 태도를 완화했고(이제 스탈린은 히틀러에 대항하는 앞으로의 전투에서 루스벨트를 잠재적인 동맹으로 간주했다), 많은 다른 '진보적' 단체와 느슨한 동맹을 맺었다. 공산당은 루스벨트의 뉴딜(New Deal) 정책과 강력한 노동 지도자이자 강력한 반공산주의자였던 존 루이스(John L. Lewis)를 칭찬하기 시작했다. 공산당은 '공산주의는 20세기의 미국주의(Communism is twentieth century Americanism)'라는 구호를 채택했다. 인민전선은 그 전성기에 공산당에 대한 평판과 영향력을 강화시키기 위해 많은 활동을 했다. 이는 또 비판적이며 민주적인 민감성을 앞세워, 작가와 예술가와 지식인을 동원하는 데 지원했다.

1930년대 중반의 스페인 내전은 다수의 미국 지식인에게 중요한

에이브러햄 링컨 군단

의미였으며, 이는 얼마나 좌파가 개인의 삶에 사명감과 목표 의식을 만들어냈는지를 보여주는 좋은 예가 되었다. 스페인 내전은 히틀러와 무솔리니의 지원을 받은 파시스트인 프란시스코 프랑코(Francisco Franco)가 기존의 공화정부에 대항했던 전쟁이었다. 이 전쟁은 많은 미국 청년의 관심을 끌었다. 3,000명이 넘는 미국 청년이 '에이브러햄 링컨 군단(Abraham Lincoln Brigade)'을 조직하여, 파시스트에 대항하여 싸우는 이 전쟁에 참가하려고 스페인으로 향했다. 미국 공산당은 링컨 군단을 조직하는 데 중요한 역할을 했고, 이들의 활동 중 많은 부분을 지도했다.

공산당은 1930년대 초 실업자를 조직하는 데에도 적극적으로 나섰고, 1931년에는 워싱턴 시로 '굶주림의 행진(hunger march)'을 했다. 공산당원은 몇몇의 산업의 경우, 가장 효과적인 조합 조직가였다. 그리고 공산당은 인종 정의를 지지하며 굳건한 자세를 취했던 몇 안 되는 정치조직 중의 하나였다. 스카츠보로 피고인들에 대한 적극적 변호는 공산당이 아프리카계 미국인의 바람과 연합하려고 한 노력의 일례였다.

그러나 개방적이며 애국적인 조직으로 보이려고 노력했음에도, 미국 공산당은 항상 소련의 면밀하고도 엄격한 감시하에 있었다. 대다수의 당원은 (비록 당 노선이 없었던 것에 대해 적극적 활동을 벌였던 경우도 있고, 당원이 독자적으로 활동했던 분야도 있지만) '당 노선(party line)'에 복종하며 따랐다. 소련에 대한 당 지도부의 복종은 1939년 스탈린이 나치 독일과 불가침조약(nonaggression pact)에 서명했을 때 명백히 드러났다. 그러자 모스크바는 미국 공산당에 인민전선을 포기하고 미국 자유주의자를 가혹하게 비판했던 과

거의 자세로 복귀하라고 명령했다. 그 결과 환멸을 느낀 수천 명의 당원이 당을 떠났지만, 미국 공산당 지도자는 즉각적으로 이에 복종했다.

노먼 토머스(Norman Thomas)의 지도하에 있는 미국 사회당(Socialist Party of America)도 경제적 위기를 자본주의가 실패한 증거라고 주장했고, 당의 정치적 프로그램에 대한 대중의 지지를 얻으려고 열성적인 노력을 펼쳤다. 사회당은 여러 활동 중에서도 농촌 지역의 빈곤한 이들의 지지를 얻으려 했다. 당의 지원하에 청년 사회주의자 미첼(H. L. Mitchell)이 조직한 남부 소작농 조합(Southern Tenant Farmers Union, STFU)은 경제적 개혁을 요구하는 소작농과 차지인(借地人)과 기타 다른 이로 이루어진 흑백 양 인종의 연합을 만들려 했다. 그러나 남부 소작농 조합도, 사회당도 사회주의를 미국 정치의 중요한 세력으로 확립하는 데 진정한 진전을 이루지는 못했다.

• 남부 소작농 조합

반(反)급진주의는 1930년대에 강력한 세력이었다. 정부의 여러 층에서 특히 공산당에 대한 적대감은 강했다. 뉴욕 주의 해밀턴 피시(Hamilton Fish)와 텍사스 주의 마틴 디즈(Martin Dies)가 의장을 맡았던 연방의회 위원회는 공산당의 영향력이 보이거나 의심되는 곳은 어디든지 조사했다. 캘리포니아 주나 다른 곳에서 재배업자가 멕시코계 미국인과 그 외 노동자를 조직하려는 공산주의자의 활동을 방해했듯이, 남부 백인 또한 농촌 지역에서 공산주의 조직가를 쫓아내려 했다.

그렇다 해도 미국 역사에서 좌파가 노동자, 지식인, 기타 다른 이에게 그렇게 존경받고 일상적이기까지 했던 때는 거의 없었다. 그러므로 1930년대에는 일시적일지 모르지만, 주류 예술과 정치의 이념적 간격이 확연할 정도로 넓어졌다. 예를 들면, 뉴딜은 1920년대의 자본주의적 상식에 공개적으로 도전하는 사업 계획청(Works Projects Administration, WPA)을 통해 예술 작업을 지원했다. 영화 제작자 패어 로렌즈(Pare Lorenz)는 뉴딜 기구의 지원을 받아, 일련의 강력한 메시지를 담은 다큐멘터리를 제작했다. 그가 만든 〈평원을 부숴버린 쟁기(The Plow that Broke the Plains)〉(1936)와 〈강(The River)〉(1937)이라는 두 편의 다큐멘터리에는 뉴딜 프로그램에 대한 찬미와 산업 자본주의가 산출해낸 인간과 환경의 착취에 대한 강력한 비판이 통합되어 있었다.

・《이제 우리 유명한 이들을 찬양합시다》

1930년대의 사회적 불행을 약간은 덜 도전적으로 다룬 것으로 주목할 만한 책은 소설가 제임스 애기(James Agee)와 사진작가 워커 에번스(Walker Evans)의 《이제 우리 유명한 이들을 찬양합시다(Let Us Now Praise Famous Men)》(1941)이다. 애기와 워커는 1930년대 중반 《포춘(Fortune)》의 의뢰를 받아 소작농과 농촌의 빈곤에 대한 기사를 쓰기 위해 앨라배마 주의 시골로 여행했다. 애기가 집필한 산만하며 매우 감성적인 장편의 글은, 남부 백인 소작농 세 가족의 특별한 사진과 함께, 《포춘》에 싣기에는 너무 길고 또 너무 일상적이지 못했다. 그러나 결국 출간된 책은 애기가 지칭한 바를 따르자면 '인간 존재(human existence)'의 비참한 일면에 대한 생동감 있는 초상이었다. 이는 또한 그가 알게 된, 살기 위해 투쟁하는 이의 강인함과 심지어는 신성함에 대한 열정이 담긴 헌사였다.

・《분노의 포도》

1930년대의 사회 상황을 가장 성공적으로 기록한 사람은 아마도 소설가 존 스타인벡(John Steinbeck)이며, 특히 1939년에 출판된 그의 유명한 소설 《분노의 포도(*The Grapes of Wrath*)》에 당시의 상황이 잘 그려져 있다. 황진지대에서 캘리포니아로 이주한 조드(Joad) 가족이 끝없는 불행과 실패를 겪는 이야기에서 스타인벡은 서부 농촌 생활의 착취적 면면을 가혹할 정도로 상세하게 그려냈다. 그것은 주인공의 인내와 그들이 보여준 공동체 의식에 대한 헌사이기도 했다.

4
허버트 후버의 시련

허버트 후버는 1929년 3월 대통령직을 수행하기 시작했을 때, 대부분의 미국인과 마찬가지로 미국이 밝고 경제적으로 번영하는 미래를 맞이하고 있다고 믿고 있었다. 후버는 집권 초기 6개월간, 자신이 상무부 장관으로 있었던 8년간 주장해왔던 정책을 확대해나가려고 했다. 후버는 1929년이 다 가기 전 시작된 경제적 위기로 인해 새로운 여러 문제를 다루게 되었으나, 남은 임기의 대부분을 자신의 공직 생활 내내 지켜왔던 원칙에 기반을 둔 정책을 계속 펼쳤다.

후버 프로그램

자발적 협조 프로그램의 실패

대공황에 대한 후버의 첫 번째 대응은 경제에 대한 대중의 신뢰를 회복하려는 것이었다. 1930년에 후버는 "미국의 기본 산업, 즉 상품생산과 분배는 건전하고 융성하는 기반 위에 놓여 있다"고 공언했다. 그런 다음 후버는 기업·노동·농업 지도자 들을 백악관으로 초청하여 경기회복을 위해 자발적인 협조 프로그램을 채택하라고 권고했다. 그는 기업가가 생산을 감축하고 노동자를 해고하는 것에 불만을 표했고, 노동 지도자에게는 임금 인상과 노동시간 감축 등에 대한 요구를 포기하도록 종용했다. 그러나 1931년 중반, 경제 상황은 더 악화되어 그가 수립해놓은 자발적 협조 구조는 무너졌다. 이 같은 상황에 놀란 산업가는 곧 생산을 감축하고, 노동자를 해고하거나, 임금을 삭감하기 시작했다.

후버는 또한 대공황을 퇴치할 하나의 수단으로 정부 지출을 이용하려 했다. 대통령은 연방이 지원하는 공공사업 프로그램에 당시의 기준으로 엄청난 액수였던 4억 2,300백만 달러 증액을 의회에 제안했고, 주 정부와 지방 정부도 공공 사업에 자금을 지원하도록 권고했다. 그러나 그 정도의 지출로는 악화되어가는 문제를 해소하기에 충분하지 않았다. 그리고 경제 상황이 악화되자 그는 연방의 지급 능력을 유지하는 것에 대하여 우려하며 정부 지출을 증가시키기를 더욱 꺼려했다.

증권시장이 붕괴하기 전에도 후버는 이미 어려운 상황에 빠져 있던 농촌 경제를 지원하는 프로그램을 만들기 시작했다. 1929년 4월에는 농작물 판매법(Agricultural Marketing Act), 즉 농민이 가격을 유지할 수 있도록 주요 정부 기구가 지원하는 최초의 법을 제안했다. 연방이 지원하는 농장 위원회(Farm Board)는 전국 판매 협동체에 대부를 해주거나, 잉여분을 구매하여 가격 상승을 유도할 기업을 창설하도록 했다. 그와 동시에, 후버는 농작물에 대한 관세를 올려 국제적 경쟁으로부터 미국의 농민을 보호하려고 했다. 1930년의 홀리-스무트 관세법(Hawley-Smoot Tariff)에는 75개 농산품에 대한 보호관세의 인상이 포함되어 있었다. 그러나 농작물 판매법도, 홀리-스무트 관세법도 결국에는 미국의 농민에게 그리 도움이 되지 못했다.

• 농작물 판매법

1931년 봄, 허버트 후버의 정치적 입지는 매우 악화되었다. 1930년 의회 선거에서 민주당이 하원을 지배하게 되었고, 상원에서도 상당한 의석을 확보했다. 많은 미국인은 대통령이 개인적으로 이 같은 위기에 대해 책임져야 한다고 보았고, 실직자가 도시 외곽에 설립한 판자촌을 '후버빌(Hoovervilles)'이라고 이름 붙였다. 민주당원은 대통령이 구호와 공공 지출에 대한 더 강력한 프로그램을 지지하라고 재촉했다. 그러나 후버는 그렇게 하는 대신, 1931년 초에 경제 상황이 약간 향상되자, 이를 자신이 만든 정책이 제대로 진행되고 있다는 증거로 간주했다.

• 국제 경제 붕괴

1931년 봄에 일어난 국제적 금융공황은 경제적 위기가 끝나 간다는 환상을 깨버렸다. 1920년대 전반에 걸쳐 유럽 국가는 채무를 갚기 위해 미국 은행의 대부에 의존하고 있었다. 1929년 이후에 대부를 더 이상 얻을 수 없게 되었을 때, 몇몇 유럽 국가의 금융 체계는 무너지기 시작했다. 1931년 5월, 오스트리아의 최대 은행이 파산했다. 그 후 수개월간, 공황은 인접 국가의 금융기관의 발을 묶어버렸다. 미국 경제도 급격히 새로운 저점으로 떨어졌다.

의회가 1931년 12월에 소집되었을 때, 상황은 더 절박해져서 후버는 위기에 빠진 은행이 파산하지 않도록 막고, 가옥 소유자가 저당물을 잃지 않도록 보호하기 위한 일련의 법안을 지원했다. 가장 중요한 것은 어려운 상황에 처한 은행과 철도, 그리고 기타 다른 기업에게 연방의 대부를 제공할 목적을 가진 정부 기구인 재건 금융 공사(Reconstruction Finance Corporation, RFC)를 설립하는 법안이 1932년 1월에 통과된 것이었다. 이전의 몇몇 후버 프로그램과는 달리, 이는 대규모로 시행되었다. 1932년, 재건 금융 공사는 공공사업만을 위해 15억 달러의 예산을 마련했다.

• 재건 금융 공사의 실패

그렇지만 새 기구는 경제가 당면한 진정한 문제를 직접적으로 또 강력하게 다루는 데 실패하여 경제를 확실히 회복시키지는 못했다.

재건 금융 공사는 담보가 충분한 금융기관에게만 자금을 빌려주어, 대부분의 자금은 큰 은행과 기업에만 돌아갔다. 재건 금융 공사는 후버의 주장에 따라 갚을 능력이 확실히 있는 공공사업 프로젝트(유료도로, 공공 숙박 등)에만 자금을 대주었다. 무엇보다도 이 기구는 대공황에 실제적으로 영향을 미칠 수 있을 만큼 충분한 자금이 없었고, 게다가 보유하고 있던 자금을 전부 사용하지도 않았다.

대중적 저항

대공황이 시작된 초기 몇 년간 대다수의 미국인은 너무 경악하고, 또 너무 충격을 받았기 때문에 어떠한 효과적 저항도 할 수 없었다. 그러나 1932년 중반, 비판의 목소리가 들리기 시작했다.

1932년 여름, 불만을 가진 농장 소유자가 아이오와 주의 디모인(Des Moines)에 모여 새로운 조직인 농민 휴업 협회(Farmers' Holiday Association)를 설립했고, 시장에 농업 생산물을 출하하지 않을 것, 즉 사실상 농민의 파업을 승인했다. 파업은 8월에 서부 아이오와 주에서 시작되어 곧 인접 지역 몇 곳으로 퍼져나갔고 시장 몇 개를 폐쇄시켰으나, 결국 실패하여 해산했다.

• 농민 휴업 협회

더 유명한 저항 운동은 미국 퇴역 군인(American Veterans)이 일으킨 것이었다. 1924년에 의회는 제1차 세계대전에 참전했던 이들에게 1천 달러의 보너스 지급을 승인했고, 1945년 초부터 지급되도록 했다. 그러나 1932년, 많은 퇴역 군인은 보너스를 즉시 지급하라고 요구했다. 후버는 정부 예산의 균형이 깨질 것을 우려하여 이를 거부했다. 6월에 자칭 보너스 원정대(Bonus Expeditionary Force)

보너스 행진자를 진압하며

1933년 7월, 후버 대통령은 보너스 행진자를 그들이 머물고 있던 공공 건물에서 쫓아내라고 워싱턴 D.C. 경찰에 명령했다. 그 결과, 이 사진에 나타나듯이 퇴역 군인과 경찰 간에 부상을 무릅쓴 열띤 격돌이 일어났다. 후버는 이런 작은 충돌을 해결하려고 군대를 불러들였다.

또는 보너스 군대(Bonus Army)의 회원인, 2만 명이 넘는 퇴역 군인이 워싱턴으로 행진해 들어와 도시 주위에 조악한 캠프를 세우고, 의회가 보너스 지불 법안을 승인할 때까지 있겠다고 공언했다. 의회에서 그들의 제안을 부결하자 이들 중 몇몇은 떠났으나 대부분은 그대로 남아 있었다.

이들이 워싱턴에 계속 남아 있자 허버트 후버는 당황스러웠다. 결국, 7월 중순에 후버는 몇몇의 버려진 연방 건물에 머물고 있는 행진자를 몰아내라고 경찰에 명령했다. 행진자 중 몇몇은 경찰에게 돌을 던졌고 어떤 이는 불을 질렀으며, 두 명의 퇴역 군인은 추락사했다. 후버는 이 사건을 통제되지 않은 폭력과 급진주의의 증거로 간주하여 미 육군에 경찰을 도와 이들을 연방 건물에서 몰아내라고 명령을 내렸다.

육군 참모 총장 더글라스 맥아더(Douglas MacArthur) 장군은 그 임무를 대통령의 명령 이상으로 수행했다. 그는 제3기병대와 두 개의 보병 연대, 기관총 분대와 6대의 탱크를 이끌고 보너스 군대를 쫓아 펜실베니아 주 애비뉴로 내려왔다. 퇴역 군인은 겁에 질려 도망쳤다. 맥아더는 애나코스티아 강(Anacostia River)을 건너 그들을 추적했고, 텐트를 불 질러 없애라고 군인에게 명령했다. 행진자 중 100명 이상이 부상을 입었다.

이 사건은 이미 손상된 후버의 정치적 입지에 결정적 타격을 가했다. 위대한 엔지니어이자 1920년대 낙관적 시대의 체현이었던 후버는 미국의 경악할 만한 운세를 반전시키는 데 효과적으로 대처하지 못하여 미국의 실패를 상징하게 되었다.

· '보너스 군대'의 해산

1932년 선거

1932년의 대통령 선거가 다가오자 결과를 의심하는 이는 거의 없었다. 공화당은 의무적으로 허버트 후버가 재임하도록 재지명했으나, 후버가 승리할 수 있다고 믿은 대의원은 거의 없었다. 민주당원은 환호하며 시카고에 모여 뉴욕 주지사 프랭클린 델러노 루스벨트(Franklin Delano Roosevelt)를 지명했다.

루스벨트는 이미 수십 년 전부터 당내에서 유명한 인물이었다. 허드슨 계곡(Hudson Valley)의 유력 가문 출신이자, 시어도어 루스벨트(Theodore Roosevelt)의 친척이며, 잘 생기고 매력적인 젊은이

· 프랭클린 루스벨트

1932년 선거

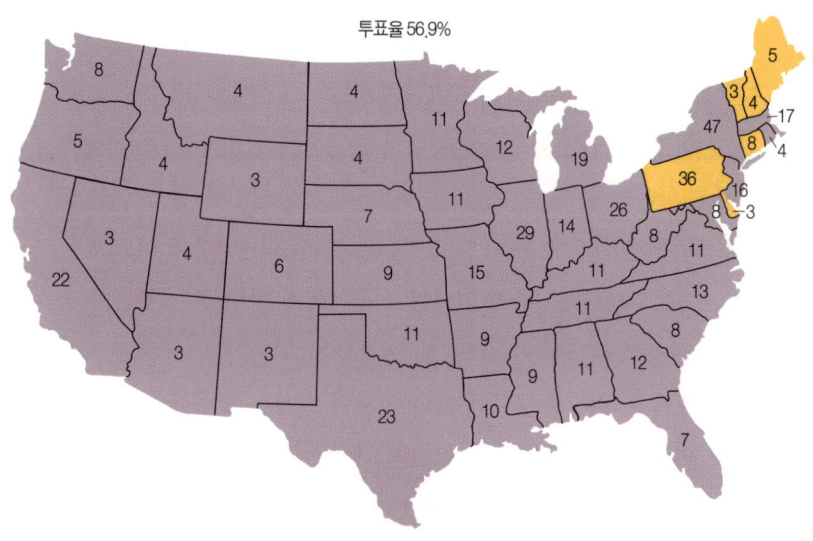

투표율 56.9%

	선거인단 투표	일반투표(%)
프랭클린 루스벨트(민주당)	472	22,821,857(57.4)
허버트 후버(공화당)	59	15,761,841(39.7)
노먼 토머스(사회당)	—	881,951(1.2)
기타 정당(금주당, 사회 노동당, 자유당)	—	271,355

1928년의 선거처럼, 1932년의 선거도 예외라고 할 수 있을 정도로 일방적이었다. 그러나 1932년에 압승을 거둔 것은 민주당 후보 프랭클린 루스벨트였다. 그는 뉴잉글랜드 지역만 제외하고 미국 전 지역에서 허버트 후버를 압도했다. 루스벨트는 특히 후버의 대공황 대책에 대한 대중의 환멸감으로 인해 확실히 이득을 보았다.

였던 그는 급부상했다. 뉴욕 주 의회 의원에서 제1차 세계대전 중에는 우드로 윌슨 정부의 해군부 차관이 되었고, 1920년에는 운이 따라주지 못했던 제임스 콕스(James M. Cox)의 러닝메이트가 되면서 그의 지위는 급속히 상승되어 왔다. 그 후 1년도 못 돼 그는 소아마비에 걸렸다. 그는 비록 다시는 지팡이와 버팀대가 없이 걸을 수는 없었지만, 1928년에 정치계에 다시 돌아올 수 있을 정도로 기력을 충분히 회복했다. 알 스미스가 그해 민주당 대통령 후보 지명을 받자 루스벨트는 주지사로 그를 계승했다. 1930년, 루스벨트는 손쉽게 재선되었다.

루스벨트는 뉴욕에서 아무런 기적도 일으키지 못했으나, 자신을 후버보다 더 정력적이고 상상력 있는 지도자로 보여줄 수 있을 만큼 충분하고 적극적인 정부 지원 프로그램을 시작했다. 그는 전국적 정치에서 분열을 일으킬 수 있는 문화적 이슈를 피했고, 민주당원 대다수가 공통적으로 경험하고 있던 경제적 고통을 강조했다. 그 결과 그는 당내에서 폭넓은 연합을 이끌어냈고, 당의 지명을 획득할 수 있었다. 그는 전통을 극적으로 깨뜨리고, 전당대회에서 직접 연설하러 시카고로 날아가서 후보 지명을 받아들였다. 후보 지명 수락 연설 도중, 루스벨트는 "나는 여러분에게, 또 나 자신에게, 미국인을 위한 뉴딜(new deal)을 맹세합니다"라고 확신에 찬 약속을 하여 대의원을 감동시켰다. 그러나 그때에도, 또 그 후의 선거전에서도 루스벨트는 그 프로그램이 무엇인지 아무것도 제시하지 않았다. 그러나 허버트 후버의 인기 하락은 사실상 루스벨트의 당선을 보장했다.

루스벨트는 큰 표차로 승리했다. 후버가 일반투표에서 39.7퍼센트를 얻은 것에 비해 그는 57.4퍼센트를 획득했다. 선거인단 투표의 결

• 루스벨트의 당선

과는 훨씬 더 압도적이었다. 후버는 델라웨어, 펜실베이니아, 코네티컷, 버몬트, 뉴햄프셔, 그리고 메인 주에서만 승리를 거두었고, 루스벨트는 그 외의 모든 곳에서 승리했다. 민주당은 의회의 상하 양원에서 다수의 위치를 차지했다. 이는 광범위하고 확신 있는 통치의 위임이었으나, 루스벨트가 취임 후 무엇을 하려 하는지 아직 확실하지 않았다.

정권 교체기

선거 이후 취임까지의 기간(1930년대 초반 4개월가량)에 경제적 위기는 점점 더 심각해졌다. 전통적으로 대통령 당선자는 정부에 직접 관여하지 않았다. 그러나 선거 후 몇 달 동안 후버는 루스벨트와 여러 차례 의미 없는 교신을 하여 대통령 당선자에게 정통주의 경제 정책을 유지하겠다는 약속을 얻어내려고 했다. 루스벨트는 이를 정중하게 거절했다.

• 금융 시스템의 붕괴

취임하기 한 달 전인 2월에 미국의 금융 시스템이 갑자기 빠른 속도로 붕괴되며 새로운 위기가 전개되었다. 예금자는 놀라서 돈을 인출했으며, 은행은 연차적으로 문을 닫고 파산을 선언했다. 후버는 다시 루스벨트에게 통화에 어설프게 관여하지 않을 것, 대규모 차입을 하지 않을 것, 예산의 균형을 맞출 것 등으로 대중에게 신속히 확신을 줄 것을 요구했다. 루스벨트는 또다시 거절했다.

따라서 1933년 3월 4일은 경제 위기의 날이면서 후버 개인에게는 상당히 고통스러운 날이기도 했다. 그날 아침 허버트 후버는 우울한 가운데, 미국의 32대 대통령으로 곧 서약을 할 기쁨에 넘치고 자신

수호자의 교체

취임식이 거행되기 훨씬 이전 《뉴요커(New Yorker)》의 피터 아르노(Peter Arno)는 취임식을 위해 함께 의사당으로 향하는 프랭클린 루스벨트와 허버트 후버의 이미지를 그림으로 나타냈다. 이 그림에는 불편한 분위기가 놀라울 정도로 정확히 나타나 있다. 《뉴요커》의 편집자는 무뚝뚝하고 별 말이 없는 후버와 자신감에 차 미소를 짓고 있는 루스벨트를 그린 이 그림은 취임식이 있던 주에 나온 이 잡지의 표지에 실을 예정이었으나, 대통령 당선자가 플로리다에서 암살 미수를 겪은 후(이 일로 시카고 시장이 살해되었다), 이 이미지를 다소 완화시킨 그림으로 교체했다.

에 찬 프랭클린 루스벨트와 함께 마차를 타고 펜실베이니아 애비뉴를 따라 내려왔다.

결론

대공황은 미국인의 생활에 많은 변화를 가져왔다. 대공황으로 미국의 역사상, 이전에는 한 번도 경험하지 못했던 대규모의 실업 사태가 일어났다. 그것은 가족, 지역 사회, 주 정부, 지방 정부, 그리고 최종적으로 워싱턴에 막대한 압력을 가했다. 허버트 후버는 혁신적이었으나 결국 재직 기간 동안 이 위기에 효과적으로 대처할 수 있는 정책을 만들어내지 못해 실패한 대통령이 되었다. 미국의 정치와 문화에 강력한 급진주의와 저항의 조류가 등장했고, 다수의 중간계급 미국인은 혁명이 일어날지 모른다며 두려워했다.

사실은 대공황이 미국 사회와 문화의 많은 부분을 흔들었지만, 실제로 전복시킨 것은 거의 없었다. 자본주의 체제는 일시적으로 손상을 입었지만 결코 진정으로 위태로운 상황까지 가지는 않았으며, 결국 살아남았다. 물질주의와 개인의 책임을 강조하는 가치관도 흔들렸지만, 전복되지는 않았다. 1930년대의 미국인은 1920년대보다 공동체, 관용, 그리고 보통 사람의 존엄성의 주창에 좀 더 수용적이었다. 그들은 과거보다 정부와 기업, 그리고 심지어 개인의 삶에 일어난 실험에 더 개방적이었다. 그러나 거의 대부분의 미국인은 '경제적 절망으로 점철되었던 기나긴 세월에도 미국적 생활 방식'을 여전히 강하게 신뢰하고 있었다.

〈세계 속의 미국〉

세계공황

　대공황은 미국에서 시작되었지만, 미국에서 끝나지는 않았다. 미국 경제는 세계에서 가장 대규모였으며, 미국 경제의 붕괴는 전 세계로 파급되었다. 1931년에 이르자 미국의 공황은 세계공황이 되었고, 이는 세계사의 진행에 중요한 의미를 지니고 있다.
　전 세계적 공황의 기원은 미국이 유럽 국가에게 수십 억의 자금을 대부해주었던 제1차 세계대전 후에 등장한 채무 구조에 있었다. 1931년에 미국의 은행이 흔들리고 또 다수가 붕괴되자, 뉴욕의 거대 은행은 독일과 오스트리아로부터 대부금을 전력을 다하여 회수하기 시작했다. 그래서 오스트리아 최대 은행이 붕괴했고, 이에 따라 순차적으로 중부 유럽의 많은 곳에 공황 상태가 일어났다. 독일과 오스트리아는 경제가 붕괴하자 1919년 베르사유조약에 의해 정해진 영국과 프랑스에 주어야 할 패전 배상금을 계속 지급할 수 없게 되었다. 이는 또 순차적으로 영국과 프랑스가 미국에 갚아야 할 대부금을 계속해서 갚을 수 없게 된 것을 의미한다. 이같이 확산된 재정 위기는 부분적으로는 미국 역사상 최고율의 수입세를 설정하고 국제 간 교역을 상당 정도 악화시켰던 홀리-스무트 관세법(Hawley-Smoot Tariff)에 의해 일어난 것이었다. 전 세계적 과잉생산의 결과 농산물 가격이 하락한 것도 이 같은 경제 하강에 기여했다. 1932년까지 세계의 산업 생산은 3분의 1 이상 감소했고, 국제 간 교역은 거의 3분의 2로 축소되었다. 1933년에 이르러 산업국가에서 3,000만 명이 일자리를 잃었고, 이는 4년 전보다 5배나 되는 것이었다.
　그러나 공황은 산업국가에만 한정된 것은 아니었다. 제국주의와 산업화는 세계의 거의 전 지역을 국제적 산업 경제로 끌어들였다. 아프리카, 아시아, 그리고 남아메리카의 식민지와 국가는 산업국가에게 원자재와 농산물을 수출하는 데 매우 의존적이었기 때문에 그들의 산물에 대한 수요가 극히 감소하자 빈곤과 실업이 악화되었다. 소련과 중국을 포함하여 일부 국가는 세계경제와의 연계성이 비교적 적었고, 그리하여 대공황으로 인한 피해가 상대적으로 적었다. 그러나 전 세계 대부분의 국가는 공황으로 인해 엄청난 사회적·경제적 어려움을 겪었다.

대공황은 또한 경제적 혼란도 가져왔다. 공황으로 가장 격심한 타격을 입은 국가는 독일로, 1930년대 초 독일의 산업 생산은 50퍼센트가 감소했고, 실업률은 35퍼센트에 이르렀다. 독일은 절망적인 경제 상황으로 인해 나치당과, 1933년에 수상이 된 지도자 아돌프 히틀러(Adolf Hitler)가 부상했다. 일본도 성장하던 산업 경제를 지탱하고, 또 국내에서 필요한 필수물품을 구매하기 위해 세계 교역에 의존하고 있었으므로 상당한 고초를 겪었다. 독일에서와 같이 일본에서도 경제적 고통은 정치적 혼란을 가져왔고 새로운 군사정권의 등장에 일조했다. 이탈리아의 경우, 1920년대 처음으로 권좌를 차지한 베니토 무솔리니(Benito Mussolini)의 파시스트 정부 또한 군국주의화와 영토적 팽창을 경제적 고통에서 벗어나는 방법으로 보았다.

그 외 국가에서는 정부가 국내 경제를 개혁하여 공황을 해결할 방책을 찾았다. 그 같은 해결책의 가장 뚜렷한 예가 미국의 뉴딜이었다. 다른 국가에서도 중요한 실험이 이루어졌다. 공황에 대하여 전 세계에서 가장 일반적으로 취한 대응책 중 하나는 정부가 공공사업에 상당액을 투자하는 것이었다. 미국, 영국, 프랑스, 독일, 이탈리아, 소련, 그리고 다른 국가에서 도로, 교량, 댐, 공공 건물, 기타 여러 다른 거대 규모의 프로젝트에 상당히 투자했다. 또 다른 대응책은 정부가 자금을 댄 실업자 구호였다. 전 세계 모든 산업국가는 여러 가지 형태의 구호책을 시도했고, 종종 그 과정에서 서로의 아이디어를 차용하기도 했다. 그리고 공황은 위기를 설명하거나 해결책을 제시하는 데 있어 고전적 경제 행위 모델이 명백히 실패하자 경제에 대하여 새로운 방식으로 접근하도록 일조했다. 영국의 위대한 경제학자 존 메이나드 케인스(John Maynard Keynes)는 전 세계적으로 경제사상에 있어 혁명을 일으켰다. 케인스는 1936년에 출판한 《고용, 이자, 화폐에 대한 일반 이론(*The General Theory of Employment, Interest, and Money*)》에서 공황이 생산의 감소가 아닌 불충분한 소비 수요의 결과라고 주장하여 센세이션을 일으켰다. 그는 정부가 이자율 절하와 공공 지출, 양자의 결합을 통해 자본의 공급을 증가시키고 투자를 일으키며 경제에 자극을 가할 수 있다고 했다. 케인스의 이론으로 알려진 케인스주의(Keynesianism)는 1938년 미국에 영향을 미치기 시작했고, 그 이후 세계의 다른 곳에도 영향을 미치게 되었다.

대공황은 미국사뿐 아니라, 20세기 세계사에서도 중요한 전환점이었다. 대공황은 다수의 국가에서 공공 정책과 경제학적 사상을 변화시켰다. 대공황은 구정권을 무너뜨리고 새로운 정권을 창출했다. 그리고 무엇보다도 대공황은 제2차 세계대전이 발발하게 된 중심적, 혹은 하나의 가장 중요한 요인이있다고 할 수 있다.

1933	1934	1935
'1차 뉴딜' 입법/금주법 폐지	미국 자유 연맹 창설/롱의 '부의 공유를 위한 사회' 설립	연방 대법원, '전국 산업 부흥법' 무효화/사회보장법과 와그너법을 포함한 '2차 뉴딜' 입법/루이스, 미국노동총동맹 탈퇴

26장 뉴딜

1930년대의 사업 추진청(WPA) 포스터

이 인상적인 포스터가 찬미하고 있는 사업 추진청(Works Progress Administra-tion)은 노동 구호에 있어 뉴딜의 가장 괄목할 만한 실험이었다. 사업 추진청은 여기 묘사된 대로 일자리를 잃은 농민과 산업 노동자에게 일자리를 제공하는 것에 더하여 작가, 화가, 배우 등을 지원하기 위한 프로그램을 만들어냈다.

1936	1937	1938	1939
연방 대법원, 농업 조정법 무효화/산업별 조합 회의 설립/루스벨트, 재선에 성공/연좌 파업	루스벨트의 '법원 개편안'/연방 대법원, 와그너법 지지/심각한 경기 후퇴	공정 노동 기준법	마리아 앤더슨, 링컨 기념관 공연

프랭클린 루스벨트는 대통령 재직 12년 동안, 이전의 어느 대통령보다도 미국인의 삶에 중심적 역할을 하게 되었다. 가장 중요한 점은 그의 행정부가 연방정부뿐 아니라, 사회와 연방정부의 관계를 영구히 변모시키는 일련의 프로그램을 만들었다는 것이다. 1930년대 말, 루스벨트 행정부가 이름 붙인 뉴딜(New Deal)은 대공황을 종식시키지 못했고, 제2차 세계대전이 대공황을 끝냈다. 그럼에도 뉴딜은 오늘날 우리가 알고 있는 정치 세계의 대체적 윤곽을 만들어냈다.

1
뉴딜의 시작

루스벨트가 대통령직을 맡은 후 처음으로 해야 할 임무는 금융 시스템에 혼란을 일으키고 있던 위협적인 공황을 완화시키는 것이었다. 그는 개성적인 방식을 통해, 또 매우 신속하게 야심차고 다양한 입법 프로그램을 만들어내어 그 임무를 수행했다.

신뢰의 회복

루스벨트의 초기 성공은 그의 원기 넘치는 개성이 이루어낸 결과였다. 그는 라디오를 정기적으로 이용한 첫 번째 대통령이었다. 그는 친근한 '노변담화(fireside chats)'를 통해 자신의 프로그램과 계획을 대중에게 설명했고, 행정부에 대한 대중의 신뢰감을 얻어냈다. 그러나 루스벨트는 이미지에만 의존할 수는 없었다. 대통령이 된 지 이틀 후인 3월 6일, 의회가 은행 개혁 입법을 다루기 위해 특별 회기를 소집하기 전에 모든 미국 은행이 4일 동안 휴업할 것을 지시했다. 은행이 파산할지 모른다는 매우 심각한 우려 속에 대통령이 완곡하게 이름 붙인 '은행 휴업(bank holiday)'은 국민이 안도하고 희망을 갖게 하였다.

• '노변담화'와 '은행 휴업'

3일 후에, 루스벨트는 의회에 긴급 은행법(Emergency Banking Act)을 제출했다. 전반적으로 보수적인 이 법안은, 주로 대규모 은

• 긴급 은행법

라디오 대통령

프랭클린 루스벨트는 라디오를 최대한 활용한 최초의 미국 대통령이었다. 대통령직을 맡은 첫날부터 그는 신문을 무시하고(신문 다수가 그에게 적대적이었다), 유명한 '노변담화(fireside chats)'를 통해 미국 대중과 직접적으로 교감했다. 1938년의 이 사진에서 루스벨트는 지역사회가 실업자에 대한 노동 구호를 지속적으로 제공하라고 촉구하는 연설을 하고 있다.

행이 허약한 소규모 은행에게 질질 끌려가는 것을 막기 위해 제정되었다. 이 법안의 내용은 모든 은행의 영업 재개를 허용하기 전에 재무부가 감사를 할 것, 곤경에 처한 몇몇 은행을 연방이 지원할 것, 그리고 가장 심각한 어려움에 처한 은행은 재조직할 것 등이다. 의회는 이 법안이 상정되자 몇 시간 내에 통과시켰다. 새 법이 이루어낸 바가 무엇이든 간에, 이는 공황 퇴치에 도움을 주었다. 연방 지불 준비 제도(Federal Reserve System)에 속해 있는 은행의 4분의 3이 3일 내로 영업을 재개했고, 10억 달러에 이르는 감춰져 있던 돈과

금이 한 달도 안 돼 은행에 유입되었다. 일촉즉발의 은행 위기는 지나갔다.

긴급 은행법이 통과된 다음 날 아침, 루스벨트는 경제법(Economy Act)을 의회에 제출했다. 이 법안은 연방정부가 안전하고 책임 있는 사람의 수중에 있다는 것을 대중과 특히 기업 사회에 확신시켜주려는 것이었다. 이 법은 정부 고용인의 봉급을 삭감하고, 퇴역 군인 연금을 15퍼센트 정도 줄여 연방 예산의 균형을 맞출 것을 요구하는 내용을 담고 있었다. 은행 법안과 마찬가지로, 이 또한 거의 즉시 의회에서 통과되었다. 루스벨트는 1933년 6월, 은행에 의한 무책임한 투기를 억제할 권한을 정부에게 부여한 글래스-스티걸 법(Glass-Steagall Act)에 서명했다. 더 중요한 것은 글래스-스티걸 법이 연방 예금 보험 공사(Federal Deposit Insurance Corporation)를 설립하여 은행 예금을 2,500달러까지 보장하도록 하는 것이었다. 달리 말해, 은행이 파산하더라도 소액 예금자는 돈을 찾을 수 있도록 한 것이다(그후, 1935년에 의회는 지역의 연방 지불준비 은행이 한때 행사했던 권한의 대부분을 워싱턴의 연방 지불 준비 위원회에 이전하는 주요한 은행법을 통과시켰다).

증권시장에서의 신용을 회복시키기 위해, 의회는 1933년 소위 증권 공시법(Truth in Securities Act)을 통과시켜, 새로이 증권을 발행하는 기업이 대중에게 충분하고도 정확한 기업 정보를 제공하라고 했다. 1934년 6월에 또 다른 법은 증권 거래 위원회(Securities and Exchange Commission, SEC)를 만들어 주식시장을 감시했다. 루스벨트는 3.2퍼센트의 알코올을 포함하는 맥주의 제조와 판매를 합법화하는 법안도 지지하고 서명했다. 이는 금주

• 증권 거래 위원회

법이 폐지될 때까지의 임시 조처로, 이것으로 21번째 헌법 수정은 이미 진행되고 있었다. 헌법 수정안은 1933년 말에 비준되었다.

농업의 조정

이러한 초기의 조처는 대부분 좀 더 종합적인 대책이 이루어지기까지 시간을 벌기 위한 미봉책에 불과했다. 종합적 대책의 첫 번째는 의회가 1933년 5월에 통과시킨 농업 조정법(Agricultural Adjustment Act)이었다. 이 법의 조항에 따라 7가지의 기본 품목(밀, 면화, 옥수수, 돼지, 쌀, 담배, 유제품)의 생산량을 제한하게 되었다. 정부는 농업 조정청(Agricultural Adjustment Administration, AAA)을 통해 개별 농민에게 생산할 양을 정해주고, 유휴 경작지에 대해 보조금을 지불했다. 식품 가공(예를 들면, 밀의 제분)에 부과하는 세금을 신설하여 새로이 농민들에게 지불할 보조금의 자금원을 확보했다. 농산물 가격은 평형점을 한도로 보조해주도록 했다.

<small>대규모 농장주 지원</small>

농업 조정청이 애쓴 결과, 1933년 이후 농산물 가격이 상승했고, 농가 총소득도 뉴딜이 시행된 후 초기 3년간 절반 정도 증가했다. 농업경제는 전반적으로 이전 몇 년간보다 1930년대에 더욱 안정적이고 번영했다. 그러나 농업 조정청의 지원 혜택은 소농보다는 대규모 농장을 운영하는 농민에게 우선적으로 돌아갔다. 농지에서 직접 일하는 사람이 아니라 토지 소유자에게 보조금을 지불했기 때문에, 정부는 농장주가 그들의 임차인과 소작인을 쫓아내고 일꾼을 해고하면서 경작 면적을 줄여가는 것을 거의 막지 못했다.

1936년 1월, 대법원은 정부가 농민에게 생산을 축소하도록 요구할 아무런 헌법적 권한도 없다며, 농업 조정법의 중요한 조항을 파기했다. 그러나 몇 주 내에, 행정부는 토양 보존과 국내 할당법(Soil Conservation and Domestic Allotment Act)이라는 새로운 법을 통과시켰다. 이는 농민이 토양을 보존하고 토양의 부식을 방지하며, 또 다른 부차적 목적도 성취할 수 있게끔 생산을 축소하도록 정부가 농민에게 보조금을 지불한다는 내용의 법이었다.

행정부는 가난한 농민을 지원하기 위하여 또 다른 시도를 했다. 1935년에 설립된 재정착청(Resettlement Administration)과 그의 후신으로 1937년에 만들어진 농장 안정청(Farm Security Administration)은 토질이 거의 다 소진된 토지를 경작하는 농민이 좀 더 나은 토지로 이주하여 재정착하도록 대부금을 제공했다. 그러나 이 프로그램으로 단지 몇천 명 정도의 농민만 이주했을 뿐이다. 좀 더 효과적이었던 것은 1935년에 설립된 농촌 전력화청(Rural Electrification Administration)으로, 이는 공공사업체를 통해 수천의 농민이 처음으로 전기를 이용할 수 있도록 했다.

• 농장 안정청

산업부흥

1931년 이래로 미국 상공 회의소의 지도자와 그 외 많은 이는 정부가 반(反)디플레이션 대책을 채택하여, 동업 협회(trade associations)가 자신의 산업 부문에서 가격 안정을 위해 상호 협조하는 것을 허용해달라고 요구했다. 기존의 반(反)트러스트법(독점 금지법)은 그 같은 행위를 명백하게 금지하고 있었고, 허버트 후버는 반트러스트법의 유보에 대한 승인을 거부했다. 그러나 루스벨트

푸른 독수리에 경의를 표하며

1933년, 수천 명의 샌프란시스코 학생이 야구장에 모여 전국 부흥청(National Recovery Administration)의 상징인 (산업을 상징하는) 톱니바퀴를 붙잡고 있는 푸른 독수리와 (에너지를 상징하는) 번개의 형상을 만들었다. 이러한 대형 광고는 전국 부흥청(NRA)이 (단기간 지속됐지만) 대중적 열정을 불러일으켰다는 증거이다. 전국 부흥청의 행정가는 제1차 세계대전 때의 자유 채권 운동에 대한 기억을 되살려 푸른 독수리를 경기회복을 위한 애국적 헌신의 상징으로 만들려 했다.

행정부는 이에 좀 더 수용적인 태도를 보였다. 그러나 반트러스트 조항을 완화시키는 대가로, 뉴딜주의자는 다른 부가 조항을 요구했다. 가격 인상에 따라 노동자의 소득 또한 동반 상승하도록 보장하기 위하여, 기업인이 노동조합을 통한 단체교섭권을 인정하는 중요한 양보를 해야 한다는 것이다. 그리고 일자리를 확충하고 소비자의 구매력을 증진시키기 위하여, 중요한 공공사업 지출 프로그램도 덧붙였다. 이 같은 고려와 그 외 다른 이유의 결과로 1933년 6월에 의회에서 전국 산업 부흥법(National Industrial Recovery Act)이 통과되었다.

전국 산업 부흥법의 중심에는 활동적이며 정열적이었던 휴 존슨(Hugh S. Johnson)의 지휘하에 있던 새 연방 기구인 전국 부흥청(National Recovery Administration)이 있었다. 존슨은 전국의 모든 기업이 일시적인 '일괄 규약(blanket code)'을 받아들일 것을 요구했다. 이 규약은 시간당 30~40센트인 최저임금, 35~40시간의 주간 최대 노동시간, 아동노동 금지 등의 조항으로 구성되어 있었다. 동시에 존슨은 미국의 주요 산업체의 지도자와 또 다른, 좀 더 특수한 규약을 협상했다. 이러한 산업 규약에는 어떠한 회사도 경쟁에서 유리하도록 가격이나 임금을 더 이상 낮출 수 없도록 선을 정하는 것과 또 고용과 생산의 유지에 회사가 동의하도록 하는 조항도 포함되었다. 그는 전국의 거의 모든 중요 산업으로부터 즉각적인 동의를 얻어내었다.

● 전국 부흥청 설립

그러나 처음부터 전국 부흥청은 심각한 어려움에 당면했다. 이 규약은 성급하게 마련되었고, 또 대개 허술하게 짜여 있었다. 거대 생산업자는 규약 작성 과정을 계속 지배하여 새 규약이 작은 업체에게는 불리하고 자신에게는 유리하게 작용하도록 했다. 그리고 때때로 이 규약은 단순히 가격 하한선을 정하는 것 이상으로 작용하여서 적극적이고도 인위적으로, 때로는 시장이 유지될 수 있는 선 이상으로 하한선을 올려버리기도 했다.

가격 인상을 꾀하던 시도와 마찬가지로, 전국 부흥청의 또 다른 목표도 신속하게 진행되지 못했다. 전국 산업 부흥법의 7조 a항은 노동자의 조합 구성과 단체교섭을 허용했고, 최초로 많은 노동자들

● 전국 산업 부흥법 7조 a항

의 조합 가입을 격려한다는 내용을 담고 있었다. 그러나 7조 a항을 강제로 실행할 수 있는 수단은 없었다. 전국 산업 부흥법의 지출 프로그램을 관리하기 위해 설립된 공공사업청(Public Works Administration, PWA)도 공공사업 자금으로 33억 달러를 단계적으로 허용했을 뿐이었다.

• 전국 부흥청의 실패

전국 부흥청이 실패했다는 것을 가장 명백히 드러내주는 증거는 이 기구가 의도했던 대로 가격이 상승했음에도, 이 기구가 설립된 후 몇 달간 산업 생산이 오히려 감소했다는 것이다. 1934년 봄, 전국 부흥청은 비판에 직면했다. 그해 가을, 루스벨트는 존슨에게 사임 압력을 가했고, 전국 부흥청을 감독할 새로운 이사회를 구성했다. 그러자 1935년에 대법원이 간섭했다.

1935년, 뉴욕 시의 브루클린(Brooklyn) 지역 내에서만 사업이 허용된 가금(家禽) 도매업을 하던 스켁터 브라더스 사(the Schechter brothers)가 전국 부흥청 규약을 위반한 사건이 대법원에 상정되었다. 대법원은 스켁터 브라더스 사가 주간(州間) 통상업에 종사하지 않을 뿐더러, 더욱이 의회가 대통령에게 전국 부흥청 규약 초안을 만들도록 권한을 부여한 것은 위헌이라고 만장일치 판결을 내렸다. 그러므로 이 기구를 설립했던 입법 자체도 무효가 되었다. 루스벨트는 대법관들이 주간 통상 조항을 '구식'으로 해석했다며 비난했다. 루스벨트는 스켁터 건의 판결에서 사용된 논리가 많은 다른 뉴딜 프로그램도 위협할 것이라고 염려했다.

지역 계획

농업 조정청과 전국 부흥청은, 전반적으로 경제 계획을 선호하지만 농민이나 기업 지도자의 경우와 같은 사적 이해관계가 계획 과정을 지배하기를 원하는 뉴딜주의자의 신조를 반영하고 있었다. 그러나 다른 개혁가는 정부가 경제의 가장 중심적 기구가 되어야 한다고 생각했다. 뉴딜의 가장 두드러진 성공은 지역계획에서 전례가 없었던 실험인 테네시 계곡 개발 공사(Tennessee Valley Authority, TVA)의 성립이었다.

• 테네시 계곡 개발 공사

혁신주의 개혁가는 수년간, 값싼 전력의 원천으로 국가 수자원의 공공 개발을 주창했다. 그들은 특히 제1차 세계대전 중에 시작된 댐 건설이었지만 전쟁이 끝날 때까지 완성되지 않고 남아 있던 앨라배마 주 테네시 강가의 머슬 쇼올(Muscle Shoals)에 있는 거대한 댐의 완성을 촉구했다. 그러나 전력 회사의 거센 반대를 이겨내지는 못했다.

그러나 1932년, 거대 전력 회사 제국인 새무엘 인설(Samuel Insull)의 전력 기업군 중 한 회사가 부패상이 폭로되고 유포되어 파산했다. 전력 기업에 대한 적대감이 심각한 지경에 이르게 되자, 이 회사들은 더 이상 공공 전력 운동을 방해할 수 없었다. 그 결과, 1933년 5월 테네시 계곡 개발 공사의 창설을 가져온 입법안을 대통령이 지지하고, 의회가 이를 통과시켰다. 테네시 계곡 개발 공사는 머슬 쇼올의 댐을 완성시키고 이 지역에 또 다른 댐을 건설하려 했을 뿐 아니라, 전력을 생산하고 대중에게 적절한 가격에 판매하도록 했다. 테네시 계곡 개발 공사는 또한 전 지역의 종합적 재개발을 위

테네시 계곡 개발 공사(TVA)

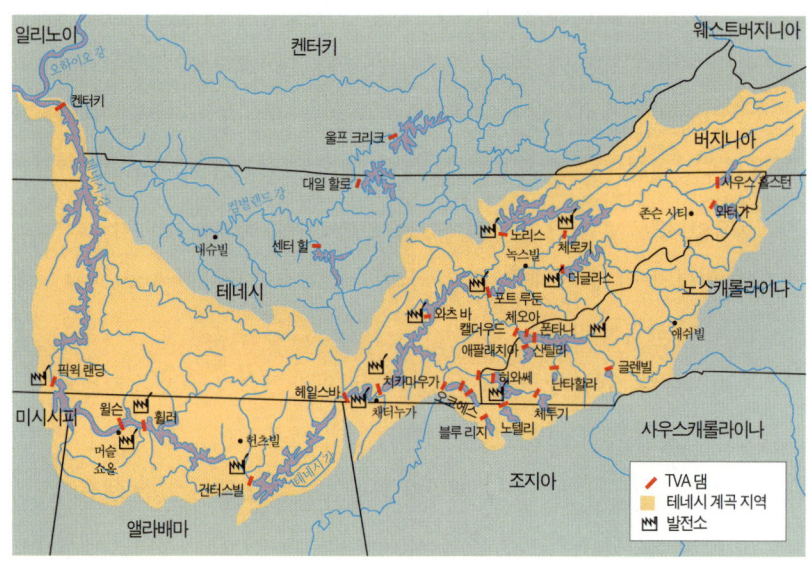

테네시 계곡 개발 공사는 그때까지의 미국 역사에 있어 정부가 자금을 지원한 공공사업과 지역계획 중 가장 대규모의 실험이었다. 연방정부는 많은 프로젝트에 자금을 지원해왔다. 운하, 고속도로, 철도, 교량, 댐 등. 그러나 이전에는 그 같은 대규모의 프로젝트가 시도되었던 적이 없었고, 연방정부가 하고자 하던 공공사업에 대하여 그같이 면밀한 감독과 관리를 지속했던 적이 없었다. 이 지도는 7개 주에 걸친 테네시 계곡의 광범위한 영역을 보여주고 있다. 이 지역 전체에 걸쳐 TVA 댐은 홍수 통제를 도왔고, 수력발전의 원천을 제공하여 정부가 소비자에게 이를 판매했다. 지도의 왼쪽 하단, 앨라배마 주, 머슬 쇼올(Muscle Shoals) 근처 댐을 주목해보자. 그것은 제1차 세계대전기에 시작되었고, 1920년대에 그것을 재건하려던 시도는 TVA가 설립되는 계기를 만들어내는 데 일조했다.

한 기구가 되었다. 그리고 테네스 계곡 개발 공사의 목적은 지역 기업의 성장을 추진하고, 홍수 재해를 막기 위한 재삼림화를 관리하며, 또한 농민의 생산력을 증진하는 것이었다.

보수주의자의 반대는 결국 좀 더 비전을 갖고 있던 테네시 계곡 개발 공사의 운영자가 제안한 야심찬 사회계획 프로젝트의 일부를 방해했다. 그러나 테네시 계곡 개발 공사는 이 지역을 다양한 방법으로 재활시켰다. 해상 교통을 향상시켰고, 실제적으로 이 지역을 홍수로부터 구해냈다. 이는 또, 이전에는 전력의 혜택을 누리지 못했던 많은 이들에게 전력을 공급했다. 전국적으로 테네시 계곡 개발 공사의 값싼 전력 생산에 의해 제공된 '기준치'로 인하여 사기업의 전기료도 인하되었다. 이 같은 노력에도 테네시 계곡은 전반적으로 여전히 빈곤한 지역이었다.

• 테네시 계곡 개발 공사의 혜택

연방 구호의 증강

루스벨트 행정부는 실업자 구호를 가장 중요한 임무로 간주하지는 않았으나, 구호가 필요하지 않을 정도로 정부가 경제를 회복시킬 때까지 빈곤에 빠진 미국인을 돕기 위해 무엇인가를 해야 한다고 인식했다. 루스벨트가 대통령으로서 처음 행한 일은 구호 기관이 파산하지 않도록 각 주에서 현금 보조금을 제공하도록 하는 연방 긴급 구호청(Federal Emergency Relief Administration, FERA)을 설립하는 것이었다. 그는 이 프로그램을 실행하기 위하여 뉴욕 주 구호 기관의 책임자였던 해리 홉킨스(Harry Hopkins)를 선임했다. 그러나 홉킨스와 루스벨트 모두 정부가 '실업수당(dole)'을 제공하는 것을

• 연방 긴급 구호청

꺼렸다. 하지만 또 다른 형태의 정부 구호, 즉 노동 구호에 대하여는 어느 정도 거리낌이 적었다. 그러므로 긴급 구호청의 보조금이 충분하지 못하다는 것이 확실해지자, 두 번째 프로그램인 토목 사업청(Civil Works Administration)을 설립했다. 1933년 11월과 1934년 4월 사이에, 토목 사업청은 400만 명 이상을 임시 프로젝트에 고용했다. 도로, 학교, 공원의 건설과 같은 일은 장기적인 가치가 있었으나, 다른 것은 일자리를 마련해주는 것 외에는 별 의미가 없었다. 그러나 홉킨스에게는 자금이 절실히 필요한 경제에 돈을 쏟아 붓고, 어디에도 의존할 곳이 없는 사람들에게 도움을 제공하는 것이 중요했다.

• 민간 자원 보존단

루스벨트가 선호했던 구호 프로젝트는 민간 자원 보존단(Civilian Conservation Corps, CCC)이었다. 민간 자원 보존단은 전국의 공원과 숲, 농촌과 황야 같은 곳에 캠프를 만들었다. 도시에서 온 청년 실업자는 이 곳에서 나무를 심고 저수지를 만들고, 공원을 개발하고, 농촌을 개간하는 프로젝트에 참가하며 군대와 유사한 환경에서 일했다.

저당(抵當) 구호는 수백만에 이르는 농장 소유자와 가옥 소유자에게 시급한 일이었다. 2년 안에 미국 내 모든 농장 저당의 5분의 1을 재융자해주었던 농장 신용청(Farm Credit Administration)은 저당 문제에 대한 첫 번째 조처였다. 1933년의 프레이져-렘키 농장 파산법(Frazier-Lemke Farm Bankruptcy Act)은 또 다른 조처로, 농민이 저당물을 빼앗긴 후에도 자신의 땅을 회수할 수 있도록 했다. 그러나 이런 노력에도, 1934년에 이르러 미국 농장 소유자 중 25퍼센트가 토지를 잃고 말았다. 가옥 소유자들도 비슷한 곤란에 처해 있었고, 1933년 6월에 행정부는 가옥 소유자 대부 회사(Home Owners' Loan Corporation)를 설립하여, 1936년까지 100만이 넘는 가구의 담보물에 대해 재융자해주었다. 1년 후, 의회는 새 건축물과 가옥 보수에 대한 저당을 보장하는 연방 주택청(Federal Housing Administration)을 설립했다.

2
뉴딜의 변천

대통령이 되고서 처음 2년간, 프랭클린 루스벨트만큼 많은 지지를 받았던 대통령은 거의 없었다. 그러나 1935년 초, 대공황의 끝이 보이지 않자, 뉴딜은 맹렬한 대중적 비판을 받게 되었다. 1935년 봄, 이같이 점차 강해지던 공격에 대한 대처의 일환으로, 루스벨트는 소위 '2차 뉴딜(Second New Deal)'이라는 새롭고 야심찬 입법 프로그램을 개시했다.

뉴딜의 비판자

- 미국 자유 연맹

뉴딜에 대한 가장 맹렬한 비판자 중의 일부는 우파였다. 1934년 8월, 듀퐁(Dupont) 가문의 일원이 이끌던 가장 맹렬하고도 가장 부유한 루스벨트의 반대자로 이루어진 한 그룹이 뉴딜의 '독재적' 정책과 자유기업에 대한 공격을 반대하는 대중을 선동하기 위해 미국 자유 연맹(American Liberty League)을 조직했다. 그러나 실제로 그 새로운 연맹은 조직자인 북부 산업가 외에는 지지자가 거의 없었다.

극좌파 또한 루스벨트를 비난하자 일부 행정부 지지자는 경악했다. 그러나 보수주의자같이 그들도 단지 제한적 영향력만을 가지고 있음이 드러났다. 공산당, 사회당, 그 외 급진적, 유사 급진적 조직은 때때로 뉴딜에 대하여 격렬한 비판을 퍼부었다. 그러나 그들 또한 진정한 대중적 지지를 끌어내는 데는 실패했다.

극우나 극좌보다 뉴딜에 더 위협적이었던 것은 이념적으로 분류하기 어려운, 의견을 달리하던 정치 운동 그룹이었다. 어떤 이는 특정 주나 지역에서 상당한 대중적 지지를 획득했다. 그러나 진정한 전국적 추종 세력을 동원하는 데 성공한 사람은 3명뿐이었다. 캘리포니아 주의 연로한 의사 프랜시스 타운센드(Dr. Francis E. Townsend)는 연방정부가 노년층에게 연금을 지불한다는 계획으로 회원이 500만 명이 넘는 운동을 이끄는 위치로 부상했다. 타운센드 계획에 따르면, 60세가 넘는 모든 미국인이 은퇴 후(그러므로 젊고 실직한 이들에게 일거리를 내주는 것이고) 매달 정부로부터 200달러의 연금을 받도록 하는 것이었다(이 돈을 매달 전부 다 쓰게 하여 경제에 필요한 돈을 수혈한다는 것이다). 1935년에 타운센드 계획은 많은 노년층의 지지를 얻었다.

● 프랜시스 타운센드 의사

미시간 주의 디트로이트 교외 로얄 오크에 살고 있던 가톨릭교 신부 찰스 커글린(Father Charles E. Coughlin)은 라디오로 전국에 주일 설교를 방송하여 큰 명성을 얻었다. 그는 일련의 금융 개혁을 제안했는데, 은화의 재주조, '그린 백(greenbacks)'의 발행, 그리고 은행의 국유화 등이 경제적 정의를 확보하고 번영을 회복시킬 것이라고 주장했다. 그는 처음에는 프랭클린 루스벨트의 지지자였으나 1934년 말에 대통령이 '자본가 세력'을 혹독하게 다루지 않자 지지를 철회했다. 1935년 봄, 그는 정치조직인 '사회 정의를 위한 전국연합(National Union for Social Justice)'을 만들었다.

● 찰스 커글린 신부

행정부의 입장에서 봤을 때 가장 놀라웠던 것은 루이지애나 주 출신인 상원 의원 휴이 롱(Huey P. Long)의 전국적 인기 상승이었

26장 뉴딜 | 167

'뉴딜에 대한 공격'

1935년 《배너티 훼어(Vanity Fair)》에 실린 윌리엄 그로퍼(William Gropper)가 그린 이 만화는 공화당계 신문인 뉴욕 《헤럴드 트리뷴(Herald Tribune)》에 몇 주 전에 게재된 뉴딜 반대 사설 중의 긴 인용구를 그림으로 보여주기 위한 것이다. 이 만화는 《헤럴드 트리뷴》이 조너선 스위프트(Jonathan Swift)의 유명한 풍자소설 《걸리버 여행기(Gulliver's Travels)》를 참조한 것을 흉내냈다. 이 경우에 걸리버는 엉클 샘이고, 그를 눕혀놓고 뉴딜 정책과 법안이라는 수많은 가는 끈으로 묶고 있는 이들이 릴리푸트인이다. 《헤럴드 트리뷴》은 "거인이 실제 있다면, 여기에 거인이 있으니, 전 세계가 본 것 중 가장 강력한 국가이다. 강력한 국가는 좋은 시절이 만들어낸 작품이다. 그러나 강력한 국가가 좋은 시절을 만들어낸 것은 아니다. 왜? 뉴딜이라는 릴리푸트인이 그를 허용하지 않기 때문이다. 바쁘게 움직이는 이 소인은 거대한 거인, 즉 미국이 탈출하는 것을 허용하려 하지 않았다"라고 썼다.

다. 롱은 은행, 정유 회사, 그리고 전력 회사와 그들과 동맹 관계에 있던 보수주의적 과두정치를 맹렬하게 공격하며 출신 주에서 명성을 얻었다. 1928년에 주지사로 선출되고 나서 롱이 반대자를 철저하고 맹렬히 공격하자 그들은 거의 어떠한 정치적 세력도 형성하지 못하고 정계를 떠날 수밖에 없었다. 그러나 롱은 여전히 루이지애나 주 유권자의 지지를 과도할 정도로 받고 있었다. 이는 그의 쾌활한 성품 탓이기도 했고, 또 부분적으로는 그의 전통적 혁신주의적 업적, 즉 도로, 학교, 병원의 건설, 세법의 수정, 교과서의 무료 배부, 전기료의 인하와 같은 확고한 업적 때문이기도 했다. 주지사 재임이 법으로 금지되어 있어, 그는 1930년 미국 상원 의원에 출마했으며 수월하게 당선됐다.

커글린과 마찬가지로 롱도 1932년 대통령 선거전에서 루스벨트를 지지했다. 그러나 루스벨트가 취임한 지 6개월도 못 되어, 그는 대통령과의 연계를 파기했다. 그는 뉴딜의 대안으로 부의 재분배를 꾀하는 극적인 프로그램, 즉 '부를 공유하자(Share-Our-Wealth Plan)'라고 명명한 계획을 주창했다. 롱은 정부가 미국의 가장 부유한 이들이 지닌 잉여의 부를 몰수하고 이를 재분배하는 세금 제도를 이용하면 공황에서 쉽게 벗어날 수 있다고 주장했다. 잉여의 부로 모든 가정이 최소한 5,000달러의 '농지(homestead)'와 2,500달러의 연금을 받도록 정부가 보장할 수 있을 것이라고 보았다. 1934년에 그는 전국적으로 '부의 공유를 위한 모임(Share-Our-Wealth Society)'을 조직했고, 곧 추종자가 많이 생겼다. 1935년의 민주당 전국 위원회가 시행한 여론조사는 롱이 만일 제3당의 대통령 후보로 출마한다면 민주, 공화 양당 간의 근접한 선거전에서 10퍼센트

• 롱이 주창한 부의 공유 계획

이상의 표를 획득하여 공화당에게 정권을 넘겨줄 수 있다고 보았다.

루스벨트 행정부의 관료는 1935년에 등장한 반대 운동(dissident movement)과 그들이 대변하는 광범위한 대중적 불만이 대통령에게 정말로 위협적이라고 보았다. 대통령이 그 세력에 대처하기 위해 무엇인가 결정적인 것을 해야 한다고 경고하는 보좌관들이 늘어갔다.

2차 뉴딜

● 지주 회사법

루스벨트는 1935년 봄, 점증하는 정치적 압력과 지속적인 경제 위기에 대처하려고 소위 2차 뉴딜을 개시했다. 이 새로운 제안은 새로운 방향은 아닐지라도, 최소한 뉴딜 정책의 강조점에 변화를 나타냈다. 가장 확연한 변화는 대기업에 대한 행정부의 태도였다. 대통령은 상징적으로라도 이제 대기업의 이해관계에 대하여 공개적으로 비판하려 했다. 예를 들면, 루스벨트는 3월에 거대 전력 지주회사를 깨뜨릴 의도를 가진 법안을 의회에 제안했다. 의회는 1935년 지주회사법(Holding Company Act)을 통과시켰으나, 전력 회사의 격렬한 로비 활동으로 인해 이 법의 영향력을 상당 정도 제한시킨 수정안을 만들어내었다.

이와 마찬가지로 부유한 미국인이 두려워했던 것은 1935년에 대통령이 제안했던 일련의 세제 개혁이었다. 명백히 휴이 롱이 주창한 부의 공유 계획의 매력을 축소시키기 위해 루스벨트는 역사상 가장 높고, 또한 가장 누진적인 평화시 세율의 제정을 요구했다. 그러나 사실, 이들 세금의 실제적 영향은 대통령이 주장했던 것보다 훨씬 덜 급진적이었다.

전국 산업 부흥법을 무효화시켰던 1935년의 대법원 판결은 노동자의 단결권과 단체교섭권을 보장하고 있었던 이 법의 7조 a항도 무효로 만들었다. 뉴욕 주의 상원 의원인 로버트 와그너(Robert W. Wagner)가 이끌던 의회 내 혁신주의자 중 한 그룹은 1935년 전국 노사 관계법(National Labor Relations Act)으로 명명된 법안을 상정했다. 와그너법(Wagner Act)으로 널리 알려진 새로운 법은 1933년의 법에는 빠져 있던 중요한 강제 기구인 전국 노사 관계 위원회(National Labor Relations Board, NLRB)를 노동자에게 제공했다. 그리고 이 기구가 고용주에게 합법적 조합을 승인하고 교섭하도록 강제하는 힘을 갖도록 했다. 대통령은 이 법안에 대해 완전히 만족하지는 않았으나, 어쨌든 1935년에 서명했다. 노사 관계법이 제정된 것은 미국의 노동자가 1935년에 매우 중요하고 강력한 세력이 되었다는 것이 반영된 것이고, 부분적으로는 루스벨트도 자신의 정치적 미래가 노동자의 요구에 부응하는 것에 달려 있음을 깨달았기 때문이다.

• 전국 노사 관계 위원회

노동의 호전성

1930년대 강력한 노동조합 운동의 등장은 조합의 세력을 강화시켜나가려는 정부의 노력에 힘입은 바 있지만, 이는 또 미국의 노동자와 그 지도자 사이에서 호전성이 점점 커졌기 때문이기도 했다. 1920년대 동안 대부분의 노동자는 호전성을 그다지 드러내지 않았다. 그러나 1930년대에 들어오자 노동자의 호전성을 제어하던 많은 요소가 사라지거나 약화되었다. 기업 지도자와 산업가는 최소한 일시적으로라도 정부의 정책을 통제하는 능력을 상실했다. 이와 똑같이 중요한 것은 새롭고 좀 더 호전적인 노동조직의 등장이었다.

미국노동총동맹(American Federation of Labor)은 직능별 노동조합의 이상, 즉 직능별로 노동자를 조직하는 것에 여전히 집착했다. 그러나 직능별 노동조합주의 개념은 이제 산업 노동력의 다수를 차지한 비숙련 노동자에게는 거의 도움이 되지 않았다. 그러므로 1930년대에 새로운 노동조직 개념인 산업별 노동조합주의가 직능별 노동조합의 이상에 도전했다. 산별노조의 옹호자는 특정 산업에 취업하는 모든 노동자는 그들이 맡은 직능이 무엇이든 관계없이, 하나의 조합으로 조직되어야 한다고 주장했다. 모든 자동차 산업 노동자는 하나의 자동차 산업 노동조합에 소속되어야 하고, 모든 제철 산업 노동자는 하나의 제철 산업 노동조합에 가입하여야 한다는 것이다. 노동자는 이러한 방법으로 조직되어, 세력을 상당 정도 증가시킬 수 있다고 했다.

• 산업별 조합 위원회 창립

미국노동총동맹의 지도자는 대부분 새로운 개념에 반대했다. 그러나 산업별 노동조합주의를 지지하는 수많은 중요한 옹호자가 있었고, 이들 중 가장 유명한 이는 연합 광산 노조(United Mine Workers)의 지도자인 존 루이스(John L. Lewis)였다. 초기에 루이스와 그의 동맹자는 미국노동총동맹 내에서 활동하려 했으나, 루이스가 주창하던 새로운 산업별 노동조직과 전통적 직능별 노동조합 간의 갈등이 급속히 증가했다. 1935년의 미국노동총동맹의 회의에서 루이스는 직능별 노동조합 지도자와 수차례에 걸쳐 맹렬하게 대결했고, 결국 회의를 박차고 나왔다. 수주일 후, 그는 산업별 조합 위원회(Committee on Industrial Organization)를 창립했다. 미국 노동총동맹이 마침내 새로운 위원회와 이 위원회가 대변하는 모든 산업별 노동조합을 축출하자, 루이스는 위원회를 산업별 조합 회의(Congress of Industrial Organizations)로 개명했고, 초대 의장이 되었다.

산업별 조합 회의는 노동 운동의 기반을 확대시켰다. 산업별 조합 회의는 미국노동총동맹보다 여성과 흑인에게 더 수용적이었다. 이는 산업 조직 회의가 이전에는 조직되지 않았던, 여성과 소수민족이 노동력의 다수를 형성했던 산업(섬유·세탁·담배·공장 등)을 대상으로 조직화 운동을 하였기 때문이기도 했다. 산업별 조합 회의는 또한 미국노동총동맹보다 더 호전적이었다. 1936년의 분열이 있기까지, 이미 자동차와 제철 산업에서 주요한 조직화 투쟁을 펼치고 있었다.

투쟁의 조직화

경쟁 관계에 있던 몇몇의 자동차 산업 노동조합 중에서, 연합 자동차 노조(United Auto Workers, UAW)는 1930년대 초와 중반에 점차 우세한 조직으로 등장했다. 그러나 이 조합이 새 조합원을 확보해도 대기업은 거의 인정하지 않는 상황이었다. 1936년 12월, 자동차 산업 노동자는 대기업의 반대에 도전하기 위하여, 논쟁의 여지는 있으나 효과적인 새로운 방법인 연좌 파업(sit-down strike)을 시행했다. 디트로이트에 있는 몇몇 제너럴모터스 공장의 고용자는 일하기도 거부하고 자리를 떠나기도 거부하면서 공장 내에 그냥 앉아만 있었고, 그럼으로써 회사 측이 파업 파괴자를 고용하지 못하도록

• 연좌 파업

했다. 연좌 파업은 다른 지역에도 파급되어 1937년 2월에는 파업 노동자가 17개의 제너럴모터스 공장을 장악했다. 파업 노동자는 건물을 비우라는 법원의 명령도, 경찰의 노력도 무시했다. 미시간 주의 주지사가 파업 노동자를 해산시키기 위한 군대 동원을 거부하고, 연방정부가 고용주를 대신하여 개입하기를 거부하자, 제너럴모터스 사 측의 입장이 점차 누그러졌다. 1937년 2월, 제너럴모터스 사는 연합 자동차 노조를 인정한 첫 번째의 주요 제조업자가 되었고, 다른 자동차 회사도 곧 그 뒤를 따랐다.

> '현충일의 대학살'

제철 산업에서의 조직화 투쟁은 쉽게 이루어지지는 않았다. 1936년에 철강 노동자 조직화 위원회(Steel Workers' Organizing Committee, SWOC, 후에 연합 철강 노조United Steelworkers of America가 됨)는 수천 명의 노동자를 가담시켰을 뿐 아니라, 때로는 격렬한 파업도 불사하는 조직화 운동을 시작했다. 1937년 3월, 산업계의 거물이었던 U. S. 스틸(United States Steel)이 값비싼 파업보다는 조합을 인정하는 쪽을 택한 것은 거의 모든 사람에게 놀라운 소식이었다. 그러나 집합적으로 '리틀 스틸(Little Steel)'로 불렸던 규모가 작은 회사는 그 방식을 따르려 하지 않았다. 1937년 현충일, 리퍼블릭 스틸(Republic Steel)의 일단의 파업 노동자가 가족을 동반하여 시카고 남부에서 야유회 겸 시위를 하려고 모였다. 그들이 평화롭고 합법적으로 제철 공장을 향해 행진하려 했을 때, 경찰이 그들을 향해 발포했다. 시위자 10명이 사망했고, 90명이 부상당했다. '현충일의 대학살(Memorial Day Massacre)'에 대해 대중이 분노했음에도, '리틀 스틸'의 거친 방식은 성공적이었다. 1937년의 파업은 실패했다.

그러나 '리틀 스틸'의 승리는 과거에 효과적이라고 알려졌던 야만적 파업 파괴 방식의 마지막을 장식했다. 1937년 한 해에만 4,720건의 파업이 있었고, 그중 80퍼센트 이상이 노동조합에 호의적인 방향으로 타결되었다. 그해 말까지, (1932년의 300만 명에 비하여) 800만 명이 넘는 노동자가 고용주에 의해 공식적 협상 조직으로 인정된 조합의 회원이었다. 1941년에는 그 수가 1,000만 명에 이를 정도로 확대되었고, 결국에는 연합 제철 노조를 인정한 리틀 스틸의 노동자도 이에 포함되었다.

• 노동조합의 빠른 성장

사회보장

뉴딜이 처음 시작되었던 때부터, 행정부의 주요 각료는 연방정부가 지원하는 노년층과 실업자를 위한 사회보험제도를 만들기 위하여 로비 활동을 해왔다. 1935년, 루스벨트는 사회보장 법안(Social Security Act)을 공개적으로 지지했고, 의회는 이를 그해에 통과시켰다. 이 법안은 몇 개의 독특한 프로그램을 담고 있었다. 노년층에게는 두 종류의 지원이 가능했다. 당시 빈곤층은 연방의 지원으로 매달 15달러까지 받을 수 있었다. 미래에 좀 더 중요한 의미를 갖게 된 내용은 당시의 많은 미국인 취업자를 하나의 연금제도로 통합하는 것이었다. 고용인과 고용주는 급료 지불세(payroll tax)를 내서 기금을 만들고, 고용인이 은퇴하면 소득이 제공되도록 했다. 1942년까지는 연금 지불이 시작되지도 않고, 지불이 개시되더라도 수혜자에게 매달 고작 10달러에서 85달러 정도가 지불되는 정도였다. 그리고 가내 하인과 농업 노동자를 포함하는 광범위한 노동자 집단이 이 프로그램에서 배제되었다. 그러나 이 법은 노년층을 대상으로 미국의 가장 중요한 사회 프로그램을 만드는 데 매우 의미 있는 첫 걸음이었다.

이에 덧붙여, 사회보장법은 고용주만이 자금을 대는 실업보험 제도를 만들었고, 장애자인에 대한 연방의 지원 제도와 부양 어린이에 대한 지원 프로그램도 확립했다.

• 필요에 따른 직접적 지원

사회보장법의 입안자는 '보험(insurance)' 제도를 원했지, '복지(welfare)' 제도를 만들려고 하지 않았다. 그리고 노년 연금과 실업 보험과 같은 가장 규모가 큰 프로그램은 많은 면에서 개인 보험 프로그램과 유사했다. 그러나 이 법은 또한 노년층의 빈곤한 사람, 장애인, 그리고 피부양 아동과 그 어머니에게 필요에 따라 상당 정도의 직접적 지원을 제공하도록 했다. 이들은 수가 적었고 스스로는 부양할 수 없다고 널리 인정되었다. 그러나 다음 세대에 가서 이 프로그램은 사회보장법의 기획자가 예상하지도, 바라지도 않았던 규모로 확대되어 갔다.

구호의 새로운 방향

사회보장은 주로 장기적인 목표를 달성하기 위하여 고안되었다. 그러나 수백만에 이르는 실직자는 즉각적인 사회보장이 필요했다. 이들의 필요를 충족시켜주기 위하여, 행정부는 1935년에 사업 추진청(Works Progress Administration, WPA)을 설립했다. 토목 사업청과 그 외의 초기 시도같이, 사업 추진청은 실업자에게 노동 구호제를 실시했다. 그러나 사업 추진청은 초기의 기구보다 훨씬 대규모였다.

해리 홉킨스의 지휘로 사업 추진청은 11만에 이르는 공공건물(학교, 우체국, 정부 업무 빌딩)의 건축이나 재건, 거의 600개의 공항 건설, 50만 마일 이상의 도로 건설, 10만이 넘는 다리 건설 등을 담당했다. 이 과정에서 사업 추진청은 평균 210만 명의 노동자를 고용했고, 경제에 필요한 자금을 쏟아부었다.

• 해리 홉킨스

사업 추진청은 또한 놀라울 정도로 융통성과 상상력을 발휘했다. 사업 추진청의 연방 작가 프로젝트는 실직한 작가에게 일을 하고 정부의 급료를 받을 기회를 주었다. 이와 유사하게, 연방 예술 프로젝트는 화가, 건축가 등이 자신의 일을 계속할 수 있도록 도와주었다. 연방 음악 프로젝트와 연방 극장 프로젝트는 실직한 음악가, 배우, 그리고 감독에게 일거리를 마련해주어 음악회와 연극 등의 제작을 감독했다. 사업 추진청과 나란히 또 다른 구호 기구가 등장했다. 전국 청년청(National Youth Administration, NYA)은 고등학생과 대학생에게 일자리를 제공하고 장학금을 지원했다. 공공사업청의 긴급 주택 지국(Emergency Housing Division)은 공공 주택에 정부의 지원을 개시했다.

새 복지 제도에서는 여성과 남성을 매우 다른 방식으로 다루었다. 정부는 남성에게 민간 자원 보존단, 민간 사업청과 사업 추진청 등과 같은 근로 구호 프로그램에 주로 참여하게 했다. 여성에게는 근로 구호가 아닌 현금 구호에 주로 치중하여 지원했고, 이 중에서 사회보장의 피부양 아동 지원(Aid to Dependent Children) 프로그램을 통한 구호가 가장 유명했다. 이는 대개 편모를 지원할 의도로 만든 것이었다. 여성과 남성을 다루는 데 있어 차이는 남성이 임금 노

사업 추진청(WPA)의 벽화

사업 추진청의 연방 예술 프로젝트(Federal Arts Project)에서는 예술가들을 고용하여 여러 차례의 감동적인 공공 벽화를 의뢰했다. 이 벽화의 다수는 사업 추진청이 건설한 우체국, 도서관, 그 외의 공공 건물들을 장식했다. 이 사진은 '뉴딜에 대한 공격'(p. 164)이라는 제목의 만화를 그린 화가 윌리엄 그로퍼가 제작한 '댐의 건설(Construction of the Dam)'로, 노동자를 찬미하는 1930년대 벽화 예술의 전형이다. 이 작품에서 노동자들은 위대한 공공 작업을 완수하기 위해 조화롭게 작업하는 영웅적 모습으로 그려져 있다.

동력의 거의 대부분을 차지하고 있다는 일반적인 생각을 반영하였기 때문이다. 그러나 실제로는 1930년대에 이미 수백만의 여성이 취업하고 있었다.

1936년 국민투표

1936년 중반, 경제 회복세가 분명해지면서 루스벨트의 재선은 거의 확실했다. 공화당은 중도 성향을 띠는 캔자스 주지사 앨프 랜든(Alf M. Landon)을 지명했으나, 그는 미약한 선거운동을 펼쳤을 뿐이었다. 루스벨트를 반대하던 도전자 또한 무기력해 보였다. 그 한 가지 원인은 도전자 중 가장 영향력이 강했던 지도자인 휴이 롱의 참혹한 죽음이었다. 그는 1935년 9월, 루이지애나에서 암살당했다. 또 다른 이유는 커글린 신부, 타운센드 박사, 그리고 휴이 롱의 과격한 측근이었던 제럴드 스미스(Gerald L. K. Smith) 간의 불운한 동맹이었다. 이들은 그해 여름 새로운 정치 운동을 일으키려고 동맹을 맺어 통일당(Union Party)을 만들었고, 별로 유명하지 않았던 노스다코타의 하원 의원 윌리엄 렘키(William Lemke)를 대통령 후보로 지명했다.

결과는 그때까지의 미국 역사상 가장 큰 표차였다. 랜든이 36퍼센트의 득표율에 그친 데 비해 루스벨트는 61퍼센트에 육박하는 표를 획득했고, 메인과 버몬트를 제외하고 모든 주에서 승리했다. 의회의 상하 양원에서 이미 다수 의석을 차지하고 있던 민주당은 더 많은 의석을 얻었다. 선거 결과는 뉴딜로 인해 정당이 재편성되었음을 보여주었다. 민주당은 이제 전통적 혁신주의자와 철저한 새로운

• 앨프 랜든

• 선거인의 재편성

자유주의자는 물론이거니와 서부와 남부의 농민, 도시의 노동계급, 빈민과 실업자, 북부 여러 도시의 흑인 지역 사회도 포함하는 광범위한 연합체, 즉 유권자의 상당 다수를 구성하는 연합체를 이끌 수 있게 되었다. 공화당이 자신을 지원하는 영속적인 다수 연합체를 다시 만들어내는 데는 수십 년이 필요했다.

3

혼란 상태의 뉴딜

루스벨트는 인기가 절정에 이르렀던 1936년 선거에서 재선되었다. 그러나 몇 개월이 못 되어 뉴딜은 새로운 심각한 어려움에 봉착했다.

법원과의 투쟁

프랭클린 루스벨트는 1936년에 재선되자 대법원의 문제에 손을 댈 수 있게 되었다고 믿었다. 그는 이미 전국 부흥법과 농업 조정법을 파기했던 보수적 대법관의 손에서 어떠한 개혁 프로그램도 살아남지 못하리라고 확신했다.

1937년 2월, 루스벨트는 연방 사법 제도에 대한 전반적이며 정밀한 검토를 제안하는 갑작스런 메시지를 의회로 보냈다. 그가 제시한 많은 조항 중에는 대법원에 6명의 새로운 대법관을 더 지명하는 것도 포함되어 있었다. 그는 대법원이 '과로'하고 있으며, 법원이 과중한 업무를 잘 처리할 수 있게끔 좀 더 많은 인력과 좀 더 젊은 인재의 수혈이 필요하다고 주장했다. 그러나 루스벨트의 진정한 목적은 새로운 인물, 즉 자유주의적 대법관을 임명하여 대법원의 이념적 균형에 변화를 일으키는 것이었다.

보수주의자는 '법원 개편안(Court-packing plan)'에 대하여 격노했고, 심지어는 루스벨트의 많은 지지자도 대통령이 간절한 권력욕

'법원 개편안' 부결

을 드러냈다고 보일 수 있는 내용 때문에 혼란스러워했다. 그러나 대법원이 개입하지 않았다면, 루스벨트는 아마도 의회가 타협안을 승인하도록 설득했을 것이다. 9명의 대법관 중 4명은 확실히 뉴딜에 반대했고, 3명은 지지를 표명했다. 나머지 2명 중 대법원장 찰스 에번스 휴즈(Charles Evans Hughes)는 종종 진보주의자의 편에 섰고, 대법관 오웬 로버츠(Owen J. Roberts)는 대개 보수주의자의 편에서 표를 던졌다. 1937년 3월 29일, 로버츠, 휴즈, 그 외 세 명의 진보주의적 대법관은 웨스트 코스트 호텔 대 패리쉬 건(*West Coast Hotel v. Parrish*)에서 모두 주의 최저임금법을 지지하는 투표를 했다. 그렇게 하여 유사한 법을 무효화시켰던 그 전해의 5대 4 판결을 뒤집었다. 2주일 후에 대법원은 또다시 5대 4로 와그너법을 지지했고, 5월에는 사회보장법이 유효하다고 판결했다. 그렇게 판결한 이유가 무엇이었든 간에 대법원이 그 입장을 새로이 완화시킴으로써 법원 개편안이 필요 없도록 했다. 의회는 결국 법원 개편안을 부결시켰다.

　단면적으로만 본다면, 이 사건은 프랭클린 루스벨트의 승리였다. 대법원은 더 이상 뉴딜 개혁에 장애가 되지 않았다. 그러나 법원 개편안 사건은 행정부에 지속적인 정치적 타격을 입혔다. 1937년 이래, 남부 민주당원과 다른 보수주의자는 대통령의 법안에 과거보다 훨씬 더 빈번하게 반대표를 던졌다.

긴축과 경기 후퇴

1929년 820억 달러에서 1932년 400억 달러로 감소되었던 국민

소득은 1937년 여름에 거의 720억 달러로 상승했다. 다른 경제 지수도 유사한 상승세를 나타냈다. 루스벨트는 이 같은 경제 향상을 구실로 연방 예산에 균형을 이루려고 시도했다. 예를 들면, 1937년 1월과 8월 사이 그는 150만 명의 구호 노동자를 해고하여 사업 추진청의 규모를 반으로 줄였다. 몇 주일 후, 미약했던 경제 붐은 붕괴했다. 산업생산지수는 1937년 8월 117에서 1938년 5월에는 76으로 떨어졌다. 400만의 노동자가 더 일자리를 잃었다. 경제 상황은 곧 1932년에서 1933년 사이의 황폐했던 날과 같이 곧 나빠졌다.

루스벨트의 비판자가 '루스벨트 경기 후퇴'라 부른 1937년의 경기 후퇴가 일어난 원인은 여러 가지였다. 그러나 당시의 (분명히 루스벨트를 포함하여) 많은 관망자는 경기 후퇴의 직접적인 원인은 행정부가 지출을 삭감하려던 현명하지 못한 결정이라고 여겼다. 그래서 1938년 4월, 대통령은 공공사업과 구호 프로그램을 위한 50억 달러의 긴급 예산을 의회에 요구했고, 다시 한 번 정부의 자금이 경제에 곧 쏟아지기 시작했다. 몇 달 내에 또 다른 일시적 회복이 진행되는 듯했다.

• '루스벨트 경기 후퇴'의 원인

이와 거의 동시에 루스벨트는 '부당한 경제력 집중'을 격렬하게 비난하고, 반트러스트법의 개혁에 초점을 맞추어 기업집중을 조사할 위원회의 설립을 요구하면서, 의회에 신랄한 메시지를 보냈다. 의회는 이에 대응하여 임시 전국 경제 위원회(Temporary National Economic Committee, TNEC)를 설립하고, 상하 양원의 대표자와 내각의 관료 몇 명으로 위원회를 구성했다. 그 후 1938년에 행정부는 노동 입법 중 가장 야심찬 공정 노동 기준법(Fair Labor Standards Act)을 지지하고 이를 성립시켰다. 이것은 미국 최초로 전국적 최저임금과 주당 40시간 노동을 제정하고, 아동노동에 엄격한 제한을 가한 법이다.

●
뉴딜의
종식

그러나 이러한 성과에도 1938년 말에 이르러 뉴딜은 본질적으로 거의 종식 상태에 이르렀다. 의회의 반대로 대통령은 어떠한 중요한 새로운 프로그램도 입법하기 어렵게 되었다. 그러나 더 중요한 것은 정치 상황을 무겁게 짓누르고 있던 세계적 위기의 위협이었고, 루스벨트는 개혁의 새로운 방도를 찾기보다는 전쟁을 꺼려하는 미국인이 전쟁 준비에 가담하도록 설득하는 데 점차 관심을 갖게 되었다.

〈과거를 논하며〉

뉴딜

  프랭클린 루스벨트와 동시대인은 뉴딜의 영향에 대하여 격렬한 논쟁을 벌였다. 보수주의자는 국가의 위협적인 전제를 비판했고, 자유주의자는 뉴딜의 진보적 업적을 찬미했으며, 좌파는 1930년대의 개혁이 대개 장식적이었고 미국의 근본적 문제를 미해결로 남겨두었다고 비난했다. 뉴딜에 대한 보수주의적 비판은 루스벨트의 사망 이래 학문적으로는 거의 표출되지 않았지만, 자유주의자와 좌파의 입장은 루스벨트 행정부를 설명하는 데 역사가의 주도적 견해를 형성했다.

  처음부터 지배적인 견해는 자유주의적 해석을 인정하는 것이었고, 그 견해의 가장 중요한 대변자는 아서 슐레진저 2세(Arthur M. Schlesinger, Jr.)였다. 그는 3권으로 구성된《루스벨트의 시대(*The Age of Roosevelt*)》(1957~1960)에서 뉴딜은 공적 세력과 사적 이익 간의 지속적 투쟁의 연속, 즉 루스벨트가 새로운 단계로 옮겨버린 투쟁의 연속을 상징한다고 주장했다. 그리고 노동자와 농민, 소비자에게 과거보다 많은 보호를 제공하게 되었다고 보았다.

  그러나 거의 동시에 다른 역사가는, 슐레진저가 사용한 자유주의적 틀 내에서이긴 하지만, 뉴딜에 대하여 좀 더 제한적인 평가를 하고 있다. 1955년에 리차드 홉스태더(Richard Hofstadter)는 뉴딜이 '미국의 개혁운동에서 결코 등장하지 않았던 사회민주주의적 경향을 미국 자유주의에 부여한 것'이지만, 매우 실용적인 접근 방식을 취하여 개혁의 중심적 지도 철학이 부족했다고 주장했다. 1956년 제임스 번스(James MacGregor Burns)는 루스벨트가 지도자로서의 잠재력을 충분히 발휘하는 데 실패했으며, 기존의 세력 패턴에 불필요한 적응을 했다고 주장했다. 윌리엄 레우첸버그(William Leuchtenburg)는《프랭클린 루스벨트와 뉴딜(*Franklin D. Roosevelt and the New Deal*)》(1963)에서 최초로 체계적인 '수정주의적' 해석을 제시했다. 그러나 그는 뉴딜을 사회정책에 있어 '혁명'이었다고 주장하던 초기 학자의 견해에 도전했다. 레우첸버그는 이를 '절반의 혁명'이라고 이해하며, 뉴딜이 이전에는 불리한 입장에 있던 몇몇 그룹(농민과 노동자)에게 도움을 주기는 했으나 다른 많은 그룹(흑인, 소작농, 도시 빈민)에게는 거의 아무것도 제공하지 않았다고 주장했다.

이보다 더 심한 비판이 곧 등장했다. 바튼 번스타인(Barton Bernstein)은 1968년의 글에서 뉴딜이 자본주의를 위기에서 구출하기는 했으나, 이는 가장 힘이 없고 가장 혜택을 받지 못했던 그룹을 희생하여 이루어낸 것이라고 결론내렸다. 로날드 래더쉬(Ronald Radosh), 폴 콘킨(Paul Conkin), 그리고 근래의 토머스 휘거슨(Thomas Ferguson)과 콜린 고든(Colin Gordon) 등은 이 같은 비판을 좀 더 확대했다. 이들은 뉴딜이 20세기 '기업 자유주의(corporate liberalism)' 전통, 즉 개혁이 자본주의의 필요와 이해와 밀접하게 행해지는 전통의 일환이었다고 주장했다.

1980년대와 1990년대 학자 대다수는 수정된 자유주의적 시각을 받아들였다. 즉, 철저한 한계 내에서 시행되기는 했지만 뉴딜은 중요하고 가치 있는 개혁의 시도였다는 것이다. 근래에 이루어진 대부분의 뉴딜 연구는 뉴딜이 직면했던 제약에 더 초점을 맞추고 있다. 사회학자 세다 스카치폴(Theda Skocpol)과 같은 몇몇 학자는 여러 프로그램을 만들고 운영할 능력이 충분한 전문가로 구성된 행정 관료제의 부재, 즉 국가 능력의 문제를 강조했다. 제임스 패터슨(James T. Patterson), 배리 칼(Barry Karl), 마크 레프(Mark Leff) 등은 뉴딜이 직면했던 정치적 제약, 즉 의회와 대중의 정부에 대한 보수적 사고로 인한 장애 요소를 강조했다. 프랭크 프라이델(Frank Freidel), 엘리스 힐리(Ellis Hawley), 허버트 스타인(Herbert Stein) 등은 루스벨트와 그의 지지자에게 영향을 미치던 이념적 제약과 그 시대에 대한 그들의 이해의 한계를 지적했다. 앨런 브링클리(Alan Brinkley)는 《개혁의 종말(*The End of Reform*)》(1995)에서 부와 독점 세력에 대한 과거의 관심을 주변부로 밀어낸 뉴딜 자유주의 내의 이념적 전환을 서술했다.

'뉴딜 자유주의(New Deal Liberalism)'는 전후 시대에 들어와 경제에 대한 연방정부의 적극적 경영, 정교한 복지제도, 강력한 관료제, 대규모 정부 지출과 같은 현대 이념과 동의어로 간주되었다. 그러나 뉴딜을 연구하는 많은 역사가는 뉴딜 자유주의라는 현대 이념이 뉴딜 정책 입안자가 가졌던 이념과는 제한적으로만 관련되어 있다는 데 동의할 것이다.

4
뉴딜의 한계와 유산

뉴딜은 미국 정부에 중요한 변화를 이끌어냈으나, 이 중 일부는 오늘날에도 여전히 논란거리로 남아 있다. 뉴딜은 또한 중요한 문제를 해결하지 못하고 그대로 남겨두었다.

아프리카계 미국인과 뉴딜

'흑인 내각'

뉴딜의 지원을 별로 받지 못했던 한 그룹이 아프리카계 미국인이었다. 정부는 흑인의 바람에 대하여 적대적이지는 않았다. 엘리너 루스벨트(Eleanor Roosevelt)는 1930년대 전 기간에 걸쳐 인종적 정의를 대변했고, 흑인 차별을 완화시키려고 남편과 연방정부의 다른 이들에게 지속적으로 압력을 가했다. 대통령 자신도 행정부 내 중요한 2급 지위에 다수의 흑인을 지명하며, '흑인 내각(Black Cabinet)'이라고 알려진 비공식적인 관료 네트워크를 구성했다. 엘리너 루스벨트, 내무부 장관 해롤드 익키스(Harold Ickes), 그리고 사업 추진청의 청장인 해리 홉킨스 등 모두는 뉴딜 구호 프로그램에서 흑인이 배제되지 않도록 노력했다. 그래서 1935년까지 아프리카계 미국인 중 약 30퍼센트가 어떠한 형태로든 정부의 지원을 받았다. 이러한 노력의 결과 중 하나는 흑인의 투표 행태에 역사적인 변화가 일어난 것이다. 남북전쟁 이래로 계속 그러했던 것처럼, 1932

년까지도 미국의 모든 흑인은 공화당에 투표했다. 그러나 1936년에는 90퍼센트가 넘는 흑인이 민주당에 투표했다.

흑인은 프랭클린 루스벨트를 지지했으나 뉴딜이 미국의 인종 관계에 중요한 전환점이 되리라는 환상은 거의 갖지 않았다. 예를 들면, 대통령은 남부 백인이 흑인의 투표를 막는 가장 유력한 도구 중 하나인 린치를 연방 범죄로 하거나 인두세 금지를 입법화하는 것을 지지하여서 남부 민주당원의 지지를 잃어버리는 위험을 결코 무릅쓰려 하지 않았다.

• 인종 차별의 강화

뉴딜 구호 기구는 기존의 차별 형태에 도전하기는커녕 오히려 이를 강화했다. 민간 자원 보존단은 격리된 흑인 캠프를 만들었다. 전국 부흥청의 법령도 백인과 같은 일을 하는 흑인에게 차별적 임금을 지불하도록 허용했다. 사업 추진청은 흑인과 히스패닉 노동자를 최소한의 기술만 필요하고 임금도 낮은 직종으로 격하시켰고, 자금이 줄어들었을 때는 여성과 마찬가지로 아프리카계 미국인을 첫 번째로 해고했다.

뉴딜은 흑인에게 적대적이지는 않았고, 그들의 향상을 돕기 위해 많은 것을 했다. 그러나 인종 문제를 뉴딜 계획의 중요한 부분으로 삼지는 않았다.

뉴딜과 '인디언 문제'

뉴딜의 인디언 정책은 루스벨트 이전 시기와는 상당히 달랐다. 이는 대부분 1930년대에 인디언 업무(Indian affairs)를 담당했던 걸출한 위원장 존 콜리어(John Collier)가 노력한 덕분이었다. 콜리어

엘리너 루스벨트와 메리 매클리오드 베듄

영부인 엘리너 루스벨트(Eleanor Roosevelt)는 남편의 행정부 내에서 인종 평등을 주창하는 주도적인 인물로, 아무런 공직도 갖지 않았지만 헌신적으로 활동하여 정부의 태도에 중요한 영향을 미쳤다. 사진은 그녀가 1937년 전국 청년청(National Youth Administration)의 청장 오브리 윌리엄스(Aubrey Williams)와 이 기구의 흑인 업무 국장 매리 매클리오드 베듄(Mary McLeod Bethune)과 회합을 하는 장면이다.

는 문화적 상대주의(cultural relativism), 즉 모든 문화는 그 자체의 기준에서 받아들여지고 존중되어야 한다는 이론을 개진한 20세기 인류학자의 연구에 큰 영향을 받았다.

콜리어는 아메리카 원주민을 동화시키려는 압력을 반전시켜 그들이 인디언으로서의 정체성을 유지하도록 허용하는 법을 선호했다. 콜리어는 그의 목표를 이루기 위해, 1934년 인디언 재조직법(Indian Reorganization Act)으로 알려진 법률 제정을 강력히 추진했다. 이 법은 무엇보다도 인디언 부족이 자신의 토지를 집단적으로 소유할 권리와 부족의 정부를 선출할 권리를 회복시켰다. 1934년의 법이 통과된 후 13년 내에 부족의 토지는 거의 400만 에이커 정도 증가했고, 인디언의 농업 소득도 상당히 늘었다(1934년에는 200만 달러도 안 되었는데, 1947년에는 4,900만 달러가 넘었다).

• 인디언 재조직법

그러나 인디언은 1934년의 법에 따른 토지 재분배로도 대개 토양이 척박하고 그중의 일부는 사막이어서 백인이 원하지 않던 토지만을 소유할 수 있었다. 그들은 미국 인구 중 가장 가난한 집단을 형성했다.

여성과 뉴딜

뉴딜은 상징적으로는 여성의 공적 역할에 돌파구를 제공했다. 루스벨트는 미국 역사상 최초로 여성을 내각 각료로 지명하여, 프랜시스 퍼킨스(Frances Perkins)가 노동부 장관으로 임명되었다. 그는 그 외 100명 이상의 여성을 연방의 하급 관료직에 임명했다. 그러나 뉴딜 정부는 여성에게 성적 동등성의 성취보다는 특별한 보호를 부

• 프랜시스 퍼킨스

여하는 데에 관심이 더 많았다.

전반적으로 볼 때 뉴딜은 어려운 시기에는 남성에게 일거리를 제공하기 위해 여성이 일자리를 떠나야 한다는 일반적인 사고를 지지했다. 예를 들면, 프랜시스 퍼킨스는 '용돈을 얻기 위한 노동자(pin-money worker)', 즉 가정에 여유 자금을 벌기 위해 일하는 기혼 여성에 반대하는 발언을 했다. 뉴딜 구호 기구도 여성에게는 일자리를 그다지 제공하지 않았다. 사회보장 프로그램도 가내 하인, 웨이트리스, 그 외에 여성이 많이 종사하는 다른 직종을 배제시켰다.

• 당시의 성 규범 수용

여성도 아프리카계 미국인의 경우와 마찬가지였다. 뉴딜은 여성의 기대를 적극적으로 적대하지는 않았으나, 당시의 문화적 규범을 받아들였다. 여성도 아직은 행정부가 자신들의 요구를 수용해야 한다고 주장하면서 정치적 압력을 많이 가하지는 않았다. 사실, 사회보장처럼 전통적 성 역할을 강화하는 정책에 대한 가장 주요한 지지자의 일부가 여성 자신이었다.

뉴딜과 서부

뉴딜은 미국 사회에서 특별히 서부에 관심을 보였다. 서부는 구호 프로그램을 통해 미국의 그 어떤 지역보다 1인당 더 많은 정부 지원을 받았다. 거대한 댐과 발전소의 건설과 같은 최대 규모의 뉴딜 공공사업 프로그램이 주로 서부에서 시행되었다. 서부는 그런 시설이 들어설 최적의 지역이고, 또 물과 동력의 새로운 원천이 가장 필요했던 지역이었기 때문이다. 컬럼비아 강의 그랜드 쿨리 댐

(Grand Coulee Dam) 건설은 그때까지의 미국 역사상 최대 규모의 공공사업 프로젝트였다. 이 댐 건설로 북서부의 많은 지역에 값싼 전력이 공급되었다. 쿨리 댐의 건설과 그 외 규모가 다소 작은 댐과 수력 개발 프로젝트 등은 이 지역 경제 발전의 기반을 형성했다. 이 같은 연방정부의 대규모 공공투자가 없었다면, 제2차 세계대전 이후 서부를 변화시켰던 경제 발전이 불가능하지는 않았을지 모르지만, 매우 어려웠을 것이다.

뉴딜, 경제, 정치

뉴딜에 대한 가장 빈번한 비판은 미국 경제를 진정으로 회복시키지도 개혁하지도 못한 실패와 연관되어 있었다. 뉴딜주의자는 경기 회복을 위한 하나의 수단으로서 정부 지출의 가치를 결코 인식하지 못했다. 뉴딜이 아닌 제2차 세계대전으로 일어난 경제적 호황이 결국 위기에 종지부를 찍었다. 뉴딜은 미국의 자본주의 체제 내 세력 분배를 많이 바꾸지도 못했고, 미국인 간의 부의 분배에는 단지 약간의 영향만을 미쳤을 뿐이다.

그럼에도 뉴딜은 미국 경제의 행태와 구조에 매우 중요하고도 지속적인 영향을 미쳤다. 뉴딜은 노동자, 농민 등의 새로운 그룹을 대기업의 세력에 효과적으로 도전할 수 있는 위치로 올려놓는 데 도움을 주었다. 경제에 있어 뉴딜은 주식시장, 금융 제도 등 이전에 어려움을 겪었던 분야를 안정시키기 위해 지원하는 방식으로 연방정부의 규제 기능을 강화시켰다. 그리고 행정부는 새로운 형태의 연방 재정 정책의 기반을 조성하도록 지원하여, 전후에 정부가 경제적 성

• 뉴딜의 경제적 유산

> 미국 복지
> 국가 건설

장을 증진하고 조정할 수 있게 하는 도구를 제공했다.

뉴딜은 또한 많은 구호 프로그램들과 사회보장제를 실시하여 미국 복지국가의 기본 원리를 창조했다. 뉴딜주의자가 구호 프로그램과 사회보장제에 불어넣은 보수주의적 장애 요소로 인해 마침내 등장한 복지제도는 그 영향력이 제한적이고, 전통적인 성적·인종적 차별을 강화시키며, 집행하기에 매우 돈이 많이 들고 부담이 되리라는 것이 확실했다. 그러나 그 모든 한계에도, 새 제도는 공공 지원을 가장 필요로 하는 사람에게 지원을 거부해온 미국의 전통과 역사적 단절을 한 것이었다.

마지막으로, 뉴딜은 미국 정치의 성격에 매우 큰 영향을 미쳤다. 미국 정치에서 수십 년 동안 소수 세력이었던 미약하고 분열된 민주당이 뉴딜로 인해 그 후 30년 이상 전국 정당 간의 경쟁에서 지배적 위치를 점하도록 변모한 것이다. 뉴딜은 유권자의 관심을 1920년대에 미국인을 사로잡았던 문화적 이슈로부터 삶에 직접적인 중요성을 지닌 경제문제로 돌려놓았다.

결론

1933년 프랭클린 루스벨트의 취임 8년 후 제2차 세계대전 발발에 이르기까지, 연방정부는 실업과 빈곤으로 인한 절망을 완화하고, 장래의 위기를 방지하기 위해 경제를 개혁하며, 대공황을 종식시키려고 포괄적이며 다양한 연속적인 실험에 분주했다. 그러나 뉴딜은 그같은 시도에서 단지 부분적으로만 성공했을 뿐이다.

많은 연방 프로그램이 수백만의 미국인에게 지원을 제공했지만,

실업과 빈곤은 뉴딜기 전반에 걸쳐 높은 비율을 유지했다. 뉴딜 말기에는 워싱턴에서 몇몇의 중요한 새로운 규제 기구가 노동의 조직화에 중요한 새 역할을 하기는 했지만, 미국의 경제구조는 이전의 시기와 본질적으로는 거의 동일했다. 뉴딜은 대공황의 종식을 가져오지 못했으나, 그 정책의 몇몇은 대공황이 더 악화되지 않도록 했으며, 몇몇 정책은 미래의 좀 더 효과적 경제정책으로 나아가는 길을 제시했다.

뉴딜이 남긴 가장 중요한 유산은 아마도 많은 미국인 사이에 가능성이 있다는 인식을 만들어내고, 개인의 운명을 우연이나 규제되지 않은 시장의 작동에 완전히 맡겨놓을 필요가 없다고 설득한 일일 것이다. 많은 미국인은 1930년대에 개인이 현대 경제의 불예측성과 불안정성으로부터 일정 부분 보호받는 것이 마땅하다고 믿게 되었다. 그리고 뉴딜이 그 모든 한계에도 그런 보호를 제공하려고 노력했다는 데에서 정부의 가치가 증명되었음을 많은 미국인은 확신하게 되었다.

1924	1928	1931	1933	1937
도스 안	켈로그-브리앙 조약	일본, 만주 침략	미국, 소련 승인 /선린정책	루스벨트의 '격리 (quarantine)' 연설

27장
세계적 위기
(1921~1941)

'마드리드를 수호하며'

프란시스코 프랑코(Francisco Franco)가 이끈 파시스트 세력이 기존의 공화정부를 전복한 스페인 내전은 일찍이 많은 미국인에게 파시즘의 위험과 민주주의에 대한 위협을 알린 신호탄이었다. "마드리드를 수호하는 것은 카탈루냐를 수호하는 것이다"라고 씌어 있는 1938년 스페인 내전 포스터는 마드리드 정부가 파시스트에 대항하여 수도를 방어하기 위해 주변 지역의 지지를 얻으려고 한 노력의 일환이었다.

1938	1939	1940	1941
뮌헨회담	나치-소련 불가침 조약/제2차 세계대전 시작	삼국동맹/미국 우선 위원회 창설/루스벨트, 삼선에 성공/노후 구축함 거래	무기 대여안/〈대서양헌장〉/일본, 진주만 공격/미국, 제2차 세계대전 참전

상원 외교 위원회의 의장이자 공화당 상원 의원인 매사추세츠 주의 헨리 캐벗 로지(Henry Cabot Lodge)는 1919년과 1920년 베르사유조약 비준 반대 투쟁을 주도했다. 그 결과 미국은 국제연맹에 가입하지 못했고, 독자 노선을 택한 미국의 외교정책은 향후 20여 년 동안 다른 나라와 지속적인 관계를 유지하지 못함으로써 미국의 영향력을 확대하고 세계의 안정을 유지하는 데 결국 실패하고 말았다.

로지는 고립주의자는 아니었다. 그는 미국이 국제적으로 영향력을 행사하기 위해 노력해야 한다고 믿고 있었다. 그러나 미국은 다른 국가에 대해 어떠한 의무도 지지 말아야 한다고도 생각했다. 그는 1919년에 다음과 같이 말했다.

> 우리는 기독교 문명의 위대한 도덕적 자랑거리이다. …… 우리가 어떻게 여기까지 왔는가? 바로 우리 스스로의 노력에 의해서다. 아무도 우리를 인도하지 않았고, 아무도 우리를 이끌어오지 않았으며, 아무도 우리를 통제하지 않았다. …… 나는 이제까지 미국이 해왔던 그대로 계속할 수 있도록 하겠다. 고립되는 것이 아니라, 그리고 위대한 목적을 위해 다른 국가와의 연합을 금지하는 것이 아니라, 나는 미국이 운명을 스스로 다스리는 주인이 되기를 원한다.

결국 두 번의 세계대전 중에 나타난 제한된 미국의 국제주의는 자국의 이익을 보호하지도 국제적 안정을 이끌어내지도 못했으며, 미국이 인류 역사상 가장 비극적인 전쟁에 가담하는 것을 막지도 못했다는 것이 입증되었다.

1
새 시대의 외교

1920년대의 미국 외교정책을 비판하는 사람은 1920년대를 고립주의라는 한 단어로 자주 묘사하곤 했다. 그러나 실질적으로 미국은 1920년대의 국제 관계에서 역사상 그 이전의 어느 때보다 더욱 적극적인 역할을 수행했다.

연맹의 대체

1921년 하딩(Harding) 행정부가 출범하자 미국이 국제연맹의 회원국이 된다는 것은 더 이상 실현 가능성이 없었다. 그러나 국무부 장관이었던 찰스 에번스 휴즈(Charles Evans Hughes)는 세계의 평화와 안정을 보장할 수 있는, 연맹을 대체할 수 있는 무엇인가를 찾고 싶어했다.

이러한 노력 가운데 가장 중요한 것은 1921년 워싱턴 군축회의(Washington Conference)로, 이는 미국, 영국, 일본 사이의 안정을 해치는 해군력 증강 경쟁을 방지하려는 시도였다. 휴즈는 이 세 나라 함대를 대폭적으로 축소하고 대형 군함의 건조를 10년간 유예하도록 하는 계획을 제안했다. 모두들 놀라워했지만, 이 회의에서 궁극적으로 휴즈의 말을 대부분 수용하기로 동의했다. 1922년 2월의 5대국 협정(Five-Power Pact)으로 협정 국가 간의 총 군함 톤수와 군사력 비율의 한도가 정해졌다. 그 내용은 미국과 영국의 군함 5톤

• 찰스 에번스 휴즈

당 일본은 3톤, 프랑스와 이탈리아는 각각 1.7톤의 비율로 군을 유지하는 것이었다.

• 켈로그-브리앙 조약

1927년 프랑스의 외무부 장관 아리스티드 브리앙(Aristide Briand)이 미국에게 독일에 반대하는 연합에 가입하라고 했을 때, 이에 반하여 미 국무부 장관 프랑크 켈로그(Frank Kellogg, 1925년 휴즈와 교체되었음)는 국가의 정책 도구로서의 전쟁을 금지하기 위한 다국적 조약을 제안했다. 마침내 1928년 8월 27일, 파리에서 14개국이 엄숙하면서도 국제적인 환호 속에 이 조약에 서명했고, 후에 48개국이 더 켈로그-브리앙 조약(Kellogg-Briand Pact)에 합류했다. 이 조약에는 강제적 수단을 담은 어떠한 내용도 없었다.

채무와 외교

휴즈, 켈로그와 그 밖의 여러 사람이 동의하듯이, 외교의 첫 번째 책무는 미국의 대외무역이 아무런 장애에 부딪히지 않도록 하는 것이었다. 이에 따라 국제적 채무를 해결하기 위한 새로운 재무 계획이 마련됐다. 유럽 동맹국은 전쟁 중과 전쟁 직후 미국에서 빌렸던 110억 달러의 채무를 상환하기 위해 노력하는 중이었고, 독일은 이들 유럽 동맹국이 부과한 전쟁 배상금을 지불하기 위해 애쓰고 있었다. 미국은 한 가지 해결책을 갖고 개입했다.

• 도스 안

미국의 금융가 찰스 도스(Charles G. Dawes)는 1924년 프랑스, 영국, 독일, 그리고 미국이 협정을 맺어 미국 은행이 대규모의 대부를 해주어 독일이 전쟁 배상금을 지불할 수 있도록 했으며, 이에 따라 영국과 프랑스는 독일의 배상금 삭감에 동의했다. 도스 안에 따

소련의 포드 공장

헨리 포드(Henry Ford)는 대중이 구매할 수 있는 자동차를 대량생산하는 데 성공하여 전 세계적으로 유명해졌다. 그는 특히, 공산 정권이 소련을 산업화된 미래로 이끌기 위해 매진하던 1920년대와 1930년대 초 소련에서 인기가 있었다. 소련인은 대규모 공장 생산제를 '포디즘(Fordism)'이라 불렀고, 포드 자동차 회사로부터의 지원을 환영했으며, 포드사는 이와 같은 큰 규모의 자동차 공장 건설을 돕기 위해 소련에 기술자와 노동자를 보냈다.

라 미국은 독일에 대부를 해주었고, 독일은 이 대부금으로 프랑스와 영국에 배상금을 지불했으며, 프랑스와 영국은 이 자금으로 (이들이 미국 은행으로부터 직접 제공받은 큰 규모의 대부금도 포함하여) 미국에 빌린 전쟁 채무를 갚았다. 이러한 자본의 흐름은 독일과 다른 유럽 국가가 미국 은행과 기업에 엄청난 채무를 져야만 계속될 수 있었다. 유럽과 미국의 경제적 연관성은 1931년의 세계공황으로 이러한 경제적 체계가 무너져내릴 때까지 계속 확대되었다.

• 라틴
아메리카의
경제 팽창

미국 정부는 라틴아메리카에서 미국의 경제적 팽창을 더욱 적극적으로 지원했다. 1920년대, 라틴아메리카에 대한 미국의 투자가 배 이상 증가하던 시기에 니카라과, 파나마, 그리고 이 지역 여러 나라에 미군이 주둔하고 있었다. 미국의 은행은 유럽에 제공했던 것처럼 대규모의 대부를 라틴아메리카 정부에 제공해주었고, 유럽과 마찬가지로 라틴아메리카의 여러 나라는 미국의 관세장벽이 높아 채무 상환을 위한 자금을 마련하기 어려웠다.

후버와 세계 위기

1929년에 시작된 세계의 재정적 위기로 1931년경 유럽에서는 민족주의(Nationalism)가 고양되었다. 기존의 정치 지도자는 권좌에서 쫓겨났고, 팽창을 시도하는 강력하면서도 호전적인 정부가 들어섰다. 일본의 팽창주의 정부는 아시아에서 비슷한 문제를 일으켰다. 후버는 결국 전쟁으로 가는 첫 단계에 직면하게 되었다.

• 비판받은
루스벨트의
추론

후버는 과거의 미국 정책으로 인해 라틴아메리카에서 손상된 이미지를 회복하려고 노력했다. 그는 취임에 앞서 10주 동안 이 지역과 우의를 다지기 위해 순방을 했다. 후버는 대통령 재직시에 대체로 인접국에 대한 내정간섭을 금했으며, 니카라과와 아이티에 주둔하고 있던 미군을 철수시켰다. 후버는 또 새로운 정책을 발표했다. 즉, 미국은 이 지역의 정부가 권력을 장악하기 위해 사용했던 수단을 문제 삼지 않고 외교적 승인을 해준다는 것이었다. 그는 또한 1931년 10월, 라틴아메리카 여러 나라가 미국에 채무를 이행하지 못했을 때 미국의 개입을 허용하지 않으면서, 먼로주의(Monroe

히틀러와 무솔리니

독일과 이탈리아의 독재자는 1930년대 중반 베를린에서 군대를 함께 사열하면서, 겉으로는 마치 대등한 관계인 양 행동했다. 그러나 속으로 히틀러는 무솔리니를 경멸했고, 이탈리아의 독재자는 동맹자가 자신을 하급 파트너로 취급하는 데 종종 불만을 표하곤 했다.

doctrine)에 대한 '루스벨트의 추론(Roosevelt Corollary)'을 비판하기까지 했다.

유럽에서는 후버 행정부의 노력이 실효를 거두지 못했다. 후버가 제안한 채무 상환 유예가 대규모의 지원이나 재정적 안정을 이끌어내지 못하자, 그는 여러 경제학자의 권고에 반하여 미국에 대한 모든 전쟁 채무 취소를 거부했다. 이에 따라 유럽의 여러 나라는 곧바로 채무 불이행 상태에 놓이게 되었다. 해군력 증가를 제한했던 1921년의 협정을 연장시키려는 노력은 프랑스와 영국이 독일과 일본 군국주의에 대해 공포를 품고 있어서 실패했다.

미국의 대(對)유럽 외교의 무력함은 유럽 대륙에 등장한 새 정부를 고려해볼 때 특히 문제가 되었다. 베니토 무솔리니의 파시스트당은 1920년대 초부터 이탈리아를 통치하며, 점차 민족주의적·군국주의적으로 변해갔고, 더욱 불길하게도 국가사회독일노동주의당(또는 나치당)의 세력이 커져갔다. 제1차 세계대전 말기 이래 독일의 정부였던 바이마르공화국은 1920년대 후반까지 문제가 많았고, 특히 엄청난 인플레이션 때문에 신뢰를 거의 잃었다. 이때 나치 당 지도자 아돌프 히틀러가 군중의 지지를 받으며 빠르게 부상했고, 1933년에 마침내 권력을 장악했다. 히틀러는 아리안(독일) 민족의 유전적 우월성을 신봉했고, 이 '위대한 종족'의 생활권을 확보하기 위해 영토를 확장해야 한다는 신념을 갖고 있었다. 그는 또한 유대인을 병적으로 혐오한, 광적인 군국주의자였다.

• 만주 침략

후버 행정부에게 더욱 긴박하게 경종을 울린 것은 제2차 세계대전으로 향해가는 또 다른 첫 단계인 아시아의 위기였다. 경제적 불황에 시달리고 있던 일본은 소련과 장제스(蔣介石)의 민족주의적 중국이 세력을 증강하는 것에 대해 우려했고, 특히 만주에서 세력 확장하려는 장제스의 주장에 경악했다. 만주는 공식적으로 중국의 영토지만, 비공식적으로는 1905년 이래 일본이 경제적으로 지배하고 있었다. 1931년에 일본의 군부 실력자는 쿠데타를 일으켰고, 도쿄 정부를 지배하게 되었다. 그로부터 몇 주 후, 이들은 북만주를 침략하기 시작, 그해 말 이 지역을 점령했다. 후버는 국무부 장관 헨리 스팀슨(Henry Stimson)에게 일본에 대해 엄중히 경고하도록 했으나, 경제적 제재를 가하기 위해 국제연맹과 협조하지는 못하게 했다. 1932년 초 일본은 중국으로 진격해 들어가 상하이를 공격하고 수천 명의 민간인을 학살했다.

〈과거를 논하며〉

중일 전쟁(1931~1941)

★ ★ ★

　제2차 세계대전을 일으키게 한 첫 번째 싸움은, 진주만 공격과 1939년의 유럽 전쟁이 있기 오래전 태평양에서 벌어진 일본과 중국의 전쟁이다.
　19세기까지 세계에서 거의 고립된 채 살아온 일본은 제1차 세계대전을 통해 자랑스럽고도 강력한 군대를 보유했고, 국제무역이 증가하여 세계 최강 국가 중 하나로 부상했다. 그러나 일본은 대공황으로 심각한 경제문제를 겪게 되었다. 다른 나라에서와 같이 위기 상황은 민족주의적 색채가 강한 군부의 정치적 영향력을 강화시켰다. 군부는 태평양에 새로운 일본 제국 건설을 꿈꿨다. 그리고 지지자는 그러한 제국을 통해 연료, 원자재, 산업 시장, 그리고 농업적 필요와 빠르게 늘어나는 인구를 이주시키기 위한 토지를 얻을 수 있다고 믿었으며, 또한 유럽과 미국의 착취로부터 아시아를 해방시키고 '도덕적 원칙에 기반을 둔 새로운 세계 질서'를 창조할 수 있다고 주장했다.
　제1차 세계대전 동안 일본은 중국에서 영토와 경제적 권한을 획득했고, 특히 중국 북부의 만주 지역에서 강력한 세력을 형성했다. 1931년 9월, 호전적인 청년 장교 집단은 군사적 행동을 정당화할 수 있는 철로 폭파 건을 포착했고, 이를 통해 만주 전역을 정복했다. 미국 정부와 국제연맹은 일본에게 만주에서 철수하라고 요구했다. 일본은 이들의 요구를 묵살했고, 이후 6년간 만주에 대한 통치를 강화해갔다.
　1937년 7월 7일, 일본은 베이징(北京) 외곽에 있는 마르코 폴로 다리(Marco Polo Bridge)에서 중국 군대를 공격하면서 전쟁을 확산시키기 시작했다. 그리고 몇 주 동안 일본군은 중국 남부의 상당 지역을 공격했다. 대부분의 항구도시가 공격받았으며, 많은 중국 군인과 민간인이 희생되었다. 가장 악명 높았던 사건은 난징 대학살(南京 Massacre)로, 난징 시의 시민 수만 명이 몰살당했다(희생자 수는 오랫동안 논란거리가 되었지만, 적게는 8만 명에서 많게는 30만 명 이상으로 추정된다). 중국 정부는 산악 지대로 피신했고, 1931년에 미국과 국제연맹이 이에 항의했으나 허사였다.

중국은 일본의 공격을 받았을 때 혼란 상태였다. 중국은 그때 장제스가 이끌던 민족주의 정당인 국민당과 마오쩌둥이 이끌던 중국공산당 사이에 내전을 치르고 있어서 대항 능력이 약했다. 그러나 1937년 초, 두 경쟁자는 쉽지 않았지만 휴전에 동의했고, 함께 일본에 대항하여 싸우기 시작하여 성과도 있었다. 일본군을 끝이 안 보일 것 같은 전쟁의 수렁으로 몰아갔고, 본토의 일본 국민에게 큰 고통을 안겨주었다. 그러나 일본 정부와 군부는 어떠한 희생을 치르더라도 중국과 전쟁을 계속하기로 결정했다.

중국과의 전쟁이 남긴 결과의 하나는 민간과 군에 필요한 철과 석유를 충당하기 위해 일본의 대미 의존도가 높아졌다는 것이다. 1941년 7월 루스벨트 행정부는 일본이 전쟁을 중단하도록 하기 위해 미국에서 더 이상 석유를 구입할 수 없게 했다. 일본은 당시 중국에서의 전쟁을 끝내든가, 아니면 전쟁 수행과 민간경제를 위해 연료를 공급해줄 또 다른 곳을 찾든가를 선택해야 했다. 그들은 석유를 찾아 중국 너머로 전쟁을 확산시키기로 결정했다. 가장 적합한 곳은 네덜란드 지배에 있던 동인도제도였다. 그러나 일본은 이 유럽 식민지를 확보하려면, 점점 호전적이 되어가던 미국을 아시아에서 힘을 쓸 수 없게 만드는 것만이 유일한 방법이라고 믿었다. 환상에 빠져 있던 일본의 군 지휘자는 다른 지역으로 전쟁을 확대하기에 앞서, 태평양에 주둔하고 있는 미군을 봉쇄하기 위해 과감한 군사행동―진주만 미 해군기지 공격―을 하자고 주장했다. 따라서 미국이 입은 제2차 세계대전의 첫 타격은 일본이 중국을 정복하기 위해 10년 이상을 쌓아온 모든 노력의 절정이었다.

2

고립주의와 국제주의

1933년에 출범한 프랭클린 루스벨트 행정부는 이중의 도전에 직면했다. 하나는 역사상 최악의 경제 위기를 타개하는 것이었고, 다른 하나는 쇠퇴해가는 국제적 구조로 인해 발생된 결과에 대처하는 것이었다.

공황기 외교

• 루스벨트의 '폭탄선언'

루스벨트와 전임자 후버는 미국과 유럽의 경제 관계에 관한 정책에서 가장 뚜렷하게 차이를 보였다. 후버는 오직 전쟁 채무 문제를 해결하고 금본위제도를 강화해야만 미국 경제가 회생될 수 있다고 주장했고, 따라서 이 문제들을 해결하기 위해 1933년 6월 런던에서 열린 세계 경제 회의(World Economic Conference)에 참가하기로 동의했다. 그러나 이 회의가 소집될 무렵 루스벨트는 미국 상품이 세계시장에서 경쟁하려면 달러 가치가 절하되어야 한다고 이미 확신했다. 회의가 소집되자마자 루스벨트는 회의 참가자 대다수의 정통적 견해를 무시하고, 또한 통화안정에 대한 어떠한 협정안도 거부하면서 '폭탄선언'을 했다. 회의는 아무런 협정도 맺지 못하고 즉각 해산되었다.

이와 동시에 루스벨트는 후버 행정부가 국제적 협정을 통해 전쟁 채무 문제를 해결하려 했던 시도를 포기했다. 1934년 4월, 루스벨트는 채무를 갚지 않는 국가에게는 미국 은행의 대부를 금지하는 법안에 서명했다. 그 결과 미국의 대부에 의해서만 채무가 상환되던 과거의 순환 체계는 중단되었다. 몇 개월이 지나지 않아 핀란드를 제외한 모든 국가의 전쟁 채무 상환이 영구적으로 중단되었다.

1917년 볼셰비키 혁명 후 16년이 지났지만 미국 정부는 여전히 소련을 공식적으로 승인하지 않았다. 그러나 소련이 무역 가능 지역으로 떠오르게 됨에 따라 정책의 변화를 재촉하는 영향력 있는 미국인이 늘어났다. 또한 소련은 일본을 견제하기 위하여 미국의 협조를 바라고 있었다. 1933년 11월, 마침내 미국과 소련은 공식적인 외교 관계를 수립하는 데 동의했다. 그러나 소련과의 관계는 곧 다시 소원해졌다. 미국은 기대와 달리 소련에 무역 기지를 세우지 못했고, 아시아에서 일본의 팽창이 억제되기를 바라던 소련은 미국 정부가 이에 대한 재확신을 해주지 않음으로써 기대가 무너졌다. 1934년 말, 소련과 미국은 서로 다시 한 번 심각하게 상호 불신하는 상황에 놓였다.

• 소련 승인

또한 루스벨트 행정부는 라틴아메리카에 대한 새로운 접근을 시도했는데, 이것은 이른바 '선린정책(Good Neighbor Policy)'으로 알려졌으며, 후버 행정부가 추구했던 변화를 확장한 정책이었다. 1933년 12월 우루과이의 몬테비데오에서 열린 미 대륙 간 회의(Inter-American Conference)에서 국무부 장관 코델 헐(Cordell Hull)은 '어떠한 나라도 다른 나라의 내외 문제에 간섭할 권한이 없음'을 선언하는 공식 의정서에 서명했다.

• '선린정책'

고립주의의 부상

고립주의의 원인

1920년대의 국제 체제가 회복될 가망이 없자, 미국은 세계 안정을 위해 더욱 적극적으로 노력해야 하는지, 아니면 미국을 세계로부터 고립시키기 위해 더욱 적극적으로 애써야 하는지를 선택해야 했다. 미국인은 대부분 주저하지 않고 후자를 선택했다. 많은 사람이 고립주의를 지지했다. 몇몇 윌슨주의적 국제주의자는 아시아에서 일본의 침략을 막지 못한 무능력한 국제연맹에 환멸을 느꼈다. 또 어떤 미국인은 월스트리트, 군수품 업체 등과 같은 강력한 기업집단들의 이해 때문에 미국이 제1차 세계대전에 가담했다는 주장에 귀 기울이고 있었다. 노스다코타 주 출신의 상원 의원 제럴드 나이(Gerald Nye)가 의장인 상원 위원회는 한 조사를 통해 전쟁 기간 중 많은 기업이 부당한 폭리와 탈세를 했다는 증거를 찾았다고 주장했다. 이 조사는 은행가가 자신들의 해외 대출 자금을 보호받기 위해 윌슨에게 전쟁에 개입하도록 압력을 가했다고 제시했다(현재 이 조사 활동을 신뢰하는 역사가는 거의 없다).

루스벨트는 세계 평화를 유지하기 위해 미국이 적절한 역할을 하게 되기를 계속 희망했다. 1935년 그는, 일종의 상징이었지만, 미국을 국제사법재판소의 일원으로 가입시키기 위한 동의안을 상원에 제출했다. 그러나 커글린 신부(Father Coughlin)와 윌리엄 랜돌프 허스트(William Randolph Hearst) 같은 고립주의자는 동의안에 대하여 대중적 반대를 부추겼고, 상원은 결국 이 동의안을 부결했다.

중립법

1935년 여름, 무솔리니의 이탈리아가 에티오피아를 침공하기 위해 준비하고 있었다. 이 침략으로 새로운 유럽 전쟁이 일어날지도 모른다는 불안감 때문에 미국의 입법부는 미국이 이 전쟁에 휩쓸리지 않도록 하기 위한 법적 안전장치를 만들었다. 그 결과 1935년에 중립법(Neutrality Act)이 제정되었다. 이 법은 교전국에 대한 강제적인 무기 수출 금지 조항을 만들어놓았고, 대통령이 미국 국민에게 교전국의 선박으로 여행하지 않도록 경고하라고 했다. 그러므로 고립주의자는 이 '중립권의 보호(protection of neutral rights)'가 미국이 또다시 전쟁에 개입하게 하는 구실이 될 수 없다고 믿었다. 1936년에 이 중립법안은 개정되었고, 1937년에는 이른바 '현금 주고 실어가기(cash-and-carry)'라는 정책을 수립하기 위한 새로운 법규가 추가되었다. 이 정책에 따라서, 교전 중인 국가는 미국으로부터 오직 비군수품만을 구입할 수 있고, 현금을 지불하고 그들 스스로 운반해야만 구입이 가능했다.

고립주의적 정서는 1936~1937년 스페인 내전에 편승하여 다시 강하게 나타났다. 1936년 7월, 이탈리아의 파시스트와 매우 흡사한 집단이었던 프란시스코 프랑코(Francisco Franco) 장군의 팔랑헤당원(Falangists)은 당시의 공화정부에 대항하여 반란을 일으켰다. 히틀러와 무솔리니는 말로만이 아니라 실제로 무기와 물자를 공급하여 프랑코를 지원했다. 몇몇 미국인이 개인적으로 공화정부를 지원하기 위해 스페인으로 떠나기도 했으나, 미국 정부는 영국, 프랑스와 함께 어느 쪽도 지원하지 않기로 협약했다.

1937년 여름, 일본은 6년간 계속된 만주 공격을 더욱 강화했을 뿐 아니라 중국 북부의 5개 지역을 공격했다. 1937년 10월 루스벨트는 시카고 연설로 이에 대응했다. 그는 이 연설에서 일본의 위험한 행동에 대해 경고했고, 전염병처럼 번져가는 전쟁을 막기 위해 침략

'격리' 연설

자들을 국제사회에서 '격리'시켜야 한다고 주장했다. 그는 의도적으로 '격리(quaratine)'란 말의 의미를 분명히 하지는 않았다. 그럼에도 대중은 이 연설에 대해 적대감을 갖게 되었고, 루스벨트는 물러섰다. 1937년 12월 12일, 일본의 비행대는 중국 양쯔 강을 지나고 있던 미국의 포함 페나이호(Panay)를 의도적으로 폭격하여 침몰시켰다. 그러나 고립주의자의 반감을 사기를 꺼려했던 루스벨트 행정부는 폭격이 단순한 사고였다는 일본의 주장을 명분으로 일본의 사과를 받아들이고 그 공격을 문제 삼지 않았다.

뮌헨의 실패

1936년, 히틀러는 독일군을 라인란트(Rhineland)로 진격시켜 제1차 세계대전 이래 독일군이 주둔할 수 없었던 이 지역을 재무장시켰다. 1938년 봄, 독일은 방해받지 않고 오스트리아로 진격했고, 히틀러는 자신이 태어난 오스트리아와 자신이 성장한 독일의 합병을 선언했다. 미국과 대부분의 유럽 국가 내에서 이에 대한 반대는 별로 많지 않았다.

그러나 오스트리아 침공은 곧 또 다른 위기 상황을 만들어냈다. 이때 독일은 서부 체코슬로바키아의 삼면과 경계를 이루는 영토를 점령하고 있었고, 이 지역은 히틀러가 합병을 꿈꾸고 있던 지역이었다. 1938년 9월, 히틀러는 체코슬로바키아에게 독일 민족이 많이 거주하고 있던 주데텐란트(Sudetenland)를 양보하라고 요구했다. 체코슬로바키아는 히틀러에 대항하기 위해 전투 준비를 하고 있었지만, 다른 나라의 지원이 필요했다. 그러나 미국과 대부분의 서유럽

런던 공습

독일 공군이 1940년부터 1941년까지 런던과 그 외의 영국 도시를 공포의 도가니로 몰아넣었다. 그리고 또다시 영국인의 기세를 꺾으려고 민간 지역을 가리지 않고 공격했다. 이 시도는 실패했고, 영국인의 불굴의 의지는 미국에서 그들의 명분에 대한 지지를 불러일으키는 데 아주 큰 공헌을 했다.

정부는 위기를 평화적으로 해결하려고 했다. 9월 29일, 위기를 해결하기 위해 프랑스와 영국의 지도자가 히틀러를 만났다. 그리고 프랑스와 영국은 히틀러가 더 이상의 영토 확장을 하지 않는다고 약속하는 대가로, 쥬데텐란트를 양보하라는 독일의 요구를 받아들이기로 합의했다.

'유화'

당시 루스벨트도 갈채를 보냈듯이, 뮌헨협정의 가장 뚜렷한 요소는 '유화(appeasement)'로 알려진 정책이었고, 또한 이 정책은 영국 수상 네빌 체임벌린(Neville Chamberlain)과 거의 동일시되는 것이었다. 그러나 어느 누구를 비난하든지, 이 정책은 실패했다. 1939년 3월, 히틀러는 뻔뻔스럽게도 뮌헨협정을 위반하고 체코슬로바키아의 나머지 지역을 점령했다. 그리고 그해 4월에는 폴란드를 위협하기 시작했다.

그 무렵 영국과 프랑스는 독일이 침략할 경우 폴란드 정부를 지원하기로 약속했고, 소련을 상호방위조약으로 끌어들이려고 했지만 시기적으로 너무 늦었다. 뮌헨회담에 초대받지도 못했던 스탈린은 이미 서방 국가에게 아무런 보호를 기대할 수 없다고 단정했다. 스탈린은 1939년 8월 히틀러와 불가침조약을 맺음으로써 독일을 양면전쟁의 위험으로부터 자유롭게 했다. 그 직후 히틀러는 독일이 먼저 공격을 당했다는 주장을 펴기 위해 폴란드와 국경분쟁을 일으켰고, 1939년 9월 1일 마침내 폴란드를 총공격하기 시작했다. 영국과 프랑스는 이틀 후 약속대로 독일에 전쟁을 선포했다. 2차 세계대전이 시작된 것이다.

3

중립에서 개입으로

유럽에서 전쟁이 시작된 직후 루스벨트 대통령은 "나는 모든 미국 국민에게 생각까지 중립으로 있으라고 부탁할 수는 없지만, 이 나라는 중립국으로 남을 것입니다"라고 선언했다. 의심할 여지없이, 대통령과 대다수 미국 국민이 전쟁 중인 영국, 프랑스, 그리고 다른 동맹국에 호의를 갖고 있었다. 문제는 미국이 이들을 지원하기 위해 얼마나 준비가 되어 있는가였다.

시험대에 오른 중립 정책

루스벨트는 독일이 거대 군수산업 덕택에 갖는 군사적 이점을 상쇄토록 연합군을 지원하기 위하여 적어도 미국이 연합국에게 무기를 제공할 수 있어야 한다고 믿었다. 1939년 9월, 그는 중립법을 개정하여 전쟁에 참가하고 있는 모든 국가를 대상으로 한 무기 수출 금지 조항을 삭제해달라고 의회에 요청했다. 이에 대해 의회는 미국 선박이 전쟁 지역으로 들어가지 못하게 하라고 주장했다. 그러나 1939년 법안이 개정되어, 비군수품 판매만을 허용했던 구 중립법의 '현금 주고 실어가기(Cash-and-Carry)'라는 동일한 조건으로 교전국이 무기를 구입할 수 있게 되었다.

독일이 재빠르게 폴란드를 정복한 후, 유럽은 겨울과 봄을 지나 계속 길고 조용한 휴전 상태에 놓여 있었다. 어떤 사람은 이를 '가

• '현금 주고 실어가기'

• 프랑스 함락

짜 전쟁(phony war)'이라고도 했다. 그러나 1940년 봄, 독일은 서부로의 '전격전'이라 알려진 대규모 침공을 시작했다. 먼저 덴마크와 노르웨이를 공격했고, 그 다음엔 네덜란드와 벨기에를 휩쓸었으며, 마침내 프랑스의 중심부로 진격했다. 6월 10일, 히틀러가 북부로부터 프랑스를 공격하고 있을 때, 무솔리니는 남쪽에서 공격하기 시작했다. 6월 22일에 마침내 프랑스가 함락됐고, 나치 군대는 파리로 행군해 들어갔다. 프랑스의 새 정권이 비시(Vichy)에 들어섰고, 대부분 독일 점령군에 의해 조종되었다. 전 유럽에서 오직 던커크(Dunkirk) 해안에서 구출된 영국과 프랑스 군대의 일부만이 추축국의 군대에 대항하기 위해 남아 있었다.

5월 16일, 독일의 공격이 한창일 때, 루스벨트는 의회에 방위비로 10억 달러를 추가로 요구하여 신속히 받아냈다. 새 영국 수상 윈스턴 처칠이 루스벨트에게 전쟁 물자에 관한 첫 번째 요구 사항을 보낸 지 하루 만의 일이었다. 처칠은 이 물자가 없이는 영국이 오래 지탱할 수 없다고 고집했다. 당시 주영(駐英) 대사였던 조지프 케네디(Joseph P. Kennedy)를 포함해 몇몇 미국인은 영국의 상황을 볼 때 이미 희망이 없으며 어떠한 도움도 쓸모 없다고 주장했으나, 루스벨트 대통령은 영국에 전쟁 물자를 제공하기로 결정했다. 루스벨트는 카리브 해에 있는 영국 영토에 미군 기지를 설치할 수 있는 권리를 얻는 대가로 영국에 (제1차 세계대전 당시부터 남아 있던) 50척의 구축함을 제공함으로써 중립법의 '현금 주고 실어가기' 규정을 교묘히 피하기까지 했다. 또한 미국 정부가 구입했던 많은 새 비행기를 공장으로 되돌려보내어 영국이 대신 구입할 수 있도록 했다.

루스벨트가 그러한 조치를 실행할 수 있었던 것은 미국 사회의 여론이 크게 바뀌었기 때문이기도 했다. 당시의 여론조사에 의하면, 1940년 7월에 이르러 국민의 66퍼센트 이상이 독일이 미국을 직접 위협한다고 믿었다. 따라서 의회는 기꺼이 연합국에 대한 지원 확대를 허용하려 했다. 의회는 또한 전쟁에 대비한 국내의 준비가 필요함을 더욱 우려하게 되었고, 9월에 미국 역사상 최초로 평화시 징병제를 실시하기 위한 버크-워즈워스 법안(Burke-Wadsworth Act)을 승인했다.

• 버크-워즈워스 법안

그러나 신고립주의자는 강력한 로비를 통해 찰스 린드버그(Charles Lindbergh), 상원 의원인 제럴드 나이(Gerald Nye)와 버튼 휠러(Burton Wheeler) 등 저명인사로 구성된 미국 우선 위원회(America First Committee)가 전쟁과 관련된 모든 미국 정책 토론에 동참할 수 있도록 했다. 그 같은 로비에 공화당이 간접적 지원을 상당히 했다. 1940년 여름과 가을 내내 대통령 선거운동으로 인해 논쟁은 더욱 복잡한 양상을 띠게 됐다.

1940년 선거

1940년 가장 큰 정치적 쟁점은 루스벨트가 전통을 깨고 최초로 세 번째 임기의 대통령에 출마할지였다. 대통령은 자신의 의도를 내보이지 않았지만, 경선 불참을 거부함으로써 민주당 경쟁자 그 누구도 지명을 받지 못하도록 했다. 그리고 7월의 민주당 전당대회 직전 그가 당의 '부름'을 따르겠다고 밝혔을 때, 문제는 사실상 해결되었다. 민주당원은 재빨리 루스벨트를 재지명했고, 루스벨트가 농무부 장관 헨리 월리스(Henry Wallace)를 부통령 후보로 정하자 마지못해 받아들였다. 헨리 월리스는 민주당 지도자 대다수의 구미에 맞지 않게 지나치게 자유주의적이고, 논란의 여지가 많은 인물이었다.

● 루스벨트, 삼선 성공

공화당은 정치적 경험이 없는 인디애나 주의 사업가 웬들 윌키(Wendell Willkie)를 대통령 후보로 지명했다. 웬들 윌키는 민초(풀뿌리) 운동(grass-roots movement)의 혜택을 입은 사람이었다. 윌키와 공화당의 정강 정책은 루스벨트의 정책과 별로 다를 바 없었다. 즉, 미국은 전쟁에 개입하지 않고 동맹국에 대해 관대한 지원을 확대해나가자는 것이었다. 윌키는 매력적인 인물이었고, 활발한 운동가였으며, 수십 년간 그 어떤 공화당 후보보다도 대중적 인기를 얻었던 사람이었다. 그러나 루스벨트는 또다시 확실한 승리를 거두었다. 일반투표에서는 루스벨트가 55퍼센트, 윌키가 45퍼센트를 차지했고, 선거인단 투표에서는 449대 82로 루스벨트가 승리했다.

중립 포기

● '무기 대여'

1940년 말 몇 달간 루스벨트는 이 전쟁에서 미국의 역할을 미묘하지만 심도 있게 변화시켜가기 시작했다. 대영제국은 사실상 파산하여 중립법에 의한 '현금 주고 실어가기' 조건을 더 이상 이행할 수 없었다. 따라서 대통령은 영국을 지원하기 위해 새로운 체계를 제안했다. 이것이 바로 '무기 대여(lend-lease)'였다. 미국 정부는 '미국의 방위에 중요한' 모든 국가에 무기를 팔 수 있을 뿐 아니라 빌려줄 수 있게 된다. 즉, 미국은 전쟁이 끝났을 때 임대한 무기를 되돌려준다는 약속만을 전제로 하여 영국에 무기를 공급할 수 있게 된다는 것이다. 의회는 많은 표차로 이 법안을 통과시켰다.

독일의 잠수함 공격으로 인해 대서양 항로가 매우 위험스러워졌다. 영국 해군은 다른 배로 대체할 겨를도 없이 급격하게 많은 배를 잃었고, 미국에서 대서양을 가로질러 물자를 운반하기가 어렵게 됐다. 루스벨트는 서대서양이 중립 지역이며, 북남미 국가의 책임에 있다는 점을 강조했다. 이에 따라 1941년 6월에 이르러서는 미국 배가 멀리 아이슬랜드 동쪽까지 정찰했다.

처음에는 독일이 이러한 미국의 명백한 적대 행위에 거의 대항하지 않았으나, 1941년 9월에 이르러 상황이 바뀌었다. 그 해 6월에 나치군은 소련을 침공했다. 그러나 많은 사람의 예상과 달리 소련이 항복하지 않자, 루스벨트는 의원들을 설득하여 무기 대여의 특혜를 소련에까지 확대해주도록 했다. 당시 미국 산업은 유럽의 양 전선에서 싸우고 있는 히틀러의 상대국에게 절실한 지원을 제공했으며, 미 해군은 유럽으로 향하는 이 지원 물자의 운반을 보호해주었다. 9월에 들어서자 나치 잠수함은 미국 배를 공격하기 시작했다. 이에 루스벨트는 미국 함대에 독일 잠수함이 '발견되는 즉시' 발포하라고 명령했다. 10월에 두 대의 미국 구축함이 나치 잠수함의 포격에 맞아 이 중 루벤 패임즈호(Reuben Fames)가 침몰했고, 미국의 수병이 죽었다. 상황이 이렇게 되자, 의회는 미국 상선을 무장시켜 교전 중인 항구까지 항해할 수 있도록 결정했다. 미국은 사실상 독일과 해전을 시작했던 것이다.

1941년 8월, 루스벨트는 뉴펀들랜드(Newfoundland) 앞 바다에 정박한 영국 배에서 처칠을 만났다. 루스벨트는 군사적 서약은 하지 않았지만, 처칠 수상과 공동으로 하나의 문서, 즉 대서양헌장(Atlantic Charter)을 발표했다. 내용은 두 나라가 '좀 더 나은 세계

• 대서양헌장

의 미래'의 기초가 되는 '확고한 공동 원칙'을 설정하는 것이었다. 대서양헌장은 '나치 폭정의 최종적 멸망'과, 모든 국가가 자국의 운명을 지배하는 새로운 세계 질서를 공공연하게 요구했다. 그것은 사실상 전쟁 목표의 선언이었다.

진주만으로 가는 길

일본 자산 동결

그동안 일본은 제국의 세력을 태평양으로 확대했다. 일본은 1940년 9월에 독일, 이탈리아와 느슨한 방위 동맹, 즉 삼국동맹(Tripartite Pact)에 서명했다(실제로 유럽 추축국인 독일과 이탈리아가 일본과의 관계를 강하게 발전시키지는 않았다). 1941년 7월, 일본 제국의 군대는 인도차이나로 진격하여 프랑스 식민지인 베트남의 수도를 장악했다. 미국은 암호를 해독하여 이들의 다음 목표는 석유가 풍부한 네덜란드령 동인도 제도라는 사실을 알아냈다. 루스벨트는 이에 대해 엄중히 경고했지만 도쿄는 응답하지 않았다. 루스벨트는 일본이 필요한 미국 물자를 구입할 수 있는 능력을 최대한 제한하기 위해 미국 내의 모든 일본 자산을 동결했다.

도쿄는 이제 선택해야 했다. 물자를 공급받기 위해 미국과의 관계를 회복하든가, 아니면 태평양에 있는 영국과 네덜란드령을 장악해 그곳에서 물자를 구해야 했다. 10월에 도쿄의 호전 세력은 온건파 수상을 축출하고 군부 지도자인 도조 히데키(東條英機) 장군으로 교체했다.

11월 말, 국무부는 평화 정착 가능성을 포기했다. 미국의 정보기관은 일본의 공격이 임박했음을 명확히 제시하는 몇 가지 메시지를

1941년 12월 7일, 진주만

미국의 구축함 쇼(U.S.S. Shaw)는 1941년 12월 진주만의 부유 건선거(drydock)에 갇혀 움직일 수 없었으나 일본의 첫 번째 폭격에는 아무런 피해 없이 살아남았다. 그러나 일본군의 두 번째 공격에서 직격탄을 맞아 함선의 뱃머리가 파괴되었다. 그러나 이 배의 나머지 부분은 피해를 별로 입지 않았다. 몇 달 후, 구축함 쇼는 새로운 뱃머리를 갖추고 함대에 복귀했다.

해독했다. 그러나 워싱턴은 일본의 공격 목표가 어느 지역인지 몰랐다. 대다수의 관리는 일본의 첫 번째 공격 목표는 미국 영토가 아니라, 남방의 영국 또는 네덜란드령이라고 믿고 있었다. 미국 정부는 이러한 혼동과 판단 착오로 인해, 일본이 곧바로 미국 군대를 공격하려고 하는 징후를 포착하지 못했다.

1941년 12월 7일, 일요일 오전 7시 55분, 일본 폭격기가 하와이 진주만에 있는 미 해군 기지를 물밀듯이 공격했다. 한 시간 후 두 번째 공습이 감행됐다. 미국은 불과 두 시간 만에 8척의 전함, 3척의

• 진주만 공격

순항함, 4척의 군함, 188대의 비행기, 기타 여러 중요한 해안 기지를 잃었다. 2,400명 이상의 육군과 해군 병사가 사망했고, 1,000여 명이 부상을 당했다. 이에 반해 일본군의 손실은 경미했다.

이제 태평양에서 미국 군사력은 급격히 약화됐다(다행스럽게 우연히도 태평양 함대의 심장인 미국 항공모함은 12월 7일 진주만에 없었다). 그러나 하와이 급습은 미국인이 한마음으로 뭉쳐 전쟁을 지원하게 했다. 12월 8일, 대통령의 감동적인 연설 후에 상원은 일본에 대한 전쟁 선포를 만장일치로 통과시켰고, 하원도 388 대 1로 이를 승인했다. 3일 후인 12월 11일에는 일본의 유럽 동맹국인 독일과 이탈리아는 미국과의 전쟁을 선포했고, 미국 의회도 그날에 한 사람의 반대도 없이 전쟁을 선포했다.

결론

제1차 세계대전이 끝난 후에 미국의 외교정책은 궁극적으로 불가능하다고 판명된 것들을 시도했다. 미국은 전 세계에서 주요 세력이 되고자 했고, 범세계적으로 무역을 확대하며 자국과 세계에 모두 이익이 된다고 믿고 있던 방식으로 영향력을 행사하려 했다. 그러나 이와 동시에 미국은 자국이 행동의 자유를 제한받는 것은 어느 것도 하지 않았다. 국제연맹과 국제사법재판소에 가입하지 않았고, 다른 나라와 연합하지 않았다. 미국은 강력하게, 그리고 독자적으로 행동했다.

그러나 불길한 징조가 세계 곳곳에서 나타나, 결국 미국이 다른 나라와 연대하도록 점점 압박했다. 세계 대공황으로 인한 전 세계적 경제 혼란, 전체주의 제국의 부상, 그리고 강력한 새 지도자의 팽창주의적 야망 등 모든 것이 제1차 세계대전 후 국제 질서의 안정을 깨뜨렸다. 경제적인 면에서, 그리고 다른 면에서도 미국의 이익은 위태로워졌다. 그리고 미국의 독자적 외교정책은 사건의 흐름을 바꾸기에는 무력해보였다.

1930년대 말기에 프랭클린 루스벨트는 미국인도 서서히 국제 문제에 개입하도록 밀어붙였다. 특히 그는 독재 권력과 침공에 대항하여 미국이 좀 더 강경한 자세를 취하도록 자극을 주었다. 얼마 동안은 강력한 고립주의 운동이 그의 시도를 방해했고, 유럽에서 전쟁이 발생한 후에도 그랬다. 그러나 여론은 점차 연합국(영국, 프랑스, 소련)을 지원하고 추축국(독일, 이탈리아, 일본)에 대항하려는 쪽으로 기울어갔다. 미국은 영국에 전함과 군수품을 제공하거나, 대서양에서 독일군과 해전을 하기 위해 전시 동원을 시작했다. 1941년 12월 7일, 마침내 하와이 진주만의 미군 기지를 기습한 일본의 공격은 불확실성을 제거하고 전쟁 수행 노력으로 미국의 여론을 통합시키며 미국을 인류 역사상 가장 큰 규모이자 가장 참혹한 전쟁으로 끌어들였다.

1942

미드웨이 해전/북아프리카에서의 군사 행동/일본계 미국인 강제수용/맨해튼 프로젝트 시작/인종 평등 회의(CORE) 창설

1943

미군, 과달카날 점령/연합군, 이탈리아 침공/소련, 스탈린그라드에서 승리

28장
세계대전 중의 미국

"그들을 밟아버려라"

제2차 세계대전 중 배급된 이 정부 간행 포스터에는 미국의 전쟁 수행 노력에 담긴 이중적 성격이 제시되어 있다. 한편으로는 추축 세력을 군사적으로 공격하면서, 다른 한편으로는 미국 내에서의 산업 능력을 확대하고 전쟁 수행 노력을 지원하는 것이다. 미국의 생산은 전쟁에서 미군의 승리만큼이나 연합국의 승리에도 중요했다.

1944	1945
연합군, 노르망디 침공/루스벨트, 사선에 성공/미군, 필리핀 점령	루스벨트 사망 ; 트루먼, 대통령직 승계/독일 항복/미국, 히로시마와 나가사키에 원자폭탄 투하/일본 항복

진주만 공격은 미국을 인류 역사상 가장 규모가 크고 가장 잔인한 전쟁으로 몰아갔고, 그 전쟁은 20세기 또는 그 어느 세기의 어떤 사건보다도 세계를 엄청나게 변화시켰다. 제2차 세계대전은 그 방식이 언제나 명확하게 나타나지는 않았어도, 미국에 심대한 변화를 일으켰다.

1
양 전선의 전쟁

제2차 세계대전 중 미국인 간에 정치적 이견과 사회적 긴장이 있었다고 해도, 분쟁 자체에 대하여는 놀라울 정도로 의견이 일치했다. 그러나 이 같은 일체감과 자신감은 1942년 초 혼란스러웠던 몇 달간 심각한 시험을 맞게 되었다.

일본 봉쇄

진주만 공격이 일어난 지 10시간 후, 일본 비행기가 필리핀의 마닐라(Manila)에 있는 미국 공군 기지를 공격하여, 태평양에 남아 있던 미 공군력의 상당 부분을 파괴했다. 3일 후 미국령 괌(Guam)이 일본에 넘어갔다. 웨이크 섬(Wake Island)과 홍콩도 그 뒤를 따랐다. 말레이 반도의 싱가포르에 있던 대영제국 기지는 1942년 2월에, 네덜란드령 동인도 제도(Dutch East Indies)는 3월에, 버마(1989년에 '미얀마'로 개칭)는 4월에 항복하고 말았다. 필리핀에서는 지칠 대로 지친 필리핀인과 미국 군대가 5월 6일 방어를 포기하고 말았다.

미국의 전략가는 일본인에게 타격을 입힐 거대한 공격 두 가지를 계획했다. 하나는 더글라스 맥아더(Douglas MacArthur) 장군의 지휘로 오스트레일리아로부터 북쪽으로 뉴기니(New Guinea)를 거쳐 마지막에는 필리핀으로 진격해가는 것이었다. 다른 하나는 체스터

• 일본의 승리

니미츠(Chester Nimitz) 제독의 지휘로 하와이에서 서쪽으로 중부 태평양에 있는 일본 본토의 전초기지를 향해 진격하는 것이었다. 이 양면 공격이 최종적으로는 일본 본토를 공격하기 위해 통합될 것으로 예측했다.

미드웨이 전투

미국이 이전에는 막지 못했던 일본 해군의 진격을 물리쳤을 때, 연합군은 1942년 5월 7일과 8일, 오스트레일리아 북서쪽에 있는 산호해(Coral Sea) 전투에서 첫 번째 중요한 승리를 거두었다. 한 달 후, 하와이 북서쪽에서는 좀 더 중요한 전환점이 된 승리를 거두었다. 1942년 6월 3일에서 6일까지 4일간 미드웨이 섬(Midway Island)에 있는 미국의 작은 전초기지 가까운 곳에서 격렬한 전투가 계속되었고, 그 전투가 끝났을 때 미국은 엄청난 손실을 입었지만 확실히 승리를 거두었다. 미 해군은 일본의 항공모함 4척을 파괴했고, 미국 측은 단 1척만을 잃었다. 이 전투로 미국은 중부 태평양의 통제권을 되찾았다.

몇 달 후에 미국은 뉴기니 동쪽, 남부 솔로몬 제도(Solomon Islands)에서 최초로 반격에 나섰다. 1942년 8월, 미군은 가부투(Gavutu), 툴라기(Tulagi), 과달카날(Guadalcanal), 세 섬을 공격했다. 과달카날에서는 격렬한 전투가 6개월간 계속되었으며, 양쪽은 다 상당한 손실을 입었다. 그러나 결국 일본은 섬을 포기할 수밖에 없었고, 이로써 남쪽에 효과적인 공격을 개시할 마지막 기회도 포기하게 되었다. 미군은 오스트레일리아와 뉴질랜드의 지원을 얻어 필리핀과 일본 본토를 향해 느리면서도 끈질기게 전진하기 시작했다.

독일군의 지체

유럽 전쟁 중에 미국은 서부에서 영국과 망명 '자유 프랑스(Free France)'의 군사력과 협조하여 전투하면서, 동부에서는 독일의 히틀러와 싸우고 있던 새로운 동맹인 소련과 타협을 시도했다. 육군 참모총장 조지 마셜(George C. Marshall) 장군은 1943년 봄, 영국 해협을 건너 프랑스를 공격하려는 연합군의 주요 공격 계획을 지지했다. 그리고 그는 이전에는 이름이 별로 알려져 있지 않던 드와이트 아이젠하워(Dwight D. Eisenhower) 장군에게 이 작전의 책임을 맡겼다. 그러나 독일군의 주력과 맞서고 있던 소련은 가능한 한 빠른 시일 내에 연합군이 공격하기를 바랐다. 반면에, 영국은 프랑스로 대대적으로 진입하기 전에 먼저 북부 아프리카와 남부 유럽에 있는 나치 제국의 외곽 지대를 둘러싸며 일련의 공격을 개시하기를 원했다.

루스벨트는 결국 영국의 계획을 지지하기로 결정했다. 미군을 빨리 전투에 투입시키기를 열망했고, 또 해협을 건너기 위한 전력을 준비하기에 시간이 많이 걸린다는 것을 알았기 때문이었다. 1942년 10월 말, 영국은 북부 아프리카에서 수에즈운하를 위협하고 있던 에르빈 로멜(Erwin Rommel) 장군 휘하의 나치군을 반격했다. 엘 알라맹(El Alamein)의 중요한 전투에서, 그들은 이집트에서 독일군을 몰아냈다. 11월 8일, 영국군과 미군은 알제리의 오랑(Oran)과 알지에(Algiers) 그리고 모로코의 카사블랑카(Casablanca)—비시(Vichy)에 있던 나치가 조정하는 프랑스 정부 관할 지역—에 상륙했고, 로멜을 향해 동쪽으로 진격했다. 독일군은 전투 경험이 거의

• 드와이트 아이젠하워

태평양에서의 세계대전

이 지도는 제2차 세계대전 중 태평양 지역에서 전쟁을 치르던 두 나라의 군사적 승패의 변화를 보여준다. 버마(1989년에 '미얀마'로 개칭)로부터 만주 부근에 이르는 길고 붉은 선은 1942년 여름까지 일본의 지배에 들어간 방대한 태평양 영역의 동부 경계를 나타낸다. 푸른 선은 1942년 5월에 시작되고 1943년과 그 후 가속된 일본의 후퇴를 가져온 미군의 태평양에서의 전진을 보여준다. 미국의 전진은 별개의 양면 공격이 가져온 결과였다ㅡ하나는 중부 태평양에서 체스터 니미츠(Chester Nimitz) 제독의 지휘로 하와이로부터 서쪽으로 움직였고, 또 하나는 더글라스 맥아더(Douglas MacArthur) 장군의 지휘로 오스트레일리아로부터 북쪽으로 움직여갔다. 1945년 여름에 이르러, 미군은 일본 본토에 접근해 도쿄를 폭격했다. 미국이 히로시마와 나가사키에 원자폭탄 두 개를 투하하여 마침내 이 전쟁은 종식되었다.

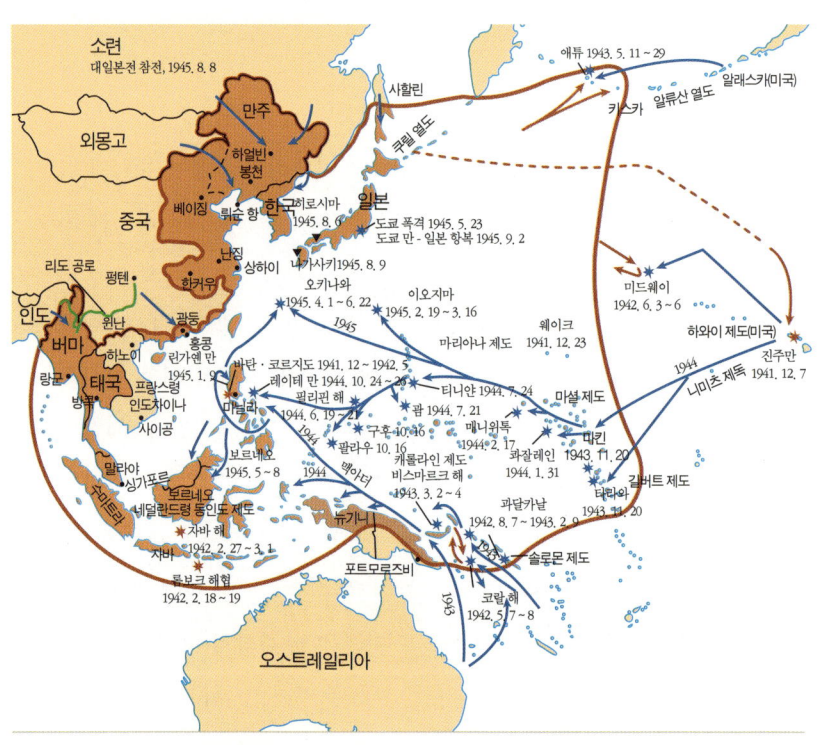

없던 미군과 대적하기 위하여 아프리카에 주력부대를 두었고, 튀니지의 캐서린 협곡(Kasserine Pass)에서 미군을 패배시켰다. 그러나 조지 패튼(George S. Patton) 장군은 미군을 재정비하고, 효과적인 반격을 시작했다. 미군은 연합국의 공군과 해군력, 그리고 육군 원수(Field Marshall)인 버나드 몽고메리(Bernard Montgomery, 엘 알라맹의 영웅)의 지휘로 동쪽으로 진격하던 영국군의 지원을 받아, 1943년 5월 마침내 아프리카에서 독일군을 완전히 몰아냈다.

북부 아프리카에서의 군사 행동으로 인해 연합군의 총 군사력 중 너무 많은 병력이 묶이게 되자 소련이 격렬히 불만을 나타냈지만, 1943년 5월에 해협을 건너 프랑스로 진입하려던 계획을 연기해야만 했다. 그러나 1942년에서 1943년에 이르는 동절기에 적군(Red Army)이 남부 러시아의 스탈린그라드에서 독일의 공격을 지체시키는 데 성공하자 소련이 붕괴될 위험은 많이 줄었다. 히틀러는 너무 많은 군사력을 이 전투에 쏟아부었고, 너무 엄청난 손실을 입었기에 동부로 계속 공격할 수 없었다.

• 스탈린그라드 전투

소련의 성공은 루스벨트로 하여금 1943년 1월 카사블랑카에서 열린 처칠과의 회합에서 영국이 제시한 연합군의 시실리(Sicily) 침공에 대한 계획에 동의하도록 했다. 처칠은 시실리 작전이 전쟁에서 이탈리아를 쓰러뜨릴 뿐 아니라, 그렇지 않으면 프랑스에 주둔할지 모르는 독일의 사단을 묶어놓을 것이라고 주장했다. 1943년 7월 9일 밤, 미군과 영국군은 시실리 남동부에 상륙했다. 38일 후에 그들은 이 섬을 점령했고 이탈리아 본토를 향해 진격했다. 이 같은 후퇴로 무솔리니(Mussolini) 정부는 붕괴했고, 독재자는 독일을 향해 북쪽으로 피신했다(그는 후에 이탈리아 반란군에게 잡혀 교수형당했

• 이탈리아 공격

북부 아프리카와 이태리에서의 제2차 세계대전(1942~1943)

이 지도는 1944년 유럽에서 노르망디 대침공에 앞서 일어난 영국과 미국의 공격을 보여준다. 북아프리카에 상륙한 지 8개월 후, 1943년 7월에 미군과 영국군은 시실리 섬에 상륙했고, 유럽 진격을 위한 최초의 발판을 마련했다.

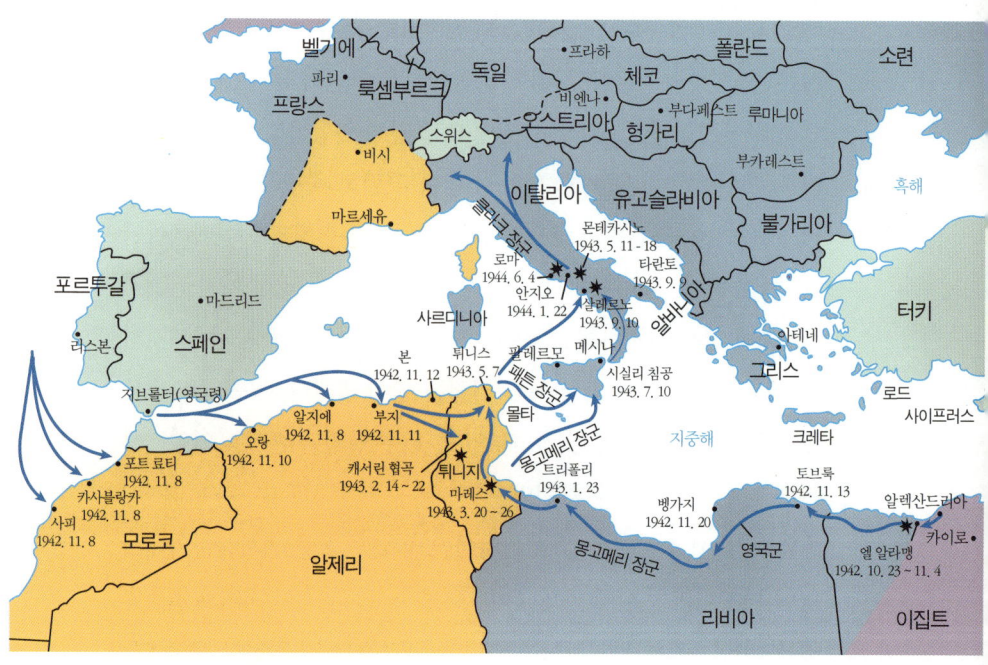

다). 무솔리니의 후계자인 피에트로 바돌리오(Pietro Badoglio)가 이탈리아를 재빨리 연합군 쪽에 가담시켰으나, 독일은 8개 사단에 이르는 군 병력을 이탈리아로 이전시켰고, 로마의 남부에 강력한 방어선을 형성했다. 1943년 9월 3일에 시작한 이탈리아 반도 내 연합군의 공격은 곧 난항에 빠졌다. 연합군은 1944년 5월이 돼서야 북쪽으로 다시 진격할 수 있었다. 1944년 6월 4일, 연합군은 로마를 점령했다.

이탈리아 침공으로 인해 프랑스 진격이 거의 1년 정도 연기되자 스탈린은 매우 분노했으며, 소련은 동유럽 국가로 이동할 시간을 얻었다.

미국과 유대인 대학살

격렬한 전투의 와중에 미국 정부의 지도자는 역사상 가장 큰 비극 중의 하나인 유럽의 유대인을 절멸시키려는 나치의 '대학살(the Holocaust)'과 직면하게 되었다. 1942년 초, 워싱턴의 고급 관리는 히틀러의 군대가 유럽 전역에서 유대인과 기타 이들(폴란드인, 동성애자, 그리고 공산주의자)을 체포하여 동부 독일과 폴란드에 있는 집단수용소로 수송하고, 계획적으로 살해하고 있다는 명백한 증거를 확보했다(600만 명의 유대인과 그 외 최소한 400만 명이 살해되었다). 잔혹한 행위에 대한 소식은 대중에게도 알려졌고, 연합군이 살해를 중지시키거나 또는 살아남은 일부 유대인이라도 구제하려고 노력해야 한다는 목소리가 높아졌다.

미국 정부는 일관되게 그 같은 청원을 대부분 무시했다. 비록

세인트루이스호

독일 여객선 세인트루이스호(St. Louis)는 제2차 세계대전과 나치 정권으로 인해 유대인이 계획적으로 절멸(絶滅)되기 전에 이미 비참한 항행을 시작했다. 그렇지만 이 배의 항로를 보면 대학살 동안 유럽의 유대인이 맞게 된 운명에 대해 미국과 다른 나라가 얼마나 무관심했는지를 확실히 알 수 있다. 세인트루이스호에는 1939년 독일에서 탈출한 900명이 넘는 일단의 유대인이 승선했다. 이들은 히틀러의 비밀경찰 게슈타포(Gestapo)에게서 냉소적으로 구입한, 법적 효력이 의심스러운 출국 비자를 갖고 있었다. 이 배는 정박할 곳이 없어 이 나라 저 나라로 떠돌았다. 승선객은 멕시코, 파라과이, 아르헨티나, 코스타리카, 쿠바에서 거듭하여 입국을 거부당했다. 대다수의 승객은 미국에서 안식처를 얻기 원했으나, 미 국무부는 미국 동부 해안으로 이 배가 항해해오자 정박조차 하지 못하게 했다. 결국 세인트루이스호 승객은 유럽으로 되돌아가 영국, 프랑스, 네덜란드, 벨기에에 나누어 하선했다(사진은 1939년 6월 안트워프에서 하선 준비를 하며 미소를 짓고 손을 흔드는 난민의 모습을 담고 있다). 1년이 안 되어, 영국을 제외하고 이 모든 국가가 나치 통제하에 들어갔다.

1944년 중반까지 연합군의 폭격기가 가장 악명 높은 죽음의 수용소였던 폴란드의 아우슈비츠(Auschwitz) 수마일 내 지역으로 의무 비행을 했으나, 전쟁부(War Department)는 비행기로 수용소의 소각장을 파괴해달라는 탄원을 군사적으로 실현 가능성이 없다며 거절했다. 미국 관리는 연합군이 수용소로 이르는 철도를 파괴하자는 청원도 거부했다. 미국은 또한 유럽을 탈출하려는 수많은 유대인 피난민을 받아들이라는 탄원도 무시했다.

1941년 이후, 히틀러의 희생자 대다수를 구하기 위해서는 독일을 무찌르는 것 이외에 미국의 지도자가 할 수 있었던 일은 거의 없었을 것이다. 그러나 미국이 (그리고 지원을 바라던 유대인의 요청에 훨씬 덜 수긍적이던 영국이) 좀 더 강력한 조치를 취했다면 최소한 일부의 생명은 구할 수 있었을지도 모른다. 돌이켜보면 미국과 영국이 그렇게 하지 않은 것은 분명히 도덕적으로 잘못된 것이었다. 그러나 정책 입안가는 전쟁 승리라는 더 큰 목표에 집중해야만 했다고 주장하면서 자신들이 아무런 조치도 취하지 않았던 것을 정당화했다. 그들은 분명히 군사력과 관심을 다른 목적으로 분산시키면 무엇보다도 우선하는 목표인 승리에 집중할 수 없다고 생각했다.

도덕적 타락

2

전시의 미국 경제

미국은 남북전쟁 이래로 제2차 세계대전만큼 그렇게 장기간에 걸쳐 군사 활동을 해 본 적이 없었다. 미군은 4년 가까이 세계 곳곳의 전투에 참가했다. 그러는 동안 미국 사회는 거의 세계 전역에 퍼진 변화를 경험했다.

번영과 노동권

<small>정부의 대규모 지출</small>

제2차 세계대전은 마침내 대공황을 끝내면서 미국의 국내 상황에 지대한 영향을 미쳤다. 1941년 중반, 1930년대의 경제적 문제였던 실업, 디플레이션, 산업 생산의 침체 등이 전시 산업 팽창이 있기 바로 전에 거의 다 사라졌다.

새로운 번영의 가장 중요한 동인은 정부 지출로, 정부는 1939년 이후 매년, 모든 뉴딜 구호 기구가 했던 것보다 더 많은 돈을 경제에 쏟아부었다. 1939년의 연방 예산은 90억 달러에 불과했으나, 1945년에는 1,000억 달러로 상승했다. 그 결과, 국민총생산이 1939년 910억 달러에서 1945년 1,660억 달러로 급등했다. 어떤 지역에서는 개인소득이 100퍼센트 또는 그 이상 증가했다.

정부 지출의 영향은 서부 지역에서 가장 두드러지게 나타났다. 서부 해안 지역은 자연적으로 일본과의 해전을 위한 전함 대부분의 발진 지역이 되었고, 정부는 군수물자를 공급하기 위해 캘리포니아와 그 주변 지역에 대규모의 제조 시설을 설치했다. 정부는 전쟁 기간 동안 다른 지역보다 서부 지역의 공장, 군수 시설, 수송 시설, 고속도로, 발전소 등의 건설에 총 400억 달러에 달하는 가장 많은 자본을 투입했다. 전쟁이 끝날 무렵, 태평양 연안 지역은 미국의 항공 산업 성장의 중심지가 되었고, 조선 산업의 핵심 지역이 되었다. 이전에는 주로 영화 산업으로만 주목받던 중간 규모의 도시 로스앤젤레스가 이 시기에 주요한 산업 중심지가 되었다.

전쟁 때문에 노동력 부족 사태가 심각했다. 노동 수요가 급속히 증가하고 있을 때 1,500만의 남성과 여성 민간 노동력이 군대로 차출되었다. 그럼에도 민간 노동력은 전쟁 기간 중 거의 20퍼센트 증가했다. 이전에는 노동에 부적합하다고 간주되던 많은 사람―어린이, 노년층, 소수 인종, 그리고 가장 중요하게는 수백만의 여성―이 부족한 노동력을 채웠다.

전쟁으로 노동조합원이 엄청나게 증가하여, 1941년에 1,050만 명이었던 노동조합원이 1945년에는 1,300만 명 이상으로 늘어났다. 이것은 부분적으로는 정부와 맺은 '조합원 유지(maintenance-of-membership)' 협정의 결과였다. 이 협정으로 인해 조합화된 방위산업체 공장에 쏟아져 들어오는 수천 명의 새로운 노동자가 자동적으로 조합에 가입하게 되었다. 그러나 이와 동시에 정부는 노조 지도자에게서 두 가지의 중요한 양보를 얻어냈다. 하나는 노조가 전시에는 생산을 중단하지 않을 것을 동의하는 '무파업 서약(no-strike pledge)'이었고, 다른 하나는 15퍼센트의 임금 인상 상한선을 정한, 이른바 '철강 산업의 임금 기준'이었다.

노동조합원의 증가

무파업 서약을 했음에도, 전시 기간 중 거의 1만 5,000건의 조업 중단이 일어났고, 이들 대부분이 조합 지도부의 승인을 받지 않은 파업이었다. 1943년 5월에 연합 광산 노조(United Mine Workers)가 파업을 일으키며 정부에 도전하자, 루스벨트가 거부권을 행사했는데도 의회는 스미스-코넬리법(Smith-Connally Act) 또는 전시 노사분규법(War Labor Disputes Act)을 통과시키며 이에 대응했다. 이 법안에는 노동조합이 파업을 하기 전 30일간의 냉각 기간을 가져야 한다는 것이 명문화되어 있었고, 대통령이 파업 중인 군수물자 생산 공장을 접수할 권한을 부여한다는 내용이 담겨 있었다. 당분간 노동조합에 대한 대중적 적대감이 급격히 증가했고, 많은 주에서는 노동조합 세력을 제한하는 법이 통과되었다.

경제 호황의 안정화와 생산의 동원

• 물가 관리청

1930년대의 가장 중심 관심사였던 디플레이션에 대한 공포는 특히 진주만 공격이 있기 2년 전 물가가 25퍼센트 급등한 이후에는 전시 기간 중의 인플레이션에 대한 공포로 바뀌었다. 인플레이션을 막는 것이 물가 관리청(Office of Price Administration)의 임무였으며, 처음에는 리언 헨더슨(Leon Henderson)이, 후에는 체스터 볼스(Chester Bowles)가 이 기관을 이끌었다. 물가 관리청이 맡은 역할을 성공적으로 수행하여, 제2차 세계대전기의 인플레이션은 제1차 세계대전보다 훨씬 덜 심각했다. 그러나 물가 관리청은 인기를 얻지 못했다. 물가 관리청의 정책 능력을 훨씬 벗어날 정도로 암시장이 많아졌고, 과도한 가격 정책 건수도 증가했다.

1941년부터 1945년까지 연방정부는 총 3,210억 달러를 지출했는데, 이 금액은 정부 수립 때부터 당시까지 150년간 지출한 비용의 거의 두 배에 이르고, 제1차 세계대전에 투입된 비용의 10배나 되었다. 미국의 국가 채무는 1941년의 490억 달러에서 1945년에는 2,590억 달러로 증가했다. 정부는 필요한 수입의 거의 절반을 1,000억 달러에 이르는 채권을 판매하여 차용했다. 나머지 상당량은 1942년의 소득세법(Revenue Act)을 통해 소득세율을 급격히 올려 마련했다. 의회는 세금 징수를 단순화하기 위해, 1943년에 급료 지불세를 직접 공제하는 원천과세제를 입법했다.

1942년 1월, 대통령은 시어스 로벅(Sears Roebuck)의 전(前) 경영인인 도널드 넬슨(Donald Nelson)이 주도하는 전시 생산 위원회(War Production Board, WPB)를 설립하여 이전의 전시 경제 동원 시도에 대한 광범위한 비판에 대응했다. 전시 생산 위원회는 고난의 역사를 통틀어, 계속 좌절하기만 했다. 위원회는 군납 업무를 결코 완전히 통제할 수 없었다. 육군과 해군이 생산자와 직접 계약 협상을 했기에 전시 생산 위원회는 전적으로 무시되었고, 대부분 거대 기업과 계약하는 것을 비판하는 소기업의 불만을 해소시켜줄 수 없었다. 대통령은 위원회의 권한 중 많은 부분을 백악관에 새로이 설치된 전시 동원청(Office of War Mobilization, OWM)에 점진적으로 이전시켰다. 그러나 전시 동원청은 전시 생산 위원회보다 단지 조금 더 성공했을 뿐이다.

· 전시 생산 위원회

그러나 행정적 문제에도 전시 경제 체제는 미국의 중요한 전시 수요를 거의 다 충족시킬 수 있었다. 1944년 초, 미국의 공장은 사실상 정부에서 필요로 한 것보다 더 많이 생산했다. 그 생산량은 추축국의 총 생산량보다 2배나 많았다.

전시의 과학과 기술

전국 국방
연구 위원회

제2차 세계대전은 미국이 수행한 이전의 어떤 전쟁보다도 기술과 과학의 혁신에 있어 분수령이 되었다. 이것은 1940년에 시작된 연구와 개발에 미국 정부가 상당액의 투자한 결과였다. 정부는 1940년 전국 국방 연구 위원회(National Defense Research committee)를 창설했고, 초기 컴퓨터 개발의 개척자였던 MIT의 과학자 버네바 부시(Vannevar Bush)를 이 위원회의 책임자로 삼았다. 이 위원회는 후에 과학 연구 개발청(Office of Scientific Research and Development)이 되었다. 전국 국방 연구 위원회는 전쟁이 종료될 때까지 연구를 위해 1억 달러 이상을 사용했고, 이 액수는 정부가 이전 40년 동안 국방 관련 연구 개발에 지출했던 액수의 4배가 넘었다.

전쟁 초기 몇 년 동안은 독일과 일본이 기술적으로 우세해 보였다. 독일은 1930년대, 특히 프랑코의 파시스트 군대를 지원했던 스페인 내전(Spanish Civil War) 동안, 탱크와 그 밖의 기계화 장갑차 분야에서 크게 진보했다. 독일은 이 무기를 1940년 유럽 침공에 효과적으로 사용했고, 1942년 북아프리카 공격에 재차 사용했다. 독일의 잠수함 기술은 1940년 당시에는 영국과 미국보다 매우 앞서 있었다. 일본은 해상 전투기 출격을 위한 특수 기술을 개발했고, 원거리에 있는 항공모함에서 출격한 일본의 매우 정교한 전투기는 1941년 12월에 진주만을 성공적으로 급습했다.

추축국 공장 폭격

보잉 B17 폭격기는 전시 항공의 위대한 기술 혁신 중 하나였다. 이 폭격기가 개발되었기에 연합군 조종사는 폭격 임무를 수행하려고 적의 영토 내로 훨씬 더 깊숙이 비행해 들어갈 수 있었다. 사진은 1944년에 B17 폭격기가 오스트리아 공장을 폭격하는 장면이다.

그러나 영국과 미국은 그 나름대로 우세한 면이 있었다. 미국의 대량생산 기술, 특히 대규모 자동화된 일관작업 라인(assembly lines)은 1941년과 1942년에 군수물자를 생산하도록 효율적으로 전환되어, 독일과 일본보다 훨씬 더 많은 비행기, 배, 탱크나 기타 다른 무기를 곧바로 생산하기 시작했다. 또한 연합국 과학자와 기술자는 영국과 미국의 공군과 해군 기술력을 향상시키기 위해, 특히 잠수함과 탱크의 성능 향상을 위해 곧 연구에 착수했다. 1942년 후반에 이르자 연합국 무기는 적어도 적국의 무기만큼 진보했고, 수적으로도 더 많아졌다.

• 수중 음파탐지기

더욱이 적국이 여러 기술 혁신을 이루자, 연합국은 새 기술로 인한 타격을 감소시키기 위해 대응 기술을 개발했다. 미국과 영국의 물리학자는 1920년대와 그 이후 무선통신 기술의 진보에 힘입어 레이더와 수중 음파탐지기의 성능을 빠르게 향상시켰다. 1943년에 연합국 해군은 레이더와 수중 음파탐지기 기술로 독일의 유보트를 상당수 격침시켜 해전에서 독일을 무력하게 만들었다. 특히 중요한 것은 1940년에 개발된 '센티미터 레이더(centimetric radar)'였다. 이 레이더에서 나오는 짧은 파장의 가느다란 광선은 레이더를 이전의 어떤 것보다 효율적이고 효과적인 것으로 만들었다. 1941년 4월, 영국 해군의 배에 설치된 이 레이더로 야간에 10마일 밖의 수면 위에 떠있는 잠수함을 발견했고, 또 4분의 3마일 거리에 있는 잠망경을 포착한 사실로 그 위력을 알 수 있다. 이전의 기술로는 레이더와 수중 음파탐지기 모두 만들 수 없었을 것이다. 이 새로운 레이더는 또한 작게 만들 수 있어서 효과적이었는데, 비행기와 잠수함에서 사용할 때 크기를 줄이는 것은 특히 중요한 문제였다. 이러한 기술혁신으로 연합국은 레이더 기술에 있어서 독일과 일본을 훨씬 앞서갔다. 또한 연합국은 독일의 어뢰를 발견하여 무력하게 만드는 방법을 곧 찾아냈다. 그리고 독일이 이에 대응하여 배에 직접 부딪히지 않고도 배가 가까이 접근하면 폭발하는 음향어뢰를 만들었을 때, 연합국은 이 어뢰가 배 가까이 접근하기 전에 폭파시키기 위해 수중에서 음향을 전송시킬 수 있는 대(對) 음향 탐지책을 개발했다.

영국과 미국은 공습 폭격을 완전히 멈추게 할 정도는 아니었지만, 육상과 해상에서 대공 포화 기술도 향상시켰다. 독일은 전쟁 초기에 로켓 기술 분야에서 큰 성과를 얻었고, 이를 영국해협을 지나 목표 지점인 런던을 향해 프로펠러가 달린 로켓 폭탄(V1과 V2)을 발사하는 데에 사용했다. 로켓포가 영국 국민에게 미친 심리적 영향은 상당했다. 그러나 독일은 군사력의 균형을 실제로 깰 만큼 충분한 양의 로켓을 만들 수 있는 생산기술을 개발하지는 못했다.

1942년 초, 영국군과 미국군은 새롭고 강력한 4개의 엔진이 달린 폭격기를 대량으로 생산하여 공중전에서 우위를 차지했다. 이들 중 영국의 랑카스터 B1(Lancaster B1)과 미국의 보잉 B17F(Boeing B17F)는 6,000파운드의 폭탄을 싣고 1,300마일을 비행할 수 있었고, 37,500피트 상공까지 상승할 수 있었다. 이들은 독일 폭격기보다 더 높게, 더 멀리 비행할 수 있었기 때문에 격추 위험이 훨씬 적은 상태에서 독일에 대해 (그리고 나중에는 일본에 대해) 광범위한 폭격을 감행할 수 있었다. 그러나 폭격기의 성공적인 임무 수행은 목표 지점으로 폭격을 유도하는 새로운 전자장치에 달려 있었다. 기(Gee) 항공 운항 시스템은 해군에도 유용했다. 조종사가 위치를 정확히 선택할 수 있도록 전자 진동을 이용한 이 시스템은 이전에는

• 원거리 폭격

고도로 숙련된 조종사가 기상 상태가 좋을 때만 이용할 수 있었다. 1942년 3월, 기 시스템을 장착한 연합군 폭격기 80대는 루르 계곡(Ruhr Valley)에 있는 독일 산업과 군수 시설을 초토화시킬 정도로 공습 폭격을 효과적으로 감행했다. 그 이전의 조사 결과를 보면 야간 공습 폭격의 정확도는 30퍼센트밖에 되지 않았지만, 기 시스템을 장착하니 정확도가 두 배로 올랐다. 또한 1942년 12월에는 오보에(Oboe) 시스템이 처음 소개되었는데, 이것은 목표 지점 20야드 안에 이르렀을 때 비행기에 음향 메시지를 보내주는 무선통신 장치로 효과가 뛰어났다.

• 암호 해독의 의의

연합국이 가장 우월했던 분야는 정보 수집 분야였는데, 이것은 영국의 일급비밀이었던 울트라 프로젝트를 통해 상당 부분 이루어졌다. 연합국은 독일과 일본의 정보 체계를 손에 넣거나 몰래 알아냄으로써 몇 가지 성과를 얻었다. 그러나 더욱 중요한 것은 적국의 시스템을 해독한 암호 해독가의 노력과 일본과 독일이 보내는 암호 메시지 해독에 도움이 된 컴퓨터 기술의 발전이었다. 독일의 암호 통신은 에니그마(Enigma)라는 기계를 이용했는데, 이것은 암호 체계를 계속 바꿀 수 있어서 효과적이었다. 전쟁 초기 몇 개월 동안 폴란드 정보국은 '봄베(Bombe)'라는 컴퓨터를 개발했는데, 이것을 이용하여 에니그마 메시지의 일부를 해독할 수 있었다. 폴란드가 함락된 이후, 컴퓨터 분야의 뛰어난 개척자 앨런 튜링(Alan Turing)의 지휘로 영국 과학자들은 독일의 빈번한 암호 체계의 변화에 빠르게 대처할 수 없었던 '봄베'의 기능을 크게 향상시켰다. 1940년 4월 15일, 새롭게 개선된 '봄베'는 매우 빨랐으며, 몇 시간 내에(이전처럼 며칠이 아님) 일련의 독일 암호 메시지를 해독해냈다. 몇 주 후 이 컴퓨터는 독일 메시지를 하루에 1,000개 정도 해독했으며, 영국에게(후에 미국에게도) 전쟁 종료 때까지 적군의 작전 관련 정보를 제공했다. 독일은 이 사실을 전혀 알지 못했다. 전쟁 후반기에 정보 분야에서 일하던 과학자는 최초로 프로그래밍이 가능한 디지털컴퓨터 '컬로서스 II(Colossus II)'를 제작했고, 노르망디 상륙이 시작되기 일주일 전쯤에 이 컴퓨터를 작동하기 시작하여 엄청난 양의 독일 정보를 포착해내고, 거의 즉각적으로 해독할 수 있었다.

1941년, 미국도 (영국의 울트라 프로젝트에 상응하는) 마술 작전(American Magic Operation)으로 독일의 에니그마와 그리 다르지 않은 일본의 암호 체계를 해독하는 데에 놀라운 성과를 거두었고, 이를 포함하여 정보 분야에서 몇 가지 중요한 진전을 이뤘다. 그 결과 미국은 포착된 정보를 활용할 수 있었고, 적절하게 해석했더라면 1941년 12월에 일어난 일본의 진주만 공습에 대비할 수 있었을 것이다. 그러나 미국 정부 당국자는 그러한 침공은 사전에 상상조차 할 수 없었기 때문에 정보를 받고도 그것이 무엇을 의미하는지 미처 깨닫지 못했고 제때에 보고하지도 않았다.

3

전시 미국의 인종과 성

전쟁이 일어나자 소수민족과 여성의 삶을 여러 방면에서 제한했던 전통적 규제가 완화되었다. 병사와 노동력에 대한 엄청난 수요, 그리고 대대적인 사회적 유동성과 이동성으로 인해 견고하고도 전통적인 규제를 그대로 존속하기 어려웠다.

아프리카계 미국인과 전쟁

● 필립 랜돌프

1941년 여름, 중요한 흑인 노동조합인 침대차 짐꾼 노조(Brotherhood of Sleeping Car Porters) 위원장인 필립 랜돌프(A. Philip Randolph)는 정부가 군납 계약을 얻으려는 회사에게 사내 작업장에서 흑인과 백인 노동력을 통합하도록 요구하라고 주장했다. 랜돌프는 이 같은 요구를 지지받기 위하여, 워싱턴으로의 대대적인 행진을 계획했다. 루스벨트는 군수산업체에서 일어나는 아프리카계 미국인 차별 실태를 조사할 공정 고용 실행 위원회(Fair Employment Practices Commission, FEPC)를 설치하겠다고 약속하고, 이에 대한 보답으로 랜돌프에게 워싱턴으로의 행진 계획을 결국 취소하도록 설득했다.

● 전시의 인종 폭동

군수공장에 노동력 수요가 늘자, 흑인이 남부 농촌 지역에서 산업도시로 많이 이주했다. 이 때문에 많은 아프리카계 미국인의 경제적 상황은 향상되었으나, 도시 내에는 긴장이 감돌 뿐만 아니라 때로는 폭력 사태까지 일어나기도 했다. 가장 심각한 갈등은 1943년 디트로이트에서 발발했다. 도시의 인종적 불화로 인종 폭동이 일어나 34명이 죽는데, 이 중 25명이 흑인이었다.

이러한 갈등에도 주도적 흑인 조직은 전시 기간 동안 인종 분리 제도(system of segregation)를 타파하려고 더욱 적극적으로 도전했다. 1942년에 조직된 인종 평등 회의(Congress of Racial Equality, CORE)는 전통적이며 더 보수적인 조직이 결코 시도하지 않았던 방식으로 차별에 대한 대대적인 대중적 저항을 이끌어냈다. 랜돌프, 베이어드 러스틴(Bayard Rustin)과 제임스 파머(James Farmer), 그리고 그 외 청년층의 흑인 지도자는 분리된 극장과 레스토랑에서 연좌 농성하고 시위를 조직하는 것을 도왔다.

변화에 대한 압력은 군대 내에서도 증가하고 있었다. 군대에서는 흑인에게 가장 저급한 업무만 시키고 분리된 훈련소와 부대에 배치하였으며, 해병대나 공군에서 흑인을 완전히 제외하는 전통적 방침을 그대로 따랐다. 그러나 군대에 변화의 조짐이 나타났다. 전쟁이 끝날 무렵, 흑인 병사의 수는 7배로 증가하여 70만 명으로 늘었다. 어떤 훈련소는 최소한 부분적으로는 통합되었고, 흑인을 백인 해군 병사와 함께 복무하도록 허용했으며, 더 많은 흑인 군단이 전투에 투입되었다. 그러나 긴장과 갈등은 여전히 남아 있었다. 부분적으로 통합된 육군 기지 몇 곳—예를 들어, 뉴저지 주의 포트 딕스(Fort Dix)—에서 흑인이 분리된 사단에서 복무하는 것에 저항하는 폭동이 종종 발발했다.

아메리카 원주민과 전쟁

• 나바호 '암호병'

제2차 세계대전 중 대략 2만 5,000명의 인디언이 군대에 복무했다. 아메리카 원주민 다수가 전투에 참가했고, 일부(거의가 나바호 인디언)는 무전기와 전화를 통해 (적군이 이해할 수 없을) 인디언 언어로 말하며 군사통신원으로 일하는 '암호병(code-talkers)'이 되었다. 전쟁은 군대에 복무했던 인디언에게 중요한 영향을 미쳤다. 인디언이 백인 사회와 밀접한 접촉을 하게 되었고(때로는 최초로), 그들 중의 일부는 전후에 자본주의적 미국에서 얻게 될 물질적 혜택에 관심을 갖게 되었다. 어떤 이는 보호구역으로 되돌아가지 않고, 비인디언(non-Indian) 세계에 남아 동화의 길을 택했다.

세계대전은 또한 보호구역에 남아 있던 아메리카 원주민에게도 상당한 영향을 미쳤다. 부족에게는 전쟁 관계 일이 거의 주어지지 않았고, 정부의 보조금도 줄어들었다. 능력 있는 젊은이가 군대에서 복무하거나 군수물자 생산 공장에서 일하기 위해 보호구역을 떠나는 바람에 몇몇 부족에서는 인력 부족 사태가 일어났다. 전시 국민적 통합을 강조하자, 1934년의 인디언 재조직법(Indian Reorganization Act)으로 인해 시작된 부족 자율권의 부활에 대한 지지가 줄어들었다. 보호구역 제도를 없애고 백인 사회로 동화하라고 요구하기 시작했다. 이 같은 압력이 너무 심해져서 인디언 업무국(Bureau of Indian Affairs)의 국장으로 열정적 활동을 했으며 보호구역을 부활시키려고 많은 일을 해온 존 콜리어(John Collier)가 1945년 사임했다.

멕시코계 미국인 전시 노동자

태평양 해안 지역과 남서부에 노동력이 부족하게 되자 전시 기간 중 많은 수의 멕시코 노동자가 미국에 들어왔다. 미국과 멕시코 정부는 1942년에 특정한 직종에서 일정 기간 동안 일할 수 있도록 미국 입국을 허용하는 브라세로(braceros, 계약 노동자) 프로그램에 합의했다. 일부는 떠돌이 농장 노동자로 일했지만, 많은 멕시코인이 처음으로 공장에서 일자리를 얻을 수 있었다. 멕시코인은 1940년대 이래 미국 도시로 이주한 (아프리카계 미국인 다음으로) 둘째로 거대한 그룹이 되었다. 이들은 주로 서부에 모여 거주했으나, 시카고와 디트로이트, 그 외 중서부와 동부의 다른 산업도시에도 멕시코계 지역사회가 형성되었다.

• 브라세로 프로그램

멕시코계 미국인 거주 지역(Mexican-American neighborhoods)이 갑작스럽게 팽창하자 미국의 몇몇 도시에서 긴장과 때로는 갈등이 일어났다. 로스앤젤레스의 백인 거주자는 멕시코계 미국인 청소년 중 많은 수가 길거리 갱단[파추코스 pachucos]에 가입하는 것을 보고 경악했다. 그들은 특히 옷스타일 때문에 두드러져 보였다. 어깨에 패드를 넣은 길고 헐렁한 윗도리와 발목에 짝 달라붙는 헐렁한 바지를 입고 긴 시계 줄을 달았으며, 넓은 챙의 모자를 쓰고는 꽁지머리에 기름칠을 한 차림이었다. 이런 외양을 '주트수트(zoot-suit)'라고 했다. 1943년 6월, 로스앤젤레스에서 '주트수터스(zoot-suiters)'에 대한 적대감 때문에 4일간 폭동이 일어나, 롱비치에 주둔한 수병이 멕시코계 미국인 지역사회를 습격해 주트수터스(이들이 백인 수병을 공격했다고 추정됨)를 공격했다. 경찰은 수병이 히스

• '주트수트 폭동'

주트수터스(Zoot-Suiters)

통 넓은 바지, 길고 헐렁한 재킷, 큰 칼라, 과장되게 늘어진 시계줄, 매끈하게 매만진 뒷머리 등은 모두 주트수트(Zoot-Suit)라고 알려진 외양의 특징으로, 로스앤젤레스와 타 지역 멕시코계 미국인 청년에게 인기 있었다. 1943년 6월 로스앤젤레스의 '주트수트 폭동'은 백인(이 경우는 근처에 주둔한 병사)이 남서부 전역에서 급속히 성장하던 치카노 지역사회의 문화를 수상쩍게 바라본 결과 일어났다.

패닉 청소년을 잡아 옷을 찢고 불태우고 그들의 꽁지머리를 자르며 구타하는 것을 거의 막지 않았다. 히스패닉이 이에 맞서 싸우려 했을 때, 경찰이 출동하여 이들을 체포했다. '주트수트 폭동(zoot-suit riots)' 이후 로스앤젤레스는 주트수트 착용을 금지하는 법을 통과시켰다.

일본계 미국인의 수용

제1차 세계대전 때와 달리, 제2차 세계대전 중에는 독일인에 대해 대중적 편견이 생기지 않았으나, 일본인에 대한 편견이 심각해졌다. 진주만 공습 이후, 정부의 선전과 대중문화는 일본인은 부정직하고 사악하며, 또 미개한 사람이라는 이미지를 만들어냈다.

예상했던 대로, 인종적 적대감은 일본계 미국인에게도 곧 확대되었다. 미국에는 약 12만 7천 명쯤 되는 그리 많지 않은 일본계 미국인이 있었고, 그들은 대부분 캘리포니아에 모여 거주하고 있었다. 그들 중 약 3분의 1은 귀화하지 않은 1세대 이민(Issei)이었고, 3분의 2는 귀화했거나 미국 태생의 시민(Nisei)이었다. 이들은 일반적으로 일본의 전통적 문화를 그대로 간직하고 있었기 때문에, 일본계 미국인이 선조의 고향을 위해 비밀스런 음모를 꾸미고 있다고 상상하는 것은 그리 어려운 것이 아니었다(그들이 실제로 음모를 꾸몄던 증거는 없다).

결국 1942년 2월, 대통령은 서부 해안의 군부 관리와 정치 지도자의 압력과 전쟁부(War Department)의 권고에 부응하여, 군대가 일본계 미국인을 '수용(intern)'하도록 승인했다. 10만 명이 넘는 이들(1세대와 2세대 모두)이 체포되고, 그들이 할 수 있는 한 재산을 처분하라는 명령을 받고(종종 재산 포기를 의미했음) 정부가 '재정착 수용소(relocation centers)'라고 이름 붙인 내륙지역으로 강제 이주되었다. 사실 수용소는 시설면에서 감옥과 거의 같았고, 그중 다수는 서부의 산악과 사막지대에 있었다. 그래서 충성스럽고 열심히 일하던 국민(그중 다수는 미 연방 시민임)이 무섭고 고통스러운 고립 상태에서 취업도 못하고, 단지 최소한의 의료 진료만 제공받으며, 자녀에게 좋은 교육도 시키지 못하면서 3년간이나 지내야 했다. 대법원은 1944년의 판결에서 강제 이주 조치를 지지하고 승인했다. 비록 대다수의 일본계 미국인이 그해 말에 풀려났지만, 1980년대

'재정착 수용소'

말 의회가 마침내 국가의 잘못을 배상하려고 하기 전에는 피해를 거의 보상받지 못했다.

중국계 미국인과 전쟁

일본과의 전쟁 때문에 일본계 미국인의 위상이 많이 훼손되었던 그때, 제2차 세계대전 동안 중국과 동맹 관계였던 미국은 중국계 미국인의 법적·사회적 위상을 상당히 높여놓았다. 1943년, 중국 정부와의 관계를 다소 개선하기 위해 국회는 1892년 이래 거의 모든 중국인 이민자를 가로막았던 중국인 배척법(Chinese Exclusion Acts)을 철폐했다. 중국인에게 새로이 할당된 이민자 수는 적었지만(1년에 105명), 많은 중국 여성이 미군의 전쟁 신부(war brides)나 약혼자를 위한 규정과 그 외의 규정에 따라 미국에 올 수 있었다. 전쟁 발발 후 처음 3년 동안 중국 여성 4,000명 이상이 미국으로 들어왔다. 마침내 중국계 미국 영주권자도 시민권을 얻을 수 있게 되었다.

• 중국계 미국인에 대한 편견 감소

중국인에 대한 인종적 적대감이 사라지지는 않았지만 어느 정도는 줄어들었다. 이는 정부의 홍보 활동과 대중문화에서 중국인에 대한 긍정적인 이미지를 제시하기 시작했기 때문이며(일본인과는 대조적으로), 또 다른 이유는 중국계 미국인이 (아프리카계 미국인과 이전의 소수 집단처럼) 노동력 부족으로 고심하던 군수공장과 호황세를 보이던 지역에서 일을 하게 되면서 상대적으로 고립되었던 차이나타운에서 이주해 나왔기 때문이었다. 다른 국적 집단보다도 중국계 미국인의 징집 비율이 더 높았고(전체 성인 남성의 22퍼센트가 징집됨), 대부분의 도시 내 중국인 지역사회는 전쟁 수행 노력을 위해 눈에 띄게 열심히 일했다.

전시의 여성과 어린이

군대에 복무하는 남성 노동자를 대신하여 여성이 산업계에 많이 취업하면서 전쟁 동안 취업 여성의 수는 거의 60퍼센트 증가했다. 취업 여성은 기혼인 경우가 더 많았고, 전반적으로 이전 시기의 대다수의 취업 여성보다 나이가 많았다.

많은 공장주는 직종을 여전히 성별로 분류하여, 가장 임금이 높은 지위를 남성에게 배당했다(남성과 마찬가지로, 여성의 일자리도 인종별로 분류했다. 흑인 여성은 대체로 백인 여성보다 더 저급한 업무에 배당되었고, 저임금을 받았다). 그러나 어떤 여성은 오랫동안 '남성의 일'이라고 간주되었던 중공업 계통의 일도 하기 시작했다. 유명한 전시 여성상인 '리벳공, 로지(Rosie, the Riveter)'는 여성 산업 노동자가 새로이 중요하게 인식되었다는 것을 상징했다. 상당수의 여성이 노동조합에 가입하여, 자녀가 있는 여성의 취업에 대한 편견을 포함하여, 편견을 다소 약화시키는 데 최소한의 도움을 주었다.

'리벳공 로지'

그러나 전쟁 기간 동안 대부분의 여성 노동자는 공장이 아니라 서비스 부문에 종사했다. 무엇보다도 정부에 군사·산업 부문과 함께 사무 인력이 엄청나게 많이 필요했기 때문에 여성은 정부 업무를 맡아보게 되었다. 육군(WAACs)과 해군(WAVEs)에서도 여성이 많이 일하게 되었으나, 군대에서 여성의 일은 대부분 사무직이었다.

육군과 해군

남편이 군대에 복무하고 있는 많은 어머니는 취업과 자녀 양육을

전쟁에 참여한 여성

많은 미국 여성이 제2차 세계대전 중 육군과 해군 여성 군단에 입대했다. 여성은 전쟁 수행을 위해 공장과 사무실에서 똑같이 중요한 기여를 했다. 평화시에는 종종 여성에게 직업이 부적절하다고 간주되기도 했으나, 많은 남성이 전쟁에 나가고 없자 여성이 일을 담당하도록 고무되었다.

병행해야만 했다. 보육 시설이나 다른 지역 내 탁아 시설이 별로 없었기 때문에 어떤 여성은 일하는 동안 아이를 집이나 때로는 공장 주차장의 차 안에 혼자 내버려둘 수밖에 없었다. 이러한 아이들을 '열쇠 가진 아이(latch-key children)' 또는 '8시간 고아(eight-hour orphans)'라고도 했다.

전쟁 기간 중 청소년 범죄가 눈에 띄게 늘어난 것은 전쟁으로 가족이 떨어져 있게 된 때문이기도 했다. 자동차 절도와 강도, 도둑질, 그리고 부랑으로 체포되는 사람 중 소년의 비율이 급속히 높아졌다. 다수가 10대였던 매춘부의 체포율 또한 성병 감염 비율과 함께 증가했다. 그러나 많은 어린이가 전쟁 중에 겪었던 독특한 경험은 범죄가 아니라 일이었다. 13세에서 18세 사이의 10대 중 3분의 1 이상이 전쟁 말기에 고용되었고, 이 때문에 고등학교 진학률이 떨어졌다.

경제적으로 다시 번영하면서 결혼률이 높아지고 결혼 연령이 낮아졌으나, 많은 부부가 전시의 별거로 인한 압박을 견뎌낼 수 없었다. 이혼율은 급속히 증가했다. 결혼의 증가에 따라 출생률이 상승하자 전후에 엄청난 '베이비붐(baby boom)'이 일어나리라는 것이 예견되었다.

• '베이비붐' 시작

4

전시 문화 속 근심과 풍요

전쟁으로 인해 미국인의 생활에 큰 근심거리가 생겨났다. 가족은 전쟁터에 나가 있는 사랑하는 이를 걱정했고, 전쟁이 계속되면서 많은 사람은 전쟁터에서 사망한 친척을 애도했다. 평화시에 생계를 주로 책임지던 남편과 아버지가 전쟁터로 나가고 없자 여성이 가족을 부양하기 위해 애를 썼다. 기업과 여러 지역사회는 물자 부족, 그리고 노동력 부족과 싸워야 했다. 특히 양 해안 지역 사람은 적의 침입이나 교묘한 파괴 행위가 있을까 봐 불안해했다.

• 되살아난 소비주의

그러나 한편으로 전쟁 기간 동안의 풍요함은 미국인의 생활에 큰 활력을 불어넣었다. 사람들은 쓸 돈이 갑자기 다시 생겼고, 부족한 것이 많았지만 적어도 살 수 있는 것은 있었다. 1920년대와 마찬가지로 소비주의는 실제로 미국 문화에서 가장 강력한 성향 중의 하나가 되었으며, 많은 이에게는 전쟁을 해서라도 수호하려는 미국적 생활의 특징 중 하나가 되었다.

전시의 오락과 여가

전쟁 동안 출판·연극·영화 산업은 기록적인 사업을 했다. 전 인구의 절반가량이 매주 영화관에 갔다. 잡지, 특히 《라이프(Life)》와 같은 사진 잡지는 전쟁 기록사진과 글을 제공하여 인기가 절정에 달했다. 같은 이유로 라디오를 가진 사람과 청취자도 늘어났다.

연료 배급과 고무 부족으로 자동차 여행이 제한되었지만, 많은 사람이 기차나 버스를 타고 비교적 집에서 가까운 곳으로 여행했다.

휴양지의 호텔, 카지노, 경마장 등은 고객들로 붐볐다. 그러나 미국인은 지역사회 내에서 오락거리를 더욱 자주 찾았다. 무도장은 매혹적인 밴드 음악에 이끌린 젊은이로 꽉 찼다. 집에 휴가를 왔거나 혹은 먼 곳으로 떠날 출항을 기다리는 병사는 특히 춤과 대형 밴드에 매료되었다. 춤과 대형 밴드는 많은 병사에게는 남겨두고 전쟁터로 떠나야 하는 일상 생활을 뜻했고, 이를 수호하기 위해 싸운다는 믿음의 상징이 되었다.

무도장과 라디오 방송에서 가장 인기 있었던 스윙(swing)은 비교적 새로운 재즈풍의 음악이었는데, 이것은 많은 다른 종류의 대중음악처럼 아프리카계 미국인의 음악 세계에서 나왔다.

스윙의 전성기에는 베니 굿맨(Benny Goodman), 듀크 엘링턴(Duke Ellington), 토미 도어시(Tommy Dorsey), 그리고 글렌 밀러(Glenn Miller) 등과 같은 밴드 리더가 미국의 대중문화계에서 가장 잘 알려진 인기인이었고, 이들은 유명 영화 배우만큼이나 인기가 많았다. 스윙 음반은 다른 어떤 종류의 음악 음반보다 많이 팔렸다. 그리고 스윙은 인종적 금기에 처음으로 도전한 대중음악 중 하나가 되었다. 베니 굿맨은 1935년에 밴드에서 연주할 피아니스트로 흑인인 테디 윌슨(Teddy Wilson)을 고용했고, 다른 백인 밴드 리더들도 그렇게 했다.

• 스윙의 유행

군대의 여성과 남성

전방에 나가 있는 남성에게 가정의 이미지는 전시의 혹독함을 위로해 주는 강력한 수단이었다. 그들은 음악, 음식, 영화, 그 외에 위안이 될 만한 다른 것을 꿈꾸었다. 많은 사람이 여성(아내나 애인)과 전방에서 가장 인기 있는 우상과 같았던 영화배우나 다른 이를 그리워했다. 수병은 사물함 속을 이들의 사진으로 도배했다. 보병은 배낭 속에 (아내, 어머니, 그리고 애인의 사진과 함께) 이들의 사진을 넣고 다녔다. 전투기 조종사는 비행기에 여성의 이름을 붙였으며, 비행기 앞머리 부분에 목욕하는 여인을 그려 넣었다.

● 중요한 역할을 한 미군 복지단

군관계자는 전쟁 기간 중 국내에 남아 있던 군인, 특히 집에서 멀리 떨어진 도시에 있는 육군과 해군 병사가 사기를 유지하기 위해서 친절하고 '건전한(wholesome)' 여성이 중요하다고 믿었다. 미군 복지단(United Servicemen's Organization, USO)의 지부는 클럽에서 여종업원으로 일할 젊은 여성 수천 명을 모집했다. 이들은 잘 차려입고 춤을 잘 추며 외로운 남성과 즐겁게 대화할 것으로 기대가 되었다. 또 다른 여성은 '무희 여단(dance brigades)'에 가입하거나 사병과 저녁에 교제하기 위해 버스를 타고 군 기지를 다녔다. 이들 역시 예쁘고 매력적인 차림을 하였으며, 이전에 만난 적이 없고 다시는 볼 수 없을 것 같은 남성과 편안하게 교제를 할 수 있을 것으로 기대됐다. 'USO 여성'과 무희 여단 소속의 여인은 클럽 파티에서나 춤출 때 외에는 남성과 어떠한 접촉도 금지되어 있었지만, 이 규칙은 잘 지켜지지 않았다. 그러나 군 당국은 병사 집단에서 남녀 동성애자를 뿌리 뽑기 위해 정밀 조사를 실시한 반면(동성애의 증거를 주의 깊게 조사하여 불미스러운 행동을 한 동성애자를 즉각 퇴출시킴), 이성과 가진 불법적인 성관계에 대해서는 조용히 넘어갔다. 이는 많은 남성에게 자연스럽고도 필요하다고 믿었기 때문이었다.

제1차 세계대전 때에는 군대가 미국의 많은 대학을 거의 다 점거했다. 전쟁에 참가하기 위해 남학생과 교수가 (그리고 많은 여성도) 떠나서 대학이 비어 있었기 때문에, 군대는 연방정부로부터 상당한 자금을 지원받아 대학을 장교 훈련소로 바꾸었다.

개혁으로부터의 후퇴

1943년 말, 프랭클린 루스벨트는 자신이 이름 붙인 '뉴딜 박사(Dr. New Deal)'는 그 목적을 모두 달성했으므로, 이제는 '승전 박사(Dr. Win-the-War)'에게 자리를 양보하여야 한다고 공식적으로 제안했다. 이 발언은 대통령의 관심이 진정으로 변화했음을 반영했다. 즉, 이제는 개혁보다 승리가 더 중요하다는 것이었다. 그러나 이 발언에 또한 전쟁 초기 2년 동안 나타난 정치적 현실을 반영되어 있기도 했다.

의회 내의 보수주의자는 뉴딜 개혁을 누구보다도 가장 강력하게 공격했다. 그들은 전쟁을 구실로 삼아, 뉴딜이 이루어낸 것을 해체하려고 했다. 그들은 대량 실업이 종식되어 민간 자원 보존단과 사업 추진청(두 기구 다 해체되었음)과 같은 구호 프로그램의 필요성이 줄어들자 힘을 얻었다. 또한 보수주의자의 수가 증가하여 많은 도움을 얻었다. 1942년의 의회 선거에서 공화당은 하원에서는 47개 의석을 더 얻었고, 상원에서는 1석을 추가했다.

• 보수주의자의 뉴딜 공격

공화당원은 1944년의 선거에서 전시 조직에 대한 불만과 민주당의 개혁에 대한 불평을 이용하기로 결정했다. 그들은 뉴욕 주의 젊고 활력 넘치는 주지사 토머스 듀이(Thomas E. Dewey)를 대통령 후보로 지명했다. 루스벨트는 민주당 내에서 만장일치로 지명되었으나, 민주당 지도부는 그에게 진보적 뉴딜주의자이며 산업별 조합 회의(CIO)의 영웅이었던 부통령 헨리 월리스(Henry Wallace)를 포기하고 좀 더 온건한 인물로 대체하라고 압력을 가했다. 루스벨트는 할 수 없이 미주리 주의 상원 의원인 해리 트루먼(Harry S. Truman)을 선정했다. 트루먼은 상원 전쟁 조사 위원회(Senate War Investigating Committee, 트루먼 위원회라고 알려짐)의 의장으로 전시 생산의 낭비와 부패를 밝혀낸 인상적 기록을 쌓아 칭송받은 인물이다.

● 루스벨트, 사선 성공

선거에서 중심이 된 것은 국내 경제문제였으며, 간접적으로는 대통령의 건강도 중요한 선거 이슈가 되었다. 대통령은 동맥경화증에 시달려 심하게 앓고 있었다. 그러나 선거전으로 그는 일시적으로 다시 살아난 듯했다. 루스벨트는 10월 말에 강건한 모습을 공개적으로 보여주어 자신의 건강에 대한 대중의 의혹을 떨쳐내고 당선을 확신하게 했다. 그는 일반투표에서 53.5퍼센트를 얻었고, 듀이는 46퍼센트를 얻었다. 그리고 그는 듀이의 99표에 비해 432표에 이르는 선거인단의 표를 얻었다. 민주당은 상원에서 1석을 잃고 하원에서는 20석을 얻어, 상하 양원에서 우세를 유지했다.

5

추축국의 패배

1943년 중반, 미국과 연합국은 유럽과 태평양에서 추축국의 진격을 멈추게 하는 데 성공했다. 그 후 2년 동안 연합국은 공세를 취하며 연속하여 강력한 맹공격을 가해 전쟁을 순식간에 승리로 이끌었다.

프랑스의 해방

1944년 초, 미국과 영국의 폭격기는 독일의 산업 시설과 다른 목표물을 시계 도는 방향으로 공격하여 생산을 급격히 감소시켰고, 물자 수송을 방해했다. 특히 참혹했던 것은 라이프치히, 드레스덴, 그리고 베를린과 같은 독일의 도시에 대한 대대적인 폭격이었다. 1945년 2월, 드레스덴에서는 소이탄 공습을 받아 대폭발이 일어나, 이전까지 아무런 피해가 없었던 이 도시의 4분의 3이 파괴되었고, 민간인 13만 5천여 명이 희생되었다.

엄청난 군사력이 1944년 봄 이전 2년간 영국에 집중배치되어 있었다. 병력은 거의 300만 명이었고, 해군 함선과 군 장비가 한곳에 이렇게 많이 모인 것은 처음이었다. 1944년 6월 6일 아침, 거대한 침공군이 행동을 개시했다. 연합군은 독일인이 예상하고 준비했던 영국해협의 가장 좁은 부분이 아니라, 노르망디 해안의 코탕탱 반도

프랑스 침공

유럽의 제2차 세계대전: 연합군의 반격(1943~1945)

이 지도는 유럽 전쟁에서 최종적이며 결정적인 군사 이동—1943년에 시작되어 1945년에 절정을 이룬 독일에 대한 두 개의 대공격—을 보여준다. 동쪽으로부터는 스탈린그라드와 모스크바에서 독일군의 진격을 막은 소련군이 동부 유럽을 가로질러 독일을 향해 진격했다. 서쪽과 남쪽으로부터는 미국, 영국, 그리고 다른 연합군 병력이 이탈리아를 통과하고—1944년 6월 노르망디 침공 이후—프랑스를 지나며 독일을 향해 진격했다. 두 방향에서 진행된 공격은 1945년 5월 베를린에서 통합됐다. 전쟁 동안, 미국과 영국이 소련을 지원하는 데 사용한 북쪽 경로를 주목해보자.

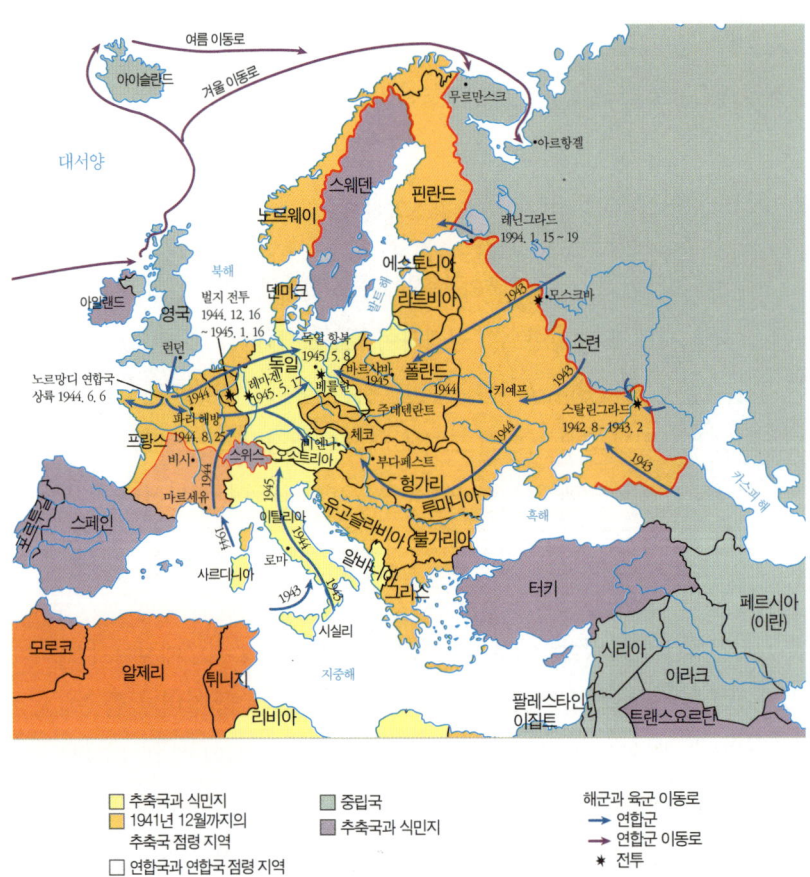

(Cotentin Peninsula)의 60마일을 따라 상륙했다. 비행기와 해안가의 전함이 나치 방어선을 폭격하는 동안, 4,000척의 함선이 해안에 군사와 군수품을 상륙시켰다(3개 사단의 낙하산부대가 전날 밤 독일 방어선 너머에 투하되었다). 해안선을 따라 격렬한 전투가 벌어졌으나, 연합군이 우월한 인력과 장비 덕분에 점차 우세해졌다. 일주일도 안 되어 독일군은 노르망디 전 해안에서 거의 철수하고 말았다.

다음 달, 연합군은 천천히 진격했다. 그러나 7월 말 생-로 전투(Battle of Saint-Lô)에서 오마르 브래들리 장군(General Omar Bradley)의 1군(First Army)이 독일 방어선을 완파했다. 조지 패튼의 3군은 중무장 탱크를 앞세우고, 브래들리가 뚫어 놓은 길을 따라 프랑스의 중심부를 향해 진격했다. 8월 25일, 자유 프랑스 군대(Free French forces)가 파리에 도착해 4년간 독일의 지배를 받아온 도시를 해방시켰다. 9월 중순경, 연합군은 프랑스와 벨기에에서 독일군을 거의 다 몰아냈다

그러나 대규모 연합군은 라인 강(Rhine River)에서 나치의 강경한 방어선에 부딪혀 진격을 멈추었다. 12월 중순, 독일군은 아르덴느 숲(Ardennes Forest)에서 50마일의 전선을 따라 필사적으로 공격했다. 벌지 전투(Battle of the Bulge, 독일군이 전면으로 압박해 옴에 따라, 미군 전선에 커다란 돌출부〔bulge〕형태가 나타나 붙여진 이름)에서 독일군은 안트워프(Antwerp)를 향해 55마일을 진격했고, 마침내 바스또뉴(Bastogne)에서 멈추었다. 이것은 서부 전선에서 있었던 마지막으로 중요한 전투였다.

• 벌지 전투

연합군이 프랑스를 지나며 진격하고 있을 때, 소련군은 중부 유럽과 발칸 반도로 서진(西進)했다. 1945년 1월 말, 소련군은 독일

• 독일 침공

샌프란시스코의 승리 축하

샌프란시스코에서 병사와 수병이 유럽의 전쟁이 끝났다는 소식에 환호했다. 그러나 그 소식은 실상, 1945년 봄에 떠돌던 독일이 항복했다는 많은 잘못된 소문 중 하나였다. 실제의 승전일(V-E Day)은 몇 주 후였다.

내 오데르 강(Oder River)을 향해 대대적인 공격을 개시했다. 이른 봄, 소련군은 베를린에 대한 마지막 공격을 준비하고 있었다. 오마르 브래들리 장군은, 당시 서쪽에서 라인 강쪽으로 밀고 들어오고 있었다. 3월 초, 그의 군대는 강의 서쪽 제방에 있는 콜로뉴(Cologne) 시를 함락했고, 그 다음 날에는 레마겐(Remagen) 강 위에 붕괴되지 않은 다리를 발견하고 이를 장악했다. 연합군은 곧 라인 강을 건너 진격했다. 그 다음 주, 영국군 사령관 몽고메리

(Montgomery)는 수백만의 군사를 이끌고 북쪽으로부터 독일로 밀고 들어갔고, 브래들리의 군대는 중부 독일을 휩쓸며 루르(Ruhr)에 주둔한 30만의 독일군을 완전히 포위했다.

독일의 저항은 이제 양 전선에서 다 붕괴되었다. 미군은 독일의 예상보다 빨리 동쪽으로 진격하고 있어서, 베를린과 프라하에서 소련군을 앞지를 수도 있었다. 미국과 영국군 고위 사령부는 그렇게 하는 대신 중부 독일의 엘베 강(Elbe River)을 따라 진격하던 것을 멈추고 소련군을 기다리기로 결정했다. 그 결정으로 인해 소련군은 동부 독일과 체코슬로바키아를 장악할 수 있었다.

4월 30일, 소련 군대가 베를린 외곽에 주둔하고 있을 때, 아돌프 히틀러는 수도에 있는 그의 벙커에서 자살했다. 1945년 5월 8일, 남아 있던 독일군은 무조건 항복했다.

태평양에서의 공격

1944년 2월, 체스터 니미츠 제독(Admiral Chester Nimitz)이 지휘하는 미국 해군은 마셜 제도(Marshall Islands)에서 연이어 승리를 거두었고, 일본 제국의 외곽을 분쇄했다. 한 달 내에 미국 해군은 일본의 또 다른 중요한 기지를 파괴했다. 그동안 미국 잠수함이 일본 수송단을 거의 다 파괴했기 때문에 일본 국내 경제는 작동 불능 상태가 되었다.

1944년 6월 중반, 대규모의 미국 함대가 견고하게 요새화된 마리아나 제도(Mariana Islands)를 점령했고, 몇 차례에 걸친 혈투 끝에, 도쿄에서 1,350마일 떨어져 있는 티니안, 괌, 사이판을 함락했다. 9

• 레이테 만 전투

월에, 미군은 캐롤라인(Carolines) 섬 서부에 상륙했다. 그리고 10월 20일, 맥아더 장군의 군대가 필리핀의 레이테 섬(Leyte Island)에 상륙했다. 일본군은 이제 연합군에 대항하여 전 함대를 세 곳의 중요한 전투에 배치했다. 이것이 역사상 가장 거대한 해전이었으며 미군에게 결정적 승리를 안겨 준 레이테 만 전투(Battle of Leyte Gulf)였다. 미군은 일본의 공격을 저지하고 일본군 수송선 4대를 침몰시켜서 일본의 해군력을 거의 완파했다. 1945년 2월, 미국 해병대는 해병대 역사상 가장 값비싼 희생을 치른 전투를 벌인 끝에, 도쿄에서 750마일 떨어진 이오지마(硫黃島)의 작은 화산섬을 함락했다.

일본의 남쪽으로 370마일밖에 떨어져 있지 않은 오키나와(沖繩) 전투에서 일본은 최후의 순간까지 처절하게 저항했다. 일본은 매 주일 미국과 영국의 함선을 향해 가미가제(神風) 특공 비행대(자살 비행대)를 보내 엄청난 피해를 입혔으나, 일본도 비행대 중 3,500대를 잃었다. 해안의 일본 군대도 목숨을 걸고 미국의 함대에 야간 공격을 감행했다. 미국과 연합국은 1945년 6월 말, 오키나와를 함락할 때까지 거의 5만 명의 사상자를 냈다. 이 과정에서 일본인 사망자는 10만 명이 넘었다.

• 도쿄 폭격

만일 미국인이 일본에 상륙했다면, 이 정도로 맹렬한 전투를 치러야 했을 것이다. 그러나 그런 일은 필요없으리라는 징조가 1945년 초에 나타났다. 일본은 싸울 배도 비행기도 거의 남아 있지 않았다. 3월에 미국 폭격기가 도쿄를 네이팜탄으로 폭격하여 도시가 불바다가 되고 8만 명 이상이 숨지자, 일본인의 저항 의지는 더 약해졌다. 전쟁에서 패배하리라고 이미 오래전에 결론내렸던 일본의 온건파 지도자는 군사 지도자가 강력히 반대했지만 종전(終戰)의 길을 찾고 있었다. 온건파가 결국 우세해졌는지 역사가와 그 외 여러 사람의 지속적인 논란거리로 남았다. 어쨌든, 1945년 8월, 미국이 전쟁 중 개발해온 가공할 신무기를 사용하자 그들의 노력은 소용없어졌다.

맨해튼 계획과 원자탄 전쟁

1939년, 미국은 나치 과학자가 역사상 가장 강력한 무기인 원자탄 개발에 착수했다는 보고를 받았다. 미국과 영국은 곧 독일보다 먼저 이 무기를 개발하려고 노력했다.

신무기 연구는 20세기 초 원자물리학자가 발전시킨 이론을 기반으로 했으며 특히 알베르트 아인슈타인(Albert Einstein)이 개발한 현대 과학의 근거가 되는 몇 가지 개념에서 발전했다. 아인슈타인의 유명한 상대성원리(theory of relativity)는 질량과 에너지 관계를 규명했다. 좀 더 자세히 말하면, 그는 이론적으로 볼 때 물질은 엄청난 힘 에너지로 변화될 수 있다고 주장했다. 당시 미국에 살고 있던 아인슈타인은 프랭클린 루스벨트에게 독일이 원자폭탄을 개발하고 있으니 미국도 개발을 시도해야 한다고 경고했다. 원자폭탄을 만들기 위한 노력은 우라늄 사용에 중점을 두었는데, 우라늄의 원자 구조는 핵의 연쇄적 반응을 만들어낼 수 있었다. 핵의 연쇄적 반응은 방사능 물질에 들어 있는 원자핵이 중성자에 의해 쪼개질 때(핵분열로 알려진 과정) 일어난다. 각각의 분열은 계속 급속도로 증가된 원자의 분열을 일으키는 새로운 중성자를 만든다.

1940년대에 원자폭탄을 제조할 수 있게 된 것은 1930년대에 이탈

• 원자 분열

리아의 엔리코 페르미(Enrico Fermi)가 우라늄의 방사능을 발견했기 때문이다. 1939년, 덴마크의 위대한 물리학자 닐스 보어(Neils Bohr)는 미국에 독일의 방사능 실험에 관한 소식을 알렸다. 미국은 그때 여러 곳에서 실험을 시작하고 있었다. 1940년에 컬럼비아 대학의 과학자는 우라늄으로 연쇄 반응 실험을 시작했고, 무기의 연료로써 우라늄을 사용할 수 있다는 확실한 증거를 얻었다. 이 실험은 1941년 컬럼비아 대학에서 중단되어 버클리 대학과 시카고 대학으로 옮겨졌고, 거기서 (1938년 미국으로 이민온) 엔리코 페르미가 1942년 12월에 조절된 연쇄 분열 반응을 처음으로 이루어냈다.

• 로버트 오펜하이머

그때까지는 육군이 연구를 관리해왔고, 프로젝트를 재조직하기 위해 레슬리 그로브스(Leslie Groves) 장군을 지명했다. 이 프로젝트는 육군 공병단(Army Corps of Engineers)의 맨해튼 기술국(Manhattan Engineer District Office)에서 계획했기 때문에 곧 맨해튼 계획으로 알려졌다. 미국 정부는 그 후 3년이 넘도록 맨해튼 계획에 20억 달러를 비밀리에 쏟아부었고, 테네시 주의 오크리지(Oak Ridge), 뉴멕시코 주의 로스앨러모스(Los Alamos), 워싱턴 주의 핸퍼드(Hanford)와 그 밖의 다른 도시에 있는 실험실에서 대대적인 과학적 · 기술적 시도를 했다. 오크리지의 과학자는 폭탄이라는 제한된 공간 내에서 반복 가능한 핵연쇄반응을 일으키는 방법을 찾던 중 플루토늄(버클리 대학의 과학자가 처음 발견한 우라늄의 한 파생물)으로 실험하기 시작했다. 플루토늄은 폭탄에 실질적인 연료를 공급할 수 있다고 입증되었다. 로버트 오펜하이머(J. Robert Oppenheimer) 밑에서 일하던 로스앨러모스의 과학자가 실제 원자폭탄의 제조를 담당했다.

1944년까지 정부는 맨해튼 계획에 매년 10억 달러 이상을 비밀리에 지원했고, 과학자는 예기치 못했던 문제가 많았음에도 어느 누구의 예상보다 훨씬 더 빨리 실험을 진척시켰다. 유럽에서의 전쟁은 첫 번째 폭탄을 실험해보기도 전에 이미 끝나버렸다. 1945년 7월 16일 새벽, 과학자는 역사상 최초의 원자탄 실험을 보기 위하여 뉴멕시코 주의 알라모고도(Alamogordo) 근처 사막에 모여들었다. 과학자가 트리니티(Trinity)라고 명명한, 플루토늄을 원료로 한 폭탄의 폭발을 구경하기 위해서였다. 원자탄이 폭발하자 지구상의 무엇보다도 밝은 섬광이 빛났고, 이어서 거대한 버섯구름이 피어올랐으며, 불모의 사막에는 거대한 분화구가 생겼다.

해리 트루먼(Harry S. Truman, 루스벨트 사망 이후 4월에 대통령직을 승계함)은 독일 포츠담(Potsdam)에서 연합국 지도자 회의에 참석하던 중 원자탄 실험이 성공했다는 소식을 들었다. 그는 일본에 8월 3일까지 항복하지 않으면 심각한 참화를 맞을 것이라고 (영국과 공동으로 서명한) 최후통첩을 보냈다. 일본이 최종 기한을 지키지 못하자, 트루먼은 일본에 새로 개발된 원자무기를 투하하라고 공군에 지시했다.

트루먼이 폭탄을 사용하기로 한 결정이 정당화될 수 있는지, 그 동기가 무엇이었는지에 대한 논란은 수십 년간 계속되었다. 어떤 이들은 원자탄 공격이 불필요했다고 주장했다. 미국이 천황제 유지에 동의했다면(결국은 그리했지만), 또는 단지 몇 주만 더 기다렸다면 일본이 항복했으리라는 것이다. 다른 이들은 (미국이) 큰 희생이 따르는 침략을 하지 않고 일본의 항복을 받아낼 수 있게 한 것은 원자탄뿐이었다고 주장했다.

• 계속되는 논란

히로시마

히로시마는 전쟁에 최초로 사용된 원자폭탄으로 파괴된 이후 오랫동안 유령 같은 풍경으로 남아 있었다. 폐허의 도시는 길을 따라 걸어가는 한 일본인 부부에게는 어울리지 않는 배경이다.

그러나 미국의 군사 · 정치 지도자는 이런 문제에는 거의 관심이 없었다. 대통령이 되기 전까지 맨해튼 계획을 전혀 몰랐던 트루먼은 분명히 단순한 군사적 결정을 내렸다. 전쟁을 빨리 끝낼 수 있는 무기가 있었고, 그는 이것을 사용하지 않을 어떤 이유도 없었다.

1945년 8월 6일, 미국의 B29 폭격기인 에놀라 게이(Enola Gay)가 일본의 산업 중심지였던 히로시마에 원자무기를 떨어뜨렸다. 단 하나의 폭탄으로, 예전에는 피해를 입지 않았던 중심가 4평방 마일이 완전히 잿더미가 되었다. 후일에 이루어진 미국의 추정에 따르면 민간인이 8만 명 이상 사망했고, 더 많은 사람이 방사성 낙진(죽음의 재)으로 큰 해를 입어 고통당하거나 이 영향으로 자녀가 선천적 결함을 갖게 되었다.

• 파괴된 히로시마

당황한 일본 정부는 처음에는 어떻게 대응해야 할지 의견을 모으지 못했다. 이틀 후인 8월 8일, 소련이 일본에 대해 선전포고를 했다. 그리고 다음 날, 또 다른 미군 비행기가 이번에는 나가사키에 또 하나의 원자탄을 떨어뜨려 10만에 이르는 인명이 희생되고, 아울러 도시도 엄청나게 파괴되었다. 결국 천황이 내각의 교착상태에 관여했고, 8월 14일 일본 정부는 항복하겠다고 발표했다. 1945년 9월 2일, 도쿄 만에 정박해 있던 미국 전함 미주리호(Missouri) 선상에서 일본 대표가 항복문서에 조인했다.

• 일본의 항복

인류 역사상 최대의 전쟁이 끝났고, 미국은 전쟁에서 승리를 거두었을 뿐 아니라 전례가 없을 정도로 힘과 영향력, 그리고 특권을 갖는 위치에 올라섰다. 그러나 이것은 모두가 다 환희에 젖어 맞을 수 있는 승리는 아니었다. 1,400만의 참전 군인이 전사했고, 더 많은 민간인이 전쟁으로 인해 죽어갔다. 미국은 몇몇의 다른 나라에 비하면, 특히 러시아와 독일에 비해 사상자 수가 훨씬 적었지만, 그 희생은 엄청났다. 32만 2,000명이 죽었고 80만 명이 부상당했다. 세계는 핵전쟁과, 앞으로 수십 년간 평화에 어두움을 드리울 양대 최강국인 미국과 소련의 적대로 인해 위협받으며, 지속적으로 불확실한 미래를 맞게 되었다.

결론

미국은 독일과 이탈리아와의 전쟁에서 중요하고도 결정적인 역할을 했고, 태평양에서는 일본 제국을 거의 단독으로 무찔렀다. 그러나 전쟁에 대한 미국의 기여와 희생은 주요 연합국의 공헌과 희생 앞에서 무색했다. 영국, 프랑스, 그리고 특히 소련이 엄청난 대가를 치렀다. 미국은 인명, 재물, 사회적 통합 면에서 다른 나라들만큼의 대가를 치르지는 않았다. 대다수의 미국 시민은 경기 호황과 번영을 경험했고, 미국이 전쟁에 참가한 4년 동안 약간의 고통만 겪었을 뿐이었다. 물론 번영으로 완전히 상쇄시킬 수 없었던 놀라운 사회적 변화가 일어났다. 즉 결핍, 제한, 규제, 가정의 불안정, 그리고 무엇보다도 수백만 남성과 상당수의 여성이 외국으로 싸우러 나가게 된 것이다.

전투에 참여한 미국의 남성과 여성은 미국 내에 남아 있던 사람과는 매우 다른 경험을 했다. 그들은 엄청난 고초와 극심한 부상, 그리고 큰 외로움을 견뎌야 했다. 그들은 효과적이고도 용감하게 싸웠고, 독일이 점령한 북부 아프리카와 이탈리아가 해방되도록 도왔다. 그리고 1944년 6월, 그들은 마침내 큰 성공을 거두었던 프랑스 진격에 영국, 프랑스, 그 외 다른 군대와 합세했고, 그 후 1년이 채 안 되어 나치 정권을 격파했으며, 결국 유럽 전쟁을 종식시켰다. 태평양에서 미군은 일련의 힘들었던 해전과 육상 전투를 통해 일본의 공세를 막아냈다. 그러나 궁극적으로 일본과의 전쟁을 종식시킨 것은 미국의 육군이나 해군이 아니었다. 인간이 창조한 가장 파괴적인 무기인 원자폭탄이 일본에 투하됨으로써 마침내 일본의 국가 지도자가 항복했던 것이다.

⟨과거를 논하며⟩

원폭 투하 결정

★ ★ ★

1945년 이래 역사가와 그 외 다른 많은 사람은 일본에 원자폭탄을 투하하게 한 트루먼 대통령의 결정을 어떻게 설명하고 평가할 것인가에 대해 논쟁을 계속해왔다.

당시와 1955년의 회고록에서 트루먼과 동시대인 다수는 원폭 투하는 단순하며 명확한 결정이었다고 주장했다. 트루먼은 원폭 사용의 유일한 대안은 일본 본토 진격인데, 이렇게 하면 100만 명에 이르는 인명이 희생될 수도 있었다고 했다. 역사가는 이 견해를 상당히 지지했다. 허버트 페이스(Hebert Feis)는 《원자폭탄과 제2차 세계대전의 종식(The Atomic Bomb and the End of World War II)》(1966)에서 트루먼의 결정은 미국의 승리를 신속히 확정짓기 위해 순수하게 군사적 차원에서 내려진 것이라고 주장했다. 1992년에 출판되어 크게 인기를 끈 트루먼의 전기 작가 데이비드 매클로(David McCullough)도, 알론조 햄비(Alonzo L. Hamby)가 트루먼에 대한 중요한 학술적 연구 중 하나인 《국민의 지도자(Man of the People)》(1995)에서 기술한 것과 같이, 원폭 투하 결정에 대한 트루먼의 설명을 큰 비판 없이 받아들였다. 햄비는 "트루먼을 가장 무겁게 짓눌렀던 생각은 전쟁이 길어질수록 더 많은 미국인이 죽어간다는 것"이었다고 결론을 맺었다.

그러나 다른 이들은 이를 강하게 부정했다. 영국의 물리학자 블라켓(P. M. S. Blackett)은 일찍이 1948년에 쓴 《공포, 전쟁, 그리고 폭탄(Fear, War, and Bomb)》에서, 히로시마와 나가사키 폭격은 "제2차 세계대전의 마지막 군사행동이라기보다는 소련과의 냉전 시대 외교전의 첫 번째 주요 작전이었다"라고 기술했다. 트루먼의 결정에 대한 가장 중요한 비평은 두 권의 영향력 있는 저서인 《원폭 외교: 히로시마와 포츠담

(*Atomic Diplomacy : Hiroshima and Potsdam*)》(1965)과 《원폭 사용의 결정(*The Decision to Use the Atomic Bomb*)》(1995)을 저술한 가르 알페로비츠(Gar Alperovitz)의 비평이었다. 알페로비츠는 원폭이 전쟁을 조기 종식시켰고 많은 인명을 구했다는 주장을 인정하지 않았다. 그는 원폭을 사용하지 않았더라도 일본은 곧 항복했을 것이라고 주장했다. 그 대신 그는 미국은 원폭을 일본에 대한 공격 목적보다는 오히려 소련을 위협하기 위해, 즉 "유럽에서 소련을 좀 더 통제할 수 있도록 하기 위해" 사용했다고 보았다.

존 다우어(John W. Dower)는 《자비 없는 전쟁(*War without Mercy*)》(1986)에서 최소한 함축적으로 미국의 결정에 대한 또 다른 논쟁적 설명을 제시했다. 그는 인종차별주의와 연관지어 설명했다. 전쟁 중에 많은 미국인은 일본인을 거의 인간 이하의 종족이라고 믿게 되었다는 것이다. 그러나 트루먼을 가장 심하게 비판하는 자들조차도 알페로비츠가 기술한 것처럼, "인종차별주의가 히로시마와 나가사키에 폭탄 투하 결정을 내리는 데 중요한 요소였다는 특별한 증거를 찾기는 어렵다"고 지적했다.

원자폭탄의 투하 결정에 대한 논쟁에는 감정이 매우 많이 실려 있어서, 어떤 입장을 옹호하든지 간에 옹호자에게는 심각한 전문적 또는 개인적 공격이 가해졌다. 이것을 통해 종종 사회가 그 스스로를 규정하는 방식에 역사가 얼마나 강력한 영향을 미쳤는지와, 또 그렇게 강력한 영향력을 여전히 행사하고 있다는 것을 분명히 알 수 있다.

1945	1946	1947	1948
얄타 및 포츠담 회담/유엔 창설	원자력 위원회 창설/이란 위기	트루먼 독트린/마셜플랜 제안/국가 안전 보장법/테프트-하틀리법	베를린 봉쇄/트루먼, 대통령 당선/히스 재판 시작

29장 냉전

미국의 악몽

냉전 초기에 미국은 반공산주의를 선전할 때 공산주의 치하에서의 삶은 악몽과 같을 것이라는 상상을 주요소로 삼았다. 그림은 대중이 공산주의의 위협을 충분히 인식하지 못한다고 우려하던 기독교 집단이 1947년부터 널리 배포한 만화책의 표지이다.

1949	1950	1951	1952
나토 창설/소련의 원폭 실험/중국에서 마오쩌둥 승리	NSC-68/한국전쟁 발발/매카시의 반공주의 운동 시작	트루먼, 맥아더 장군 해임	일본에서 미군정 종결/아이젠하워, 대통령 당선

제2차 세계대전이 끝나기도 전에 미국과 소련 사이에는 긴장의 징후가 나타났다. 전쟁이 일단 끝나자, 긴장은 급작스레 커져 '냉전(Cold War)' 상태를 만들었다. 이전에는 연합국이었던 두 나라 간의 팽팽한 긴장과 위태로운 경쟁은 향후 수십 년간 국제 정세와 미국의 국내 상황에 그림자를 드리우게 했다.

1
냉전의 기원

20세기 미국 역사에서 냉전(Cold War)의 기원 문제만큼 논쟁을 일으킨 주제는 없었다. 어떤 이는 소련의 이중성(duplicity)과 팽창주의가 국제적 긴장을 낳았다고 했으며, 다른 사람은 적어도 미국의 도발(provocations)과 전(全) 지구적 야욕도 똑같이 비난받을 만하다고 주장했다.

미소 긴장의 원천

1940년대에 미국과 소련이 경쟁하게 된 핵심 요인은 두 강대국이 전후 세계에 대한 비전을 전혀 다른 방식으로 그리고 있었다는 것이다. 한 가지 비전은 1941년 대서양헌장(Atlantic Charter)에 처음 공개되었다. 그 내용은 국가가 전통적으로 갖고 있던 군사적 동맹과 세력권(spheres of influence)에 대한 신념을 버리고 국가 관계를 민주적 절차에 따라 조정하며, 모든 국가의 자결권 보호자 및 분쟁의 조정자로 봉사할 국제기구가 있는 세계를 제시하는 것이었다. 프랭클린 루스벨트를 비롯하여 많은 미국인은 이 비전에 마음이 끌렸다.

또 하나의 비전은 소련이 꿈꾸던 것인데, 영국도 이번에 어느 정도 동조했다. 스탈린과 처칠은 대서양헌장에 서명하긴 했다. 그러나 영국은 거대한 제국을 거느리고 있었기 때문에 모든 국가의 자결권을 보호한다는 이상의 궁극적 의미를 줄곧 못마땅하게 생각했다. 소

> 미국의
> 전후 비전

련도 앞으로 일어날지도 모를 서방의 공격을 막기 위한 중부 및 동부 유럽에 안전 지역을 만들어 보호막을 삼기로 했다. 그래서 처칠과 스탈린은 전후의 세계 구조를 강대국이 전략적으로 이해관계가 있는 지역을 통제하고 유럽에 전통적인 세력균형이 재등장하는 것과 얼추 비슷한 방식으로 구상했다. 이렇게 두 가지 비전이 달랐기 때문에 화해(peacemaking) 과정은 점차 변모하여 전쟁의 양상을 띠게 되었다.

전시 외교

소련과의 연합에 심각한 긴장이 생기기 시작한 것은 일찍이 1943년 1월 루스벨트와 처칠이 모로코의 카사블랑카에서 만나 연합국의 전략을 논의할 때부터였다. 이 두 지도자는 스탈린의 가장 중요한 요구—서유럽에 제2전선을 즉각적으로 구축하기—를 받아들일 수 없었다. 그러나 그들은 스탈린을 안심시키기 위해 추축국(Axis powers)으로부터 무조건적인 항복을 받아낼 것이라고 선언했다. 그것은 미국과 영국이 히틀러와 별도로 평화 협상을 하거나 소련이 홀로 싸우도록 내버려두지 않겠다는 신호였다.

• 테헤란 회담

1943년 11월, 루스벨트와 처칠은 이란의 테헤란에서 스탈린을 처음으로 만났다. 그러나 이때는 루스벨트의 가장 효과적인 교섭 도구—스탈린이 독일에 저항하는 데 필요한 미국의 협력—가 별로 필요 없어졌다. 독일은 러시아로의 진격을 멈추었다. 소련군은 이제 서방으로의 공세에 착수했다. 그럼에도 테헤란회담(Teheran Conference)은 거의 모든 면에서 성공적으로 보였다. 루스벨트와 스탈린은 개인적으로 우호 관계를 확고히 했다. 스탈린은 유럽의 전쟁이 끝난 직후 태평양전쟁에 소련이 참여해달라는 미국의 요구에 동의했다. 그 대가로 루스벨트도 영국과 미국이 제2전선을 6개월 이내에 구축하겠다고 약속했다.

그러나 다른 문제에 관해서는 불일치의 싹이 이미 보였다. 가장 중요한 것은 폴란드의 장래에 관한 문제였다. 루스벨트와 처칠은 역사적으로 폴란드의 영토였던 일부 지역을 스탈린이 병합할 수 있도록, 소련의 국경을 서부로 이동하는 것에 기꺼이 동의하려 했다. 그러나 폴란드에서 독립 상태로 남게 되는 지역에 세워질 전후 정부의 성격에 관해서는 의견이 아주 달랐다. 루스벨트와 처칠은 런던에서 1940년 이래로 활동하고 있는 폴란드 망명정부를 지지했다. 그러나 스탈린은 소련의 루블린(Lublin)에서 전쟁 기간을 지냈던 또 다른 정부, 즉 친공(親共) 망명정부를 세우려고 했다. 세 지도자는 테헤란회담에서 이 문제를 해결하지 않고 남겨두었다.

얄타

1년도 더 지난 후인 1945년 2월, 평화회담을 위하여 루스벨트는 소련의 얄타에서 처칠과 스탈린을 만났다. 루스벨트는 스탈린이 태평양전쟁에 참전하겠다고 재약속해준 대가로, 소련이 1904년 러일전쟁 때 잃은 태평양 상의 일부 영토를 되찾는 데 동의했다.

세 거두는 새로운 국제기구 계획안을 받아들이는 데도 동의했는데, 이 계획은 전해 여름 워싱턴 회담에서 어렵사리 만든 것이었다. 새로운 국제연합(UN)은 모든 회원을 대표하는 총회, 거부권을 갖는

국제연합
(UN) 설립

1945년, 얄타

처칠(왼쪽)과 스탈린(오른쪽)은 얄타회담에 프랭클린 루스벨트(가운데)가 참석했을 때, 그의 외모에 충격을 받았다. 루스벨트는 그 회담을 제대로 수행할 능력이 충분했으나, 사실은 심각하게 아픈 상태였다. 두 달 후, 루스벨트는 전후 평화 전망에 대해 비현실적으로 낙관적이라고 판명된 보고서를 의회에 제출했고, 그 후 오래지 않아 사망했다.

5개 열강(미국, 영국, 프랑스, 소련, 중국)의 영구 대표와 그 외 여러 국가의 임시 대표로 이루어진 안전보장이사회(Security Council)를 구성하기로 했다. 합의 사항은 1945년 4월 25일에 시작한 샌프란시스코의 50개국 회담에서 초안된 국제연합헌장의 토대가 되었다. 미국의 상원은 그해 7월, 80 대 2의 표차로 그 헌장을 비준했다.

• 폴란드 정부 수립에 대한 의견 불일치

그러나 여타 문제에 있어서 얄타회담은 진정한 합의에 이르지 못했다. 전후 폴란드 정부에 대해서 근본적으로 의견이 달랐다. 당시 폴란드를 점령하고 있었던 스탈린은 이미 '루블린'의 친공산 폴란드인으로 구성된 정부를 세웠다. 루스벨트와 처칠은 '런던'의 친서구적인(pro-Western) 폴란드인이 바르샤바 정부에 포함되어야 한다고 주장했다. 루스벨트는 자유롭고 민주적 선거에 기초한 정부를 구상했고, 루스벨트와 스탈린은 모두 민주적 선거에서 친서구적인 세력이 정권을 잡게 될 것이라고 생각했다. 스탈린은 인원수는 특별히 정하지 않고 친서구적인 폴란드인이 입각하는 것을 인정한다는 애매한 타협안에 동의했을 뿐이었다. 그는 마지못해 폴란드에서 '자유롭고 구속 없는(unfettered) 선거'를 치르는 것에 동의했으나, 날짜에 대해서는 언급하지 않았다. 이후 40년이 지나도록 선거는 실시되지 않았다.

독일의 장래에 대해서도 합의가 없었다. 루스벨트는 독일이 재건되고 재통일되기를 원했던 것 같다. 스탈린은 독일이 과중한 보상을 떠안고 영구 분단되기를 원했다. 마지막 합의는, 폴란드 협정처럼 애매하고 불안정했다. 배상 결정은 미래에 조직될 위원회가 맡게 되었다. 미국, 영국, 프랑스, 그리고 소련은 독일에서 각각의 '점령 지역(zone of occupation)'을 지배하기로 했다. 이것은 전쟁 종결시 군대가 위치한 지역에 따라 결정되었다. 베를린은 이미 소련의 점령 지역 깊숙한 곳에 위치했지만, 독일의 수도라는 상징적 중요성 때문에 4개의 구역으로 나눠져 각국이 점령했다. 독일 재통일 날짜는 확정되지 않았다. 얄타회담은 유럽의 나머지 지역에 대해서 '모든 민주적 요소를 광범위하게 대표하는', 그리고 '국민의 의사에 책임지는' 정부를 수립한다는 애매한 합의를 만들어냈다.

달리 말해, 얄타협정(accords)은 전후 문제에 대한 해결이라기보다는, 가장 어려운 문제를 비껴간 엉성한 원칙이었다. 루스벨트, 처칠, 스탈린은 각각 중요한 협정에 서명했다고 확신하면서 회담장을 떠나 고국으로 돌아갔다. 그러나 협정에 대한 소련의 해석은 '영국과 미국'의 해석과 워낙 달랐기 때문에 환상은 잠시 지속되었을 뿐

얄타협정의
문제점

이었다. 얄타회담 이후 몇 주 동안 루스벨트는, 소련이 중부 및 동부 유럽 국가에 차례차례 친공산주의 정권을 체계적으로 수립하고, 스탈린이 그에게 약속했다고 믿었던 폴란드에서의 변화를 허용하지 않는 것을 점차 경계심을 가지고 지켜보았다. 루스벨트는 소련과의 차이를 해결할 수 있다고 여전히 믿으면서, 이른 봄 워싱턴을 떠나 조지아 주의 웜 스프링즈(Warm Springs)로 요양하러 갔다. 그곳에서 그는 1945년 4월 12일, 갑작스럽고도 심각한 뇌졸중을 일으켜 사망했다.

2

평화의 붕괴

루스벨트로부터 대통령직을 승계한 해리 트루먼(Harry S. Truman)은 국제 문제에 대하여 아는 바가 거의 없었다. 게다가 그는 소련의 유연성에 대한 루스벨트의 명확한 신념도 공유하고 있지 않았다. 이와는 대조적으로, 트루먼은 소련을 근본적으로 믿을 만하지 못하다고 여기고 스탈린을 의심하고 혐오감까지 가지고 보았던 행정부 내의 많은 사람과 의견을 같이했다.

포츠담의 실패

트루먼은 대통령직에 오른 지 며칠도 되지 않아 소련에 '강경하게 대처'하기로 결심했다. 새 대통령은 스탈린이 얄타에서 미국과 정식 협정을 맺었다고 생각했다. 미국은 소련이 협정을 존중해야 한다고 주장했다. 트루먼은 4월 23일 소련의 외무부 장관 몰로토프(Molotov)를 만나 얄타협정을 위반했다고 심하게 비난했다.

사실상 트루먼은 소련에게 얄타협정의 합의 사항을 이행하라고 강요할 만한 수단이 거의 없었다. 러시아군은 이미 폴란드와 중부 및 동부 유럽의 많은 지역을 점령하고 있었다. 독일은 이미 연합국에 의해 분할되었다. 미국은 아직도 태평양에서 전쟁을 벌이고 있었으며, 유럽에서 2차 분쟁을 일으킬 능력도, 그럴 의사도 없었다. 트루먼은 미국이 원하는 것의 '85퍼센트'는 얻어야만 한다고 주장했

● 제한된 미국의 지렛대 역할

지만, 결국엔 훨씬 더 적은 몫에 만족할 수밖에 없었다.

그는 우선 폴란드를 양보했다. 스탈린이 친서방적인 망명정부 요인에게 몇몇 중요치 않은 것을 양보하자, 트루먼은 비공산 세력이 점차 그 영향력을 확대하기를 기대하면서 바르샤바 정부를 승인했다. 그러나 1980년대까지 그러한 상황은 발생하지 않았다. 여타 문제를 해결하기 위하여 트루먼은 러시아 점령 독일에 위치한 포츠담에서 7월에 처칠(협상 도중에 치러진 영국의 선거 후 클레멘 애틀리 Clement Attlee로 교체되었다)과 스탈린을 만났다. 트루먼은 마지못해 스탈린이 오랫동안 요구해온 '폴란드-독일' 국경의 조정을 받아들였다. 그러나 트루먼은 소련이 미국·프랑스·영국 점령 지역의 독일에 대해 배상을 요구하자 거부했다. 이러한 입장 차이로 보아 독일이 분단 상태로 남게 되리라는 것은 사실상 확실해졌다. 미국에 우호적인 서방의 점령 지역은 궁극적으로 하나의 국가로 합쳐졌고, 러시아의 점령 지역은 친소련적이며 공산주의 정권을 지닌 국가로 남게 되었다.

중국 문제

장제스   강대국에 의해 '치안이 유지되는' 개방적이고 평화스러운 세계를 바라는 미국인의 희망이 이루어지려면 중국은 강력하고도 독립적이어야 했다. 그러나 그 희망은 주요하면서도, 아마 극복하기 어려운 장애물—중국의 장제스 정부—에 직면하고 있었다. 장제스는 미국에 대체적으로 우호적이었으나, 그의 정권은 부패하고 무능한 데다 대중적 지지 또한 허약했다. 1927년 이후 내내 장제스가 이끌어온 국민당 정부(nationalist government)는 마오쩌둥(毛澤東)의 공산주의 군대와 격렬하게 경쟁하고 있었다. 마오쩌둥은 1945년에는 중국 전 인구의 4분의 1을 지배했다.

일부 미국인은 미국 정부가 장제스나 마오쩌둥의 대안으로서 지지할 수 있는 '제3의 세력(third force)'을 찾아야 한다고 촉구했다. 그러나 트루먼은 마지못해 장제스를 지원하는 것 외에 다른 대안이 없다고 결정했다. 이후 여러 해 동안, 심지어 대의명분을 잃고 있을 때에도, 미국은 계속해서 장제스에게 돈과 무기를 쏟아부었다. 그러나 트루먼은 국민당 정권을 살리기 위해 군사적으로 개입할 준비가 되어 있지 않았다.

그 대신, 미국 정부는 아시아에서 중국을 대신할 강력하고 친서방적인 세력을 찾기 시작했다. 바로 일본의 부활이었다. 미국은 전쟁이 끝난 처음 몇 년 동안 (맥아더 장군이 일본을 다스리고 있을 때) 실시한 엄격한 점령 정책을 포기하면서, 일본에서 산업 발전을 막는 모든 제한을 철폐하고, 급속한 경제성장을 이루도록 장려했다. 유럽에서와 마찬가지로, 아시아에서 개방되고 단합된 세계를 바라는 비전은 강력하고도 친미적인 세력권(sphere of influence)을 지닌 분단된 세계를 수용하는 방향으로 바뀌어갔다.

• 일본의 부활

봉쇄정책

1945년 말, 미국의 새로운 외교정책이 서서히 나타났다. 그것은 '봉쇄(containment)'였다. 미국과 그 우방은 단합된 '개방' 세계를 만들기보다는 소련의 팽창 위협이 더 이상 커지지 않도록 '봉쇄'하

29장 냉전 | 287

**트루먼
독트린**

고자 애썼다.

새로운 정책은 부분적으로 1946년 유럽에서 일어난 사건에 대한 응전으로서 나타났다. 터키에서는 스탈린이 지중해에 이르는 중요한 바다 항로에 대한 통제력을 얻고자 애썼다. 그리스에서는 공산주의 세력이 친서방 정부를 위협했으며, 영국은 더 이상 지원할 수 없다고 선언했다. 이러한 도전에 직면하여 트루먼은 단호한 새로운 정책을 공표했다. 이 과정에서 그는 영향력 있는 미국의 외교관 조지 케넌(George F. Kennan)의 개념을 끌어왔다. 제2차 세계대전이 끝난 지 얼마 지나지도 않은 때에 케넌은 미국이 '미국과 더불어 어떠한 일시적 타협(modus vivendi)도 할 수 없다는 광적인 신념을 가진 정치 세력'과 맞서 있으며, 유일한 해답은 '러시아의 팽창 경향에 대한 장기적이고 끈기 있는, 그러나 단호하고도 빈틈 없는 봉쇄'라고 경고했다. 1947년 3월 12일, 트루먼은 의회에 출석하여 트루먼 독트린으로 알려지게 된 케넌의 경고를 사용했다. 그는 "나는 미국의 정책이 무장한 소수 세력이나 외부의 압력이 시도하는 예속에 저항하는 자유민(free people)을 도와야 한다고 믿는다"고 주장했다. 이 연설에서 그는 그리스와 터키를 돕기 위해 4억 달러를 요구했고, 의회는 신속하게 승인했다.

미국의 공약은 궁극적으로는 터키에 대한 소련의 압력을 완화시키는 데 도움을 주었으며, 그리스 정부가 공산주의 반란을 분쇄시키는 데에도 도움을 주었다. 더 중요하게도 그 공약은 이후 30년 이상 지속될 미국 외교정책의 기초를 확립했다.

마셜플랜

봉쇄정책에 빠질 수 없는 요소는 서유럽의 경제적 재건을 돕는 계획이었다. 이렇게 계획한 동기는 여러 가지였다. 즉, 유럽인에 대한 인도적 관심, 유럽이 빨리 재건하여 스스로를 먹여 살리지 못하면 미국이 경제적으로 계속 지원해야 할지도 모른다는 공포감, 미국 상품을 팔기 위한 유럽 시장에 대한 강력한 욕구 등이 그것이다. 그러나 무엇보다도, 미국의 정책 결정자는 서유럽에서 허약하기 짝이 없는 친미 정권을 강화시키기 위해 무엇인가를 하지 않으면, 정권이 자국 내에서 급속하게 자라고 있는 공산당의 통제로 넘어갈 것이라고 믿었다.

1947년 6월, 국무부 장관 조지 마셜(George C. Marshall)은 회복 프로그램을 기안하는 데 참여하는 (소련을 포함한) 유럽의 모든 국가에게 경제적 지원을 제공하겠다는 계획을 발표했다. 비록 소련과 소련의 동유럽 위성국가는 예상대로 재빨리 거부했지만, 서유럽 16개 국가는 기꺼이 참여했다. 1948년 2월, 체코슬로바키아에서 쿠데타가 일어나 소련 지배의 공산주의 정권이 수립된 이후에는, 미국 내의 반대도 대부분 잠잠해졌다. 그해 4월, 의회는 마셜플랜을 운영하게 될 경제 협력국(Economic Cooperation Administration)의 창설을 승인했다. 그 후 3년이 넘는 기간 동안 마셜플랜이 실시되어 120억 달러 이상의 미국 원조가 유럽으로 흘러 들어갔고, 이는 실제적인 경제 부흥을 일으키는 데 도움을 주었다. 1950년이 끝나갈 무렵 유럽의 산업 생산은 64퍼센트 증가했고, 회원국 내의 공산주의 세력은 감소했으며, 미국이 교역할 수 있는 기회가 되살아났다.

• 유럽의 재건

국내에서의 동원

1948년, 의회는 대통령의 요구에 따라 새로운 징병제(military draft)를 승인하고, 병역 선발 제도(Selective Service System)를 부활시켰다. 한편, 핵무기의 국제적 통제에 관해 소련과 합의하지 못한 미국은 원자력 연구에 더욱 노력했으며, 핵무기를 군 병기의 핵심으로까지 끌어올렸다. 1946년에 설립된 원자력 위원회(Atomic Energy Commission)는 민간과 군부 쌍방의 모든 핵연구를 감독하는 권한을 지닌 기구가 되었다. 1950년에 트루먼 행정부가 새롭게 개발을 승인한 수소폭탄은 미국이 1945년에 사용했던 폭탄보다도 훨씬 더 강력한 핵무기였다.

• 1947년의 국가 안전 보장법

1947년에는 국가 안전 보장법(National Security Act)이 제정되어 미국의 주요 군사 및 외교 기관을 재편했다. 새로 만들어진 국방부(Department of Defense)는 이전에 전쟁부와 해군부가 나누어서 수행했던 기능을 결합하여 군사력의 모든 부문을 감독하게 되었다. 백악관에서 운영하는 국가 안전 보장 회의(National Security Council, NSC)는 외교 및 군사정책을 지배하게 되었다. 전시 중에 만들어진 전략 서비스국(Office of Strategic Services)을 대체하는 중앙정보국(Central Intelligence Agency, CIA)은 공개적이거나 은밀한 방식으로 정보를 수집하는 책임을 졌으며, 냉전이 계속되는 한 미국의 목표를 위하여 비밀리에 정치적·군사적 작전을 펼치게 되었다. 달리 말해, 국가 안전 보장법은 대통령에게 미국의 국제적 목표를 추구하기 위한 권력을 확대해주었다.

나토로 가는 길

미국은 또한 서유럽의 군사력을 강화해가고 있었다. 독일의 재건은 서방의 미래를 위해 꼭 필요하다고 확신했기 때문에, 트루먼은 서방이 점령하고 있는 세 지역을 하나의 새로운 서독(비록 소련 지역에 위치했지만 베를린 시의 미국·영국·프랑스 지역을 포함한 곳)으로 합치기로 영국, 프랑스와 합의했다. 스탈린은 재빨리 응전하여, 1948년 6월 24일, 베를린의 서방 지역을 촘촘히 차단했다. 그는 독일이 만약 공식적으로 분단되어야 한다면, 서독 정부는 소련이 관할하는 동부 지역의 핵심에 있는 전초기지를 포기해야 한다고 암시했다. 트루먼은 그렇게 하기를 거부했다. 트루먼은 소련의 베를린 봉쇄에 군사적으로 대응하여 전쟁을 일으킬 생각은 없었기 때문에, 베를린 시민이 생활하는 데 필요한 식량, 연료, 생필품을 대규모로 공중 보급하라고 명령했다. 공중 보급은 열 달 이상 지속되었는데, 거의 250만 톤의 물자가 공급되어 200만의 시민이 생존했다. 1949년 봄, 스탈린은 더 이상 효력 없는 봉쇄를 풀었다. 그해 10월, 독일의 분단—서방의 연방 공화국(Federal Republic, 서독)과 동방의 민주 공화국(Democratic Republic, 동독)—은 공식화되었다.

• 베를린 공중 보급

베를린 위기는 사실상 이미 존재하던 미국과 서유럽 간의 동맹을 가속화시켰다. 1949년 4월 4일, 12개국이 북대서양조약기구(North Atlantic Treaty Organization, NATO)를 창설하는 데 서명했으며, 한 회원국에 대한 군사 공격은 전체에 대한 도전으로 간주된다고 선언했다. 나토 국가는, 많은 사람이 믿는 바에 따라 소련 침공의 위협에 대처하기 위해 유럽에 상비군도 두기로 했다. 나토

제2차 세계대전 이후 분할된 유럽

이 지도를 보면 제2차 세계대전 이후 유럽에서 나타난 소련 지배 영역과 미국과 동맹 관계인 지역이 뚜렷이 분할되어 있다. 동유럽에서, 소련의 지배 혹은 영향력은 금색으로 칠해진 (독일의 동쪽 절반을 포함한) 모든 국가로 확대되었다. 서유럽과 남유럽에서, 녹색으로 칠해진 국가는 북대서양조약기구(North Atlantic Treaty Organization, NATO)의 일원으로서 미국과 동맹관계였다. 갈색으로 칠해진 국가는 두 강대국과 제휴 관계를 맺지 않았다. 상단 오른쪽의 작은 지도에는 제2차 세계대전이 끝났을 때 여러 점령국 간의 베를린 분할이 나타나 있다. 마침내 미국·영국·프랑스 지역은 통합되어 서베를린을 만들어 서독(West Germany)이 통치했지만, 공산주의 동독(East Germany)에 의해 완전히 둘러싸인 도시가 되었다.

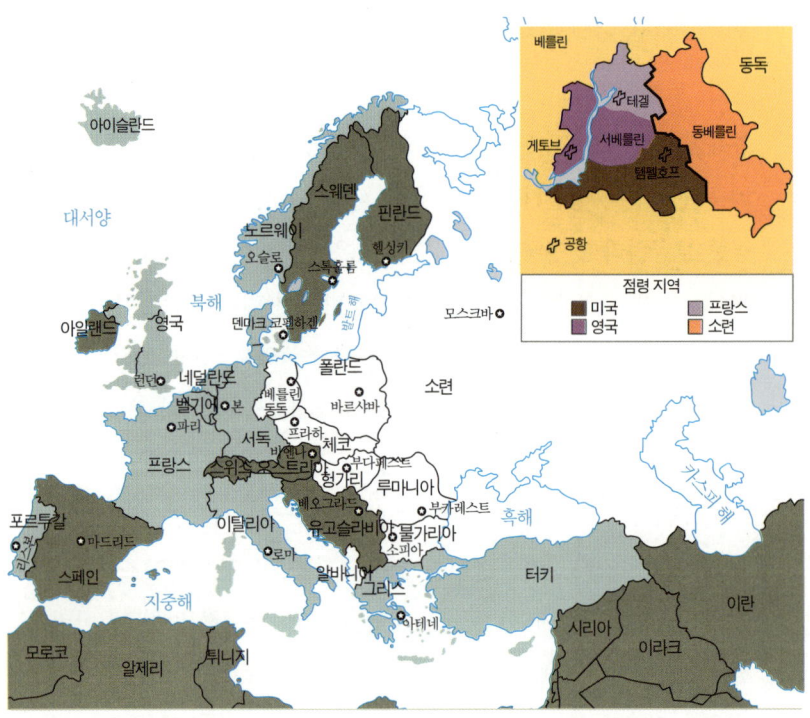

의 결성에 마침내 자극받은 소련은 동유럽의 공산주의 정부와 동맹을 구성했다. 그 동맹은 1955년 바르샤바조약으로 공식화되었다.

냉전정책의 재평가

1949년 9월, 소련이 예상보다 몇 년 앞서 최초의 원자탄을 성공적으로 폭발시키자, 많은 미국인이 경악하고 공포에 빠졌다. 미국인은 1949년의 마지막 몇 달 동안 중국에서 장제스 국민당 정부가 놀라운 속도로 붕괴한 사건에도 많이 놀랐다. 장제스는 정치적 동맹자와 군대의 잔여 병력과 함께 중국 본토 앞바다에 있는 포모사(Formosa, 타이완)라는 섬으로 도망쳤다. 그리고 중국 본토 전체는 많은 미국인이 소련의 확장이라 믿었던 공산주의 정권의 통제에 들어갔다. 미국은 새 공산주의 정권의 승인을 거부했다.

이렇게 위기 상황이 가속되자 트루먼은 미국의 외교정책을 철저히 재검토하라고 요구했다. 그 결과 1950년에 NSC-68이라는 국가 안전 보장 회의 보고서가 나왔는데, 거기에는 미국의 입장 변화가 개관되어 있었다. 봉쇄정책에 관한 최초의 진술, 즉 조지 케넌의 글과 트루먼독트린 연설에는 적어도 미국에 있어서 긴요한 이해 지역과 국가 외교정책에 덜 중요한 지역이 어느 정도 구분되어 있었고, 미국이 동맹국과 봉쇄의 부담을 나누어야 한다는 내용이 담겨 있었다. 그러나 1950년 4월의 보고서에서는 공산주의에 대항하는 데 있어 선제권을 갖기 위하여 미국이 더 이상 다른 국가에 의존할 수 없다고 주장했다. 미국은 사실상 공산주의 팽창이 일어나는 곳이면, 문제 지역이 전략적 혹은 경제적 가치가 있건 없건, 어디든지 달려

• 봉쇄의 확장

자택에 있는 해리 트루먼과 베스 트루먼

해리 트루먼 상원 의원과 부인 베스가 자택인 워싱턴 아파트의 부엌에서 사진기자에게 포즈를 취하고 있는 이 사진에서 트루먼이 공직 생활 내내 유지했던 '보통 사람(common man)'의 이미지를 볼 수 있다. 사진은 트루먼이 부통령 후보로 지명된 1944년 민주당 전국 대회 직전에 찍은 것이다. 그 후 1년도 채 지나지 않아, 트루먼 부부는 백악관에서 살게 되었다.

가야 한다고 생각했다. 게다가 그 보고서에서는 이전에 기획된 액수보다 거의 4배나 더 많은 국방 예산으로 미국의 군사력을 팽창시켜야 한다고 했다.

〈과거를 논하며〉

냉전

　냉전(Cold War)이 시작된 후 10년 이상 동안 대다수의 역사가는 냉전의 기원에 관한 미국의 공식적 해석에 이의를 제기할 이유를 거의 찾지 못했다. 미국과 소련 간의 관계가 단절된 직접적인 이유는, 대다수가 동의하기를, 얄타와 포츠담에서 구상된 전시 합의를 스탈린이 위반했고 소련이 팽창주의의 야욕을 드러냈기 때문이다. 소련이 동유럽에서 공산 정권을 강요한 것은 전 세계에 공산주의를 전파하기 위한 더 큰 이데올로기적 구상의 일부였다. 미국의 정책, 즉 소련의 팽창에 반대하고 미국의 군대를 지속적인 준비 상태로 유지한다는 확고한 공약은 논리적이고 필연적 응전이었다.

　냉전의 공식적 정당화에 대한 환멸은 심지어 1950년대 후반, 미국에서 반공주의 감정이 여전히 강하게 널리 퍼져 있을 때에도 나타나기 시작했다. 윌리엄 애플먼 윌리엄스(William Appleman Williams)는 《미국 외교의 비극(The Tragedy of American Diplomacy)》(1959)에서 냉전은 20세기에 전 세계 시장에서 미국 무역을 위한 '개방(open door)'이 유지되도록 하려는 미국의 지속적인 시도의 최신판일 뿐이라고 주장했다. 소련과의 대결은 소련의 공격적 구상에 대한 대응이기보다는, 자본주의 팽창의 필연성에 대한 미국적 신념의 표현이었다고 주장했다.

　1960년대 동안 베트남전쟁이 더욱 확대되고 점점 인기가 없어져감에 따라 냉전에 대한 학계의 비판은 빠른 속도로 격렬해졌다. 월터 라피버(Walter LaFeber)는 1967년에 처음 출판된 《미국, 러시아, 그리고 냉전(America, Russia, and the Cold War)》을 통해, 제2차 세계대전이 끝날 때쯤 추정상 미국의 이상주의적 국제주의는 사실 미국적 이미지에 의해 형성된 전후 질서를 확보하기 위한 노력이었다고 주장했다. 그것은 모든 국가가 미국의 영향력(그리고 미국의 무역)에 개방되어야 함을 의미했다. 그것이 왜 미국이 그렇게 소련의 정책을 더 큰 공격적 구상의 일부로 잘못 해석하기 쉬웠는가의 이유였다. 소련 정책의 많은 부분은 소련 자체의 안보를 보장하려는, 완벽하게 합리적인 관심을 반영하고 있었다.

냉전에 대한 수정주의 해석에 반대하여 '탈수정주의적(postrevisionist)' 학문으로 알려지게 된 해석이 등장했다. 이 학파의 가장 중요한 업적은 정통주의와 수정주의 간에 균형을 이루려 애쓰고, 갈등의 양 당사자에 대한 그릇된 개념의 패턴과 비난의 범위를 확인하고자 시도해온 것이다. 이러한 접근의 중요한 초기 저작은 존 게디스(John Lewis Gaddis)의 《미국과 냉전, 1941~1947(The United States and the Cold War, 1941~1947)》(1972)으로서, 그는 "쌍방 모두 냉전의 시작에 대해 홀로 책임을 질 수는 없다"고 주장했다. 그들 자신의 정치적 제약과 그들 자신의 편견을 고려해본다면, 쌍방 모두 선택에 있어 제한을 받을 수밖에 없었다. 다른 탈수정주의의 저작—토머스 패터슨(Thomas G. Patterson), 멜빈 레플러(Melvin Leffler), 윌리엄 토브먼(William Taubman) 등—은 미국과 소련이 상대방의 의도를 진정한 신념에 대한 응전으로 행동한 방식에 대하여 정확하지는 않을지라도 자세히 설명했다. 1984년 어네스트 메이(Ernest May)는 "미국과 소련은 적대 국가가 될 수밖에 없었다. 아마도 1945년 이후 갈등에 이르는 적대감 이외의 관계를 맺을 만한 가능성은 실제로 거의 없었다"고 썼다.

소련 공산주의가 붕괴하고 소련 제국이 해체되자 냉전에 대한 새로운 해석이 나왔으며, (소련의 고문서 보관소의 개방이 용이해짐에 따라서) 논란이 많은 문제를 새롭게 해석할 가능성이 보이기 시작했다. 그러나 당분간 학계의 지배적인 견해는 누구를 비난할 것인가의 문제를 강조하려 하지 않으며, 쌍방이 쉽사리 피하기 어려웠던 갈등을 다루는 일을 배웠던 방식을 강조하고 있다.

3
전후 미국

미국인이 전후에 겪었던 좌절은 해외에서 일어난 위기들 때문만이 아니었다. 비록 짧은 시기였지만, 미국은 평화 체제에 적응하는 데 심각한 경제적 어려움에도 직면해 있었다. 그리고 미국은 정치적 분위기가 유난히 격해져 어려움을 겪었는데, 이러한 분위기가 새로운 불안정과 억압의 물결을 낳았다.

재전환의 문제

전쟁이 끝나면 미국이 다시 불경기의 상황으로 돌아갈 것이라는 예측이 널리 퍼져 있었는데도 1945년 이후에도 경제적 성장은 계속되었다. 전시 동안 실질적인 저축액을 쌓아온 노동자의 억눌렸던 소비 수요가 호경기를 자극했다. 60억 달러의 세금 감면도 호경기를 가져왔다. 전역 군인 권리 장전(GI Bill of Right)으로 더 잘 알려진 1944년의 군인 재정착법(Servicemen's Readjustment Act)이 시행되어 퇴역 군인에게 주택, 교육, 직업 훈련 보조금이 제공됐으며, 지출이 더욱더 늘어났다.

• 전역 군인 권리 장전

이러한 소비자 수요의 쇄도로 인해 2년 이상 심각한 인플레가 일어났고, 이 시기 동안 물가는 매년 14~15%의 비율로 증가했다. 경제적 어려움을 가중시킨 것은 노동계 소요의 급증이었다. 1945년이 끝날 무렵까지 자동차·전기·철강 산업에서 주요 전면 파업이 있

• 인플레이션과 노동 소요

었다. 1946년 4월, 존 루이스(John L. Lewis)가 이끄는 연합 광산 노조(United Mine Workers)가 40일 동안 탄전을 폐쇄하고 전면 파업에 돌입했다. 마침내 트루먼은 정부가 탄광을 압류하고 석탄 생산을 재개하게 했다. 그러나 그 과정에서 광산 소유자에게 압력을 가해, 노조의 요구를 대부분 수용하게끔 했다. 두 개의 주요 노조가 거의 동시에 전면 파업에 돌입하자 미국 역사상 최초로 전국의 철도까지 모두 마비되는 어려움에 빠졌다. 트루먼은 군대를 동원하여 기차를 움직이겠다고 위협하여, 파업자가 단 며칠 내로 일자리로 돌아오도록 압력을 가했다.

전시에서 평시로 재전환되자, 전시 동안 일터에 투입되었던 수백만의 여성과 소수 인종(minorities)이 특히 어려움을 겪었다. 퇴역 군인이 집으로 돌아와 산업 경제에서 일자리를 찾으면서, 고용주는 여성, 흑인, 히스패닉과 여타 소수 인종을 공장에서 내쫓고 백인 남성에게 일자리를 만들어주려고 했다. 일부의 전시 노동자, 특히 여성은 집안일에 복귀하고자 원했기 때문에 자발적으로 일터를 떠났다. 그러나 여성 노동자의 80%와 거의 모든 흑인과 히스패닉 남성은 계속 일하고자 했다. 전후 인플레, 고도 소비 사회의 상승하는 기대에 맞춰야 하는 압력, (많은 여성이 스스로의 경제적 복지를 책임지게 된) 이혼율의 증가, 이 모두가 결합하여 유급 고용을 바라는 여성의 수요가 늘어갔다. 여성은 산업 일자리에서 배제된 것을 알게 되면서, 다른 경제 영역(무엇보다도 서비스업)으로 점차 이동해갔다.

거부된 페어딜

일본이 항복한 며칠 후, 트루먼은 그가 훗날 '페어딜(Fair Deal)'이라고 부르게 될 국내 프로그램 21개 조항을 의회에 제출했다. 이 프로그램의 내용은 사회보장 급부금 확대, 시간당 40센트에서 65센트로 법정 최저임금 인상, 연방 지출과 투자를 공격적으로 사용하여 이룬 완전고용 보장, 영구적인 공정 고용 실시법(Fair Employment Practices Act), 공공 주택과 빈민가 철거, 장기적인 환경 및 공공사업 계획, 정부의 과학 연구 진흥 등이었다. 몇 주 후, 그는 여타 프로그램, 즉 교육에 대한 연방 보조, 정부 의료보험, 선불 의료 혜택(medical care), 세인트 로렌스 내륙 수로(St. Lawrence Seaway)를 위한 자금 조달, 원자에너지의 국유화를 추가했다.

그러나 페어딜 프로그램의 대부분은 뉴딜의 마지막 몇 년간을 무력하게 만든 대중과 의회의 보수주의에 희생되었다. 진실로 1946년 11월 의회 선거가 시사하듯이 그러한 보수주의는 강화되는 것 같았다. 공화당은 "충분했는가?"라는 간단하지만 압도적인 구호를 사용하여 상하 양원을 모두 장악했다. 새로운 공화당 주도의 의회는 재빨리 정부 지출을 줄여버리고 뉴딜 개혁안을 잘라버렸다. 아마도 가장 두드러진 행동은 1935년의 와그너법(Wagner Act)에 대한 공격이었다. 그 결과 태프트-하틀리법(Taft-Hartley Act)으로 더 잘 알려진 1947년의 노사 관계법(Labor-Management Relations Act)이 제정되었다. 이 법안으로 폐쇄 사업장(closed shop, 우선적으로 노조의 일원이 아니면 누구도 고용될 수 없는 일터)이 불법화되었다. 그리고 비록 유니언 숍(union shop, 노동자는 고용된 후 반드시 노조에

• 태프트-하틀리법

가입해야 하는 사업장)을 만드는 것은 허용됐지만, 여러 주(states)에서는 이조차도 금지할 수 있는 '노동권(right-to-work)' 법령을 통과시킬 수 있도록 했다. 또한 태프트-하틀리법으로 인해 대통령은 국가적 안전이나 보건을 위험하게 하는 어떠한 노동 중단에 대해서도 강제 명령(injunction)을 발포함으로써, 전면 파업 이전에 10주간의 '냉각' 기간을 요구할 권리를 갖게 되었다. 분노한 노동자와 노조 지도자는 이를 '노예 노동법'이라고 비난했다. 트루먼은 거부권을 행사했다. 그러나 같은 날 상하 양원은 거부권을 쉽게 뒤엎었다. 태프트-하틀리법 때문에 노동운동이 파괴되지는 않았다. 그러나 화학이나 섬유 등과 같이 상대적으로 조직이 견고하지 못했던 산별 노조는 상처를 입었다. 특히 남부와 서부에서, 전혀 노조의 일원이 아니었던 노동자를 조직하는 작업이 더욱 어렵게 되었다.

1948년 선거

트루먼과 그의 참모는 1946년의 선거 결과에도 미국의 대중이 뉴딜 정책이 이룬 바를 포기할 준비가 되어 있지 않다고 믿었다. 따라서 그들은 1948년 대통령 선거운동 전략을 짤 때, 민주당에 대한 지속적인 충성심 호소에 희망을 걸었다. 트루먼은 1948년 내내, (2월 2일, 20세기 최초의 주요 민권 법안을 포함한) 개혁 법안을 하나씩 하나씩 연이어 제안했다. 놀랄 일도 아니지만, 의회는 이를 모두 무시하거나 부결시켰으나, 대통령은 가을에 있을 선거전 쟁점을 만들고 있었다.

그러나 트루먼의 개인적 비(非)인기—많은 선거인단 사이에서 그

1948년 선거

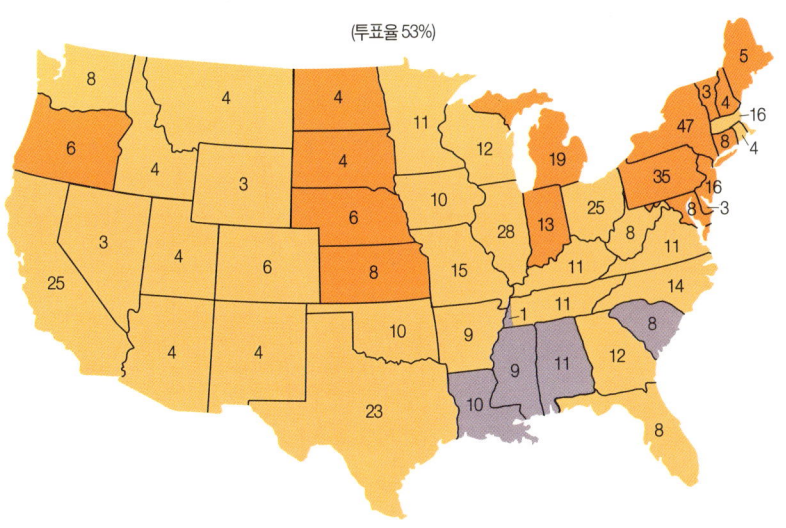

(투표율 53%)

	선거인단 투표	일반투표(%)
해리 트루먼(민주당)	303	24,105,695(49.5)
토머스 듀이(공화당)	189	21,969,170(45.1)
스트롬 서먼드(주권당)	39	1,169,021(2.4)
헨리 월리스(혁신당)	—	1,156,103(2.4)
기타 정당(금주당, 사회 노동당, 사회당, 사회주의 노동자당)	—	272,713

1948년, 공화당 후보 토머스 듀이(Thomas Dewey)가 트루먼 대통령을 쉽게 패배시키리라는 예상이 널리 퍼져 있었지만, 실제로는 트루먼이 그해의 재선에서 확실히 승리했다. 이 지도는 트루먼이 승리한 넓은 지역을 보여준다. 듀이는 대부분의 북동부 지역을 휩쓸었으나, 트루먼은 그 외 거의 모든 지역에서 우위를 점했다. 주권당(States' Rights) 후보였던 스트롬 서먼드(Strom Thurmond)는 남부의 4개 주를 차지했다.

• 분열된
민주당

가 재능이 모자라고 그의 행정부도 허약하고 무능하다고 보는 가정—와 민주당 내의 깊은 분열은 여전히 문제로 남아 있었다. 그해 여름 민주당 전당대회에서 두 개의 파벌은 모두 민주당을 포기했다. 남부 보수주의자는 트루먼이 제안한 민권 법안과 전당대회에서 (미네아폴리스의 개혁 시장인 휴버트 험프리가 기안한) 민권 조항이 정강에 포함된 것에 대해 분노했다. 그들은 전당대회에서 나와 사우스캐롤라이나의 주지사인 스트롬 서먼드(Strom Thurmond)를 후보로 한 주권당[States' Rights Party, 또는 'Dixiecrat' Party(민주당 탈당파가 결성한 당이라고도 함)]을 만들었다. 동시에 민주당 좌파의 일부는 헨리 월리스(Henry A. Wallace)를 후보로 하는 새로운 혁신당(Progressive Party)에 합류했다. 월리스 지지자는 트루먼 행정부의 국내 정책이 더디고도 비효과적이라고 반대했으며, 소련에 대한 대통령의 대립적 태도에는 더욱 분개했다.

• 미국
민주주의
행동 연합

트루먼과 불화 관계였던 민주당의 많은 자유주의자는 당을 떠나기를 거부했다. 반공 자유주의자 조직인 '미국 민주주의 행동 연합(The Americans for Democratic Action, ADA)'은 지명전에 경쟁시키기 위해 대중적 전쟁 영웅인 드와이트 아이젠하워(Dwight D. Eisenhower)를 영입하고자 했다. 자유주의자는 아이젠하워가 거절한 후에야 트루먼의 후보 지명을 받아들였다. 한편, 공화당원은 대통령 후보로 뉴욕 주지사 토머스 듀이(Thomas E. Dewey)를 다시 한 번 지명했다. 금욕적이고 위엄 있으며 능력 있는 그는 트루먼 대통령에 대항해 패할 수 없는 경쟁자로 보였다.

트루먼만이 자신의 승리를 믿었던 것처럼 보였다. 선거운동이 가열되면서 그는 더욱 공격적이 되어갔으며, 포화를 그 자신으로부터 듀이와 '아무것도 하지 않는, 쓸모없는(do-nothing, good-for-nothing)' 공화당 의회로 돌렸다. 그는 유권자에게 인플레를 조장하고 노동자와 보통 사람을 포기한 책임이 공화당 의회에 있다고 말했다. 자신의 주장을 극적으로 만들기 위해, 그는 7월 의회에 특별 회기를 소집하여 공화당이 최근 정강에 써넣은 자유주의적 법안을 입법화할 수 있는 기회를 주었다고 말했다. 예상대로 의회는 2주간의 회기를 가졌지만 거의 아무것도 하지 않았다.

거의 모든 사람들이 놀랍게도, 선거날 밤 트루먼은 근소하지만 결정적인 승리를 거두었다. 일반투표에서 그가 49.5퍼센트를 차지한 반면, 듀이는 45.1퍼센트를 얻었으며(2개의 분파 정당은 나머지를 공평하게 나누어 가졌다), 선거인단 투표에서는 303 대 189로 차이가 났다. 한편, 민주당은 상당한 표차로 상하 양원을 되차지했다.

• 트루먼의 놀라운 승리

되살아난 페어딜

민주당이 승리했음에도 81회 의회는 이전의 공화당 의회 못지않게 트루먼의 페어딜 개혁 정책에 비호의적이었다. 확실히 트루먼은 몇몇 중요한 승리를 거두었다. 의회는 법정 최저임금을 시간당 40센트에서 75센트로 올렸다. 의회는 사회보장제도의 확대를 승인했는데, 그것은 보조금을 75%나 늘려서 1,000만 명에게 추가로 혜택을 주고자 하는 것이었다. 그리고 의회는 1949년에 전국 주택법(National Housing Act)을 통과시켰다. 그 법의 내용은 저소득층에게 장기 임대 보조금이 제공되는 주택 81만 채를 건설하게 한다는 것이었다.

그러나 트루먼은 다른 논제─전국 의료보험과 교육 보조 등─은 거의 진척시키지 못했다. 게다가 그는 자신이 1949년에 제안한 민권법을 의회가 통과시켜 주도록 설득하지도 못했다. 민권법의 내용은 린치를 연방 범죄화하고, 흑인의 투표권을 연방 차원에서 보호하며, 인두세(poll tax)를 폐지하고, 고용에 있어서 차별을 금하기 위해 새로운 공정 고용 실행 위원회(Fair Employment Practices Commission)를 만드는 것이었다. 남부 출신 민주당 의원은 그 법안을 사장시키기 위해 의사 진행을 방해했다.

- 시민권에 대한 연방의 새로운 참여

트루먼은 여러 형태의 인종차별에 대항해 투쟁해나갔다. 그는 정부에서 사람을 고용할 때 차별을 금하라고 명령했고, 군대 내에서 흑백 분리를 깨뜨리기 시작했다. 그리고 법무부가 인종차별적 법안에 대항하는 법정 싸움에 적극적으로 개입하도록 했다. 한편, 대법원은 셸리 대 크레이머 사건(*Shelley v. Kraemer*)(1948년)을 통하여 인종 문제에 대해 관심이 증가하고 있음을 나타냈다. 이 사건은 흑인이 이웃 주민이 되는 것을 금하는 '사적인 계약서(private covenants)'를 집행하는 데 법정이 이용될 수 없음을 보여주었다.

핵의 시대

전후 시기의 정치적·경제적·외교적 투쟁 위에는 거대하고도 무시무시한 버섯구름의 이미지가 드리워져 있었다. 그것은 1945년 7월 앨러머고도(Alamogordo, 인류 역사상 최초로 원자폭탄 실험이 이루어진 곳으로, 뉴멕시코주 남부에 있음─옮긴이)와 원자폭탄의 파괴로 황폐해진 일본의 히로시마와 나가사키 위에 솟아올랐다. 미국인은 이 무서운 신(新) 파괴 무기를 공포와 경외감으로, 그리고 기대감으로 환영했다. 전후 문화는 많은 미국인이 두려워한 소련과의 경쟁 결과인 핵전쟁이라는 어두운 이미지와, 원자력이 만들어낼 수 있는 눈부신 과학 기술의 미래라는 밝은 이미지로 분열되었다.

핵폭탄에 대한 공포는 대중문화에 널리 나타났지만, 그것은 종종 위장되었다. 1940년대 후반과 1950년대 전반은 필름느와르(*film noir*)의 전성기였다. 필름느와르는 프랑스에서 시작된 영화 제작법의 한 가지로, 그 장르의 특징이었던 어두운 조명에서 이름을 빌려왔다. 미국의 필름느와르는 수십 년 동안 미국 문화의 주요소였던 비개인적 세계에서의 개인의 고독을 그려냈을 뿐 아니라 대량 파괴의 가능성을 드리웠던 시대의 위협적 성격을 암시하기도 했다. 때때로 영화와 텔레비전 프로그램은 핵의 위협을 노골적으로 다루었다. 예를 들어, 1950년대와 1960년대 초반에 유명했던 텔레비전쇼〈여명의 지대(*The Twilight Zone*)〉는 핵전쟁 이후를 극적으로 묘사했으며, 전후 만화책은 파괴로부터 지구를 구하는 강력한 초영웅(superhero)을 그렸다.

• 필름느와르

그러한 이미지에 대해 대중도 공감하고 있었는데, 왜냐하면 핵무기에 대한 인식이 점차 그들의 일상생활에 자리잡았기 때문이다. 학교와 사무실 건물에는 핵 공격의 가능성에 대비하여 정규 공습 훈련소가 있었다. 라디오 방송국은 정기적으로 전쟁 준비를 위해 비상방송 시스템을 점검했다. 공공건물과 개별 가정에 방사능 낙진 대피소를 만들어, 전쟁이 일어났을 경우 시민 보호에 필요한 물과 통조림류를 저장했다. 미국은 불안으로 가득 찬 국가였다.

그러나 이와 동시에, 미국은 번영 때문에 눈이 부시고 세상을 바꾸어놓은 기술혁신 때문에 고무되던, 힘이 넘치는 국가였다. 이러한 혁신 중에 원자력이 있었다. 많은 사람은 동일한 과학 지식이 세계를 파괴시킬 수도 있고, 눈부신 미래로 이끌 수도 있다고 믿었다. 히로시마 원폭 투하 며칠 후, 《뉴욕 타임스(The New York Times)》는 핵의 미래에 대해 다음과 같은 장밋빛 견해를 발표했다.

> 원자폭탄은 전쟁을 위해서 완벽한 것이었다. 그러나 그것을 가능케 한 지식은 …… 알고자 하고 공공선(common good)을 위해 자연의 선물을 사용하고자 하는 불사(deathless)의 열망으로부터 나왔다. …… 이러한 새 지식은 …… 이 지상에 죽음이 아닌 생명을, 폭정과 잔인함이 아닌 신성한 자유를 가져올 수 있을 것이다.

• 원자 낙관론

이러한 낙관론은 곧 널리 퍼졌다. 머지않아 많은 미국인이 예측했듯이, '원자의 비밀'은 '번영과 좀 더 완벽한 생활'을 가져왔다. 1948년 후반의 여론 조사에서 미국인의 대략 3분의 2가 '결국' 원자 에너지가 '실보다는 득이 많을' 것이라고 믿는다고 했다. 미국의 많은 지역에 원자력발전소가 생기기 시작했으며, 값싸고도 무한한 전기의 공급원으로 환영받았다. 원자력의 탄생을 축하했던 사람들은 원자력에 잠재된 위험에 대해 거의 논의조차 하지 않았다.

4
한국전쟁

1950년 6월 25일, 공산주의 북한군은 남쪽의 경계선을 넘어 친서방적인 남한으로 갑자기 쳐들어갔다. 수일 내로, 북한군은 수도인 서울을 포함하여 남한의 상당 부분을 점령했다. 미국은 거의 즉각적으로 이 전쟁에 참전하겠다고 공약했다.

분단된 반도

제2차 세계대전이 끝났을 때, 미국과 소련은 일본과 싸우던 군대를 한국에 주둔시키고 있었다. 양자 모두 철수하려고 하지 않았다. 그 대신, 추정상 잠정적으로 38선을 따라 한국을 분단했다. 러시아인은 소련 장비로 무장한 강력한 군대를 지닌 공산주의 정권을 북쪽에 남겨놓고, 마침내 1949년에 철수했다. 미국인도 몇 달 후, 반공주의자이나 명목상으로만 민주적인 이승만의 친서방 정권에게 통제권을 넘겨주고 떠났다. 이승만의 군대는 소규모였는데, 그는 우선적으로 군대를 내부의 반대자를 진압하는 데 사용했다.

남한의 상대적 허약성은 재통일을 원하는 북한 정권 내의 민족주의자에게 강력한 유혹이 되었다. 그러한 유혹은 미국 정부가 남한을 미국의 '방위 경계선(defense perimeter)' 내에 두지 않겠다고 암시하자 더욱 커져갔다. 소련이 북한 정권의 남한 침공에 미리 동의하지는 않았겠지만, 그러나 일단 전쟁이 시작되자 소련은 공격을 지원

• 이승만

한국전쟁(1950~1953)

이 두 지도는 1950~1953년에 일어난 한국전쟁 동안 유엔군(대부분 미국군)의 변화하는 운명을 보여주고 있다. 왼쪽 지도에는 1950년 북한이 남한을 침공한 범위가 나타나 있다. 당시에 남동부에 위치한 부산 주변의 조그만 지역을 제외하고 한국 전역이 잠시 동안 공산군의 통제하에 있었다. 1950년 9월 15일, 맥아더 장군이 지휘한 유엔군은 인천에 상륙하여 북한군을 곧 국경 너머로 몰아냈다. 그런 다음 맥아더는 북한군을 북한 영토 깊숙이 추격해 갔다. 오른쪽 지도에는 1950년 11월, 중국군이 일단 전쟁에 개입하자 전개된 매우 다른 상황이 나타나 있다. 중국군은 유엔군을 38선 아래로 쫓아냈으며, 간단히 서울 아래 남한 깊숙이 들어왔다. 1951년 후반, 유엔군은 북한과 남한 사이에 전쟁이 일어나기 이전의 국경선까지 밀어붙였으나, 그 후 전쟁은 수렁에 빠졌고 1년 반 동안 교착상태가 지속되었다.

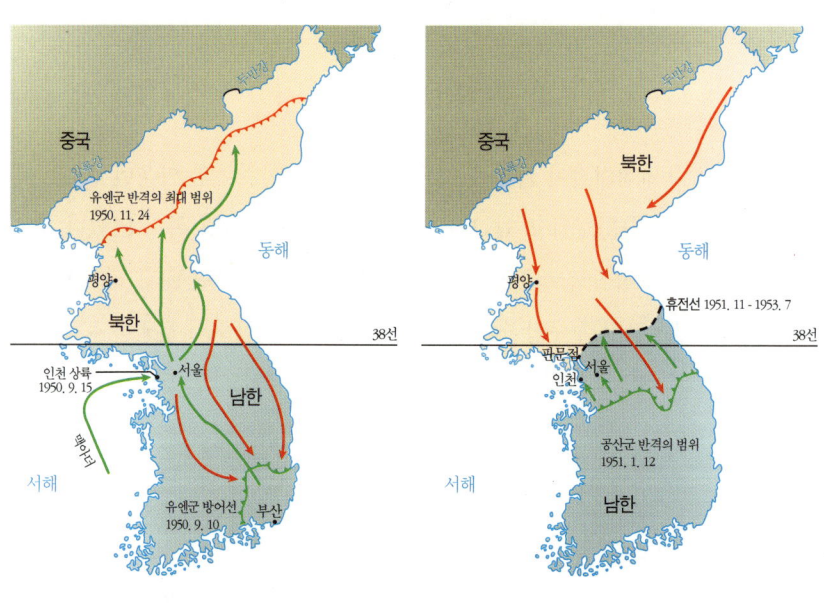

했다.

거의 즉각적으로 1950년 6월 27일, 트루먼 대통령은 남한에 미국이 제한적으로 군사를 지원하라고 명령했으며, 같은 날 국제연합(UN)에 개입해달라고 요청했다. 소련은 당시 (이사회가 중국의 새로운 공산 정권의 승인을 거절한 것에 항의하는 의미로) 안전보장이사회에 불참하고 있어서 거부권을 행사할 수 없었다. 그 결과 미국 대표는 이승만 정권에게 국제적 지원을 요구하는 결의안에 대한 국제연합의 동의를 얻어낼수 있었다. 6월 30일, 미국은 육군을 한국으로 보내라고 명령했으며, 트루먼은 더글러스 맥아더(Douglas MacArthur) 장군을 유엔군 사령관에 임명했다(여러 국가가 군대와 원조를 제공했지만, 유엔군은 사실 미군의 수가 압도적으로 많았다).

9월에 미국이 갑작스럽게 인천에 상륙한 이후, 북한군은 남쪽에서 38선 이북으로 다시 후퇴했다. 트루먼은 맥아더에게 공산주의자를 북한에서 몰아내라고 했다. 트루먼의 목표는 '통일되고 독립적이면서 민주적인 한국(a unified, independent and democratic Korea)'을 만드는 것이었다. 그는 단순한 봉쇄를 넘어서 공산주의 세력을 격퇴하려고 했다.

• 인천

침공에서 교착상태로

여러 주 동안 맥아더는 북한으로 순조롭게 진격해 갔다. 10월 19일, 북한의 수도인 평양이 유엔군에게 함락되었다. 승리는 가까워 보였다(미군이 국경 쪽으로 이동하는 것에 놀란 중국 정권이 개입하기 전까지는). 그러나 11월 4일, 중국의 팔로군이 전쟁에 개입했다. 유

• 중국의 개입

한국의 겨울(1950)

유엔군이 한중(韓中) 국경에 접근해오자 중국군이 전쟁에 개입하여 미군과 치열한 전투를 벌였다. 그 전투 중, 한 미군 병사가 얼음이 얼고 포진된 능선의 꼭대기를 향해 무거운 발걸음을 옮기고 있다.

엔군의 공격은 멈추었으며, 그런 다음 와해되었다. 1950년 12월 내내 중과부적인 미군은 팔로군에 대항해 힘들고도 이길 가망이 없는 전투를 했다. 몇 주 내로 공산주의 세력은 미군을 다시 한 번 38선 아래로 내몰았으며, 남한의 수도인 서울을 다시 탈취했다. 1951년 1월 중순, 패주는 끝났다. 그리고 3월까지 유엔군은 최근에 빼앗겼던 영토의 많은 부분을 되찾고 서울을 수복하였으며, 공산주의자를 다시 한 번 38선 이북으로 몰아갔다. 그러나 이제 전쟁은 시간만 질질 끄는 교착상태로 악화되었다.

처음부터 트루먼은 새로운 세계 전쟁이 일어날까 봐 두려워, 중국과의 직접적인 마찰은 피하려고 했다. 일단 중국이 전쟁에 참여하게 되자, 그는 협상을 통한 해결을 찾기 시작했다. 그러나 맥아더 장군은 생각이 달랐다. 맥아더는 미국이 실제로 중국과 싸우는 중이라고 주장했다. 따라서 직접적인 침공은 아닐지라도 적어도 중국 국경 북쪽에 밀집해 있던 공산군에게 폭격을 가하여 중국 자체를 공격해야 한다고 했다. 1951년 3월, 맥아더는 하원의 공화당 지도자인 조지프 마틴(Joseph W. Martin)에게 보낸 공개편지에서 불만을 표현했으며, "어떠한 것도 승리를 대신할 수 없다"고 결론지었다. 그의 입장은 광범위한 대중적 지지를 얻었다. 대통령은 마틴 편지의 공개를 용납할 수 없는 불복종으로 받아들였다. 1951년 4월 11일, 그는 맥아더를 사령관에서 해임했다.

갤럽 여론조사 결과 미국 국민의 69퍼센트가 맥아더를 지지한다고 나타났다. 1951년 후반, 미국으로 귀환한 맥아더 장군은 열광적인 환영을 받았다. 트루먼에 대한 대중적 비판은 오마 브래들리(Omar Bradley) 장군을 포함한 일련의 저명한 군인이 공개적으로 대통령의 결정을 지지하자 마침내 다소 줄어들었다. 그러나 트루먼에 대한 적대감은 상당히 남아 있었다. 한편, 한국에서는 교착상태가 계속되었다. 1951년 7월, 판문점에서 적대적인 세력 간에 협상이 시작되었다. 그러나 회담과 전쟁은 1953년까지 지루하게 진행되었다.

• 트루먼과 맥아더의 대립

제한된 동원

미국은 한국전쟁 때 해외에서 제한적으로만 군사개입을 한 것처럼, 미국 내에서는 단지 제한된 경제적 동원만 만들어냈다.

트루먼은 국방 동원국(Office of Defence Mobilization)을 설치하고는 물가를 억제하고 노조의 고임금 요구를 억눌러 인플레와 싸왔다. 이러한 조심스런 규제책이 실패하자, 대통령은 더 과감한 행동을 취했다. 1951년에 철도 노동자가 파업을 일으키자, 노동자의 요구가 인플레를 유발한다고 생각한 트루먼은 행정부에 철도 통제권을 장악하라고 명령했다. 1952년, 전국적인 철강 파업이 일어난 동안 트루먼은 최고 사령관으로서의 권력을 발동시켜 제철소를 접수했다. 그러나 연방 대법원이 6 대 3의 결정으로 트루먼이 대통령의 권한을 넘어섰다고 판결하자 그는 누그러질 수밖에 없었다.

• 불안정과 좌절감의 증가

한국전쟁은 많은 사람이 경기 후퇴가 시작되었다고 본 시점에 새로운 정부 자금을 경제에 쏟아붓게 함으로써 경제적 성장에 상당히 기여했다. 그러나 전쟁은 덜 환영받은 또 다른 효과도 가져왔다. 한국전쟁은 세계에서 미국의 지위가 더욱 불안정해지는 시점에 일어났고 공산주의에 대한 불안도 강화시켰다. 오랜 교착상태가 계속되는 동안 14만 명의 미국인이 죽거나 부상당하면서 좌절감은 분노로 바뀌었다. 최근에 역사상 가장 큰 전쟁에서 승리한 미국이 사소해 보이는 약소국의 국경분쟁을 끝낼 수 없었다. 많은 사람은 틀림없이 (한국에서뿐만 아니라 미국에서도) 무엇인가 몹시 잘못되었다고 믿기 시작했다. 그러한 공포가 미국 내에서 20세기 들어 두 번째로 공산주의에 대항하는 운동이 일어나게 했다.

5

매카시즘

왜 미국인은 국내의 공산주의가 사회체제를 전복할 것이라는 공포감을 점점 키우고 있었을까(이 공포는 1950년대 전반에 거의 히스테리에 가까이 이르렀다)? 많은 대답이 가능하겠지만, 어떠한 결정적인 하나의 설명은 있을 수 없다.

한 가지는 명백했다. 공산주의는 가상의 적(imagined enemy)이 아니라는 것이었다. 그것은 스탈린(Joseph Stalin)과 소련에서 분명한 모습으로 나타나 있었다. 이러한 염려에 덧붙여 한국에서의 교착상태, 중국의 '상실', 소련의 원자폭탄 개발이 있었다. 많은 사람은 비난받을 누군가를 찾던 중에, 미국 내의 공산주의 음모라는 생각에 매료되었다. 그러나 물론 미국의 국내 정치 사건에 뿌리내린 다른 요소들도 존재했다.

하원 반미 활동 위원회와 엘저 히스

반(反)공산주의 광기는 공화당이 민주당원을 공격할 문제를 찾으려고 조사하고, 민주당은 그 문제에서 벗어나려고 노력하는 중에 대부분 나타났다. 1947년에 시작된 하원 반미 활동 위원회(House Un-American Activities Committee, HUAC)는 민주당 정권에서 정부가 공산주의자의 전복을 (실제적으로 격려하지는 않았을지라도) 용납했다는 것을 증명하기 위해 공개 조사 위원회를 열었다. 위원회는 먼저 영화 산업으로 방향을 돌려서, 공산주의자가 할리우드

• '할리우드 텐'

앨저 히스

국내의 공산주의 위협에 대한 의견을 앨저 히스(Alger Hiss)보다 더 양극화시킨 사람은 없었다. 그는 한때 존경받던 외교관이었는데, 1930년대에 소련을 위해 스파이 노릇을 했다고 1948년에 고발되었으며, 후일 의회 위원회에서 거짓 증언을 했다는 이유로 위증죄로 기소되었다.

(Hollywood)에 침투해 있으며 미국 영화가 공산주의 운동에 오염되어 있다고 주장했다. 과거에 공산주의자였던 일부 극작가와 영화 제작자가 증언을 하기 위해 소환되었다. 그들 중 일부('할리우드 텐 the Hollywood Ten')는 자신의 정치적 신념과 동료에 관한 질문에 대답하기를 거부하여 의회모독죄로 투옥되었다. 할리우드가 대중적

이미지를 보호하려는 의도로 '의심스러운 충성심'을 지닌 사람들을 기록한 '블랙리스트'를 채택하자 다른 사람도 영화 산업에 취업할 수 없게 되었다.

대중에게 더 놀라운 사실은 국무부의 전직(前職) 고위 간부 엘저 히스(Alger Hiss)를 하원 반미 활동 위원회가 불충성 죄목을 들어 수사 대상으로 삼은 일이었다. 1948년, 과거에 공산주의 요원이었으며 당시 《타임》의 보수적 편집자였던 휘태커 체임버스(Whittaker Chambers)는 히스가 자기에게 1937년과 1938년에 비밀로 분류된 국무성의 문서들을 넘겨주었다고 동(同) 위원회에서 증언했다. 히스가 그를 중상죄로 고소하자 체임버스는 (자기 집 채소밭 호박에 숨겨놓았기 때문에 '호박 문서'로 불린) 문서에 관한 마이크로필름을 제출했다. 히스는 (대부분의 범죄에 있어서 7년이 지난 후에는 개인을 기소할 수 없게 만든 법안인) 공소 시효법(statute of limitations) 때문에 간첩죄로 기소될 수는 없었다. 그러나 캘리포니아 출신의 공화당 초선 하원 의원이자 반미 활동 위원회의 일원인 리처드 닉슨(Richard M. Nixon)의 무자비한 시도 때문에, 히스는 위증죄로 기소되고 여러 해 동안 수감되었다. 히스 사건은 전도양양한 젊은 외교관의 평판을 떨어뜨렸을 뿐만 아니라, 자유주의적 민주당 세대에 의심의 눈을 돌리게 했다. 이 사건은 또한 닉슨을 전국적인 인물로 만들었고, 1950년 그가 상원 의석을 차지하는 데 도움을 주었다.

연방 충성 프로그램과 로젠버그 사건

트루먼 행정부는 공화당의 공격으로부터 스스로를 보호하고 대통령이 외교정책에서 주도권을 갖도록 지원하기 위해, 1947년 연방 정부 직원의 '충성심'을 점검하는, 대중적으로 널리 알려진 프로그램을 시작했다. 1951년경 2,000명이 넘는 정부 직원이 압력으로 사임했으며, 212명은 해고되었다.

• 매커랜 국내 보안법

직원 충성 프로그램은 행정부 전반에 걸쳐 국가 전복에 대한 대규모 공격이 진행되리라는 전조였다. 법무부 장관은 추정된 전복 조직들이라고 널리 인용된 명단을 만들었다. FBI 국장인 에드가 후버(J. Edgar Hoover)는 급진주의자로 낙인 찍힌 사람을 심문하고 괴롭혔다. 1950년에 의회는 '전복' 행위에 대한 여러 법률 가운데, 모든 공산주의 조직은 정부에 등록하고 그들의 기록을 공표하라고 규정한 매커랜 국내 보안법(McCarran Internal Security Act)을 통과시켰다. 트루먼은 그 법안에 거부권을 행사했으나, 의회는 그의 거부권을 쉽게 뒤집었다.

소련이 일반적인 예상보다 이른 1949년에 원자폭탄 폭발을 성공하자 일부 사람은 미국의 핵 비밀을 러시아인에게 넘긴 음모가 있었다고 생각하게 되었다. 1950년, 영국의 젊은 물리학자인 클라우스 푹스(Klaus Fuchs)가 러시아인에게 폭탄 제조의 세부 사항을 넘겼다고 증언했을 때, 이러한 두려움이 확인되는 것처럼 보였다. 그 사건은 최종적으로, 뉴욕에 살던 무명의 공산당원 부부인 줄리어스와 이설 로젠버그(Julius and Ethel Rosenberg)에게 옮겨갔다. 정부는 로젠버그 부부가 뉴멕시코 주에서 맨해튼 계획을 위해 일했던 기계 기술자인 이설의 남동생으로부터 비밀 정보를 받아, (푹스를 포함한) 다른 요원을 통해 소련으로 전달했다고 주장했다. 로젠버그 부부는 기소되었으며, 1951년 4월 5일 사형을 언도받았다. 2년 동안 항소와 대중적 저항이 있은 후, 1953년 6월 19일 그들은 전기의자에서 죽음을 맞았다.

이러한 모든 요인—하원 반미 활동 위원회, 히스 재판, 충성심 조사, 매커랜 법, 로젠버그 사건 등—이 1950년대 전반에 걸쳐 전국을 사로잡은 공산주의자의 체제 전복에 대한 공포를 조성한 여타 우려와 합쳐졌다. 주 정부 및 지방 정부, 사법부, 학교와 대학, 노조 등은 모두 자신 속에서 실제 혹은 가상의 전복자를 숙청하고자 애썼다. 당시는 특이한 공인(public figure)의 등장이 가능했던 풍토였다.

• 전복에 대한 공포의 증가

매카시즘

위스콘신 주 출신의 공화당 초선 상원 의원으로 무명이었던 조지프 매카시(Joseph McCarthy)는 1950년 2월, 갑자기 전국적인 인물로 부상했다. 그는 웨스트버지니아 주의 휠링(Wheeling)에서 연설하던 도중에 여러 장의 문서를 들어올리고는, 현재 미 국무부에서 일하는 공산주의자로 알려진 205명의 명단이 "내 손 안에 있다"고 주장했다. 누구도 그만큼 대담하게 연방정부를 비난한 인물은 없었다. 그 후 여러 달 동안 매카시는 비난을 반복하고 확대했으며, 마침내 국내의 전복 세력에 대항하는 운동의 가장 저명한 지도자로 부상했다.

매카시는 국무부에 대해 비난하던 여러 주 동안, 다른 기관에도 똑같은 비난을 해댔다. 1952년 이후 상원을 지배했던 공화당 의원과 함께, 매카시는 특별 소위원회 위원장으로서 행정부 여러 분야에서의 전복 활동에 관해 높은 대중적 관심을 끈 조사를 지휘했다. 그

• 매카시의 인기 상승

렇지만 매카시는 연방정부 내의 어떠한 직원도 공산주의자와 연관이 있다는 결정적인 증거를 찾아내지 못했다. 그러나 증가 일로에 있던 지지자는 많은 사람이 오만하고 비생산적이며 반역적이라고 생각했던 정부 체제에 대해서 '겁 없이' 공격을 해댔던 그를 존경했다. 특히 공화당원은, 민주당이 '반역의 20년'에 책임을 져야 하며 정당이 바뀌어야만 나라가 뒤집어지는 사태를 면할 수 있다고 한 그의 주장에 동조했다. 간단히 말해서, 매카시는 그의 추종자에게 광범위한 분노—공산주의에 대한 두려움, '동부 지배 세력(Eastern establishment)'에 대한 적개심, 좌절된 파당적 야망 등—을 연결할 수 있었던 이슈를 제공했다. 얼마 동안 매카시는 그를 반대했던 극소수의 사람을 제외하고는 모든 사람을 위협했다. 심지어는 1952년 대통령 선거에 후보로 나선 매우 인기 있던 아이젠하워조차도 매카시의 책략을 싫어했고 무엇보다도 매카시가 마셜 장군을 공격한 것에 분개했지만, 그를 드러내놓고 비난하지는 못했다.

공화당의 부활

한국전쟁의 교착상태에 대한 국민의 좌절과 내부의 전복에 대한 대중적 공포가 결합하여 1952년은 민주당에게 나쁜 해가 되었다. 인기가 거의 바닥에 다다른 트루먼은 대통령 선거에 나서지 않았다. 민주당은 그 대신 일리노이 주지사인 아들라이 스티븐슨(Adlai E. Stevenson) 아래 단합했다. 스티븐슨은 위엄, 위트, 말재주로 자유주의자와 지식인에게 많은 사랑을 받았다. 그러나 그러한 자질은 스티븐슨이 공산주의에 충분히 맞서 싸울 수 있는 힘이나 의지가 부족하다는 공화당의 비난에 기름을 부었을 뿐이었다.

스티븐슨의 가장 큰 문제는 그를 반대했던 공화당 후보였다. 공화당원은 로버트 태프트(Robert Taft)나 맥아더를 지명하려는 보수파의 시도를 거부하면서, 전에는 같은 당원이 아니었던 아이젠하워 장군—전쟁 영웅, 나토 사령관, 뉴욕의 컬럼비아 대학 총장—에게로 돌아섰다. 아이젠하워는 1차 투표에서 후보 지명을 따냈다. 그는 러닝메이트(부통령 후보)로 엘저 히스에 대항한 운동을 통해 전국적으로 유명해진 캘리포니아 주 출신의 젊은 상원 의원 닉슨을 선택했다.

가을 선거전에서 아이젠하워는 온화한 성격과 한국전쟁을 해결하겠다는 정치가다운 공약을 내걸어 유권자의 지지를 끌어냈다. 닉슨은 [재정적 잘못에 대한 초기 비난을 '체커스 연설(Checkers speech, 닉슨이 후원자에게 받은 1만 8,000달러가 나쁜 돈이 아니며 사적으로 유용하지는 않았다고 해명한 연설—옮긴이)'이라는 유명한 텔레비전 연설을 통해 무력화시킨 뒤] 민주당을 '겁쟁이'와 '유화(appeasement)'로 공격하여 국내의 반공주의를 효과적으로 이용했다. 선거에서의 반응은 압도적이었다. 아이젠하워는 일반투표와 선거인단 투표 모두에서 승리를 거두었다. 일반투표에서 그는 55퍼센트를 얻은 반면 스티븐슨은 44퍼센트를 얻었고, 선거인단 투표에서는 스티븐슨이 89표를 획득한 반면 그는 442표를 획득했다. 공화당은 1946년 이래 처음으로 상하 양원을 지배하게 되었다.

• 아이젠하워 당선

결론

　미국과 소련이 동맹국이었던 제2차 세계대전 중에도 양국의 지도자는 전후 세계가 어떠해야 하는가에 대한 비전이 상당히 달랐다. 그 전쟁이 끝나자마자, 한때는 결실이 있었던 세계의 두 최강국 간의 관계가 급속히 나빠졌다. 미국은 소련이 히틀러의 독일과 별반 다르지 않은 팽창주의적 전제 국가라고 믿게 되었다. 소련은 미국이 소련을 둘러쌈으로써 미국의 세계 지배권을 보호하려고 애쓴다고 믿게 되었다. 이러한 긴장의 결과는 1940년대가 끝날 무렵 냉전으로 알려지게 되었다.

　냉전 초기에 미국은 전쟁과 소련의 공격 모두를 예방하기 위해 일련의 정책을 만들었다. 그것은 분열되어 있는 서유럽 국가를 마셜 플랜을 통해 사실상 경제적으로 지원함으로써 재건을 도와 이들 국가가 안정되어 공산화되지 않게 하는 정책이었다. 미국은 봉쇄로 알려진 새로운 외교정책을 채택하여 소련이 전 세계로 영향력을 확대하는 것을 막고자 하는 노력을 천명했다. 미국과 서유럽은 예상되는 소련의 침공으로부터 유럽을 방어하기 위해 강력하고도 지속적인 동맹인 북대서양조약기구(NATO)를 구성했다.

　그러나 1950년, 공산주의 북한군이 비공산주의 남한을 침공하자 대부분의 미국인은 이를 곧 냉전 상태에서 미국의 결의를 시험하는 것으로 보았다. 한국전쟁은 많은 군사적 후퇴와 좌절을 맛본, 오래 끌고 값비싸며 인기 없는 전쟁이었다. 그러나 종국에는 미국이 유엔을 통하여 북한군을 남한으로부터 몰아냈으며, 한반도의 분단을 고착화할 수 있었다.

한국전쟁으로 인해 미국의 외교정책은 훨씬 더 엄격하게 반공적인 형태로 고착되었다. 이는 트루먼 행정부와 민주당을 손상시켰으며, 보수주의자와 공화당원을 강화시키는 데는 도움을 주었다. 그리고 미국 내의 공산주의자와 공산주의자로 추정되는 사람에 대항한 기존의 강력한 운동을 크게 강화시켰다. 체제 전복 세력에 대항하는 운동은 이에 가장 저명한 지도자였던 위스콘신 주의 상원 의원 조지프 매카시의 악명 때문에 종종 매카시즘이라 불렸다.

제2차 세계대전 이후 미국은 논란의 여지없이 세계에서 가장 부유하고 강력한 국가였다. 그러나 냉전의 가혹한 풍토 속에서는 부(富)나 힘도 깊은 우려나 잔인한 분열을 몰아낼 수 없었다.

1947	1952	1953	1954	1955
레빗타운 건설 시작	아이젠하워, 대통령 당선	한국전쟁 종결	브라운 대 토피카 교육 위원회 사건/육군-매카시 청문회	몽고메리 버스 승차 거부

30장
풍요로운 사회

새로운 텔레비전 수상기

노먼 로크웰(Norman Rockwell)은 1930~50년대 미국에서 유명한 삽화가 중의 한 사람으로, 《새터데이 이브닝 포스트(the Saturday Evening Post)》 같은 대중잡지의 수많은 표지와 그 시대에 가장 사랑받았던 이미지를 창조했다. 그의 그림은 대부분 1930, 40년대 미국의 조그만 마을의 삶을 재현했다. 그러나 1949년에 그린 이 삽화에 나타나듯이, 그는 1940년대 후반에 등장한 교외의 새로운 소비문화도 그리기 시작했다. 새로운 텔레비전 안테나가 마치 뒤편의 오래된 교회 첨탑과 경쟁하듯이 하늘을 거슬러 솟아 있다.

1956	1957	1959	1960	1961	1969
연방 고속 도로법	스프트니크 발사 /캐루악의 《길 위에서》/리틀 록, 인종 통합 위기	카스트로, 쿠바 정권 장악	U2기 사건	우주 공간 최초의 미국인	미국인, 달 착륙

당시의 많은 미국인이 믿었고 오늘날도 많은 사람이 믿고 있듯이 미국인이 1950년대와 60년대 초 황금기를 경험했다면, 그것은 대체로 두 가지가 발전한 결과 때문이었다. 하나는 급격한 전국적 번영으로서, 그것은 많은 미국인의 삶과 세계에 관한 사고방식뿐만 아니라 사회적, 경제적, 심지어 물질적 풍경까지도 크게 변화시켰다. 다른 하나는 공산주의와의 계속되는 투쟁으로서, 이는 상당한 불안을 만들었으나 미국인이 자신의 사회를 더욱 만족스럽게 바라보게도 했다. 그러나 이러한 강력한 힘이 국가의 목적과 자기 만족을 폭넓게 인식하게 했다면, 다른 한편으로 많은 미국인이 다수의 인구층을 괴롭히던 심각한 문제에 눈감게 하기도 했다.

1
경제 '기적'

1950년대와 60년대 초 미국 사회의 가장 인상적인 모습은 급격한 경제적 성장이었는데, 마치 경제 호황기였던 1920년대가 활기 없어 보일 정도였다. 이 시기의 번영은 30년 전보다 더 균형 잡히고 더 넓게 분배되었다. 그러나 그 번영은 일부 미국인이 믿었던 만큼 보편적이지는 않았다.

• 급격한 경제성장

경제 성장

전후, 전시 경제에서 평시 경제로의 전환이라는 문제가 계속되었음에도 1949년에 잠시 주춤했을 뿐, 거의 20년 동안 경제가 지속적으로 성장했다. 1945년에서 1960년 사이 국내총생산(GNP)은 2,000억 달러에서 5,000억 달러로 250퍼센트나 증가했다. 대공황기 동안 평균 15퍼센트에서 25퍼센트였던 실업률은 1950년대와 60년대 초 내내 5퍼센트 혹은 그 이하로 유지되었다. 한편, 인플레율은 매년 3퍼센트 또는 그 이하 언저리에서 맴돌았다.

이렇게 성장한 원인은 다양했다. 1940년대에 대공황을 종결시킨 정부 지출은 학교, 주택, 제대 군인을 위한 보조금, 복지, 주간(interstate) 고속도로, 그리고 무엇보다 군비 지출 같은 공공 기금을 투입하여 경제성장을 계속적으로 자극했다. 한국전쟁 때문에 군비 지출이 최고였던 1950년대 전반에 경제성장은 정점에 이르렀다.

• 정부 지출

미국의 출생률(1940~1960)

이 도표는 미국의 출생률이 (1930년대에 오랫동안 감소한 후에) 제2차 세계대전 중과 그 이후 얼마나 급속하게 증대하여 '베이비붐'을 일으켰는지를 보여준다. 베이비붐의 절정기였던 1950년대에 미국 인구는 20퍼센트나 증가했다.

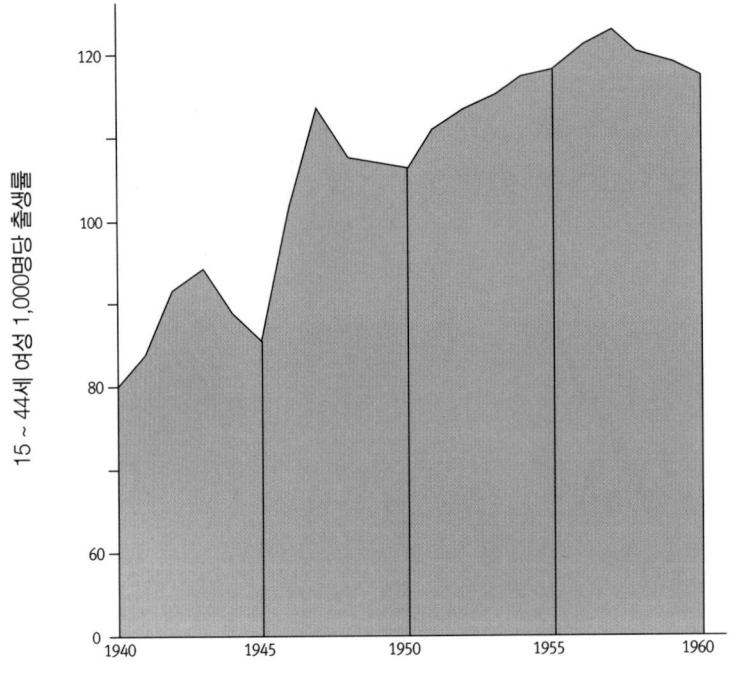

한국전쟁기에 시작하여 1957년에 절정에 이른, 이른바 베이비붐(baby boom)과 더불어 전국적 출생률은 오랫동안 계속되던 인구 감소를 역전시켰다. 미국 인구는 1950년 1억 5,000만 명에서 1960년 1억 7,900만 명으로, 10년 동안 거의 20퍼센트나 증가했다. 베이비 붐은 소비자 수요의 증가와 경제적 성장의 팽창을 의미했다.

1950년대에 교외 지역(suburbs)의 인구가 47퍼센트나 증가하면서 급속히 팽창하자 여러 중요한 경제 분야가 자극받아 성장했다. 개인 소유 차량 대수는 10년 안에 2배 이상 증가했다. 새집에 대한 수요도 늘어 주택 건설 산업이 활기찼다. 도로 건설도 경제를 자극했다.

• 교외 지역의 팽창

미국 경제는 이러한 요인과 다른 요인에 힘입어, 전후 30년 동안 인구가 늘어난 것만큼 빠르게 거의 10배 이상 성장했다. 그리고 그러한 성장은 결코 공평하게 분배되지는 못했지만, 사회 대부분에 영향을 미쳤다. 1960년에 미국인의 평균 구매력은 1945년에 비해서 20퍼센트 이상 증가했고, 번영했던 1920년대보다도 2배 이상 높았다. 미국인은 세계 역사상 최고의 생활수준에 이르렀다.

현대 서부의 등장

새로운 경제성장의 결과로 미국의 서부보다 더 극적인 변화를 경험한 지역은 없었다. 서부에서 인구는 급격히 증가했고, 도시는 급속하게 발전했으며, 산업 경제는 번창했다. 1960년대에 이르러 서부의 일부 지역은 당연히 미국의 가장 중요하고 인구가 많은, 산업과 문화의 중심이 되었다.

제2차 세계대전 중, 연방 지출과 투자의 결과로 서부가 많이 성장했다. 즉 댐, 발전소, 고속도로, 여타 기간 시설 프로젝트로 경제 발전이 가능해졌다. 또한 캘리포니아 주와 텍사스 주의 공장에 군사 계약이 불균형적으로 계속 투입되었으며, 많은 경우 공장은 세계대

• 정부가 유도한 성장

30장 풍요로운 사회 | 327

전 중에 정부의 자금으로 건설되었다. 그러나 다른 요인도 역할을 했다. 자동차 수의 증가로 새로운 석유 수요가 생겼고, 텍사스 주와 콜로라도 주의 유전과 휴스턴, 댈러스, 덴버 같은 대도시 중심부가 급속히 성장했다. 서부의 주 정부는 주립 대학에 엄청난 투자를 했다. 특히나 텍사스 대학 및 캘리포니아 대학은 미국에서 최고 수준의 대학이 되었다. 이 대학은 연구 센터로서 서부에 기술집약적 산업이 유치되도록 도왔다. 기후 또한 도움이 되었다. 특히 따뜻하고 건조한 기후 덕분에 동부에서 많은 사람이 남(南)캘리포니아, 네바다, 애리조나 주로 옮겨왔다. 제2차 세계대전 이후 로스앤젤레스의 성장은 하나의 놀라운 현상이었다. 1945년에서 1950년 사이 미국에서 새로운 사업의 10퍼센트 이상이 로스앤젤레스에서 시작되었고, 1940년에서 1960년 사이 이곳 인구는 50퍼센트 이상 증가했다.

자본과 노동

급격한 성장을 누리던 기업은 사업에 방해되는 파업을 허용하려 하지 않았다. 그리고 가장 중요한 노조는 이제 너무 비대하고 잘 구축되어 있어 쉽사리 억압하거나 위협할 수 없었기 때문에, 대기업의 임원은 노조에 중요한 것을 양보했다. 1950년대 중반쯤, 모든 산업의 공장 임금이 상당히 증가하여 주당 평균 80달러가 되었다. 1955년 12월, 미국노동총동맹(American Federation of Labor, AFL)과 산업별 조합 회의(Congress of Industrial Organizations, CIO)는 20년간의 적대 관계를 청산하고 조지 미니(George Meany)의 지도로 AFL-CIO로 합쳐졌다.

조합에 의해 대변된 노동자(1920~2001)

이 도표는 80년간에 걸쳐 조합에 의해 대변된 노동자 수를 보여준다. 1930년대와 1940년대 동안 조합에 가입한 노동력의 급격한 증가를 주목해 보자. 1960년대와 1970년대에는 그 속도가 조금 느려졌지만, 여전히 노동조합 가입자 수는 상당 정도 증가했다. 그러나 1980년대에는 그 수가 꾸준히 감소했다. 사실상 이 도표에는 전후 시기 노동조합에 가입한 회원의 감소가 적게 나타나 있는데, 왜냐하면 급속히 성장하던 노동력의 백분율이 아닌 절대 숫자로 조합 가입자를 보여주고 있기 때문이다. 그런 방식으로 측정한다면, 조합 가입자 수가 꾸준히 증가했다 하더라도 조합이 상대적으로 감소했다는 것으로 나타난다.

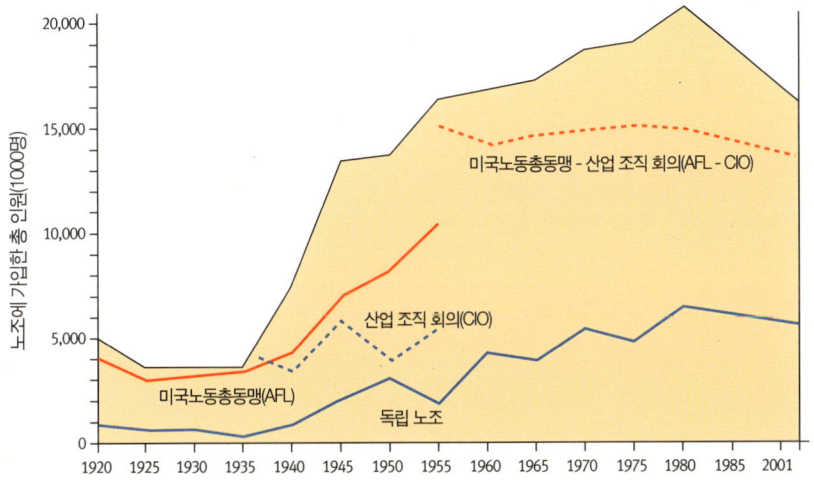

● 지미 호파

이렇게 성공했으나 몇몇 노조 지도부에 침체와 부패도 생겼다. 1957년, 강력한 트럭 노조(Teamsters Union)는 의회 조사의 대상이 되었다. 그리고 그 노조의 위원장인 데이비드 벡(David Beck)은 노조 자금을 횡령한 죄목으로 기소되었다. 벡은 결국 위원장직에서 물러나게 되었고, 지미 호파(Jimmy Hoffa)가 노조 위원장이 되었다. 정부의 조사관이 벡의 죄상을 거의 10년 동안 추적하여 마침내 1967년 탈세 혐의에 대한 유죄 평결을 끌어낸 것이었다. 이와 유사하게, 연합 광산 노조(United Mine Workers)도 폭력과 부패 혐의로 인해 오명을 남겼다.

2

과학과 기술의 폭발

1961년, 《타임》은 '올해의 인물'로 특정한 사람이 아니라 '미국의 과학자'를 선정했다. 이 선택은 원자무기 시대를 살고 있는 미국인이 대체로 과학과 기술을 매혹적인 것으로 보고 있다는 하나의 증거였다.

의학의 획기적인 발전

20세기에는 이전의 모든 세기에 발생했던 것보다 더 많은 의학의 진보가 이루어졌다. 진보의 매우 큰 부분은 제2차 세계대전과 그 이후에 발생했다. 특히 중요한 것은 과거에는 거의 치료할 수 없었던 세균 감염과 싸울 수 있는 새로운 항균제(antibacterial drugs)의 발전이었다.

항생물질의 발전은 루이 파스퇴르(Louis Pasteur)와 쥘 프랑소아 주베르(Jules-Francois Joubert)의 발견에 기원을 두고 있다. 1870년대에 프랑스에서 연구하던 그들은 악성 박테리아 감염을 여타의 더 정상적인 박테리아로 퇴치할 수 있다는 결정적인 증거를 최초로 제시했다. 영국의 외과 의사인 조지프 리스터(Joseph Lister)는 그들의 발견을 이용하여, 수술 중 감염을 예방할 수 있는 살균 용액(antiseptic solutions)이 유용하다는 것을 알렸다.

그러나 질병과 싸우기 위해 항균제를 실제로 사용하기 시작한 것

• 항균제의 발전

은 수십 년이 지난 후였다. 1930년대에 독일, 프랑스, 영국의 과학자는 술파닐아미드(sulfanilamide)로 알려진 항균제에서 추출한 이른바 술파제(sulfa drugs)의 위력을 증명했는데, 그것은 연쇄구균(streptococcal) 혈액 감염을 치료하는 데 효과적으로 사용될 수 있었다. 얼마 되지 않아 새로운 술파제는 놀라운 속도로 개발되고 자주 개선되어, 한때 사망의 주원인이었던 질환을 치유하는 데 극적인 성과를 가져왔다.

• 페니실린

한편, 1928년에 영국의 의학 연구자 알렉산더 플레밍(Alexander Fleming)은 조직체의 항균성 성분을 우연히 발견하고 페니실린이라고 이름 붙였다. 하워드 플로리(Howard Florey)와 어네스트 체인(Ernest Chain)이 지도하는 옥스퍼드 대학 연구팀이 박테리아 질병에 대항하는 실제적 공격 수단으로 만들기 위해 충분한 양의 안정되고 효능 있는 페니실린을 생산하는 방식을 알게 될 때까지, 인간의 질병 치료에 페니실린을 사용하는 것은 거의 진전이 없었다. 1941년 신약의 첫 번째 인간 실험은 대단히 성공적이었으나, 페니실린의 대량 이용 가능성 연구는 제2차 세계대전 때문에 중단되었다. 페니실린의 대량생산과 상업적 분배의 개발 방식을 미국의 연구소가 결정적인 다음 단계를 성공했기 때문에 1948년에는 전 세계의 의사와 병원에서 페니실린을 널리 이용할 수 있게 되었다. 이후로, 이용 범위가 넓은 매우 특정한 성격을 지닌 새로운 항균제가 개발되어 박테리아 감염은 이제 모든 인류의 질병 중 가장 성공적으로 치료되었다.

면역 분야에서도 극적인 진보가 있었다. 즉, 인간을 박테리아 및 바이러스성 질병으로부터 보호할 수 있는 백신이 개발되었다. 첫 번째 위대한 승리는 18세기 후반에 영국의 연구자 에드워드 제너(Edward Jenner)가 이루어 낸 천연두 백신의 개발이었다. 장티푸스에 대한 효과적인 백신은 영국의 박테리아 학자인 올모스 라이트(Almorth Wright)가 1897년에 개발했으며, 제1차 세계대전쯤에는 널리 이용되었다. 의학자는 1920년대에 또 다른 주요 살인마인 결핵 백신인 BCG를 개발했으나, BCG는 안정성에 관한 논란이 특히 미국에서 일어나 여러 해 동안 승인이 보류되었다. BCG는 결핵이 거의 사라진 제2차 세계대전이 되어서야 널리 사용되었으며, 1990년대에는 결핵이 제한적이지만 재발하기 시작했다.

바이러스는 박테리아 감염보다도 예방하고 치료하기가 훨씬 더 어려웠으며, 천연두를 제외한 바이러스 감염을 막는 백신 개발은 상대적으로 느렸다. 조직배양(tissue cultures)에 있어 과학자가 실험실에서 바이러스의 증식 방법을 발견한 1930년대가 되어서야, 연구원은 효과적인 연구를 할 수 있었다. 점차, 그들은 백신을 맞은 사람에게 질병을 예방하는 항체(antibodies)를 만들 수 있는 바이러스 형태를 발견했다. 황열병(yellow fever)에 효력 있는 백신은 1930년대 후반에 개발되었고, 20세기 전반에 거대한 살인마의 하나인 인플루엔자에 대한 백신은 1945년에 출현했다.

특히 제2차 세계대전 이후의 극적인 승리는 소아마비 백신의 개발이었다. 1954년, 미국의 과학자인 조너스 소크(Jonas Salk)는 수천 명의 아이와 (프랭클린 루스벨트를 포함한) 어른을 죽이거나 불구로 만든 질병에 효과적인 백신을 소개했다. 연방정부는 그 백신을 1955년부터 대중에게 무료로 공급했다. 1960년 이후, 앨버트 세이빈(Albert Sabin)이 개발한 경구용 백신이 더욱 쉽게 널리 이용되었

• 소크 백신

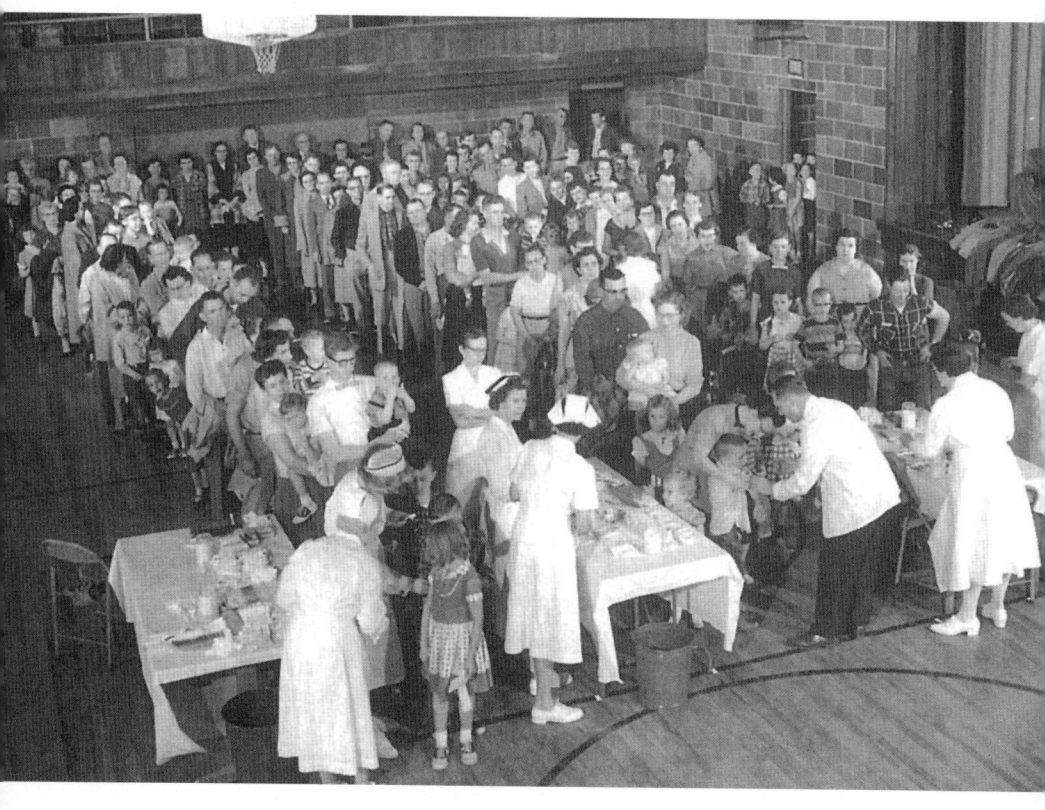

소크 백신

1950년대 중반, 피츠버그 대학의 의학 연구원이었던 조너스 소크(Jonas Salk) 박사는 소아마비 예방에 효과적이라고 입증된 최초의 백신을 개발했다. 그 결과, 사진-캔자스 주의 어느 학교 체육관에서 벌어진 온 가족의 대규모 예방접종-과 유사한 장면이 미국 전역에 걸쳐 재현되었다. 몇 년 후, 신시내티 대학의 앨버트 세이빈(Albert Sabin) 박사가 각설탕을 이용해 더 쉽게 투약할 수 있는 백신을 만들어냈다.

는데, 그것은 보통 각설탕 속에 넣어 복용하는 것이었다. 1960년대 전반 무렵, 여러 백신으로 인해 미국인과 전 세계 많은 지역 사람의 삶에서 소아마비가 사실상 사라졌다.

백신의 개발과 기타 많은 의학상의 진전 덕분에 유아사망률과 아동 사망률은 전후 25년 동안 (비록 서유럽보다는 못하지만) 눈에 띨 정도로 감소했다. 평균 예상 수명은 전후 25년 동안 5년 증가하여 71세로 늘었다.

살충제

과학자는 새로운 종류의 화학 살충제도 개발하고 있었다. 그들은 화학 살충제로 곡식들을 곤충의 파괴로부터 보호하고, 티푸스와 말라리아같이 곤충이 옮기는 질병으로부터 인간을 보호할 수 있기를 바랐다. 가장 유명한 새로운 살충제는 일반적으로 DDT로 알려진 'dichlorodiphenyltrichloroethane'로서, 1939년 스위스의 화학자 파울 뮐러(Paul Muller)가 발견한 혼합 물질이다. 그는 DDT가 인간과 다른 포유류에게는 해가 없어 보이지만, 곤충에게는 극도로 독성이 있음을 발견했다. 미국의 과학자는 뮐러의 발견을 1942년에 알게 되었는데, 그때 마침 미군 당국은 군인을 위협하고 있는 곤충에서 발생한 열대 질병(특히 말라리아와 티푸스)과 씨름하고 있었다.

DDT는 1943~44년 이탈리아에서 티푸스가 발병하는 동안 처음 대규모로 사용되어, 티푸스를 곧 퇴치했다. 얼마 지나지 않아 미군이 일본군과 싸우고 있는 태평양 여러 섬의 모기 감염 지역에 DDT를 뿌리자 말라리아 발생이 급격히 감소했다. DDT는 곤충을 통제

• DDT

하는 기적의 도구로서 명성을 얻었으며, 수천 명의 인명을 구했다. 후일에 와서야 DDT가 동물과 인간에게 장기적인 독성 효력이 있다고 밝혀졌다.

전후 전자 연구

텔레비전

전자 기술은 1940년대와 1950년에 극적으로 새롭게 발전했다. 1940년대의 연구자는 상업용 텔레비전을 최초로 생산했으며, 광대 지역에 걸쳐 방송할 수 있는 기술도 개발했다. 1950년대 후반, 뉴저지 주에 위치한 RCA의 데이비드 사노프(David Sarnoff) 연구소 과학자는 컬러 텔레비전 기술을 개발하여 1960년대 초반에 처음으로 널리 이용할 수 있게 하였다.

AT&T의 연구 조직인 벨 연구소(Bell Labs)는 1948년에 전기신호를 증폭할 수 있는 반도체 장치(solid-state device)인 트랜지스터를 생산했는데, 그것은 과거에 대부분의 전자 장비에 동력을 공급하던 성가셨던 진공관보다 훨씬 작고 더 효율적이었다. 트랜지스터로 여러 가지(라디오, 텔레비전, 음향 장치, 보조 청각 기구 등)가 소형화될 수 있었으며, 항공, 군사 무기, 인공위성에 있어서도 중요했다. 트랜지스터는 또한 1950년대 후반 집적회로(integrated circuitry)의 개발이라는 전자공학의 주요 돌파구를 마련해주었다.

집적회로의 개발

집적회로를 이용하면 이전에는 분리되어 있던 여러 전자 요소(트랜지스터, 저항기, 이극관 등)를 결합하여 극미하게 작은 하나의 장치에 끼워 넣었다. 집적회로는 다른 수단을 통해서는 생산할 수 없는 복잡한 회로가 필요한 복합적인 전자장치를 만들 수 있었다. 무엇보다도 집적회로의 개발로 컴퓨터 개발이 앞당겨졌다.

전후 컴퓨터 기술

1950년대 이전, 컴퓨터는 군사 암호해독과 같은 주로 복잡한 수학적 임무를 수행하기 위해 만들어졌다. 컴퓨터는 1950년대에 최초로 상업적 기능을 수행하기 시작했다.

우선적으로 1950년대 최초로 중요한 컴퓨터는 연방정부 인구조사국(Bureau of the Census)을 위해 레밍턴 랜드 사(Remington Rand Company)가 개발한 유니벡(Universal Automatic Computer, UNIVAC)이었다. 유니벡은 알파벳 정보와 숫자 정보를 손쉽게 다룰 수 있는 최초의 컴퓨터였다. 유니벡은 테이프 보관함을 이용하여, 계산과 기타 기능을 전신(前身)인 에니악(ENIAC)보다도 훨씬 더 빨리 수행할 수 있었다. 레밍턴 랜드 사는 매우 비싼 새 도구가 통계조사보다 더 크게 쓰일 수 있는 시장을 찾기 위하여, 유니벡을 CBS 텔레비전 뉴스에 방영될 1952년 대통령 선거 결과 예측에 사용하기도 했다. 레밍턴 랜드 사는 이렇게 사용하면 컴퓨터 홍보 효과가 클 것이라고 믿었다. 유니벡은 초기 투표 결과를 분석하여, 아이젠하워가 스티븐슨을 제치고 엄청나게 압도적으로 승리할 것이라고 정확하게 예측했다. 대다수의 미국인은 그날 이전에는 컴퓨터에 대해서 들어본 적이 없었다. 따라서 유니벡의 첫 무대는 컴퓨터 공학에 대한 인식을 대중에게 심어주는 결정적 계기가 되었다.

레밍턴 랜드사는 유니벡을 판매하는 데에는 제한된 성공을 거뒀지만, 1950년대 중반에 아이비엠(International Business Machines,

• IBM

IBM)은 자사 최초의 주요한 데이터 처리 컴퓨터를 소개해 미국과 해외의 여러 사업에서 광범한 시장을 찾기 시작했다. 아이비엠은 초기 성공을 거두면서 엄청나게 많은 돈을 연구와 개발에 투자하여 향후 수십 년간 컴퓨터 분야에서 세계적 리더가 되었다.

폭탄, 로켓, 미사일

• 핵 융합

    1952년, 미국은 최초의 수소폭탄을 성공적으로 폭발시켰다(소련도 1년 후에 처음으로 수소 폭탄을 실험했다). 제2차 세계대전 중에 개발된 플루토늄과 우라늄 폭탄과는 달리, 수소폭탄은 그 위력이 (원자가 쪼개지는) 분열이 아니라 (가벼운 원자 요소가 무거운 원자 요소와 합쳐지는) 융합에서 나왔다. 수소폭탄은 초기 원자폭탄보다 엄청나게 거대한 위력을 지닌 폭발을 일으킬 수 있었다.

    수소폭탄이 개발되자 미국과 소련에서 정체 상태에 있던 과학 프로젝트는 상당한 추진력을 얻게 되었다. 프로젝트는 비행기로 운반하기에는 부적절한 새로운 무기를 목표 지점까지 실어나를 수 있는 무인 로켓과 미사일을 개발하는 시도였다. 양국은 엄청난 자원을 여기에 퍼붓기 시작했다. 미국은 제2차 세계대전 중 독일의 로켓 개발을 도왔던 일부 독일 과학자를 이민자로 받아들여 도움을 받았다.

• 대륙간 탄도 미사일

    미국에서 초기 미사일 연구는 공군이 거의 전적으로 진행해, 수백 마일을 비행할 수 있는 로켓 개발이라는 중대한 초기 성공을 이루어냈다. 그러나 미국과 소련의 지도자는 대양과 대륙을 가로지를 수 있는 장거리 미사일, 즉 우주 공간을 통해 먼 거리의 목표까지 도달할 수 있는 대륙간 탄도 미사일(intercontinental ballistic missiles, ICBM)을 개발하기 위해 애쓰고 있었다. 미국의 과학자는 1950년대에 처음에는 아틀라스(Atlas)로, 그 다음엔 타이탄(Titan)으로 실험했다. 초기에 약간 성공했으나 많은 좌절도 있었는데, 특히 대기권 너머로 미사일을 쏘아 올릴 때 필요한 엄청난 힘을 공급하기 위해 충분하고도 안정된 연료를 혼합하는 것이 어려웠기 때문이다. 1958년, 초기 미사일에 사용된 폭발하기 쉬운 액체 연료를 대체할 수 있는 고체 연료가 만들어졌다. 그리고 미사일이 합리적으로 정확한 목표 지점까지 도달하도록 보장하는 축소 안내(guidance) 시스템이 만들어졌다. 몇 년 내에, 미니트맨(Minuteman)으로 알려진 신세대 미사일이 미국 원자 무기고의 주력이 되었다. 신세대 미사일은 수천 마일을 비행할 수 있었다. 미국의 과학자는 잠수함으로 운반하고 발사할 수 있는 핵미사일 '폴라리스(Polaris)'를 개발했는데, 이것은 공기를 압축함으로써 바다 수면 아래에서 발사되었으며, 수면 위에서만 엔진을 가동했다. 폴라리스는 1960년 최초로 해저에서 성공적으로 발사되었다.

우주 프로그램

미국은 마침내 우주 프로그램을 합리화할 논리를 개발했다. 그러나 초기에 그것은 소련과의 경쟁에서 생긴 부산물이었다. 그 기원은 직접적으로는 소련이 1957년에 스푸트니크(*Sputnik*)라는 지구궤도를 도는 인공위성을 우주 공간으로 쏘아 올렸다고 선언했던 극적인 사건에서 찾을 수 있다. 미국은 여전히 유사한 임무를 수행해야만 했으며, 미국 정부와 사회의 많은 영역은 소련의 선언에 놀라워했

스푸트니크

다. 연방 정책을 통해 학교에서의 과학교육 증진, 더 많은 연구소 창설, 그리고 무엇보다도 미국의 외계 탐사를 가속시키기 위해 열정적 노력과 자금이 투입되었다. 1958년 1월, 미국은 최초의 인공위성인 '익스플로러 1호(*Explorer I*)'를 외계로 쏘아 올렸다.

그러나 1958년, 새로운 기관인 국립 항공 우주국(National Aeronautics and Space Administration, NASA)과 더불어 수립된 유인 우주 프로그램이 곧 우주 탐사의 백미가 되었다. 최초의 미국 우주 파일럿 혹은 '우주 비행사(astronauts)'는 미국에서 가장 존경받는 영웅이 되었다. 1961년 5월 5일, 앨런 셰파드(Alan Shepard)는 외계로 쏘아 올려진 최초의 미국인이 되었다. 그러나 그의 지구궤도 이하의 짧은 비행은 소련의 '우주 비행사(cosmonaut)' 유리 가가린(Yuri Gagarin)이 실제로 지구궤도를 비행한 후 몇 달 뒤에 일어난 일이었다. 1962년 2월 2일, (후일 상원 의원이 된) 존 글렌(John Glenn)은 지구를 선회한 최초의 미국인이 되었다.

• 아폴로

머큐리(Mercury)와 제미니(Gemini) 계획 후속으로 달에 인간을 착륙시키려는 아폴로 계획이 뒤따랐다. 그 계획에는 몇 번의 파국적 후퇴가 있었는데, 가장 두드러진 것은 1967년 1월 훈련 도중 3명의 우주 비행사가 사망한 화재였다. 그러나 1969년 7월 20일, 닐 암스트롱(Neil Armstrong), 에드윈 앨드린(Edwin Aldrin), 마이클 콜린스(Michael Collins)는 달의 궤도까지 성공적으로 우주선을 비행했다. 그런 다음 암스트롱과 앨드린은 캡슐에서 더 작은 비행선을 분리시켜 달 표면에 착륙했으며, 지구 아닌 곳에서 걸은 최초의 인간이 되었다. 1972년을 마지막으로, 달 탐사는 6회 더 이루어졌다.

마침내 우주 프로그램은 더 쉽고 더 실제적인 방식으로 비행하려는, 상대적으로 온건한 노력을 계속한 결과 '우주 왕복선(space shuttle)'을 개발해냈다. '우주왕복선'은 미사일에 의해 발사되는 비행기 같은 장치로서, 우주를 비행할 수도 있고 전형적인 비행기처럼 지상에 착륙할 수도 있었다. 최초의 우주 왕복선은 1982년에 성공적으로 발사되었다. 1986년 1월, 우주 왕복선 '챌린저(Challenger)'가 이륙한 직후 폭발하여 7명의 우주 비행사가 죽자, 프로그램은 2년 동안이나 중단되었다. 그러나 1980년대 후반에 다시 시작되었다. 우주 왕복선은 통신위성을 발사하고 수리하거나, 1990년에 허블 우주 망원경(Hubble Space Telescope)을 궤도에 진입시키거나(후일 그 망원경의 결함이 있던 렌즈를 고치거나), 궤도를 돌고 있는 우주 연구소(Spacelab)를 돕는 데 사용되었다.

3

풍요로운 국민

제2차 세계대전 직후 가장 두드러진 사회 발전 중의 하나는 중간계급의 생활양식과 사고방식이 좀 더 많은 인구에 급속하게 확산되었다는 것이다. 역사가 데이비드 포터(David Potter)는 '경제적 풍요와 미국인의 성격'에 관하여 영향력 있는 조사를 1954년에 발표했다. 그는 그것을 '풍요로운 국민(People of Plenty)'이라고 불렀다. 그것은 적어도, 1950년대 미국의 중간계급에게는 적절한 명칭으로 보였다.

소비문화

• 소비재에 대한 관심 증가

1950년대 중간계급 문화의 중심에서는 소비재에 대한 몰입이 증가하고 있었다. 그것은 번영의 증대, 제품의 다양성과 이용 가능성 증가, 그리고 그러한 제품에 대한 수요를 창출하던 광고업자의 뛰어난 능력이 빚어낸 결과였다. 그것은 또한 소비자 신용이 증가한 결과이기도 했는데, 소비자 신용은 신용카드의 발달, 외상 계정 돌리기, 할부금(easy-payment) 계획을 통하여 1945년과 1957년 사이에 800퍼센트나 증가했다. 번영으로 인해 자동차 같은 소비자의 오랜 열망은 커져갔으며, 디트로이트(자동차 산업)는 끊임없이 번쩍거리는 스타일과 장식으로 호경기에 부응했다. 소비자도 식기 건조기, 쓰레기 처리기(garbage disposals, 부엌 싱크대의 개수구가 안 막

히게 음식물 쓰레기를 분쇄하는 조그만 기계), 텔레비전, 하이파이 레코드플레이어, 스테레오 등과 같은 새로운 제품의 개발에 기꺼이 호응했다.

소비재가 전국적으로 자주 시장에서 거래되고 광고되었기 때문에, 1950년대에는 전국적으로 소비자의 거대한 열광이 급속도로 퍼졌다. 예를 들어, 어린이와 청소년, 심지어 일부 성인도 1950년대 후반에 훌라 후프(hula hoop, 허리 주변을 계속해서 도는 커다란 플라스틱 링) 놀이에 빠져들었다. 월트 디즈니(Walt Disney)의 인기는 어린이 대상 텔레비전 쇼인 '미키 마우스 클럽(*The Mickey Mouse Club*)'을 만들어냈는데, 그것은 미키 마우스 시계와 모자와 같은 관련 상품의 전국적인 수요를 창출했다. 또한 로스앤젤레스 부근에 있는 놀이 공원인 디즈니랜드가 놀라운 성공을 이루는 데 도움이 되었다. 디즈니랜드는 디즈니 오락 프로그램의 수많은 캐릭터와 이벤트를 고안해냈다.

교외의 나라

1960년에는 미국 인구의 3분의 1이 교외 지역에서 살고 있었다. 교외의 성장은 풍요로움의 결과일 뿐만 아니라 수백만 명의 새로운 사람들이 단일 가구(single-family) 주택을 구입하게 한 주택 건설에 중요한 혁신이 있었기에 얻어진 결과이기도 했다. 가장 유명한 교외 개발업자인 윌리엄 레빗(William Levitt)은 뉴욕 시 부근의 롱아일랜드(Long Island)에 최초로 대규모 주택단지를 건설하면서 대량생산 방식을 이용하였기 때문에 새로운 교외(Suburban)의 성장을 상

윌리엄 레빗

레빗타운

이 사진은 첫 번째 가족이 이주해온 지 몇 달 후인 1948년 7월에 찍은 뉴욕 주 롱아일랜드의 레빗타운의 한 구역이다. 레빗 가문은 대량생산된 주택 건설 기술을 선도했는데, 그 기술 때문에 미국의 여러 지역에서 그와 비슷한 형태의 값싼 교외 단지가 많이 생겼다.

징하게 되었다. 교외 주택은 1만 달러 이하로 팔렸다. 얼마 지나지 않아 상대적으로 값싼 교외의 개발지가 전국에 걸쳐 많이 나타나게 되었다.

왜 그렇게 많은 미국인이 교외로 이주하기를 원했을까? 한 가지 이유는 5년간의 전쟁이 끝난 후 미국인이 가족생활에 중요성을 엄청나게 부여했기 때문이다. 교외 지역에서 가족은 도시에서 구할 (혹은 유지할) 수 있던 것보다 더 큰 주택을 얻을 수 있어, 더 많은 자녀를 좀 더 편하게 키울 수 있었다. 교외 지역에서는 사생활을 누릴 수 있었다. 또한 도시의 소음과 위험으로부터 안전을 보장받았다. 많은 중간계급 미국인이 열망하던 새로운 소비재, 즉 가전 제품 · 자동차 · 배 · 옥외 가구 · 기타 제품을 위한 공간도 확보할 수 있었다.

미국의 백인이 교외로 옮기게 된 또 다른 요인은 인종이었다. 대다수 교외 지역은 백인만 주거하도록 제한되어 있었다. 왜냐하면 상대적으로 소수의 흑인만이 교외에서 살 수 있었고, 공식적 · 비공식적 장벽에 막혀 부유한 흑인조차도 거의 모든 교외 지역에 들어가지 못했기 때문이다. 대부분의 도시에서 흑인 인구가 급증하던 시기에, 많은 백인 가족은 도시의 이웃과 학교에서 흑백 통합을 피하기 위하여 교외로 탈출했다.

• 분리된 교외

교외의 가족

집에서 어느 정도 떨어진 도시에서 일하는 경향이 있는 전문직 종사자에게 교외 생활은 일반적으로 일의 세계와 사적인 세계의 엄격한 분리를 의미했다. 많은 중간계급 여성에게 이것은 일터로부터 점점 멀어지는 것을 의미했다. 많은 중간계급 남편은 부인의 취업이 품위를 떨어뜨리는 일이라고 생각했다. 그리고 많은 여성도 능력은 있지만 스스로 일자리를 그만두었다. 이는 어느 정도 여성에게 자녀와 집에 머물라고 가르친 모성애에 관한 지배적인 관념 때문이기도 했다. 모성애는 1946년에 첫 출간된 벤저민 스포크 박사(Dr. Benjamin Spock)의 《아기와 육아(Baby and Child Care)》와 같이 널리 참조된 책에 의해 대중화되었다.

그러나 일부 여성은 여타 모순적인 압력에 균형을 맞추어야 했

• 한층 강화된 전통적 성 역할

다. 물질적 안락함에 대한 기대가 높아가면서, 많은 중간계급의 가족은 바라는 생활수준을 유지하기 위해 제2의 소득이 필요했다. 그 결과, 밖에서 일하는 기혼 여성의 숫자가 실제로는 전후 시기에 증가했다. 1960년에는 얼추 기혼 여성의 3분의 1이 유급 노동력의 일부를 구성했다.

텔레비전의 탄생

• 인기가 높아가는 텔레비전

텔레비전은 일련의 과학적·기술적 발견의 결과였으나, 영향력은 대체적으로 사회적이고 문화적인 것이었다. 텔레비전은 곧 역사상 최고로 강력한 매스컴 매체가 되었다. (음향과 더불어) 영상을 방송하는 실험은 일찍이 1920년대에도 있었지만, 상업방송은 제2차 세계대전이 끝난 직후 시작되어, 매우 빠르게 성장했다. 1946년에 미국에는 단지 1만 7,000대의 수상기가 있었으나, 1957년에는 거의 전체 가구 수와 맞먹는 4,000만 대로 늘어났다. 어떤 기사에 의하면, 냉장고보다 텔레비전을 소유한 가정이 더 많았다.

텔레비전 산업은 직접적으로는 라디오 산업으로부터 출현했으며, 3개의 모든 주요 네트워크, 즉 NBC(National Broadcasting Company), CBS(Columbia Broadcasting System), ABC(American Broadcasting Company)는 라디오 회사에서 출발했다. 라디오처럼 텔레비전 사업은 광고에 의해서 유지되었다. 광고주를 끌어들일 수 있는지가 대부분의 프로그램 결정을 좌지우지했다. 그리고 텔레비전의 초기 시절에는 스폰서가 자신이 선택한 프로그램의 콘텐츠를 직접 결정하는 역할을 종종 했다. 초기의 많은 텔레비전 쇼는 GE 텔레비전 씨어터(GE Television Theater), 크라이슬러 플레이하우스(Chrysler Playhouse), 캐멀 뉴스 캐러밴(Camel News Caravan) 등과 같이 후원해주는 대기업의 이름을 달고 있었다. 스폰서가 거의 항상 여성을 겨냥한 가정용품을 만드는 회사였기 때문에 '솝 오페라(soap opera)'라 불린 대낮에 방송된 연속극의 일부는 사실상 프록터 앤 갬블 사(Procter & Gamble) 및 기타 회사가 극본을 쓰고 제작을 맡았다.

1950년대 후반에는 텔레비전 뉴스가 신문, 잡지, 그리고 라디오를 대체하여 가장 중요한 정보 수단이 되었다. 텔레비전 광고는 새로운 패션과 제품을 판매하기 위한 방대한 시장 형성에 도움을 주었다. 텔레비전에서 운동경기를 중계방송하면서 미국에서 대학 스포츠와 프로스포츠는 점차 가장 중요한 오락거리의 하나(그리고 가장 큰 사업 중의 하나)가 되었다. 3개의 전국 네트워크와 대기업 스폰서에 의해 거의 통제되던 텔레비전 오락 프로그램은 영화와 라디오를 대신하여 미국 가정의 주요한 여흥거리가 되었다.

1950년대와 1960년대 초의 많은 프로그램은 미국인 생활의 공통된 이미지를 만들었다. 그 이미지는 주로 백인, 중간계급, 교외 생활자로 그려졌으며, 가족을 소재로 한 대중적 시트콤(situation comedies)에서 잘 드러났다. 그중에서 제일 인기 있던 〈아버지는 가장 잘 알고 있다(Father Knows Best)〉에서 알 수 있듯이, 프로그램 안에서 대다수의 여성은 자식에게 봉사하고 남편을 기쁘게 해주는 어머니이자 주부였다.

하지만 텔레비전은 의도하지는 않았으나 사회적 갈등을 악화시키는 조건을 만들어냈다. 시대의 풍요함을 함께 누릴 수 없었던 사

사회적 갈등의 악화

람도 텔레비전을 통해 다른 사람이 어떻게 살고 있는지 생생하게 볼 수 있었다. 그러므로 텔레비전은 백인 중간계급을 찬미하는 동시에, 또한 텔레비전이 묘사하는 세계에서 배제된 집단은 소외감과 무력감을 느끼게 했다. 그리고 텔레비전 뉴스는 전례 없는 권력을 갖고 1950년대 후반부터 점차 시작된 사회적 격변을 전달했다.

여행, 야외 레크리에이션, 그리고 환경주의

미국 문화에서 미국인 노동자에게 유급휴가를 주는 아이디어와 그 아이디어를 여행과 연관짓는 일은 1920년대에 시작되었지만, 중산층 미국인 사이에서 휴가 여행이 널리 퍼지게 된 것은 제2차 세계대전 이후부터였다. 주간(interstate) 고속도로가 건설되어 여행이 급격히 늘어났다. 노동자의 풍요로움도 그에 따라 증가했다. 1950년대에 일부 가족이 여행에 사용한 트레일러와 소형 밴 같은 휴가 여행용 차량 시장이 상당히 형성되었을 정도였고, 그 후 수십 년 동안 그 시장은 점차 크게 성장했다. 그러나 여행에 대한 충동은 교외로의 이주를 낳았던 동일한 욕구가 표현된 것이기도 했다. 즉, 인구가 조밀한 지역의 혼잡과 압박감을 벗어나 자연의 세계를 경험할 수 있는 곳을 찾고자 하는 욕망이었다.

미국에서 여행과 레크리에이션의 폭발적인 증가를 가장 뚜렷하게 볼 수 있던 곳은 국립공원이었다. 사람들은 1950년대부터 오랫동안 국립공원에 몰려들기 시작했다. 사람들이 국립공원을 여행하는 이유는 여러 가지였는데, 하이킹과 캠핑을 하고, (1950년대에 극적으로 성장하고 다수의 클럽을 낳았던) 낚시와 사냥을 즐기거나, 단지 그곳의 풍광을 경이로운 마음으로 보기 위해서였다. 그러나 여행 동기(motives)가 무엇이건 간에, 대다수 방문자는 야생 생활 체험을 추구했다. 그러한 추구가 얼마나 중요한지는 1950년대 전반 야생 지역의 발전에 관하여 일어난 많은 투쟁 중 최초인, 에코 파크(Echo Park)를 보전하려는 싸움에서 분명해졌다.

에코 파크는 와이오밍 주 남쪽 부근인 유타 주와 콜로라도 주 사이의 경계에 위치한 국립 공룡 기념물(Dinosaur National Monument)의 경관이 뛰어난 계곡이다. 1950년대 초반, 연방정부의 개발국(Bureau of Reclamation)—20세기 초 관개를 촉진하고 전력을 개발하며 용수 공급을 증가시키기 위해 만들어졌다—은 수력 자원과 레크리에이션 용도로 호수를 만들기 위해 에코 벨리를 지나가는 그린 강(Green River)을 가로지르는 댐을 건설하자고 제안했다. 미국의 환경 운동은 20세기 초 요세미티 국립공원에 있는 헤치 헤취 계곡(Hetch Hetchy valley)에 유사한 댐 건설을 중단시키려던 노력이 실패한 후 침체 상태에 있었다. 그러나 에코 파크 계획으로 환경 운동은 무기력 상태에서 벗어나게 되었다.

1950년, 유명한 작가이며 서부의 위대한 투사였던 베르나르 디보토(Bernard DeVoto)는 "그들이 우리의 국립공원을 망가뜨리게 해야 하는가?"라는 제목의 글을 《새터데이 이브닝 포스트(*The Saturday Evening Post*)》에 실었다. 이 글은 전국 각지에 에코 벨리 댐 건설에 반대하는 목소리가 나오게 하는 선풍적인 효과를 불러일으켰다. 이전 수십 년 동안 그 존재가 모호했던 시에라 클럽(Sierra Club)이 이제 행동에 돌입했다. 그 논쟁으로 새로운 공격적 지도자였던 데이비드 브로워(David Brower)가 부각되었으며, 그는 마침

시에라 클럽 부활

내 조직을 미국의 지도적인 환경 단체로 변화시켰다. 1950년 중반까지 환경주의자, 자연주의자, 야생의 휴가 여행자가 거대한 연합을 이루어 댐 건설을 반대하는 운동을 하였고, 1956년 의회는 여론의 압력에 굴복하여 그 계획을 중단시키고 에코 파크를 자연 상태로 보전했다. 이 논쟁은 국립공원의 신성함을 보전하고자 하는 사람들에게 하나의 두드러진 승리였으며, 십 년 뒤 매우 중요해질 환경 의식(environmental consciousness)의 여명을 밝히는 중요한 자극이 되었다.

조직 사회와 비난자

이전 몇십 년 동안 그러했듯이, 대규모 조직과 관료행정이 전후 미국인의 생활에 미치는 영향력이 커졌다. 처음으로 화이트칼라 노동자가 블루칼라 노동자보다 많아졌으며, 그들 중 점차 많은 인원이 계서 구조(hierarchical structures)가 엄격히 확립된 기업 틀 안에서 일하고 있었다. 산업 노동자도 작업장과 노조에서 거대한 관료 조직과 맞서 있었다.

• 조직인

개인을 무력화하는 관료적 생활의 영향력은 점차 대중적, 학술적 토론의 중심 주제 중의 하나가 되었다. 윌리엄 화이트 2세(William H. Whyte, Jr.)는 1950년대에 가장 널리 토론된 책 중의 하나인 《조직인(The Organization Man)》(1956)에서 대규모의 관료적 환경에서 일하는 노동자의 특별한 정신 상태를 표현하고자 했다. 화이트는, 현대적 인성(character)에서 가장 가치 있는 특징인 자립심(self-reliance)은 '사이좋게 지낼' 능력과 '팀으로서 일할' 능력에 자리를 빼앗겼다고 주장했다. 사회학자 데이비드 리스먼(David Riesman)도 《고독한 군중(*The Lonely Crowd*)》(1950)에서 이와 비슷한 의견을 말했다. 그는, 자신의 가치와 가족에 대한 존중에 기초하여 자신을 판단하던 전통적인 '내부 지향적(inner-directed)' 인간이 더 큰 조직이나 공동체의 동의를 구하는 데 더 많은 관심을 기울이는 새로운 '타인 지향적(other-directed)' 인간에게 밀리고 있다고 주장했다.

작가들도 작품을 통해 현대사회의 비인간성에 대한 염려를 표현했다. 솔 벨로(Saul Bellow)가 쓴 일련의 소설─《오기 마치의 모험(*The Adventures of Augie March*)》(1953), 《매일 매일에 충실해라(*Seize the Day*)》(1956), 《허조그(*Herzog*)》(1964) 등─은 유대계 미국인이 현대 미국 도시에서 꿈을 실현해가는 과정에서 겪었던 어려움을 열거했다. 셀린저(J. D. Salinger)는 《호밀밭의 파수꾼(*The Catcher in the Rye*)》(1951)에서 학교와 가족, 친구, 도시 등 사회의 어느 영역에서도 평온한 느낌을 갖거나 소속감을 지닐 수 없었던 사립 고등학교(prep-school) 학생인 콜필드(Holden Caulfield)에 대해 썼다.

비트족과 불안정한 청년 문화

관료주의와 중간계급 사회를 가장 조소적으로 바라보는 비판자는 일반적으로 '비트족(beats, 비판자는 조롱조로 'beatniks'라고도 부름)으로 알려진 일군의 젊은 시인, 작가, 예술가였다. 그들은 미국적 생활의 순응성과 불모화, 미국 정치의 무의미성, 대중문화의 천

〈울부짖음〉

박함에 대해 가혹하게 비판했다. 엘런 긴즈버그(Allen Ginsberg)는 어둡고 신랄한 〈울부짖음(Howl)〉(1955)이라는 시에서 현대 생활에 나타나는 "로봇(Robot)의 아파트! 막강한 교외 지역! 해골의 보고(treasuries)! 맹목적인 자본! 악마 같은 산업!"에 대해 비난했다. 잭 캐루악(Jack Kerouac)도 소설《길 위에서(On the Road)》(1957)를 통해 비트 세대의 가장 인기 있던 기록을 남겼다. 전국 횡단 자동차 여행에 관한 이야기인《길 위에서》에는 캐루악과 친구의 부초 같고 기이한 생활양식이 묘사되어 있다.

'청소년 비행'

비트족은 1950년대 미국의 젊은이 사이에 널리 퍼진 불안정(restiveness)을 가장 뚜렷하게 보여주는 증거였다. 1950년대 청년은 1960년대 청년만큼 폭넓게, 혹은 신랄하게 반항을 실천하지는 못했지만, 그럼에도 그들의 침착하지 못함은 두드러졌다. '청소년 비행(juvenile delinquency)' 현상이 대중적 관심을 엄청나게 끌었으며, 정치 및 대중문화에서는 미국 젊은이의 증가했던 범죄에 관한 긴박한 경고가 있었다. 예를 들어, 1955년도 영화 〈칠판 정글(Blackboard Jungle)〉에는 도시 학교에서의 범죄와 폭력에 대하여 무시무시하게 묘사되어 있었다. 사실상 청소년 범죄가 1950년대에 급격히 증가하지는 않았지만 학술적 연구, 대통령 특별 위원회, 언론의 폭로 기사 등은 모두 비행의 전파에 관해 경계심을 불러일으켰다.

많은 젊은이는 청소년 범죄 집단이 보여주는 대중적 이미지를 모방한 옷을 입고 머리 스타일을 따라하기 시작했다. 비트족이 그렇게 강력하게 표현했던 소외 문화는 평범한 중간계급의 행동에서도 나타났다. 즉, 부모에 대한 십대의 반항, 빠른 자동차와 오토바이에 대한 젊은이다운 매료, 더 많은 산아제한 수단을 이용한 성적(性的) 활동의 증가 등이 그 예다. 〈이유 없는 반항(Rebel Without a Cause)〉(1955), 〈에덴의 동쪽(East of Eden)〉(1955), 〈자이언트(Giant)〉(1956) 같은 영화에서 인기를 얻은 제임스 딘(James Dean)은 특히나 1950년대 청년 문화를 명백히 보여주는 지표였다. 그가 연기한 역할(우울하고, 소외된 십대와 자기 파괴적 폭력 성향을 지닌 젊은이)과 그가 살았던 삶의 방식(그는 1955년 자동차 사고로 24세의 나이에 사망했다) 때문에, 딘은 당시 미국 젊은이의 초점 없는 반항을 드러내는 우상이 되었다.

로큰롤

1950년대 미국 젊은이에게 가장 중요한 문화적 발전 중의 하나는 로큰롤(Rock 'n' Roll)이었고, 그리고 가장 위대한 초기 록 스타인 엘비스 프레슬리(Elvis Presley)의 인기는 엄청났다. 프레슬리는 '통념'과 '허용 가능성'의 경계를 밀어붙인 젊은이다운 결단력의 상징이 되었다. 그는 관능적으로 잘생긴 외모, 도시 갱의 반항적 스타일의 의상(남부 농촌 출신이지만, 오토바이 재킷을 입고 머리를 뒤로 넘김)을 입으려는 의도적인 노력, 그리고 무엇보다도 음악에 노골적으로 드러낸 성애(sexuality)와 대중적인 공연 등, 이 모든 것 때문에 1950년대 미국의 젊은이 사이에서 엄청나게 인기 있는 인물이 되었다. 1956년, 그는 최초의 히트작 〈하트브레이크 호텔(Heartbreak Hotel)〉을 발표하여 전국적인 인물로서의 명성을 확고히 했고, 1977년에 사망할 때까지, 그리고 진정 그 이후로도 여전히

엘비스 프레슬리

콘서트에서의 엘비스

라스베이거스의 부유한 청중 앞에서 엘비스 프레슬리(Elvis Presley)는 세퀸(sequin, 옷에 장식으로 부착하는 작은 원형의 금속편)으로 장식한 번쩍번쩍한 의상을 차려입고 공연을 했다. 그러나 1950년대 후반에 있었던 위 콘서트에서 볼 수 있듯이, 초기 시절에는 그와 팬은 더 젊었으며 그들 간의 관계도 가까웠고 열렬했다.

미국 대중문화의 강력한 인물이었다.

프레슬리의 음악은 초기의 많은 백인 록 음악가의 음악처럼, 흑인 리듬과 블루스 전통을 상당히 받아들였다. 샘 필립스는 비비 킹(B. B. King)을 비롯하여 그의 시대의 일부 흑인 음악가와 흑인 리듬을 기록했던 음반 제작자였는데, 1950년대 전반에 다음과 같이 말했다고 한다. "내가 흑인(Negro) 목소리를 지닌 단 한 명의 백인이라도 발견할 수 있다면, 10억 달러를 벌 수 있을 것이다." 그 후 얼마 지나지 않아, 그는 프레슬리를 발견했다. 그러나 버디 홀리(Buddy Holly)와 빌 헤일리(Bill Haley)—영화 〈블랙보드 정글(*Blackboard Jungle*)〉에서 사용된 그의 1955년도 노래 〈Rock Around the Clock〉은 수백 만의 청년에게 로큰롤의 도래를 알리는 데 공헌했다—와 같은 사람도 있었는데, 그들은 아프리카계 미국인의 전통과 밀접하게 연관되어 있었다. 록 음악은 (프레슬리에게 또 다른 강력한 영향력을 끼친) 컨츄리 웨스턴 음악, 복음성가, 심지어 재즈의 영향을 받았다.

• 흑인 음악에서 나온 로큰롤

1950년대에는 또한 흑인과 백인 청중 사이에서 흑인 밴드와 가수들의 인기가 증가했다. 척 베리(Chuck Berry), 리틀 리처드(Little Richard), 비비 킹, 처비 체커(Chubby Checker), 템테이션스(the Temptations) 등은 백인 젊은이 사이에서 프레슬리의 인기를 능가하지는 못했지만, 그들만의 상당한 다인종 관객을 확보했다. 그들 음악은 많은 경우, 디트로이트의 모타운(Motown) 레코드사의 창립자이자 회장인 베리 고디(Berry Gordy)라는 흑인 프로듀서에 의해 제작되었다.

록 음악의 급속한 성장은 라디오와 텔레비전 프로그램 편성 혁신에 상당히 큰 도움을 받았다. 1950년대에는 한때 라디오가 수행했던 오락 기능을 텔레비전이 주로 차지하게 되자, 라디오 방송국은 더 이상 생방송을 내보낼 필요가 없었다. 그 대신, 많은 라디오 방송국은 전적으로 녹음된 음악 연주를 들려주는 데 대부분 전념했다. 1950년대 초반, '디스크자키(disk jockeys)'로 알려진 신종 라디오 아나운서가 특별히 록 음악의 젊은 팬을 겨냥한 프로그램을 만들기 시작했다.

이러한 프로그램이 상당히 성공하게 되자, 여타 방송국도 따라했다. 1957년부터 전파를 타기 시작한 '아메리칸 밴드스탠드 (*American Bandstand*)'는 로큰롤 히트 음악이 텔레비전에 방송되는 공개 공연이었는데, 여기서는 녹음된 음악에 맞춰 현장의 관객이 춤을 추었다. 이 프로그램으로 록 음악이 대중적으로 퍼졌으며, 사회자였던 딕 클라크(Dick Clark)는 미국의 젊은이 사이에서 유명한 인물이 되었다.

● 급속히 성장하는 레코드 판매

라디오와 텔레비전은 레코드 판매를 촉진했기 때문에 음반 산업에 당연히 중요했다. 레코드 판매는 1950년대 중반과 후반에 급속히 증가했는데, 특히 분당 45회전(45rpm, revolutions per minute) 형태로 앞뒷면에 한 곡씩 수록한 저렴하고 대중적인 조그만 판이 많이 판매되었다. 또한 중요했던 것이 주크박스(juke boxes, 자동전축)였는데, 그것은 45회전 판에 있는 각각의 노래를 연주했다. 주크박스는 탄산수 매장(soda fountains), 식당, 바, 그 외 젊은이가 모이기 쉬운 거의 모든 곳에서 성행했다.

레코드 판매는 1954년에서 1960년 사이에 1억 8,200만 달러에서 5억 2,100만 달러로 증가했다. 자신의 노래가 방송되기를 몹시

원했던 레코드 제작자은 자기 회사에 소속된 음악가를 눈여겨 봐 달라고 방송국 소유주와 디스크자키에게 주기적으로 비자금을 건넸다. '매수(payola)'로 알려지게 된 이러한 지불 형태가 1950년 후반과 1960년대 전반에 폭로되어, 추문이 연이어 밝혀지면서 세상이 잠시 떠들썩했다.

4

또 다른 미국

1950년대에 백인인 중간계급 미국인이 알고 있는 세상(경제성장과 개인적 풍요와 문화적으로 동질적인 세상)이 사실상 모든 미국인이 알고 있는 세상이라고 믿기는 쉬웠다. 그리고 그들이 나누고 있는 가치와 가정(assumptrons)을 대다수의 다른 미국인도 공유하고 있다고 믿는 것은 상대적으로 쉬웠다. 그러나 그러한 믿음은 잘못된 것이었다. 미국에서 거대한 집단이 풍요의 영역 바깥에 있었으며, 중간계급의 유복함이나 가치를 나눠 갖지도 못했다.

풍요로운 사회의 주변

마이클 해링턴

1962년, 사회주의 저술가인 마이클 해링턴(Michael Harrington)은 《또 다른 미국(The Other America)》이라는 저명한 책을 출간했다. 그 책에서 그는 미국 역사상 지속적으로 존재해온 빈곤을 시대순으로 기록했다.

전후 시기에 경제가 거대하게 팽창하여 빈곤이 극적으로 줄어들었으나, 완전히 없어지지는 않았다. 1960년도 어느 때에서도 미국 전체 가정의 5분의 1 이상(3,000만 명 이상)이 정부가 정의한 빈곤선(poverty line) 이하의 생활을 하고 있었다(15년 전에는 전체 가정의 3분의 1이 빈곤선 아래에서 생활했다). 수백만의 사람이 겨우 공식적인 빈곤선 위에서 살았으나, 그 정도의 소득으로는 편안함이나 안정감을 거의 느낄 수 없었다.

80퍼센트에 이르는 대다수의 빈민은 간헐적으로나 일시적으로 빈곤을 경험했다. 그러나 빈민 중 대략 20퍼센트는 빈곤이 지속적인 현실이어서 빈곤을 벗어나기가 결코 쉽지 않았다. 빈민에는 미국의 고령 인구의 약 절반과 흑인 및 히스패닉(Hispanics)이 상당수 포함되어 있었다. 인디언은 미국에서 가장 가난한 단일 집단이었다.

이러한 '절대적인(hard-core)' 빈곤은 경제성장이 결국에는 모든 사람을 번영으로 이끌 것이라는 주장, 즉 많은 사람이 말하듯이 "상승하는 파도가 모든 배를 끌어올린다(a rising tide lifts all boats)"는 가정을 비웃었다. 빈곤에는 전후 시기에 증가하던 번영이 거의 영향을 미치지 못한 것으로 보였다. 해링턴이 말했듯이, 그것은 '희망이 스며들 수 없는' 것처럼 보이는 빈곤이었다.

● 계속되는 빈곤

농촌의 빈곤

풍요로운 사회의 주변부에 있는 사람 중 다수는 농촌 지역에 거주하는 미국인이었다. 농민은 1948년에 국민소득의 8.9퍼센트를 차지했으나, 1956년에는 단지 4.1퍼센트를 차지했다. 이러한 몰락은 어느 정도는 농촌 인구의 꾸준한 감소로 나타났다. 1956년도에만 농촌인구의 거의 10퍼센트가 도시로 이동했거나 도시에 흡수되었다. 그러나 그것은 또한 농산물 가격(farm prices)의 하락을 반영했다. 이 시기 동안 국민 전체 소득은 50퍼센트나 상승했지만 기본 작물은 잉여 생산량이 엄청나 가격이 33퍼센트나 떨어졌다.

(대다수가 흑인인) 소작인은 남부 농촌 전역에서 생존 수준 혹은

그 이하로 살고 있었는데, 그것은 1944년에 목화 따기의 기계화가 시작되었고 합성섬유가 개발되어 목화 수요가 감소했기 때문이다 (남부 목화 재배 지역의 3분의 2는 1930년에서 1960년 사이에는 목화 농사를 아예 짓지도 않았다). 이주 농업 노동자도 이와 유사하게 비참한 상황에서 살고 있었는데, 이들은 특히 서부와 남서부 지역에 집중적으로 거주했으며, 이 중에는 멕시코계 미국인과 아시아계 미국인 노동자가 많았다. 상업화된 농업(commercial agriculture)이 많이 없던 농촌 지역(동부의 애팔래치아 산맥 지역 같은 곳으로, 그곳에서 석탄 경제가 쇠락한 것은 그 지역을 지탱하는 중요한 자원의 감소를 의미했다)에서는 지역사회 전체가 절망적인 빈곤 속에 살고 있었으며, 점차 시장경제로부터 단절되었다. 이러한 집단 모두는 영양부족에 시달렸고 심하면 굶어 죽기도 했다.

도시 내부

• '게토'

번영 일로에 있던 수많은 백인 가족이 도시로부터 교외로 이주하는 동안, 도시 내부의 주거지역은 더욱더 가난한 사람이 모여 사는 공간, 즉 쉽사리 벗어날 수 없는 '게토(ghettoes)'가 되었다. 이러한 주거지역이 늘어난 것은 많은 경우 흑인이 농촌을 벗어나 산업 도시로 대량이주했기 때문이었다. 흑인 이주자 전부가 가난하지는 않았으며, 다수의 흑인은 도시에서 많은 백인이 찾았던 경제적 향상에 이르는 동일한 길의 일부를 발견하기도 했다. 그러나 아프리카계 미국인은 사실상 대다수 여타 집단보다 가난하게 살기 더 쉬웠는데, 이는 그들이 어떠한 진정한 기회도 얻을 수 없게 하는 여러 가지 형태의 차별이 지속되었기 때문이다.

　1940년에서 1960년 사이, 흑인 남녀 300만 명 이상이 남부에서 북부 도시로 이동했다. 시카고, 디트로이트, 클리블랜드, 뉴욕, 기타 동부 및 중서부 산업도시에서는 흑인 인구가 대대적으로 팽창했다. 같은 시기에 그 만큼의 백인이 도시를 떠났기 때문에 절대 숫자, 나아가 전체 백분율에서도 흑인 인구가 많아졌다.

　이와 동시에 멕시코와 푸에르토리코(Puerto Rico)에서 같은 종류의 이민자가 들어와, 미국의 많은 도시에 존재하던 빈곤한 히스패닉 주거지역을 팽창시켰다. 1940년에서 1960년 사이, 100만에 가까운 푸에르토리코 사람이 미국의 도시(가장 큰 집단은 뉴욕으로)로 이동했다. 멕시코 노동자는 텍사스 주와 캘리포니아 주의 국경을 넘어 들어와 샌안토니오, 휴스턴, 샌디에이고, 로스앤젤레스 같은 도시에 이미 상당한 규모였던 라티노(Latino) 지역사회를 팽창시켰다(특히 LA에는 1960년에 대략 50만 명이라는 가장 많은 수의 멕시코계 미국인이 살고 있었다).

　도시 내부는 가난한 소수 인종 거주자로 넘쳐났으나, 그들이 찾고 있던 미숙련 산업 직종은 감소하고 있었다. 고용주는 공장을 오래된 기계 산업도시에서 노동비용이나 여타 비용이 낮은 농촌 지역이나 작은 도시, 심지어 해외로까지 옮기고 있었다. 남아 있던 공장에서도 기계 자동화로 인해 미숙련 일자리는 줄어들었다. 초기 이민 집단이 빈곤에서 벗어나기 위해 도움을 받았던 경제적 기회를 전후의 많은 이주자는 이용할 수 없었다. 고용·교육·주택 분야에서 벌어지는 인종차별때문에 지역사회의 많은 사람은 계속 빈곤 상태에서 생활했고, 간혹 더욱 빈곤해진 사람도 있었다.

● 미숙련 노동자를 위한 기회 감소

5

민권운동의 등장

몇십 년에 걸친 소규모 충돌이 있은 후 인종 분리와 차별에 대한 공개적인 전투는 1950년대에 시작되었는데, 그 전투는 20세기의 가장 길고도 어려운 사회 투쟁 가운데 하나라는 것이 증명되었다. 미국의 백인은 민권운동에서 중요한 역할을 해냈다. 그러나 흑인 자신으로부터의 압박이야말로 인종 문제를 제기한 결정적인 요소였다.

브라운 판결과 '대대적인 저항'

- 플레시 대 퍼거슨 판결 기각

1954년 5월 17일, 연방 대법원은 브라운 대 토피카 교육 위원회(*Brown v. Board of Education of Topeka*) 사건의 판결을 발표했다. 대법원은 캔자스 주의 공립학교 체제의 법적 인종 분리를 심리하면서, 지역사회는 백인의 시설과 같은 것을 제공하기만 한다면 흑인이 사용하는 시설을 분리할 수 있다고 규정했던 1896년 플레시 대 퍼거슨(*Plessy v. Ferguson*) 판결을 기각했다. 브라운 판결은 인종에 기초한 공립 학교에서의 인종 분리가 명백히 헌법에 어긋난다고 선언했다. 대법원 판사는, 학교가 분리된 곳이라는 특질과는 관계없이, 학교의 인종 분리는 그 영향을 받는 사람에게 참을 수 없는 상처를 준다고 주장했다. 대법원장인 얼 워렌(Earl Warren)은 동료가 만장일치로 결정한 의견을 다음과 같이 설명했다. "우리는 공립

교육의 영역에 있어서 '분리되지만 평등하다(separate but equal)'는 원칙이 설 자리가 없다고 결론지었다. 분리된 교육 시설은 본질적으로 불평등하다." 다음 해, 대법원은 1954년 결정을 실행하는 규칙들을 제공하는 ('Brown II'로 알려진) 또 다른 판결을 내렸다. 그 판결에서는 지역사회가 '할 수 있는 한 신중한 속도로(with all deliberate speed)' 학교에서 인종을 통합해야만 한다고 했으나, 일정을 확정하지는 않았고 구체적인 결정은 하위 법원에 맡겼다.

예를 들어, 워싱턴 D. C. 같은 몇몇 지역에서는 판결을 비교적 신속하고 조용히 수락했다. 그러나 (남부에서는 '대대적인 저항'으로 알려지게 된) 강력한 지역적 저항이 오랜 지체와 쓰라린 갈등을 낳는 경우가 더 많았다. 1956년에는 100명이 넘는 남부 출신 하원 의원이 브라운 판결을 비난하면서 유권자에게 판결에 저항하라는 '선언문'에 서명했다. 남부의 주지사, 시장, 지역 학교 위원회, (수백 개의 백인 시민 협의체를 포함한) 비정부 압력 단체 등이 모두 인종 통합에 저항했다. 1957년 가을까지 남부에 있는 3,000개의 학군(school districts) 중에서 단지 684개만이 학교에서의 인종 통합을 시작했다.

아이젠하워 행정부는 인종 통합 전투에 개입하려 하지 않았다. 그러나 1957년 9월, 주가 연방 권위에 직접적으로 반항하는 경우에 직면하게 되자 행동하지 않을 수 없게 되었다. 연방 법원은 아칸소 주의 리틀록(Little Rock)에 위치한 센트럴(Central) 고등학교에 인종 통합을 실행하라고 명령했다. 흥분한 백인 군중이 학교 입구를 막아 명령 집행을 방해하려 했으며, 주지사인 오벌 포버스(Orval Faubus)도 방해를 차단하는 어떠한 행동도 취하기를 거부했다. 아

● 리틀록의 센트럴 고등학교

이젠하워 대통령은 마침내 연방군을 리틀록에 보내 평화를 유지하고 법원 명령이 집행되도록 했다. 센트럴 고등학교는 그런 다음에야 첫 번째 흑인 학생을 받아들였다.

확대되는 운동

로자 팍스

브라운 판결은 남부에서 여러 형태의 인종 분리에 대한 민중의 도전이 증가하는 데 도화선이 되었다. 1955년 12월 1일, 흑인 여성 로자 팍스(Rosa Parks)가 앨라배마 주의 몽고메리(Montgomery)에서 체포되었다. 그녀가 몽고메리의 한 버스에 올라타 (그 도시와 대부분의 남부 지역에 걸쳐 인종 관계를 규정했던 짐 크로우법이 규정한) 백인 승객용 좌석에 앉아 일어나기를 거부했기 때문이었다. 이 존경할 만한 여성이자 지역의 민권 지도자를 체포하자 그 도시의 흑인 사회는 분노했고, 버스 회사에 좌석 분리의 종식을 요구하면서 조직적으로 승차 거부를 했다.

승차 거부의 효과는 거의 완벽했다. 버스 회사뿐만 아니라 몽고메리의 많은 상인에게 경제적 압력이 미쳤는데, 왜냐하면 버스 승차 거부자가 도심의 상점에 가기 어렵게 되자 그 대신 가까운 이웃에서 장을 보았기 때문이다. 승차 거부는 1956년 후반 대중교통에서의 인종 분리가 불법이라는 대법원 판결이 없었다면 실패했을지도 모른다. 판결은 어느 정도는 저항에 의해 고무되었다. 몽고메리의 버스는 차별적 좌석 정책을 포기했으며, 승차 거부는 끝이 났다.

마틴 루터 킹 2세

몽고메리 승차 거부가 성취한 가장 중요한 것은 인종적 저항 방식의 새로운 형태를 합법화하고 민권운동가로 새 인물을 부각시키

리틀록

한 아프리카계 미국인 학생이 연방 법원의 명령으로 새로이 통합된 아칸소 주 리틀록(Little Rock)의 센트럴 고등학교에 가는 도중 야유하는 백인 사이를 통과하고 있다. 흑인 학생은 후일, 힘들었던 통합의 첫 몇 주간 동안 공포에 질렸다고 인정했다. 그러나 그들 대부분은 대중 앞에서 놀랄 정도로 위엄을 갖추고 침착하게 행동했다.

는 데 성공했다는 점이다. 승차 거부가 일단 시작되자 운동에 앞장선 사람은 지역 침례교 목사 마틴 루터 킹 2세(Martin Luther King, Jr.)였다. 그는 애틀랜타의 저명한 목사의 아들이었으며, 강렬한 연설가이면서 타고난 지도자였다. 흑인의 저항에 대한 킹의 접근 방식은 비폭력 원칙(doctrine of nonviolence)에 입각해 있었다. 즉, 직접적인 공격에 직면해서도 불의(injustice)에 비폭력적 저항으로 맞서는 것이었다. 이것은 그가 인종 투쟁에 있어 하나의 접근 방식을 고안해낸 것으로, 지지자에게는 높은 수준의 도덕성이 필요한 방식이었다. 향후 13년 동안 그는 버스 승차 거부 직후 만든 여러 인종이 포함된 남부 기독교 지도자 회의(Southern Christian Leadership Conference, SCLC)의 지도자를 맡았다. 향후 13년 동안 그는 가장 영향력 있고 가장 널리 존경받은 흑인 지도자였다. 그가 대표하게 된 민중운동은 곧 남부 전체와 전국으로 번져나갔다.

민권운동의 원인

이 시기에 흑인 저항이 출현하게 된 요인은 여러 가지이다. 제2차 세계대전의 유산은 가장 중요한 요인 중의 하나였다. 전쟁 중 수백만의 흑인 여성과 남성이 군에 복무하거나 군수공장에서 일했으며, 그 경험에서 1940년대 이전에 상대적으로 고립된 생활을 할 때보다 세상을 보는 눈이 더 넓어졌고, 그 안에서 자신의 위치에 대하여 더 깊이 생각할 수 있었다.

• 도시 흑인 중간계급의 성장

다른 요인으로는 도시의 흑인 중간계급의 성장을 들 수 있는데, 그 계급은 수십 년 동안 발전해왔으나 전후에 번성하기 시작했다. 민권운동을 추진하는 힘은 대부분 목사, 교육자, 전문인 등 도시 흑인 사회 지도자에게서 나왔으며, 또한 상당 부분은 이전 수십 년 동안 엄청나게 팽창한 흑인 대학의 학생에게서 나왔다. 교육을 받고 사회에서 이해관계가 있는 남성과 여성은 더 가난하고 억압받던 사람보다 장애물을 더 많이 인식하고 있었다. 그리고 도시의 아프리카계 미국인은, 백인 지주의 직접적인 감독에 있던 농촌의 흑인보다 서로 협력하여 독자적인 제도를 발전시킬 수 있는 자유를 종종 더 많이 누렸다.

텔레비전과 기타 여러 형태의 대중문화는 흑인 사이에서 인종차별주의에 대한 인식을 고양시킨 또 다른 요소였다. 전후 흑인은 주류 백인이 어떻게 살고 있었는지, 그리고 흑인이 백인 사회에서 실제로 어떻게 배제되어 있었는지를 이전의 어느 세대보다도 더 부단히, 분명하게 깨달았다. 텔레비전도 전국의 시청자에게 시위자의 행동을 전달했으며, 한 지역에서의 적극적인 행동주의가 여타 지역에서 유사한 저항을 고무하리라는 것을 확인시켜주었다.

민권운동이 일단 시작하자 다른 힘도 많은 백인이 결집하여 그 운동을 지지하게끔 했다. 그중 한 가지 힘은 냉전에서 나왔다. 그 힘은 미국을 세계의 모델로서 제시하려고 애쓰던 미국인에게 인종적 불의를 보고 난처함을 느끼게 했다. 또 다른 힘은 민주당 내에 이제는 실질적인 투표 권역을 형성한 북부 흑인의 정치적 동원(mobilization)이었다. 북부 산업 주 출신 정치가는 그들의 견해를 무시할 수 없었다. 회원의 상당수가 흑인인 노동조합도 민권운동을 지지하고 자금을 제공하는 데 중요한 역할을 했다.

• 북부 흑인의 정치적 동원

간단히 말해, 이 거대하고 자발적인 사회운동은 광범위한 사회 변화와 특정 지역의 불만이 예측할 수 없는 결합을 이루어 발생했던 것이다. 원인이 무엇이었건 간에 그 운동은 빠른 속도로 추진력을 갖추게 되었고, 1960년대 초 미국에서 가장 강력한 세력의 하나가 되었다.

6

아이젠하워 공화주의

드와이트 아이젠하워(Dwight D. Eisenhower)는 20세기에 백악관에서 복무했던 대통령 중에서 가장 경험이 적은 정치가였다. 또한 전후 시대에 가장 인기 있으면서 정치적으로도 성공한 대통령이었다. 그는 국내 정치에서는 새로운 정책 제안은 대부분 피하면서 이전 개혁가의 작업은 받아들이는, 본질적으로 온건한 정책을 추구했다. 외교정책의 경우에는 공산주의에 대항하는 미국의 공약을 지속해 이행했고 나아가 강화하기도 했으나, 이러한 공약의 일부를 그의 후임자가 항상 조화시키기 어려웠던 억제 수단으로 제공했을 뿐이었다.

"제너럴모터스에 좋은 것은……"

케인스적 복지국가 수용

20년 만에 정권을 잡은 공화당 행정부는 1920년대에 공화당 행정부에 몸담았던 사람과 동일한 진영, 즉 기업계(business community) 인사로 채워졌다. 그러나 1950년대 미국 기업계의 많은 지도자는 전 시대의 전임자와 매우 다른 사회적·정치적 견해를 갖고 있었다. 무엇보다도 지도적 입장에 있던 기업가나 금융가 중 많은 사람은 적어도 뉴딜 정책이 시작한 케인스적 복지국가의 광범위한 외형에 타협했다. 일부 기업의 임원은 케인스적 복지국가가 사회질서를 유지하는 데 도움을 주고, 대량 구매력을 증가시켰으며, 노사 관계를 안정시킴으로써 사실상 이득을 주었다고 이해했다.

아이젠하워는 내각에 부유한 대기업의 변호사와 기업의 대표를 임명했는데, 그들은 자신의 배경에 대해 변명하지 않았다. 제너럴모터스(General Motors)의 회장 찰스 윌슨(Charles Wilson)은 국방부 장관 인준을 검토하던 상원 의원에게 이해관계로 인한 갈등이 전혀 없음을 보장했다. 왜냐하면 그는 "우리나라에 좋은 것은 제너럴모터스에 좋은 것이며, 반대의 경우도 마찬가지다"라고 확신했기 때문이었다.

아이젠하워의 변함없이 연방정부의 활동을 제한하고 사적인 사업을 장려하려고 했다. 그는 자연 자원의 공공적 개발보다는 사적인 개발을 지원했다. 농민은 괴롭겠지만, 그는 농산물 가격에 대한 연방의 지원을 줄였고, 또한 트루먼 정부에 의해 유지되어온 최종 제한 임금과 가격 통제를 없앴다. 국가 의료보험 같은 새로운 사회 서비스 프로그램을 만드는 데 반대했으며, (심지어 1958년의 경기 후퇴 시기에도) 연방 지출을 줄이려고 애썼고 예산 균형을 맞추려고 했다. 아이젠하워는 공직 마지막 해인 1960년에 10억 달러의 예산 흑자를 남겼다.

● 아이젠하워의 재정 보수주의

복지국가의 생존

아이젠하워 대통령은 국내 정책에서 새로운 제안을 한 적은 거의 없지만, 제2차 세계대전과 전후 시기에 보수파의 공격에서 살아남은 뉴딜 복지 정책을 해체시키라는 공화당 우파의 압력에는 저항했다. 실제로, 그는 재직 기간 동안 사회보장제도를 확대하여 수혜자를 1,000만 명 추가하고 400만 명에게 실업 보상금을 추가적으로 지

● 1956년의 연방 고속 도로법

불하는 데 동의했으며, 시간당 최저 임금을 75센트에서 1달러로 올리는 것도 동의했다. 아이젠하워 행정부의 가장 의미심장한 입법 조치는 1956년의 연방 고속도로법(Federal Highway Act)일 것이다. 그 법의 내용은 4만 마일이 넘는 주간(interstate) 고속도로를 10년에 걸쳐 250억 달러를 투입하여 건설한다는 것으로, 미국 역사상 가장 큰 공공사업이었다. 이 공공사업 프로그램은 연료, 자동차, 트럭, 타이어 등을 구입할 때 세금을 새로이 부과하는 고속도로 '신탁 기금(trust fund)'을 통해 재원을 마련하고자 했다.

아이젠하워는 전해에 심각한 심장 발작으로 고통을 받았으나 1956년 대통령직 재선에 출마했다. 아들라이 스티븐슨(Adlai Stevenson)과 다시 한 번 대결했지만, 그는 일반투표에서는 거의 57퍼센트를 획득했고, 선거인단 선거에서는 스티븐슨의 73표에 비해 457표를 얻어 압도적인 대승리를 거두었다. 민주당은 1954년에 승리를 되찾아 상하 양원을 계속 지배했다. 심각한 경기 후퇴 중이던 1958년, 민주당은 상당한 의석 차로 그러한 지배력을 증가시켰다.

매카시즘의 쇠퇴

아이젠하워 행정부는 초기 몇 해 동안에는 미국을 사로잡고 있던 반공주의의 공포심을 없애려고 노력하지 않았다. 그러나 1954년에는 대중이 체제 전복 대항 운동을 상당히 반대하기 시작했다. 그러한 변화를 가장 분명히 보여준 것은 매카시 상원 의원의 정치적 몰락이었다.

매카시는 아이젠하워 행정부 첫해에 무사히 일을 계속했다. 그러

육군-매카시 청문회

매카시와 육군 간의 논쟁을 중재하기 위해 1954년에 열린 상원 청문회가 텔레비전으로 중계되는 동안, 매카시 상원 의원이 미 전역에 걸친 공산주의자 추정 분포를 지도를 이용해 보여주고 있다. 육군부의 최고 고문이었던 조지프 웰치(Joseph Welch)는 눈에 띌 정도로 그저 그렇다는 듯한 표정을 짓고 있었다.

나 매카시는 1954년 1월, 육군부 장관 로버트 스티븐스(Robert Stevens)과 육군 전체를 공격했다. 그 시점에서 정부와 함께 의회의 영향력 있는 인사는 육군-매카시 청문회로 알려진 그 혐의를 다루기 위해 특별 조사 위원회를 구성했다. 그것은 전국적으로 텔레비전 중계된 최초의 의회 청문회 중의 하나였다. 매카시가 하던 행동, 즉 증인 위협하기, 근거 없이 (때로는 잔인하게) 비난 퍼붓기, 문제 피하기 등을 지켜보면서 많은 대중은 그를 악당으로, 심지어 광대로

• 육군-매카시 청문회

보기 시작했다. 1954년 12월, 상원은 67 대 22로 그가 '상원 의원의 품위에 어울리지 않는 행동'을 했다고 판결했다. 3년 후, 그는 분명히 알코올중독으로 인한 합병증에 걸려 세상을 떠났다.

7

아이젠하워, 덜레스, 냉전

소련과의 핵전쟁 위협은 1950년대 국제 관계에 있어서 불안감을 강하게 고조시켰다. 그러나 핵의 위협은 또한 양 초강대국이 직접적인 대립으로부터 벗어나게끔 만들기도 했다. 미국과 소련 두 나라는 불안정이 급격히 확대되던 제3세계로 관심을 옮겨가기 시작했다.

덜레스와 '대량 보복'

아이젠하워 때의 국무 장관이며, (대통령을 제외하고) 1950년대 외교정책에서 주도적 역할을 한 존 포스터 덜레스(John Foster Dulles)는 공산주의에 대해 엄격한 도덕적 반발심을 지닌 귀족풍의 기업 변호사였다. 그는 장관직에 취임하면서 트루먼 시절의 봉쇄정책이 지나치게 수동적이었다고 비난하고, 미국은 공산주의의 팽창을 '반격(rollback)'할 '해방'의 적극적인 프로그램을 추구해야 한다고 주장했다. 그러나 일단 장관직에 오르자, 그는 대통령의 좀 더 온건한 견해를 존중해야만 했다.

덜레스가 쇄신한 일 중 가장 두드러진 것은 1954년에 발표한 '대량 보복(massive retaliation)' 정책이었다. 그는, 미국이 동맹국을 위협하는 공산주의 세력에 대항할 때 국지전에서 예전에 사용했던 재래식 무기를 쓰지 않고(이것은 한국전쟁에서 너무나 많은 좌절감에 이

• '벼랑 끝 외교'

르게 한 정책이었다), '대량 보복적 힘에 의한 억제'(그는 이것이 핵무기를 의미한다고 분명히 밝혔다)를 사용할 것이라고 설명했다.

새로운 독트린에는 팽팽하게 대결하려 하는 덜레스의 성향이 부분적으로 반영되어 있었다. 이러한 접근 방법을 일찍이 그는 양보를 얻어낼 때까지 소련을 전쟁의 위기로 내모는 '벼랑 끝 외교'라고 정의했다. 그러나 대량 보복 정책을 뒷받침해주는 실제적인 힘은 경제였다. 정부 안팎에서 미국의 군비 지출을 축소하라는 압력이 증가함과 동시에 원자무기에 대한 의존도가 높아가는 것은, 일부 옹호자가 표현했듯이, '목표에 대해 좀 더 좋은 효과(more bang for the buck)'를 약속하는 것처럼 보였다.

프랑스, 미국, 그리고 베트남

1953년 7월 27일, 한국의 판문점에서 교섭 당사자는 마침내 휴전 동의서에 서명했다. 두 적대 세력은 각자의 군대를, 전쟁 이전의 남북한 경계선인 38선을 따라 현 전선에서 1.5마일씩 후퇴시켜야 했다. 한국을 평화적으로 재통일할 수단을 강구하기 위해 1954년에 제네바 회담이 열렸지만, 사실 그 회담에서는 어떠한 합의도 끌어내지 못했으며, 휴전선은 양국 간에 명백하고도 영구적인 경계선으로 남게 되었다.

그런데 이와 거의 동시에 미국은 동남아시아에서 길고도 쓰디쓴 전쟁에 끌려들어가고 있었다. 1945년 이후 프랑스는 한때 식민지였으나 제2차 세계대전 중 일본에게 포기해야만 했던 베트남에서 예전의 권위를 되찾고자 애쓰고 있었다. 그러나 프랑스에 반대하는 호

• 호찌민

찌민(Ho Chi Minh)의 강력한 민족주의 세력은 독립 투쟁에 나서기로 결정했다. 호찌민은 대서양헌장의 반(反)식민지적 수사와 프랭클린 루스벨트의 연설에 기초하여, 1945년에 미국의 지원을 희망하였다. 왜냐하면 그가 제2차 세계대전 중 일본과 싸울 때 미국의 정보 세력으로부터 지원을 받았기 때문이다. 그러나 그는 민족주의자였을 뿐만 아니라 공산주의자였다. 트루먼 행정부는 호찌민을 무시하고 미국의 가장 중요한 냉전 우방 중의 하나인 프랑스를 지지했다.

호찌민은 1954년까지 공산주의 중국과 소련의 지원을 받고 있었다. 한편, 미국은 1950년 이래 베트남에서 프랑스가 벌이는 성과 없는 전투의 비용 대부분을 지불하고 있었다. 1954년 초, 1만 2,000명의 프랑스 군대는 디엔 비엔 푸(Dien Bien Phu)라는 부락에서 위험스런 포위 상태에 놓여 있었다. 미국이 개입해야만 프랑스 군대가 완전히 괴멸당하는 상황을 막을 수 있었다. 아이젠하워는 국무 장관 덜레스, 부통령 닉슨, 그 외 여러 사람이 강력히 권하는데도 의회나 미국의 여타 우방이 지지하지 않을 것이라고 주장하면서 베트남에서 미군이 직접적으로 개입하기를 거절했다.

• 디엔 비엔 푸

미국의 원조가 없게 되자, 프랑스의 디엔 비엔 푸 방어는 마침내 1954년 5월 7일에 붕괴되었다. 그해 여름, 한국에서의 협정을 고려하던 제네바 회담에서, 프랑스는 재빨리 갈등의 조정에 동의했다. 미국이 직접적인 당사자가 아니었던, 1954년 7월 베트남에 관한 제네바 협정은 17도선을 따라 베트남을 잠정적으로 분단시키는 것이었다. 북쪽은 호찌민이, 남쪽은 친서방 체제가 지배하게 되었다. 민주 선거는 1956년에 베트남을 통일할 토대가 되었다. 그 협정은 프랑스의 베트남 개입이 끝나고 베트남에서 미국이라는 존재가 확대되기 시작한다는 것을 부각시켰다. 미국은 남베트남에 친미 정권을 세우는 데 협력했으며, 정권의 우두머리로 소수 세력인 가톨릭교도 응고 딘 디엠(Ngo Dinh Diem)을 세웠다. 패배를 예상한 디엠은 1956년 선거를 허용하지 않았다. 북쪽에서 어떤 공격을 가해 와도 미국이 군사원조를 풍족히 제공하겠다고 약속했기 때문에, 디엠은 선거를 거부하면서도 안전하다고 느꼈다.

냉전의 위기

1950년대 미국의 외교정책은 전 세계의 광범위한 지역에서 실제적·가상적 위기에 의해 도전받았다. 그중에는 중동에서의 일련의 위기가 자리 잡고 있었는데, 미국은 제2차 세계대전이 끝난 후까지도 이 지역과 어떠한 관련도 거의 없었다.

• 이스라엘 승인

1948년 5월 14일, 여러 해 동안의 시온주의자(Zionist)의 노력과 새로운 유엔의 결정으로 이스라엘은 독립을 선언했다. 트루먼 대통령은 다음 날로 새로운 유대인의 조국을 승인했다. 이스라엘의 성립으로 몇몇 갈등은 해소되었지만, 다른 갈등이 생겨났다. 팔레스타인의 아랍인은 자신의 국가라고 생각해온 곳에서 추방되지 않으려 했고, 이스라엘의 이웃 아랍 국가와 결합하여 1948년에 새로운 국가와 결연히 싸웠다. 이것이 여러 차례에 걸친 아랍-이스라엘 전쟁 중의 첫 번째였다.

미국 정부는 이스라엘 편이었지만, 석유가 풍부한 중동 지역에 있는 아랍 정권의 안정과 우호에도 관심이 있었으며, 미국의 석유 회사가 그 지역에 상당히 투자하고 있었다. 그러므로 민족주의자인 이란의 수상 모하메드 모사데(Mohammed Mossadegh)가 1950년대 초에 이란에서 서방의 대기업의 존재를 무시하기 시작하자, 미국은 경계심을 가지고 반응했다. 1953년, 미국의 중앙정보국(CIA)은 모사데를 쫓아내기 위해 쿠데타 음모를 꾸미던 이란의 군부 지도자와 손을 잡았다. CIA는 모사데를 대신하여 이란의 젊은 국왕인 모하메트 리자 팔레비(Mohammed Reza Pahlevi)를 명목상 입헌 군주에서 사실상의 절대적 지배자가 되도록 협력했다. 팔레비 국왕은 향후 25년간 미국과 밀접한 관계를 유지했다.

미국의 정책은 가말 압델 나세르(Gamal Abdel Nasser) 장군의 지도에 있던 이집트의 민족주의 정권을 다루는 데는 효과가 적었다. 나세르 장군은 1950년대 초반에 소련과 무역 관계를 발전시키기 시작했다. 1956년, 덜레스는 공산주의자에게 우호적인 나세르를 징벌하려고, 나일 강을 가로지르는 아스완 댐 건설에 필요한 협력 제공을 철회했다. 일주일 후, 나세르는 운하에서 나오는 수입을 댐 건설에 사용하겠다면서, 영국의 수에즈운하 통제권을 빼앗는 것으로 보복했다.

1956년 10월 29일, 이스라엘군은 이집트를 선제공격했다. 다음 날에는 영국과 프랑스 연합군이 이집트인을 운하에서 몰아내기 위해 상륙했다. 덜레스와 아이젠하워는 수에즈 위기로 인해 아랍 국가가 소련을 지지하게 되고 새로운 세계 전쟁이 촉발되지 않을까 우려했다. 미국은 침공 지지를 거부하고 침공을 비난하는 유엔에 합류함으로써 프랑스와 영국이 물러나게 하고 이스라엘이 이집트와 휴전에 동의하도록 했다.

냉전에 대한 관심은 라틴아메리카에서의 미국 관계에도 영향을

• 나세르 장군

<small>아르벤스
정권 전복</small>

미쳤다. 1954년, 아이젠하워 행정부는 중앙정보국에 과테말라의 새로 탄생한 하코보 아르벤스 구스만(Jacobo Arbenz Guzmán) 좌익 정권 타도에 협력하라고 명령했다. 그 정권은, (아르벤스를 두려워했던 과테말라의 주요 투자자인 유나이티드 프루트 회사의 간청에 응했던) 덜레스의 주장에 의하면, 잠재적인 공산주의 정권이었다.

그 지역에서 쿠바보다 더 미국과 밀접한 관계를 맺고 있던 나라는 없었다. 쿠바의 지도자는 플헨시오 바티스타(Fulgencio Batista)로서, 1952년 미국의 도움으로 좀 더 온건했던 정부를 쓰러뜨린 이후 군사 독재자로서 쿠바를 지배해왔다. 상대적으로 번창했던 쿠바 경제는 사실상 미국 기업의 영지(fiefdom)가 되었다. 그곳에서 미국 기업은 거의 모든 자연 자원을 통제했으며, 필수적인 설탕 경작의 반 이상을 매점했다. 미국인 조직 범죄단이 아바나의 수지맞는 호텔과 향락 산업의 상당 부분을 지배했다. 1957년에 시작한 바티스타 정권에 대한 대중적 저항운동은 피델 카스트로(Fidel Castro)의 지도로 힘을 얻기 시작했다. 1959년 1월 1일, 바티스타는 스페인으로 망명을 떠나고, 카스트로는 아바나로 입성해 새로운 정부를 세웠다.

<small>쿠바와의
갈등 증가</small>

얼마 지나지 않아 카스트로는 과격한 토지 정책을 시행하여 외국인 소유의 기업과 자원을 빼앗기 시작했다. 1960년, 쿠바가 소련에게 원조를 받기 시작하자, 미국은 쿠바가 미국에 유리한 가격으로 수출했던 설탕의 '할당량'을 축소했다. 1961년 초, 아이젠하워 정부는 마지막 조치의 하나로서 카스트로와 외교 관계를 단절했다. 미국에 의해 고립된 카스트로는 이윽고 소련과 동맹 관계를 공고히 했다.

유럽과 소련

제3세계의 문제가 서서히 미국 외교정책의 중심이 되어갔지만, 소련과의 직접적 관계와 유럽에서의 공산주의 팽창을 저지하기 위한 노력은 여전히 아이젠하워 행정부의 주된 관심사였다. 소련과 서방의 관계는 1956년 헝가리 혁명에 대한 대응 때문에 더 악화되었다. 1956년 11월, 헝가리의 반체제 인사는 민주적 개혁을 요구하는 대중적 봉기에 착수했다. 그달이 지나기 전에 소련의 탱크와 군대는 부다페스트로 진입해 봉기를 진압하고 정통적 친소 정권을 복귀시켰다.

U2기 위기

1958년 11월, 그해 초 소련의 수상겸 공산당 서기가 된 니키타 흐루쇼프(Nikita Khrushchev)는, 나토 세력이 서베를린을 포기해야 한다는 전임자의 요구를 새로이 천명했다. 예상했듯이 미국과 그 동맹국이 거절했을 때, 흐루쇼프는 아이젠하워에게 서로의 나라를 방문하여 이 문제에 대해 개인적으로 토론하고, 1960년 파리에서 정상회담을 갖자고 제안했다. 미국은 동의했다. 흐루쇼프의 1959년 미국 방문에 대중은 냉정하면서도 정중하게 반응했다. 정상회담에 뒤이어 아이젠하워의 모스크바 방문이 예정되어 있었다. 그러나 파리 회담이 시작되기 불과 며칠 전, 소련은 소련 영공을 비행하던 미국의 고공 첩보 비행기인 U2기를 격추시켰다고 발표했다. 비행사인 프랜시스 게리 파워즈(Francis Gary Powers)는 체포되었다. 흐루쇼프는 미국의 소련 영공 침입에 화가 나서 파리 정상회담을 결렬시키고, 아이젠하워를 소련으로 초청하는 것을 취소했다.

• '군산복합체'

8년 동안의 재임 후, 아이젠하워는 미소 간의 긴장을 제거하지 못했으며, 어떤 면에서는 사실상 긴장을 증가시켰다. 그러나 아이젠하워는 미국의 힘이 한계를 갖고 있다는 인식에 기초해 냉전 문제를 다루었다. 그는 베트남에서의 군사적 개입에 반대했고, 거대한 미국의 군사 체제를 만들라고 요구했던 사람을 제지하는 수단을 강구했다. 1961년 1월 고별사에서, 그는 거대한 '군산복합체(military-industrial complex)'의 '부당한 영향력'에 대해 경고했다. 국내 및 국제 문제에 있어서 그의 경고는, 미국은 자국과 해외에서 그 목표를 위해 좀 더 과감하고 공격적으로 행동해야 한다고 주장한 후계자들의 태도와는 현저히 달랐다.

결론

1950년대의 정치와 문화를 형성한 것은 급속한 경제성장과 그 배경이 된 냉전에 대한 우려였다. 대다수 미국인에게 1950년대는 개인적 번영이 증대하던 시기였다. 개인 주택의 판매고는 엄청나게 증가했으며, 교외 지역은 가파르게 성장했다. 젊은 가족의 출산율이 놀랍게 늘어나, 전후 '베이비붐'이 일어났다. 분열을 낳은 한국전쟁이 종결된 후, 미국 정치는 비교적 조용한 시기로 진입했는데, 그것은 1950년대를 통해 온건하고 강요하지 않는 리더십을 지닌 아이젠하워가 백악관에 온화한 모습으로 존재했다는 것으로 상징된다.

이 시기의 문화 또한 넓은 의미의 안정감과 평온감을 만들어내는 데 도움을 주었다. 대중문화의 가장 강력한 매체로서 1950년대에 등장한 텔레비전은 중간계급 이미지와 전통적 가치에 의해 지배된, 대체적으로 논쟁거리가 안 되는 프로그램을 보여주었다. 영화, 연극, 대중잡지, 그리고 신문은 광범위한 안락감(sense of well-being)을 제공했다.

그러나 결국 1950년대는 당시의 정치와 대중문화가 제시하는 것처럼 평온하고 만족스럽지는 않았다. 이 시기에 등장한 강력한 청년문화는 상당한 불안정과, 심지어 환멸까지 보여주었다. 흑인은 인종분리와 불평등에 대한 저항을 확대했다. 미국인의 거대한 집단에게 널리 퍼진 빈곤의 지속은 그 시대가 진행되면서 더욱 관심을 끌게 되었다. 이렇듯 고동치던 우려는 냉전의 지속적 긴장에 대한 좌절감과 결합하여, 1950년대 후반에는 시대의 조용하고 평온한 공공 문화(public culture)를 점차 참지 못하게 만들었다. 이것이 1960년대가 시작될 때 행동과 혁신에 대한 요구가 증가하게 된 하나의 원인이었다.

1960	1961	1962	1963
케네디, 대통령 당선	'자유를 위한 승차' / 피그스 만 사건/베를린 장벽 구축	쿠바, 미사일 위기	워싱턴 행진/케네디 암살; 존슨, 대통령직 승계/버밍엄 인권 시위

31장
자유주의의 시련

베트남 케산(1968)

베트남에서 1968년 구정 공세가 있기 얼마 전에 시작된, 케산(Khe Sanh)의 미국 해병대 기지에 대한 76일간의 포위 공격 도중 한 미군이 지친 기색을 드러내 보이고 있다. 케산의 격렬한 전투에서 미군은 사상자 최고 기록을 세웠는데, 베트남 공산군 사상자는 훨씬 더 많았다.

1964	1965	1967	1968
존슨, '빈곤과의 전쟁' 개시/민권법/통킹 만 결의/존슨, 대통령 당선	말콤 엑스 암살/투표권법/미군, 베트남 파병/와츠 인종 폭동	반전운동 성장/디트로이트 인종 폭동	구정 공세/킹 목사 암살/로버트 케네디 암살/닉슨, 대통령 당선

1950년대 후반, 미국 사회는 외관상 평온해 보였으나 저변에 깔린 불안정이 점차 표면으로 드러나기 시작했다. 1960년대는 결국 불안정 때문에 20세기에서 가장 격렬한 시대가 되었다. 그러나 처음에 불안정은 정치 지도자가 의례적인 자유주의 정치의 틀 내에서 사회 및 국제 문제를 공격하는 데 있어 대담하고 자신 있게 노력하도록 했다.

1
자유주의 국가의 확대

1950년대 후반에 좀 더 적극적인 정부를 갈망했던 사람과 아이젠하워 행정부가 국가를 '표류하게' 내버려두었다고 비난했던 사람은 대통령이 새롭고 강력한 지도력을 보여주기를 희망했다. 1960년대의 대부분을 백악관에서 보낸 두 사람, 즉 존 케네디(John Kennedy)와 린든 존슨(Lyndon Johnson)은 당분간 이러한 자유주의자의 희망을 구현하는 것처럼 보였다.

존 케네디

1960년 대통령 선거에서 젊은 두 후보는 국가를 적극적인 지도력으로 이끌어가겠다고 주장했다. 공화당 후보는 경쟁 상대 없이 부통령 리처드 닉슨에게 돌아갔는데, 그는 온건한 개혁을 약속했다. 한편, 민주당은 활발한 예비 선거를 통해 다소 어렵사리 존 피츠제럴드 케네디(John Fitzgerald Kennedy) 아래 단합했다. 케네디는 매사추세츠 주 출신의 매력적이고 사리가 분명한 상원 의원으로, 1956년에 민주당 부통령 후보 자리를 아깝게 놓쳤던 적이 있다.

존 케네디는 전 주영 대사였던 부유하고 유력하면서, 상당한 논란의 여지가 있던 조지프 케네디(Joseph P. Kennedy)의 아들이었다. 그는 선거전에서 '미국민은 국가가 나아갈 방향에 있어 현재의 표류 상태에 불안해한다는 유일한 가정'을 전제로 했다. 그러나 대

• 케네디의 당선

1960년 선거

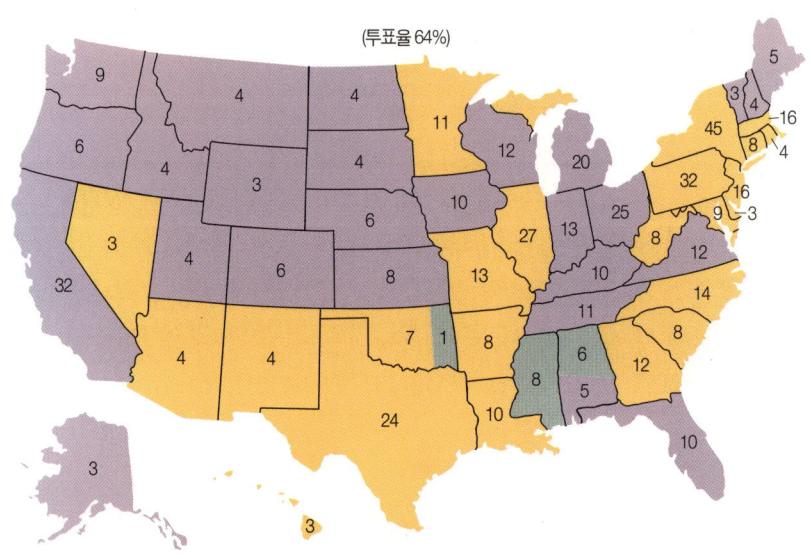

	선거인단 투표	일반투표(%)
존 케네디(민주당)	303	34,227,096(49.9)
리처드 닉슨(공화당)	219	34,108,546(49.6)
해리 버드(딕시크래트 당)	15	501,643(0.7)
기타 후보들(금주당, '사회 노동당', 헌법당, 사회주의 노동자당, 전국 주권당)	—	197,029

1960년 선거는, 적어도 일반투표에서는 미국 역사상 가장 박빙의 선거 중의 하나였다. 리처드 닉슨과 존 케네디는 전체 일반투표에서 0.3퍼센트의 표차를 보였으나, 선거인단 투표에서는 그보다 표차가 컸다. 두 후보의 선거 세력 분포에 주목해보자. 케네디는 북동부 산업 지역과 중서부의 가장 큰 산업 주에서 강세를 보였고, 민주당의 전통적 강세 지역인 남부와 남서부에서는 적어도 그 몫을 유지했다. 그러나 닉슨은 상 남부(Upper South)를 잠식해 들어갔고 플로리다 주를 차지했으며, 대다수 평원 및 산악 주를 휩쓸었다.

중적 지지를 이끌어내는 데에는 그의 매력적인 대중적 이미지 또한 그의 정치적 위치만큼이나 중요했다. 그는 젊음(1960년에 그는 43세였다)과 종교(그는 가톨릭교도였다)에 대한 의구심을 극복하여 일반투표에서 근소한 차이(닉슨의 49.6퍼센트 대 49.9퍼센트)로, 그리고 선거인단 투표에서는 약간 더 안전하게(303 대 219) 이겼다.

케네디는 선거전 동안 '뉴프런티어(New Frontier)'라는 국내 개혁 프로그램을 약속했다. 그러나 그에 대한 국민의 위임이 두텁지 못했고 의회는 공화당원 및 보수적 민주당원의 연합이 지배하고 있어서 케네디의 많은 희망은 좌절되었다. 케네디는 행정부가 협상해야 했던 관세 축소에 대한 동의를 끌어냈으며, 법제화되기를 희망했던 (경제성장을 촉진하기 위해 상당한 세금 감면 요구를 포함한) 입법안을 만들기 시작했다.

· 뉴프런티어

루스벨트와 훗날의 로널드 레이건(Ronald Reagan)을 제외하면, 케네디만큼 개성적으로 대통령직을 수행하고 전 국민의 관심을 받은 대통령은 없었다. 1963년 11월 22일의 비극이 일어나자 대중은 극명한 반응을 보였다. 케네디는 부인과 부통령 린든 존슨과 함께 정치적 상황 때문에 텍사스로 떠났다. 대통령의 자동차 행렬이 댈러스(Dallas) 거리를 천천히 지날 때 총 소리가 울렸다. 두 발의 총알이 대통령을 관통했는데, 한 발은 목에, 또 한 발은 머리에 맞았다. 케네디는 근처 병원으로 신속히 이송되었으나, 몇 분 후 사망했다. 그날 늦게 대통령 살해 혐의로 체포된 리 하비 오스월드(Lee Harvey Oswald)는 혼란스럽고 격분한 마르크스주의자였다. 그리고 이상스럽게도 그는 이틀 뒤 다른 감방으로 이송되던 중 댈러스의 나이트클럽 주인인 잭 루비(Jack Ruby)에게 살해되었다. 당시 대다수의 미국인은 존슨 대통령이 암살 조사를 목적으로 임명한 대법원장 얼 워렌(Earl Warren)이 위원장인 연방 특별 위원회의 결론을 받아들였다. 워렌 위원회는 오스월드와 루비는 각자 행동한 것이며, 더 큰 음모는 없다고 밝혔다. 그러나 훗날 많은 미국인은 워렌 위원회 보고서에서 그 살해 뒤의 광범위한 음모의 증거를 무시했다고 믿게 되었다. 암살의 진실에 대한 논쟁은 오늘날까지도 계속되고 있다.

린든 존슨

케네디 암살은 국가적으로 큰 충격이었고, 그 사건을 알 만큼 나이 먹었던 모든 이에게 일대 사건이었다. 그러나 당시 많은 사람은 케네디의 후계자인 린든 베인스 존슨(Lyndon Baines Johnson)의 성향과 직무 수행 능력에 안심했다. 존슨은 서부 텍사스의 가난한 '구릉 지대(hill country)' 출신으로서 야심을 갖고 엄청나게 노력하여 상원의 다수당 지도자가 된 인물이었다. 존슨이 1960년 민주당 대통령 후보 지명전에서 실패한 뒤에 케네디의 부통령 후보 지명을 받아들이자, 그를 아는 많은 사람은 놀랐다. 댈러스 사건으로 그는 백악관에 입성했다.

'위대한 사회'

존슨은 케네디와 아주 달리 세련되지 못하고 성격이 거칠었다. 그러나 그도 케네디처럼 권력을 적극적으로 신봉했다. 1963년에 1966년 사이에 그는 프랭클린 루스벨트 이후 가장 인상적인 입법 기록을 남겼다. 그는 케네디 대통령의 사망 이후에 일어난 강렬한 시류를 타고 많은 뉴프런티어 입안에 대한 지지를 얻어냈다. 그러나

존 케네디

새로운 대통령 케네디와 부인 재클린(Jacqueline)이 1961년 대통령 취임을 기념하는 다섯 번의 연회 중 하나에 참석하고 있다.

존슨은 궁극적으로는 '위대한 사회(Great Society)'라고 명명한 놀랄 만한 개혁 프로그램도 만들어냈다. 그리고 자신이 다수당의 유능한 중진이 될 때처럼 숙달된 로비를 펼쳐 의회에서 많은 개혁안에 대해 동의를 얻어냈다.

존슨의 재임 첫해는 필연적으로 재선 선거운동의 영향을 받았다. 그의 승리는 거의 확실했다. 특히나 공화당이 초보수적 상원 의원인 애리조나 주 출신의 배리 골드워터(Barry Goldwater)를 지명한 이후 그러했다. 1964년 11월 선거에서 존슨은 역대 대통령 후보 중 가장 많은, 61퍼센트가 넘는 대대적인 지지를 얻었다. 골드워터는 출신주인 애리조나와 최남부(Deep South)의 5개 주에서만 승리했다. 존슨의 승리로 민주당 의원이 의석을 많이 얻게 되어 상하 양원에서 민주당이 기록적인 다수를 차지하자 대통령은 목표 중 많은 것을 달성할 수 있게 되었다.

빈곤에 대한 공격

- 노인 의료보험과 빈민 의료 보조

연방정부는 1960년대에, 1930년대 이래 처음으로 중요한 새로운 사회복지 프로그램을 실행하기 시작했다. 이들 중 가장 중요한 프로그램은 연방정부가 노년층에게 의료 비용을 지불하는 '노인 의료보험(Medicare)'이었다. 노인 의료보험은 국가 건강보험을 신뢰한 사람들과 그것을 '사회주의적인 의술'이라고 비난했던 사람들이 20년간 신랄하게 논쟁한 끝에 1965년이 되어서야 입법화되었다. 그러나 노인 의료보험은 많은 반대를 잠재웠다. 하나는, 노인 의료보험 급부금을 (사회보장 연금이 그러했듯이) 미국의 모든 노인이 이용할 수 있도록 하여, '사회복지(welfare)'라는 인상을 받지 않게 했다. 프로그램은 대규모 중간계급을 구성원으로 했다. 또한 의사가 노인 의료보험 환자를 개별적으로 진료하고 (처음에는) 정상 진료비를 청구하게 하여 의료계의 반대를 분산시켰다. 즉, 노인 의료보험은 의료 수가를 지불하는 책임이 환자에게서 정부로 옮겨간 것 뿐이었다. 1966년, 존슨은 연방 의료 지원을 사회복지 수혜자와 모든 연령의 가난한 사람에게 확대하는 '빈민 의료 보조(Medicaid)' 프로그램을 통과시켰다.

노인 의료보험과 빈민 의료 보조는 빈곤을 퇴치하려는 더 적극적인 시도를 행하기 위한 초기 단계였다. 빈곤 추방은 케네디가 죽기 전 마지막 몇 달 동안 생각했던 것이었고, 존슨은 취임 후 몇 주 내에 그 과업을 시작했다. 존슨이 명명한 '빈곤과의 전쟁(war on poverty)'의 핵심에는 경제 기회국(Office of Economic Opportunity, OEO)이 있었고, 여기서 새로운 교육·고용·주택·보건 프로그램을 만들어냈다. 그러나 경제 기회국은 출발부터 논란이 많았는데, 그것은 어느 정도는 '지역 행동(Community Action)'의 개념에 대한 공약 때문이었다.

'지역 행동'은 가난한 지역민을 돕는 프로그램 계획과 행정에 지역민을 포함시키려는 시도였다. '지역 행동' 프로그램은 많은 빈민에게 일거리를 제공했고, 빈민이 행정 및 정치적 작업에서 귀중한 경험을 하게 했다. 그러나 이러한 업적에도 '지역 행동'식 접근은 유지되기 어려웠다. 왜냐하면 행정적으로 실패했고, 소수 기관이 명백히 지나치게 행동하여 '지역 행동' 프로그램의 대중적 이미지와 나아가 빈곤과의 전쟁에 대한 대중적 이미지에 전반적으로 손상을 입혔기 때문이기도 했다.

• 경제 기회국의 실패

경제 기회국은 첫 2년 동안 거의 30억 달러를 지출하여 몇몇 지역에서 빈곤을 줄이는 데 도움을 주었다. 그러나 그 금액은 빈곤을 추방하기에는 턱없이 모자랐다. 그 이유는 프로그램 자체가 빈약했기 때문이었으며, 또 처음부터 자금이 충분하지 못했을 뿐만 아니라 시간이 지나면서 줄어들었기 때문이기도 했다. 그리고 국가에서 가장 먼저 해야 할 일이 동남아시아에서의 값비싼 전쟁이기 때문이었다.

도시, 학교, 이민

몰락하는 도시에 활력을 되찾게 하고 학교를 강화하려는 연방정부의 시도는 빈곤 추방 프로그램과 밀접하게 연관되었다. 1961년의 주택법은 49억 달러의 연방 교부금을 여러 도시에 제공하여 공유지를 보존하고, 대중교통 체계를 발전시키며, 중간 소득자 주택에 보조하게끔 했다. 1966년, 존슨은 새로운 정부 부처로 주택 및 도시 개발부(Department of Housing and Urban Development)를 만들고, 첫 장관으로 최초의 흑인 출신 각료인 로버트 위버(Robert Weaver)를 임명했다. 존슨은 또한 도시재개발 파일럿 프로그램에 필요한 연방 보조금을 제공하는 시범 도시(Model Cities) 계획에 착수했다.

• 연방정부의 교육 지원

케네디는 공공 교육에 필요한 연방정부의 지원을 얻기 위해 노력했지만 두 가지 중요한 장애물을 극복하지 못했다. 많은 미국인들은 교육 지원을 얻으면 학교가 국가의 통제를 받게 될까 봐 염려했다. 또한 가톨릭교도는 연방정부의 지원이 공립학교뿐만 아니라 교구

(parochial) 학교에도 확대되어야 한다고 주장했다. 존슨은 1965년의 초등 및 중등교육법과 일련의 후속 조치로 위의 두 가지 문제를 피해갔다. 이 법안은 사립학교와 교구 학교에까지도 지원을 확대하되, 그러한 지원은 학교 자체의 필요에 따라서가 아니라 학생의 경제적 조건에 기초하도록 했다.

존슨 행정부가 지지한 1965년의 이민법은 1960년대의 가장 중요한 법안 중의 하나였다. 그 법으로 새로운 이민자는 매년 17만 명으로 엄격히 제한되었지만, 세계 여타 지역보다도 북유럽 출신의 이민을 선호했던 1920년대의 '국적 기원(national origin)' 제도는 없어졌다. 이민법은 라틴아메리카의 몇몇 지역의 이민은 여전히 제한했지만, 유럽과 아시아, 아프리카의 모든 지역 사람이 동등한 조건으로 미국에 들어올 수 있도록 했다. 새로운 국가 집단의 사람, 특히 아시아인이 대규모로 미국에 들어와 미국 인구의 특징을 변화시켜서 1970년대 전반에는 미국 이민의 성격이 상당히 변화했다.

• 1965년의 이민법

'위대한 사회'의 유산

'위대한 사회' 개혁 실시로 연방 지출이 엄청나게 전반적으로 증가했다. 경제가 성장함에 따라 세금이 증가하여 일정 기간은 새로운 지출을 거의 상쇄시켰다. 1964년, 존슨은 케네디가 경제성장을 증진시키기 위해 1962년에 처음 제기했던 115억 달러 규모의 세금 감면 법안을 통과시켰다. 감세로 연방 적자는 증가되었으나, 여러 해에 걸친 실질적인 경제성장이 처음에 손실된 세입 중 상당액을 보충했다. 그러나 '위대한 사회' 프로그램이 늘어나자, 특히 점증하는 미국의 군사 비용과 경쟁하기 시작하면서, 연방 예산은 세입의 증가를 급속하게 앞섰다. 1961년, 연방정부는 944억 달러를 지출했다. 1970년, 그 총액은 1,966억 달러로 증가했다.

●
'위대한 사회'
프로그램의
업적

'위대한 사회' 프로그램의 높은 비용, 많은 프로그램의 실패, 그리고 그 비용을 지불할 수입을 찾지 못했던 것이 훗날 사회문제를 해결하기 위해 연방정부가 노력해야 한다는 생각에서 깨어나게 했다. 그러나 많은 실패에도 위대한 사회 프로그램은 몇몇 주요한 업적을 남겼다. 위대한 사회 프로그램으로 미국에서 기아가 크게 줄었다. 수백만의 노인층과 빈민은 이 프로그램이 없었다면 굉장히 어려웠을 의료 혜택을 제공받았다. 또한, 위대한 사회 프로그램으로 미국 역사상 빈곤이 가장 많이 줄었다. 일반적인 추산에 따르면, 1959년 미국인의 21퍼센트가 공식적인 빈곤선 아래에서 살고 있었으나, 1969년에는 단지 12퍼센트만이 빈곤층에 속했다. 이러한 진보의 상당 부분은 경제적 성장의 결과였으나, 일부는 위대한 사회 프로그램이 이루어낸 성과였다.

2

인종 평등을 위한 투쟁

1960년대에 국내 상황을 주도한 가장 중요한 것은 흑인에게 정의와 평등을 제공하는 일이었다. 그것은 가장 어려운 공약 이행(commitment)으로, 미국 사회에 가장 심각한 긴장을 불러일으켰다. 그러나 피할 수는 없었다. 흑인은 미국이 인종 문제를 다루어야 한다고 확신하고 있었다.

증대하는 저항

존 케네디는 인종 정의라는 명분에 공감하고 있었으나, 드러내놓고 지지했던 개혁 운동가는 아니었다. 이전의 대통령처럼, 그는 남부의 민주당 유권자와 의회의 강력한 남부 출신 민주당 의원과 소원해질까 염려했다. 케네디 행정부는 기존의 법 집행을 확대하고 기존의 흑백 분리법을 전복시키려는 소송을 지지함으로써 인종 문제를 억누르려 했다.

그러나 변화를 바라는 압력은 케네디가 대통령이 되기 이전부터 억제할 수 없을 정도로 커져갔다. 1960년 2월, 노스캐롤라이나 주의 그린스버로(Greensboro)에서 흑인 대학생들이 흑백 분리된 울워스(Woolworth)의 점심 판매대 앞에서 연좌 농성을 했다. 그 후 여러 달 동안 데모는 남부 전체로 퍼져나가, 많은 상인이 시설을 흑백용으로 통합하게 만들었다. 1960년 가을, 연좌 농성에 참여했던 학생

학생 비폭력
조정 위원회

중 일부가 학생 비폭력 조정 위원회(Student Nonviolent Coordinating Committee, SNCC)를 형성했는데, 그것은 마틴 루터 킹 목사가 결성한 남부 기독교 지도자 회의의 학생 지부였다. 그 조직의 활동으로 저항 정신이 계속 살아 있게 되었다.

• '자유를 위한 승차'

1961년, 인종 평등 회의(Congress of Racial Equality, CORE)에서 활동하던 일군의 흑백 학생은 '자유를 위한 승차(freedom rides)'라 명명한 운동을 시작했다. 학생들은 버스로 남부를 돌아다니면서 버스 대합실의 흑백 통합을 강행했다. 그들이 몇몇 장소에서 백인으로부터 너무나 야만적인 폭력을 당하게 되자 케네디 대통령은 마침내 연방군을 보내 평화를 유지시켰고, 모든 버스 대합실과 기차역에 흑백 통합을 명령했다.

점점 커가던 저항 운동은 1963년에 미국 최남부에서 일어난 사건들로 인해 절정에 이르게 되었다. 그해 4월, 마틴 루터 킹 목사는 앨라배마 주 버밍엄(Birmingham)에서 일련의 비폭력 시위를 시작했다. 경찰국장인 유진 '불' 코너(Eugene 'Bull' Connor)는 수백 명의 시위자를 체포하고, 평화로운 행진을 경찰견, 최루탄, 전기봉, 소방호스 등을 사용하여 잔인한 방식으로 해산시켰다. 때때로 어린아이까지 진압하는 모습이 텔레비전을 통해 방영되었다. 두 달 후, 주지사 조지 월리스(George Wallace)는 앨라배마 대학의 한 건물 입구에 서서, 흑인 학생 몇 명이 법원 명령에 따라 등록하는 것을 방해했다. 그는 연방군이 도착한 다음에야 물러났다. 같은 날 밤, 미시시피 주에서는 전국 유색인 지위 향상 협회(NAACP)의 임원인 메드가 에버스(Medgar Evers)가 살해되었다. 그리고 9월에는 버밍엄의 한 흑인 교회에서 폭발이 일어나 흑인 어린이 4명이 목숨을 잃었다.

국가적 공약 이행

앨라배마 주와 미시시피 주의 사건은 케네디 대통령에게 인종 문제를 더 이상 피할 수 없음을 알리는 경고였다. 앨라배마 대학에서 대치 상황이 있던 날 밤, 케네디는 중요한 텔레비전 연설에서 미국이 직면한 '도덕 문제'를 언급했다. 며칠 후, 그는 '공공시설(상점, 식당, 극장, 호텔)'에서 흑백 분리를 금하고 고용 차별을 금하며 학교 흑백 통합을 위한 소송을 제기할 정부의 권한을 증대시키는 입법안을 새로이 제안했다.

그 입법안을 지지하기 위해, 그리고 증가 일로에 있던 운동의 힘을 극적으로 만들기 위해, 20만이 넘는 시위자가 1963년 8월 워싱턴의 몰(Mall) 지역을 행진하여 링컨 기념관 앞에 모였다. 이것은 미국 역사에서 가장 큰 민권 시위였다. 마틴 루터 킹 2세 목사는 "나는 꿈이 있습니다(I have a dream)"라는 구절을 반복하면서 시작하는 기도 형식의 연설로 대중을 고무시켰다. 이 연설은 그의 탁월한 웅변 경력 중에서 가장 훌륭한 연설로 기록되었다.

석 달 후 일어난 케네디 대통령 암살은 민권법 투쟁에 새로운 추진력을 제공했다. 케네디가 1963년 6월에 제기했던 야심찬 법안이 비교적 쉽사리 하원을 통과한 뒤 상원에 계류되어 있었다. 1964년 초, 존슨이 공적으로 그리고 사적으로 압력을 가한 후에야, 민권법 지지자는 마침내 남부 출신 상원 의원의 의사 진행 방해를 멈추기 위해 필요한 3분의 2라는 다수로 결집했다. 그리고 상원은 20세기의 가장 중요한 민권법을 통과시켰다.

워싱턴 행진

워싱턴 행진(1963)

마틴 루터 킹 2세가 (워싱턴 행진의 백미였던) 유명한 '나는 꿈이 있습니다' 연설을 마친 직후 링컨 기념관에 운집한 대규모 군중에게 손을 흔들고 있다. 처음에는 차별에 대한 광범위하고 투쟁적인 시위로 계획된 이 행진은, 민권법을 지지하기 위한 온건하고 흑백이 함께한 시위로 끝을 맺었다. 민권법은 케네디 대통령이 얼마 전 제안한 것으로, 1964년에 의회를 통과했다.

투표권 투쟁

'자유를 위한 여름'

한 영역에서 중대한 승리를 거둔 후, 민권운동은 그 초점을 다른 곳, 즉 투표권으로 옮겼다. 1964년 여름 동안, 수천 명의 흑인과 백인, 남부와 북부 민권운동가가 남부(우선적으로는 미시시피 주) 곳곳에 퍼져나가 흑인의 투표 등록과 참여를 위해 일했다. '자유를 위한 여름(Freedom Summer)'으로 알려진 그 운동에 대해 일부 남부 백인은 폭력적으로 반응했다. 남부에 도착한 첫 번째 참여자들 중 3

명—앤드루 굿맨(Andrew Goodman)과 마이클 슈워너(Michael Schwerner)라는 2명의 백인과 제임스 채니(James Chaney)라는 흑인—이 살해되었다. 지역의 법집행관이 그 범죄에 연루되어 있었다.

'자유를 위한 여름' 운동으로 인해 정규적인 주 정당 조직의 대안으로서 흑백 통합의 미시시피 자유 민주당(Mississippi Freedom Democratic party; MFDP)이 창설되었다. 파니 루 해이머(Fannie Lou Hamer)의 지도로 미시시피 자유 민주당은 그해 여름 전국 민주당 전당대회에서 정규적인 당권에 도전했다. 존슨 대통령은 킹 목사의 도움으로 타협의 중재자가 될 수 있었는데, 타협안은 정규 당은 공식적 지위를 유지하고, 미시시피 자유 민주당에게는 당의 개혁을 약속하면서 참관자로서 자리를 차지하게 했다. 많은 미시시피 자유 민주당 사람은 합의안을 거절하고, 격분해 전당대회를 떠났다.

1년 후인 1965년 3월, 킹 목사는 앨라배마 주의 셀마(Selma)에서 흑인의 투표 등록권을 요구하려고 중요한 시위를 조직했다. 셀마의 보안관인 짐 클라크(Jim Clark)는 지역 경찰관을 이끌고 시위대를 잔인하게 공격했으며, 이 장면은 텔레비전으로 전국에 방송되었다. 북부와 셀마의 시위에 참여했던 백인 2명이 이때 살해되었다. 앨라배마 주 사건에 뒤따라 전국적으로 분노의 물결이 일어나 존슨 대통령이 1965년에 제안한 민권법이 가결되는 데 큰 도움을 주었다. 투표권법으로 더 잘 알려진 이 법안으로 투표권을 행사하려는 흑인이 연방의 보호를 받게 되었다. 그러나 취지의 중요성에도 운동의 초점이 정치적 문제에서 경제적 문제로 이동하면서, 급속하게 증가하던 흑인의 기대를 만족시키지 못했다.

투표권법 승인

31장 자유주의의 시련 | 399

변화하는 운동

1966년까지 흑인의 69퍼센트는 대도시 지역에 살고 있었고, 45퍼센트는 남부 지역 이외에 거주하고 있었다. 많은 미국인의 경제적 조건은 나아지고 있었지만, 흑인 인구가 밀집해 살고 있던 가난한 도시지역에서는 상황이 상당히 악화되고 있었다. 1960년대 초 백인이 아닌 미국인 인구의 반 이상이 가난하게 살고 있었다.

· 소수자 차별
철폐 조치

따라서 1960년 중반에 인종 문제는 남부에서 나머지 전 지역으로 이동하고 있었으며, 형식적이고 법적인 흑백 분리를 넘어 종종 흑백 차별을 지지하는 비공식적 관습에 대한 공격으로 옮겨갔다. 그래서 투쟁은 북부 도시로 옮겨갔는데, 그곳에는 짐 크로우법이 없었으나 흑백 분리가 많이 존재했다. 흑인 지도자(그리고 그들의 백인 지지자)는 직업 차별에 대한 투쟁이 새로운 차원으로 옮겨가야 한다고 요구했다. 그들은 고용주가 흑인들을 차별하지 않는다는 것을 증명하는 유일한 방식은 소수 세력(minorities)을 고용하고 있음을 제시하는 것이라고 주장했다. 필요하다면 고용주는 소수 세력을 고용하기 위한 적극적 방법을 채택해야 했다. 린든 존슨은 1965년에 '소수자 차별 철폐 조치(affirmative action)'를 지지했다. 이후의 1970년대를 통해 소수 세력 우대 정책 지침은 점차적으로 (초중등학교와 대학을 포함하여) 연방정부로부터 자금을 받거나 거래하는 거의 모든 기관(그리고 많은 다른 기관)에까지 확대되었다.

운동의 새로운 방향이 제기했던 문제에 관한 하나의 상징은 킹 목사가 주도적 역할을 했던 1966년 여름 시카고에서 있었던 주요 캠페인이었다. 시카고 캠페인을 조직했던 사람은 북부 산업도시에서의 주택 및 고용 차별에 대해 전국적 관심을 끌기를 희망했다. 그러나 시카고 캠페인은 그 도시의 백인 거주자로부터 사악하고도 때로는 폭력적인 저항을 불러일으켰을 뿐만 아니라, 남부에서의 사례와 같은 방식으로 광범위한 관심을 끌어 모으거나 지지받는 데 실패했다.

도시의 폭력

시카고 캠페인 훨씬 이전에, 주요 도시 내의 흑인 주거지역에서 폭동이 발생했을 때 도시 빈곤 문제가 전국적으로 부각되었다. 1964년 여름, 여기저기서 몇몇 소요가 있었는데, 그중 뉴욕 시 할렘(Harlem)에서 일어난 소요가 가장 두드러졌다. 제2차 세계대전 이후 가장 심각한 인종 폭동은 그 다음 해 여름 로스앤젤레스의 왓츠(Watts) 지역에서 발생했다. 백인 경찰이 교통 위반자를 체포하던 중에, 저항하던 흑인 구경꾼을 곤봉으로 구타했다. 그 사건으로 분노가 폭풍처럼 일어났고 일주일 간 폭력 사태가 촉발되었다. 소요 기간 동안 34명이 사망했고, 연방 방위군(National Guard)이 투입되고 나서야 마침내 진압되었다. 1966년 여름, 또 다른 소요가 43건 일어났으며, 가장 심각했던 상황은 시카고와 클리블랜드에서 발생했다. 1967년 여름, 8건의 주요 소요가 발생했으며, 가장 대규모였던 디트로이트에서의 인종 간 충돌에서 43명(그중 33명이 흑인)이 죽었다.

• 폭동

텔레비전에 폭력 사태가 보도되자 수백만의 미국인은 경각심을 갖게 되었고, 불과 몇 년 전 인종적 정의의 명분을 받아들였던 백인 사이에 위기감과 의구심이 점차 증가했다. 대통령이 폭동에 대한 대응으로서 만든 시민 무질서에 관한 특별 위원회(Commission on Civil Disorders)는, 1968년 봄에 게토의 열악한 조건을 제거하기 위해 대규모 지출을 권장한 유명한 보고서를 발간했다. 그러나 많은 백인에게 폭동의 교훈은 폭력과 무법 상태를 멈추기 위해 엄격한 조치가 필요하다는 것이었다.

블랙 파워

• 인종적 독특성 강조

점차 많은 흑인이 백인과 협력하여 평화로운 변화를 이룬다는 이상에 환멸을 느끼게 되어 인종 문제에 대한 새로운 접근, 즉 '블랙 파워(Black Power)' 철학으로 방향을 바꾸었다. 블랙 파워는 여러 가지를 의미했다. 그러나 모든 형태의, 블랙 파워는 동화(assimilation)였던 목표가 인종적 독특성(racial distinctiveness)으로 인식을 전환할 것을 제시했다.

블랙 파워 이념의 가장 지속적인 효과는 사회적이고 심리적인 것으로, 흑인에게 인종적 자부심을 갖게 하는 것이었다. 그러나 블랙 파워는 또한 정치적 형태를 지녔으며, 민권운동 내에 깊은 분열을 만들었다. 동조적인 백인과의 협력을 강조해왔던 전통적인 흑인 조직—전국 유색인 지위 향상 협회(NAACP), 도시 동맹(Urban League), 킹 목사의 남부 기독교 지도자 회의(Southern Christian Leadership Conference) 등—은 이제 좀 더 급진적인 조직들과 경쟁하게 되었다. 학생 비폭력 조정 위원회(Student Nonviolent Coordinating Committee, SNCC)와 인종 평등 회의(Congress of

Racial Equality, CORE)는 비교적 온건한 흑백 조직으로 출발했다. 그러나 1960년대 중반, 이러한 조직과 여타 조직은 백인 사회의 인종차별주의에 대항해 더 급진적이고 때때로 폭력을 수반하는 행동까지 요구했으며, 나이든 기성의 흑인 지도자의 접근 방식을 공개적으로 거부했다.

블랙 파워 이념의 가장 급진적 표현은 캘리포니아 주 오클랜드에 기반을 둔 '블랙 팬더(Black Panther)'나 분리주의자 단체인 '이슬람 국가(Nation of Islam)' 같은 혁명 단체에서 나왔다. '이슬람 국가'는 백인을 '악마'라고 비난하면서 흑인에게 이슬람 신앙을 받아들일 것과 완전한 인종 분리를 호소했다. 가장 유명했던 '흑인 이슬람 교도(Black Muslims)'는 말콤 리틀(Malcolm Little)이었다. 그는 말콤 엑스(Malcolm X, 'X'는 잃어버린 아프리카의 성姓을 의미했다)라는 이름을 선택했고, 백인들도 그를 종종 그렇게 불렀다. 추정컨대 말콤 엑스는 '이슬람 국가' 내의 경쟁자의 명령을 받은 흑인 총잡이에 의해 1965년에 암살되었다. 그러나 그는 죽은 뒤에도 오랫동안 많은 흑인 공동체 내에서 주요한 인물로 남아 있다. 마틴 루터 킹 2세가 수많은 흑인에게 중요하고 존경받는 상징이었던 것처럼.

블랙 팬더

3

'유연한 대응'과 냉전

국내 개혁에서만큼이나 국제 관계에서도 케네디와 존슨 행정부의 낙관적 자유주의는 과거 어느 때보다도 국가 문제를 더 적극적이고 공격적인 접근 방법으로 다루게 했다.

외교정책의 다양화

케네디 행정부는 미국이 아이젠하워 시절의 원자무기 지향적 방어 전략에 의존하는 것보다 더 유연한 방식으로 공산주의의 공격에 대응해야 한다고 확신했다. 특히, 케네디는 제3세계의 '부상하는 지역(emerging areas)'에서 공산주의 위협에 대처하는 미국의 능력을 불만스러워했다. 케네디가 보기에 그 지역은, 장래에 공산주의에 대한 진정한 투쟁이 일어날 곳이었다. 그는 특수군(얼마 후 '그린베레'로 알려지게 됨)의 확대를 열렬히 지원했다. 특수군은 게릴라전과 기타 국지전에서 싸우기 위해 특별히 훈련된 군인이었다.

'진보 동맹'

케네디는 평화적인 수단을 통해 미국의 영향력을 확대하는 것도 선호했다. 그는 라틴아메리카와 상당히 악화된 관계를 개선하기 위해 '진보 동맹(Alliance for Progress)'을 제안했다. 이것은 그 지역 국가의 평화로운 발전과 안정을 위한 일련의 프로젝트였다. 또한 해외 원조를 조정하기 위해 국제 개발국(Agency for International

Development, AID)을 창설했다. 케네디는 그가 제안한 가장 대중적 혁신 중의 하나인 평화 봉사단(Peace Corps)을 만들었다. 평화 봉사단에서는 미국의 젊은 자원자를 해외의 개발 도상 지역에 보내 일하게 했다.

케네디 행정부의 외교정책에서 최초의 모험 중 하나는 쿠바의 카스트로 정부에 대항한, 재난을 가져온 공격이었다. 아이젠하워 행정부가 그 계획을 기안했으며, 케네디가 정권을 잡았을 때 중앙정보국은 여러 달 동안 중앙아메리카에서 반(反)카스트로 쿠바 탈주자로 구성된 소수의 군대를 훈련시키고 있었다. 1961년 4월 17일, 새 대통령의 동의하에 무장한 망명자 2,000명이 쿠바의 피그스 만(Bay of Pigs)에 상륙했다. 그들은 처음에는 미국 공군이 지원해주고, 다음에는 쿠바 국민이 자발적으로 봉기할 것이라고 기대했다. 그러나 두 경우 모두 발생하지 않았다. 마지막 순간에, 상황이 굉장히 악화되자 케네디는 미국이 너무 직접적으로 침공에 개입하는 것이 두려워 공군 지원을 취소해버렸다. 기대했던 봉기가 일어나지 않은 대신, 잘 무장된 카스트로 병력이 침략자를 쉽사리 분쇄했으며, 이틀 만에 전체 임무는 실패로 돌아갔다.

● 피그스 만

소련과의 대치

피그스 만의 잔인한 결말 이후, 1961년 6월에 케네디는 소련 수상 니키타 흐루쇼프를 처음으로 만나기 위해 비엔나로 갔다. 두 사람 간의 냉냉한 의견 교환은 양국 간의 긴장을 거의 없애지 못했다. 게다가 동독의 한복판에 위치한 비공산주의 서베를린에 대한 지원

냉전으로 인해 미국은 이웃 라틴아메리카의 문제에 개입할 채비를 크게 늘리게 되었다. 이 지도는 미 행정부가 중앙아메리카, 카리브 해 국가, 남아메리카의 북쪽 국가에 개입을 명령한 시기와 방식을 보여주고 있다. 이 시기의 상당한 기간 동안 냉전적 우려에 의해 개입이 진행되었다. 즉, 미국은 공산주의자가 1960년대 초 쿠바에서 정권을 잡았듯이 미국 주변의 국가에서 정권을 잡을지 모른다는 공포 때문에 개입했던 것이다.

을 멈추지 않는다면 전쟁이 일어날 수도 있다는 흐루쇼프의 은밀한 위협도 줄어들지 않았다.

　흐루쇼프는 특히 동독 거주자가 베를린 중심의 경계를 쉽사리 가로질러 서독으로 대량 탈출하는 것을 불만스러워했다. 그러나 그는 결국 이러한 탈출을 막기 위한 간단한 방법을 알아냈다. 동독 정부는 소련의 명령에 따라 1961년 8월 13일 동이 트기 전, 동서 베를린 사이에 장벽을 설치했다. 수비대는 계속해서 탈출하려고 했던 사람에게 총격을 가했다. 이후 거의 30년 동안, 베를린 장벽은 공산 세계와 비공산 세계 간의 갈등을 나타내는 가장 강력한 물리적 상징이 되었다.

긴장이 증폭하여 다음 해 10월에는 냉전의 가장 위험하고도 극적인 위기가 절정에 달했다. 1962년 여름 동안 미국의 첩보 기관은 쿠바에 소련의 기술자와 장비가 새로이 도착하고 있다는 것과 군사시설이 건설되고 있다는 것을 간파하게 되었다. 10월 14일, 공중 판독 사진에서 소련이 공격용 핵무기 부지를 건설하고 있다는 것이 명백하게 드러났다. 소련은 쿠바에 미사일을 배치하는 것이 터키 내에 있는 미국 미사일에 맞서기 위한 (그리고 쿠바에 대한 장래 미국의 침입에 대한 저지 방책으로도) 합리적이고 상대적으로 비용이 덜 드는 방법으로 생각했다. 그러나 케네디와 대다수의 미국인에게 미사일 부지는 미국에 대한 소련의 공격 행위를 의미했다. 거의 즉각적으로 대통령은 그 무기가 쿠바에 남아서는 안 된다고 결정했다. 10월 22일, 그는 모든 공격 무기에 대한 '차단'으로, 쿠바 주변을 봉쇄하라고 해군 및 공군에 지시했다. 10월 26일 저녁 늦게, 케네디가 흐루쇼프로부터 미국이 쿠바에 침입하지 않겠다고 약속한다면 소련도 미사일 기지를 제거하겠다는 제안을 받을 때까지, 미국은 미사일 기지에 대한 공중 공격을 준비하고 있었다. 대통령은 여타의 더 강압적인 소련의 메시지를 무시하며, 소련의 제안에 동의했다. 위기는 곧 끝났다.

● 쿠바 미사일 위기

존슨과 세계

•
도미니카
공화국
내정간섭

　린든 존슨은 대통령직을 맡았을 때 국제 정세에 대한 경험이 거의 없었다. 따라서 그는 전임자의 정책을 계속하면서, 자신도 강하고 힘 센 지도자라는 것을 빨리 증명하고자 애썼다.

　존슨은 도미니카 공화국에서 일어난 내부 반란을 그 기회로 삼았다. 1961년 라파엘 트루히요 장군(General Rafael Trujillo)의 억압적 독재 권력이 암살로 붕괴되자, 이후 4년 동안 이 나라의 여러 당파가 지배권을 놓고 다툼을 벌였다. 1965년 봄, 다양한 집단이 좌파 민족주의자 후앙 보쉬(Juan Bosch)를 위하여 반란을 일으키자 보수 정권은 붕괴하기 시작했다. 존슨은 (어떠한 증거도 없이) 보쉬가 친카스트로 공산 정권을 세울 계획이라고 주장하면서, 무질서를 탄압하기 위해 미군 3만 명을 파견했다. 미군은 1966년 선거에서 보수파 후보가 보쉬를 누르고 승리한 이후에야 철수했다.

　그러나 공직을 맡은 첫 순간부터, 존슨의 외교정책은 베트남에서의 쓰라린 내전과 그곳에서 확대된 미국의 개입에 의해 거의 전적으로 지배되었다.

4
베트남의 고뇌

미국이 베트남전쟁에 개입했을 때 봉쇄정책을 고안하도록 도왔던 조지 캐넌(George Kennan)은 한때 그 투쟁을 '200년 미국 역사상 가장 피해가 컸던 과업'이라고 불렀다. 돌이켜보면 이 말에 전적으로 동의하지 않을 사람은 거의 없을 것이다. 그렇지만 처음에는, 베트남전쟁을 냉전의 주변부에서 일어난 또 다른 제3세계의 투쟁으로만 보았다.

미국과 디엠

미국은 1954년 제네바협정 결과 남베트남(South Vietnam)의 새로운 지도자로 응오 딘 디엠(Ngo Dinh Diem, 吳廷琰)을 지지하고, 그 협정이 요구했던 1956년의 선거를 디엠이 거부하는 것도 지지하면서, 이 분열된 새 국가의 불안정한 정치 속으로 점차 끌려들어가고 있었다.

디엠은 중부 베트남 출신의 귀족적 가톨릭 교도이며 남부의 국외인이었으나, 또한 프랑스에 협력하지 않아 훼손되지 않은 민족주의자이기도 했다. 그리고 그는 얼마간은 성공한 것처럼 보였다. 미국 중앙정보국의 도움을 받아 디엠은 중앙정부의 권위에 도전하던 몇몇 강력한 종교 분파와 남베트남의 마피아에 대해 효과적인 군사행동을 취했다. 그 결과, 미국은 디엠을 호찌민에 대항하는 강력하고

• 디엠에 대한 지원 증가

베트남과 인도차이나에서의 전쟁(1964~1975)

베트남전쟁은 대체로 널리 산개된 지역에서 소규모 전투가 벌어졌으며, 전통적 개념의 전투와는 달랐다. 그러나 이 지도에 나타나듯이, 전통적인 전투와 침입, 그리고 보급로도 존재했다. 지도 중간의 붉은 화살표는 주요 보급로였던 호찌민 통로(Ho Chi Minh Trail)를 대략적으로 보여주는데, 이 통로를 통해 북베트남이 군대와 동맹 세력을 지원했다. 남베트남의 남쪽 지역에 보이는 푸른 화살표는 1970년에 미군이 캄보디아를 침공한 지점이다.

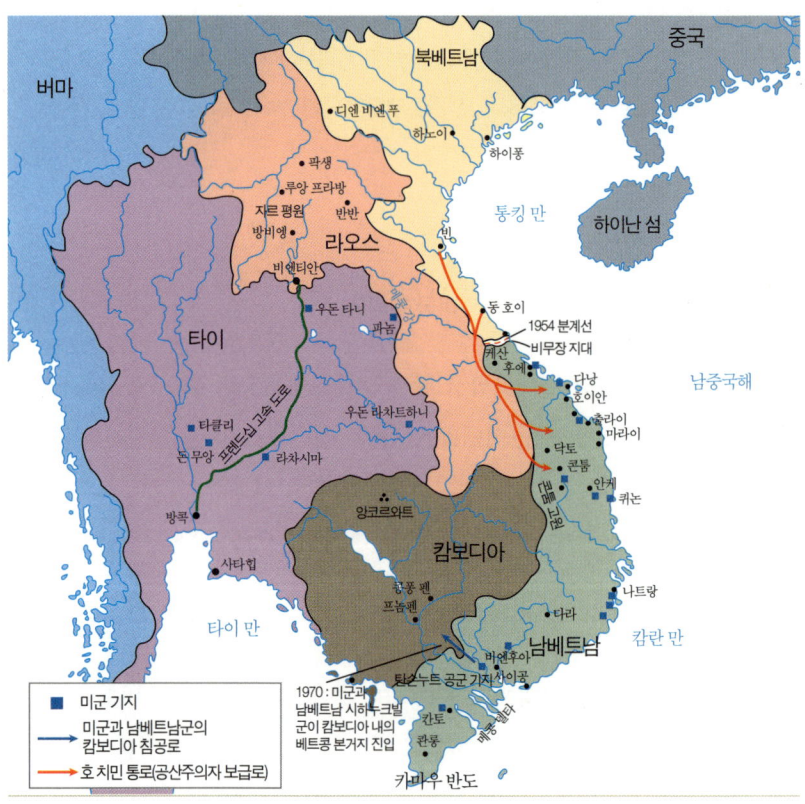

도 인상적인 대안으로 여기게 되었다. 미국은 남베트남에 군사적, 경제적 지원을 쏟아부었다.

디엠은 초기에 베트남의 분파를 억누르는 데 성공하자 1959년 월맹의 호찌민 지지자를 제거하려는 군사행동을 시작했다. 호찌민은 분단 이후 남부의 배후에 머물러 있었다. 디엠의 군사행동으로 호찌민 민족 통일을 위한 무장투쟁을 재개하게 되었다. 1959년, 남베트남에 있던 월맹의 간부는, 많은 미국인에게 베트콩(Viet Cong)으로 알려진 민족 해방 전선(National Liberation Front, NLF)을 조직했다. 그 조직은 북쪽의 월맹 정부와 밀접한 동맹 관계에 있었다. 1960년, 호찌민의 명령에 따라 북베트남으로부터 물질적, 인적 지원을 받은 민족 해방 전선은 남쪽에서 군사작전을 개시했다. 미국인은 이것이 베트남전쟁의 시작이라고 보았다.

1961년, 민족 해방 전선 세력은 베트남의 많은 지역을 확고하게 지배하게 되었다. 이제 디엠은 군부를 포함하여 남베트남의 많은 여타 집단의 지지도 잃고 있었다. 1963년, 디엠 정권은 가톨릭을 남베트남의 지배적 종교로 만들기 위해 남베트남 불교도를 탄압하고 규제하여 심대한 위기를 촉발시켰다. 불교도는 엄청난 반정부 시위에 참여했으며, 이 동안 여러 명의 승려가 가솔린을 몸에 뿌리고 사이공의 중심가에서 가부좌를 하고 앉아 분신 자살했는데, 이 모습이 사진기자와 텔레비전 카메라에 잡혔다.

미국의 관리는 디엠에게 당시 휘청거리는 정권을 개혁하라고 압력을 가했으나, 그는 조금도 양보하지 않았다. 그 결과, 1963년 가을에 케네디는 남베트남의 일부 장성이 디엠을 제거하려는 음모에 동의했다. 1963년 11월 초, 그들은 (미국이 원하지도 기대하지도 않

• 디엠 암살

앗던) 디엠과 그의 형제이자 주요한 고문이던 응고 딘 누(Ngo Dinh Nhu)를 암살했다. 그러고는 일련의 새로운 정권 중 첫 번째 정권을 수립했는데, 그것은 향후 3년 동안 그들이 붕괴시킨 정권보다 훨씬 더 불안정했다. 쿠데타 몇 주 후, 존 케네디도 암살당했다.

원조에서 간섭으로

• 통킹 만 결의안

따라서 린든 존슨은, 반공주의 남베트남의 생존에 대해 이미 실질적인 미국의 공약을 물려받았다. 그는 임기 첫 몇 달 동안 5,000명의 군사고문단을 추가로 파견하고, 5,000명을 더 보낼 준비를 하여 미국의 베트남 개입을 약간 확대했다. 그런 다음 1964년 8월 초, 대통령은 통킹 만(Gulf of Tonkin)의 공해상에서 순찰하던 미국의 구축함이 월맹 어뢰정의 공격을 받았다고 발표했다. 훗날의 정보는 행정부가 그 공격을 정확하게 보고했는지에 대해 심각한 의문을 제기했다. 그러나 당시는 그 사건을 심각한 공격 행위로 보는 존슨의 설명에 대해 어느 누구도 이의를 제기하지 않았다. 하원에서는 416 대 0으로, 상원에서는 88 대 2로, 의회는 서둘러 통킹 만 결의를 통과시켰다. 그 결의안은 대통령에게 미군을 보호하기 위한 '모든 필요한 수단'과 동남아시아에서 '더 이상의 공격을 방지하는' 권한을 부여했다. 그 결의안은, 적어도 존슨의 견해로는, 분쟁이 격화될 경우 제약 없는 합법적 권한을 부여했다.

남베트남의 지도력이 여전히 자리를 못 잡고 남쪽에 대한 공산주의의 군사적 압력이 강해지면서, 베트콩에 대한 대항이 미국의 몫으로 지워졌다. 1965년 2월, 공산군이 플레이쿠(Pleiku)에 주둔한 미국의 군사기지를 공격한 후, 존슨은 미군에 북베트남을 폭격하라고 명령했다. 이 공격은 북베트남 군인과 물자를 남베트남으로 보내는 책임을 맡고 있는 보급선과 보관소를 파괴할 목적으로 시도되었다. 폭격은 1972년까지 간헐적으로 지속되었다. 한 달 후인 1965년 3월, 미국 해병대 2개 대대가 남베트남의 다낭(Da Nang)에 상륙했다. 이제 베트남에 주둔하는 미군이 10만 명을 넘어섰다.

4개월 후에 대통령은, 이제 미군은 분쟁에서 적극적인 역할을 떠맡기 시작한다고 발표했다. 그해 말까지 베트남에는 미국 전투 요원이 18만 명 이상 주둔했고, 1966년에 그 숫자는 2배로 증가했으며, 1967년 말에는 미군이 50만 명 이상 주둔했다. 그 와중에 공중전은 격화되었다. 1966년 봄까지, 미군이 4,000명 이상 전사했다.

전쟁의 늪

미국이 베트남에서 전쟁을 수행하면서 주로 쓴 전략은 '소모전(attrition)'이었다. 적이 견딜 수 있는 것보다 미국이 적에게 더 많은 손실을 끼칠 수 있다고 믿었기에 이 전략에 주력했던 것이다. 그러나 이 전략은 북베트남이 미국의 예측보다 더 많은 군대와 물자를 전쟁에 투입할 의지를 가지고 있었기 때문에 실패하고 말았다.

또한 북베트남을 공습하면 공산주의자가 전쟁을 포기할 것이라고 본 미국의 기대가 틀렸기 때문이기도 했다. 북베트남은 현대 산업사회가 아니어서 폭격의 효과가 나타날 만한 목표물도 거의 없었다. 북베트남 사람은 폭격에 지혜롭게 대응했다. 즉, 지하 터널, 상

• '소모전' 전략

점, 공장의 연결망을 만들고, 소련과 중국으로부터 실제적인 원조를 확보해놓았으며, 미군 폭격기를 피하기 위해 호찌민 통로를 계속 이동시켰다. 폭격은 월맹의 결의를 분쇄하기는커녕, 오히려 전쟁에 대한 민중의 참여를 강화시켰다.

'평정'

미국 전략의 또 다른 중요한 요소는 '평정(pacification)' 프로그램이었다. 이 프로그램의 목적은 베트콩을 특정 지역으로부터 내몬 다음 민중의 '마음을 사로잡아' 그 지역의 평화를 회복시키는 것이었다. 베트콩을 종종 참패시킬 수는 있었으나, 평정이 이어지게 하기는 더 어려웠다. 평정 프로그램은 점차 가혹한 강제 소개(relocation) 전략으로 바뀌어갔다. 그 전략에 따라 미군은 마을 주민을 고향에서 내쫓아 난민 수용소 캠프나 도시로 보냈고(1967년에는 300만 이상의 난민이 생겼다), 그런 다음 텅 빈 마을과 마을 주변을 파괴했다.

전쟁이 시간만 질질 끌고 승리가 손에 잡히지 않자, 미국의 일부 장교와 관리는 대통령에게 군사적 지원을 확대해달라고 강력히 요구하기 시작했다. 그러나 존슨 행정부는 저항했는데, 이는 어느 정도 국내에서 장애와 좌절에 부딪치기 시작했기 때문이다.

국내에서의 전쟁

1965년이 끝날 때까지만 해도 소수의 미국인과 그보다 더 적은 수의 영향력 있는 미국인만이 미국의 베트남 개입에 반대했다. 그러나 전쟁이 언제 끝날 줄 모르고 시간만 끌자 전쟁에 대한 정치적 지지는 감소하기 시작했다.

1967년 말에는 전쟁에 반대하는 미국의 학생들이 주요한 정치 세력을 형성했다. 뉴욕, 워싱턴, 기타 도시에서 행해진 엄청난 규모의 평화 행진은 반전운동에 대한 광범위한 대중적 관심을 끌어냈다. 한편, 점차 많은 언론인, 특히 베트남에 특파원으로 파견되었던 기자가 전쟁의 잔인성과 명백한 무용성을 솔직하게 폭로하여 반전운동의 지지에 도움을 주었다.

• 반전운동의 증가

아칸소 주 출신의 상원 의원이며 상원 외무 위원회의 의장인 윌리엄 풀브라이트(J. William Fulbright)도 반전 쪽으로 선회했으며, 1966년 1월에는 전쟁에 대한 비판을 알리기 위해 널리 발표되고 종종 텔레비전으로 중계되었던 의회 공청회를 진행하기 시작했다. 의회 내의 다른 의원도 존슨의 정책에 반대하는 풀브라이트에게 합류했다. 1967년에는 살해된 대통령의 동생이면서 당시 뉴욕 주 출신의 상원 의원이었던 로버트 케네디(Robert F. Kennedy)도 여기에 참여했다. 심지어 행정부 내에서도 합의가 깨진 것처럼 보였다. 미국이 베트남 개입을 확대하는 데 상당한 역할을 했던 로버트 맥나마라(Robert McNamara)도 환멸을 느끼고 1968년에 조용히 행정부를 떠났다. 그의 후임인 국방부 장관 클라크 클리포드(Clark Clifford)는 공약을 조심스럽게 축소시키기 위해 행정부 내에서 조용하면서도 강력한 목소리를 내었다.

한편, '위대한 사회' 개혁을 지속하면서 전쟁을 수행하겠다는 존슨의 공약은 1960년대 전반 2퍼센트에 머물던 인플레율이 1967년에는 3퍼센트로, 1968년에는 4퍼센트로, 그리고 1969년에는 6퍼센트로 상승하는 데 일조했다. 1967년 8월, 존슨은 더욱 파멸적인 인플레를 피하기 위해 의회에 세금 인상을 요구했다. 그러자 의회의

• 전쟁이 유발한 인플레이션

보수주의자는 '위대한 사회' 프로그램을 위한 기금에서 60억 달러를 축소하라고 요구해서 그렇게 만들었다.

⟨과거를 논하며⟩

베트남 공약

★ ★ ★

미국이 왜 베트남전쟁에 개입하게 되었는가에 대한 논쟁(베트남전쟁의 의미에 관한 많은 논쟁의 하나임)은, 상호 관련성이 있겠지만 별개인 두 가지 문제에 집중되어 왔다. 하나는 미국인이 베트남에서 추구했다고 믿었던 광범위한 목적을 평가하려는 노력이다. 다른 하나는 정책 결정자가 미국을 인도차이나에서 군사적으로 개입하도록 이끌었던 특정한 결정을 어떻게, 왜 내리게 되었는가를 설명하려는 노력이다.

1960년대 미국의 베트남전쟁 개입에 대한 정부의 공식적 입장을 대변하는 노먼 포도레츠(Norman Podhoretz), 귄터 류이(Guenter Lewy), 스미스(R. B. Smith) 같은 학자와 작가는 베트남에서 공산주의의 공격은 아시아 전체에 혁명을 전파하려는 중국과 소련의 계획의 일부라고 주장했다. 따라서 미국은 베트남을 보호하고 있었을 뿐만 아니라(그 자체도 미국 임무의 중요한 부분이지만), 베트남이 함락된다면 곧바로 공산주의의 위협을 받게 될 아시아의 나머지 지역도 방어하고 있었던 것이다. 베트남 개입은 미국의 정당한 안보상의 이해와 민주주의에 대한 신념의 합리적이면서도 필연적인 표현이었다.

그러나 대다수의 학자는 이에 회의적이었다. 좌파 역사가는 미국의 베트남 개입은 제국주의의 한 형태로서, 즉 제2차 세계대전 이후 세계에 특정한 정치·경제적 질서를 부여하려는 미국의 더 큰 노력의 일환이었다고 주장했다. 1985년 가브리엘 콜코(Gabriel Kolko)는 "베트남전쟁은 미국의 입장에서 미 행정부가 수립하고자 하는 국제 질서에 반하는 국가와 사회체제의 출현을 멈추게 하거나 뒤집기 위해 군사력과 정치력을 합치려는 좌절된 전후 노력의 절정이었다"라고 썼다. 다른 사람도 미국이 베트남에서 싸운 것은 그 전쟁으로 활발하게 된 무기 생산 혹은 그 지역에서 이익을 같이 하던 국내의 경제적 이해 집단에 봉사하기 위해서였다고 주장했다. 좀 더 온건한 비판자도, 어느 곳이든 공산주의를 봉쇄하겠다던 자신들의 사려 깊지 못한 공약에 의문을 제기하는 것을 거절하면서, 국제적 침략과 국내 반란을 구별할 수 없었던 근시안적인 외교정책 엘리트에 의한 베트남 간섭을 비난했다.

미국의 목표보다는 정책 결정 과정에 주목했던 학자도 서로 대립적인 해석을 보여주었다. 데이비드 핼버스탬(David Halberstam)은 《최상의 사람들(The Best and the Brightest)》(1972)에서 다음과 같이 주장했다.

> 정책 결정자는 그들이 잘못되었다는 것을 암시하고 있는 정보를 무시하거나 억누르거나 기각함으로써 베트남에서 이루려 했던 목표를 달성할 수 있다고 생각해 스스로를 속였다. 거만함 혹은 이데올로기적 경직성 때문에 그들은 승리할 수 없다는 생각조차 안 했을 뿐이다.

1982년의 저작에서 래리 버먼(Larry Berman)은 다소 다른 견해를 제시했다. 존슨이나 그의 보좌관이 베트남에서 성공을 막는 장애물을 의식하고는 있었다는 점이다. 거의 모든 사람이 승리하기 어렵거나 불가능하다고 의심했다. 대통령은 잘못 인도되지도, 그릇된 정보를 받지도 않았다. 그러나 어찌 되었든 존슨이 군대를 보낸 까닭은 베트남이 함락되면 국내에서 '위대한 사회'를 세우려는 희망이 파괴되거나 정치적으로 몰락할까 우려했기 때문이라는 것이다. 1979년 레슬리 겔브(Leslie Gelb)와 리처드 베츠(Richard Betts)도 이와 연관된 주장을 했다. 그들은 베트남이 냉전 이데올로기에 의해 형성된 정치적·관료적 질서의 논리적이고도 불가피한 결과라고 주장했다. 정책 결정자는 베트남 참전의 대가가 비쌀지라도, 개입하지 않아서 월남이 몰락하는 것이 비용이 더 든다고 결론 내렸다. 1960년대에 베트남전쟁이 가속되었던 것은 미국의 목표가 변했기 때문이 아니라, 베트남 상황이 개입해야만 패배를 막을 수 있는 지점까지 악화되었기 때문이었다. 국내 및 국제적 정치 상황이 1960년대 후반과 1970년대 전반에 바뀌어 베트남에 머무는 정치적 비용이 철수할 때보다 많이 든다는 것이 명백해졌을 때에야 미국이 빠져나올 수 있었다.

5

1968년의 상처

1967년 말엽, 베트남전쟁과 미국 내에서 악화되던 인종적 상황이라는 이중 위기는 사회적·정치적으로 심각한 긴장을 낳았다. 1968년 한 해 동안 긴장은 표면으로 터져 나와 국가적 혼돈에 이른 것처럼 위협적으로 보였다.

구정 공세

1968년 1월 31일, 베트남인의 새해 첫날(Tet, 음력 1월 1일), 공산군은 남베트남 전역에 걸쳐 미국의 본거지를 대규모로 공격했다. 후에(Hue) 같은 몇몇 도시는 일시적으로 공산군에 함락되었다. 그러나 구정 공세 보도를 텔레비전으로 생생하게 시청하던 미국인은 공산군이 사이공 한복판에서 폭탄을 터뜨리고, 남베트남의 관리들과 군인들에게 총격을 가해 쓰러뜨리며, (미 대사관 부지를 포함하여) 요새화된 지역을 무너뜨리는 광경에 충격을 받았다. 구정 공세는 또한 미국 대중에게 베트남전쟁의 잔인함도 보여주었다. 전투 도중 남베트남의 한 장교가, 사이공 거리에서 포로로 잡혀 무장해제된 젊은 베트콩 군인의 머리에 총을 쏘는 장면이 텔레비전으로 방영되었다.

미군은 베트콩이 장악했던 대부분의 지역에서 그들을 곧 내쫓았다. 구정 공세(Tet Offensive)로 엄청난 수의 공산주의자에게 엄청난 사상자가 생겼으며, 민족 해방 전선의 지위를 영구히 추락시켰

정치적 패배

고, 북베트남군이 이후의 전투에서 더 큰 몫을 차지하게 되었다. 그러나 이 모든 것이 미국의 여론에는 거의 영향을 미치지 못했다. 구정 공세로 미국은 군사적 승리를 거두었을지는 모르나, 미국의 행정부에게는 정치적 패배였다.

이후 여러 주 동안, 베트남전쟁에 대한 반대가 상당히 증가했다. 유력한 신문과 잡지, 텔레비전 해설자, 그리고 주류 정치인이 전쟁을 공개적으로 반대하고 나섰다. 전쟁 반대 여론은 거의 두 배가 되었다. 그리고 존슨의 인기는 35퍼센트로 하락해 트루먼 이후 가장 낮았다.

정치적 도전

• 유진 매카시

1967년 여름 이래, 반대파 민주당원은 1968년 예비선거에서 린든 존슨에 도전할 반전 후보를 지지하기 위한 움직임을 보였다. 로버트 케네디가 그들을 받아들이지 않자, 그들은 미네소타 주 출신의 상원의원 유진 매카시(Eugene McCarthy)를 끌어들였다. 그해 3월, 뉴햄프셔 주 예비선거에서 젊은 자원자에 의해 놀랍도록 잘 화합된 선거전에서 매카시는 놀라운 광경을 연출했다. 그가 대통령을 거의 패배시킬 뻔했던 것이다.

며칠 후, 마침내 로버트 케네디가 대통령 선거전에 참가하여 많은 매카시 지지자가 씁쓸해했지만, 소수 인종, 빈민, 노동자 중 케네디의 실질적인 세력을 반전 명분으로 끌어들였다. 여론 조사는 다음에 예정된 위스콘신 예비선거에서 존슨 대통령이 상당히 뒤처질 것이라고 예측했다. 1968년 3월 31일, 존슨은 텔레비전을 통해 북베트

1968년 3월 27일, 존슨과 험프리

완강하면서도 지쳐 있던 존슨이 재선에 출마하지 않을 것이라고 선언하기 나흘 전, 부통령 험프리와 함께 베트남의 군사 상황에 대한 브리핑을 받고 있다.

남 폭격을 일시적으로 멈춘다고 선언했다. 이것은 반전 세력에 대한 주요한 첫 양보였다. 훨씬 더 놀라운 일은 그가 대통령 선거에 나오지 않겠다고 한 것이었다.

로버트 케네디는 민주당 예비선거에서 하나씩 하나씩 이겨 이른 시간 내에 확고한 승리자의 자리를 굳혀갔다. 그러나 존슨 대통령의 지지를 얻은 부통령 휴버트 험프리(Hubert Humphrey)도 경선에 참가하여, 당 지도부와 일반 예비선거가 아닌 주 당 조직에 의해 선출된 많은 대의원의 지지를 받기 시작했다. 그는 곧 선거 경쟁에서 선두 주자로 보였다.

킹 목사 암살

제임스
얼 레이

4월 4일, 파업 중인 흑인 청소부(sanitation workers)를 지지하기 위해 테네시 주의 멤피스로 왔던 킹 목사는 모텔의 발코니에 서 있던 중 총에 맞아 살해되었다. 암살자 제임스 얼 레이(James Earl Ray)는 두 달 후 런던에서 붙잡혔는데, 살해 동기가 분명치 않았다. 이후에 밝혀진 증거로 그가 누군가에게 고용되었다는 것이 알려졌지만, 레이는 청부인을 결코 밝히지 않았다.

킹 목사의 비극적 죽음으로 슬픔이 분출되었다. 흑인은 그의 죽음에 분노했다. 암살 후 며칠 동안 60개 이상의 도시에서 대규모 폭동이 일어났고, 43명이 죽었다.

케네디 암살과 시카고

6월 6일 늦은 밤, 로버트 케네디는 그날의 캘리포니아 예비선거에서 거둔 승리에 사의를 표하기 위해 로스앤젤레스의 한 호텔 대연회장에 나타났다. 케네디가 승리에 대한 성명 발표 후 연회장을 떠나려는 순간, 그가 최근에 친이스라엘 발언을 한 것에 명백히 분개했던 젊은 팔레스타인인 써한 써한(Sirhan Sirhan)이 군중 속에서 나와 그의 머리에 총을 쏘았다. 다음 날 이른 아침, 케네디는 죽었다. 두 달 새에 벌어진 두 번째 비극의 충격으로 이후의 대통령 선거전은 흥미를 잃게 되었다.

민주당
전당대회

험프리만이 유일하게 진정한 경선자인 8월 시카고 전당대회에 최종적으로 민주당원이 운집했을 때, 가장 낙관적인 관망자라도 소란이 일어나리라고 예측했다. 전당대회장 안에 모인 대의원이 케네디와 매카시의 지지자가 선호했던 반전 조항을 당 정강에 올릴 것인가를 놓고 치열하게 논쟁을 벌였다. 몇 마일 밖, 시내의 공원에서는 반전 시위대 수천 명이 데모를 벌이고 있었다. 전당대회 셋째 날 저녁, 대의원이 이제 사실상의 지명이 불가피한 험프리에게 투표하는 동안, 시위대와 경찰은 시카고 거리에서 유혈 충돌을 일으켰다. 경찰이 최루가스와 곤봉으로 시위대를 해산하는 과정에서 수백 명이 다쳤다. 폭력이 텔레비전으로 전국에 중계된다는 것을 알고 있었던 시위대는 "전 세계가 지켜보고 있다!"고 외치며 당국을 조롱했다. 여러 해 동안 민주당 대통령 후보가 되기를 꿈꾸었던 험프리는 그날 밤에 당시에는 거의 무가치해 보이던 후보 지명을 수락했다.

보수주의의 반발

일부 관망자는 1968년의 소요 사건을 통해 미국 사회가 혁명적 변화를 겪고 있다고 생각했다. 그러나 사실상 혼란을 바라보는 대다수 미국인의 반응은 보수적이었다.

보수적 반동을 보여주는 가장 뚜렷한 징후는 조지 월리스(George Wallace)가 대통령 선거전에서 놀랄 만한 성공을 거둔 것이었다. 월리스는 1963년에 흑백 분리를 옹호하는 선도적인 대변인으로 지위를 확고히 했는데, 그때 그는 앨라배마 주의 주지사로서 앨라배마 대학에 흑인 학생의 입학을 차단하려 시도했다. 1968년, 그는 수많은 보수주의자의 분노에 힘입어 제3당 대통령 후보가 되었다. 그는 흑백 학생의 강제 통합 버스 통학, 행정부의 규제와 사

조지 월리스

1968년 선거

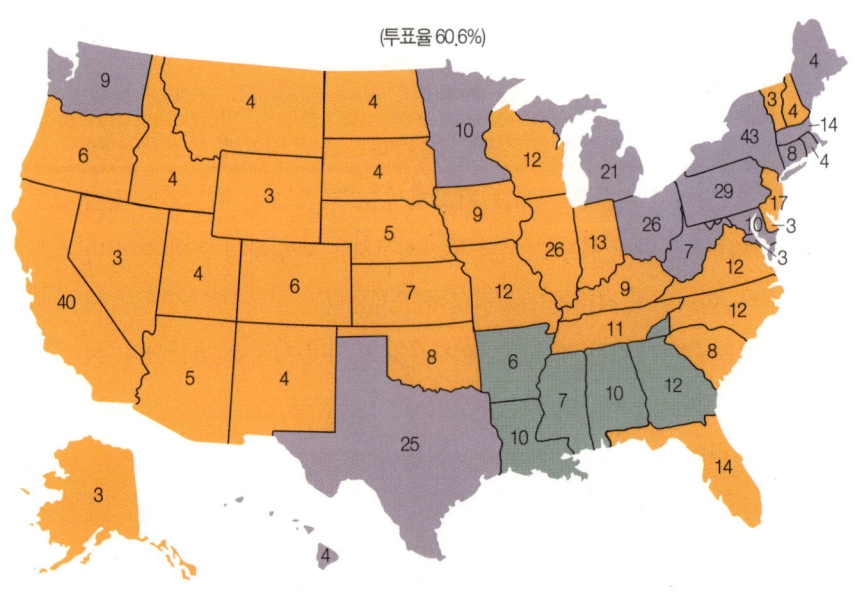

	선거인단 투표	일반투표(%)
리처드 닉슨(공화당)	301	31,770,237(43.4)
휴버트 험프리(민주당)	191	31,270,533(42.3)
조지 월리스(미국 독립당)	46	9,906,141(12.9)
기타 후보(금주당, 사회 노동당, 디 그레고리, 사회주의노동자당, 평화와 자유당, 매카시)	—	218,347

리처드 닉슨이 승리한 1968년 대통령 선거는 1960년에 그가 패배했던 선거와 거의 흡사했다. 독자 후보였으며 닉슨이 지지를 호소했던 동일한 보수적 유권자 중 많은 사람을 끌어들인 월리스(George C. Wallace) 주지사가 없었더라면, 닉슨은 좀 더 큰 승리를 거두었을 것이다.

회 프로그램의 증가, 범죄와 인종 폭동과 반전 데모를 허용하는 당국을 비난했다. 월리스가 선거에서 승리할 가능성은 거의 없었으나, 여론조사에서는 지지율이 20퍼센트를 넘을 때도 있었다.

공화당은 질서와 안정을 원하던 보수 중간층을 움직이기 위해 좀 더 효과 있는 노력을 진행했다. 1960년 대통령 경선에서 패배하고 2년 후 캘리포니아 주지사 선거에서도 패배한 이후, 정치적 경력이 거의 끝난 것처럼 보였던 리처드 닉슨이 그가 때때로 '침묵하는 다수(silent majority)'라고 부른 사람의 대변인으로 재등장했다. 그는 안정에 대한 비전, 법과 질서, 정부의 축소, 베트남에서의 '명예로운 평화'를 제안하면서, 공화당 대통령 후보 지명을 쉽게 획득했다. 험프리가 마지막 순간에 상승했지만, 닉슨은 1960년에 패배했을 때 만큼이나 작은 표차로 간신히 승리했다. 험프리가 일반투표에서 42.7퍼센트를 얻은 데 반해 (단지 50만 표차로) 그는 43.4퍼센트를 얻었으며, 선거인단 투표에서는 험프리가 191표를 얻은 데 반해 301표를 얻었다. 월리스는 대부분의 제3당 후보가 선거전의 마지막 몇 주에 지지율의 감소를 겪었듯이, 일반투표에서 13.5퍼센트, 선거인단 투표에서는 46표를 얻어 남부의 5개 주를 석권했다. 닉슨은 결코 결정적인 통치 위임을 얻지 못했다. 그러나 선거는 다수의 미국 투표권자가 사회 변화를 추구하기보다는 안정을 되찾는 데 더 관심이 많다는 것을 명백히 보여주었다.

• 닉슨 당선

결론

미국이 1960년대보다 더 강력하고 지속적인 이미지를 만든 시기는 없었을 것이다. 1960년대는 대통령 선거로 시작했으며, 그 이후 케네디의 암살이라는 치유되기 어려운 상흔을 남겼다. 케네디는 매력적이고 열정적인 젊은 대통령으로 강렬한 이미지를 남겼고, 시대의 이상주의를 상징했다. 1960년대는 정치적으로 혁신의 시기였는데, 대통령 린든 존슨은 그 혁신을 '위대한 사회'로 명명했다. '위대한 사회'는 연방정부의 규모와 기능, 그리고 국민의 복지를 위한 연방정부의 책임을 크게 확대했다. 이 시기에 지속적이며 엄청나게 강력한 민권운동이 출현하게 되었다. 민권운동은 19세기 후반과 20세기 전반에 걸쳐 구축된 짐 크로우 체제를 해체시킨 두 개의 민권법안을 포함하여 일련의 중요한 법적인 승리를 쟁취했다.

　1960년대 전반을 그렇게 생산적으로 만든 역동성과 낙관성은 결코 해결하기 쉽지 않은 문제와 불만을 표면으로 끌어냈다. 민권운동은 법률만으로는 제공할 수 없고, 많은 부분에서 완결되지 않은 사회적·경제적 평등에 대한 기대감을 일깨웠다. 1960년대 전반의 평화스럽고 흑백 인종이 함께한 개혁 운동은 1960년대 후반으로 가면서 점차 훨씬 더 호전적이고 대결적이며 분리주의적인 운동으로 바뀌어갔다. 1960년대에 시작된 백인 청년의 이상주의는 케네디의 정치적 성공에 중요한 역할을 했고, 미국 문화와 정치의 많은 면에서 분노에 찬 반항으로 발전했으며, 이로 인해 1960년대 말에는 국가를 동요시킨 학생 저항이 대대적으로 증가하게 되었다. 무엇보다도, 북베트남의 공산주의 침공에 대항해 남베트남을 수호하겠다는 자그마하면서 대체로 인식되지 않은 냉전의 공약이 거대하면서도 재앙을 불러온 군사적 공약으로 이어졌다. 그 공약은 린든 존슨을 대통령직에서 물러나게 했고, 지도자와 정치체제에 대한 신뢰감을 흔들었으며, 수천 명의 젊은이를 사지로 보냈을 뿐 아니라 어떠한 승리의 징표도 보여주지 못했다. 1960년대는 높은 희망과 솟구치는 이상으로 시작했으나, 추악하면서 때때로 폭력적인 분열과 깊은 환멸로 끝났다.

〈세계 속의 미국〉

1968년

★ ★ ★

　1968년은 미국의 전후 역사에서 가장 소란스러웠던 해였다. 그렇게 남은 깊은 상처는 특히 미국 내에 일어난 여러 사건 때문이었다. 즉, 베트남전쟁에 관한 논쟁의 증가, 마틴 루터 킹 2세와 로버트 케네디의 암살, 전국의 도시에 걸친 인종적 소요, 미 전역에 걸친 대학생의 저항 등이었다. 그러나 1968년의 혼란은 미국에만 국한되지는 않았다. 그해에 전 세계의 많은 지역에서 엄청난 격변이 있었다.

　1968년, 전 세계에 걸친 동요의 가장 일반적인 형태는 학생 소요였다. 1968년 5월, 프랑스에서는 미국에서보다 훨씬 더 규모가 크고 격렬한 학생 봉기(uprising)가 일어났다. 봉기는 프랑스 노동자의 지지를 이끌어내고 일시적으로 파리와 여러 도시를 마비시켰으며, 1년 후에 샤를 드골(Charles de Gaulle) 정부의 몰락에 공헌했다. 영국, 아일랜드, 독일, 이탈리아, 네덜란드, 멕시코, 캐나다, 일본, 그리고 한국에서는 학생과 젊은이가 대규모로, 때로는 폭력을 동반하여 정부와 대학과 여러 권위 구조에 저항하여 시위했다. 1968년에는 체코슬로바키아에서처럼 다른 곳에서도 더욱 광범위한 저항이 일어났다. 체코슬로바키아에서는 소련 탱크가 봉기를 진압하기 위해 프라하로 몰려오기 전까지 수십만의 시민이 '프라하의 봄'—좀 더 큰 민주주의에 대한 요구와 소련 지배의 공산주의 정권에 의해 부과된 많은 억압적 지배와 구조에 대한 거부—을 지지하면서 거리로 나왔다.

　당시와 이후, 많은 사람은 불안정이 많은 국가에서 동시에 출현했는지를 설명하려고 애썼다. 1968년에 세계적 소요가 일어난 한 가지 요소는 수의 우세(numbers)였다. 전후 베이비붐으로 많은 국가에서 거대한 동년배 집단이 만들어졌으며, 이들은 1960년대 후반에 성년이 되었다. 서구 산업국가에서, 새로운 세대로 인해 대학생이 3배로 증가했고, 젊음의 파워에 대한 인식을 높였다. 이 세대는 전후에 번영과 평화가 오래 지속된 시기에 자라면서 세상에 대한 기대가 높아졌고, 희망에 방해가 되는 장애물을 이전 세대보다 참지 못하게 되었다. 전 지구적으로 출현한 새로운 청년 문화(global youth culture)는 여러 면에서 구세대의 주도적 문화와 달랐다. 불순응(nonconformity), 개인의 자유, 심지어 반항에 가치를 둔 문화였다.

   1968년에 광범위한 소요가 일어난 두 번째 요인은 세계적 미디어의 힘이었다. 1960년대 전반에 위성통신이 도입되어 생생한 뉴스를 전 세계에 곧 전파할 수 있었다. 미디어 조직은 비디오테이프 기술과 경량 이동식 TV 카메라로 인해 빠르고, 유연하게 사건에 대응할 수 있게 했다. TV를 보는 시청자 수는 전 세계에 걸쳐 엄청났다. 산업국가는 물론 세계 최빈국에서도 그러했다. 파리의 시위대는 1968년 미국의 대학 시위 – 예를 들어, 이전 달 뉴욕 시 컬럼비아 대학의 학생 소요 – 가 프랑스 학생 봉기에 어떤 동기를 제공했는가에 대해서 공개적으로 언급했다. 미국 학생이 대학이 시대에 뒤지고 온정주의적 특성을 지녔다고 생각하여 저항했던 것처럼, 프랑스 학생도 완고하고 독재적 성격을 지닌 학문 세계의 종식을 요구했다.

   세계의 대부분 지역에서, 1968년의 봉기는 그들이 공격한 제도와 체제를 근본적으로 변화시키지 못한 채 일어났다가 스러졌다. 그러나 저항의 결과, 많은 변화가 나타났다. 전 세계 대학은 심대한 개혁에 착수했다. 서양의 주류 교회 및 회당의 종교적 의식은 1968년 이후 급격히 감소했다. 개인의 자유에 대한 새로운 개념이 정통성을 획득했으며, 이후 시기의 신사회 운동을 고무했다. 그중 전 세계 많은 지역에서 페미니즘이 놀라울 정도로 성장했다. 1968년 사건으로 미국이나 세계 대부분 지역에서 혁명이 일어나지는 않았으나, 많은 국가의 민중에게 영향을 끼친 엄청난 사회적·문화적·정치적 변화가 시작되는 시기였다.

1963	1964	1966	1968	1969	1970	1971
프리던의 《여성의 신비》	자유 연설 운동 시작	전국 여성 협회 설립	대학가 소요 사태	베트남전쟁 반대 운동의 일시적 유예/뉴욕 우드스톡의 록 콘서트	캄보디아 침공	닉슨, 임금-가격 동결 조치 시행

32장
권위의 위기

'오늘날의 십대'

《타임(Time)》은 성년이 된 '베이비붐' 세대와 청년의 행동주의에 주목하여 1965년도의 한 표지 주제로 '오늘날의 십대'를 실었다. 주제의 선택만큼이나 눈길을 끄는 것은 표지 그림을 그린 예술가로 앤디 워홀(Andy Warhol)을 선택했다는 점이다. 위대한 대중예술가인 워홀은 유명인과 무명인의 초상을 연속적으로 배열시켜 당대의 특성을 표현하고자 했다. 워홀의 작품은 고급문화와 대중문화 사이의 장벽을 무너뜨리는 도구로 쓰였으며, 자주 이용되는 소재(유명 인사, 상업 생산품)와 기법은 주로 상업 예술에서 따온 것이었다. 실크 스크린으로 만든 연작 사진은 워홀 특유의 표현 수단 가운데 하나이다.

1972	1973	1974	1975
닉슨, 중국 방문/전략무기제한 협정(SALT I)/북베트남에 대한 '크리스마스 공습'/워터게이트 빌딩 불법 침입 사건/닉슨, 재선에 성공	미국, 베트남에서 철수/아랍의 석유 수출 금지 조치/부통령 애그뉴 사임/대법원, '로 대 웨이드 사건' 판결	닉슨 사임, 포드 대통령 취임	남베트남 패망

1968년 리처드 닉슨의 당선은 린든 존슨과 베트남전쟁에 대한 평판이 나빴기 때문만은 아니었다. 많은 미국인이 자신의 사회와 문화의 토대를 흔드는 위험한 공격에 대해 광범위한 대중적 반응을 보인 결과였다. 미국인은 리처드 닉슨을 미국적 정서에 완벽하게 어울리는 사람으로 간주했다. 그는 열심히 일하는 중간계급 가정 출신으로서, 전통적 가치에 성심껏 헌신하는 모습을 보여주었다. 하지만 닉슨의 대통령 재직은 미국 정치에 평온과 안정을 가져다주기는커녕, 오히려 위기의 시기와 일치했으며 또한 위기를 조장했다.

1

청년 문화

아마도 1960년대와 1970년대 보수적 미국인을 가장 놀라게 한 것은, 상호 연관을 지닌 두 가지 충격파를 던진 미국 젊은이들의 사회적·문화적 저항이었다. 하나는 정치적 좌파가 던진 충격파로서, '민중(people)'의 거대한 새 공동체를 만들어 엘리트의 권력을 분쇄하고 국가가 전쟁을 끝내게 하는 동시에, 인종적·경제적 정의를 추구하며 정치적 생활을 변형시키고자 한 것이다. 두 번째도 그에 못지않은 강력한 충격파로서 개인적 '해방'의 비전이었다. 그것은 한편으로는 흑인, 인디언, 히스패닉, 여성, 동성애자와 같은 많은 집단의 노력으로 표현되었는데, 이들은 전면에 나서 스스로의 위상을 규정하고 사회에 여러 가지 요구를 제시했다. 또한 이 해방의 비전은 새로운 문화를 창조하고자 했던 개인의 노력을 통해서도 나타났는데, 그와 같은 새로운 문화란 어느 정도까지는 현대 '전문가주의(technocracy)'의 비인간적 압력으로부터 벗어날 수 있는 문화를 말했다.

개인적 '해방'

신좌파

인종 문제와 베트남전쟁이 낳은 하나의 부산물로서 많은 미국 학생의 급진화를 꼽을 수 있다. 그들은 1960년대에 신좌파(The New Left)라 일컫는 집단을 형성했다. 1962년, (대다수가 백인이었던) 일군의 학생이 미시간 주에 모여 요구 사항을 전달하기 위해 민주 사회 학생 연합(Students for a Democratic Society, SDS)을 조직했다. 그들의 신념을 밝힌 포트휴런 성명서(Port Huron Statement)는

민주 사회 학생 연합

기존 사회에 대한 환멸과, 새로운 정치를 건설하겠다는 결의를 표명한 것으로서, 그때부터 민주 사회 학생 연합은 학생 급진주의의 선도적 조직이 되었다.

• 대학 소요

신좌파는 대부분 학생으로 구성되었기 때문에, 한동안 그들의 급진주의적 성향은 상당 부분 현대의 대학과 관련된 문제에 중점을 두고 있었다. 1964년 버클리 소재 캘리포니아 대학에서 있었던, 캠퍼스 내에서의 정치 활동 참여에 관한 학생의 권리, 즉 자유 연설 운동(Free Speech Movement)에 관한 논쟁은 거의 10년간 지속된 대학 소요의 첫 번째 분출이었다. 반전운동(反戰運動)은 대학에 대한 도전을 더욱 확대시켰다. 1968년에 시작된 대학의 시위, 폭동, 건물 점거가 거의 일상화되었던 것이다. 뉴욕의 컬럼비아 대학에서는 지역 경찰이 강제로 학생을 내쫓을 때까지 여러 날 동안 총장실과 여타 사무실을 점거한 적도 있었다. 이후 여러 해에 걸쳐 주요 대학은 혼란을 면치 못했다. 유난히 교조적인 급진주의자 소수 집단—민주 사회 학생 연합의 분파인 '웨더맨(Weathermen)'을 예로 들 수 있다—은 대학 건물을 폭파시키고 여러 사람의 생명을 앗아간 몇몇 방화와 폭파 사건에 책임이 있었다.

많은 사람이 신좌파의 급진적 정견을 받아들인 것은 아니었다. 그러나 많은 사람이 특정 문제에서만큼은 민주 사회 학생 연합을 비롯한 여타 집단의 입장을 지지했는데, 특히 베트남전쟁을 들 수 있다. 1967년과 1969년 사이에 학생운동가는 전쟁에 반대하기 위해 미국 역사상 가장 규모가 큰 몇몇 정치적 시위를 조직했다.

• 징병 반대

반전운동을 격화시킨 문제 중 하나는 징병(military draft) 반대였다. 종래에 징병 유예 조치를 받았던 많은 사람(대학원생, 교사, 남

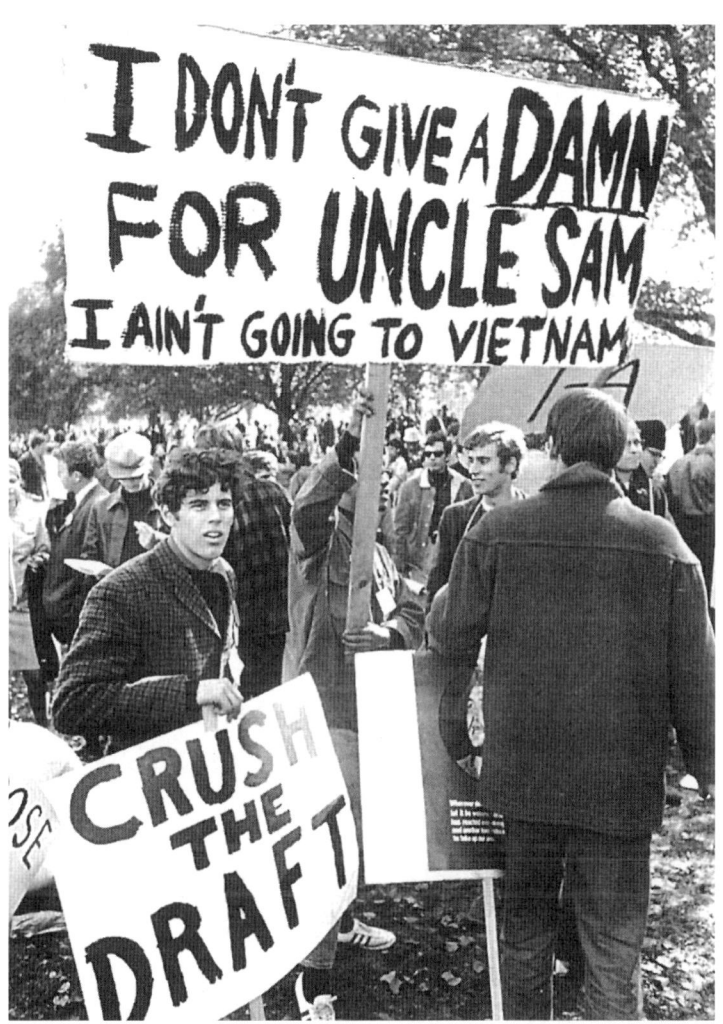

국내에서의 전쟁

1960년대 말에는 대규모의 반전 시위가 여러 차례 일어났는데, 사진은 그중 최초의 시위에서 시위자가 워싱턴의 몰(Mall) 지역에 집결하고 있는 장면을 포착한 것이다. 역사적으로 반전운동은 베트남전쟁에 대한 국민적 합의를 분산시켰다. 그러나 전쟁에 반대하는 주요 논거는 좌파의 도덕적 혹은 경제적 주장에서 나온 것이 아니었다. 단지 많은 미국인이 전쟁이 너무 길게, 기약 없이 지속되는 데 대해 좌절감을 느꼈기 때문이었다.

편, 아버지 등)이 점차 유예 폐지 조치에 따라 징집 대상자가 되었고, 따라서 그들은 징병에 반대할 가능성이 컸다. 징집 연령이 된 수많은 미국인은 자칫하면 감옥에 오래 수감될 수 있다는 사실을 감수하면서까지 막무가내로 입대를 거부했다. 또한 수천 명에 달하는 사람이 징병을 피하기 위해 캐나다, 스웨덴 등 여러 국가로 도주하여 군대에서 이미 탈주해 나와 있던 사람들과 합류했다.

대항문화

신좌파와 밀접하게 연관되어 있던 새로운 청년 문화는 중간계급 사회의 가치와 관습을 노골적으로 비웃었다. 대항문화(Counterculture)의 가장 두드러진 특징은 개인적 스타일(personal style)의 변화였는데, 마치 기존 관습에 대한 경멸감을 드러내기라도 하듯 청년은 머리를 기르거나 누더기 혹은 현란한 옷을 입었으며, 전통적 말투와 예법에 대한 반항적인 경멸감을 드러냈다. 대항문화에서 또한 빠뜨릴 수 없는 것이 마약이었다. 한때 맥주 마시기가 유행했던 것처럼, 1966년 이후 젊은이 사이에서는 마리화나 흡입이 거의 상용화되어 있었으며, 더욱 강력한 환각성을 지닌 LSD 같은 것도 사용되었다. 또한 성(性)에 대해서도 더욱 관대한 견해가 새로이 나타났다.

• 개인적 성취를 이루려는 생각

여러 면에서 중첩되어 있던 신좌파처럼, 대항문화는 현대 미국 사회의 진부함과 공허함, 인위성, 자연으로부터의 고립 등을 공격함으로써 사회의 구조적인 문제에 도전했다. 대항문화의 가장 노골적인 지지자, 즉 샌프란시스코의 헤이트-애쉬베리(Haight-Ashbury)

지구 및 다른 지역에 모여 살았던 히피(hippies), 그리고 농촌 공동체로 물러났던 사회적 이탈자들 가운데 많은 이가 현대 사회를 전적으로 배격하면서 더욱 단순하고 '자연스러운' 존재 속에서 안식을 찾고자 했다. 대항문화에 대해 덜 동조했던 사람까지도 중간계급 문화의 억압적 요소와 인습을 거부함으로써, 그리고 개인적 본능과 욕망을 더욱 충실히 표현함으로써 개인적 성취를 이뤄보겠다는 생각을 공유하고 있었다.

대항문화는 사회 전반에 흐르던 여러 자극에 대한 과장된 표현일 뿐이었다. 긴 머리와 기이한 복장은 히피나 급진주의자뿐만 아니라 세대 전체의 상징이 되었다. 마리화나 흡입, 성에 대한 더 자유로운 태도, 인습 타파적인(더러는 외설적인) 언어, 이 모두가 대항문화의 진정한 신봉자를 넘어 폭넓게 전파되었다.

새로운 청년 사회가 가진 여러 요소 가운데 가장 널리 파급된 것은 그 세대에서 결코 급진적이지 않은 사람까지도 받아들였던 록 음악이었다. 1960년대에 록 음악의 영향력이 커졌던 것은 어느 정도 비틀즈(Beatles)의 경이적인 인기 덕분이었다. 이 영국인 그룹이 1964년 최초로 미국을 방문했을 때 놀랄 만한 선풍을 일으켰던 것이다. 대부분의 록 음악인은 한동안 대다수의 기존 대중음악가처럼 논쟁의 여지가 없는 낭만적 주제에 집중했다. 그러나 1960년대 후반에는 록 음악이 그 시대의 인습 타파적인 새로운 가치를 많이 반영하기 시작했다. 예를 들어, 비틀즈는 대중에게 새롭고 실험적이며 신비로운 느낌을 주기 위해 한때 단순하고 순진무구해 보였던 스타일을 포기하기도 했는데, 그러한 태도는 마약과 동양 종교에 대한 대중적 매력이 증가했음을 반영한 것이었다. 롤링 스톤즈(Rolling

우드스톡(Woodstock) 기사

《뉴욕 데일리 뉴스(The New York Daily News)》의 독자층은 대체로 노동 계급이었는데, 그들은 우드스톡 공연장에 있던 젊은이들에게 그다지 호의적이지 않았다. 사진은 우드스톡 공연장이 폭우 때문에 진흙탕이 되어버린 풍경으로, 약간은 조소하듯 1면에 실려 있다. (하단에 '그들은 녹지도 않네'라는 사진 해설이 나와 있다.)

Stones) 같은 여타 그룹은 더욱더 공개적으로 분노, 좌절, 반항에 관한 주제에 매달렸다. 특히 이 시기에 선두적인 포크(folk) 가수 밥 딜런(Bob Dylan)과 조언 바에즈(Joan Baez) 같은 많은 대중음악가는 음악을 명백한 정치적 급진주의를 표현하는 데 이용했다. 록의 휘몰아치는 듯한 리듬, 숨김 없는 관능(sensuality), 때로는 거칠면서도 분노한 듯한 음조, 이 모두가 1960년대 후반의 사회적, 정치적 혼란이라는 주제를 전달하는 적절한 방식이었다.

• 우드스톡

록 음악과 대항문화의 결합을 보여준 강력한 상징은 뉴욕 주 우드스톡(Woodstock)에서 열린 성대한 음악 축제였다. 1969년 여름 40만 명이 약 1주일 동안 한 농장에 모였는데 폭우, 진흙, 열악한 시설, 극도의 혼잡함에도 군중은 평화스럽고 화목한 상황에서 공연을 즐겼다. 당시 대항문화의 옹호자는 어떻게 우드스톡이 '우드스톡

나라(Woodstock Nation)'라는 새로운 청년 문화의 탄생을 대표하게 되었는지에 대하여 열광적으로 토로했다. 그러나 4개월 후, 샌프란시스코 인근의 알타몬트(Altamont) 경주장에서 열렸던 록 음악회에는 롤링 스톤즈가 출연하고 30만 명이 참석했는데, 여기서는 청년 문화의 어두운 면이 드러났다. 알타몬트는 야만적이고 폭력적인 사건이 되고 말았던 것이다. 4명이 죽었는데, 사고 혹은 약물 과다 복용에다 한 명은 '헬스 엔젤스(Hell's Angels)'라는 오토바이 갱들에게 입은 부상 때문이었다. 갱들은 음악회의 안전 요원으로 봉사하면서 여러 명을 잔인하게 구타하고 칼로 찔렀다.

2

마이너리티

흑인 저항운동의 영향을 받아 다른 소수 세력도 자기의 불만 사항을 개선해달라고 적극적으로 요구하고 나섰다. 1960년대 후반과 1970년대는 인디언이나 히스패닉, 동성애주의자 등이 자신을 표현하고 정치적인 행동을 적극적으로 드러낸 시대였다.

아메리카 원주민의 투쟁

주류 문화에 대해 아메리카 인디언보다 더 많고, 더 수긍할 만한 불만을 가진 소수 세력은 거의 없었다. 그들은 1960년대부터 반항적인 의미를 담아 스스로를 아메리카 원주민(Native American)이라 부르기 시작했다. 그들은 미국 내에서 가장 가난하고 여러 가지 질병의 위험에 노출되어 있으며 가장 불안정한 집단이었다. 그리고 긍정적이든 부정적이든 간에 흑인은 백인의 주목을 많이 받았던 반면, 인디언은 오랫동안 대체적으로 무시당해왔다.

전쟁이 끝난 뒤에도 오래도록 연방 정책은 인디언이 동화를 원하든 원하지 않든 간에 그들을 미국의 주류 사회에 통합시키려는 의도를 깔고 있었다. 1953년에 통과된 두 개의 법안은 '종결(termination)'이란 이름을 붙인 새로운 정책의 기초가 되었다. 그동안 인디언 부족은 주 정부의 행정적 관할에서 벗어난 채 법적인

알카트레즈 점령

알카트레즈(Alcatraz)는 샌프란시스코 만에 있는 섬으로, 한때는 거대한 연방 형무소가 있었으나 1960년대 말경에는 버려져 있었다. 1969년, 인디언 운동가가 이 섬을 점령해 인디언 땅이라고 주장하면서 관계 당국과 오랜 대치 상태에 빠져든 일이 있었다.

존재로서만 인정받았으나, 연방정부는 종결 정책에 따라 그와 같은 관행을 철회하고 그들을 백인 거주민과 동일한 지역 관할권(local jurisdiction)에 종속시켰다. 동시에 연방정부는 인디언이 백인 세계에 동화될 수 있도록 장려하여 도시에 모여서 살아가도록 하려고 애썼다. 그렇게 되면 그들은 전체 사회에 적응하게 되고 문화적 특성도 잃어버리게 되기 때문이었다.

그러나 전체적으로 보면, 몇몇 성공 사례에도 새로운 정책은 재앙에 가깝다고 할 만큼 실패였다. 정책에 인디언이 아주 극렬하게 반항했기 때문이다. 1958년, 아이젠하워 행정부는 해당 부족의 동의 없이는 더 이상의 '종결' 정책의 추진을 금했다. 한편, 종결 정책에 대한 투쟁은 신세대의 인디언 전사를 동원했으며, 1944년에 만들어진 아메리카 원주민의 중심적 조직, 즉 전미 인디언 총회(National Congress of American Indians, NCAI)에 활기를 불어넣었다.

1960년대 민주당 행정부는 종결 정책을 되살리려 하지는 않았다. 그 대신 미미하지만 부족 자치를 복원하려고 노력했다. 공동체 행동(Community Action)이라는 프로그램에 따라 경제 기회국(OEO)의 자금이 부족민의 조직으로 흘러들어간 것이 하나의 뚜렷한 실례가 된다. 한편, 부족은 자기 결정권(self-determination)을 확보하기 위한 투쟁을 시작했다. 이 새로운 투쟁 경향은 인디언 인구가 다른 구성원의 인구보다 매우 급속히 증가한 데 힘입은 것이었다(1950년과 1970년 사이에 거의 두 배로 증가하여 약 80만 명에 이르렀다).

아메리카 원주민 민권운동

1961년, 67개 부족에 속해 있던 400명 이상의 아메리카 원주민이 시카고에 모여 '아메리카 원주민 결의 선언서(Declaration of Indian Purpose)'를 발표했다. 그 선언서는 "우리 자신의 생활 방식을 선택할 권리"와 "우리의 소중한 유산을 보존할 책임"을 강조한 것이었다. 이 사건은 아메리카 원주민의 자아의식이 성장하고 있음을 보여주는 하나의 예에 불과했으나, 이 모임의 결과로 만들어진 전국 아메리카 원주민 청년 협의회(National Indian Youth Council)는 아메리카 원주민의 민족주의 이념과 부족 간의 단합을 증진시켰다. 1968년 일군의 젊고 호전적인 인디언이 아메리카 원주민 운동(American Indian Movement, AIM)을 창설했고, 그 단체는 도시지역 및 보호구역에서 동시에 지지를 끌어냈다.

새로운 행동 방침으로 여러 가지 성과가 나왔다. 1968년, 의회는 아메리카 원주민 민권법을 통과시켰는데, 그 법안은 권리장전(Bill of Rights)에 근거하여 일반 시민이 누리는 것과 똑같은 많은 권리를 보호구역(reservation)의 아메리카 원주민에게 보장했으며, 또한 보호구역 내에서 부족법의 정당성을 인정했다. 그러나 AIM의 지도자와 여타 반대자 그룹은 만족하지 않았다. 1968년, 인디언 어민은 콜롬비아 강과 퓨젯 사운드(Puget Sound, 워싱턴 주 북서부의 만)에 관한 옛 조약의 권리를 인용하면서 워싱턴 주의 관리와 충돌했다. 이듬해 여러 부족의 인디언이 샌프란시스코 만의 알카트래즈 섬(Alcatraz Island)에 있는 폐기된 연방 형무소를 점령하여 '발견'했다는 이유로 그 부지의 소유권을 주장했다.

● 아메리카 원주민

아메리카 원주민의 압력이 거세지자 닉슨 행정부는 1969년 모호크-수(Mohawk-Sioux) 부족의 일원인 루이스 브루스(Louis Bruce)를 인디언 업무 국장(commissioner of Indian affairs)에 임명했고, 1970년에는 부족 자치 및 연방 지원의 증대를 약속했다. 그러나 저항은 계속되었다. 1972년 11월, 거의가 라코타 수(Lakota Sioux) 인디언으로 구성된 천여 명의 시위대는 워싱턴의 인디언 업무국을 6일 동안 강제 점거했다. 1973년 2월, AIM은 사우스다코다 주의 운디드니(Wounded Knee)를 탈취하여 점령했는데, 이곳은 1890년 연방군이 수(Sioux) 부족을 학살한 지역이었다. 거기서 2개월 동안 그들은 보호구역의 행정에 대한 근본적인 변화를 요구했으며, 정부

● 운디드니 점령

가 오랫동안 잊고 있는 조약의 의무 사항을 존중하라고 요구했다.

그 무렵의 다른 민권운동과 마찬가지로 인디언 민권운동은 아메리카 원주민에게 완전한 정의와 평등을 가져다주지는 못했다. 그러나 이 운동은 원주민이 계속해서 여러 가지 새로운 법적 권리와 보호권을 획득하는 데 일조했으며, 또한 그 어느 때보다도 그들에게 굳건한 위상을 부여했다.

라티노의 활동

1970년대 미국에서 가장 빠르게 성장한 소수 인종 집단은 라티노(Latino, 중남미계 미국인) 혹은 히스패닉 미국인(Hispanic Americans)이었다. 제2차 세계대전 중 전시 노동력이 부족했기 때문에 수많은 멕시코인이 미국에 들어왔으며, 그중 상당수가 남서부와 태평양 연안의 여러 도시에 눌러 살았다. 1960년 무렵 로스앤젤레스는 멕시코시티를 제외하고 멕시코인이 가장 많이 살고 있는 도시였다.

• 라티노 인구 증가

그러나 미국의 히스패닉 인구가 가장 많이 늘어난 것은 그보다 좀 더 지난 후였다. 1960년의 인구통계를 보면 미국에 사는 라티노 인구가 300만 명이 조금 넘는 것으로 기록되어 있다. 1970년에는 그 인구가 900만에, 그리고 2000년에는 3,500만 명에 이른다. 히스패닉은 1960년 이후 미국으로 건너온 합법적 이민자 가운데 3분의 1 이상을 차지했다. 게다가 통계에 포함되지 않은 불법 이민자도 매우 많았다(이들은 700만에서 1,200만 명으로 추정된다).

수많은 푸에르토리코인(그들은 출생지 연고로 시민권 자격을 부여받았음)이 동부의 도시 지역, 특히 뉴욕으로 왔으며, 거기서 아주 가난한 공동 거주지를 형성했다. 남부 플로리다 주에도 꽤 많은 쿠바인이 있었다. 그들은 쿠바의 중간계급 출신 망명자로서 1960년대 초 카스트로 정권을 피해서 대거 몰려들었다. 그중 1차 쿠바 이민자는 마이애미 시의 중간계급에 속할 만큼 매우 성공적으로 동화되어 입지를 확고히 했다. 1980년 플로리다에 도착한 2차 쿠바 이민자―이들의 별칭인 마리엘리에토스(Marielietos)는 쿠바를 떠나올 때 출발지의 항구 이름을 딴 것이다―는 훨씬 가난한 사람이었으며, 카스트로가 일시적으로 탈출 금지 조치를 완화시켰을 때 미국으로 건너왔다. 후일 1980년대에 이르러서는 많은 수의 합법 또는 불법 이민자가 과테말라, 니카라과, 엘살바도르, 페루 등 중남미로부터 들어오기 시작했다.

 흑인과 아메리카 원주민처럼, 다수의 라티노는 인종적 정체성을 강화하고 정치적·경제적 힘을 조직화함으로써 1960년대의 한껏 고무된 분위기에 반응했다. 마이애미의 부유한 히스패닉은 전문직종과 지역 정부에서 영향력 있는 자리를 차지했다. 남서부에서 라티노 유권자가 멕시코 출신자를 의원직과 주지사직에 선출했던 것이다. 멕시코계 미국인의 정치조직인 라 라자 우니다(La Raza Unida)는 1970년대와 그 이후까지 남부 캘리포니아 및 남서부의 여러 지역에서 영향력을 행사했다. 캘리포니아 주의 경우, 히스패닉을 조직하려는 노력으로 다음과 같은 두드러진 예를 들 수 있다. 애리조나 주 출생의 멕시코인 농장 노동자인 세자르 차베즈(César Chávez)가 떠돌이 농장 노동자를 위해 만든 노동조합, 즉 농장 노동자 연합(United Farm Workers, UFW)이다. 이 조직은 주로 멕시코계로 이

• 농장 노동자 연합

루어져 있었다.

그러나 대부분의 히스패닉이 경제적·정치적 권력에 접근할 수 있는 길은 거의 막혀 있었다. 멕시코계를 비롯한 중남미계 미국인이 인구수에 비례해서 정치적 영향력을 발전시켜나간 속도는 매우 느렸고, 그러는 동안 히스패닉은 미국 인구 중 가장 가난한 계층을 형성했다.

동성애자 해방

1960년대의 중요한 해방운동 가운데 마지막으로 나타난 것은 동성애자(gay men and lesbians)의 운동이었다. 동성애자는 정치적·경제적 권리와 함께 사회적 용인(social acceptance)까지도 받아내려고 했다. 동성애는 미국의 역사를 통틀어 널리 인정받지 못했던 것이 현실이었다. 동성애자는 오랫동안 성의 선택(sexual preferences)을 억압당하고 은밀하게 행해야만 했고, 혹은 고립되고 박해받는 공동체 내에서 살아가도록 강요받았다. 그러나 1960년대 후반에 이르자 여러 집단에 영향을 끼쳤던 해방의 추진력에 힘입어 동성애자는 스스로의 권리를 위해 투쟁에 나서게 되었던 것이다.

1969년 6월 27일, 경찰은 뉴욕 시의 그리니치빌리지(Greenwich Village)에 위치한 동성애자 나이트클럽인 스톤월 인(Stonewall Inn)을 급습하여, 단지 그곳을 자주 방문했다는 이유로 단골손님을 체포하기 시작했다. 급습이 별난 것은 아니었으나, 그에 대한 반응은 뜻밖이었다. 구경하던 동성애자가 경찰을 비웃더니 그들을 공격했다. 누군가 스톤월 인 안에서 분노를 터뜨렸고, 곧 경찰을 내부에 가둘 뻔한 지경에 이르렀다. 폭동은 그리니치빌리지(뉴욕의 동성애자 중심 구역) 전체에 걸쳐 밤새도록 계속되었다.

전통적 가치와 시대적 통념(assumption)에 도전하여 큰 논란을 불러일으킨 '스톤월 폭동'은 동성애 해방운동의 시작을 알리는 지표가 되었다. 1969년 뉴욕에서 창설된 동성애 해방 전선(Gay Liberation Front)과 같은 새로운 조직이 전국에 걸쳐 우후죽순처럼 생겨났다. 오랫동안 금기시되어온 동성애에 대한 대중적 토론과 대중매체의 기사가 급격히 두드러지게 증가했다. 동성애 운동가는 동성애가 비정상적 행위라는 오랜 통념을 깨뜨리는 데 어느 정도 성공을 거두었고, 이성애건 동성애건 한쪽이 다른 쪽보다 더 정상적인 것은 아니라고 주장했다.

• '스톤월 폭동'

그러나 동성애 해방운동은 무엇보다도 동성애자 자신의 의식 변화에 영향을 끼쳤다. 그들로 하여금 공개적이고 떳떳하게 성의 선호를 표현하기 위하여 "동성애자임을 드러내게(come out)" 했으며, 동성애 관계도 이성애 관계만큼이나 존중받을 가치가 있고 또 중요하다는 점이 사회적으로 수용되어야 한다는 주장을 펴도록 하는 데 일조했던 것이다. 1980년대 초, 동성애 해방운동은 장족의 발전을 했다. 일찍이 동성애 공동체의 가장 큰 걸림돌이 되었던 에이즈(AIDS)마저도 동성애 해방운동의 확산을 멈추지는 못했다. 오히려 여러 가지 면에서 에이즈는 이 운동을 강화시켰다.

1990년대 초 남성 및 여성 동성애자는 이전의 다른 피압박 소수자가 수십 년 동안 획득했던 것과 같은 많은 성과를 거두었다. 공개적으로 동성애자임을 밝힌 정치가가 공직 선거에서 승리하는가 하면 여러 대학에서 동성애 연구 프로그램 강좌를 개설했다. 그리고 성의 선택으로 인한 차별을 금하는 법이 주 및 지방 차원에서 서서히 채택되어갔다.

동성애자 해방 반대

그러나 동성애 해방운동은 강력한 반발을 낳기도 했다. 1993년, 군대 내의 동성애자 복무 금지를 폐지하려는 빌 클린턴 대통령의 노력이 의회와 군대 내로부터 격렬한 비판을 받았던 것이다. 그 무렵 일부 도시와 주의 유권자는 동성애자를 위한 시민권 보호 조항이 불법인지를 묻는 투표를 실시하여 불법으로 규정했다. 또한 동성애자에 반대하는 폭력 사태도 전국에서 주기적으로 계속 발생했다.

3

새로운 페미니즘

여성은 미국 인구의 50% 이상을 차지한다. 그러나 1960년대와 1970년대에 들어 수많은 여성이 해방의 요구 조건을 새로이 제시하면서 스스로 소수자 집단이라고 자처하고 나섰다.

재탄생

1963년 출간된 베티 프리던(Betty Friedan)의 《여성의 신비(*The Feminine Mystique*)》는 흔히 현대 여성해방운동의 첫 번째 사건이라고 일컫는 책이다. 1950년대에 여러 여성 잡지에 글을 써왔던 프리던은, 1947년에 스미스 칼리지(Smith College)를 졸업한 여자 동창생을 인터뷰하기 위해 전국을 돌아다녔다. 그들은 대부분 전후의 미국 사회가 열망했던, 안락한 교외에서 유복한 아내이자 엄마로서 살아가고자 하는 꿈을 실현한 사람이었다. 하지만 또한 적지 않은 사람이 지식이나 재능, 교육에 걸맞은 활로를 찾지 못해 크게 실망하고 불만스러워했다. 프리던의 책은 페미니즘을 부활시키는 동기를 제공했다기보다 이미 활성화되고 있던 운동을 대변한 것이었다.

《여성의 신비》가 출간되었을 때, 케네디 대통령은 여성의 지위에 관한 대통령 특별 위원회(President's Commission on the Status of Women)를 만들었고, 위원회는 성차별에 대한 전국적인 관심을 불

• 베티 프리던

여성 유급 노동력(1940~2000)

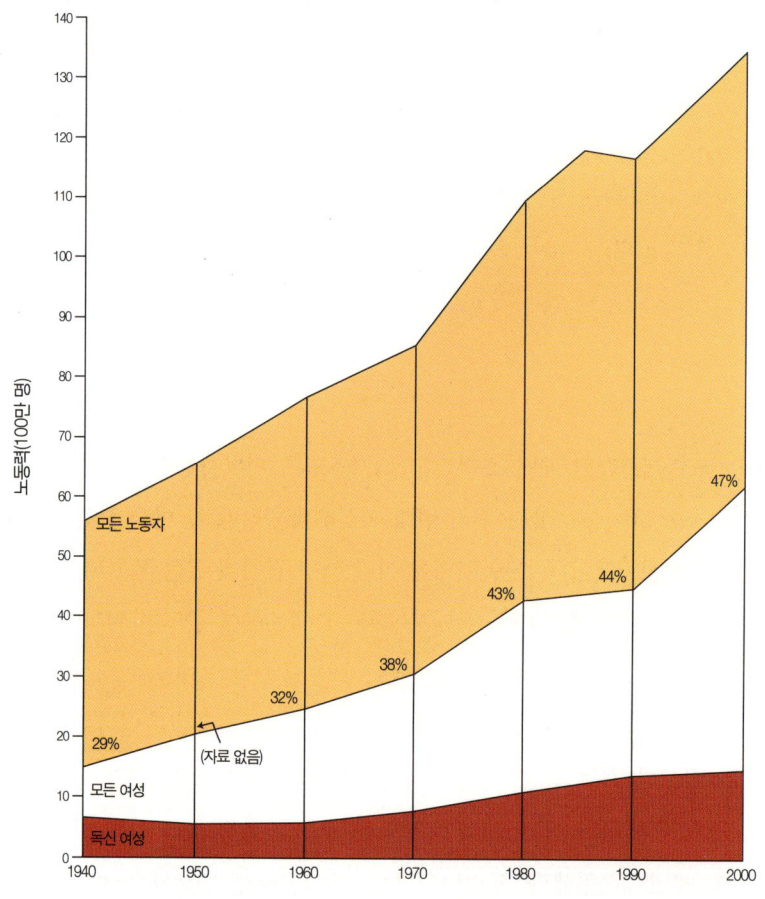

여성 유급 노동력 수는 1940년부터 2000년 시점까지 꾸준히 증가했는데, 표에서 보듯 그 수치는 가까스로 전체 노동력의 절반에 이르고 있다.

러일으켰다. 또한 케네디 행정부는 1963년 동등 임금법(Equal Pay Act)의 제정에도 일조했다. 법은 동일한 일을 하는 여성에게 남성보다 임금을 덜 주는 보편적 관행을 금지하는 것이었다. 1년 후 의회는, 흑인이나 기타 소수 세력에게 시행하고 있던 것과 동등한, 차별을 금하는 많은 법적 보호 조항을 여성에게까지 확대하는 수정 조항(7장)을 1964년의 민권법에 포함시켰다.

1966년 프리던은 여러 페미니스트와 함께 전국 여성 협회(National Organization for Women, NOW)를 만들었는데, 그 기구는 전국에서 가장 크고 영향력 있는 페미니스트 조직이 되었다. NOW는 프리던의 책에서 논의됐던 여성, 즉 자기의 관심을 표출할 수 없었던 풍요로운 교외 거주자의 불평에 응답했다. 여성을 위한 더 많은 교육 기회를 요구했으며, 가정의 이상과 결혼에 대한 전통적 개념을 비난했다. 그러나 운동은 원래 직장 여성의 요구 사항을 알리는 데 의의를 두고 있었다.

• 전국 여성 협회

여성해방

1960년대 후반, 더 급진적인 새로운 페미니스트의 요구는 특히 젊고 부유하며 교육받은 백인 여성 사이에서 많은 추종자를 결집시켰다. 그들 가운데는 신좌파와 대항문화로부터 영향을 받은 사람이 많았으며, 민권운동이나 반전운동에 참여한 사람도 있었다. 그리고 그러한 운동에서조차 차별과 배제가 있었고 남성 지도자에게 종속되어 있었다는 것을 깨달은 사람도 많았다.

새로운 페미니즘의 가장 급진적인 형태는 결혼, 가족, 심지어 이

- 급진주의의 증가

성애 관계에 관한 전반적인 관념을 배격하는 것으로 나타났다(일부 여성은 이성애 관계를 남성 지배의 수단이라 주장했다). 하지만 많은 여성은, 심지어 많은 페미니스트조차 극단적 생각을 받아들이지는 않았다. 그러나 1970년대 초, 많은 여성은 자신을 착취받는 집단으로 파악하면서 억압에 대항해 단합을 꾀하고 여성 문화를 발전시켜 나갔다. 전국에 걸쳐 수많은 도시에서 페미니스트는 여성 전용의 서점이나 술집, 다방을 개설했다. 그들은 페미니스트 신문과 잡지를 창간했으며 여성을 위한 병원과, 성폭행과 학대의 희생자를 돕는 기관, 유아 탁아 시설(day-care centers), 그리고 특히 1973년 이후에는 낙태 시술소(abortion clinics)를 만들었다.

여성운동의 성과

1970년대 초 여성운동이 사적·공적으로 이루어낸 바는 이미 상당했다. 1971년 정부는 소수자 차별 철폐 조치(affirmative action)의 지침에 여성을 포함시키기로 하였는데, 이는 공식적으로 사회문제가 된 성차별주의(sexism)를 인종차별주의와 연계시킨 것이었다. 한편, 여성은 경제적·정치적 주류로 자리 잡으려는 노력을 기울여 급속한 진전을 이뤄냈다. 미국의 주요 남성 전용 교육기관도 여성에게 문호를 개방하기 시작했다. 1969년의 프린스턴과 예일 대학에 이어 대부분의 남자 대학이 얼마 안 있어 동일한 과정을 밟았다.

- 경제적 성공

여성은 사업과 전문직에서 상당한 세력을 형성해나갔다. 1970년대 중반에는 결혼한 여성의 절반 가까운 숫자가 직업을 가졌으며, 학사 학위를 지닌 여성의 90퍼센트가량이 일을 했다. 중간계급에서는 남편과 아내가 함께 적극적인 전문직 생활을 영위하는 가족 형태가 보편화되었다(수십 년 후에는 노동 계급에서도 같은 현상이 일어났다). 또한 많은 여성이 결혼할 때 남편의 성(姓)을 따르기를 거부하고, 전문직 세계의 경우 여성의 결혼 상태를 나타내지 않기 위하여 '미시즈(Mrs.)'나 '미스(Miss)' 대신 '미즈(Ms)'를 사용하는 등 중요한 상징적 변화도 있었다.

1980년대 중반에 여성은 상하 양원, 대법원, 연방 내각의 여러 자리, 몇몇 주의 주지사, 그 외 많은 정무직을 차지하고 있었다. 1981년 로널드 레이건 대통령은 첫 번째 여성 대법원 판사로 샌드라 데이 오코너(Sandra Day O'Connor)를 지명했으며, 1993년에는 빌 클린턴 대통령이 루스 베이더 긴즈버그(Ruth Bader Ginsburg)를 두 번째 여성 대법원 판사로 지명했다. 1984년 민주당은 부통령 후보로 여성을 선택했는데, 뉴욕 주의 하원 의원인 제럴딘 페라로(Geraldine Ferraro)였다. 또한 여성은 전통적인 학문 영역에서도 자리를 확대해나갔다. 여성은 새로운 분야인 여성학과 젠더 연구(gender studies)를 창설했는데, 이들 분야는 1980년대와 1990년대 미국의 학문 영역에서 가장 빠르게 성장한 분야였다.

1972년 의회는 평등권 수정 조항(Equal Rights Amendment, ERA)을 헌법에 포함시키는 것을 승인하고 각 주로 내려보냈다. 얼마 동안은 추인이 거의 확실해 보였으나 1970년대 후반에 그 수정 조항은 추진력을 잃고 말았다. 이는 수정 조항이 전통적인 사회구조를 깨뜨릴지도 모른다고 우려했던 사람(페미니즘에 반대하는 많은 여성을 포함)의 반대가 증가했기 때문이었다. 추인에 필요한 10년이 다 지난 1982년, 그 수정 조항은 마침내 폐기되었다.

• '평등권 수정 조항' 추인 실패

낙태 문제

1920년대 이래 미국 페미니즘의 주요 목표 중 하나로 여성이 자신의 성생활과 임신에 더 큰 재량권을 확보하려는 노력이 있었다. 노력은 별다른 논쟁 없이 1970년대의 성폭행, 성적 학대, 가정 폭력 문제에 대한 인식을 증가시키는 데 도움을 주었다. 피임 및 산아제한에 관한 정보는 20세기 초와 비교하여 훨씬 더 광범위하게 유포되었고, 많은 논쟁을 일으키지도 않았다. 그러나 그와 관련된 주제 중 하나인 낙태는 그 시대의 어떠한 문제보다도 더욱 대중적 감정을 자극했다.

낙태는 한때 미국의 많은 지역에서 합법적이었으나, 20세기 초 대부분의 지역에서 법으로 금지되었으며, 1960년대까지도 그러했다. 그러나 그동안에도 낙태는 법망을 피해 조용히, 때로는 위험한 상태 속에서 시술되고는 했다. 여성운동은 낙태의 합법화를 위해 다시 강력한 압력을 행사했다. 1960년대 말 몇몇 주에서 낙태에 관한 규제를 포기했다. 1973년 로 대 웨이드(*Roe v. Wade*) 사건에서 연방 대법원이 내린 결정에 따라 임신한 지 '첫 3개월' 동안의 낙태를 금한 모든 법은 무효화되었다. 그 결정은 불과 수년 전에 처음으로 인정된 헌법상의 '사생활권(right to privacy)'이라는 새로운 이론에 근거한 것이었다. 그러나 당시에도 이 문제가 해결된 것은 결코 아니었다.

4

환경 운동

페미니즘에 비해 오랜 역사를 가지고 있으나 그만큼의 공공의 지지를 받지는 못했던 환경주의(environmentalism)가 1960년대에 등장했다. 페미니즘이 그랬던 것처럼 환경 운동도 시대적 혼란상으로 인해 혜택을 보았으며, 그 후 1970년대에는 미국에서 강력하고도 지속적인 사회 세력으로 출현했다. 이 새로운 운동이 부상하게 된 것은 어느 정도는 20세기 후반 선진 산업사회로 환경이 나빠졌기 때문이었다. 또한 생태학(ecology)이 발전한 것도 한몫을 했다. 생태학이 환경주의자에게 새롭고도 강력한 논거를 제공했던 것이다. 그밖에 현대사회와 산업사회, 소비사회의 행태를 거부하고 더 자연스러운 생활양식으로 돌아갈 것을 요구했던 여러 사회 운동으로 일어났다는 측면도 있다.

새로운 생태학

20세기 중반까지만 해도 스스로 환경주의자—전통적인 용어를 사용하자면, 자연 보전주의자(conservationist)—라고 생각했던 사람은 대부분 미학적이거나 도덕적 근거에 따른 신념을 가지고 있었다. 그들은, 자연은 아름다운 것이므로 약탈해서는 안 되며, 자연이 세상의 신성함을 표시하는 것이라거나, 혹은 자연이 없다면 인간에게는 영적(spiritual) 체험이 불가능하다는 등의 이유로 해서 자연을 보호하려고 했다. 그러나 20세기가 지나면서 미국을 비롯한 여러

• 새로운 환경주의 이론

국가의 과학자는 환경주의를 위한 새로운 이론적 근거를 만들기 시작했는데, 그것은 바로 생태학이었다.

생태학은 자연 세계의 상호 연관성을 밝히는 학문이다. 생태학에서는 대기 및 수질 오염, 삼림 파괴, 종의 절멸, 유독성 폐기물 같은 문제가 서로 동떨어져 있는 게 아니라고 보았다. 지구환경의 모든 요소는 밀접하고도 정교하게 연결되어 있다. 그러므로 이러한 요소 중 어느 하나라도 해를 입으면, 나머지 모두에게 해를 끼치는 위험이 있는 것이다.

• 앨도 리오폴드

작가이자 자연주의자였던 앨도 리오폴드(Aldo Leopold)는 일찍이 생태학적 지식을 대중에게 널리 유포시켰다. 그는 삼림 관리업에 재직하는 동안 생태학에 관한 새로운 과학적 발견을 가지고 자연 세계와의 상호작용에 적용하려 애썼다. 1949년, 리오폴드는 환경 분야의 고전인《모래 군(郡)의 열두 달(The Sand County Almanac)》을 출간했는데, 책에서 그는 인간은 자연계의 균형을 이해하고 유지할 책임이 있으며 자연 세계에서 '땅의 윤리(land ethic)'라는 규약에 따라 행동해야만 한다고 주장했다. 당시 생태학은 과학계에 널리 퍼져가고 있었다. 생태학자가 밝혀낸, '먹이 사슬(food chain)', '생태계(ecosystem)', '종의 다양성(biodiversity)', 그리고 '멸종에 처한 종(endangered species)' 같은 개념은 이제 일반화 되었다. 1962년에 출간된 레이첼 카슨(Rachel Carson)의《침묵의 봄(Silent Spring)》은 농약의 위험성을 폭로하여 선풍을 일으켰는데, 책은 생태주의자의 인식을 확고히 한 생각을 대중에게 소개했다.

1945년부터 1960년에 이르는 기간 동안 미국 내 전문 생태학자의 수는 3배나 늘어났고, 1960년과 1970년 사이에는 다시 2배로 증가했다. 생태학은 정부 기관과 대학, 재단, 마침내는 일부 대기업에서까지 재정적 지원을 받아 서서히 중요한 분야로 자리 잡았다. 20세기 말에 이르러서는 미국을 비롯한 많은 국가의 주요 대학에 생태학과와 생태 프로그램이 만들어지게 되었다.

생태학자는 다른 과학자에 비해 연구와 실험을 실천적 측면과 뒤섞는 경향이 있다. 즉, 자기의 과업을 널리 알리는 동시에 책임 있게 환경 위기를 다루는 공적인 활동을 널리 알리는 데 많은 노력을 기울이고 있는 것이다. 많은 생태학자는, 문제에 대한 분석을 뒷받침해줄 확고한 과학적 증거가 아직 없더라도 환경 문제는 줄기차게 다루어져야만 한다고 주장한다. 의심할 여지없는 증거를 기다리다가는 환경에 돌이킬 수 없는 해악을 초래할 수 있다는 것이다.

환경 옹호

1960년대와 1970년대에 공적인 활동과 정치적 로비를 공언한 환경 단체가 새로이 출현하거나 재출현했던 것은 환경 운동의 가장 중요한 발전으로 꼽히는데, 환경 단체로는 야생 협회(Wilderness Society), 시에라 클럽, 전국 오더본 협회(National Audubon Society), 자연 보전회(Nature Conservancy), 전국 야생 연맹(National Wildlife Federation), 국립공원, 보전 협회(Conservation Association) 등이 있었다. 이 모든 단체는 현대 생태학보다 앞서 등장했지만, 20세기 후반의 수십 년 동안 환경주의의 새로운 개념으로 재무장한 기치 아래 활동을 펼쳤다. 이들 단체는 이전에는 환경 운동과 연관이 없었으나 이제는 투쟁에 참여키로 한 여러 비영리 단

• 환경 단체의 재출현

체, 즉 미국 시민 자유 동맹(American Civil Liberties Union), 여성 유권자 연맹(League of Women Voters), 전국 교회 협의회(National Council of Churches), 심지어는 미국 노조 총연맹(AFL-CIO)과도 동맹 관계를 맺었다.

이들 단체에서 환경 운동의 법적·정치적 투쟁을 수행할 수 있는 새로운 세대의 전문적 환경 운동가가 배출되었다. 과학자는 필요한 자료를 제공했고 법률가는 정부 기관과 법원에서 투쟁했다. 로비스트는 입법가와 여러 공직자에 대한 정치적 설득이라는 전통적 기법을 사용했다. 그들은 대기업을 비롯하여 환경보호를 위한 노력에 반대하는 여러 사람에게도 똑같은 식으로 로비를 한다는 사실을 알고 있었다. 이들 환경 단체는 여론을 어떻게 움직여야 자신에게 유리한지를 알게 되었다. 즉, 환경 운동은 1970년대 초에 부상한 대중운동으로부터 많은 도움을 받았던 것이다.

환경 파괴

1960년대와 1970년대에는 외부의 많은 세력이 환경 운동에 도움을 주었다. 영부인 버드 존슨(Bird Johnson) 여사는 1960년대 중반에 정열적인 '미화(beautification)' 운동으로 조경(landscape)에 대한 대중적 인식을 높이는 데 기여했다. 이 운동은 생태학적 개념과는 무관했으나, 급속한 경제성장으로 주변 경관이 훼손되는 것을 여론은 부정적으로 보고 있다는 것을 알려주었다. 또한 낭만적인 시각으로 자연 세계를 바라보고 '기술 만능주의(technocracy)'에 반감을 가졌던 대항문화 참여자도 환경보호의 인식에 공헌했다.

그러나 환경주의에 가장 큰 힘이 된 것은 환경 자체가 처한 상황이었다. 1960년대에는 전후 시기의 놀랄 만한 경제적 성장 때문에 자연 세계가 막중한 손상을 입었다. 수질오염—일부 지역에서는 수십 년 동안 문제가 되었다—은 워낙 광범위하게 퍼져서 대다수의 주요 도시에서는 건강에 실제로 위협이 될 정도로 오염된 강과 호수의 보기좋지 않은 광경과 악취로 골치를 썩이고 있었다. 예를 들어, 오하이오 주 클리블랜드에 위치한 쿠야호가(Cuyahoga) 강에서는 방류된 석유 폐기물에서 가끔씩 실제 화염이 일기도 했다. 시 당국이 강에서 화재가 일어날 위험이 있다고 공식적으로 선언할 정도였다.

• 수질오염

공기 자체가 건강에 해로운 상태로 변하고 공장과 발전소, 특히 자동차에서 배출되는 유독성 가스가 대기를 오염시키고 있다는 인식이 퍼지면서 두려움도 커졌다. 일기예보와 공식적인 대기 정보는 '스모그(smog)' 수준—연기(smoke)와 안개(fog)라는 단어의 조합으로 만들어진 신조어—을 언급하기 시작했다. 로스앤젤레스나 덴버 같은 일부 대도시에서 스모그는 빼놓을 수 없는 생활의 일부가 되었다. 스모그는 낮 동안 꾸준히 증가하고 햇빛을 가렸으며 많은 시민이 호흡곤란을 느끼게 했다. 1969년, 캘리포니아 주 산타바바라 부근에 있던 유정(oil-well)의 플랫폼이 파열되면서 수십 만 갤런의 원유(crude oil)가 이 부유한 도시의 유명한 해변 앞바다로 분출되었다. 기름 유출 사고는 수백만 미국인의 환경 의식에 엄청난 영향을 끼쳤다. 그보다 더욱 큰(미국 역사상 가장 큰) 기름 유출 사고는 1989년 알래스카의 해안 근처에서 일어났다. 거대 유조선 액슨발데즈호(*Exxon Valdez*)가 프린스 윌리엄 사운드(Prince William Sound) 해협의 암초에 부딪쳤다. 부근의 해안과 그곳에 서식했던

• 액슨 발데즈호

야생 생물이 피해를 입었고 그 때문에 환경 의식 또한 크게 고취되었다.

환경주의자는 장기적 안목에서 무분별한 산업 발전이 가져올 수 있는 위험성을 다음과 같이 지적하여 공공의 관심을 불러일으켰다. 즉, 석유 등 대체 불가능한 화석 연료가 급속히 고갈하고, 화학적 유해 물질에 오염된 '산성비'로 인해 호수와 삼림의 파괴가 초래되며, 브라질 등지의 방대한 열대우림이 급격히 파괴됨으로써 지구의 산소 생성 능력이 줄어들 수 있다는 것이다. 또한, 냉매인 클로로플루오로카본(chlorofluorocarbon)이 공기 중에 방출됨으로써 오존층이 파괴되어 햇빛 속의 해로운 자외선을 차단할 수 없는 사태에 이르게 되고, 지구온난화로 인해 심각한 기후변화를 초래하는 한편, 해수면이 상승하여 전 세계에 걸쳐 해안 지대의 도시 및 주거지가 위협받을 수 있다는 것도 지적했다. 문제 중에는 이미 논쟁의 대상이 됐거나 논쟁이 일어날 여지가 있는 것도 많았다. 그러나 대부분의 환경주의자를 비롯한 많은 사람은 문제의 진전 양상에 대해 알아야 할 것이 많고, 제기된 문제에 대해서는 실질적이고 즉각적인 관심을 기울여야 한다고 주장했다.

'지구의 날' 과 그 이후

1970년 4월 22일, 미국 전역에서 사람들은 제1회 '지구의 날(Earth Day)' 행사에 참가했다. 지구의 날은 원래 위스콘신 주 상원의원인 게이로드 넬슨(Gaylord Nelson)이 대학 교정을 무대로 연쇄적 토론 집회(teach-ins)를 제안한 것으로서, 점점 더 큰 의미를 갖게 되었다. 급진 좌파와의 연관성을 피하려는 의도로 신중하게 꾸려나간 지구의 날은, 반전 데모와 민권 집회를 어느 정도 위협적인 것으로 보았던 많은 사람도 공감했을 정도로 불온한 면은 없었다. 일부 추산으로는 2,000만 명 이상의 미국인이 지구의 날 행사에 참여했다고 되어 있는데, 그렇다면 미국 역사상 단일 시위로는 규모가 가장 큰 것이었다.

지구의 날은 신중하면서도 중도주의적인 성격을 띠었고, 여기에다 환경주의를 대중화하려는 여러 가지 노력에 힘입어, 논쟁에 휘말리기 쉬운 다른 운동에 비해 덜 분열적인 운동이 등장하기에 이르렀다. 환경주의는 단지 시위와 항의를 거듭하는 운동이 아니었으며, 점차적으로는 대다수 미국인의 의식의 일부가 되었다. 즉, 환경주의는 대중문화에 흡수되거나 초등학교 및 중·고교 교육에 포함되었을 뿐 아니라 대다수 정치인의 동의를 받았다(실제로는 많은 정치인이 환경주의에서 표방한 목표 중 일부 사안에 대해 반대하기도 했다).

환경주의는 또한 공공 정책을 입안하는 중요한 요소로 자리 잡게 되었다. 1970년에 의회가 통과시키고 닉슨 대통령이 서명한 전국 환경보호법(National Environmental Protection Act)에는 사업가와 소비자에 대한 공해 방지 기준을 집행할 부서인 환경보호청(Environmental Protection Agency)을 신설한다는 내용이 담겨 있었다. 대기 청정법(Clean Air Act) 또한 그해에 통과되었으며, 1972년에는 환경 파괴에 맞서 정부가 위력적인 행정력을 동원할 수 있도록 추가적 조치를 규정해놓은 수질 청정법(Clean Water Act)이 통과되었다. 연방정부, 그리고 곧이어 주 및 지방 정부가 취한 조치는 수많은 유형의 오염에 대해 뚜렷하고도 때로는 놀랄 만한 효과가 있

• 환경보호법 제정

었다. 오랫동안 심각한 환경오염의 위험에 노출되어왔던 많은 호수와 강이 눈에 띄게 깨끗해졌으며, 자동차 매연을 비롯한 기타 공기 오염원에 대한 제약 때문에 많은 도시의 대기 상태가 실질적으로 개선되었다. 뿐만 아니라 기업도 유독성 폐기물을 안전하게 처리하지 않은 채 버리는 일이 매우 어려워졌음을 깨달았다.

환경주의자의 활동을 정부가 지원했다고 해서 환경 운동이 종결된 것은 아니었다. 여러 행정 부서가 환경 운동의 목표에 따라 다양한 수준의 지원을 펼쳤고, 후원 단체는 언제라도 행정 부서의 태도를 변화시키기 위해 행동에 나설 준비가 되어 있었다. 그리고 기존의 환경 문제가 해결된 후에는 새로운 환경 문제가 계속해서 나타났다. 환경주의는 하나의 운동인 동시에 공공 정책이었으며, 광범위한 의미에서 국가적 이상이기도 했다. 다시 말해 환경주의가 미국에서 이토록 지속적으로 강력한 힘을 갖추게 된 것은 이 모든 요소가 결합되어 있었기 때문이다.

5

베트남전쟁

1969년 대통령에 취임한 리처드 닉슨은 국내의 안정을 되찾을 뿐만 아니라 새롭고 더욱 안정적인 세계 질서를 구축하겠다고 공언했다. 국제적 안정을 위해 닉슨이 가장 희망했던 것은 교착상태에 빠진 베트남 문제의 해결이었다. 그렇지만 신임 대통령은 그곳에서 미국의 공약을 포기하기가 전임 대통령보다 더 어렵다는 것을 깨닫고 있었다.

베트남화

닉슨은 국제 문제에 대해 깊은 관심을 갖고 있었지만 때때로 외교정책에 있어 대통령인 자신을 능가하는 듯 보이는 인물을 내각에 불러들였는데, 그가 바로 헨리 키신저(Henry Kissinger)였다. 국가안보 특별 보좌관으로 임명된 그는 당시 하버드 대학의 교수였다. 키신저는 공직 생활에서 자기보다 경험이 더 많은 국무부 장관 윌리엄 로저스(William Rogers)와 국방부 장관 멜빈 레어드(Melvin Laird)를 능가하는 위치를 곧 차지했다. 닉슨과 키신저는 서로 협력하면서, 교착상태에 빠진 베트남 문제를 만족스럽게 해결할 만한 방법 찾기에 들어갔다.

새로운 베트남 정책은 여러 전선을 따라 움직였다. 그 하나는 전쟁을 '베트남화(Vietnamization)'하는 것이었다. 즉, 남베트남군을

헨리 키신저

훈련시키고 장비를 제공하여 미군 대신 전투를 떠맡도록 하려는 의도였다. 1969년 가을, 닉슨은 월남에 있던 6만 명의 지상군을 철수하겠다고 발표했으며, 1972년 가을에는 비교적 소수의 미군만이 인도차이나에 남게 되었다. 절정기인 1969년에 54만 명 이상이었던 병력이 약 6만 명으로 줄어든 것이다.

베트남화의 결과로 징병 소환이 감소된 상황은 당분간 미국 내의 전쟁 반대 목소리를 잠재우는 데 도움이 되었다. 그러나 파리에서 가진 북베트남과의 협상은 정체 상태를 벗어나지 못했다. 정부는 협상의 정체 상태를 깨기 위해서는 지금까지와는 다른 차원의 군사적 압박이 필요하다고 결정했다.

가속화

1969년 말, 닉슨과 키신저는 좀처럼 진전이 없는 군사적 대치 상태를 미국에 유리하게 돌려놓기 위해서는 캄보디아와 라오스에 있는 기지를 파괴하는 것이 가장 효과적인 방법이라고 판단했다. 당시 미국 군부는 북베트남이 주로 그곳에서 공격을 시작한다고 믿었기 때문이다. 취임 초기에 닉슨은 적의 은신처를 파괴하기 위해 비밀리에 캄보디아와 라오스 영토를 폭격하라고 공군에 명령을 내렸다. 4월 30일, 닉슨은 미군에게 캄보디아로 국경을 넘어 들어가 적이 남베트남을 공격할 때 사용하던 기지를 일소하도록 명령했다고 이를 텔레비전을 통해 발표했다.

캄보디아 침공은 문자 그대로 하룻밤 만에, 약화되고 있던 반전 운동에 새로운 활력을 불어넣었다. 5월 초 여러 날 동안 가장 광범

켄트
주립 대학

위하면서도 소란스러운 반전시위가 연이어 일어났다. 5월 4일, 오하이오 주의 켄트(Kent) 주립 대학에서 반전시위자에게 주 방위군(National Guard)이 총격을 가하여 대학생 4명이 살해되고 9명이 부상을 입는 사태가 발생하자 분위기는 크게 고조되었다. 열흘 후, 미시시피 주의 잭슨(Jackson) 주립 대학에서 경찰이 시위에 참여한 학생 2명을 살해했다.

반전을 외치는 소리가 정부와 언론에까지 확산되었다. 분노한 의회는 그해 12월, 통킹 만 결의안을 폐지했다. 그런데 1971년 6월 《뉴욕 타임스》를 필두로 여러 신문이 존슨 행정부 시절 국방부에서 준비했던 비밀 연구를 입수하여 발췌한 내용을 싣기 시작했다. 전직 국방성 관리였던 대니얼 엘스버그(Daniel Ellsberg)가 언론에 유출한, 이른바 펜타곤 문서(Pentagon Papers)였다. 이 문서는 정부가 전쟁의 군사적 진행을 보고하고 미국의 참전 동기를 설명함에 있어서 정직하지 못했다는 증거를 제시했다. 행정부는 그 문서의 유포를 금지시키기 위해 법원에 호소했으나 대법원은 언론이 그 문서를 출판할 권리가 있다고 판결했다.

· 펜타곤 문서

베트남에 있던 미군은 사기와 규율이 급속히 저하되었다. 1968년에 미라이(My Lai) 마을 근처에서 100명 이상의 비무장 월남 민간인 학살을 주도한 혐의로 고소된 윌리엄 캘리(William Calley) 중위가 재판에서 유죄판결을 받자, 전투를 수행한 사람이 전쟁의 영향으로 비인간화되는 것과, 비인간화가 베트남 사람에게 저지른 끔찍한 결과에 대하여 대중적 관심이 고조되었다. 비록 잘 알려지지는 않았지만, 베트남에 있던 미군 사이에는 군무지 이탈이나 약물 중독, 인종적 편견, 명령에 대한 거부, 사병에 의한 인기 없는 장교 살해 등 여러 문제가 만연되어 있기도 했다.

1971년의 여론조사 결과를 보면, 조사 대상자 가운데 거의 3분의 2에 달하는 사람이, 미국이 베트남에서 철수해야 한다고 답했다. 그러나 닉슨 대통령은 베트남에서 패배할 경우 국가 및 자신에 대한 신뢰가 크게 손상될 것이라고 확신했다. FBI, CIA, 백악관 등등의 연방 기관은 때로는 비합법적인 수단을 동원하면서까지 반전 및 급진 단체를 불신하게 만들고 곤경에 빠뜨리려 했다.

• 부활절 공세

한편 인도차이나에서의 전투는 격렬해졌다. 베트남과 캄보디아에 대한 미국의 폭격이 증가했다. 1972년 3월, 북베트남은 1968년 이래 가장 큰 공격(이른바 부활절 공세)을 해왔다. 미군과 남베트남군은 공산군의 진격을 겨우 막아내긴 했으나, 미국의 도움 없이는 남베트남이 존립할 수 없다는 것은 명백했다. 그때 닉슨은 미 공군에 북베트남의 수도 하노이와 주요 항구인 하이퐁 근처에 있던 목표를 폭격하라고 명령했으며, 북베트남의 항구 7곳에 기뢰를 설치할 것을 지시했다.

명예로운 평화

1972년 대통령 선거가 다가오자, 정부는 월맹과 협상의 돌파구를 마련하기 위해 더욱 노력했다. 1972년 4월, 대통령은 미군이 철수하기 전에 북베트남군을 남베트남에서 몰아내야 한다고 했던 오랜 주장을 철회했다. 한편, 헨리 키신저는 파리에서 북베트남의 외무부 장관인 레 둑 토(Le Duc Tho, 黎德壽)를 비밀리에 만나 휴전을 위한 제반 조건을 모색하고 있었다. 대통령 선거를 불과 며칠 앞둔 10

하버드의 파업(1969)

1969년 봄, 하버드 대학 파업 기간에 건축학과 학생들이 제작한 포스터. 당시에 이와 동일한 포스터가 여러 가지 버전으로 제작되었다. 다른 대학에서 그랬던 것처럼, 하버드 대학 학생들이 행정동 건물을 점거하자 경찰이 출동하여 학생들을 건물에서 몰아냈다. 1968년 컬럼비아 대학 학생 소요 사건과 마찬가지로, 이번에도 하버드 대학 총장이 사임하는 사태가 벌어졌다. 이 포스터의 다른 버전에는, 그림 위에 다양한 파업 이유가 적혀 있다. '경찰을 증오한다' '친구들이 경찰에게 맞고 있다' '인생의 주도권을 찾자' '인간답게 살자' '강의에 감동이 없다' '강의가 지루하다' '권력을 쟁취하자' '하버드를 타도하자' '자유를 찾자' '우리의 자유를 빼앗으려는 자들에게 항거하자'

월 26일, 키신저는 "평화가 눈앞에 있다"고 선언했다.

선거를 치르고 몇 주가 지나서 협상은 다시 한 번 중단되었다. 미국과 북베트남 정부는 휴전을 위한 키신저-토(Kissinger-Tho) 계획을 받아들일 준비가 되어 있었으나, 남베트남의 응구엔 반 티우(Nguyen Van Thieu) 대통령이 남쪽에서 북베트남군이 완전히 철수해야 한다고 완강히 주장하면서 협상을 방해했다. 키신저는 티우의 반대를 무마하기 위하여 공산주의자에게 추가 양보를 얻어내려 애썼지만, 12월 16일 대화는 결렬되었다.

'크리스마스 공습'

다음 날인 12월 17일, 미국의 B52 전폭기는 하노이, 하이퐁을 비롯한 북베트남의 여러 목표물에 전쟁 중 가장 심하고도 가장 파괴적인 공습을 시작했다. 민간인 사상자가 다수 발생했고 미국의 B52 전폭기 15대가 북베트남군에게 격추당했다. 그전까지 미국은 베트남전 전 기간 동안 단 한 대의 대형 폭격기를 잃었다. 12월 30일, 닉슨은 '크리스마스 공습'을 끝냈다. 미국과 북베트남은 회담장으로 돌아왔다. 그리고 1973년 1월 27일, 그들은 '베트남의 종전과 평화 복구에 관한 협정'에 서명했다. 닉슨은 크리스마스 폭격으로 북베트남의 양보를 이끌어냈다고 목소리를 높였다. 그러나 티우로 하여금 휴전을 받아들이도록 한 데는 미국의 엄청난 압력이 작용했다는 사실 또한 간과할 수 없었다.

파리협정의 조건은 키신저와 레 둑 토가 몇 개월 전에 받아들인 것과 원칙적으로 별 차이가 없었다. 즉각적으로 휴전이 이루어졌고 북베트남은 수백 명의 미군 포로를 석방했다. 티우 정권은 잠시 동안 살아남게 되었지만, 이미 남쪽에 있던 북베트남군 역시 그대로 머물러 있었다. 그리고 어떤 정체 불명의 위원회가 구성되어 베트남

사이공 철수

사이공의 미 대사관 옥상에서, 한 미국 관리가 이미 탑승 인원이 초과가 된 헬기에 타려고 하는 베트남 사람을 다급하게 떼어내려 애쓰고 있다. 미국인은 북베트남군이 도착하기 불과 몇 시간 전에 서둘러 철수했다. 이 장면에서 남베트남이 돌이킬 수 없는 패망에 이르렀음을 볼 수 있다.

문제를 영구적으로 해결하는 방안을 도출해냈다.

인도차이나에서의 패배

• 사이공 함락

미군이 인도차이나로부터 빠져나오자마자 파리협정이 와해되기 시작했다. 마침내 1975년 3월, 북베트남은 크게 약화된 남쪽 군대에 전면적인 공세를 취했다. 티우는 워싱턴에 도움을 요청했고, 당시의 제럴드 포드(Gerald Ford) 대통령이 의회에 추가 재정을 요구했지만 의회는 거부했다. 1975년 4월 하순, 혼란 속에서 티우 정권의 관리와 미 대사관 직원이 치욕스럽게 도망간 직후 공산군이 사이공으로 진격해 들어갔다. 그들은 재빨리 수도를 점령한 후 호찌민 시로 개명했으며, 하노이의 엄격한 지배하에 베트남의 재통일 과정을 밟기 시작했다. 이와 거의 같은 시기에 캄보디아의 론 놀(Lon Nol) 정권도 크메르 루주(Khmer Rouge)라는, 살인을 일삼는 공산 세력에게 함락되었는데, 크메르 루주의 야만적 정책은 향후 수년 동안 전 국민의 3분의 1 이상을 죽음으로 몰아넣었다.

이것이 미국이 베트남에 10년 이상 직접 참전하여 얻은 우울한 결과였다. 120만 이상의 베트남 군인이 전투에서 죽었을 뿐 아니라, 무수히 많은 민간인이 도처에서 죽어갔다. 아름다운 국토는 유린되었고, 농업경제는 황폐해졌다. 이 때문에 베트남은, 경제 발전이 시작되는 1990년 초반까지도 세계에서 가장 가난하고 가장 압제적인 정치를 행하는 국가였다. 미국 또한 비싼 대가를 치렀다. 베트남전쟁에 직접 들어간 비용만 해도 약 1,500억 달러에 달했으며 그보다 더 많은 액수가 간접 비용으로 사용되었다. 전쟁의 결과로 미국 젊은이 5만 7,000명 이상이 죽고 30만 명 이상이 부상을 입었다. 그리고 미국은 전쟁으로 인해 국가의 신뢰와 자존심에 쉽게 회복할 수 없는 상처를 입었다.

6

닉슨, 키신저, 그리고 세계

다극화 시대의 닉슨

베트남전쟁이 오랫동안 지속되자 닉슨이 세계정세에서 자신의 중요한 임무라고 생각했던 새로운 국제 질서의 건설에 바람직하지 못한 분위기가 형성되었다. 대통령은 미국과 소련만이 진정한 강대국이라는 의미에서 '양극(bipolar)' 세계라고 설정했던 오랜 가정이 이제 시대착오적이라는 것을 깨닫게 되었다. 미국은 중국과 일본, 서유럽 등이 주요한 독자 세력으로 등장하게 된 새로운 '다극화' 시대의 국제 구조에 적응해야만 했다.

미중 관계 개선과 미소 데탕트

장제스(蔣介石)가 1949년에 몰락한 이래 20여 년 동안 미국은 지구상에서 가장 인구가 많은 중국을 마치 존재하지 않는 국가처럼 취급했다. 그 반면에 미국은 타이완에 망명한 정권을 중국 본토의 정통 정부로서 인정했다. 닉슨과 키신저는 중국 공산주의자와 새로운 유대 관계를 맺기 원했는데, 거기에는 중국을 소련에 대한 대항 세력으로서 강화시키기 위한 의도도 포함되어 있었다. 중국도 나름대로 국제 무대에서 고립된 처지를 탈피하려고 애썼다.

1971년 7월, 닉슨은 헨리 키신저를 비밀 특사로 삼아 베이징에 파견했다. 키신저가 돌아오자, 대통령은 몇 개월 이내에 중국을 방문하겠다는 놀라운 성명을 발표했다. 그해 가을, 국제연합(UN)은

절정에 이른 데탕트

1973년, 소련의 당서기장 브레즈네프(Leonid Brezhnev)가 워싱턴을 방문했는데, 이는 데탕트를 모색하는 양국간의 분위기가 최고조로 무르익었음을 뜻한다. 사진은, 당시 브레즈네프와 닉슨이 백악관 발코니에서 친밀하게 대화를 나누는 모습을 찍은 것이다.

미국의 찬성에 힘입어 중국 공산 정부를 받아들이고 타이완 정부 대표를 축출했다. 마침내 1972년 2월, 닉슨은 중국을 공식 방문했는데, 단 한 차례의 방문으로 중국 공산주의자와 미국 사이에 가로놓인 깊은 증오심을 크게 누그러졌다. 닉슨은 공식적으로 공산 정권을 승인하지는 않았지만, 그해 들어 미국과 중국은 초보적 단계(low-level)의 외교 관계를 시작했다.

닉슨 행정부는 중국과 관계 개선을 시도하는 동시에 소련과는 프랑스어로 데탕트(détente)라 부르는 관계 개선을 도모했다. 1972년, 미국과 소련의 외교관은 제1차 전략무기제한협정(Strategic Arms Limitation Treaty, SALT)을 끌어냈는데, 그 내용은 양측이 보유하고 있는 핵미사일(ICBM, 대륙간 탄도 미사일)을 현 수준에서 동결하는 것이었다. 그해 5월 대통령은 모스크바로 날아가 협정에 서명했고, 이듬해에는 소련의 공산당 서기장인 레오니트 브레즈네프(Leonid Brezhnev)가 워싱턴을 방문했다.

제3세계와 미국의 관계

공산주의 중국과의 화해 및 소련과의 데탕트 정책은 강대국 사이에 안정된 관계가 중요하다는 닉슨과 키신저의 신념을 반영한 것이었다. 그러나 이른바 제3세계에 국제적 긴장이 감도는 매우 위험한 불씨로 남아 있었다.

- 닉슨 독트린

제3세계에 대한 닉슨-키신저 정책은 미국이 지역 분쟁에 너무 깊숙이 개입하지 않으면서 현상을 유지하는 것이었다. 1969년과 1970년에 대통령은, 미국이 "동맹국과 우방국의 방어와 발전에 참여하겠"지만, '우방국'의 장래를 위해 당사국에 '기본적 책임'을 맡기겠다는 내용의 닉슨 독트린을 발표했다. 실제적으로 닉슨 독트린은 제3세계 발전에 기여하려는 미국의 관심이 줄어들었음을 의미했다. 또한 국제연합에서 저개발국이 자기들만의 표를 결집해서 세력을 얻고 있는 데 대한 강한 경멸감의 표시였으며, 내부의 급진적인 도전을 무마하려는 여러 권위주의 정권에 대한 원조를 증가하겠다는 의미도 있었다.

- 아옌데 타도

예컨대 1970년, 중앙정보국(CIA)은 공산주의의의 도전에 직면한 칠레의 기존 정부를 돕기 위해 상당한 돈을 쏟아부었다. 이와 같은 노력에도 마르크스주의 대통령 후보였던 살바도르 아옌데(Salvador Allende)가 공개 선거를 통해 권력을 잡게 되자, 미국은 새 정부를 흔들기 위해 칠레의 반대 세력에 더 많은 돈을 보내기 시작했다.

1973년, 군사 평의회(military junta)가 아옌데로부터 권력을 탈취했고, 아옌데는 즉각적으로 살해되었다. 미국은 아우구스토 피노체트(Augusto Pinochet) 장군의 압제적인 새 군사정권과 우호적 관계를 발전시켜나갔다.

중동에서는 1967년 전쟁의 여파로 상황이 더욱 뒤숭숭해졌는데, 전쟁을 통해 이스라엘은 상당히 많은 새 영토를 차지했으며 그곳에 살던 수많은 팔레스타인인과 아랍인을 몰아냈다. 망명자가 옮겨간 요르단과 레바논 등의 주변 국가는 커다란 불안을 느끼게 되었다. 1973년 10월, 유대인의 명절인 욤 키푸르(Yom Kippur, '속죄일'이라는 뜻으로, 유대교의 가장 엄숙한 종교 절기임)에 이집트와 시리아 군이 이스라엘을 공격했다. 열흘 동안 이스라엘은 갑작스런 공격으로부터 전세를 만회하고자 분투했으며, 마침내 시나이 반도에서 이집트 군에 효과적인 반격을 가했다. 그러한 시점에 미국이 개입해서는, 이스라엘에게 우위에 서기보다는 휴전을 받아들일 것을 강력히 종용했다.

욤 키푸르 전쟁을 강제적으로 마무리지은 것은 미국과 그 동맹국이 아랍의 석유에 점점 더 많이 의존하고 있었기 때문이었다. 1973년 아랍 정부가 미국에 석유 판매 금지 조치를 내렸을 때, 미국은 짧은 시일이었지만 고통을 느끼면서 그 지역의 석유 자원을 더 이상 이용하지 못하게 될 수도 있다는 불길한 경고로 여기게 되었다.

• 아랍의 석유 수출 금지

그보다 더 중요한 교훈은 제3세계 국가가 더 이상 순응적이고 협력적인 '고객 국가(client states)'로 행동하리라고 기대할 수 없다는 것이었다. 미국은 예전과 달리 값싼 원자재를 쉽게 구입할 수가 없었다.

7
닉슨 시대의 정치와 경제

닉슨은 1968년도에 대통령 선거에 출마하면서 더 보수적인 사회·경제정책으로 복귀하고 법과 질서를 회복하겠다는 공약을 내걸었다. 그러나 일단 대통령이 되자, 그의 국내 정책은 때때로 이전의 두 행정부에서 행했던 진보적 법안 발의를 지속하거나 심지어 확대하기까지 했다.

국내 정책

- 닉슨의 '침묵하는 다수'

닉슨의 국내 정책은 대부분 자신의 지지층이 요구하는 바라고 생각되는 문제들을 다루었다. 닉슨의 지지층은 보수적 성향의 중간계급으로서, 그가 보기에는 지역 문제에 대한 연방정부의 간섭을 줄여 달라고 요구하는 '침묵하는 다수(silent majority)'였다. 비록 실패하기는 했지만, 그는 버스 통학 강제 규정에 따른 학교에서의 인종차별 금지를 폐지하는 법안을 의회에서 통과시키려 노력했다. 또한 보건·교육·복지부에서 인종차별을 금지하라는 법원의 명령에 따르지 않는 학군(school district)에 연방 재원을 주지 않았던 종래의 방침을 중단하도록 했다. 이와 동시에 그는 '위대한 사회'와 '뉴프런티어'의 많은 사회 프로그램을 축소하거나 없애기 시작했다. 1973년에는 존슨 시대의 빈곤 퇴치 계획의 핵심 부서였던 경제 기회국을 없애버렸다.

그럼에도 닉슨의 국내 정책에는 진보적이고 창조적 요소가 있었다. 그는 환경보호청을 설치하고 미국 역사상 가장 엄중한 환경 규제를 두는 법안에 서명했다. 그는 노동자를 위해 연방이 재정을 지원하는, 차별 시정 조치(affirmative action) 프로그램을 최초로 명령했다. 닉슨 행정부의 가장 과감한 노력 중의 하나는 국가 복지제도를 개조하려는 시도였다. 그는 가족 보조 계획(Family Assistance Plan, FAP)을 제시하면서 이것으로 기존의 제도를 대체하고자 했다. 그것은 사실상 모든 미국인에게 연간 보장 소득(guaranteed annual income)을 제공하도록 하는 제도였다. 즉, 4,000달러까지 외부 소득으로 보충할 수 있도록 1,600달러의 연방 교부금을 제공한다는 내용이었다. 그 계획은 1970년 하원에서 동의를 얻어냈으나, 상원에서는 거부되었다. 그뿐만 아니라 닉슨은 트루먼 이래로 의회에서 전혀 진전을 보지 못했던, 국가 건강보험(national health insurance) 계획을 제안한 최초의 대통령이었다.

워렌 법원에서 닉슨 법원으로

1950년대와 1960년대에 보수적인 '침묵하는 다수'의 혐오감을 불러일으킨 자유주의적 성향을 가진 기관 중에서 얼 워렌(Earl Warren) 대법원장이 이끄는 대법원보다 더 큰 분노와 고통을 자아낸 것은 없었다. 인종 문제에 관한 대법원의 판결은 남부와 북부를 막론하고 전통적 사회 형태를 깨뜨렸을 뿐만 아니라, 시민의 자유를 엄격히 보장하는 조처는 많은 미국인의 눈에 범죄와 무질서, 도덕적 타락을 가져오는 데 직접적인 공헌을 한 것처럼 비쳤다. 엔젤 대 비

시민의
자유 확대

탈(*Engel v. Vitale*) 사건(1962년)에서 대법원은 공립학교에서의 종교 의식이 헌법에 어긋난다는 판결을 내렸는데, 이것은 종교적 근본주의자와 그 외 여러 사람의 분노를 샀다. 로스 대 국가(*Roth v. United States*) 사건(1957년)에서는 음란물(pornography)을 억압하는 지방 정부의 권위에 심각한 제한을 가했다. 그 외에도 여러 가지 연이은 판결을 통해 대법원은 형사 피의자의 민권을 크게 강화했는데, 많은 미국인은 이 판결이 임무에 충실한 법률 집행관의 권한을 크게 약화시킨다고 생각했다. 예를 들어, 기디온 대 웨인라이트(*Gideon v. Wainwright*) 사건(1963년)에서 대법원은 중죄를 범한 모든 피고인은 수임료 지불 능력과 관계없이 변호사 선임 자격이 있다고 판시했으며, 이스코비도 대 일리노이(*Escobedo v. Illinois*) 사건(1964년)에서는 피고인이 경찰에게 취조받기 전에 변호사와 만나는 것을 허용해야 한다고 판결했다. 또한 미란다 대 애리조나(*Miranda v. Arizona*) 사건(1966년)에서는 사법 당국이 범죄 피의자에게 그의 권리를 알려줄 의무가 있음을 확인했다. 그리하여 1968년에 이르면 워렌 법원은, 미국에서 권력의 균형추가 중간계급의 희생 위에서 가난하고 소외받는 사람이나 또는 범죄자 쪽으로 지나치게 기울었다고 여기는 사람으로부터 불만의 대상이 되었다.

    닉슨은 대법원에 좀 더 보수적인 색채를 입히겠다고 약속했다. 워렌 대법원장이 1969년 초 사임하자, 닉슨은 그 자리에 보수적 성향의 인사로 알려진 연방 항소심 법원 판사인 워렌 버거(Warren Burger)를 앉혔다. 그 무렵 에이브 포타스(Abe Fortas) 대법관이 연이어 터진 재정상의 유용(financial improprieties) 혐의를 받고 사임했다. 닉슨은 그 후임에 사우스캐롤라이나 주 출신의 명망가로서 연방 순회 법원 판사인 클레멘트 헤인스워쓰(Clement F. Haynsworth)를 지명했다. 그러나 헤인스워쓰는 민권에 대한 그의 보수적 재판 기록 때문에 상원의 자유주의자, 흑인 단체, 노동조합 등으로부터 공격을 받았고 상원은 그를 거부했다. 닉슨의 다음 선택은 해롤드 카스웰(G. Harrold Carswell)이었는데, 그는 플로리다 연방 항소심 법원의 판사로서 지명도가 매우 낮았다. 상원은 다시 그의 임명을 거부했다.

닉슨은 화가 나서 표결을 비난했다. 하지만 그 후 그는 대법원의 공석을 채울 법조계 내의 인사를 고르는 데 있어 신중함을 보였다. 그렇게 해서 선택된 인물은 미네소타 출신의 중도적 법률가인 해리 블랙먼(Harry Blackmun), 버지니아 출신의 신망 있는 변호사인 루이스 파월 2세(Lewis F. Powell, Jr.), 그리고 당시 법무부에 재직하던 윌리엄 렌퀴스트(William Rehnquist)였다.

그러나 새로운 대법원도 대통령과 많은 보수주의자의 기대에 미치지는 못했다. 대법원은 사회 개혁의 성향에서 후퇴했다기보다는 오히려 많은 분야에서 적극적으로 더 나아갔다. 스완 대 샤롯-메클렌버그 교육 위원회(*Swann v. Charlotte-Mecklenburg Board of Education*) 사건(1971년)에서 대법원은, 학교에서의 인종차별 폐지를 위한 강제 버스 통학을 지지하는 판결을 내렸다. 보스턴과 켄터키 주 루이빌(Louisville) 등 다양한 지역공동체의 집중적이고 때로는 폭력적인 반대조차도 인종 통합에 대한 사법부의 성향을 약화시킬 수는 없었다. 퍼먼 대 조지아(*Furman v. Georgia*) 사건(1972년)에서 대법원은 기존의 사형에 관한 법규를 뒤엎고 미래의 법안을 위한 엄격한 새 지침을 만들었다. 그리고 대법원의 역사에서 가장 논쟁적인 판결에 속하는, 로 대 웨이드(*Roe v. Wade*) 사건(1973년)에서는 낙태 금지법을 파기했다.

> 밀리컨 대
> 브래들리
> 사건

그러나 다른 결정에 있어서 버거 법원은 워렌 법원보다 더 보수적인 기질을 드러냈다. 비록 대법관이 인종 통합을 달성하기 위한 수단으로서 버스 통학을 승인했지만, 그들은 밀리컨 대 브래들리(*Milliken v. Bradley*) 사건(1974년)에서는 인종차별 폐지를 달성키 위해 시 경계를 넘어 (이 경우에는 디트로이트와 그 교외 지역 사이의 경계를 말함) 학생을 전학시키는 계획을 기각했다. 또한 1978년에는, 유명한 백키 대 켈리포니아대학 이사회(*Bakke v. Board of Regents of California*) 사건의 판결을 통해 소수자 차별 철폐법의 원칙을 지지했지만, 프로그램의 미래를 위해 제한적인 새 지침을 설정했다. 스톤 대 파월(*Stone v. Powell*) 사건(1976년)에서는, 주 법정의 유죄판결(state conviction) 후 연방 법원에 상고할 수 있는 피고의 권리에 일정한 제한을 두는 것에 동의하기도 했다.

1972년 선거

닉슨은 상당한 힘을 비축한 채 1972년 대통령 선거에 출마했다. 그의 활기찬 재선 위원회는 선거를 지원할 엄청난 돈을 모았다. 닉슨은 대통령직의 권한을 전략 지역에서 자신의 정치적 입지를 강화하는 데 사용했다. 그리고 닉슨의 외교정책의 성공, 특히 중국 방문은 국가적 차원에서 그의 지위를 신장시켰다.

> 조지
> 맥거번

1972년 닉슨에게 가장 큰 행운을 가져다준 것은 반대 진영이었다. 부분적으로는 닉슨의 충동으로 조지 월리스(George Wallace)

가 민주당 예비선거에 진입했는데, 그해 5월 메릴랜드 주의 한 쇼핑 센터에서 있었던 유세 도중 암살자로 자인하는 사람이 앨라배마 주지사[월리스]를 쏠 때까지 민주당은 분열을 면치 못했다. 이 사건으로 허리 아래가 마비된 월리스가 선거전을 계속할 수 없게 되자 민주당의 가장 자유주의적 분파 모임은 사우스 다코다 주 상원 의원인 조지 맥거번(George S. McGovern)을 선두 주자로 확고히 하는 데 성공했다. 전쟁에 대한 공개적 비판자이며, 많은 사회적·경제적 문제에 있어서 진보 성향의 자유주의적 입장을 강하게 대변했던 맥거번은 당내 개혁(그 자신이 초안을 만드는 데 일조했다) 덕택에 크게 이득을 보았는데, 그 개혁이 민주당 후보를 선택하는 데 여성과 소수자, 청년의 영향력을 끌어올렸던 것이다. 그러나 그 과정에서 맥거번의 선거운동은 많은 중간계급 미국인이 거부하려 했던 소란스러운 1960년대의 여러 측면과 결부되었다.

선거 날, 닉슨은 역사상 가장 큰 표차로 재선되었다. 일반투표에서 37.5퍼센트를 얻은 맥거번에 비해 그는 60.7퍼센트를 얻었으며, 선거인단 투표에서는 17표를 얻은 상대에 비해 그는 520표를 얻었다. 민주당 후보는 단지 매사추세츠 주와 컬럼비아 특별구에서만 승리했을 뿐이었다. 그러나 통제를 벗어나거나 대통령 자신이 초래한 몇몇 심각한 문제가 이미 잠복해 있었다.

어려운 경제

닉슨을 대통령직에서 물러나게 한 것이 궁극적으로는 정치적 추문이었을지라도, 1970년대 초의 가장 중요한 문제는 미국 경제의 장기적 전환이 시작되었다는 점이다. 30년 동안 미국 경제는 세계의 부러움을 샀다. 그러나 미국의 경제 호황은 사실 몇몇 인위적 조건에 의존하고 있었기에 가능한 것이었는데, 그러한 조건은 1960년대 말에 급속히 소멸해버렸다.

• 석유 수출국 기구 (OPEC)

가장 즉각적인 변화는 값싼 원자재를 손쉽게 구하기 어렵게 되었다는 점이다. 그중 한 가지는 1970년대에 꽤 오랜 기간에 걸쳐 경제를 괴롭혔던 심각한 인플레의 주요 원인이 된다. 여러 해 동안, 석유수출국 기구(Organization of Petroleum Exporting Countries, OPEC)는 제3세계 국가의 석유 판매에 있어 비공식적 교섭 단위로서 역할을 해왔으나 실제적 힘은 거의 행사하지 않고 있었다. 그러나 1970년대 초, OPEC은 적극적으로 나서서 석유를 경제적 수단과 정치적 무기로 활용하기 시작했다. 1973년 욤 키프르 전쟁의 와중에서 OPEC의 아랍 회원국은 이스라엘 지원 국가—즉, 미국과 그의 서유럽 동맹국—에게 더 이상 석유를 수출하지 않겠다고 선언했다. 그리고 거의 같은 시기에 OPEC 국가는 석유 가격을 500퍼센트(배럴당 3달러에서 15달러로) 올리는 데 동의했다. 두 가지 충격으로 유럽은 일시적인 경제 혼란에 빠졌으며, 미국은 제2차 세계대전 이래 최초의 연료 부족을 겪었다. 비록 그 위기가 몇 달 뒤에는 완화되었지만, 에너지 가격은 계속해서 급상승했다.

에너지 위기는 결국 가라앉았지만, 그러나 미국 경제의 또 다른 장기적 변화는 제조업 분야의 전환이었다. 제2차 세계대전 후 미국의 산업은 전 세계 다른 국가와 거의 경쟁을 하지 않아도 되었다. 그러나 1960년대 말, 서유럽과 일본은 제2차 세계대전 중 피해를 입은 제조업 분야가 되살아나 1970년대 초에는 세계 시장과 미국 내에서 자동차와 철강을 비롯한 많은 상품 판매에 있어 미국 회사와 맹렬히 경쟁하고 있었다. 일부 미국 회사가 도산했고, 그렇지 않은 회사는 다시 한 번 세계 시장에서 경쟁력을 갖추기 위해 구조 재편에 나섰다. 그래서 수많은 낡은 공장이 폐쇄되었고, 한때 수지맞았던 제조업 분야의 일자리 수십만 개도 사라져버렸다. 1940년대 이래로 미국 생활의 보증수표였던 높은 임금과 높은 고용의 산업 경제는 점차 사라져가고 있었다.

닉슨의 응전

이렇듯 비등하는 경제문제들에 대한 닉슨의 첫 번째 대처 방안은 관행적인 인플레이션 억제 정책이었다. 그는 지출을 줄이고 세금을 인상하여 1969년에 약간의 예산 흑자를 낳았다. 그러나 이러한 정책을 지속하기 어렵다는 것이 판명되었을 때, 닉슨은 점차 통화를 조절하는 방향으로 선회했다. 연방 지불 준비 위원회(Federal Reserve Board)의 의장직에 보수적 경제학자를 임명하면서, 그는 이자율을 크게 높이고 통화 공급을 축소하겠다고 보증했다. 그럼에도 닉슨의 첫 임기 2년 반 동안 국민의 생활비는 누계로 15퍼센트나 상승했고 그 와중에 경제성장은 둔화되었다. 미국은 새로운 딜레마, 즉 가격 상승과 보편적인 경제 침체의 결합인 '스태그플레이션(stagflation)'에 직면하고 있었.

1971년 여름, 닉슨은 모든 임금과 가격을 당시 수준에서 90일 동안 동결하도록 했다. 그 후 11월에 그는 경제계획의 2단계, 즉 연방 부서가 다루어야 할 임금 및 가격 상승에 대한 의무적인 지침을 마

• 인플레이션 증가

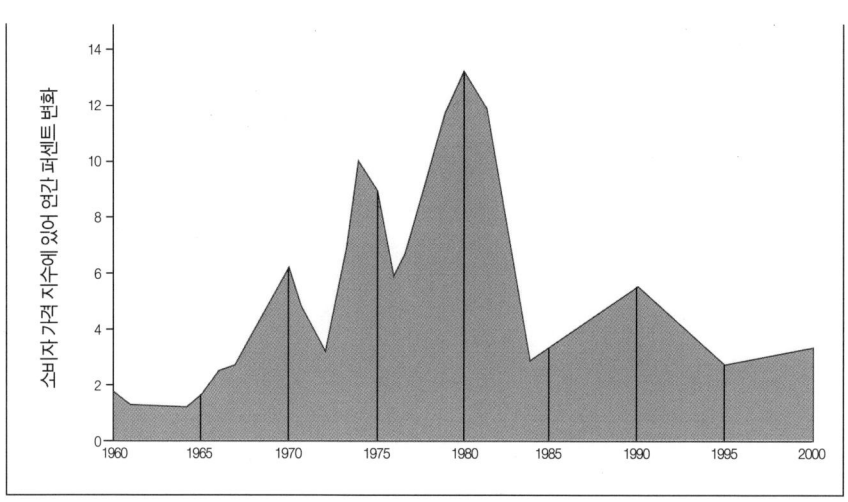

인플레이션(1960~2000)

인플레이션은 1970년대와 1980년대 초, 대다수의 미국인에게 가장 골치 아픈 경제문제였다. 인플레는 1960년대 초까지는 매우 낮은 수준을 유지했고 1960년대 후반에는 천천히 상승했으며, 그 후 1970년대 중기와 말기에는 극적으로 상승했다. 또 1980년대 초에는 일찍부터 가파르고 지속적으로 감소했다.

련하는 데 착수했다. 인플레는 잠정적으로 수그러들었으나, 경기 침체는 계속되었다. 대통령 선거가 있는 해에 경기 후퇴가 인플레보다 더 타격이 클 것을 우려한 닉슨 행정부는 1971년 말 정책을 뒤집었다. 즉, 이자율이 어느 정도 떨어지는 것은 허용하고 정부 지출을 증가시킴으로써 제2차 세계대전 이후 최대의 예산 적자를 낳았던 것이다. 이 새로운 전략은 단기적으로는 경제를 살리는 데 도움이 되었으나, 인플레는 크게 증가했다. 1973년에 물가는 9퍼센트 올랐으며, 1974년에는 아랍의 석유 수출 금지와 OPEC의 가격 인상 이후 물가는 12퍼센트나 올라 제2차 세계대전 이래 최고 수준이었다. 이때, 새로운 에너지 위기가 순식간에 국가적 중대 관심사로 떠올랐다. 그러나 닉슨은 자주 '에너지 자립'을 달성할 필요성에 관해 언급했을 뿐, 구체적인 제안은 거의 하지 않았다.

8

워터게이트 위기

1970년대 미국인에게는 경제문제가 커다란 관심사였지만, 1973년 초부터 시작된 놀랄 만한 상황의 전개, 즉 닉슨의 몰락이 거의 전 미국을 사로잡았다. 대통령의 사퇴는 일부 그의 성격에서 기인한 면이 있었다. 그러나 더욱 중요한 원인은 미국 사회와 세계를 바라보는, 그리고 그 두 세계에 대해 자신의 역할을 모색하는 닉슨의 견해에서 찾아볼 수 있다. 그는 미국이 대통령의 정책에 도전하는 급진주의자와 반대자 때문에 심각한 위험에 봉착해 있다고 생각했다. 그는 점차 자신의 정책에 도전하는 모든 행위를 '국가 안보'에 대한 위협으로 간주하게 되었다. 이렇게 해서 닉슨은 측근과 함께 반대자를 억누르고 반대를 약화시키기 위해 어떤 정략을 구사하더라도 이를 정당화할 수 있는 분위기를 만들어갔다.

스캔들

1972년 6월 17일 이른 아침, 경찰은 워싱턴 D.C. 워터게이트 (Watergate) 빌딩에 있는 민주당 전국 위원회 사무실에 침입한 남자 5명을 체포했다. 그리고 얼마 후 다시 2명을 침입 방조죄로 체포했다. 그때 《워싱턴 포스트》 기자가 피의자의 배후를 취재하다가 범죄 가담자 중에서 예전에 대통령 재선 위원회(Committee for the Re-Election of the President, CRP)에서 일했던 사람을 발견했다. 그들 중 한 명은 백악관에서 근무한 경력이 있었다. 게다가 그들은 민주당 사무실을 침입한 대가를 재선 위원회의 비자금에서 받았는데, 자금은 공교롭게도 백악관의 비서진이 관리하던 것이었다.

사건이 폭로되자 1972년 후반기 수개월 동안 국민적 관심이 서서히 커져갔다. 1973년 초, 워터게이트 범죄 피의자들이 재판을 받았다. 연방 판사인 존 시리카(John J. Sirica)의 끈질긴 추궁 끝에 피의자 중 한 사람인 제임스 매코드(James W. McCord)가 대배심(grand jury) 및 노스캐롤라이나 주 상원 의원인 샘 어빈(Sam J. Ervin)이 위원장인 상원 특별 조사 위원회에 협조하기로 동의했다. 매코드의 증언은 자백의 물꼬를 텄으며, 여러 달 동안 백악관과 선거전의 공직자가 줄줄이 불법 행위를 했음이 드러났다. 그중에서도 백악관의 측근으로서 대통령 고문역을 담당했던 존 딘(John Dean)이 닉슨에게 불리한 진술을 한 것이 가장 문제가 되었다.

조사 후 두 가지의 추문이 불거져 나왔다. 하나는 흔히 있는 권력 남용으로, 백악관과 닉슨의 대통령 선거 위원회가 연루되어 있었는데, 선거 위원회의 경우 워터게이트 빌딩 침입 사건 외에 다른 혐의도 있었다. 두 번째 추문은 거의 2년 동안 국민으로부터 초미의 관심사가 된 것으로, 행정부가 워터게이트 침입 사건과 그 외의 권력 남용―사건의 '은폐' 행위―에 관한 조사를 무마시키려 했다는 것이었다. 대통령이 침입 사건을 사전에 계획했다거나 승인했다는 확증은 어디에도 없었다. 그러나 조사를 방해하려는 불법 행위에 그가 연관되어 있다는 증거는 늘어나고 있었다.

•
워터게이트
'은폐'

닉슨은 추문과 연관된 행정부 요원의 사직을 받아들였다. 그러나 대통령 자신은 결백하다고 계속 주장했다. 만약에 상원 청문회가 열리는 동안, 문제가 된 시기에 대통령 집무실에 사실상 거의 모든 대화를 녹음하는 백악관 테이프 시스템이 있다는 것이 폭로되지 않았더라면, 사태는 가라앉았을지도 모른다. 추문을 조사하던 모든 사람이 테이프를 입수하는 일에 집중했다. '통치상의 특권(executive privilege)'을 내세우면서 닉슨은 그 테이프 제출을 거부했다. 대통령의 임명을 받아 워터게이트 사건을 맡은 특별 검사 아치볼드 콕스(Archibald Cox, 당시 그는 하버드 법대 교수였다)는 닉슨에게 녹음 기록을 받아내기 위해 1973년 10월 그를 법원으로 소환하였다. 닉슨은 이제 어쩔 수 없는 자포자기의 상태에서 콕스를 해임했으며, 법무부 장관 엘리오트 리차드슨(Elliot Richardson)과 차관보가 저항의 의미로 사임하는 치욕을 당했다. 이 '토요일 밤의 학살'은 대통령을 더욱 곤경에 빠뜨렸다. 국민의 압력에 못 이긴 대통령은 신임 특별검사로 텍사스의 변호사인 리언 자워스키(Leon Jaworski)를 임명했는데, 자워스키는 테이프를 법원에 강제 제출케 한 콕스에 못지않게 단호한 인물로 밝혀졌다. 게다가 이 일은 탄핵이 가능할 정도로 하원의 조사를 촉진시켰다.

닉슨의 몰락

닉슨의 입장은 여러 달 동안에 더욱 악화되었다. 1973년 말, 부통령인 스피로 애그뉴(Spiro Agnew)도 메릴랜드 주지사와 부통령 재직시 뇌물을 받고 횡령했다는 증거가 노출되자 추문에 휘말리게 되었다. 법무부가 그 사건을 수사하지 않겠다고 합의해준 대가로, 애그뉴는 소득세 포탈이라는 가벼운 죄를 받아들이고 사직했다. 논란의 대상이 된 애그뉴가 더 이상 대통령직을 승계할 수 없게 되자, 닉슨의 백악관 축출은 더욱 쉬워진 것처럼 보였다. 신임 부통령(1967년에 채택된 헌법 수정 조항 25조에 따라 최초로 임명됨)은 하원 소수당의 지도자인 제럴드 포드(Gerald Ford)로서, 미시간 주 출신의 우호적이고 인기 있는 의원이었다.

탄핵 조사가 갑자기 활기를 띠었다. 1974년 4월, 향후 법원의 테이프 강제 제출 요구를 막아보려고, 대통령은 결백을 증명해보일 수 있는 다수의 관련 대화 녹취록(transcripts)을 제출했다. 조사관과 많은 국민의 생각은 대통령과 달랐다. 이렇게 편집된 테이프는 닉슨이 은폐에 연루되었음을 암시하는 것으로 보였다. 7월, 사태의 긴박함은 절정에 달했다. 우선, 대법원은 '국가 대 리처드 닉슨(*United States v. Richard M. Nixon*) 사건'에서 대통령이 그 테이프를 특별 검사 자워스키에게 제출할 것을 만장일치로 판결했으며, 며칠 후 하원 법사 위원회는 세 가지 조항의 탄핵 건의를 표결했다.

• 국가 대 리처드 닉슨 사건

추가 증거 없이도 닉슨은 하원 전원으로부터 탄핵되고 상원으로부터 유죄로 결정될 수도 있었다. 그러나 8월 초, 그는 마침내 '확실한 증거(smoking gun)'―닉슨이 유죄라는 구체적 증거―를 제출했다. 그것은 닉슨의 변호인이 분실했다고 오랫동안 주장해온 자료였다. 대법원이 닉슨에게 제출하도록 한 녹음 테이프 속에는, 그가 이론의 여지없이 워터게이트 사건의 은폐에 관여했음을 보여주는 몇 가지 증거가 들어 있었다. 녹음 테이프에서 알아낸 것은, 건물 침입 사건 사흘 후에 대통령이 FBI로 하여금 건물 침입에 대한 조사를 멈추라고 지시했다는 사실이었다. 탄핵과 유죄 결정은 이제 불가피해 보였다.

여러 날 동안 닉슨은 백악관에서 고민에 빠져 있었는데, 거의 신

대통령직 사임

경쇠약 상태였다. 마침내 1974년 8월 8일, 그는 미국 역사상 최초로 사임을 발표한 대통령이 되었다. 다음 날 정오, 닉슨과 그의 가족이 캘리포니아 주에 있는 집으로 가기 위해 비행기를 타고 서부로 향하고 있을 때, 제럴드 포드는 대통령 취임 선서를 하고 있었다.

많은 미국인은 신임 대통령이 "우리의 오랜 국가적 악몽이 끝났다"고 선언하자, 안도의 한숨을 내쉬었다. 그러나 국민의 안도감과 기대에도 워터게이트 사건의 상처는 아주 깊게 패어 오랫동안 지울 수 없었다. 지도자와 권위 있는 여러 국가 기관에 대한 불신이 이미 광범위하게 퍼진 사회에서 닉슨의 몰락은 미국 공직자의 행태에 대해 매우 냉소적인 추측이 난무하게 했던 것이다.

결론

1968년 대통령 선거에서 리처드 닉슨이 승리한 것은 사회 혼란과 급진주의에 대한 대중적 반감을 대변한 것이었으며, 질서와 안정을 회복하라는 요구였다. 그러나 닉슨이 대통령으로 있던 시기는 질서와 안정과는 거리가 멀었다. 오히려 좌파 세력과 대항문화가 가장 큰 영향력을 떨치고 있을 때 대통령에 취임했던 것이다. 1960년대 말과 1970년대 초, 미국의 문화와 사회는 젊은이가 기존의 규범에 도전하면서 분열이 심화되는 등 커다란 변화를 맞았다. 당시는 여러 가지 새로운 해방운동이 인종차별 폐지 운동에 합류했으며, 무엇보다도 여성이 사회적으로 성의 차이(gender difference)를 대하는 실제적인 태도 변화를 강력하게 요구했던 시절이다.

닉슨은 전임 대통령이 베트남전쟁을 종결하지 못한 것을 비난하면서 대통령 후보로 나섰다. 그러나 대통령 임기 4년 동안 전쟁은 계속되었으며—따라서 반전운동 역시 계속되었다—심지어 더욱 격렬해진 측면도 있었다. 전쟁에 대한 여론의 분열은 국민 사이의 많은 다른 분열만큼이나 깊었다. 마침내 미국이 1973년 말, 베트남전쟁에서 손을 뗄 때까지 그 분열은 미국의 정치와 사회적 구조를 계속해서 악화시켰다.

그러나 1970년대의 많은 논쟁과 분열은 닉슨 대통령이 자초한 것이었다. 닉슨은 여러모로 역동적이고 비전을 제시하는 지도자로, 몇 가지 주요한 국내 개혁안을 제안했으며(거의 입법화하지는 못했다), 미국의 외교정책에 중요한 변화를 가져왔다. 가장 두드러진 변화는 공산 중국과의 관계를 개선하고, 소련과의 화해 분위기를 조성한 것을 들 수 있다. 그러나 그는 또한 교활하고 비밀스러운 데다 모난 성격을 지니고 있었다. 그가 대통령으로 있던 시절에 백악관은 여러 가지 흑막에 가려진 활동에 관여했다. 이는 대부분 1972년의 대통령 재선 운동과 연관된 것이었고, 미국사에서 가장 극적인 정치적 스캔들을 낳았다. 1972년에 시작된 이른바 워터게이트 사건은 거의 2년 동안 수많은 국민의 관심을 끌었다. 불과 2년 전만 해도 현대사에서 가장 많은 표를 얻어 재선되었던 닉슨은 마침내 1974년 여름, 그 스캔들 때문에 미국 역사상 최초로 사임한 대통령이 되었다.

⟨과거를 논하며⟩

워터게이트 사건

★ ★ ★

미국 역사상 가장 유명한 정치 스캔들인 워터게이트 사건이 발생한 지 30년이 지났지만 역사가를 비롯한 많은 사람은 그 원인과 중요성에 대해 논쟁을 계속하고 있다. 그들의 해석은 크게 몇 가지로 구분해볼 수 있다.

한 가지 논점은 역사상 대통령제의 발전을 강조하면서, 대통령의 권력 남용이 적어도 수십 년 전부터 시작되었다는, 아주 큰 유형을 제시하는 것으로 워터게이트 사건을 보는 것이다. 아더 슐레신저 2세(Arthur Schlesinger, Jr.)는 1973년도에 펴낸 저서 《제왕적 대통령(*The Imperial Presidency*)》에서 이러한 논의를 발전시키는 데 일조했다. 냉전이라는 급박한 상황, 그리고 냉전과 씨름하는 데 필요한 조처라면 무엇이든 가리지 않고 취해야만 하는 것이 대통령의 의무라고 본 신념이 대통령으로 하여금 의회와 법원, 국민으로부터 점차 더 많은 권력을 빼앗도록 했다고 그는 주장했다. 나아가 역대 대통령은 외교 정책뿐만 아니라 국내 문제에 있어서도 여러 제약을 벗어나는 방법을 찾기 시작했다. 그러므로 워터게이트의 소용돌이 속에서 닉슨이 보여준 행동은 이처럼 은폐된 대통령의 권한을 오랫동안 끊임없이 확장시켜온 최종적인 결과였다. 조너선 쉘(Jonathan Schell)도 《착시의 시대(*The Time of Illusion*)》에서 이와 비슷한 논거를 제시했다. 즉, 그는 대통령의 직무 수행에서 나오는 위험한 일탈 행위는, 국가와 대통령의 '신뢰성(credibility)'을 지키기 위해 대통령에게 핵무기를 부여토록 한 압력과 관계가 있다고 주장한 것이었다.

워터게이트 사건에 관한 두 번째 해석은 1960년대 말에서 1970년대 초 사이의 어려웠던 정치·경제적 상황에 역점을 두고 있다. 이 견해에 따르면 닉슨은, 전쟁에 회의적이고 대통령의 권위를 깎아내리는 데 전혀 거리낌이 없는 전대미문의 급진적 반대 세력의 압력에도 불구하고 대통령이 되었다. 그리하여 그는 이처럼 심상치 않은 도전을 막아내기 위하여 그 자신도 이와 막상막하의 험악한 수단을 동원했다는 것이다. 닉슨은 1975년 비망록에서 다음과 같이 주장했다.

일찍이 예를 찾아볼 수 없는 국내 테러리즘이라는 이 전염병(epidemic)은 …… 우리의 민주제도를 폭력으로 파괴하려는, 고도로 조직화되고 고도로 숙련된 혁명가, 즉 이 새로운 현상을 다루기 위한 최선의 수단을 찾지 않으면 안 되게끔 했다.

역사가 허버트 파밋(Herbert Parmet)도《리처드 닉슨과 그의 미국(Richard Nixon and His America)》(1990)에서 이와 같은 주장을 되풀이하고 있다. 스티븐 앰브로즈(Stephen Ambrose)도《리처드 닉슨(Richard Nixon)》(1989)에서 이와 동일한 관점으로 좀 더 순화된 해석을 내놓고 있다.

그러나 워터게이트 사건의 연구자는 대부분, 제도적이거나 사회적인 영향력이 아니라 연루된 사람의 성격(personalities), 가장 두드러지게는 리처드 닉슨의 성격에서 설명을 찾고 있다. 구조적으로 설명을 개진했던 많은 사람(예를 들어 슐레신저, 쉘, 앰브로즈)조차도 결국은 워터게이트 사건의 가장 중요한 설명에 이르면 닉슨의 성격을 문제삼고 있다.

그 외에《워터게이트 전쟁(The Wars of Watergate)》(1990) 및 최근의《권력 남용(Abuse of Power)》(1997)이란 책에서, 닉슨 시절 백악관의 워터게이트 사건과 관련된 대화를 녹음한 엄청난 분량의 초록을 제시한 스탠리 커틀러(Stanley Cutler) 같은 연구자도 있다. 커틀러는, 닉슨이 항상 정치적으로 사악한 수단에 의존해왔으며, 또한 그가 악랄한 정적에게 각별한 표적이 되고 있으므로 적이 그를 해치기 전에 그들을 먼저 제압해야 한다는 오랜 신념을 가지고 있었다는 등의 사실을 강조했다. 워터게이트 사건은 "닉슨 자신의 성격과 이력에" 뿌리를 두고 있다는 것이 커틀러의 주장이다. "스스로를 좀먹는 증오(corrosive hatred)가 닉슨 자신의 행위와 경력, 궁극적으로는 역사적 위상까지 결정해버렸다"는 것이다.

1974	1976	1977	1978-1979	1980	1981	1983	1984
스태그플레이션/포드, 닉슨 사면 조치	카터, 대통령 당선	파나마운하 협정 체결/애플사, 개인용 컴퓨터 소개	캠프 데이비드 협정/이란, 미국 인질 억류/소련, 아프가니스탄 침공/미중 관계 개선	미국, 모스크바 올림픽 불참/레이건, 대통령 당선	이란, 미국 인질 석방/레이건, 세금과 예산 삭감/미국 군사력 증강/미국에 AIDS 출현	미국, 그레나다 침공	레이건, 재선에 성공

33장
한계의 시대에서 레이건 시대로

이중 국어 사용 반대 시위

1970년대 및 1980년대의 치열한 논쟁과, 강력한 보수주의 운동의 출현에 기름을 끼얹은 여러 가지 민감한 이슈 중에는 영어를 제2의 언어로 사용하는 미국 거주자의 증가를 문제삼은 것도 있다. 캘리포니아를 비롯한 몇몇 주의 교육자는 '이중 국어 사용(bilingualism)'을 공립학교 체제에 흡수하여, 영어 구사력이 빈약한 학생이 본래의 언어로 수업을 받을 수 있도록 했다. 남서부 지역의 이민자 대다수는 멕시코에서 왔기 때문에 보통은 스페인어를 사용했다. 대부분 보수적인 미국인 사이에 이중 국어 사용에 대한 반감이 급속히 확산되었는데, 그들은 운동이 학교에서 지속적으로 이어지게 되지나 않을까 우려했다. 사진의 여성은 우파가 중시했던 하나의 주장, 즉 영어를 미국의 '공식' 언어로 만들자는 운동을 지지하기 위해 시위를 벌이고 있다.

1985	1986	1987	1988	1989	1990	1991	1992
레이건과 고르바초프 회담/미국, 크랙 코카인 출현	미국, 리비아 폭격/이란-콘트라 스캔들 폭로	고르바초프, 미국 방문/주식 시장 폭락	부시, 대통령 당선	베를린 장벽 철거/공산주의 체제 붕괴/인간 게놈 프로젝트 출범	이라크, 쿠웨이트 침공	소련 붕괴/페르시아 만 전쟁	클린턴, 대통령 당선

1970년대 초에 겪은 베트남전쟁의 패배와 워터게이트 사건, 미국 경제의 쇠퇴 등의 좌절은, 꽤 오랜 기간 전후 시대의 특징이었던 낙관적이고 자기 확신에 차 있던 내셔널리즘(nationalism)에 타격을 가했다. 어떤 사람은 이것을 가리켜 '한계의 시대(age of limits)', 즉 미국이 점차 기대 수준을 낮추어 살아가는 법을 배워야만 하는 시대가 도래한 것이라는 반응을 보였다. 그러나 1970년대 말에 이르면 도전에 대한 또 다른 대응 방법이 설득력을 얻게 되었다. 그 대응 방법이란, 1960년대의 지나친 낙관적 기대에서 온건한 쪽으로 후퇴하게 된 상황을 경제성장과 국제적 영향력, 미국적 가치 등의 이상을 강화시키겠다는 약속에다 결부시키는 것이었다.

1
워터게이트 이후의 정치와 외교

리처드 닉슨이 공직에서 불명예스럽게 물러나자, 많은 사람은 대통령직과 행정부 전체에 대한 신뢰가 쉽사리 회복될 수 있을지 우려했다. 하지만 닉슨의 뒤를 이은 두 대통령은 이러한 요청에 제대로 부응하지 못했다.

포드의 관리인 역할

제럴드 포드는 아주 열악한 조건 속에서 대통령직을 승계했다. 그는 워터게이트 추문 이후 정부의 신뢰를 회복하는 데 노력하지 않으면 안 되었다. 그리고 경제적으로 중대한 어려움에 처할 때마다 번영을 되찾기 위해 애써야만 했다.

신임 대통령은 확고한 정치적 통합의 상징이 되고자 했지만, 취임 한 달 후, 닉슨 대통령이 재직시에 저질렀을지도 모르는 모든 범죄에 대해 '완전하고, 속박 없는, 절대적인 사면' 조치를 내렸을 때, 역풍을 맞고 말았다. 그 사면으로 포드의 인기는 떨어졌고, 완전히 회복할 수 없게 되었다. 그렇지만 미국인은 대부분 포드를 겸손한 사람이라고 생각했다. 그의 정직함과 친근감이 워터게이트 시절의 신랄하고 비판적인 감정을 많이 누그러뜨렸던 것이다.

● 닉슨 사면

포드 행정부는 경제문제를 성공적으로 해결하지 못했다. 인플레

경제문제

를 해결하는 데 있어 대통령은 대체적으로 비효과적인 자발적 노력을 요구했다. 고금리를 견지하고, (거부권을 빈번히 행사하여) 연방지출의 증대를 반대하며, 세금 감면에 대한 압력에 저항한 후, 포드는 1974년과 1975년에 심각한 경기 침체에 대처해야 했다. 경제문제의 중심에는 항상 에너지 위기가 존재했다. 1973년 아랍의 석유 금수 조치 이후 OPEC 카르텔은 석유 가격을 올렸는데, 1974년 한 해에만도 4배나 인상했다. 이 때문에 1976년 인플레율이 11퍼센트에 달하게 되었다.

포드는 닉슨이 국무부 장관으로 임명한 헨리 키신저를 유임시켰으며, 닉슨 시절의 여러 가지 정책을 고수했다. 1974년 말, 포드는 시베리아의 블라디보스톡에서 레오니트 브레즈네프(Leonid Brezhnev)를 만나 제2차 전략무기제한협정(SALT II)의 기초가 되는 무기 통제 협정에 서명하여, 닉슨 행정부가 오랫동안 추구해 온 목표를 달성했다. 한편, 키신저는 중동에서 이스라엘이 시나이 반도 점령지의 많은 부분을 이집트에 돌려준다는 내용의 새로운 협정을 만드는 데 일조했다. 또한 이스라엘과 이집트 양국은 장래에 분쟁이 발생할 경우 이를 무력으로 해결하지 않겠다고 결의했다.

1976년 선거

1976년 대통령 선거가 다가오자, 포드의 정책은 우파와 좌파의 양 진영으로부터 공격을 받게 되었다. 공화당 예비 선거전에서 포드는 캘리포니아 주지사를 지낸 로널드 레이건의 강력한 도전에 직면했는데, 레이건은 당내의 보수파 지도자로서 공산주의자와의 여하한 타협에도 반대하던 많은 우파를 대변하고 있었다. 포드 대통령은 가까스로 공격을 이겨내고 지명권을 획득했다. 한편, 민주당원은 1976년까지도 거의 알려지지 않은 지미 카터(Jimmy Carter)를 새

1976년 선거

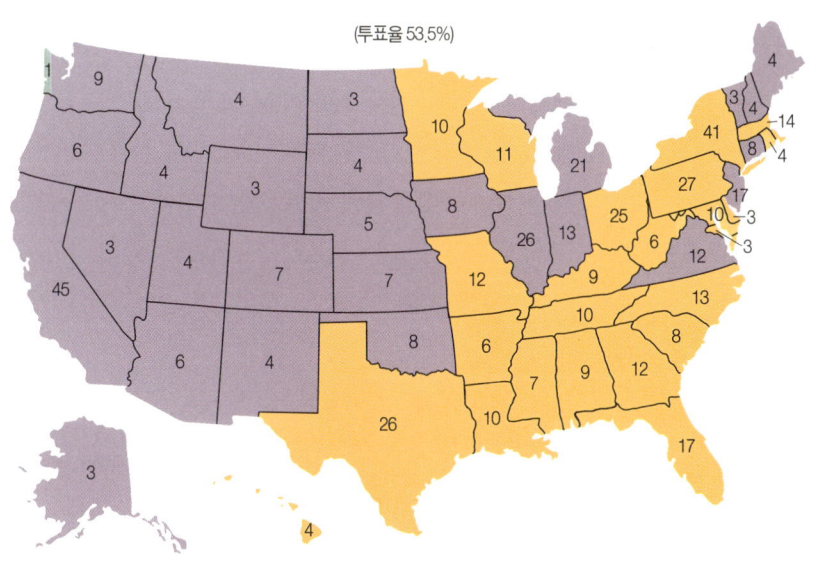

	선거인단 투표	일반투표(%)
지미 카터(민주당)	297	40,828,587(50.0)
제럴드 포드(공화당)	240	39,147,613(47.9)
로널드 레이건(독립 공화당)	1	—
기타 후보(매카시[독립], 리버테리언)	—	1,575,459(2.1)

조지아 주지사를 지낸 지미 카터는 1976년 선거에서 남부를 휩쓸고, 공업이 발달한 북동부와 중서부의 여러 주들을 차지하여 제럴드 포드 대통령을 박빙으로 이겼다. 이것은 민주당이 남부 지역의 지지를 끌어낼 수 있는 후보를 세우는 것이 얼마나 중요한지를 보여주는데, 남부 지역은 1970년대 들어 점차 공화당 지지로 바뀌어가고 있었다.

후보로 내세우며 점차 단합을 이루었다. 조지아 주지사를 지낸 카터는 정직과 신앙심, 그리고 연방정부에 대한 차가운 의구심을 보여주어 기존 정부에 불만을 가진 사람의 마음을 움직였다. 경제에 대한 불만과 포드에 대한 폭넓은 환멸 때문에 민주당은 근소한 차이로 승리했다. 일반투표에서 50퍼센트를 얻은 카터에 비해, 포드는 47.9퍼센트를 얻었으며, 선거인단 투표에서는 카터가 297표, 포드가 240표를 얻었다.

지미 카터의 시련

포드와 마찬가지로 지미 카터는 나라가 비틀거릴 정도로 어렵고 복잡한 문제를 눈앞에 둔 채 대통령 자리에 올랐다. 그러나 카터는 많은 사람에게 독선적이고 완고해보이는 통치 방식 때문에 자신의 입지를 때때로 더욱 어렵게 만들었다.

- 급등하는 인플레

카터는 많은 시간을 들여 에너지와 경제문제에 매달렸다. 경기침체기에 대통령이 되었기 때문에, 그는 먼저 공공 부문의 지출을 늘리고 연방 세금을 줄여서 실업을 감소시키려고 했다. 실업은 줄었으나 인플레가 급등했는데, 이는 OPEC이 에너지 가격을 계속해서 큰 폭으로 인상했기 때문이었다. 카터의 임기 중 후반 2년 동안 물가는 연 10퍼센트 이상 올랐다. 카터는 닉슨과 포드처럼, 통화 긴축에 이어 소비의 자발적 억제를 권유하는 식으로 대응했다. 카터가 연방 지불 준비 위원회(Federal Reserve Board)의 의장으로 임명했던 보수주의 경제학자는 인플레를 중지시키려는 데 단호하여 금리를 미국 역사상 최고 수준까지 올렸으며, 그래서 때로는 금리가 20퍼센트를 넘기도 했다.

1979년 여름, 중동 지역의 불안정한 정세 때문에 미국은 제2차 연료 부족 사태를 겪었다. 그러한 가운데 설상가상으로 OPEC은 또다시 큰 폭의 가격 인상을 발표했다. 무언가 조치를 취하라는 압력이 증가하자, 대통령은 메릴랜드 주에 있는 캠프 데이비드(Camp David) 별장으로 피했다. 열흘 후, 그는 텔레비전에 나와 에너지 위기를 해결할 여러 가지 방안에 관하여 놀랄 만한 연설을 했다. 그러나 카터가 국가 상황을 부정적으로 평가하고, "우리 국가 의지의 핵심"에 타격을 가한 '신뢰의 위기'가 있다고 주장했기 때문에 논란이 일어났다. 그 연설은 (비록 카터는 그렇게 부르지 않았지만) '불안(malaise)' 연설이라는 별칭이 붙었고, 대통령이 자신의 문제를 국민에게 전가시키려 한다는 비난을 가열시켰다. 며칠 후 카터는 갑작스레 내각의 몇몇 장관을 해임했는데, 그 때문에 정치적 입지가 더욱 어려워졌다.

인권과 국익

지미 카터는 선거전에서 미국의 외교정책을 위한 새로운 기반을 마련하겠다는 공약을 가장 많이 내세웠는데, 거기에는 '이기적인 이익'을 추구하는 대신 '인권' 보호에 나서겠다는 의미가 담겨 있었다. 카터는 많은 국가(특히 소련을 포함함)의 인권 침해에 대해 날카로운 의견을 자주 피력했다. 그러나 카터 행정부는 해묵은 몇몇 관심사에 초점을 맞추기도 했다. 카터는 수년 전에 시작된, 파나마운하의 통제권을 파나마 정부에 넘겨주는 쌍무 조약(a pair of

• 파나마운하 조약

treaties)에 관한 협상을 마무리지었다. 격렬한 토론 끝에 상원은 68대 32로 조약을 비준했는데, 이것은 3분의 2 이상의 정족수보다 단지 1표가 더 많았다.

카터는 이스라엘과 이집트 간의 평화조약 체결에서 가장 큰 성공을 거두었다. 중동 협상은 1977년 11월 이집트의 안와르 사다트(Anwar Sadat) 대통령이 메나헴 베긴(Menachem Begin) 수상의 이스라엘 방문 초청을 받아들일 때까지 절망적인 답보 상태로 보였다. 텔아비브에서 사다트는, 이집트가 이제는 이스라엘을 정통성 있는 정치적 실체로서 기꺼이 받아들인다고 선언했다.

• 캠프 데이비드 협정

이스라엘과 이집트의 협상이 교착상태에 빠져 있을 때, 카터는 1978년 9월 사다트와 베긴을 캠프 데이비드 정상회담에 초대했다. 그리하여 카터 진영에서는 양자 간의 논쟁을 조정하려고 두 사람을 2주 동안 그곳에 머물게 하면서 설득 작업을 벌였다. 9월 17일, 카터는 이집트-이스라엘의 평화조약을 위한 기초안에 의견 일치를 보았다고 발표하면서 두 지도자를 동반하여 백악관으로 돌아왔다. 1979년 3월 26일, 베긴과 사다트는 다시 한 번 백악관으로 와서, 이른바 캠프 데이비드 협정(Camp David Accords)이라는 양국 간의 공식 평화조약에 서명했다.

한편, 카터는 계속해서 중국과 소련의 관계 개선을 위해 애썼다. 그는 덩샤오핑(鄧小平)의 제안에 기꺼이 화답했다. 덩샤오핑은 중국을 외부 세계에 개방하고자 애쓰는 새로운 지도자였다. 1978년 12월 15일, 워싱턴과 베이징은 양국 간의 공식적 외교 관계를 재개한다고 선언했다. 몇 달 후 카터는 비엔나에서, 연로한 데다 병까지 겹친 브레즈네프를 만나 양국의 장거리 미사일과 폭격기, 핵탄두 등

캠프 데이비드 협정

대체로 실망스러운 평가를 받은 카터 대통령의 가장 큰 업적은 아마도 이스라엘과 이집트를 인도하여 그들 상호 간의 오랜 불화를 평화 상태로 정착시키는 데 성공했다는 점일 것이다. 그는 이스라엘의 수상 베긴(오른쪽)과 이집트의 대통령 사다트(왼쪽)를 1978년 9월 캠프 데이비드 산장에 초대하여, 두 지도자가 역사적 합의를 이루도록 도와주었다.

의 보유에 한계를 정하는 새로운 SALT II, 즉 전략무기제한협정의 초안을 완결했다. 그러나 곧바로 SALT II는 미국 내 보수파의 치열한 반대에 부딪혔다.

인질 사건

1950년대 초부터 미국은 이란의 샤(Shah, 국왕의 존칭, 여기서는 리자 팔레비 왕을 가리킴—옮긴이) 정부에 정치적 지원을 한 데 이어 나중에는 대규모의 군사적 지원을 제공했다. 이는 중동에서 이란을 소련의 팽창에 대항하는 요새로 만들려고 했기 때문이다. 그러나 1979년, 샤는 국민의 원성을 사고 있었다. 많은 이란인은 샤가 독재 통치를 유지하기 위해 동원해왔던 억압적이고 권위주의적인 책략에 분개했다. 동시에, 이슬람의 성직자와 철저한 신앙심으로 무장된 많은 군중은 이란 사회를 근대화하고 서구화하려는 그의 노력에 반대했다. 이러한 분노가 결합하여 강력한 혁명운동을 낳았다. 1979년 1월, 샤는 이란을 탈출했다.

아야톨라 루홀라 호메이니

1979년 말, 이란에서는 광신적인 종교 지도자 아야톨라 루홀라 호메이니(Ayatollah Ruhollah Khomeini)가 권력을 잡았는데, 그는 철저하게 서구와 미국에 대해 적대적이었다. 1979년 10월 하순, 권좌에서 물러난 샤가 암을 치료받기 위해 뉴욕에 왔고, 그로부터 며칠 뒤 11월 4일, 테헤란에 있는 미국 대사관에 무장 폭도가 침입한 사건이 발생했다. 그들은 건물 안에 있던 외교관과 무관을 구금한 후, 인질을 풀어 주는 조건으로 샤의 귀환을 요구했다. 그 후 53명의 미국인은 1년 이상 대사관에서 인질로 붙잡혀 있었다.

인질이 억류된 지 불과 몇 주 후 1979년 12월 27일, 소련군은 소련과 이란 사이에 위치한 이슬람 산악 국가인 아프가니스탄을 침공했다. 사실상 소련은 여러 해 동안 아프가니스탄에서 권력을 쥐고 있었으며, 1978년 4월부터는 지배 세력이 되었다. 그러나 일부 관측자가 소련의 침공은 현상 유지를 위한 것이라고 주장한 반면, 카터는 소련의 침공은 "세계 석유 공급량의 상당 부분을 통제하기 위한 디딤돌"이며 또한 "제2차 세계대전 이래 세계 평화에 대한 가장 심각한 위협"이라고 주장했다. 카터는 격분하여 소련에 대해 여러 가지 경제적 제재를 가했고, 1980년 모스크바 하계 올림픽 참가를 거부하는 한편, SALT II에 대한 상원의 심의를 무산시켜버렸다.

● 아프가니스탄 침공

2

신우파의 출현

1960년대와 1970년대 미국의 혼란스러운 사회·경제적 변화는 많은 자유주의자를 환멸에 빠지게 했고, 이미 약화된 좌파를 궁지로 내몰았다. 그러나 우파에게는 몇 세대 만에 미국적 삶에서 권위 있는 위치를 차지할 수 있게 된 가장 중요한 기회였다.

선벨트 지역

1970년대 인구통계학적 현상으로 가장 큰 논란거리가 된 것은 '선벨트(Sunbelt)'라는 지역의 부상이라 하겠는데, 이 용어는 제2차 세계대전 후 미국에서 가장 역동적으로 성장한 여러 지역의 분포를 설명하는 과정에서 나왔다. 선벨트에는 동남부(특히 플로리다 주), 남서부(특히 텍사스 주), 그리고 1964년에 미국에서 가장 많은 인구를 기록한 이후 계속해서 놀라운 성장을 거듭한 캘리포니아가 포함되어 있었다. 그리하여 1980년에 이르러 선벨트의 인구는 북부와 동부의 오랜 산업 지역을 추월하게 되었다.

- 정부 규제에 대한 반대 증가

선벨트의 부상은 정치적 환경의 변화를 이끌어냈다. 남부와 서부의 강한 민중주의의 전통(populist tradition)은 정부의 규모가 커지는 데 강력히 반대했으며, 자유주의 국가의 산물인 규제와 제약이 늘어나는 데 분노했다. 많은 규제와 제약—예를 들면, 환경법, 토지

사용의 규제, 그리고 에너지 위기를 겪는 기간 동안 연료를 절약하기 위해 운전자에게 강요한 시속 55마일의 속도 제한과 같은 것들—은 특히 서부에 많은 영향을 끼쳤다. 남부 백인의 자의적인 생각이긴 하지만, 그들은 지역적으로 남아 있는 인종차별을 없애려는 연방정부의 노력을 남북전쟁 이후 남부 재건 시대(Reconstruction)의 폭정과 동일시했다.

1970년대 말, 서부의 일부 지역에서 일어난 이른바 '세이지브러쉬의 반란(Sagebrush Rebellion)'은 환경법과 개발 제한에 대한 보수주의자의 반대를 이끌어냈다. 이 역시 실제로는 정부의 투자로 이익을 얻은 서부를 오히려 정부 통제의 희생자로 보이게 하려 했던 것이다. 그 집회의 가담자는 서부의 여러 주에 연방정부가 소유한 방대한 규모의 토지에 대해 불만을 토로했으며, 그 토지를 개발할 수 있도록 개방하라고 요구했다.

• 세이지 브러쉬의 반란

교외 거주지를 선호하는 현상(suburbanization)도 우파의 등장에 기름을 부었다. 물론 모든 교외 지역이 보수파의 정치적 입지에 힘을 실어준 것은 아니었으나, 캘리포니아 남부의 오렌지카운티 등 미국에서 가장 열렬한 보수적 성향을 가진 지역은 대체로 교외 지역이었다. 많은 교외 지역의 주민은 다른 집단과 접촉이 단절되어 있었다. 즉, 지역적 동질성이 있는 데다가, 교외의 사무실 밀집 지역으로 사업장을 옮기거나 소매 거래를 교외의 대규모 상점가(shopping mall)로 옮겨가는 현상 때문에 이처럼 고립적인 상황이 되었던 것이다. 그런데 이와 같은 교외 지역에서 한적한 생활을 하던 사람은 다른 지역(특히 도시)에 사는 사람이 사회적으로 필요한 가치와 규범을 버리고 있다는 생각을 하게 되었고, 그래서 자신의 보수주의적

선벨트의 성장(1970~1990)

20세기 후반의 수십 년 동안에 일어난 가장 중요한 인구학적 변화 가운데 하나는 전통적으로 인구가 집중해 있던 북동부와 중서부에서 이른바 '선벨트(Sunbelt)' 지역으로 인구가 이동한 것이었다. 그중 가장 두드러진 지역은 남서부와 태평양 연안이었다. 이 지도는 1970년에서 1990년 사이, 인구 집중의 변화를 극적으로 보여주고 있다. 엷은 녹색은 인구가 줄어든 주이고, 보라색과 진한 녹색은 인구가 매우 심각하게(30퍼센트 이상) 증가한 주이다.

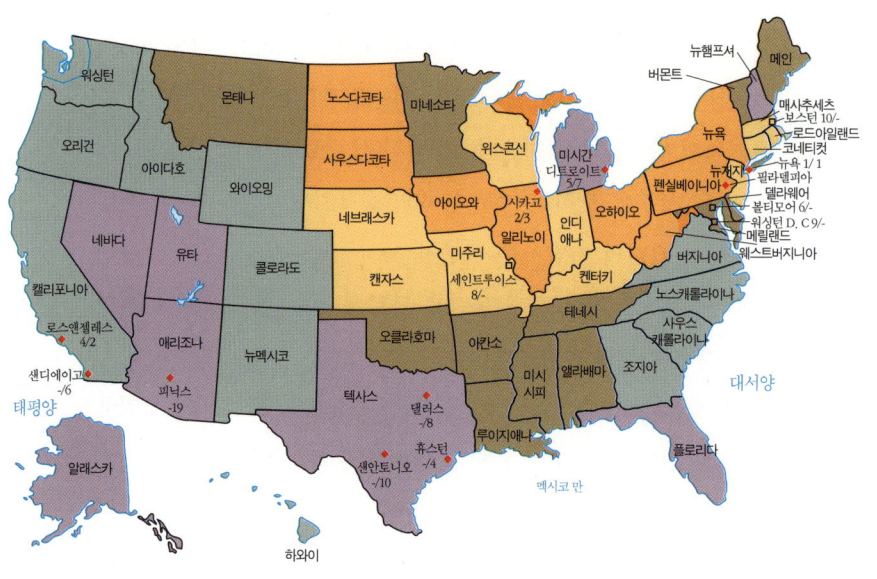

1970~1990 인구 변화(주별)
- 50% 이상 증가
- 30~49% 증가
- 15~29.9% 증가
- 5~14.9% 증가
- 감소~4.9% 증가

1950~1990, 10대 최대 인구 도시
- □ (1/-) 1950 (순위)
- ◆ (-/8) 1990 (순위)

견해를 강화시킨 측면이 있었다.

종교적 부흥 운동

그동안 건실한 체계를 갖추고 있던 종교는 1960년대에 뚜렷한 퇴조를 보였다. 그러나 1970년대에 들어와 미국에서는 대대적인 종교의 부활이 시작되었다. 새로운 종교적 열정은 더러 여러 가지 이교적 종파(cult)와 사이비 신앙으로 나타나기도 했다. 즉, 사이언톨로지 교회(Church of Scientology)[론 허버드(L. Ron Hubbard)가 1965년에 만든 신흥 종교—옮긴이]), 문선명 목사의 통일교, 1978년 가이아나(Guyana)의 정글 속 은신처에서 교인이 집단 자살했던 비극적인 인민 사원(People's Temple)을 예로 들 수 있다. 그러나 종교 부흥의 근간을 차지했던 것은 복음주의 기독교의 발전이었다.

복음주의자는 신과 직접적으로 소통함으로써 '거듭 태어난다(born again)'는 의미의, 개인적 신앙 갱생에 대한 믿음을 공통적으로 지니고 있다. 복음주의 종교는 미국에서 역사가 오래되었으며, 기독교 내의 주류를 이루는 종파로서 19세기 말부터 상당한 세를 모았던 하부 문화였다. 그 현대적 형태는, 빌리 그레이엄(Billy Graham) 같은 복음주의자와 오랄 로버츠(Oral Roberts) 같은 오순절 교회주의자(Pentecostal)가 열정적인 부흥 운동을 펼쳐 미국 및 전 세계에서 엄청난 추종자를 끌어모으기 시작했던 1950년대 초에 점차 가시화되었다.

1970년대 말에 이르러, 복음주의 기독교인은 더욱 눈에 띄고 더욱 독단적으로 되었다. 7,000만 명 이상의 미국인이 이제 자신을

• 쇄도하는 복음주의

'거듭난 기독교인' — '예수와 개인적 관계'를 맺은 사람—이라 주장했다. 기독교 복음주의자는 자신들만의 신문, 잡지, 라디오 방송국, 텔레비전 네트워크를 소유했으며 학교와 대학도 운영했다. 그리고 마침내 그 일원인 지미 카터는 백악관의 주인까지 되었다. 그는 1976년 선거 유세 도중에 자신의 '신앙 갱생의 경험'을 자랑스럽게 말했으며, 대통령 재임 기간 중에는 자신의 '거듭난' 기독교 신앙을 공개적으로 계속 밝혔다.

지미 카터를 비롯한 일부 사람에게 복음주의 기독교는 인종적·경제적 정의와 세계 평화에 헌신할 수 있는 토대를 만들어주었다. 그러나 많은 복음주의자에게 새로운 종교의 메시지는 아주 달랐다. 즉, 그들은 매우 정치적으로 받아들였던 것이다. 1970년대의 일부 기독교 복음주의자는 정치적·문화적 우파와 관련하여 적극적인 활동을 펼치기도 했다. 그들은 미국 사회에 부도덕과 무질서가 파급되고 있다는 생각을 했으며, 그에 대한 경각심을 가지고 있었다. 그리고 세속적인 문화가 지역사회와 학교, 가정에 침투하는 양태를 우려했다. 많은 남녀 복음주의자는 페미니즘의 성장이 전통적 가정을 위협한다고 믿고 두려워했다. 또한 정부의 여러 가지 정책이 여성운동의 목표를 앞당기는 방식으로 전개되는 것에 분개했다. 이들에게 더욱더 놀라운 일은, 학교에서 모든 종교의식을 금지한 데 이어, 나중에는 여성에게 낙태의 권리마저 보장하는 대법원의 판결이 나왔다는 것이다.

• 기독교 연합

1970년대 말, '기독교 우파'는 강력한 정치 세력이 되었다. 상당수의 텔레비전 시청자를 지닌 버지니아 주의 근본주의 목사 제리 팔웰(Jerry Falwell)은, 스스로 도덕적 다수(Moral Majority)라고 일컬은 매우 돋보이는 운동을 시작했다. 오순절파 목사 팻 로버트슨(Pat Robertson)은 정치 운동을 시작했고, 1990년대에는 기독교 연합 (Christian Coalition)이라는 조직을 만들었다. 기독교 우파의 여러 조직은 지역 문제에 대한 연방정부의 간섭에 반대하고 낙태와 이혼, 페미니즘, 동성애를 비난하는 한편, 제약 없는 자유 기업을 옹호하고 세계적 강국으로서 미국의 위상을 지지했다. 또한 진화의 과학적 학설을 거부하면서 그 대신에 학교에서 성경에 나오는 창조설을 가르치라고 촉구했다. 이들 기독교 연합 조직은 기독교적 가치가 미국적 생활 양식을 규정했던 시대를 다시 한 번 만들겠다는 목표를 가지고 있었다.

신우파의 등장

복음주의 기독교인은 신우파(New Right)의 중요한 일부였으나, 단지 한 부분일 뿐이었다. 새로이 등장한 우파는 1970년대와 1980년대 초에 급속한 성장세를 탄, 다양하면서 강력한 운동 세력이었다. 그것은 배리 골드워터(Barry Goldwater)가 지독한 패배를 경험한 1964년 대통령 선거 이후 두각을 드러냈다. 참담한 패배에 대응하여 열렬한 인사가 나타나 만든 새롭고 강력한 우익 성향의 여러 기관은 장래에 있을 보수주의자의 선거운동을 더욱 효과적으로 돕기 위해서였다. 1970년대부터 시작된 이러한 선진적인 조직화 덕택에 보수주의자는 상대측보다 항상 더 많은 금전적 지원과 더 나은 조직을 갖고 있음을 알게 되었다. 그리하여 1970년대 말에는 우익의 여러 싱크탱크(think tanks), 자문 회사, 로비스트, 재단, 학술 기

• 배리 골드워터

관 등이 활동하고 있었다.

또한 1960년대 말과 1970년대 초에 로널드 레이건이라는 인물이 등장하여 우파의 신뢰성 높은 지도력을 발휘한 것도 우파의 부활에 큰 도움이 되었다. 한때 배우로서 인기를 끌었던 레이건은 1960년대 초에 정치에 입문했고, 1964년에는 골드워터를 위한 인상 깊은 텔레비전 연설을 한 바 있었다. 골드워터가 실패한 후, 그는 공화당 보수파의 지도자로 급성장했다. 이어 1966년에는 부유한 보수주의자의 지원을 받아 캘리포니아 주지사 선거에서 승리했고, 이후 재임에도 성공했다.

제럴드 포드가 대통령으로 있었던 것도 또한 우파의 부활에 중요한 역할을 했다. 포드는 아마 의식하지 못했겠지만, 우파의 가장 민감한 면을 건드렸다. 포즈는 넬슨 록펠러(Nelson Rockefeller)를 부통령으로 임명했는데, 그는 자유주의적 성향의 공화당 뉴욕 주지사였고, 미국 최고의 부자 중 한 사람의 상속인이었다. 결국 많은 보수주의자는 록펠러와 그의 가족을 20년 이상이나 악마로 만들고 말았던 것이다. 포드는 징병 거부자를 위한 사면 프로그램을 제안한 데 이어, 이전에는 증오했던 닉슨-키신저 데탕트 정책을 확대하기까지 했으며, 임기 중에 베트남이 함락되고 파나마운하를 파나마에 양도하는 것에 동의했다. 1976년 공화당 예비선거에서 레이건이 포드에게 도전장을 내밀자, 대통령은 넬슨 록펠러를 부통령 후보 자리에서 제외키로 하는 동시에 보수파의 주도로 작성된 당의 정강(platform)에 동의함으로써 간신히 대통령 후보가 될 수 있었다.

세금 반란

우파의 성공에서 빼놓을 수 없는 것으로 새롭고 잠재적인 보수파의 이슈, 즉 세금 반란(revolt)을 들 수 있다. 1978년 캘리포니아의 보수주의 운동가인 하워드 자비스(Howard Jarvis)가 처음으로 주민 발의 13호(Proposition 13)를 통해 캘리포니아 주 과반수 시민의 찬성을 성공적으로 이끌어내 세금 반란 운동이 시작되었다. 주민 발의는 재산세율을 인하하는 주(state) 단위 시민 투표를 할 것인지를 묻는 일반투표(referendum)를 하자는 것이었다. 이와 유사한 세금 반대 운동이 곧 다른 주에서 시작되었고 마침내 중앙의 정치 문제로까지 확산되었다.

• 주민 발의 13호

주민 발의 13호 및 그와 유사한 법률 제안 활동을 통해 우파는 세금 문제를 세금이 어떤 역할을 하는지의 문제와 분리시키는 데 성공했다. 사회보장 같은 대중적 프로그램을 공격하는 대신 그들은 세금 자체를 공격했으며, 정부가 세금으로 거둬들인 돈 가운데 많은 액수가 낭비되었다고 주장했다. 사실상 세금 내는 것을 좋아하는 사람은 아무도 없었고, 경제성장이 부진함에 따라 상대적으로 세금 납부의 부담이 커지면서 그러한 분노는 자연스럽게 증가했다.

1980년 대통령 선거

미국이 이란과 아프가니스탄에서 곤경에 처해 있을 무렵, 지미 카터는 지독한 정치적 위기에 처해 있었다. 그의 인기도 여론조사 결과가 역대 어느 대통령보다도 낮게 나타났던 것이다. 그때 존 케

• 에드워드 케네디의 도전

네디와 로버트 케네디의 동생인 에드워드 케네디(Edward Kennedy) 상원 의원이 대통령 후보 경선에서 도전장을 내밀었다. 카터는 케네디와 경합하여 승리해 민주당의 지명을 획득하기는 했으나, 그의 선거전은 대중의 뜨거운 지지를 받지 못해 거센 시련이 예고되었다.

한편, 공화당은 4년 전 제럴드 포드에게 아깝게 지명권을 빼앗긴 로널드 레이건 쪽으로 열의를 갖고 다시 모여들었다. 그는 연방정부의 무절제한 행태에 날카로운 비판을 가했으며, 상당한 액수의 세금 삭감을 약속함으로써 당시 확산 일로에 있던 세금 반란 사태를 선거 유세에 끌어들였다. 게다가 그는 대외적으로 미국의 '힘'과 '자부심'을 회복하겠다는 공언을 했다.

• 1980년 선거

미국 인질의 이란 억류 사태 1주년이었던 1980년 선거일에 레이건은 총 유권자의 51퍼센트를 얻어, 41퍼센트를 얻은 지미 카터와 7퍼센트를 얻은 존 앤더슨(John Anderson, 독자적으로 선거전을 치른 일리노이 출신의 온건한 공화당 하원 의원)을 꺾고 승리했다. 공화당은 1952년 이래 처음으로 상원을 지배하게 되었다. 비록 민주당의 하원 의석 수가 약간 더 많았지만, 하원 역시 보수주의자의 손에 확고히 장악된 것처럼 보였다.

레이건의 취임식 날, 이란에 억류되어 있던 인질은 444일의 시련 끝에 풀려났다. 인접국인 이라크와 엎치락뒤치락 전쟁을 벌이고 있던 이란 정부는 전쟁 비용이 절실했고, 그래서 카터 행정부가 미국의 은행에 동결해놓은 수십억 달러의 이란 재산을 풀어주는 대가로 인질 석방을 명령했던 것이다. 미국인은 제2차 세계대전 이후 보지 못했던 기쁨과 애국심을 표현하면서 인질의 귀환을 환영했다. 그러

1980년 선거

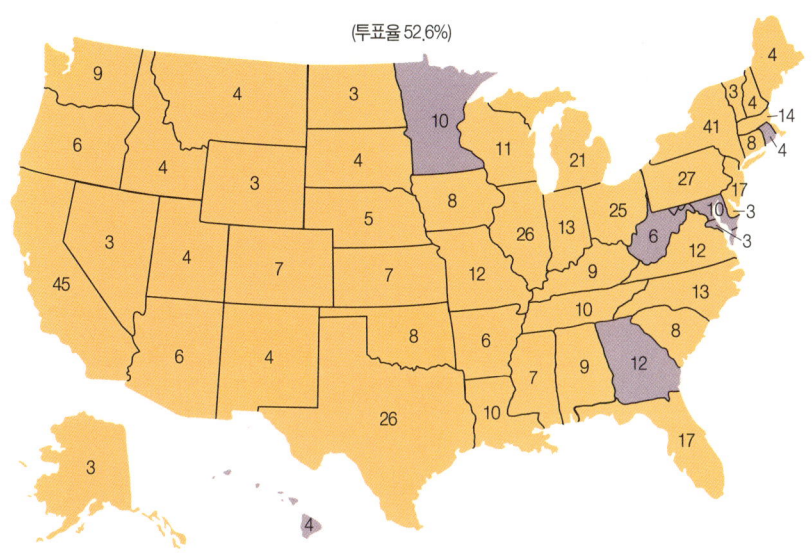

(투표율 52.6%)

	선거인단 투표	일반투표(%)
로널드 레이건(공화당)	489	43,901,812(50.7)
지미 카터(민주당)	49	35,483,820(41.0)
존 앤더슨(독립 후보)	—	5,719,722(6.6)
기타 후보(리버테리언)	—	921,188(1.1)

1980년 대통령 선거에서 로널드 레이건은 일반투표의 경우 겨우 절반이 넘는 표를 획득했지만, 선거인단 투표에서는 압도적 다수를 차지했다. 이는 1980년에 카터 대통령의 인기가 극히 저조했다는 것을 의미한다.

나 1945년의 축제가 위대한 미국의 승리를 표현한 것인 반면, 1981년의 환희는 매우 다른 것이었다. 즉, 곤경에 빠진 국가가 자신감을 다시 되찾은 것을 기뻐했던 것이다. 로널드 레이건은 국민에게 자신감을 심어주려고 했다.

3

레이건 혁명

1981년 1월, 로널드 레이건은 50년 전 뉴딜 이후 어느 때보다도 더 근본적으로 정부를 변화시키겠다고 약속하면서 대통령직에 올랐다. 그의 8년 재임 기간은 공공 정책에서 중요한 변화를 가져왔지만, 수많은 지지자가 바라던 대로 혹은 정치적 반대 세력이 두려워할 정도로 근본적인 것은 아니었다. 그러나 레이건은 자기의 매력적인 개성을 1980년대 미국 정치의 중심에 끌어들임으로써 화려하게 성공을 거두었다. 또한 그를 지지하며 단결했던 다양한 연합 세력으로부터 도움을 받았다.

레이건 연합

레이건 연합에는 자본주의와 규제 없는 경제성장을 뚜렷이 지향하는, 상대적으로 부유하고 아주 유력한 소수의 미국인 집단이 포함되어 있었다. 그들은 시장이 대부분의 문제에 최선의 해결책을 제공한다는 믿음을 갖고 있었고, 시장에 개입하는 대부분의 정부 간섭에 깊은 반감을 공유하고 있었다. 1980년대에 이 집단은, 비록 자의적인 판단에 따른 것이기는 하지만, 연방정부의 '재분배' 정책(특히 고율의 누진세 구조)에 대한 반대와, '반(反)기업적' 정부 규제에 대한 적대감을 주된 논제로 삼았다. 레이건은 이러한 자유 시장 보수주의자에게 신중하면서도 효율적으로 접근했으며, 궁극적으로는 그들의

• 자유 시장 보수주의자

이익에 가장 충실히 봉사했다.

• 신보수주의자

레이건 연합의 두 번째 요소는 소수지만 영향력 있는 이른바 '신보수주의자(neo-conservatives)' 지식인이었다. 그들은 우파에게 여러 해 동안 없었던 '여론 주도자'—가장 영향력 있는 여러 공공 포럼에 근접해 있는 사람—라는 튼튼한 토대를 제공했다. 이들 중 많은 사람이 한때는 자유주의자였으며, 그 이전에는 사회주의자였다. 신보수주의자는 자본주의자의 불만과 요구에 동정적이었으나, 그들의 주된 관심은 정통적 권위를 재천명하고 서구의 민주주의적이고 반공주의적인 가치와 공약을 재차 확인하는 것이었다. 그들은 문화를 오염시킨 우둔하고 급진적인 이념들로부터 '문화를 되찾기' 위한 전투에 참여한 것이라 내심 생각하고 있었다.

이 집단은 '신우파(New Right)'로 알려지게 된 집단과 불편한 동맹 관계를 형성하고 있었다. 신우파는 '동부의 기존 세력(eastern establishment)'에 대한 근본적인 불신, 즉 동기와 목표에 대한 의심이나, 미국적 삶에 있어서 위험하고 비밀스러운 권력을 행사한다는 느낌을 공유하고 있었다. 대중주의자 성향의 보수주의자는 문외한이나 엘리트가 아닌 사람이 미국 사회에서 오래전부터 제기해왔던 문제, 즉 중앙집권화한 권력과 영향력에 대한 반대, 그리고 생경하고 적대적인 세력이 사회를 통제하고 개인의 자유와 지역사회의 자치를 위협하는 세상에 사는 것에 대한 두려움 등에 관심을 기울이고 있었다. 이러한 대중주의 성향의 보수주의자로부터 열광적인 지지를 받았던 반면에, 한편으로 새로운 우파와는 여러 면에서 대조적인 관심을 가진, 더욱 엘리트적인 보수주의 집단에도 호소력을 지녔을 만큼 레이건의 정치적 기량과 개인적 매력은 뛰어났다.

레이건 대통령 부부

대통령과 영부인이 백악관의 사교 모임에서 손님을 접대하고 있다. 백악관과 대통령 자리를 이전보다 더욱 매력적으로 돋보이게 만든 데는 낸시 레이건의 많은 노력이 있었다. 그러나 낸시는 조심스럽게 활동하기는 했지만 행정부에서 정책적으로 중요한 역할을 맡았다.

백악관의 레이건

레이건의 개인적 매력

레이건의 정책에 동의하지 않은 많은 사람조차 그의 매력적이고 세련된 대중적 이미지에 끌려들었다. 그는 취임 후 몇 주 되지 않아서 일흔 살이 되었고, 대통령으로는 가장 나이 많은 사람이었다. 그러나 그는 대통령 임기 동안 언제나 정력적이고 쾌활하며 젊어 보이기까지 했다. 1981년, 그는 암살 미수 사건으로 부상을 당한 적이 있었는데 수술을 받으러 가면서도 의사와 농담을 나눴으며 놀라울 정도로 빨리 회복되었다. 심지어는 일이 잘못되어도(그런 적이 자주 있었다) 레이건은 비난의 대상이 되지 않았다. 그 때문에 일부의 민주당원은 그를 '테플론(Teflon, 열에 잘 견디는 조리 기구 상표 이름-옮긴이) 대통령'이라 부르기도 했다.

레이건은 정부 운영과 관련된 일상적 업무에는 많이 관여하지 않았다. 그는 강인하고 정력적인 행정가에게 둘러싸여 있었는데, 그들은 대통령이 많은 압력에 시달리지 않도록 잘 조정했으며 대체적으로 세부적인 결정이 아닌 일반적인 방향 제시에서만 대통령에게 의존했다. 때때로 대통령은 정책의 본질이나 부하의 행동에 대해 놀랄 만큼 무지를 드러냈다. 그러나 레이건은 국정에 대한 국민의 지지를 끌어내기 위해서 자신의 직책을 적극적으로 활용했다.

'공급 중시'의 경제학

레이거노믹스

레이건은 1980년의 대통령 선거전에서 이른바 '공급 중시(supply-side)'의 경제학 또는 '레이거노믹스(Reaganomics)'를 과감히 시도함으로써 경제를 건강한 상태로 회복시키겠다고 약속했다. 공급 중시의 경제학은 미국의 경제난이 대체로 과도하게 거둬들인 세금 때문이며, 그것은 투자자에게 성장을 유도할 수 있을 만큼의 충분한 자본을 남겨주지 못했다는 가정에서 출발했다. 따라서 해법은, 새로운 투자를 장려하기 위해 기업과 부유한 개인에게 아주 관대한 혜택을 주는 동시에 세금도 줄여줘야 한다는 것이었다.

그 후 몇 개월 동안 정부는 공급 중시의 개념에 기초한 법안을 서둘러 조합해냈다. 그 법안은 400억 달러의 예산 삭감을 제안했고, 거의 원안 그대로 의회의 승인을 받았다. 게다가 대통령은 개인 및 법인에 대해서 3년 동안 30퍼센트 세율 감축이라는 과감한 제안을 했는데, 1981년 여름, 의회는 이것도 세율을 25퍼센트까지 낮추어 통과시켰다. 이렇게 성공적으로 국정 운영을 할 수 있었던 것은 상원에 잘 단련된 공화당 다수파가 있었던 반면에 하원의 민주당 다수파는 허약한 데다 이탈자 투성이였기 때문이었다.

• 세금 삭감

레이건이 임명한 사람은 정부 각 부서의 요소요소에 배치되어 경제 활동에서 정부의 역할을 축소하는 데 전념했다. 카터 대통령 시절에 많은 민주당 사람이 채택했던 개념인 '탈규제(deregulation)'는 레이건 행정부에서 거의 종교가 되었다. 내무부 장관인 제임스 와트(James Watt)가 '세이지브러쉬 반란(Sagebrush Rebellion, 서부 보수주의자가 연방의 환경 규제에 대항해 싸웠던 운동)의 주요 인물이라는 점에서도 방침은 잘 드러나고 있다. 세이지브러쉬 반란에 참가했던 사람은 규제가 특히 지역 경제를 황폐화시킨다고 생각했다. 환경보호청(Environmental Protection Agency)도 지도부가 부패 혐의로 기소되기 전까지는, 주요한 환경법과 규제의 집행을 완화시키거나 전적으로 제거해버렸다.

경제 회복

그러나 1982년 초, 미국은 1930년대 이후 가장 심각한 경기 후퇴 상태로 빠져들었다. 경제 프로그램에 있어 레이건은 어려운 문제가 발생할 때마다 직접적으로 비난하지는 않았으나, 신속한 해법을 제공하지도 못했다. 1982년 실업율은 11퍼센트에 달해 지난 40년 동안 가장 높은 수준을 기록했다. 그러나 불경기 때문에 레이건이 크나큰 곤경에 처하게 된 일은 없었다. 경제는 거의 모든 사람이 예상했던 것보다 더 빠르고 뚜렷하게 회복되었던 것이다. 1983년 말에는 실업률이 8.2퍼센트로 떨어졌으며, 이후 여러 해 동안 꾸준히 감소했다. 국민총생산(GNP)은 한 해에 3.6퍼센트 성장하여 1970년대 중반 이후 가장 큰 성장세를 보였다. 인플레는 5퍼센트 이하로 떨어졌고 경제는 계속 성장했으며, 인플레와 실업률은 거의 10년간이나 낮은 상태를 유지했다.

경제가 회복하게 된 데는 많은 요인이 있었다. 연방 지불 준비 위원회가 여러 해 동안 통화 긴축정책을 시행한 것이 인플레를 낮추는 데 도움을 주었다. 그리고 동 위원회가 경기 후퇴에 대응하여 1983년 초에 이자율을 낮춘 것도 마찬가지로 효과가 있었다. 세계적인 '에너지 공급 과잉'과 함께, OPEC 연합이 실제적으로 붕괴된 것도 치솟기만 하던 연료비의 인플레이션 압력을 해소하는 데 도움이 되었다. 그리고 적자로 편성된 어마어마한 연방 예산 수십억 달러가 쇠약해가는 경제에 투입됐다. 그 결과 소비자 지출과 기업 투자가 증가했고, 증권시장은 1970년대의 침체 상태에서 벗어나 지속적이고 역사적인 호경기를 맞았다. 1982년 8월, 다우존스 산업 평균 지수(Dow Jones Industrial Average)는 777에 이르렀으며, 5년 후에는

2,000을 넘어섰다. 1987년 가을에 있었던 경악할 만한 주식 폭락 사태에도 증권시장은 이후 10년 이상 성장을 계속했을 뿐 아니라, 2000년 초에는 다우존스 평균 지수가 간단히 11,000을 넘을 정도가 되었다.

재정 위기

경제가 회복되었지만 많은 국민이 우려하던 엄청난 액수의 연방 정부 예산 적자(한 해의 수입과 지출 사이의 격차)가 줄지는 못했으며, 또한 국가 부채(국가의 1년 단위 적자가 시간이 지나면서 누적된 부채) 증가도 완화되지 못했다. 1980년대 중반, 재정적 위기 심화가 정치의 핵심 문제로 떠올랐다. 레이건은 4년 이내에 균형예산을 만들겠다고 약속하면서 대통령직에 올랐으나 예산 적자 기록의 주역이었으며, 대통령으로 있던 8년 동안 늘어난 부채는 이전 행정부의 총부채보다 더 많았다. 1980년 이전에 미국 역사상 1년 단위의 최고 예산 적자는 1976년의 660억 달러였다. 1980년대를 지나면서 매년 예산 적자가 꾸준히 증가하여 1,000억 달러를 넘어섰으며(1991년에는 2,680억 달러로 정점에 달했음), 국가 부채는 1980년의 9,070억 달러에서 1991년에는 거의 3조 5,000억 달러로 치솟았다.

엄청난 적자가 발생하게 된 원인은 많았다. 인구가 고령화되고 의료 비용이 크게 증가한 결과, 특히 사회보장과 빈민 의료 보조(Medicaid)와 같은 '자격(entitlement)' 프로그램 비용이 엄청나게 증가하여 예산이 많이 부족했다. 1981년에는 미국 역사상 가장 큰 액수로 세금이 감면된 것도 적자에 공헌했다. 그리고 레이건 행정부

• 적자 증가 예산

연방 예산 흑자와 적자(1940~2000)

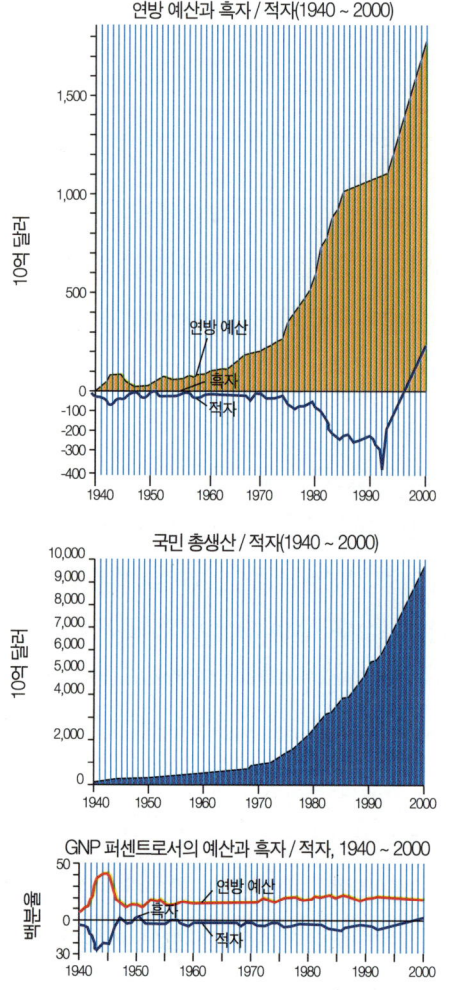

도표를 보면 1980년대의 미국인이 연방 적자의 유형을 보고 왜 그처럼 놀랐는지, 또한 이와 같은 적자가 어떻게 해서 많은 사람의 예측보다 경제에 손해를 덜 끼쳤는지를 이해할 수 있다.

에서 요구하여 늘린 국방비 지출 액수가 컸기 때문에, 이전에 국내 지출에서 삭감했던 금액보다 더 많은 연방 예산을 추가해야 했다.

이러한 적자에 직면하여 정부는 '임의적으로 조정이 가능한 (discretionary)' 국내 지출을 더욱 삭감하겠다는 제안을 내놓았는데, 거기에는 아주 가난한 (정치적으로 가장 취약한) 국민을 대상으로 하는 프로그램이 많이 들어 있었다. 레이건이 취임한 후 3년이 경과할 무렵, 국내 프로그램을 위한 자금의 축소는 의회가 (그리고 국민도) 더 이상 허용할 수 없을 정도가 되었다. 게다가 적자의 증가도 여전히 끝이 없었다. 1980년대 말, 재정 업무와 관련이 있던 많은 보수주의자는 균형 예산을 명령하는 헌법의 수정을 요구했다(균형 예산은 대통령 스스로 주장했던 부분이다). 그러나 의회는 결코 그 수정 조항을 승인하지 않았다.

레이건과 세계

카터 행정부 말기에 악화 일로를 달렸던 소련과의 관계는 레이건 행정부 첫 해까지도 여전히 냉랭하기만 했다. 대통령은 소련을 세계 테러리즘의 후원자라고 비난했고, 군비 협상을 할 경우에는 소련이 다른 지역에서 취하는 행동과 연계된 협상이 되어야 한다고 선언하는 등 소련 체제를 혹평했다. 미국은 한때 소련을 '사악한 제국(Evil Empire)'이라고 부르기까지 했다. 대통령은 SALT II라는 전략무기 제한협정이 미국에 불리하다고 오랫동안 비난해왔지만 그 조항을 계속 준수했다. 그러나 레이건 행정부는 처음에는 다른 여러 지역에서 무기 제한의 성과를 거의 내지 못했다. 실제로 대통령은 아주 야

• '스타워즈' 계획

심찬(그리고 잠재적으로 가장 비용이 많이 드는), 여러 해에 걸친 새로운 군사 프로그램을 제안했다. 그것은 '스타워즈(Star Wars, 과학영화에서 따온 이름)'라고 널리 알려진 전략적 방위 구상(Strategic Defense Initiative, SDI)이었다. 레이건은 레이저와 인공위성을 사용하는 SDI만이 향후 발생할 수 있는 미사일 공격을 효과적으로 막을 수 있으며, 따라서 핵전쟁을 시대에 뒤진 것으로 만들 수 있을 것이라고 주장했다. 이에 반해 소련은 새 계획으로 무기 경쟁이 더욱 위험한 단계로 가속화될 것이며(이는 미국에서도 나온 불평이었다), 미국이 SDI를 포기하지 않는 한 전략무기제한협정은 이루어질 수 없다고 주장했다.

냉전의 긴장이 가속화되고 선제 군비 제한(arms control initiatives)이 지지부진해지자 유럽과 미국에서는 핵무기의 증강을 끝내라고 요구하는 중요한 대중운동이 일어났다. 미국에서 운동의 근본 목표는 '핵 동결', 즉 양 초강대국 간에 원자무기를 증강하지 않겠다는 합의를 하라는 것이었다. 그리하여 미국 역사상 가장 큰 규모의 대중 시위가 발생했다. 1982년 100만 명에 가까운 사람이 뉴욕 시 센트럴파크에 모여 핵 동결을 지지했다. 레이건 행정부가 1983년에 전략무기제한협상을 재개하기 위한 시험적인 노력을 시작한 것도 아마 이러한 압력이 늘어났기 때문으로 보인다.

• 레이건 독트린

정부는 또한 제3세계에서 공산주의에 대항하는 집단을 도와주기 위해 레이건 독트린이라는 정책을 새로 만들었다. 이러한 새로운 행동주의는 라틴아메리카에서 가장 뚜렷하게 나타났다. 1982년 10월, 정부는 미 육군과 해병대를 카리브 해의 조그만 섬나라인 그레나다(Grenada)에 파견했는데, 그것은 소련과 관계를 맺으려고 하는 반미 마르크스주의 정권을 추방하기 위해서였다. 엘살바도르(El Salvador)에서는 정부가 좌익 혁명 세력과 싸우고 있었는데, 미국은 여기에도 군사적·경제적 지원을 늘려주었다. 그리고 그와 이웃한 니카라과에서는 1979년 '산디니스타(Sandinista)' 해방군이 친미 독재 정권을 무너뜨리고 새 정권을 수립하였고, 1980년대 초부터는 점차 반미적이고 마르크스주의적인 성향의 국가로 성장했다. 레이건 행정부는 소위 콘트라(contras) 반군을 지원하기도 했다. 이들은 (큰 성공을 거두지 못했지만) 산디니스타 정권을 무너뜨리기 위해 싸운 게릴라 세력이었다.

다른 지역에서는 미국의 거친 행태가 더욱 자제력을 잃은 것처럼 보였다. 1982년 6월, 이스라엘의 군대가 팔레스타인해방기구(Palestinian Liberation Organization, PLO)를 몰아낼 목적으로 레바논에 침공했을 때, 미국의 평화 유지군은 베이루트로 들어가 PLO의 철수를 감독했다. 그런 다음 미국 해병대는 허약한 레바논 정부를 보호하기 위해 베이루트에 남았다. 이렇게 하여 서로 투쟁하고 있던 어느 한쪽을 편들게 되면서 미국인은 스스로 테러리스트의 목표가 되었다. 1983년, 한 테러리스트가 베이루트에 있던 미군 막사를 폭파하여 241명의 해병대원이 죽었다. 레이건은 레바논의 난투에 더 이상 깊이 개입하지 않고 미군을 철수시켰다.

• 테러리즘

레바논에서 일어난 참사는 제3세계의 투쟁 양상이 변하고 있음을 보여주는 하나의 예였다. 즉, 힘없는 단체들이 자신의 정치적 목적을 앞당기기 위해 테러리즘에 의존하는 경향이 늘어난 것이다. 1980년대에 잇달아 일어난 테러리스트의 행동—비행기, 순항선, 무역 및 외교상의 주둔지 공격, 그리고 미국과 그 외 서구인을 인질로 삼기

등—은 서양 세계를 놀라게 하고 공포에 빠뜨렸다. 레이건 행정부는 테러리즘 응징책을 과감하게 표명했다. 1986년, 대통령은 미국 공군에 리비아의 수도 트리폴리를 폭격할 것을 명령했는데, 리비아의 지도자 카다피(Muammar al-Qaddafi)는 테러리즘의 후원을 주도하는 문제 인물로 널리 알려져 있었다. 그러나 일반적으로 미국의 지도자는 테러리스트를 거의 찾아내지도 통제하지도 못했다.

1984년 선거

레이건은 1984년 단합된 공화당의 확고한 후보로 지지를 받으면서 대통령 선거전을 진두 지휘했다. 민주당은 전임 부통령이자 가장 유력한 후보인 월터 먼데일(Walter Mondale)을 지명했는데, 그는 콜로라도 주 상원 의원인 게리 하트(Gary Hart)와 제시 잭슨(Jesse Jackson)의 도전을 물리쳤다. 잭슨은 소수자와 빈민의 대변인으로서 그들을 위해 헌신했던 인물이었다. 먼데일은 뉴욕 주의 여성 하원 의원인 제럴딘 페라로(Geraldine Ferraro)를 러닝메이트로 선택하여 민주당 선거 유세에 잠시 선풍을 일으키기도 했다. 그녀는 전국적 규모의 선거에 출마한 최초의 여성 후보였다.

• 레이건 재선

레이건은 선거전에서 승기를 잡아 상대 진영에 대해 아랑곳하지 않았다. 대신 그는 자기의 지도력하에서만 미국의 국부와 기풍이 뚜렷이 되살아날 것이라고 주장했다. 1984년 레이건은 결정적 승리를 거두었는데, 일반투표에서 거의 59퍼센트를 획득했으며, 먼데일의 고향인 미네소타 주와 컬럼비아 특별구를 제외한 모든 주에서 승리했다. 레이건은 자신이 속한 공화당보다 훨씬 더 강력했던 것이다.

민주당은 상원에서 의석을 한 석 더 확보했으며, 하원에서는 약간 줄어들긴 했지만 여전히 우세했다.

레이건 지지자에게 1984년의 선거는 새로운 보수주의 시대의 여명처럼 보였다. 그러나 불과 몇 년 후에 세계를 변화시키고 세계에서 미국의 위치를 바꿀 만한 혁명적 변화가 일어나리라고 예견했던 사람은 거의 없었다. 그러므로 1984년 선거는 새로운 시대의 첫 번째라기보다는 구시대의 마지막 선거였다. 즉, 냉전기의 마지막 선거전이었다.

4

냉전의 쇠퇴

미하일 고르바초프

소련 제국이 붕괴하는 데는 많은 요인이 영향을 끼쳤다. 아프가니스탄에서 장기간에 걸쳐 지지부진하게 진행된 전쟁은, 베트남전쟁에서 미국이 겪은 바와 마찬가지로 소련에도 손실을 끼쳤다. 모스크바 정부는 소련과 동유럽 국가의 장기적인 경제 침체를 잘 처리하지 못했다. 공산주의 경찰국가의 고압적인 정책에 대한 반발이 소련 제국의 전 지역으로 확산되고 있었다. 그러나 당시 가장 눈에 띄는 일은 1985년에 미하일 고르바초프(Mikhail Gorbachev)가 소련 지도자의 직책을 계승한 것이었다. 그는 (아마도 그 자신을 포함하여 거의 모든 사람이) 놀랍게도 매우 빠르게, 최소한 40년 내에서는 세계 정치에서 가장 혁명적인 인물이 되었다.

소련의 붕괴

'글라스노스트'와 '페레스트로이카'

고르바초프는 두 개의 극적인 정책으로 소련의 정치를 빠르게 변화시켰다. 첫 번째는 개방, 즉 '글라스노스트(Glasnost)'로, 반세기가 넘게 소련의 가장 현저한 특징으로 자리 잡은 억압적인 체제를 해체하는 것이었다. 그 다음은 개혁, 즉 '페레스트로이카(Perestroika)'로, 개인 재산의 소유와 이윤 동기 같은 자본주의적 요소를 도입하여 경직되고 비생산적인 소련 경제를 재구성하려는 노력이었다.

심각한 경제문제 때문에 고르바초프는 소련이 더 이상 외부 세계를 향한 팽창적인 역할을 지속할 수 없다고 판단했다. 1987년에 이

베를린 장벽 붕괴

1989년 11월, 지난 30년 동안 베를린을 갈라놓았던 장벽을 동독 정부가 이제는 지키지 않는다는 것이 분명해지자, 분단된 양쪽의 독일인이 이를 축하하러 모여들었다. 사진에서는, 동독의 경비병이 그냥 바라보고만 있는 동안 한 서독 사람이 이미 부서진 벽에 큰 쇠망치를 휘두르고 있다.

미 그는 동유럽에 대한 영향력을 줄이기 시작했다. 1989년에는 불과 몇 달 사이에 폴란드와 헝가리, 체코슬로바키아, 불가리아, 루마니아, 동독, 유고슬라비아, 알바니아 등 유럽의 모든 공산주의 국가에서 정권이 전복되거나 본질적으로 비공산주의 (그리고 일부는 적극적인 반공) 정권이 들어섰다.

• 톈안먼 광장

1989년 5월, 중국의 대학생은 더욱 강도 높은 민주화를 요구하는 대규모 운동을 시작했다. 그러나 6월, 강경파 지도자가 중국 정부의 통제권을 쥐고 소요를 진압하기 위해 군대를 파견했고, 그 결과 1989년 6월 3일 베이징 톈안먼(天安門) 광장에는 피로 얼룩진 학살극이 벌어졌다. 사망한 시위자의 수는 알려지지 않았다. 탄압은 민주 운동을 분쇄하고 강경파에게 권력을 되돌려주었으나, 중국 경제를 근대화하고 심지어 서구화하려는 노력을 막지는 못했다.

그러나 중국은 민주화를 향한 범세계적인 운동의 흐름에 편승하지 못했다. 1990년 초, '아파르트헤이트(apartheid, 백인 지배를 공고히 하기 위한 체제)'라는 인종 격리 정책을 고수하여 오랫동안 국제 사회에서 따돌림을 받았던 남아프리카공화국(South Africa)이 그 인습에서 서서히 탈피하기 시작했다. 특히 수십 년 동안 억압했던 주요 흑인 정당인 아프리카 민족 회의(African National Congress, ANC)를 합법화했다. 또한 ANC의 지도자로서 27년 동안 감옥에 있던 넬슨 만델라(Nelson Mandela)를 석방했다. 이후 여러 해에 걸쳐, 남아프리카공화국 정부는 인종 격리법(apartheid laws)을 폐지했다. 그리고 1994년, 모든 남아프리카공화국 국민에게 참여를 보장한 전국 선거가 있었으며, 그 결과 넬슨 만델라는 최초의 흑인 대통령이 되었다.

• 소련 붕괴

1991년 공산주의는 소련에서부터 스스로 붕괴하기 시작했다. 그해 8월 19일, 강경파 소련 지도자가 일으킨 쿠데타가 불발로 끝나면서 공산주의 세력은 극적으로 해체되기 시작했다. 쿠데타는 단 며칠 만에 대중과 군부 내 핵심적 요원의 저항에 부딪쳐 무산되었다. 고르바초프는 권좌에 되돌아왔으나, 공산당과 중앙정부의 권위가 치명적인 타격을 입은 것은 분명했다. 8월 말, 소비에트연방의 많은 공화국이 독립을 선언했고 소련 정부는 그러한 분열을 막을 수가 없었다. 마침내 고르바초프 자신도 무력한 공산당과 소련 정부의 지도자 자리에서 사임하기에 이르렀으며, 그렇게 해서 소비에트연방 공화국은 사라져갔다.

레이건 행정부의 마지막 몇 해는 고르바초프 체제의 초기 몇 해와 시기적으로 일치했다. 레이건은 처음에는 고르바초프에 대해 회의적이었으나, 점차 이 소련 지도자의 개혁 욕구가 진지하다고 믿게 되었다. 1986년, 아이슬랜드의 레이캬비크(Reykjavik)에서 레이건과 마주한 정상회담에서 고르바초프는 쌍방의 핵무기 보유를 50퍼센트 이상 축소하자고 제안했다. 이 제안은 미국의 전략적 방위 구상(SDI) 프로그램을 확실히 밀고 나가려는 레이건의 태도 때문에 논쟁이 계속되어 합의에 이르지는 못했다. 그러나 1988년, 세계 최강의 이 두 나라는 핵 시대의 가장 중요한 전략무기제한협정, 즉 유럽에서의 미국과 소련의 중거리 핵무기(intermediate-range nuclear forces, INF)를 제거하자는 조약에 서명했다. 그와 함께 고르바초프는 아프가니스탄에서 오랫동안 끌었고 결국 실패한 군사 개입을 철회했다.

레이건 혁명의 퇴색

정부를 붕괴시킬 정도의 위력을 가진 몇몇 스캔들이 있었으나 세계적인 큰 변화와 레이건의 개인적 인기 때문에 한동안 여론의 주의를 끌지는 못했다. 환경보호국, 중앙정보국, 국방부, 노동부, 법무

• 저축 및 대부업계 위기

부, 주택 및 도시 개발부에서 불법과 부패, 윤리적 일탈이 있었던 것이다. 가장 심각한 스캔들은 1980년대 초, 레이건 행정부가 규제를 철폐해준 저축 및 대부업계에서 발생했다. 1980년대 말이 되자 그 업계는 혼란에 빠졌고, 완전히 붕괴되는 것을 막으려면 어쩔 수 없이 정부가 개입해야만 했다. 국민이 떠안은 비용은 궁극적으로 5,000억 달러 이상이나 되었다.

그러나 레이건에게 정치적으로 가장 큰 타격을 준 스캔들은 정부가 이란의 혁명정부에 무기를 판매한 것과 관련이 있었다. 이 일은 1986년 11월에 백악관이 사실을 시인하면서 밝혀지게 되었다. 무기 판매는, 중동의 급진적 이슬람 단체에게 인질로 잡혀 있던 미국인을 석방시키기 위한 노력의 일환이었으나 결과는 실패였다. 더 부담스러운 점은 이란과 무기를 거래하고 받은 돈의 일부가 비밀리에 그리고 불법적으로 니카라과 반군의 지원금으로 흘러들어갔음이 밝혀진 것이다.

· 올리버 노스

그 후 여러 달 동안, 공격적인 보도와 연이은 의회 청문회에서는 백악관의 지휘 아래 이루어진, 비밀스럽고 때로는 불법적인 방법으로 정부의 외교정책 목표를 추진했던 갖가지 형태의 은밀한 활동이 폭로되었다. 이 은밀한 분야의 주요 인물로 맨 먼저 떠오른 사람은 무명의 해병대 중령이며 국가 안보 위원회(National Security Council)의 참모 역할을 맡았던 올리버 노스(Oliver North)였다. 그러나 시간이 지나면서 노스가 정부 고위층의 권력자와 협조하여 행동했다는 것이 드러났다. 비록 이 조사에서 대통령이 심각한 범법 행위를 했다고 밝히지는 못했지만, 이란-콘트라 사건으로 알려진 사건은 레이건의 대통령직에 중차대한 위해를 끼쳤다.

1988년 선거

레이건 행정부의 약점 때문에 1986년에는 민주당이 상원에서 다시 영향력을 발휘하게 되어, 민주당에는 1988년 대통령 선거에서 승리할 수 있다는 희망이 돌았다. 매사추세츠 주 3선의 주지사였던 마이클 듀카키스(Michael Dukakis)는 비록 무미건조하고 고루한 선거운동을 펼쳤지만 마침내 민주당 대통령 후보로 지명되었다. 당시 부통령으로서 대체로 긍정적인 평가를 받은 공화당의 대통령 후보 조지 부시(George H. W. Bush) 또한 대중의 열광적인 지지를 받지는 못했다. 그는 듀카키스보다 한참 뒤에서야 선거전에 뛰어들어 몇 달 동안만 활동했다.

그러나 공화당 전당대회에서부터 부시는 듀카키스를 혹독하게 공격하여 놀랄 정도로 상황을 반전시켰다. 부시는 듀카키스를 당시 미국에서 사회·문화적으로 인기를 끌지 못했던 '자유주의자(liberals)'로 몰아붙이는 방식으로 공격했다. 부시는 11월 선거에서 상당한 승리를 거두었다. 일반투표에서 듀카키스가 46퍼센트를 얻은 반면, 부시는 54퍼센트를 획득했으며, 선거인단 투표에서 듀카키스가 112표를 얻은 반면, 부시는 426표를 획득했다. 그러나 부시가 대통령직에 취임할 때는 공화당 의원이 소수에 불과했으며, 민주당은 상하 양원에서 안정적인 다수를 유지했다.

• 부시의 부정적 선거 운동 전략

부시 대통령 시절

부시 대통령 시절은 국제 무대에서 여러 가지 괄목할 만한 진전

1988년 선거

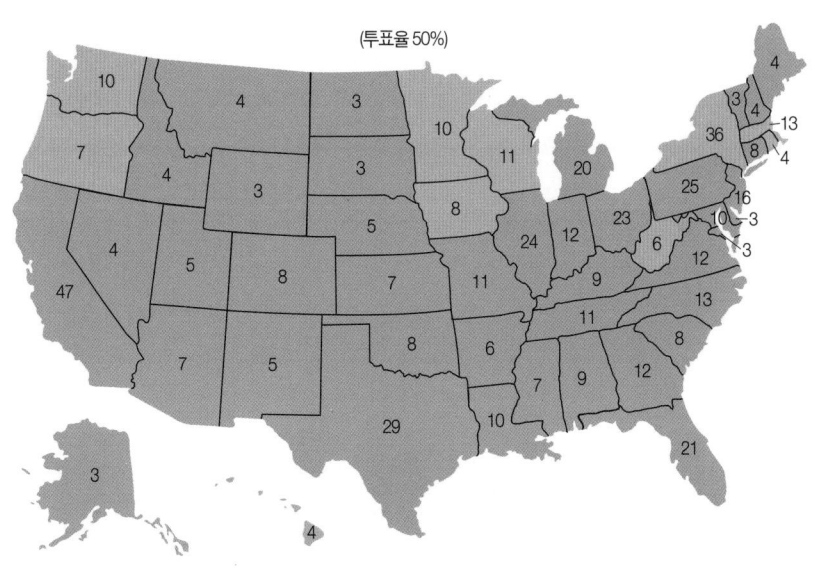

	선거인단 투표	일반투표(%)
조지 부시(공화당)	426	47,946,422(54.0)
마이클 듀카키스(민주당)	112	41,016,429(46.0)

민주당은 1988년의 대통령 선거에서 높은 기대를 갖고 선거에 임했으나, 당시 부통령인 조지 부시가 마이클 듀카키스에게 뚜렷한 차로 승리를 거두었다. 듀카키스는 4년 전 월터 먼데일보다도 조금 나은 성적을 거두었을 뿐이다.

이 있었으나 국내문제에서는 중요한 법안 발의나 해결 방안이 거의 없었다는 점에서 주목할 만하다.

부시는 취임 후 3년 동안 큰 인기를 누렸는데, 여기에는 그의 조용하고 온순한 대중적 이미지가 한몫을 했다. 그러나 그보다 더 큰 이유는 미국민이 외부 세계의 극적인 사건을 놀라움과 흥분 속에서 보았기 때문이었다. 부시는 처음에 소련의 변화에 신중하게 대응했다. 그러나 레이건이 그랬듯 그는 결국 고르바초프와 협력했으며, 소련이 쇠퇴해가던 여러 해 동안 여러 가지 중요한 합의를 성사시켰다.

• 무기 감축

국내문제에 있어 부시 행정부는 그리 성공적이지 못했다. 그 이유는 대통령이 국내 의제를 다루는 데 거의 흥미를 느끼지 못했기 때문이기도 하고, 또 중대한 장애물이 앞을 가로막았기 때문이기도 했다. 부시 행정부는 거의 10년 동안이나 통제가 불가능했던 부채와 연방 적자의 막대한 부담을 물려받았던 것이다. 따라서 거액의 연방 지출을 요구하는 국내 의제는 대통령의 적자 감소 약속과, 그리고 "새로운 세금을 걷지 않겠다"던 1988년의 선거공약에 상충하지 않을 수 없었다. 부시는 언제나 공화당 내 우파와 관계를 유지하고 그들의 비위를 맞추려고 하였으므로 민주당이 좌우하는 의회에서 낙태와 소수자 차별 철폐 조치(affirmative action) 같은 문화적 문제는 대통령의 능력을 훼손시켰고 그래서 불편한 입장에 놓여 있었다.

이러한 정치적 교착상태에도 의회와 백악관은 때때로 중요한 법안을 통과시켰다. 1990년 대통령은 의회의 압력에 굴복하여 적자를 줄이기 위한, 수년간의 '일괄 예산(budget package)'의 일부인 높

고르바초프와 부시

부시가 대통령에 취임한 1989년, 소련과의 냉전은 비록 몇 년 전보다 긴장이 많이 완화됐지만 여전히 계속되고 있었다. 그리고 1993년, 그가 퇴임하면서 냉전도 끝났다. 한때 '구속'을 받았던 동유럽 국가들은 소련의 지배로부터 벗어났으며, 소련 자체도 흐트러져 해체되었다. 이러한 변화를 야기한 큰 동력은 소련의 마지막 지도자 고르바초프에서부터 시작되었다. 그의 개혁 노력은 소련 내 여러 세력에 대한 구속력을 풀어주는 것으로 나타났는데 결국에는 그 자신도 여러 세력을 통제할 수 없게 되었다. 그러나 권좌에서 물러나기 전에 그는 미국과 여러 가지 역사적 합의를 이루었는데, 그와 같은 합의 가운데 일부는 정상 회담을 통해 이루어졌다. 사진은 1990년, 워싱턴에서 가졌던 회담 장면이다.

은 세금 인상에 동의했다. 그리하여 "새로운 세금을 걷지 않겠다"던 1988년도의 선거공약을 어기게 되었다.

• 1990년 경기 침체

그러나 부시 행정부의 가장 심각한 국내문제는 1990년 말에 시작되어 1991년과 1992년에는 더욱 어려워진 경기 침체에 대해 대통령이나 의회가 해결책을 내놓지 못했다는 것이다. 기업과 국민이 1980년대에 누적해놓은 엄청난 수준의 부채 때문에 경기 침체는 파산을 부지기수로 야기했다. 이는 또한 중간계급과 노동계급의 미국인에게 공포와 좌절감을 느끼게 했다.

걸프전

미국은 1989~1991년 사이의 사건 때문에 미국을 진정 세계 유일의 '초강대국'이라는 기대 외의 위상을 차지하게 되었다. 따라서 부시 행정부는 미국의 무시무시한 정치적·군사적 힘을 가지고 무엇을 해야 할 것인지를 따져보아야만 했다. 왜냐하면 이제는 그러한 힘을 정당화시켜주었던 소련의 위협이 제거되었기 때문이었다.

1989~1991년의 사건은 두 가지의 대처 방안을 생각하게 했는데, 양자 모두 정책에 어느 정도 효력을 지니고 있었다. 하나는 미국이 군사력을 크게 줄이고 그 힘과 자원을 국내문제에 집중한다는 것이었다. 사실상 의회와 행정부 내에서도 그 방향으로 주목할 만한 움직임이 있었다. 다른 방안은 미국이 공산주의와 싸우는 것이 아니라 지역적·경제적 이익을 지키기 위해 계속해서 힘을 적극적으로 사용한다는 것이었다. 1989년, 부시 행정부는 파나마 침공을 명령하여, 지지를 받지 못하던 군사 지도자 노리에가(미국에서 마약 거래 혐의로 기소됨)를 축출하고 선거를 통해 친미 정권으로 대체했다. 1990년에도 그러한 욕구 때문에 미국은 중동의 위험한 정세 속으로 빠져들었다.

1990년 8월 2일, 이라크 군대는 작고 석유가 풍부한 이웃 국가인 쿠웨이트를 침공하여 재빨리 제압했다. 이라크의 호전적인 지도자 사담 후세인(Saddam Hussein)은 곧바로 쿠웨이트를 병합했다고

사담 후세인

선언했다. 처음에는 약간 주저하는 듯했으나 부시 행정부는 다른 국가와 연합하여, 가능한 한 경제적 제재를 사용하고 필요할 경우 무력을 사용해서라도 이라크군을 쿠웨이트에서 몰아내기로 합의했다. 몇 주 동안, 부시는 소련과 대부분의 아랍 및 이슬람 국가를 포함하여 전 세계 거의 모든 중요 국가에게 유엔의 대이라크 무역 금지 조치에 가담하라고 설득했다.

그와 함께 미국은 영국과 프랑스, 이집트, 사우디아라비아 등의 우방과 함께 쿠웨이트와 사우디아라비아 국경선을 따라 대규모의 병력을 배치하기 시작했다. 이렇게 해서 동원된 병력은 69만 명에 이르렀다(그 가운데 42만 5,000명이 미군이었다). 1월 16일, 미국과 연합국 공군은 쿠웨이트에 있던 이라크군과 이라크 내 군사 및 산업 시설에 대규모 폭격을 가하기 시작했다.

> 슈바르츠코프

연합군의 폭격은 6주 동안 계속되었다. 2월 23일, 노먼 슈바르츠코프(Norman Schwarzkopf) 장군의 지휘로 연합군(주로 미군이었음)이 대규모 지상 공격을 시작했다. 예상했던 대로 연합군은 쿠웨이트 국경을 따라 중무장한 채 진지를 구축하고 있던 이라크군이 아니라 그 북쪽의 이라크를 공격했다. 저항은 거의 없었으며 단지 경미한 사상자(141명 사망)가 있었을 뿐이었다. 이라크 군의 사상자 추산은 10만 명 이상이었다. 2월 28일, 이라크는 연합국의 휴전 조건을 받아들이겠다고 선언했고, 그렇게 해서 페르시아 만의 짧은 전쟁도 끝이 났다.

미국의 입장에서 보자면, 이라크에 대한 신속하고도 비교적 작은 손실로 이루어낸 승리라는 점에서 매우 성공적이었다. 그러나 후세인 독재 정권은 살아남았으며, 약화되기는 했지만 호전적 야심을 철회한 징후는 거의 보이지 않았다.

1992년 선거

부시 대통령의 인기는 걸프 전쟁 직후 최고를 기록했다. 그러나 1991년 말, 경기 침체가 악화되고 정부가 그에 대한 효과적인 정책을 내놓지 못하자 휘황한 승리의 광채 역시 곧 퇴색해버렸다.

부시 대통령의 인기가 여전히 맹위를 떨치고 있을 때, 다가올 1992년의 대통령 선거를 겨냥하여 일찍부터 정략적인 움직임이 일어났기 때문에 민주당의 많은 지도자급 인사는 선거에 나서기를 거부했다. 그래서 아칸소 주지사이며 5선의 젊은 정치인인 빌 클린턴(Bill Clinton)이 다른 후보를 제치고 일찌감치 선두 주자로 부상할 수 있는 기회를 얻었다. 그는 과거 민주당원들 사이에 분열의 원인으로 작용했던 인종 및 문화적 이슈 대신, 경제 전반에 걸친 문제를 강조한 세련된 선거운동으로 기회를 얻었다. 클린턴은 치열한 예비 선거와, 그리고 당의 공천을 받기 위해서는 이전투구도 불사해야만 하는 몇 차례의 개별 논쟁에서 살아남았다. 그리고 조지 부시는 예비 선거에서 보수주의 언론인 팻 뷰캐넌(Pat Buchanan)의 도전을 이겨내고 다시 한 번 공화당 후보가 되었다.

선거전을 복잡하게 한 것은 무뚝뚝하고 단도직입적인 성격을 가진 텍사스의 억만장자 로스 페로(Ross Perot)의 출현이었다. 그는 연방 관료제에 대한 대중적 불만에 호소하는 한편, 재정 위기와 정부의 다른 문제를 다루기 위해 강하고도 원칙에 충실한 리더십을 약

로스 페로

1992년 선거

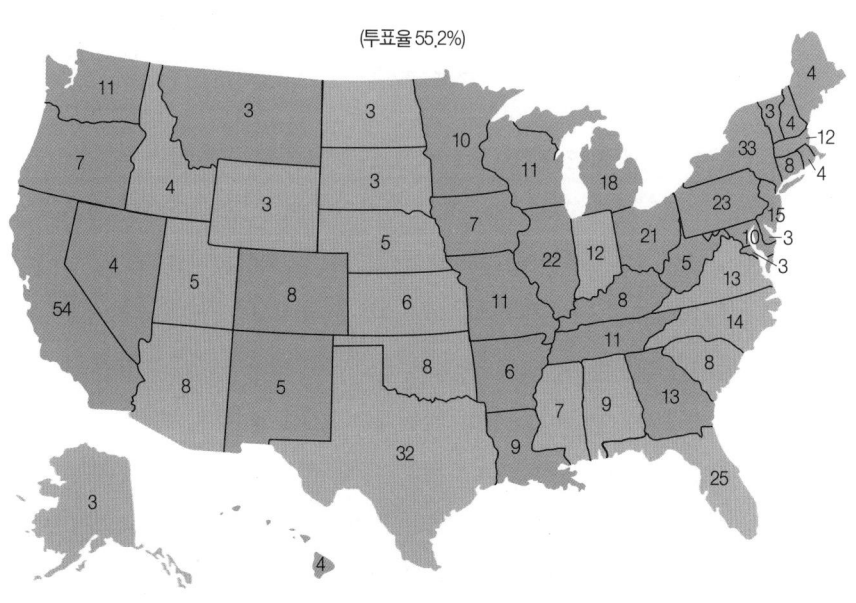

	선거인단 투표	일반투표(%)
빌 클린턴(민주당)	370	44,909,889(43.01)
조지 부시(공화당)	168	39,104,545(37.45)
로스 페로(독립 후보)	0	19,742,267(18.91)
기타 후보	—	669,958(0.63)

1976년 이래 처음으로 민주당은 1992년의 선거에서 백악관에 입성했다. 제3당 후보였던 로스 페로가 등장하여 빌 클린턴의 압도적 다수 표 획득을 방해했지만, 그럼에도 클린턴은 일반투표 및 선거인단 투표에서 모두 큰 차이로 부시를 눌렀다.

속하면서 독자적인 대통령 후보로 나섰다. 그해 봄, 여론조사에서 페로는 클린턴과 부시를 여러 번이나 앞섰다. 7월, 언론의 적대적인 정밀 조사가 시작되자, 그는 돌연 대통령 선거전에서 물러났다. 그러나 10월 초 그는 다시 선거전에 돌입했으며 초기에 얻었던 많은 지지를 (전부는 아닐지라도) 다시 얻었다.

대통령에 대한 실망과 경제가 중요한 화제로 등장한 가운데 선거전이 끝났고, 클린턴이 부시와 페로에 대해 분명한 그러나 결코 압도적이지 않은 승리를 얻었다. 클린턴은 3자간의 경쟁에서 일반투표로는 43퍼센트를 얻었고, 대통령은 38퍼센트, 페로는 19퍼센트(1912년의 시어도어 루스벨트 이후 제3당 또는 독자적인 후보로는 최고의 지지율)를 차지했다. 클린턴은 선거인단 투표에서는 370표, 부시는 168표를 얻었으며, 페로는 단 한 표도 얻지 못했다. 민주당은 상하 양원에서 확고한 우세를 지켰다.

결론

1970년대 후반의 미국은, 최근의 역사적 기준으로 보자면 극히 혼란스러운 국가였다. 즉, 워터게이트 스캔들, 남베트남의 패망, 그리고 특히 늘어나기만 하던 경제적 어려움 때문에 마비 상태에 빠져버린 국가였던 것이다. 제럴드 포드와 지미 카터가 대통령으로 있던 시기에는 불행하게도 이처럼 쌓여가는 문제와 불안 상태를 해결하지 못했다. 카터 대통령의 임기 말에는 실로 심각한 경제문제와 이란에 억류되었던 미국인 인질의 수난, 소련의 아프가니스탄 침공 등을 비추어볼 때 국가의 전망이 특히 암담해 보였다.

이러한 문제 가운데서도 미국의 보수주의자는 서서히 그리고 꾸준히 화려한 부활을 준비하고 있었다. 서로 이질적이긴 했지만 열의에 찬 우파 집단이 연합하여—막연하나마 대중적 추동력을 가진 '신우파'의 광범위한 운동을 포함해서—국가적 어려움에 호소하는 한편, 광범위한 지역에서 세금 저항 운동을 통해 지지를 이끌어 내는 데 성공함으로써 강한 세력을 얻었다. 그들의 노력은 1980년 선거에서 절정에 달했는데, 로널드 레이건은 지난 60년 동안 선출된 미국 대통령 중에서 가장 보수적이었다.

레이건의 첫 번째 임기는 고민에 차 있던 전임 대통령들과는 크게 대조적이었다. 그는 의회에서 (감세, 국내 프로그램에 대한 지출 축소, 군비 증강에 있어) 실질적인 승리를 거두었다. 더욱이 그는 자신의 매력적인 개성을 국민이 중요시하는 정치적 힘으로까지 만들었다. 1984년 쉽사리 재선된 레이건은 정치권에서 보수주의의 장악력을 공고히 한 것처럼 보였다. 그의 두 번째 임기 동안은 여러 가지 스캔들과 재난이 일어난 데다 대통령의 활동력이 약화됨으로써 정부의 영향력에 한계를 드러냈다. 그럼에도 레이건의 개인적 인기는 여전히 높았으며 경제는 지속적으로 번창했다. 이에 힘입어 1989년, 부통령이던 조지 부시가 그의 뒤를 계승할 수 있었던 것이다.

부시 대통령은 레이건과 마찬가지로 국내문제에서는 뚜렷이 내세울 만한 치적이 없었다. 그리하여 나날이 증가하는 경제문제를 부시가 방치했다는 인식이 확산되었고, 그는 1992년의 선거에서 패배하고 말았다. 그러나 부시의 임기 동안에는 엄청난 역사적 사건이 발생하여 국내의 관심을 덮어버리곤 했다. 즉, 소련이 붕괴한 것이나 유럽 및 세계의 전 지역에 걸쳐 공산주의 정권이 몰락한 것을 들 수 있다. 미국은 한동안 이러한 과정을 지켜보기만 했다. 그러나 냉전의 종식은 미국을 지구상에서 거칠 것이 없는 우월한 존재로 만들어주었다. 또한 점차적으로 국제적 조정자 및 평화 수호자의 역할을 하도록 이끌기도 했다. 1991년의 걸프전은 미국이 향후 점점 더 많이 떠안게 될 전 세계적 역할 가운데 가장 극적인 본보기일 뿐이었다.

1993	1994	1995	1996	1997	1998	1999
북미 자유 무역 협정 비준	의료보험 제도 개혁 실패/공화당 의회 장악	연방정부 일시 폐쇄/범죄율 하락/심슨 사건	복지 개혁 통과/클린턴, 대통령 재선	마이크로소프트사 반독점 소송 사건 시작/균형 예산 합의	르윈스키, 스캔들 폭로/의회 선거, 민주당 득세/하원, 클린턴 탄핵	상원, 클린턴 탄핵 무죄 선고

34장
지구화 시대

2003년 3월 21일 바그다드

미국이 2003년 봄에 처음 이라크를 침공했을 때 미국의 군부는 쿠웨이트에서 일어난 1차 걸프전에서 닦은 기술을 사용했다. 즉, 이라크에 군대를 배치하기 전에 어마어마한 폭탄 세례를 퍼부었다. 이 사진은 전쟁 초기에 미국 폭격기가 전략상 중요한 목표를 파괴하기 위해 바그다드를 폭격해서 다운타운이 화염에 쌓인 장면이다.

2000	2001	2002	2003	2004	2005	2006	2007	2008
부시, 대선 승리 논란	테러리스트, 세계무역센터 파괴 · 국방부 청사 공격	경제 침체에 대한 기업 스캔들의 영향	이라크전	아부 그라이브 스캔들/조지 부시 재선	허리케인 카트리나	민주당 의회 석권	이라크 파병 증가/담보대출 위기	오바마 당선, 최초의 아프리카계 미국인 대통령 탄생

2001년 9월 11일 태양이 밝게 비치는 아침 8시 45분에 민간 항공기가 뉴욕에서 가장 높은 세계무역센터의 한 빌딩의 측면을 들이받고 폭발하여 빌딩이 화염에 휩싸였다. 30분이 채 되지 않아 또 다른 항공기가 다른 빌딩을 들이받고 두 번째 화염이 치솟았다. 그 후 1시간쯤 후에 엄청난 열기에 강철 구조물이 녹아내리면서 두 빌딩은 붕괴되었다. 거의 같은 시각에 워싱턴에서는 민간 항공기 한 대가 미국의 국방부 청사인 펜타곤을 들이받았다. 그리고 수백 마일 떨어진 곳에서 또 다른 항공기가 피츠버그에서 그리 멀지 않은 지역에 추락했는데, 이는 승객들이 조종실을 장악하여 비행기 납치범들이 알 수 없는 목적지로 비행하려는 것을 막았던 것 같다. 거의 동시에 일어난 네 가지 재앙은 3천여 명의 목숨을 앗아갔다. 9·11 사건과 그 여파는 미국인의 삶에 지대한 변화를 가져왔다. 그러나 1990년대의 미국과 2001년 9월 11일 이후 변화된 미국 사이에는 적어도 한 가지 위대한 연속성이 여전히 남아 있다. 미국은 역사의 다른 어떤 시기보다도 20세기의 마지막 몇 년과 21세기의 첫 몇 년 동안에 위대한 약속과 커다란 재난을 함께 불러온 지구화라는 새로운 시대에 점점 더 깊이 빠져 들어갔다.

1
당파심의 부활

빌 클린턴은 1993년 1월, 지미 카터 이후 첫 민주당 대통령으로서, 존슨 이후 행동하는 첫 대통령을 자처하며 백악관에 들어갔다. 그는 1960년대 이후 어떤 대통령보다도 국내문제에 대해 야심찬 계획을 준비하고 있었다. 그러나 클린턴은 중대한 정치적 약점이 있었다. 유권자의 지지율이 과반수에 미치지 못해 강력한 지도력을 행사할 수 없었고, 민주당은 의회에서 다수당이긴 하지만 힘이 약했다. 공화당 의원들은 매우 적대적이어서 여러 문제에서 비정상적인 만장일치로 대통령에 반대했다. 대통령은 개인적으로 무모한 일을 벌여서 많은 적이 여러 차례 그를 불신임했다. 그래서 클린턴 시기는 어느 때보다도 당파적 갈등이 심했다.

● 빌 클린턴

클린턴 행정부 출범

새로운 행정부는 초기 몇 달 동안 부주의한 실수와 불운이 겹쳤다. 동성애자의 군입대를 금지하여온 오랫동안의 관행을 종식시키려고 대통령이 나서자 엄청난 반대가 일었다. 클린턴은 내키지 않는 타협을 하도록 종용받았다. 임기 초기에 임명한 몇몇 각료가 논쟁거리가 되자 그는 임명을 철회할 수밖에 없었다. 그의 오랜 친구이자 백악관 고문으로 일했던 빈스 포스터(Vince Foster)가 1993년 여름에 자살했다. 빈스 포스터의 죽음으로 클린턴과 그의 부인 힐러리는 1980년대의 화이트워터(White water) 사건으로 알려진 은행과 부동산 투기에 연루되어 있다는 의문이 더욱 고조되었다. 1993년에 특별 검사가 이 문제를 조사하기 시작했다(2000년에 클린턴 부부가 화이트워터 사건에 연루되지 않았다고 모두 밝혀졌다). 여러 가지 문제에도 클린턴 행정부는 초기에 몇 가지 자랑할 만한 중요한 업적을 세웠다. 비록 가까스로 성공했지만 대통령은 레이건-부시 행정부 때 실행된 정책의 방향을 전환하는 데 필요한 예산을 의회로부터 승인받았다. 그중 부자로부터 걷는 세금을 대폭 올리고, 정부 지출을 상당히 삭감하며, 저임금 노동자에게 세액공제를 늘려주기 위한 예산이 포함되었다.

• 북미 자유무역 협정

클린턴은 자유무역 주창자였다. 그는 누구보다도 로스 페로, AFL-CIO, 그리고 의회의 여러 민주당원을 상대로 오랫동안 어려운 투쟁을 벌인 끝에 미국, 캐나다, 멕시코 사이의 무역 장벽을 대부분 없애는 북미 자유무역 협정(North American Free Trade Agreement, NAFTA)을 승인받았다. 그 후 관세 및 무역에 관한 일반 협정(General Agreement on Trade and Tariffs, GATT)에서 협의된 또 다른 중대한 무역 협정을 승인받는 데도 성공했다.

클린턴 대통령이 주도한 가장 야심찬 개혁은 의료보험 제도의 개혁이었다. 1993년 초에 그는 아내인 힐러리 로댐 클린턴(Hillary Rodham Clinton)을 의장으로 하는 특별 전문 위원회를 조직했고, 이 특별 전문 위원회는 모든 미국인에게 의료 혜택을 보장하고, 의료보험비를 낮추는 획기적인 개혁안을 제시했다. 그러나 이 개혁이 정부에 지나치게 많은 권한을 부여할 것이라고 믿는 사람들이 이 안을 가장 강력하게 반대했다. 이처럼 확고한 반대에 부딪혀 개혁은 실패했다.

선례를 깨다

빌 클린턴은 1993년에 아내인 힐러리 클린턴을 의료보험 제도 개혁 위원회 위원장으로 임명함으로써 선례가 없는 일을 했다. 클린턴 행정부에서 영부인이 영향력 있는 역할을 하자 미국인은 깜짝 놀랐다. 이를 긍정적으로 본 사람도 있었고, 이에 매우 분노한 사람도 있었다. 사진은 그녀가 1993년 존스홉킨스 대학에서 자신의 계획을 알리는 모습이다. 힐러리 클린턴은 2000년에 미국 연방의회의 뉴욕 주 상원 의원으로 선출되었고, 2008년에는 대통령 후보로 출마함으로써 선례가 없는 역사를 또다시 세웠다. 2009년에 그녀는 국무 장관으로 임명되었다.

- 보스니아

클린턴 행정부의 외교정책은 처음에는 신중하여 모호하기까지 했다. 유고슬라비아는 제1차 세계대전 이후 발칸 반도 주변의 자그마한 나라들이 하나로 합쳐 독립한 국가였는데 1989년에 사회주의 정부가 와해된 후 다시 몇 개의 나라로 분열됐다. 그중 보스니아는 곧 주요 두 인종 간 피비린내 나는 내란에 휩싸였다. 즉 이슬람교도와 이웃한 세르비아 공화국의 지원을 받는 기독교도 세르비아인 간 싸움이 시작되었다. 유럽의 여러 나라와 미국이 이 싸움을 종식시키기 위해 추진한 협상은 1995년까지 실패를 거듭했다. 결국 1995년에 미국의 협상가 리처드 홀부룩(Richard Holbrooke)이 분쟁 당사자를 한자리에 불러 보스니아를 분할하는 데 합의를 얻어냈다.

공화당의 재기

클린턴 행정부의 시련, 특히 의료보험 제도 개혁의 실패는 1994년 중간 선거에서 민주당에게 크게 불리하게 작용했다. 공화당이 40여년 만에 처음으로 상하 양원을 석권했다.

1995년 내내 공화당은 뉴트 깅리치(Newt Gingrich) 하원 의장의 공격적 지도력으로 소위 '미국과의 협약(contract with America)'이라 불린 야심차고 과격한 입법 계획을 고안하려고 과감하게 움직였다. 공화당 의원은 연방정부의 중요한 권력을 주 정부에 양도하는 일련의 법안을 제안했다. 그들은 경비를 절감하려고 한때 신성불가침이던 노인 의료보험 제도의 개편을 포함한 연방정부 지출의 과감한 삭감을 제안했다. 그리고 그들은 연방정부의 규제 기능을 축소시키려고 했다.

클린턴 대통령은 1994년 중간 선거 결과에 대응해 세금 삭감과 균형예산 계획을 발표함으로써 자신의 정책을 확실하게 중심 의제로 설정했다. 그러나 1995년의 의회 정책이 1996년 대통령 정책이 되었기 때문에 대통령과 의회는 타협하기가 매우 어려워졌다. 1995년 11월, 그리고 다시 1996년 1월에 대통령과 의회가 예산에 합의하지 못하여 연방정부는 문자 그대로 며칠 동안 문을 닫았다. 공화당 지도자들은 (협상 중에 정부가 계속 업무 처리하는 것을 허가하는) '업무 처리 속개(續開) 결의'를 통과시키기를 거부했다. 공화당 지도부는 자신들의 요구에 대통령이 동의하도록 압력을 가했으나 이는 정치적으로 큰 실수였다. 여론의 방향은 공화당 지도자와 그들이 내건 의제에 급속하고도 강력하게 반대하는 쪽으로 선회했다. 뉴트 깅리치는 가장 인기 없는 정치 지도자 중 한 사람으로 전락했고, 반면에 여론조사에서 클린턴 대통령의 지지율은 조금씩 올라갔다.

1996년 선거

클린턴 대통령은 1996년 대통령 선거전이 시작될 즈음에는 재선이 가능할 만큼 확고한 위치에 있었다. 클린턴은 아무런 반대 없이 민주당 대통령 후보로 지명되어 공화당 후보인 캔자스 출신 로버트 돌(Robert Dole) 상원 의원과 대결했다. 돌은 공화당 내에서조차 인기가 별로 없었다. 클린턴이 재선에 성공한 것은 잇따른 쟁점에서 용의주도하게 중도적 입장을 취함으로써 공화당의 입지를 약화시켰고, 최저임금 인상과 같이 많은 사람에게 인기 있는 전통적인 민주당 사안을 앞세운 결과이기도 했다. 클린턴은 1995년과 1996년 초

• 클린턴의 인기 회복

에 공화당 의원들이 저지른 결정적인 실수로 인해 더 큰 이득을 보았다. 그러나 무엇보다도 클린턴은 대통령 임기 동안 괄목할 만한 경제 호황을 이루고 연방정부 적자를 대폭 감소시킨 덕을 가장 많이 보았다. 1984년의 레이건처럼 그는 평화와 번영, 국가 복지의 수호자를 자처하는 선거전을 벌일 수 있었다.

선거가 다가오자 민주당과 공화당 모두는 104번째 회기의 의회에서 중요한 법안을 통과시킬 수 없을 것을 염려했다. 1996년 봄과 여름에 의회는 서둘러서 몇 가지 중요한 법안을 통과시켰다. 그 법안 중에서 가장 극적인 것은 클린턴이 마지못해 서명한 사회복지 개혁 법안이었다. 이 법안은 지난 50년 동안 부양할 아이가 있는 가장에게 연방정부가 보조해오던 정책을 없애고, 연방 복지 기금을 배분하는 책임의 대부분을 주 정부에게 넘긴다는 내용이었다. 지금까지는 누구보다 실직자가 복지 혜택을 가장 많이 받아왔는데, 이 사회복지 개혁 법안이 통과됨으로써 이제는 저임금 근로자가 혜택을 가장 많이 받게 되었다.

• 클린턴 재선

클린턴의 약간 들뜬 선거전은 선거일 몇 주 전에 약간 흔들렸다. 그럼에도 대통령은 일반투표에서 49퍼센트를 넘는 지지율을 확보했다. 반면 돌 후보는 41퍼센트를, 개혁당(Reform Party) 후보로 출마한 로스 페로가 8퍼센트 넘는 지지율을 확보했다. 선거인단 투표에서도 돌이 159표를 얻고 페로는 한 표도 얻지 못한 반면, 클린턴은 379표를 얻었다. 그러나 민주당은 상원과 하원을 다시 장악하는 데는 실패했다.

1996년 선거

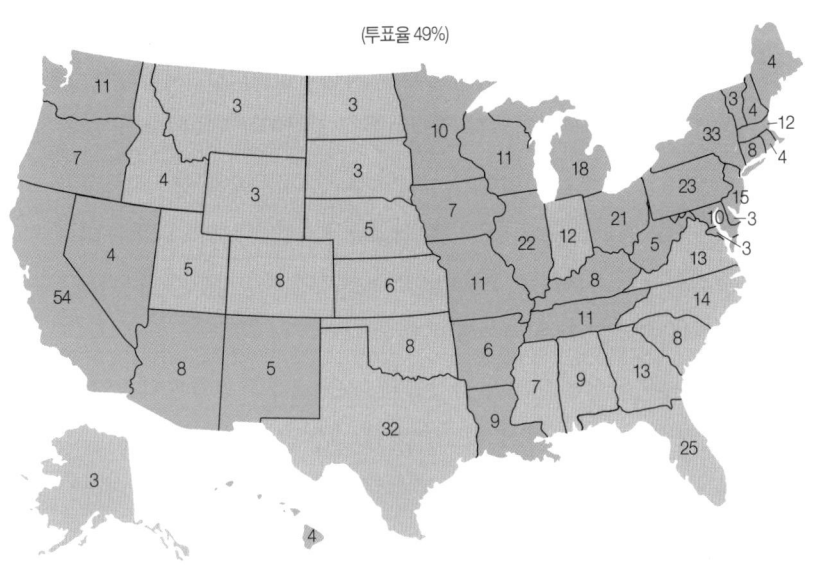

(투표율 49%)

	선거인단 투표	일반투표(%)
빌 클린턴(민주당)	379	47,401,185(49.3)
로버트 돌(공화당)	159	39,197,469(40.7)
로스 페로(개혁당)	0	8,085,294(8.4)

1996년에 로스 페로는 1992년보다 더 참패했다. 클린턴은 일반투표에서 4년 전과 비슷한 지지를 받았다. 다시 한 번 클린턴은 일반투표와 선거인단 투표 모두에서 공화당 후보 경쟁자인 로버트 돌을 압도적으로 누르고 승리했다. 1994년 의회 선거에서 공화당이 대승한 이후 빌 클린턴은 세력이 아주 약해진 것처럼 보였다.

클린턴의 승리와 전투 준비

빌 클린턴은 프랭클린 루스벨트 이후 처음으로 재선된 민주당 대통령이었기에 두 번째 임기를 상당한 자신감을 가지고 시작했다. 그는, 좀 누그러졌으나 아직도 적대적인 공화당원에 직면하여 비교적 온건한 국내 문제를 의제로 제시했다. 또한 그는 공화당이 주도하는 균형 예산 계획에 실질적으로 타협했다. 이 안은 1997년 말에 더욱 요란스럽게 통과되었다. 1998년 말에 이르러 연방정부 예산은 30년 만에 처음으로 흑자를 기록했다.

• 폴라 존스

클린턴의 인기는 다시 올라갔는데 이는 그가 다음해에 대통령 임기 중 가장 심각한 위기에 휩싸였을 때 매우 큰 도움이 되었다. 클린턴은 두 번째 임기가 시작된 지 일주일 후부터 부패했다는 비난의 화살과 스캔들의 목표가 되었다. 화이트워터 사건의 진상 조사가 시작되었고, 각료와 내각이 부패했으며, 1996년 선거전에서 불법 선거 자금을 모았다는 비난이 쏟아졌다. 또한 전 아칸소 주 정부 직원이었던 폴라 존스(Paula Jones)가 첫 번째 임기에 제기한 성 희롱 관련 민사소송이 진행됐다.

• 모니카 르윈스키

1998년 초에 폴라 존스와 관련된 조사는 대통령이 젊은 백악관 인턴이었던 모니카 르윈스키(Monica Lewinsky)와 성적인 관계를 맺었다는 고소로 이어졌고, 그는 존스의 변호사 앞에서 한 진술 조사에서 거짓말을 했다. 이러한 사실이 드러나자 레이건 대통령 시절의 사법부 판사이자 관리였으며 화이트워터 사건을 맡았던 특별 검사 케네스 스타(Kenneth Starr)가 이 사건을 새로 조사하기 시작했다.

클린턴은 자신의 혐의를 완강하게 부인했고, 대부분의 여론은 그를 강력하게 밀어주었다. 그의 인기는 기록적으로 올라갔고 이후 1년 내내 유지되었다. 한편 연방 대법원 판사는 스캔들을 불러일으킨 폴라 존스 사건을 기각했다.

그러나 이 추문은 1998년 8월 르윈스키가 특별 검사와의 거래에 끌려 클린턴과의 관계를 증언하자 다시 엄청난 반향을 불러일으켰다. 그러자 스타 검사는 클린턴을 소환했고, 대배심에 소환될 상황에 처한 클린턴은 결국 르윈스키와 그의 표현에 따르면 '부적절한 관계'를 가졌다고 인정했다. 몇 주 후에 스타 검사는 의회에 대통령 탄핵을 권유하는, 외설적인 부분이 여러 곳에 있는 장문의 조사 결과 보고서를 제출했다.

탄핵, 방면, 그리고 재기

1998년 12월 19일, 하원은 대배심에 대한 거짓 증언과 사법 정의 방해라는 두 가지의 탄핵 사유에 대해 투표했다. 하원이 거의 모두 당의 성향에 따라 투표해, 가까스로 탄핵안이 통과되었다. 이 문제는 상원으로 옮겨갔고, 1868년 앤드류 존슨 이후 처음으로 실시된 대통령 탄핵 재판이 이듬해 1월 초에 열렸다. 그리고 대통령의 무죄 판결로 마감되었다. 두 가지 탄핵 혐의 중 어떤 혐의에 대해서도 유죄판결에 필요한 3분의 2는 고사하고 반수도 찬성하지 않았다.

클린턴 대통령의 임기 마지막 2년은 대내적으로 비교적 조용한 시기였다. 적대적인 공화당 의회로 인해 대통령은 대내적인 업적을 추구할 수 있는 가능성이 전혀 없었다. 그러나 해외에서 그는 어느 때보다도 활발한 활동을 펼쳤다.

1999년 클린턴은 발칸 반도에서 또 다른 위기에 직면했다. 이번에는 세르비아인이 우세한 유고슬라비아의 코소보에서 갈등이 발생했다. 코소보 주민은 대부분 알바니아 이슬람교도였다. 1998년에 이곳에서 코소보 민족주의자와 세르비아인 사이에 잔악한 내전이 일어났다.

1999년 5월에 미국이 이끈 나토군은 세르비아인에게 대규모 폭격을 감행했고, 1주일도 채 되지 않아 유고슬라비아의 지도자인 슬로보단 밀로세비치(Slobodan Milosevic)로부터 공격을 중지하겠다는 약속을 받아냈다. 세르비아 군대는 코소보에서 모두 철수했고, 대신 나토가 평화유지군으로 들어감으로써 이 지역에 불안정한 평화의 시간이 되돌아왔다.

클린턴은 임기를 시작했을 때보다 더 높은 인기 속에서 8년간의 임기를 마쳤다. 클린턴은 전후 대통령 중에서 대중의 지지를 가장 많이 받은 대통령이었다. 그의 임기는 끊임없는 스캔들로 얼룩졌지만, 재임 기간 동안 국내 경제는 놀랍게 번영했고 세계는 전반적으로 안정을 이룬 시기였다.

2000년 대통령 선거

2000년 대통령 선거는 미국 역사상 가장 기이한 선거 중 하나였다. 그것은 선거전 때문이 아니라 선거 결과를 둘러싼 떠들썩한 논쟁 때문이었다. 이 논쟁은 실제로 투표일 이후 5주 이상이나 전 미국인의 관심을 사로잡았다.

2000년 선거일 밤

뉴욕 시의 타임스퀘어(Times Square)에 있는 전자 광고판이 대통령 선거전의 광역 방송망 보도의 일환으로 2000년 대통령 선거에서 승리한 조지 W. 부시 후보를 당일 밤 늦게까지 보도하고 있다. 몇 시간 뒤, 이 광역 방송망은 당선자 예측 보도를 철회했는데, 그것은 플로리다 주의 투표 집계가 계속해서 불분명했기 때문이다. 그로부터 5주가 지난 뒤, 그러한 논란을 대법원이 중재함으로써 마침내 부시가 승리자로 결정되었다.

선거일 1년 전부터 양당의 주전 후보였던 두 사람은 거의 아무런 어려움 없이 대통령 후보로 지명되었다. 즉, 부시 전 대통령의 아들이며 텍사스 주지사를 두 번 지낸 조지 W. 부시(Geroge W. Bush)가 공화당 후보로, 테네시 주 상원 의원과 클린턴 행정부에서 부통령을 역임한 앨 고어(Al Gore)가 민주당 후보로 지명되었다.

두 사람은 모두 신중하고 중도파적인 선거전을 치렀는데 다가올 임기 동안 막대한 예산 잉여금을 어떻게 사용할 것인가에 대해 의견은 약간 달랐다. 여론조사에서 선거전이 유난히도 끝까지 팽팽하게 전개되리라고 나타났지만, 선거가 백중세의 접전이 될 것이라고는 누구도 예상하지 못했다. 의회 선거에서 공화당은 5석 차이로 간신히 하원을 장악했지만 상원은 민주당과 공화당으로 양분되었다(상원 의원 중에는 뉴욕 주에서 폭넓은 지지를 받으며 당선된 전 영부인 힐러리 로댐 클린턴이 있었다). 대통령 선거전에서 고어는 약 1억 표 중에서 54만 표(0.5퍼센트)를 더 획득하여 일반투표에서 승리했다. 그러나 선거일 저녁, 플로리다 주에서 실제로 당선자를 결정하지 못했기 때문에 두 후보 모두 당선에 필요한 270석을 넘는 선거인단 표를 획득하지 못한 상황이었다.

• 플로리다 논쟁

그 다음 이틀 동안 강제로 검표가 이루어진 후에 조지 W. 부시는 플로리다 주에서 300표를 조금 더 얻어서 고어보다 앞섰다. 고어의 선거 본부는 중요한 카운티 3곳에서 천공기 투표용지를 수작업으로 검표해달라고 요구했다. 그리고 플로리다 주 대법원에 이를 청원했다. 주 대법원은 만장일치로 수작업 재검토와 최종 마감일 이후의 결과를 수용할 것을 받아들였다. 이 같은 재검토는 3개 카운티 중 2곳에서 진행되었다. 그런데 가장 큰 마지막 카운티인 마이애미가 포함되어 있는 데이드 카운티(Dade County)에서 지역 선거 관리 본부가 주어진 시간 안에 재검표 작업을 끝마칠 수 없다고 주장하면서 재검표를 갑자기 중단했다.

법원이 정한 새로운 마감일이 되자 공화당의 주무 장관인 캐서린 해리스(Katherine Harris)는 조지 W. 부시가 플로리다에서 500표 이상의 표차로 승리했음을 신속하게 인증했다. 고어의 선거 본부는 즉각 선거 결과에 대해 플로리다 주 법원에 다시 이의를 제기했다. 법원은 아직 검표되지 않은 플로리다 카운티 전체에 이전에 검표되지 않은 모든 투표용지를 수작업으로 재검표할 것을 명령했다.

• 캐서린 해리스

그동안 조지 W. 부시의 선거 본부는 연방 대법원에 재검표 중단을 요구했다. 12월 9일 토요일, 연방 대법원은 5 대 4로 검표 중지를 명령했다. 재검표 문제에 관심을 가졌던 사람들은 모두 경악했다. 그리고 화요일 늦게 연방 대법원은 미국 역사상 가장 특이하고 논란이 많은 결정을 내렸다. 또다시 정파와 이데올로기 노선에 따라 첨예하게 갈린 5 대 4 결정에서 연방 대법원의 다수를 차지한 보수주의자는 플로리다 주 대법원의 재검표 명령을 번복하고 어떤 재검표도 12월 12일까지 끝내야 한다고 주장했다(이는 분명히 불가능한 요구였는데 왜냐하면 연방 대법원은 12일 저녁 늦게 이 결정을 내렸기 때문이다). 그리고 연방 대법원은 천공 투표용지에 대한 평가 기준은 헌법적 심사의 대상이 되기에는 지나치게 자의적이며 불공평하다고 주장했다. 재검표 없이 플로리다에서 조지 W. 부시의 승리가 인정되었고, 전국적으로 조지 W. 부시가 승리했다.

• 연방 대법원의 중대한 결정

부시 가문의 두 번째 대통령

조지 W. 부시는 2001년 1월에 대통령직을 승계했다. 하지만 심지어 그의 지지자 일부도 그가 대통령직을 맡을 준비가 되어 있지 않다고 생각하는 등 사람들의 부정적인 인식과 선출을 둘러싼 논란 때문에 부담을 안고 출발했다. 그럼에도 조지 W. 부시는 물의를 일으킬 만한 야심찬 의제를 실행하기 위해 힘차게 움직였다.

• 조지 W. 부시의 세금 감면

조지 W. 부시의 주요 선거공약은 상당한 세금 절감을 지원하기 위해, 남을 것으로 예상되는 예산을 사용하는 것이었다. 조지 W. 부시는 미국 역사상 가장 많은 액수인 1조 3,500억 달러라는 세금을 절감하는 법안을 통과시키기 위해 공화당이 간신히 과반수인 의회에 기대었다.

공화당의 여러 노선을 가로지르는 제휴를 그런대로 잘하며 선거 캠페인을 이끌었던 조지 W. 부시는 자신의 첫 번째 대통령 임기를 강고한 보수주의자로서 공화당의 가장 보수적인 의원들의 지지에 의존하며 보냈다. 2004년 선거가 다가오자, 대통령의 정책 보좌관이었던 칼 로브(Karl Rove)는 거의 모든 사람이 매우 근소한 표차로 당락이 결정될 것으로 생각한 선거에서 공화당의 보수적인 유권자를 동원하는 보수적인 입장을 취하도록 부시 행정부를 부추겼다. 대통령은 클린턴이 시행했던 공격 무기 금지 조처의 재발효를 거부했다. 그는 전혀 통과될 가능성이 없는 동성 결혼 금지라는 헌법 수정안을 제안했다. 그것은 섹슈얼리티를 둘러싼 논란을 공공 담론의 중심에 밀어넣으려는 방안이었다. 그는 도덕적·종교적 근거를 들어 줄기세포 연구를 금지했고 낙태에 반대하는 캠페인을 계속했다. 부

2000년 선거

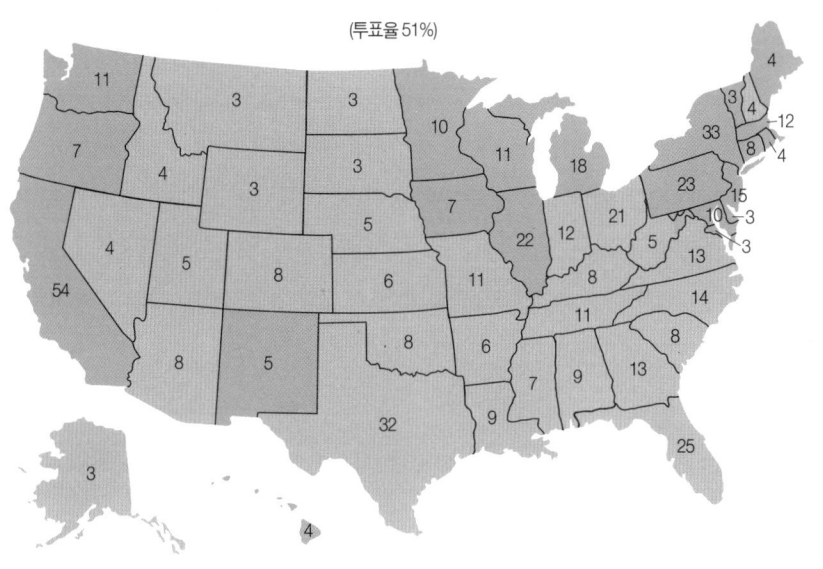

(투표율 51%)

	선거인단 투표	일반투표(%)
앨 고어(민주당)	266	51,003,894(48)
조지 W. 부시(공화당)	271	50,459,211(48)

2000년 대통령 선거는 미국 역사상 가장 표차가 근소했고 가장 논란이 많았던 선거였다. 또한 이 선거는 지난 10년 동안 전개되어온 정당 지지도의 새로운 양상을 명확히 보여주고 있다. 민주당은 북동부, 그리고 중서부의 산업 지대 대부분을 휩쓸었고 태평양 연안의 모든 주를 손아귀에 넣었다. 그리고 공화당은 남부, 그리고 평원(플레인스) 지역과 산악 지대(뉴멕시코는 제외하고)의 여러 주를 싹쓸이했으며, 전통적으로 공화당이 강세를 보였던 중서부의 몇몇 지역을 차지했다. 이 지도를 이전의 선거와 비교해보고 정당 지지도의 양상이 20세기에 들어 어떻게 변화했는지 살펴보도록 하자.

시 행정부 전략의 큰 부분은 바로 거대한 보수 집단과 복음주의 기독교인에게 호소하고 그들을 공화당 단결의 적극적인 구성원으로 만드는 것이었다.

<small>2004년 선거</small>

2004년 선거는 이 전략의 혜택과 비용을 모두 보여주었다. 조지 W. 부시와 그의 상대였던 매사추세츠 주 상원 의원 존 케리(John Kerry) 모두 열렬하게 캠페인을 벌였다. 유권자는 캠페인 내내 거의 비슷하게 양분되었고, 결국 투표수가 결정을 냈다. 민주당은 2000년에 그들이 얻었던 표보다 훨씬 많은 표를 얻었지만, 공화당 투표수 증가가 더 컸다. 조지 W. 부시는 유권자 투표의 51퍼센트, 그리고 선거인단 수는 35명을 앞서는 근소한 차이로 승리했다.

조지 W. 부시는 두 번째 임기를 시작하면서 국민의 통치 위임을 주장했고 사회보장(Social Security)의 재구축 및 세금을 더 낮추는 야심찬 계획을 선언했다. 그러나 여러 상황이 행정부를 수세에 몰아서 논란이 되는 조치에 의회의 지지를 얻어내는 능력도 줄어들었다. 그의 가장 큰 문제는 2003년에 시작된 이라크 전쟁에 대한 반감이 커졌다는 점이다. 더욱이 국내 정책의 실패 역시 그의 인기 하락에 크게 공헌했다. 2006년 중반 무렵에는 주요 여론조사에서 지지도가 35퍼센트 아래로 떨어졌다.

<small>허리케인 카트리나</small>

조지 W. 부시의 정치 운명의 전환점은 그 자체로 커다란 국가적 재난인 허리케인 카트리나(Hurricane Katrina)와 그 영향이었다. 2005년 8월 말에 루이지애나와 미시시피의 걸프 만을 강타한 엄청난 위력의 허리케인은 해안을 따라 수많은 지역에 심각한 손실을 입혔다. 가장 심한 피해를 입은 곳은 뉴올리언스였다. 허리케인은 도시를 보호하는 제방 일부를 붕괴시켰고, 거대한 홍수는 뉴올리언스

의 상당 지역을 파괴했다. 1천 명 이상의 사망자가 났으며 도시는 마비되었다. 그 이후 수 주 동안 사실상 도시의 전체 인구가 대피했고, 느린 재건 과정이 시작되었다.

부시 행정부는 느리고 불완전하게 대처해 큰 비난을 받았다. 많은 사람에게 대통령은 비극에 무관심한 것으로 보였다. 광범위한 비난을 받은 후에야 대통령은 불행에 휩쓸린 도시를 방문했다. 부시 행정부는 연방 재난관리국(Federal Emergency Management Agency, FEMA)에 미숙한 정치적 협력자를 스태프로 기용함으로써 카트리나 재난에 효율적으로 대처하는 데 실패했다. 결국 수천 명의 뉴올리언스인을 여러 날 동안 적절한 음식과 물과 위생시설 없이 도시의 풋볼 경기장인 슈퍼돔(Superdome)에 묶어두었다. 많은 미국인은 카트리나에 대한 정부의 대응이 부시 행정부의 능력과 감수성을 잘 보여준다고 생각했다.

그러나 카트리나는 조지 W. 부시의 두 번째 임기 중 일어난 재난의 시작이었을 뿐이다. 공화당의 로비스트 잭 에브라모프(Jack Abramoff)를 포함한 일련의 스캔들은 대통령의 측근 의원 다수와 그의 행정부 구성원 일부의 명성을 손상시켰다. 비밀 CIA 요원(이라크에 대한 조지 W. 부시 정책 비판자와 결혼한)의 불법적인 정보 누설에 대한 조사를 통해 부통령의 수석 보좌관인 로렌스 리비(Lawrence Libby)가 유죄판결을 받았다. 기밀 누설에 대한 또 다른 논란은, 부시 행정부가 국가 안보국(National Security Administration)을 이용하여 테러리스트와 연관되었다고 의심되는 미국 시민을 도청한 사건이었다. 도청 등 내국인을 감시하는 것은 불법이기 때문이다.

• 일련의 스캔들

뉴올리언스, 2005년 8월

미국 역사상 가장 큰 피해를 준 태풍 중 하나인 허리케인 카트리나의 영향으로 뉴올리언스는 도시 중심부 대부분이 물에 잠김으로써 거의 전 인구가 대피했다. 가장 큰 피해를 입은 사람은 대부분 가난한 흑인이었는데, 부유한 뉴올리언스 사람과는 달리 그들은 자동차가 없었으므로 손쉬운 대피 방도가 없었다. 사진은 물에 잠긴 뉴올리언스 거리와 그곳을 빠져나가려는 주민의 모습을 보여준다.

조지 W. 부시는 이러한 좌절에도 몇 가지 중요한 승리를 거두었다. 그는 연방 대법원의 판사로 자신이 추천한 법관 두 명의 비준을 받았다. 존 로버츠(John Roberts)는 대법원장 윌리엄 렌퀴스트(William Rehnquist)의 후임이 되고, 새뮤얼 앨리토(Samuel Alito)는 퇴임한 산드라 오코너(Sandra Day O'Connor) 법관을 승계했다. 두 사람은 철두철미한 보수주의자로, 일부는 이에 고무되었지만 그 외 사람은 대법원이 훨씬 더 우경화될 것이라고 두려워했다. 대통령도 2003년도의 세금 감면안을 연장하는 데 성공했다. 그러나 2006년 선거가 다가오면서 많은 공화당원은 대통령의 인기 하락이 민주당의 압도적 승리를 도울 것이라고 걱정하기 시작했다.

2

경제 부흥

20세기 끝부분 20년과 21세기 첫 해는 미국 생활에 엄청난 변화를 초래했다. 변화는 냉전 종식의 결과와 미국 인구 특성이 바뀌어 급격히 진화하는 문화를 반영했다. 그러나 대부분 변화는 적어도 미국 경제의 극적인 변화의 산물이었다.

불황에서 성장으로

기업 재구축

1980년대와 1990년대 경제성장은 부분적으로 힘들었던 1970년대에 그 뿌리를 두고 있다. 그 시기의 부진한 성장과 지속된 인플레이션에 당면하여 많은 미국 기업은 사업 운영 방식에 중요한 변화를 주기 시작했다. 변화는 20세기 마지막 수십 년간 번영과 동시에 그에 따른 불평등을 심화시켰다. 새로운 기술에 상당한 투자가 이루어졌다. 회사는 더 다양한 성장 기반을 마련하기 위해 합병을 추구했다. 많은 기업이 에너지의 측면에서 한층 더 효율적인 공장과 사무실을 건설했다. 무엇보다도 미국 기업은 노동비용을 줄이려고 노력했다. 미국은 노동비용이 세계에서 가장 높은 나라 중의 하나인데, 낮은 임금의 노동자에 의존하는 다른 나라의 경제에 견줘볼 때 미국의 노동비용은 경쟁력을 떨어뜨리는 요인이라고 많은 사람은 믿었다.

기업은 여러 방식으로 노동비용을 줄였다. 노조가 없는 회사는 노조 설립을 막기 위해 더욱 노력했다. 이미 노조가 있는 회사는 일자리를 보장해주는 대가로 임금과 복지에서 상당한 양보를 얻어냈다. 일부 회사는 노조가 약하고 임금이 낮은 나라로 공장을 옮겼고, 다른 많은 회사는 값싼 노동력이 풍부한 멕시코와 중국과 같은 미국 밖의 나라로 완전히 옮겨갔다.

기존의 사업을 재구축하는 것만큼 중요한 것은 강력한 새 경제 영역을 여는 것이었다. 가장 두드러진 영역은 '기술 산업'이었다. 디지털 기술의 성장으로 아주 넓은 범위에서 새 상품과 서비스가 만들어져 곧바로 미국 경제생활의 중심이 되었다. 컴퓨터, 인터넷, 휴대폰, 디지털 음악, 비디오카메라, 디지털 개인 소품, 아이팟과 아이폰들이었다. 기술 산업은 수십만 명의 사람을 고용하고 새로운 소비자의 필요와 욕구를 창출했으며, 심지어 그들의 주식시장인 나스닥(NASDAQ)을 만들어냈다. 나스닥은 1990년대 말에 엄청난 붐을 일으켰다.

• '기술 산업'

이처럼 많은 이유로 미국 경제는 20세기의 마지막 몇 십 년 동안 확고한 성장을 이루었다. 미국에서 생산된 상품과 서비스의 총액인 GNP(Gross National Product)는 1980년에 2조 7,000억 달러에서 2000년에 9조 8,000억 달러로, 20년 만에 거의 4배로 증가했다. 이 시기 동안 인플레이션은 낮았는데 어떤 해에도 3퍼센트를 넘지 않았으며, 1990년대 말에는 한동안 2퍼센트 아래로 떨어졌다. 주식 가격은 1980년대 중반부터 20세기 말까지 거의 막힘없이 사상 최대 수준으로 치솟았다. 주식 시황의 가장 일반적인 지표인 다우존스 산업 평균 지수(Dow-Jones Industrial Average)는 1980년대 말에

• 치솟는 GNP

1,000이었다. 그러나 1999년 말에, 그리고 다시 2007년에 다우지수는 14,000을 넘었다. 가장 놀라운 것은 그러한 붐이 지속되었다는 것이다.

경기 침체

연방 준비 제도 이사회(Federal Reserve Board)의 회장인 알란 그린스펀(Alan Greenspan)은 1999년에 미국인이 주식시장에서 이윤을 추구하는 '비이성적 과도함'을 경고했다. 몇 달 후에 주식시장은 그의 경고가 타당함을 입증했다. 2001년 4월, 부흥하던 새 경제 영역인 '닷컴(.com)' 기업이 갑작스럽고 비참하게 붕괴했다. 이 회사는 인터넷과 관련해서 이윤을 창출하던 새로운 사업체와 신생 회사로 구성된 기업군이었다.

처음에 '기술 거품(tech bubble)'의 붕괴는 경제 전반에 별 영향이 없는 것처럼 보였다. 그러나 2001년 초에, 지난 몇 십 년간 중요한 성장 엔진이었던 주식시장이 상당히 하락하기 시작해서 거의 1년간 지속되었다. 2001년 가을에 경제 전반이 침체기로 흘러들어갔다. 경제는 2002년에 회복되기 시작했지만, 1990년대 수준에는 이르지 못했다. 그리고 2008년에 주택 담보대출 시장의 엄청난 몰락은 주식시장과 국가 경제를 모두 깊은 수렁으로 몰아넣었다.

경제의 양면

미국 경제는 1970년대와 1980년대 초를 특징지었던 침체로부터는 회복됐지만, 새 경제의 혜택은 앞선 부흥 시대보다 더 넓게 분배되지 못했다. 20세기 말과 21세기 초에 늘어난 풍요는 엄청난 부를 새로 창출하여 재능을 가진 사람 혹은, 운이 있는 사람을 부유하게 했는데 그들은 활성화된 성장 영역에서 이윤을 취하였다. 교육, 특히 과학과 공학 교육에 대한 보상은 엄청나게 증가했다. 1980년과 2000년 사이에, 전체 인구 중에서 가장 부유한 20퍼센트의 평균 가계 수입은(1년에 10만 달러가 넘어설 정도로) 거의 20퍼센트 성장했다. 차상위 계층 20퍼센트의 평균 가계 수입은 8퍼센트 이상 증가했다. 하지만 나머지 60퍼센트 대부분의 수입은 늘어나지 않았고, 최하위 계층 20퍼센트의 수입은 사실상 감소했다.

• 소득 불평등의 증가

1970년대에 시작된 미국과 세계경제의 부조화는 이후에도 계속되었는데 어떤 면에서는 더 가속되었다. 이는 값싼 원료를 구하기가 쉽지 않았고, 미국 시장에 외국 경쟁 제품이 침투하였으며, 미국 중공업의 재편으로 일자리가 줄어들어 임금이 낮아졌기 때문이다. 교육과 신기술의 혜택을 누릴 수 없는 가구와 개인에게 이러한 변화의 결과는 종종 치명적이었다.

미국의 빈곤은 서서히 감소하다가 제2차 세계대전 이후에는 극적으로 줄어들어서, 1970년대 말에 빈곤 인구는 12퍼센트로 떨어졌다(1960년대에는 약 20퍼센트였다).

그러나 빈곤 인구의 감소는 계속되지 않았다. 1980년대에 빈곤율은 다시 증가해 15퍼센트까지 오르기도 했다. 2008년에는 다시 13퍼센트로 떨어졌지만, 그것은 20년 전과 거의 같은 수치였다.

• 빈곤율의 증가

3

신경제의 과학과 기술

1990년대에 등장한 '신경제'는 미국인과 전 세계인의 생활에 심대한 영향을 끼친 새로운 과학적·기술적 발견으로 추동되었는데, 그 결과는 다시 발견을 이끄는 데 도움을 주었다.

디지털 혁명

• 컴퓨터 혁명

대부분의 미국인에게 가장 눈에 띄는 기술혁명은, 거의 모든 생활 영역에서 컴퓨터와 디지털 도구의 이용이 급격히 증가했다는 점이다. 가장 중요한 혁신 중의 하나가 바로 마이크로프로세서의 발전이었다. 1971년에 처음 소개된 마이크로프로세서는 통합 회로 기술에서 놀라운 진전을 보여주었다. 마이크로프로세서는 컴퓨터의 중앙처리장치를 소형화함으로써, 과거에는 매우 큰 기계가 수행하던 계산을 작은 기계가 할 수 있게 했다. 마이크로프로세서가 처음에 '미니컴퓨터'라고 알려진 개인 컴퓨터의 실질적 토대가 되기 전까지 엄청난 기술혁신이 필요했다. 그러나 1977년에 애플(Apple)사가 신상품으로 내놓은 애플 II 개인 컴퓨터는 대중이 널리 사용한 최초의 컴퓨터였다. 몇 년 후 아이비엠(IBM)이 최초의 'PC(Personal Computer)'를 만들어 개인 컴퓨터 시장에 진입했다.

아이비엠은 소프트웨어를 개발하는 작은 회사인 마이크로소프트로 하여금 아이비엠의 새 컴퓨터를 위한 작동 체계를 설계하게 했다. 마이크로소프트는 MS-DOS(DOS는 '디스크 운영 체계'를 말함)로 알려진 프로그램을 생산했다. 어떤 개인 컴퓨터도 도스 없이는 작동할 수 없었다. PC와 MS-DOS는 1981년 8월에 등장하여 즉시 엄청난 성공을 거두었다. 3년 후에 애플사가 만든 매킨토시 컴퓨터는 컴퓨터 기술에서 또 다른 중요한 혁신을 의미했다. 왜냐하면 DOS와는 다른 매킨토시의 운영 체계는 PC보다 사용하기 더 편했기 때문이다. 그러나 애플은 아이비엠의 판매력을 따라갈 수 없었고, 1980년대 중반에 PC는 번성하던 개인 컴퓨터 시장에서 압도적인 자리를 차지했다. 아이비엠의 우위는 1985년에 DOS를 대신하여 나온 새로운 소프트웨어 패키지의 도입으로 더 가속되었다. 마이크로소프트사가 개발한 윈도(Windows)는 많은 개념(특히 그래픽 사용자 장치인 GUI, Graphic User Interface)을 애플의 운영 체계에서 빌려왔다. 컴퓨터 혁명은 컴퓨터 제조업, 컴퓨터 작동에 필요한 작은 실리콘 칩 제조업, 그리고 소프트웨어 제조업 등 수익성이 높은 수많은 새 사업을 창출했다.

• 마이크로 소프트

인터넷

컴퓨터 혁명으로 또 다른 획기적인 정보 통신원이 등장했다. 인터넷은, 사람들이 전 세계 사람과 대화할 수 있는, 지리적으로 광범한 거대 컴퓨터 네트워크를 말한다. 인터넷은 과학 연구 프로젝트에 연방 자금을 투입하게 한 미국 정부의 고등 연구 프로젝트 기관

• 알파넷

와이어드(Wired) 6.01

와이어드는 새 유행을 쫓고 컴퓨터를 잘 아는 젊은 독자를 대상으로 하는 잡지인데, 1998년 1월호에서 1990년대의 컴퓨터와 인터넷 광신자가 추종하던 새로운 전자 기술의 가능성에 대해 낙관적인, 심지어 환상적인 입장을 표명했다. 와이어드 잡지는 1992년에 출판되기 시작하여, 주로 떠들썩한 신상품에 관심을 갖던 매끈하고 상업적인 컴퓨터 잡지와 차별되도록 노력을 기울였다. 이 잡지는, 기술이 미래의 상당 부분을 규정할 것으로 보는 세대의 의심스러운, 그리고 진보적인 정신을 동시에 포착하기 위해 노력했다.

(ARPA)에 의해 1963년에 시작되었다. 1960년대 초에 ARPA의 정보 처리 기술국의 수장인 리클라이더(J. C. R. Licklider)는 멀리 떨어져 있는 여러 컴퓨터를 연결하는, 알파넷(ARPANET)이라고 하는 프로그램을 개발했다. 여러 해 동안 알파넷은 몇 개의 컴퓨터 네트워크 설비를 원격 사용하여 여러 집단의 사람이 서로 정보를 교환하고 협력하는 주요 수단으로 활용되었다. 그리고 점차 네트워크의 규모와 이용이 확장되었다.

이러한 팽창은 두 개의 중요한 신기술 때문에 일정 정도 가능했다. 하나는 1960년대 초에 미국의 RAND 주식회사와 영국의 국립 물리 실험실(National Physical Laboratory)에서 개발한 시스템이었다. "저장 및 전송 다발 전환(store-and-forward packet switching)"이라는 이름으로 알려진, 이 시스템은 여러 컴퓨터를 전선으로 직접 연결하지 않고도 컴퓨터 간에 많은 양의 데이터를 전송할 수 있게 했다. 이 시스템에 있는 중앙 통신 중추를 통해 메시지와 정보가 개별 컴퓨터로 전달된다. 그것은 마치 전보와 전화 시스템이 각 지역 회로로 갈라져 나가는 중앙 설비를 사용하는 것과 흡사하다. 또 다른 혁신은 개별 컴퓨터가 네트워크를 통해 정보 소통을 할 수 있도록 하는 컴퓨터 소프트웨어의 발전이었다. 그것은 인터페이스 메시지 처리기(IMP, Interface Message Processor)를 말한다.

1971년에 23대의 컴퓨터가 알파넷에서 서로 연결되었는데 주로 연구 실험실과 대학을 위한 것이었다. 점차 시스템에 대한 관심이 퍼지기 시작했고, 그와 함께 시스템에 연결된 컴퓨터의 수도 늘어났다. 2009년에 전 세계에서 사용되는 컴퓨터는 10억 대가 넘었다(지금은 사용하지 않는 더 많은 컴퓨터도 있다). 이들 컴퓨터는 사실상 모두 인터넷에 연결되어 있다. 1980년대 초에 알파넷 개발의 초기 파트너였던 국방부는 보안상의 이유로 프로젝트에서 물러났다. 곧 인터넷(Internet)이라고 다시 이름 붙여진 네트워크는 이제 자유롭게 개발될 수 있었다. 특히 전자우편(혹은 이메일)을 가능하게 한 기술이 발명되고, 개인 컴퓨터가 등장한 후에 인터넷이 급속히 발전해 잠재적 사용자 수를 크게 증대시켰다.

인터넷 정보량이 사방팔방으로 예기치 않게 넘쳐나자, 새로운 형태의 소프트웨어가 등장하여 개인 사용자가 수많은 인터넷 사이트를 돌아다닐 수 있게 되었다. 1989년에 제네바의 실험실에서 일하던 영국 과학자인 팀 버너스-리(Tim Berners-Lee)가 전 세계 정보망(World Wide Web)을 개발했고, 그로 인해 전자정보의 유통과 회수를 위한 체계적인 시스템 구축이 가능해졌다.

비록 광범하게 퍼졌지만 아직도 모든 사람이 평등하게 인터넷 접속을 하지는 못한다. 이제 컴퓨터는 미국 가정의 평범한 물건이지만, 가구 당 소득 수준이 낮을수록 컴퓨터로 인터넷에 접속할 수 있는 가능성이 낮았다. 마찬가지로 가난한 학교는 부유한 학교보다 컴퓨터를 적게 갖고 있어 인터넷 수용 능력도 떨어졌다. 이러한 인터넷 접속률의 격차는 "'디지털 격차(digital divide)'라고 이름 붙였는데, 즉 새로운 전자 세계를 운행할 기술을 가진 사람과 그러한 기술이 부족한 사람 사이의 넓어진 간격을 의미한다. 이제 그러한 항해 기술은 모든 사람에게 반드시 필요하지만 가장 수익이 적은 일이 되었다.

유전학에서의 획기적인 진전

• DNA

부분적으로는 컴퓨터 기술의 도움으로 20세기 말에 과학적 연구의 또 다른 분야, 즉 유전학의 폭발적인 성장이 있었다. 유전학에서 그레고르 멘델(Gregor Mendel), 토머스 헌트 모건(Thomas Hunt Morgan)과 그 밖의 사람이 이룩한 초기의 발견은 한층 더 극적이고 획기적 진전을 이루었다. 1944년에 영국의 과학자, 오스월드 에이브리(Oswald Avery), 콜린 맥리어드(Colin MacLeod), 맥린 맥카티(Maclyn McCarty) 등이 DNA를 발견했고, 1953년에 미국의 생화학자 제임스 왓슨(James Watson)과 영국의 생물물리학자 프랜시스 크릭(Francis Crick)이 DNA의 이중 나선형 구조를 극적으로 발견함으로써 유전암호 해독 열쇠를 발견할 토대를 놓았다. 이로써 새로운 과학이 등장했고, 궁극적으로는 유전공학이라는 새로운 산업이 출현했다. 유전공학으로 새로운 치료법, 식물과 동물의 이종교배를 할 수 있는 새로운 기술이 가능해졌다.

과학자는 서서히 특정 형질을 결정하는 인간과 다른 생물에서의 특별한 유전자를 확인하기 시작했다. 그런 다음에 그들은 유전자를 변화시키거나 재생산하는 방법을 알아냈다. 하지만 유전자의 확인 작업은 고통스러울 정도로 더뎠다. 그래서 1989년에 연방정부는 인간 유전자 지도를 작성하는 작업을 가속하기 위해 미국 인간 게놈 센터(National Center for the Human Genome)에 30억 달러의 기금 지출을 승인했다. 인간 게놈 프로젝트는 2005년경에 모두 10만 개 이상의 유전자를 확인하기 시작했다. 연구를 위한 신기술과 그밖에 사적으로 자금을 지원받는 프로젝트와 경쟁하면서 이 프로젝트는 예상했던 것보다도 빠르게 진척되어 2003년에 이와 같은 성과를 냈다.

• 인간 게놈 프로젝트

하지만 유전학 연구는 커다란 논쟁의 불씨였다(그리고 계속해서 불씨가 될 것이다). 많은 사람이 새로운 과학은 이전에는 인간의 통제를 넘어서는 것처럼 여긴, 인간 삶의 여러 측면에 변화를 가져다줄지도 모른다는 예측에 꺼림칙해했다. 일부 비판자는 종교적 근거에서 유전학 연구를 신의 계획에 간섭하는 것으로 보고 이를 염려했다. 다른 사람은 도덕적 논거를 들이대며 유전학 연구가, 예를 들면 부모들로 하여금 그들의 자녀를 디자인하게 해줄지도 모른다고 우려를 표명했다. 특히, 과학자가 유전적 물질을 획득하는 방법을 둘러싸고 열띤 논쟁이 일어났다.

• 윤리적 문제

의학 연구에서 가장 장래가 촉망되는 분야 중 하나에 줄기세포 (stem cells)의 사용이 포함됐다. 줄기세포란 미분화된 태아에서 주로 얻어지는 유전적 물질인데, 인간의 태아에서는 주로 부부가 시험관 내에서 수정시킬 때 만들어진다(시험관 수정은 여성의 난자가 자궁 밖에서 수정되는 과정을 말한다. 그런 다음에 수정된 난자는 산모의 자궁에 착상시킨다). 낙태 반대자는 태어나지는 않았지만 아이를 이용하는 (그리고 위험에 처하게 하는) 것이라고 주장하면서 이 연구를 비난했다. 파킨슨씨병, 알츠하이머병, ALS(Amyotrophic lateral sclerosis, 일명 루게릭병)와 그 밖의 불치병 치료의 장밋빛 미래를 믿는 줄기세포 연구의 지지자는, 시험관 수정은 필요한 것보다 더 많은 배아를 만들어내기 때문에 어차피 폐기될 배아를 줄기세포 연구자가 이용하는 것이라고 주장했다.

줄기세포 연구에 관한 논쟁은 2000년 선거전에서 이슈가 되었다. 조지 W. 부시는 일단 취임하자 낙태를 반대하는 자신의 약속을 지켰는데, 2001년 여름에 자신이 결정을 내릴 당시 과학자가 이미 남은 줄기세포를 이용한 연구를 지원하는 데 연방정부의 기금을 쓰는 것을 금지하는 조처를 취했다. 2009년에 버락 오바마 대통령은 이 금지를 부분적으로 철회했다.

4

변화하는 사회

미국 인구는 20세기 말과 21세기 초에 극적으로 변화했다. 미국 인구는 훨씬 더 많아졌고 한결 더 고령화되었으며 인종적으로나 민족적으로 좀 더 다양해졌다.

인구 변화

 줄어드는 출산율과 늘어나는 수명은 21세기 초 미국 인구의 가장 중요한 특징 중 하나인 고령화에 기여했다. 제2차 세계대전 이후 10년 동안에 출생한 사람을 지칭하는 엄청난 '베이비붐' 세대는 중간 연령층을 꾸준히 두껍게 만들었다(1996년에 34세에서 2009년에는 36세로 그리고 2035년경에는 39세로 추정됨). 이렇게 늘어나는 미국 노인 인구의 증가는 사회보장 및 노인 의료보험 체계에 압박을 가했다. 이러한 현상은 또한 노동인구에도 중요한 영향을 끼쳤다. 20세기의 마지막 20년 동안에 25~54세(통계학적으로 가장 중요한 노동인구로 알려진)의 인구수는 2,600만 명 이상으로 증가했다. 21세기의 첫 10년 동안 이 연령집단에 속하는 미국 태생의 노동자 수는 전혀 늘지 않을 것이다.

 미국 태생 인구의 완만한 증가와 이 때문에 나타난 노동인구의 부족은 이민이 급성장하게 된 이유 중 하나였다. 2009년에 미국에 거주하는 외국 태생의 수는 미국 역사에서 가장 많은 3,900만 명 이상에 이르렀는데 이는 전체 인구의 12퍼센트가 넘는 수치였다. 이들 이민자는, 입국 허가의 기준에서 출신 국적 조항을 제거한 1965년의 이민 개혁법(Immigration Reform Act) 제정의 결과 이전보다 훨씬 더 다양한 곳으로부터 왔다. 외국 태생 인구의 증가 추세는 미국에서 백인 주민의 비율을 1965년 90퍼센트에서 2008년에는 80퍼센트로 상당히 줄이는 데 기여했다(히스패닉을 뺀 백인 인구는 단지 65퍼센트를 상회했다). 이 시기 동안에 라틴아메리카인과 아시아인은 가장 커다란 이민 집단이었다. 하지만 아프리카, 중동, 러시아, 동유럽 등지에서도 상당수가 이민을 왔다.

인권 운동 이후 시대의 아프리카계 미국인

1960년대의 흑인 인권 운동과 그밖에 자유주의적 노력은 아프리카계 미국인에게 매우 상이한 두 가지 영향을 끼쳤다. 한편에서는 운동의 이점을 살릴 위치에 있는 사람에게 인권 향상의 기회를 늘려 주었다. 다른 한편에서는 산업 경제가 쇠퇴하고 정부의 도움이 줄어들자 상향 이동의 길이 막혀 있다는 것을 지속적으로 발견하게 된 비(非)백인 거대 집단 사이에서 무기력감과 좌절감이 증대했다.

• 아프리카계 미국인을 위한 경제적 진전

21세기 초 무렵 아프리카계 미국인 인구의 절반 이상을 차지하는 흑인 중간계급에게 흑인 인권 운동의 절정기 이후 몇 십 년 동안의 진보는 놀라운 것이었다. 흑인과 백인 전문직 사이의 불균형은 사라지지 않았지만 상당히 줄어들었다. 아프리카계 미국인 가족은 한층 더 풍요로운 도시 공동체로 이주했고, 많은 경우에 교외 지역으로도

미국의 출생률(1960~2005)

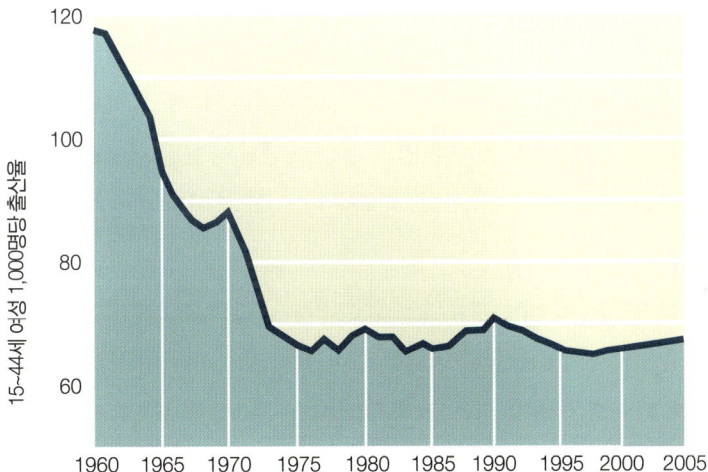

이 도표는 엄청난 '베이비붐'을 야기했던 1940년 이후 20년에 시작된 미국의 출생률의 놀라운 변화를 보여준다. 1960년대부터 계속해서 미국의 출생률은 꾸준히 감소했고, 1960년대와 1970년대에는 극적으로 줄어들었다. 이러한 출생률 감소가 미국 인구의 연령 구조에 끼친 영향은 무엇인가?

이동했다. 그리고 때때로 백인 이웃은 한층 더 자주 눈에 띄게 흑인 공동체로 이동했다. 대학에 들어가는 흑인 고등학교 졸업생의 비율은 21세기 초에 사실상 백인 고등학교 졸업생의 비율과 같았다(비록 백인보다 더 낮은 비율의 흑인이 고등학교를 마치기는 하지만 말이다). 24세 이상의 아프리카계 미국인 중 17퍼센트 이상이 2005년에 학사 학위나 그 이상의 학위를 보유했는데, 이는 백인의 비율이 29퍼센트에 달하는 것과 비교해보면 20년 전에 비해 상당한 진전이었다. 그리고 아프리카계 미국인은 한 세대 전 그들에게 애초부터 진입이 금지되었거나 설혹 진입했더라도 차별 대우를 받아왔던 수많은 전문직에서 급속한 진전을 이루고 있었다. 2005년 미국에서 고용된 모든 아프리카계 미국인의 절반 이상이 숙련된 화이트컬러 일자리를 차지했다. 미국인의 삶에서 더 이상 흑인이 완전히 배제된 분야는 거의 없었다.

• '최하층'
하지만 흑인 중간계급의 등장은 1960년대와 이후의 경제성장과 자유주의적 프로그램의 혜택을 전혀 받지 못한 다른 아프리카계 미국인의 절망적인 곤경을 크게 악화시켰다(그리고 아마도 이를 야기하는 데 일조했다). 때때로 '최하층(underclass)'으로 묘사되는 이들 빈곤 상태에 빠진 사람은 미국 흑인 인구의 3분의 1을 상회했다. 그들 중 많은 사람은 소외된 채 지독하게 빈곤으로 쇠락해가는 도심 저소득층 밀집 지역에서 살았다. 좀 더 성공한 흑인이 도심 저소득층 밀집 지역을 떠나면서 빈민은 쇠락해가는 동네에 사실상 홀로 남겨졌다. 2006년에 도심 저소득층 밀집 지역의 젊은 흑인 중 절반이 채 안 되는 흑인만이 고등학교를 마쳤고, 60퍼센트 이상은 취업을 못했다. 흑인의 가족 구조는 마찬가지로 도시 빈곤의 혼란을 겪었

전체 이민자 수(1961~2005)

이 도표에서는 1961년 이래 수십 년 동안 미국에 이민 온 사람이 급격하게 증가했음을 보여준다. 1981년에서 2005년 사이의 이민자 수는 19세기 말 이래로 가장 높았다. 1965년의 이민 개혁법이 이민 수준을 증가시키는 데에서 어떤 역할을 했는가?

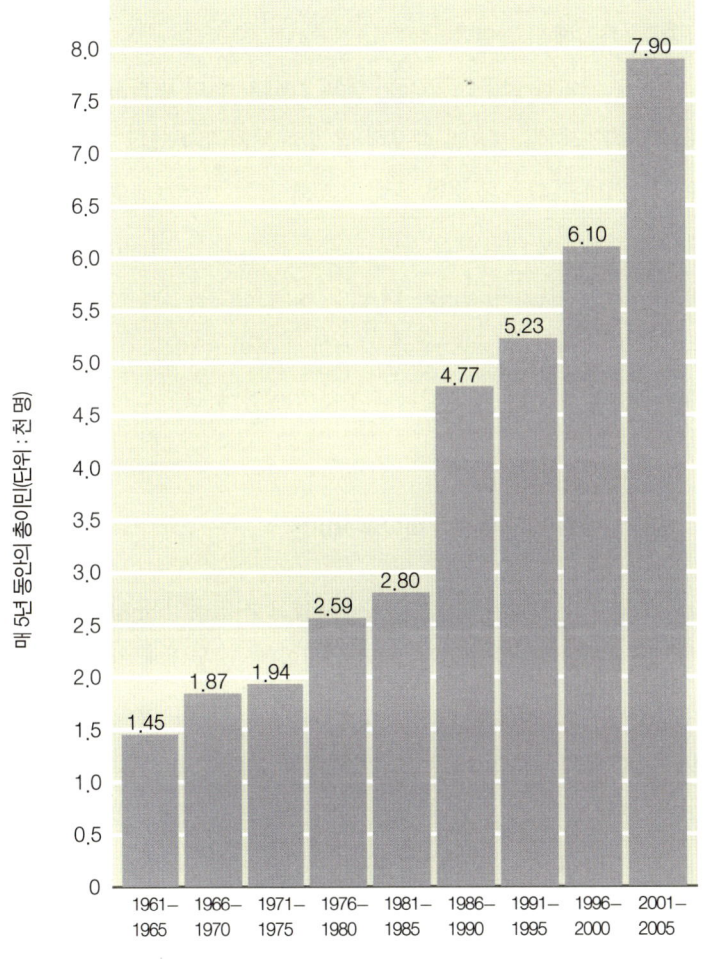

다. 홀어미 즉, 여성이 가장인 흑인 가구의 수도 급격히 증가했다. 1970년에는 18세 미만의 전체 흑인 어린이의 59퍼센트가 양친 부모와 함께 살았다(이는 10년 전의 70퍼센트에 비해 한참 내려간 수치였다). 2009년에는 비(非)히스패닉 백인 어린이의 77퍼센트가 양친 부모와 함께 사는 데 비해 흑인 어린이의 35퍼센트만이 양친 부모가 있는 가정에서 살았다.

백인을 제외한 인구는 20세기 말과 21세기 초의 변화하는 사회·경제적 환경의 여러 요인 때문에 불리한 처지에 놓였다. 그런 요인 중에는 빈민을 위한 소수자 우대 조처와 복지 프로그램뿐만 아니라 경제적 측면에서 미숙련 일자리 수의 꾸준한 감소, 비(非)백인 동네에서의 기업 이탈, 일자리가 더 많은 지역으로 연결된 적절한 수송 수단의 부재, 이들의 자녀에게 적절하게 취업 준비를 시키는 데 실패한 학교 등에 대한 증대되는 초조감이 있었다.

마약과 에이즈

1980년대가 시작되면서 두 가지 새롭고 치명적인 유행병이 미국 사회를 휩쓸었다. 한 가지는 미국의 거의 모든 동네에 침투한 마약 수요의 극적인 증가였다. 엄청난 마약 수요, 특히 1980년대 말과 1990년대 초의 '정제(crack)' 코카인에 대한 수요는 사실상 수십 억 달러 규모의 산업을 낳았다. 1980년대 말부터 중간계급에서는 마약 사용이 상당히 줄어들었지만, 가장 심각한 피해를 받고 있는 가난한 도시 주거 지역에서 이 유행병이 완화될 징후는 별로 보이지 않았다.

〈무지=두려움〉

미술가 키스 해링(Keith Haring)이 에이즈에 걸려 죽기 1년 전인 1989년에 그린 이 놀라운 포스터에는 에이즈에 대항하는 싸움을 지지한다는 메시지가 담겨 있다(그의 작품은 대부분 도시 벽면의 낙서 그림에서 영감을 받았다). 이 포스터를 배포했던 조직인 '액트업(ACT UP)'은 에이즈 치료를 모색하기 위해 좀 더 신속하게 노력하기를 요구했던 호적적인 집단 중의 하나였다.

• 에이즈

마약은 20세기 말의 또 다른 천벌과 관련되었다. 이 유행병은 곧 에이즈(AIDS, 후천성면역결핍증)라고 이름 붙인 새롭고 치명적인 질병으로, 1981년에 최초로 보고되었다. 에이즈는 인체 분비액(혈액이나 정액)으로 전염되는 인류 면역 결핍 바이러스(HIV)의 산물이다. 이 바이러스는 인체의 면역 체계를 점차 파괴해, 감염자는 자연적인 저항력이 없어져 몇 가지 질병(특히 다양한 형태의 암과 폐렴)에 쉽게 걸리게 된다. 이 바이러스에 감염된 사람(즉, HIV 양성)은 에이즈로 발전되지 않고 오랫동안 살 수도 있지만, 여러 해 동안 앓게 된 사람은 반드시 사망했다. 최초의 미국인 에이즈 희생자는 (그리고 여러 해 동안 이 질병에 걸린 가장 많은 수의 사람이 속해 있던 집단은) 남성 동성애자였다. 하지만 1980년대 말경 게이(gay) 공동체가 예방책을 쓰기 시작하자, 이 질병은 이성 간에서 가장 급속하게 퍼져나갔고 감염자 중 많은 수는 정맥주사로 마약을 투여하는 사람이었다. 이들은 감염된 주삿바늘을 함께 사용해 이 바이러스를 확산시켰다. 2008년 약 100만 명의 미국인이 에이즈 바이러스에 감염된 채 살고 있었다. 하지만 미국의 감염자 수는 2007년 3,300만 명으로 추산되는 전 세계 HIV 감염자 중에서 매우 낮은 비율이었다. 감염자의 3분의 2 이상은 아프리카에 집중되었다. 그사이 각국 정부와 사설 단체는 점차 눈에 띄는 생생한 방식으로 에이즈에 대한 경각심을 불러일으켰다. 특히 젊은이에게 '안전하지 않은 성관계'를 피해 금욕하거나 콘돔을 사용할 것을 촉구했다. 미국에서는 그러한 노력이 성공을 거두어 새로운 감염자가 1995년의 7만 명에서 2005년에는 대략 4만 4,000명으로 줄었다.

1990년대 중반 에이즈 퇴치 연구자는 수년간 실패를 겪은 후에

이 질병의 효과적인 치료법을 발견하기 시작했다. 에이즈가 비교적 꽤 진행된 환자에게 단백질 분해 효소 억제제를 포함한 강력한 약품 혼합물을 집중적으로 투여함으로써 증세를 상당히 완화시켰다. 그래서 많은 경우에 감염자의 혈류에 남아 있는 에이즈 바이러스가 전혀 눈에 띄지 않았다. 이 신약(新藥)은 에이즈에 걸린 사람의 생명을 처음으로 거의 정상적인 수명까지 극적으로 연장시킬 수 있게 해 주었다. 하지만 그 약은 에이즈 치료법은 아니었다. 왜냐하면 이 약의 복용을 중단한 대부분의 사람에게서는 에이즈가 다시 빠르게 진행되었기 때문이다. 그리고 이 약의 효능은 사람에 따라 달리 나타났다. 더욱이 이 약은 매우 비싸고 관리하기도 어려웠다. 따라서 가난한 에이즈 환자는 얻을 수가 없었기 때문에 에이즈가 창궐하는 아프리카와 세계의 다른 빈곤 지역에서는 이 약이 매우 부족했다. 유엔, 수많은 박애주의 기관 그리고 미국을 포함한 여러 나라 정부는 2000년대 초에 아프리카의 에이즈 위기와 싸우기 위해 상당한 기금을 보냈지만, 일의 진척은 더딘 상태였다.

5

서로 대립하는 문화

1980년대와 1990년대에 미국 문화의 성격을 둘러싼 갈등만큼이나 더 많은 논쟁과 우려를 불러일으켰던 것은 거의 없다. 미국 문화는 제2차 세계대전 이래로 여러 가지 측면에서 극적으로 변화해왔다. 그 흐름은 여성의 역할을 다시 정의하는 중대한 흐름이었다. 또한 많은 소수자의 이동과 최소한 부분적으로나마 그들이 주류 문화에 포함되게 만들기도 했으며, 성(性) 혁명을 경험하기도 했다. 이로써 섹스, 폭력, 이의(異意) 등에 대한 묘사가 한층 더 노골적이 되었다. 미국 문화는 과거보다 한층 더 다양하고, 더 개방적이며, 덜 억제되고, 좀 더 논쟁적이었다. 그 결과 새로운 논쟁과 문제가 등장했다.

페미니즘과 낙태를 둘러싼 갈등

20세기 말에 신우파(new right)가 한층 더 강력하고 독단적인 세력이 되어 자신들이 좋아하지 않는 문화를 변화시키는 데 초점을 맞추면서 주요 목표로 삼은 것 중의 하나는 페미니즘과 페미니즘의 성취에 도전하는 것이었다. 신우파의 지도자는 연방헌법에 평등권 수정 헌법(Equal Right Amendment)을 포함하자는 운동에 반대하는 운동을 성공적으로 펼쳤다. 그리고 그들은 1980년대 말과 1990년대에 가장 불화를 일으켰던 문제, 즉 낙태의 권리에 대한 논쟁에서 중추 역할을 했다.

여성이 원치 않는 임신을 했을 때 중절할 수 있는 선택을 허용하자고 했던 사람들은 연방 대법원의 '로 대 웨이드(*Roe v. Wade*)' (1973) 판결로 이 문제가 해결되었다고 여겼다. 1980년대 무렵에 낙태는 미국에서 가장 일상적으로 행해지던 외과적 처치였다. 그러나 그와 동시에 낙태에 대한 반대는 강력한 민초(grassroots) 운동을 불러일으키고 있었다. 말뜻 그대로 '임신 중절 반대(right-to-life)' 운동은 가톨릭교도가 가장 열렬하게 지지했고, 실제로 가톨릭교회는 합법화된 낙태에 반대하는 투쟁에 제도적 권위를 더해주었다. 모르몬교도, 근본주의 기독교인, 그리고 그 밖의 단체도 종교적 믿음에 따라 낙태 반대 입장을 취했다. 이와는 다른 일부 낙태 반대 활동가의 이유는 종교보다는 가족과 젠더(gender) 관계에 대한 전통적인 관념을 지키는 데에 더 관련이 있었다. 이들에게는 페미니스트가 부인과 어머니로서 여성의 역할에 가한 한층 광범위한 공격 중에서도 특히 낙태가 못마땅했다. 많은 낙태 반대자는 낙태가 일종의 살인이라고 강력히 주장했다. 그들은 태아가 수태 순간부터 '살 권리'를 지닌 인간이라고 보았다.

임신중절 반대 운동은 '로 대 웨이드' 판례의 파기 또는 임신중절 금지를 꾸준히 요구하는 한편, 한결 제한적인 방식이기는 하지만 낙태의 가장 취약한 곳을 공격했다. 1970년대에 연방의회와 많은 주의 입법부는 낙태와 관련해서 공적 자금 사용을 금지하기 시작했고, 따라서 많은 빈민 여성이 기금을 이용하지 못하게 만들었다. 레이건 및 부자지간인 양대 부시 행정부는 연방 자금을 제한했을 뿐 아니라, 심지어는 연방 기금의 지원을 받는 병원에서 환자에게 낙태에 관한 어떠한 정보도 제공할 수 없도록 의사의 권리도 더 많이 제한

• 임신 중절 반대 운동

했다. 임신중절 반대 운동의 극렬주의자는 피켓 시위, 점거, 때로는 낙태 시술 병원에 폭탄 투척 등을 하기도 했다. 몇몇 낙태 반대 운동가는 낙태 시술을 한 의사를 살해하기도 했다. 또 다른 의사는 테러리즘과 괴롭히기 운동에 시달렸다. 1981년과 2009년 사이에 (새로운 보수적 대법원 판사들이 연방 대법원에 임명되었던 시기 동안) 연방 대법원의 판사 구성이 바뀌면서 임신중절 반대 운동가는 '로 대 웨이드' 판례가 파기될 수 있다는 희망을 갖게 되었다.

'낙태 합법화' 운동

20세기 말과 21세기 초에 사법부의 분위기가 바뀌자 낙태 옹호자는 이전에는 결코 볼 수 없었던 정도로 결집했다. 그들은 '낙태 합법화(pro-choice)' 운동을 전개했는데, 이는 낙태 자체를 옹호한다기보다는 모든 여성이 아기를 낳을 것인지 말 것인지, 언제 낳을 것인지를 선택할 권리를 보호하는 운동이었다. 낙태 합법화 운동은 곧 미국의 많은 지역에서 최소한 임신중절 반대 운동만큼이나 강해졌고, 일부 지역에서는 그보다 더 강했다. '낙태 합법화'의 지지자인 클린턴 대통령이 1992년에 당선되면서 '로 대 웨이드' 판례에 대한 즉각적인 위협은 수그러드는 것처럼 보였다. 1996년 클린턴의 재선은 여러 가지 중에서도 낙태 합법화 운동이 상당한 정치적 세력을 갖고 있음을 보여주는 증거였다. 하지만 낙태할 권리는 매우 비난받기 쉬운 상태로 남아 있었다. 클린턴의 후임자인 조지 W. 부시는 낙태를 공개적으로 반대했지만, 버락 오바마는 낙태 합법화 지지의 편에 섰다.

환경주의의 성장

1960년대 말과 1970년대 초에 급속하게 성장한 환경 운동은 1980년대와 1990년대 그리고 2000년대에도 계속해서 확대되었다. '지구의 날(Earth Day)'이 최초로 제정된 이후 수십 년간 환경문제는 점차 더 많은 주목을 받고 지원을 얻게 되었다. 비록 연방정부가 환경문제에 단지 간헐적인 관심만 보였음에도, 환경운동가는 주로 지방적 차원이기는 하지만 일련의 중대한 투쟁에서 승리를 거두었다. 그들은 도로, 공항 등의 건설과 생태학적으로 위협이 된다고 간주된 여러 다른 프로젝트를 막았다. 이 같은 활동을 펴면서 환경 운동가는 멸종 위기를 맞은 종(種)과 환경적으로 취약한 지역을 보호하기 위해 새로 제정된 법안을 적절히 이용했다.

1980년대 말에 환경 운동은 '지구온난화(global warming)', 즉 화석연료(석탄과 석유) 연소물의 배출로 지구 온도의 꾸준한 상승이라는 새로우면서도 불길한 도전을 둘러싸고 결집하기 시작했다. 여러 해에 걸쳐 지구온난화의 속도와 심지어 실재에 대한 상당한 논쟁이 계속되었지만, 21세기에 들어서서 이 문제를 둘러싼 광범위한 합의가 이루어져갔다. 합의의 일부는 이 문제에 대한 주의를 이끌어낸 노력으로 말미암아 2007년에 노벨 평화상을 수상한 전직 부통령 앨 고어와 같은 주요 인물이 노력한 결과이기도 했다. 1997년에 주요 산업국가의 대표가 일본 교토에서 만나 탄소 배출을 감축하고 지구온난화를 늦추거나 역전시키기 위한 조치를 확정하는 광범위한 조약 체결에 동의했다. 연방의회 공화당 의원들이 이 조약에 반대함으로써 클린턴 대통령은 조약 비준에 실패했다. 2001년 3월, 조지 W.

• 환경주의 활동

환경을 위한 항의

수십 명의 항의자가 2008년 캔자스 주 로렌스에서 석탄을 연료로 사용하기 때문에 많은 탄소를 배출하는 발전소, 로렌스 에너지 센터(Lawrence Energy Center)에 반대하는 시위를 벌이고 있다. 석탄은 기후변화의 주요 근원인 이산화탄소 배출의 주요인 중 하나다.

부시 대통령은 이 조약이 미국에 너무도 커다란 부담을 준다고 비난하고 이에 대한 비준을 거부했다.

〈세계 속의 미국〉

전 지구적 환경 운동

★ ★ ★

한 세기를 훌쩍 넘겨 진행된 국제적 운동인 환경 운동은 20세기 말과 21세기 초에 전 세계적으로 급속하게 성장했다. 야생지역을 보존하고 공기와 물을 정화하려는 일련의 지역적 노력의 일부로 시작한 이 운동은 전 지구에 영향을 미치고 위협하는 문제를 다루는 광범위한 노력으로 진화했다.

1960년대, 1970년대 그리고 1980년대 동안 야생 협회(Wilderness Society), 시에라 클럽(Sierra Club), 그리고 전미 오더번 협회(National Audubon Society)와 같은 장기적·지속적인 미국의 환경 협회가 활기를 되찾는 동안, 세계 다른 지역의 조직은 국제적 환경 운동을 조직화하려고 시도했다. 세계야생생물기금(World Wildlife Fund, WWF)은 1961년 스위스에서 만들어져, 마침내 90개국이 넘는 곳에서 500만 명이 넘는 지지자를 이끌어내 세계에서 가장 크고 독립적인 환경보호 조직이라 주장하고 있다. 그린피스(Greenpeace)는 미국이 알래스카의 먼바다에서 핵실험을 하는 것에 반대하기 위해 캐나다에서 1971년 창설되었다. 이 단체도 전 세계적으로 290만 명에 이르는 재정적 후원자를 확보하고 있으며 42개국에 지국을 둔 국제적 조직으로 성장했다.

그린피스와 WWF와 같은 비정부기구(NGOs)만이 환경적 관심사를 인지한 단체는 아니었다. 1972년 6월 국제연합(United Nations)은 스웨덴의 스톡홀름에서 인류 환경에 대한 첫 번째 회의를 개최했다. 113개국의 대표가 회의에 참석하여 냉장고와 에어로졸 분사기 등에 사용되는 프레온 가스(Chlorofluorocarbons, CFCS)라는 화학적 복합체가 오존층 파괴에 어떤 역할을 하는지 등을 포함한 중요한 전 지구적 환경 이슈를 논의했다. 회의 이후, 국제연합은 유엔 환경 프로그램(United Nations Environment Programme, UNEP)을 창설하여 환경주의를 위한 국제적 노력을 조정하고 빈곤국의 지속가능한 발전을 장려하고자 했다.

　세계에서 최초의 '녹색(Green)'당—명백히 환경적 관심사에 전념한 정당(때로 사회정의와 관련된 다른 이슈도)—은 1972년 뉴질랜드(밸류즈당 Values Party)와 타스마니아(타스마니아 그룹 연합United Tasmania Group)를 시작으로 등장했다. 이후, 녹색당이 미국을 포함하여 전 세계적으로 확산되었다. 오래된 가장 강력한 녹색당은 1980년에 설립된 독일 녹색당(Die Grünen)이다. 독일 녹색당은 1998년과 2000년에 사회민주당과 연합해 핵 출구법(Nuclear Exit Law)을 성공적으로 통과시켰다. 이 법은 20년 후에 독일이 최종적으로 핵에너지를 포기하고 재생에너지로 전환하도록 정했다.

　생태적 대재앙이 종종 전 지구적 환경 운동이 활기를 띠도록 도왔다. 이들 사건 중 주목할 만한 하나는 1984년의 보팔(Bhopal) 참사로, 인도의 보팔에 위치한 유니온 카바이드(Union Carbide) 살충제 공장에서 가스가 새어 나와 3,000명에서 1만 5,000명에 이르는 사람이 사망했다. 2년 후, 핵원자로 사건이 소련의 우크라이나에 있는 체르노빌(Chernobyl)에서 발생하여 56명이 사망했고, 방사선 등의 노출로 인해 수천 명이 더 사망할 것으로 예견되었다. 체르노빌 주변 지역은 부분적으로 플루토늄-239의 핵반응 평균수명의 절반 정도인 2만 4,000년간 핵에 오염될 것으로 예측되었다. 펜실베이니아의 스리마일 섬(Three Mile Island)에서 발생한 핵 관련 사고는 대재앙까지는 이르지 않았으나 미국 내 반핵 정서를 증대시켰다. 체르노빌과 스리마일 섬의 재해는 지역적 사건이 전 지구적으로 장기간에 걸쳐 영향을 미칠 수 있음을 시사했으며, 또 이로써 국제적 환경 운동의 중요성을 증명했다. 이 교훈은 유조선 엑슨 발데즈 호(Exxon Valdez)가 알래스카의 프린스 윌리엄 해협(Prince William Sound)에 있는 블라이트 리프(Blight Reef)라는 암초에 좌초되어 원유 약 1,090만 갤런을 유출했을 때 재확인되었다. 결국에는 기름이 수천 평방 마일의 바닷물(그리고 알래스카 해안선 1,300마일)을 뒤덮어버려 수십만 마리의 동물을 즉사시켜 해협의 허약한 생태계를 유린했다.

　선진 산업국가에서 환경 관련 주장은 주로 에너지 정책과 보존, 청정

기술, 그리고 소비에 대한 변화하는 개인과 사회적 태도(재활용 운동에서와 같이)에 초점을 맞췄다. 그러나 개발도상국에서 성장한 환경 보존주의는 종종 인권과 민주적 권리 그리고 제1 세계의 착취로부터 벗어나기 등의 이슈와 연관되었다. 예를 들면, 1977년 왕가리 마타이(Wangari Maathai)에 의해 시작된 케냐의 그린벨트 운동(Green Belt Movement)은 삼림훼손과 황폐화, 토양 침식, 그리고 물 부족이라는 도전에 대응하여 전국에 3,000만 그루의 나무를 심도록 장려한 여성운동이었다. 그린벨트 운동은 중요한 인권과 여권 기구가 되었고 환경 보존과 보호를 통해 빈곤을 축소하고 평화롭게 민주적 변화를 이루는 데 초점을 맞췄다.

지난 20년간, 다변적 환경 관련 조약과 전 세계 정상회담이 지지자의 주요 전략이 되면서 환경 운동은 그 범위에 있어 한층 더 전 지구적으로 성장했다. 1997년 온실가스 배출을 감소시키도록 요구하여 지구온난화를 억누르려는 국제적 노력이 2009년 6월에 185개국이 비준을 마친 교토 의정서에서 정점을 이루었다(미국은 분명한 예외로 하고). 부시 행정부가 탄소배출을 제한하려는 대부분의 노력을 거부한 반면 다른 주요 국가는 지구온난화의 문제가 미국과 세계 전역에서 폭넓은 관심을 끌도록 도왔다. 아마도 가장 주목할 만한 이는 전임 미국 부통령 앨 고어였으며 2006년에 그의 저서와 동명의, 그가 출연한 〈불편한 진실(An Inconvenient Truth)〉이라는 영화—미국과 많은 다른 국가에서도—는 근래의 다른 어떤 사건보다 지구온난화 위기에 대한 인식을 고양하는 데 많은 기여를 했다. 이런 노력으로 고어는 2007년 노벨 평화상—그가 주창한 운동의 전 지구적 성격을 고려해보면 적절하게 다른 이들과 수상의 영예를 함께하며—을 수상했다. 공동 수상자는 1988년 스위스에서 시작되어 국제연합과 제휴한 기후변동에 관한 정부 간 패널(Intergovernmental Panel on Climate Change)이었다.

6

세계화의 위험

새로운 밀레니엄의 시작을 축하한 2000년 1월이 뜻깊은 순간이었던 것은 단지 달력이 바뀌었기 때문은 아니었다. 이는 무엇보다도 세계적 사건이었다. 충만함은 세계를 통일했고, 모든 사람이 함께 나눈 대체로 즐거운 경험이었다. 그러나 밀레니엄의 축하가 전 지구화의 찬란한 희망을 보여주었다면, 새 세기의 여명에 있었던 또 다른 사건은 어두운 위험을 암시했다.

'신세계 질서'에 대한 저항

개입에 대한 비판자

미국과 다른 산업국가에서 세계화—조지 W. 부시 대통령은 이것을 '세계화 질서'라고도 명명함—에 대한 저항이 여러 형태로 나타났다. 좌파와 우파를 막론하고 모든 미국인은 점차 개입주의적인 방향으로 전개되는 미국의 외교정책이 매우 곤혹스러웠다. 좌파의 비판자는 특히 1991년 걸프전과 무엇보다도 2003년에 시작된 이라크 전쟁에서 확연히 드러났듯이 미국이 자국의 경제적 이익을 증진시키기 위해 군사 행동을 이용했다고 주장했다. 우파 비판자는 미국이 타국의 이해관계에 휩쓸리게 될 여지—1993년 소말리아, 1990년대 말 발칸에서의 인도주의적 개입처럼—가 있으며 이로써 미국의 독자적 행동권을 국제기구에 양도했다고 주장했다.

그러나 서양에서 세계화에 대한 가장 격렬한 반대는 신세계 질서가 경제적인 혜택을 줄 것이라는 주장에 도전한 일단의 집단에서 나왔다. 노동조합은 자유무역 협정이 급속히 확산되면 선진 국가의 일자리가 미개발 국가로 유출될 것이라고 주장했다. 또 다른 집단은, 세계경제에서 서양의 국가가 거의 인내하기 어려운 조건 속에서 일하는 '노예 노동자(slave laborers)'라는 새로운 계급을 만들어내고 있다고 주장하며, 인도주의적 기반 위에서 신흥 산업국가의 노동조건을 공격했다. 환경주의자는 세계화가 산업체를 저임금 국가로 유출시킬 뿐만 아니라 산업 오염과 독성 폐기물을 제대로 통제할 수 있는 효과적 법을 갖추지 못한 나라로 수출하는 것이기 때문에 결국 지구온난화를 가속화시키는 것이라고 주장했다. 그리고 또 다른 집단은 세계적 경제 협의가 거대 다국적기업을 더 부유하고 강하게 만들 뿐만 아니라 개인과 지역사회의 자유와 자율성을 위협한다고 주장하며 이를 반대했다.

세계화에 대한 다양한 반대자는 자신들의 불만 대상이 무엇인지에 모두 동의했다. 자유무역 협정만이 아니라, 전 세계적 경제를 감찰하고 진전시키는 여러 다국적 기구가 그 대상이었다. 이 중에는 1990년대 GATT 조약의 적용을 감시해왔던 세계무역기구(World Trade Organization, WTO), 국제 간 채무와 외환 비율을 조정했던 국제통화기금(International Monetary Fund, IMF), 많은 국가의 개발 프로젝트에 자본을 제공하는 세계은행(World Bank)이 있었다. 1999년 11월 7개 산업국가(G7)의 지도자(러시아의 지도자를 포함함)가 워싱턴 주의 시애틀에서 연례 회담을 갖기 위해 모였을 때, 수만 명의 시위대(그들 중 대부분은 평화 시위를 하였으나, 일부는 폭력

• 세계화에 대한 저항

적이었다)가 경찰과 충돌하여 상점 창문을 깨뜨렸으며 도시를 거의 마비시켰다. 몇 달 후, 앞선 경우보다는 소규모이나 여전히 상당 규모의 시위가 발발하여, 워싱턴에서 열린 IMF와 세계은행 회의를 방해했다. 그리고 2001년 7월, 이탈리아의 제노아(Genoa)에서 열린 7개국 정상회담에서 약 5만 명의 시위대가 폭력을 사용하며 경찰과 충돌하는 난투극을 벌여, 시위대 중 1명이 사망하고 수백 명이 부상을 당했다. 이 시위에 대응하여 회담 참석자들은 개발도상국의 에이즈 확산과 싸우기 위해 12억 달러를 내놓겠다고 약속하고, 다음 회담을 캐나다의 외딴 휴양지에서 열기로 결정했다.

정통성의 수호

산업화된 서양 세계 바깥에서 세계화의 충격은 다른 문제와 염려, 관심사를 만들어냈다. 비(非)산업화 세계의 많은 시민은 세계경제가 자신들을 빈곤 속에 내버려둔 채 착취하고 억압해왔던 방식에 분노했다. 비산업화 세계의 일부 지역—특히 중동의 이슬람 국가 중 일부—에서는 세계화가 점차 도래하면서 경제 뿐 아니라 종교와 문화에 뿌리를 둔 또 다른 불만을 만들어냈다.

• 이슬람 근본주의의 등장

1979년의 이란혁명은 정통적 이슬람교도가 근대적 서양 문화의 많은 면을 받아들였던 전제 정권을 축출한 사건으로, 이슬람 세계를 넘어 전 세계의 안정을 위협하는 것이 무엇인지 최초로 분명하게 보여준 증언의 하나였다. 이슬람 국가에서 근본주의의 물결이 서양의 침투에 대항하여 전통적 문화의 수호를 내걸고 연이어 등장했다. 이러한 분노가 낳은 한 가지 결과는 서양의 영향력에 대항하는 데 폭력에 의존하는 빈도가 늘었다는 것이다. 과격 급진주의자는 사회와 정부를 혼란에 빠뜨리고 사람 사이에 공포심을 조장하려는 의도로 개별적 폭력 행사와 무차별적 상해를 가하는 사건에 주력했다. 이러한 전략이 전 세계에 테러리즘으로 알려지게 되었다.

테러리즘의 부상

'테러리즘(terrorism)'이라는 용어는 1790년대 프랑스혁명 도중 프랑스 정부에 대한 급진적인 자코뱅(Jacobins)의 행동을 설명하기 위해 처음 사용되었다. 이 단어는 19세기와 20세기 전반까지 사람과 정부에 대한 위협의 한 형태로서 폭력을 행사하는 것을 의미하는 데 간헐적으로 사용되어왔다. 그러나 테러리즘을 현대적 삶의 한 주요한 요소로 폭넓게 이해하게 된 것은 대체적으로 20세기 말과 21세기 초에 들어와서다.

● 테러리즘의 기원

지금 테러리즘으로 알려진 행동은 전 세계의 많은 곳에서 발생해왔다. 아일랜드 혁명주의자는 20세기의 상당 기간 동안 영국에 대항하여 주기적으로 테러리즘에 호소했다. 유대인은 팔레스타인에서 이스라엘이 건국되기 이전에 영국인에 대항하여 테러리즘을 이용했으며, 팔레스타인인은 이스라엘과 유대인에 대해 테러리즘을 이용했는데, 지난 수십 년 동안 특히 심했다. 이탈리아, 독일, 일본, 그리고 프랑스의 혁명가 집단은 지난 수십 년 넘게 간헐적으로 테러 행위를 해왔다.

미국 또한 여러 해 동안 테러리즘을 겪었는데, 그 상당 부분이 미국 밖에 있는 미국인을 목표로 한 것이었다. 여기에는 1983년 베이루트에서 발생한 해병대 막사 폭격, 1988년 스코틀랜드의 로커비(Lockerbie) 상공에서 폭발로 추락한 미국 항공기 사고, 1998년 미국 대사관 폭격, 2000년 미국 해군 함정 콜(Cole)에 대한 공격 등이 포함된다. 2001년 9월 11일 이전에 미국 내에서 테러 사건은 비교적 드물게 일어났으나, 알려지지 않은 것은 아니었다. 미국 좌파 투사는 1960년대와 1970년대 전반에 여러 가지 테러 행위에 참여했다. 1993년 2월, 뉴욕 시에 있는 세계무역센터(World Trade Center) 주차장에서 폭탄이 터져 6명이 사망했고, 건물은 고칠 수 없을 정도는 아니지만 구조적으로 상당한 손상을 입었다. 투쟁적 이슬람 조직과 연계된 남성 몇 명이 범죄행위로 기소되었다. 1995년 4월, 폭발물을 실은 밴이 오클라호마 시(Oklahoma City)의 연방 청사 앞에서 터져 168명이 사망했다. 전(前) 해병대원이며 미국 우파의 투쟁적 반정부 운동의 일원이었던 티모시 맥베이(Timothy McVeigh)는 테러 행위로 기소되어 결국, 2001년에 처형되었다.

그러나 대부분의 미국인은 테러리즘을 주로 다른 국가에서 만연하는 문제라고 생각했다. 2001년 9월 11일에 발생한 가공할 사건의 결과, 미국인은 자기만족에서 벗어나 동요하게 되었고, 계속되는 위험을 경계하게 되었다. 그러한 자각은 9월 11일 이후 수년간 증가했다. 새로운 보안 조치로 인해 미국인의 여행 방식이 변화하기 시작했다. 정부의 새로운 규제가 이민정책을 바꾸고 국제금융의 성격에 영향을 미쳤다. 새로운 테러리스트 공격이 있을 수 있다는 경고로 긴장과 불안감이 만연했다.

테러와의 전쟁

2001년 9월 11일 이후, 미국 정부는 조지 W. 부시 대통령이 이름 지은 '테러와의 전쟁'을 개시했다. 정부 정보기관은 세계무역센터(World Trade Center)와 펜타곤(미국 국방부청사)을 공격한 세력은 알카에다(Al Qaeda)로 알려진 강력한 테러리스트 네트워크의 중동 정보원이 계획하고 지휘했다고 발표했다.

알카에다의 지도자, 오사마 빈 라덴(Osama Bin Laden)—2001년 이전에는 아랍 세계 바깥에 거의 알려지지 않은—은 곧 세계에서 가장 악명 높은 인물 중의 한 사람이 되었다. 미국은 아프가니스탄의 호전적 탈레반(Taliban) 정부가 빈 라덴과 그의 조직을 보호하고 지원했다고 확신하여 탈레반 정권에 대한 일련의 폭격을 개시하였고 지상군을 파견했다. 아프가니스탄의 탈레반 정권은 곧 붕괴되었으며, 탈레반 지도자—그들과 연합한 알카에다의 전사와 함께—는 수도 카불에서 도망쳤다. 미국과 반 탈레반 아프간 군대는 그들을 산악 지역으로 추적하였으나 빈 라덴과 그의 조직의 다른 지도자를 생포하는 데 실패했다.

전투 후에, 아프가니스탄의 미군은 탈레반과 알카에다와 연류된 혐의가 있는 수백 명을 체포해 종국에는 이들 수감자를(다른 이들도) 쿠바의 관타나모(Guantanamo)에 있는 미군 기지의 시설로 이송했다. 그들은 2001년 9월 11일 이후 연방정부에 의해 제정된 테러리즘을 다루는 새로운 기준으로 처리된 첫 번째 테러리스트 용의자 중 일부였다. 수개월간, 어떤 경우에는 수년간 수감되어 변호인 면담도, 공식적 기소도 없이 강도 높은 심문과 고문을 받았다. 그들은

• 알카에다

2001년 9월 11일

위대한 미국의 상징인 자유의 여신상이, 테러리스트가 또 다른 미국의 상징인 뉴욕 시의 세계무역센터 건물에 2대의 비행기를 충돌시켜 몇 시간 후 건물이 무너져 내리며 내뿜는 짙은 연기로 가득한 하늘을 배경으로 서있다.

테러와의 전쟁이 만들어낸 사람으로, 많은 비판자가 주장한 기본적 시민적 자유를 위협한 예가 되었다. 백악관에 들어온 첫 달, 오바마 대통령은 관타나모 감옥을 폐쇄하겠다고 약속했다. 그러나 그는 곧 이 약속을 지키기 어렵다는 것을 알게 되었다.

이라크 전쟁

2002년 1월, 조지 W. 부시 대통령은 의회 상하 양원 합동 연설에서 '악의 축(axis of evil)'을 언급했는데, 거기에는 이라크, 이란, 북한이 포함되었다. 이들 국가는 모두 반미 정권으로, 핵무기를 가지고 있거나 갖고자 애쓰는 것으로 간주되고 있었다. 비록 조지 W. 부시가 당시 그렇게 언급하지는 않았지만, 전 세계의 많은 사람이 이 말을 미국이 조만간 이라크의 사담 후세인 정권을 붕괴시키고자 한다는 의미로 해석했다.

1년 넘게, 부시 행정부는 천천히 이라크를 침공할 공적인 사례(public case)를 만들었다. 사례의 많은 부분은 두 개의 주장에 근거해 있었다. 하나는 이라크가 미국에 적대적인 테러 집단을 지원하고 있다는 것이며, 궁극적으로 더 중요한 또 하나는, 이라크가 핵무기와 생화학전 약품을 포함한 '대량 살상 무기'를 보유하고 있거나 개발 중이라는 것이다. 적어도 미국에게, 이러한 주장보다 덜 본질적인 것은 후세인 정권이 인권침해에 책임이 있다는 비난이었다. 마지막을 제외하고 어느 주장도 정확하지 못한 것으로 드러났다.

2003년 3월, 미군은 영국 등 소수 국가의 협조와 유엔의 부분적 위임(partial authorization)을 구실로 이라크를 침공했다. 그리고는 순식간에 후세인 정권을 붕괴시켰다. 후세인은 숨어버렸으나 마침내 그해 12월에 체포되었다. 2003년 5월, 미군이 바그다드를 점령한 직후, 조지 W. 부시 대통령은 캘리포니아 해안에서 발진한 항공모함에 극적으로 등장했다. 그는 '임무 완수'라고 쓰인 커다란 표지 앞에 서서 이라크 전쟁에서 승리했다고 선언했다.

'임무 완수' (2003)

2003년 5월 1일, 조지 W. 부시 대통령은 이라크 전쟁 공식 교전 종료 후 첫 주요 연설 장소로 샌디에이고에 정박한 에이브러햄 링컨 항공모함을 선택했다. 부시는 병사와 공감대를 형성하려는 목적에서 해군 대잠수함 초계기 S-3 Viking을 타고 항공모함 갑판에 착륙했다. 그리고 비행복 차림으로 헬멧을 든 채 카메라 앞에 섰다. 나중에는 양복으로 갈아입고 갑판 위 '임무 완수'라고 쓰인 대형 배너 아래 모여 있는 남녀 장병에게 연설을 했다.

그 후 여러 달 동안, 이라크에서 일어난 사건들은 대통령의 주장이 성급했음을 암시하고 있었다. 2009년 중반까지 이라크에서 사망한 미군이 4,000명이 넘었는데, 그중 3,600명 이상이 '임무 완수' 연설 이후에 죽었다. 미국과 그의 동맹국이 권력을 이라크 정부에 넘기기 위해 질서 회복에 심대한 노력을 기울였음에도 반군 세력은 지속적인 공격과 테러 행위로 허약한 국가의 안정 회복을 지속적으로 방해했다.

미국 내에서 전쟁 지지는 최초의 승리 주장 이후 여러 해 동안 점차 감소했다. 대통령이 주장했던 대량 살상 무기의 증거를 찾는 데 점령국들이 실패한 것은 전쟁의 신빙성에 타격을 가했다. 또 다른 타격은 바그다드에 위치한 아부 그래이브(Abu Ghraib)와 이라크의 다른 지역, 그리고 전 세계에 걸친 감옥에서 미군이 이라크 포로에게 가한 고문과 모욕에 관한 보고서 때문이었다.

이라크 침공은 조지 W. 부시 대통령의 외교정책 구조의 근본적인 변화를 가장 가시적으로 보여줬다. 봉쇄정책이 세계 속의 미국의 역할에 대한 시금석이 된 1940년대 후반 이래로, 미국은 자신의 적을 직접적으로 위협하거나 공격하지 않고 체제의 안정을 유지하고자 힘썼다. 심지어 냉전이 끝난 후에도, 미국은 군사적으로 도전받지 않은 우위에 있음에도 봉쇄의 수준을 계속적으로 유지했다. 조지 W. 부시와 빌 클린턴 행정부에서도, 미국의 지도자는 미국의 국제적 목표를 달성키 위해 예컨대, 유엔 및 나토와 밀접하게 협력했으며 일방적인 군사적 행동은 자제했다.

이러한 제약을 비판하는 사람은 항상 있어왔다. 그들은 미국이 안정 유지 이상을 해야 하고 비민주적 정권을 붕괴시키기 위해 적극적으로 움직여야 하며, 미국의 잠재적 적을 파괴해야 한다고 믿었다. 부시 행정부 내에서, 이러한 비판 세력은 미국의 외교정책을 좌지우지했기 때문에 정책을 새로 짜기 시작했다. 봉쇄정책의 유산은 거의 전적으로 거부되었다. 그리하여 미국 정부의 공식 입장은 미국이 전 세계에 자유를 전파한 책임과 권리가 있기 때문에 경고나 본보기(example)뿐 아니라 필요한 경우 군사력에 의존할 수 있다는 것이다. 2005년 5월 라트비아(Latvia)에서 부시 대통령은 제2차 세계대전 말 동유럽의 소련 지배에 도전하지 않는다는 당시 미국의 결정에 대해 언급했다. 그 결정은 소련 지배에 도전한다면 미국을 또 다른 전쟁으로 이끌 것이라는 믿음에 근거한 것이었다. 조지 W. 부시는, 루스벨트와 처칠 그리고 스탈린이 1945년 얄타회담에서 타결한 논쟁적인 합의안은 폴란드와 여타 동유럽 국가에 대한 소련의 점령을 막지 못한 '정당치 않은 전통'의 일부이며, 이로써 강대국이 약소국의 이해를 희생시켰다고 말했다. 그는 계속해서, "안정을 위해 자유를 희생시킨 이러한 시도는 유럽 대륙을 분할해 불안정한 상태로 남겨놓았다"고 말했다. 또 미국과 여타의 강대국은 안정보다 자유를 더 소중하게 여겨야만 하며, 폭정과 억압을 종식시키기 위해 세계는 더 큰 위험을 안을 각오를 해야 한다고 천명했다.

부시 행정부의 쇠락

대통령 재임 기간 첫 3년 대부분을 조지 W. 부시는 광범위한 인기속에 있었다. 비록 국내 정책은 결코 큰 대중적 지지를 얻지 못했지만 조지 W. 부시는 테러리즘에 대한 단호한 입장 때문에 많은 미국인의 존경을 받았다. 심지어 논쟁의 여지가 많은 전쟁이 위기 때마다 거의 언제나 대통령에 대한 지지를 끌어냈던 방식으로, 이라크 전쟁은 당분간 그의 인기를 유지하는 데 도움을 주었다.

조지 W. 부시의 국내 정책은 그를 정치적으로는 거의 강화시키지 못했다. 2001년의 대규모 감세안은 고르지 못하게 매우 부유한 미국인에게 돌아갔다. 이는 최선의 성장 정책은 투자를 가장 잘 할 사람들 수중에 돈이 들어가게 해야 한다는 백악관 경제학자들의 견해를 반영했기 때문이다. 감세 정책 이외 조지 W. 부시가 성취 주요 정책은 "어떤 어린이도 뒤처져서는 안 된다(No Child Left Behind)"로 요약되는 교육개혁안으로, 표준 시험을 치는 학생의 성적과 결부해 연방 자금을 학교에 지원한다는 것이었다. 통과된 지 7년 후, 그 법안이 두드러지게 학생의 수행능력을 개선했는지에 대한 분명한 합의는 없었다. 여전히 사회보장제도의 몇몇 측면을 민영화하려는 노력을 비롯한 여타의 제안들은 의회에서 결코 대대적인 지지를 얻지 못했다. 심지어 민주당이 의회를 다시 지배한 2006년 이전에도, 조지 W. 부시는 많은 중요 법안을 진행할 수 없음을 알게 되었다. 그렇기 때문에 부시 행정부는 자신의 목표를 달성하기 위하여, 특히 '테러와의 전쟁'을 수행하는 데 주어진 행정명령(executive orders) — 의회의 동의가 필요 없는 법과 정책 — 을 아주 광범위하게 이용하기 시작했다.

2004년 대통령 선거는 부시 행정부가 성공한 마지막 순간일 것이다. 인기 없는 이라크 전쟁은 대통령에 대한 동의율을 급격히 하락시켰는데, 2008년 중반에는 그 평가가 여론조사 사상 최저의 수준에 도달했다. 설상가상으로 조지 W. 부시의 인기에 더욱 타격을 입힌 것은 아마도 허리케인 카트리나에 대한 부시 행정부의 대응일 것이다. 법무부에서 드러난 추문, 시민권을 불법적으로 제약했다는 폭로, 테러리스트로 의심된 사람에게 사용한 책략으로 일어난 극단적인 혐오감, 2008년 전반에 시작된 재앙에 가까운 재정 위기로 절정에 이른 절망적인 경제 전망 등이 대통령의 인기 하락을 가속시켰다.

2008년 선거

2008년 대통령 선거는 1952년 이래 현직 대통령이나 부통령을 포함하지 않는 최초의 선거였다. 양당은 많은 후보자가 나선 가운데 선거운동을 시작했으나, 2008년 봄에는 경선으로 선택의 폭이 상당히 좁혀들었다. 2000년 공화당 지명전에서 조지 W. 부시에게 패배했던 애리조나 주의 상원 의원인 존 매케인(John McCain)이 조지 W. 부시의 지명을 확고히 받으면서 초기 예비선거(primaries)를 통해 부상했다. 민주당 선거전에서는 예비선거에서 두 명을 제외한 모든 후보자가 탈락했다. 그 둘은 뉴욕 주의 상원 의원이자 대통령 영부인이었던 힐러리 로댐 클린턴과 일리노이 주의 버락 오바마(Barack Obama) 상원 의원이었다. 오바마는 젊고 카리스마 있는 정치인으로 아프리카 출신 아버지와 캔자스 주 출신 백인 어머니의 아들이다. 대통령으로 선출될 가능성이 큰, 최초의 여성과 최초의 아프리카계 미국인(African American)으로서, 클린턴과 오바마는 커다란 열광을 끌어냈다. 양쪽이 선거운동을 추진하던 열정은 일반적인 경우보다 훨씬 길게 예비선거의 경쟁을 이끌었다. 6월의 마지막 예비선거전에 이르러서야 오바마가 후보에 지명될 것이 분명해졌다.

매케인과 오바마는 뚜렷하게 다른 프로그램으로 가을 선거운동에 임했다. 매케인은 이라크 전쟁을 지지하고 전쟁을 지속할 것임을 단언했다. 오바마는 일정한 시기에 걸쳐 미군을 점차 감소시킬 것을 제안했다. 매케인은 국가 의료보험에 반대했으나 오바마는 지지했다. 매케인은 투자를 유발하기 위한 추가적 감세를 지지한 반면, 오바마는 최상층 미국인의 증세를 촉구했다. 선거운동은 부시 행정부 정책에 대한 실로 가속되는 논쟁과 계속적으로 약화되는 경제를 목전에 두고서 진행되었다.

8월 후반 전당대회가 진행될 때, 버락 오바마는 여론조사에서 존 매케인을 앞서가고 있었다. 덴버에서 진행된 민주당 전당대회 바로 직전에, 오바마는 델라웨어 주의 조지프 바이든(Joseph Biden) 상원 의원을 그의 러닝메이트로 선택했음을 선언했다. 민주당 전당대회가 정회한 다음 날, 매케인은 잘 알려지지 않은 알래스카의 주지사였던 세라 페일린(Sarah Palin)을 부통령 후보로 선택했음을 선언했다. 페일린의 힘찬 수락 연설은 특히나 그녀의 보수적 견해를 같이했던 많은 공화당원의 기운을 북돋웠다. 잠시 동안, 그녀는 여론조사에서 매케인의 지지에 도움을 주었다. 그러나 그녀의 눈에 띄는 경험 미숙은 여러 코미디언에게 많은 조롱을 받았으며, 많은 유권자를 혼란스럽게 만들고, 시간이 지나면서 공화당 선거운동에 손해를 입힌 듯했다.

그러나 대통령 선거 결과에 훨씬 더 영향을 미친 것은 2007년 중반에 시작하여 2008년 여름에 위기 수준에 도달할 때까지 점차 악

오바마 열풍

2008년 대통령 선거 기간에 버락 오바마 포스터가 곳곳에 등장했다. 오바마를 그린 거리 미술품은, 미국은 물론 전 세계의 도시에서 널리 볼 수 있었다. 사진 속에서 한 뉴요커가 오바마 포스터 옆을 지나고 있다. 일부 유명 예술가들도 오바마가 역사적으로 중요한 인물이 될 것이라고 생각해 오바마 포스터 제작에 참여했다.

화된 일련의 재정 문제였다. 재정 위기가 확대된 중요한 요소 중 하나는 주택 시장의 심대한 침체인데, 이는 곧이어 주택 담보대출 위기(mortgage crisis)의 방아쇠를 당겼다. 여러 해 동안, 재정 기관은 대출을 좀 더 쉽고 싸게 할 수 있도록 새로운 신용대출 상품을 개발해왔는데, 이로써 수백 만 명이 매우 낮은 단기 금리―종종 전통적으로 안전하다고 간주된 것보다 훨씬 큰―로 대규모 주택 담보대출을 하도록 유혹받았다. 이 중 많은 것이 초기 몇 년 후에 급격하게 올라갔다. 종종 주택 가격보다 비싸진 대출금을 지불할 수 없게 되자, 수백만 명의 채무 불이행자가 자신의 주택을 포기했다. 우선, 채무 불이행은 대개의 경우 주택 담보대출을 전문으로 하는 회사에 영향을 미쳤으나, 대부분의 담보 잡힌 집들이 급히 팔리고 종종 여러 번에 걸쳐 되팔렸기 때문에 악성 채무는 금융계를 통해 널리 퍼져갔다. 이해 여름 동안 미국의 가장 중요한 경제 기관 일부가 파산하기 시작했다. 일부는 연방정부에 의해 구제 — 효과적으로 접수 — 되고 나머지는 더 큰 기관에 의해 매우 낮은 가격에 인수되었다. 더욱이 미국에서 가장 오래되고 권위 있던 투자 은행 중의 하나인 리만 브러더스(Lehman Brothers) 등 몇몇은 완전히 파산했다. 9월 중순, 금융 위기는 통제를 벗어나 연쇄적 악순환의 조짐을 보였다. 재무장관인 헨리 폴슨(Henry Paulson)은 여러 경제 지도자의 도움을 받아 은행을 살리기 위해 연방 자금을 대규모로 지출하는 예산안(appropriation)을 내놓았다. 상당한 반대가 있었음에도, 부시 행정부는 비틀거리는 금융기관을 떠받치기 위해 모두 7,500억 달러로 편성된 예산을 의회에서 승인받았다. 긴급 융자(bailout)는 금융기관의 재정 악화를 늦추었으나 신용 시장은 여전히 위축된 상태였고, 생산자와 소비자의 경제 활동은 쇠퇴하기 시작했다.

이 비정상적인 위기로 두 명의 대통령 후보는 마지막 두 달 간의 선거운동 내내 첨예하게 대립했다. 양쪽 다 위기에 대한 설득력 있는 해법을 제시하지는 못했으나, 대다수 유권자는 오바마가 매케인보다 경제를 더 잘 관리할 것이라는 믿음을 갖게 되었다. 오바마는 심각하게 인기가 떨어진 조지 W. 부시 때문만이 아니라, 그의 정책을 매케인이 승계할 것이라고 유권자를 설득하는 데 성공해 이득을 얻었다. 종종 공화당원의 날카로운 공격이 있었음에도 오바마는 상당한 재정적 지원과 고도로 훈련된 선거운동의 도움을 받아 9월 하순과 10월을 지나면서 선두를 유지했을 뿐만 아니라 격차를 벌리기까지 했다.

2008년 11월 4일, 버락 오바마는 일반투표에서는 53퍼센트 대 46퍼센트로 이겼으며, 심지어 선거인단 선거에서는 더 큰 차이로 이겨, 압도적 승리를 거두었다. 오바마는 린든 존슨이 대규모 승리를 거둔 이후 처음으로 큰 승리를 이룬 민주당 후보가 되었다. 그는 2000년과 2004년 공화당이 가져갔던 주 — 오하이오, 플로리다, 버지니아, 노스캐롤라이나, 인디애나 등 — 를 되찾아오는 데 성공했다. 상원과 하원에서도 민주당은 상당히 약진했다.

최초의 흑인(아프리카계 미국인) 대통령의 선출과 취임은 미국의 역사에서 기념비적 사건이었다. 그러나 오바마 대통령는 재임 첫 몇 달간 그가 누리던 이례적인 인기를 오랫동안 즐길 수 없었다. 1930년대 이후 닥친 최악의 경제 위기에 직면하여, 그는 주와 지역 예산, 공공사업, 그가 경제성장을 일으키기를 희망하는 많은 여타의 투자 등을 지원하기 위해 거의 8,000억 달러에 달하는 대규모 경기 부양 성격의 종합 대책을 재빨리 통과시켰다. 동시에 오바마 정부는 국가가 직면한 가장 심각한 경제문제 중의 하나인 은행 체제의 취약성과 전 세계에 걸쳐 금융기관을 약화시키고 있는 압류 처분 상태의 방대한 대부금의 해결책을 찾고자 하였다. 오바마 행정부는 투자자가 골치 아픈 자산의 일부를 인수하는 데 수천 억 달러를 지원하고 은행이 대부를 확대하도록 여타 인센티브를 제공했다. 2009년 중반, 경

대통령 기자회견

오바마 대통령은 2009년 6월에 백악관 출입 기자단이 모인 가운데 기자회견을 열었다. 이때 논의한 의료개혁과 에너지 의존 및 이라크 문제 등이 훗날 오바마 행정부의 주요 의제가 된다.

제가 나아진다는 약간의 징표가 보이기 시작했으나, 확실하게 위기가 끝났다는 징후는 전혀 없었다. 실업률은 8월에 겨우 10퍼센트 이하로 내려갔지만 거의 30년 만에 최고 수준에 도달했다.

  오바마는 또한 취임 후 몇 달을 국제적 이미지와 미국의 행동을 변화시키려는 데 사용했다. 그는 심문할 때 사용하는 고문을 비난했다. 또한 미국과 해외에서 동맹국과 전 세계에 걸친 적대국과 관계를 개선하기 위한 노력의 일환으로 여러 차례 두드러진 연설을 했다. 그는 아프가니스탄에서는 미군을 증강하고, 이라크에서는 점진적으로 군대를 철수하겠다고 약속했다. 그는 대법원 판사에 최초의 라틴계 푸에르토리코 출신 여성인 연방 항소심 판사 소냐 소토마이어(Sonya Sotomayor)를 지명했다. 그리고 오랫동안 지연된 보편적 의료(universal health care)를 시행할 야심차고도 어려운 노력에 착수했다.

오바마의 첫 6개월이 지날 즈음에는 많은 것이 변했으나 많은 도전이 남아 있었다. 커다란 경제적 · 국제적 위기에 직면했던 프랭클린 루스벨트처럼 오바마도 그의 대통령직이 얼마나 효력이 있었는지를 판단하기 위해서는 수백 일의 시간이 더 필요할 것이다.

결론

21세기가 시작되고 몇 해 동안 미국은 많은 문제와 걱정거리로 둘러싸였다. 2001년 9월 11일 이후 미국의 외교정책은 미국인을 분열시켰을 뿐 아니라 세계의 많은 국가와 심각하게 소원해졌으며, 수십 년 동안 천천히 쌓아온 미국에 대한 깊은 적의를 강화시켰다. 미국 경제는 달러 약세, 급격히 증가하는 공적 · 사적 부채, 그리고 악화된 부와 소득의 불평등 등의 상태에서 크지 않은 성장을 유지하려 애썼으나, 2008년에 시작된 주요한 경기 후퇴에 직면하고 말았다. 깊은 분열과 분노는 국가의 단합을 위협했고, 일부 미국인은 미국이 근본적으로 다른 여러 문화로 나뉘고 있다고 믿게 되었다.

그러나 이와 다른 심각한 문제가 21세기 초 미국의 전체 그림을 제공했다. 미국은 여전히 전 세계에서 가장 부유하고 가장 강대한 국가로 남아 있다. 미국은 또한 국민들이 자국과 세계에서 발생하는 심각한 사회문제를 해결하는 데 시간과 돈, 노력을 투여하려는 의지를 지닌 가장 이상적인 국가 중의 하나로 남아 있으며, 서로 대결할 때도 자유와 정의의 원리에 대한 공약이 국가 정체성의 핵심으로 남아 있다. 불확실한 미래로 나아가면서, 미국인은 힘든 도전에 부담스러워하면서도 특유의 에너지와 회복력으로 무장하고 있는데, 이로써 종종 요동치는 오랜 역사를 겪으면서, 미국은 번성하며, 지속적으로 더 나은 미래를 상상하고 추구하고 있다.

부록

미국의 주
미국의 도시
미국사 주요 연표
미국 독립선언서
미국 헌법
미국 역대 대통령 선거자료
찾아보기

★ 미국의 주

미국의 영토 확장(1783~1898)

★ 미국의 도시

★ 미국사 주요 연표

500/1500 | 1600

정치

500/1500	1600
500~1500 유럽 각국의 약화, 분열, 탈집중화 /1500년경, 유럽의 통합 및 권력 강화	1607 영국, 제임스타운 건설
1497 존 캐벗 신세계 탐험	1608 프랑스, 퀘벡 건설
1518~1550s 스페인, 코르테스 피사로 · 남북 아메리카 일부와 멕시코를 스페인 소유라고 주장	1609 스페인, 산타페 건설
	1619 버지니아 하원 소집
1565 스페인, 플로리다 세인트 오거스틴에 최초의 영구 정착지 건설	1620 순례자, 플리머스 식민지 건설
	1624 네덜란드, 서인도회사의 영구 무역 거점 건설
1587 월터 롤리 경, 로어노크 섬에 '잃어버린 식민지' 건설	1630 퓨리턴, 매사추세츠 만 식민지 건설

사회/문화

500/1500	1600
1001 노르웨이의 리프 에릭슨 선장, 뉴펀들랜드에 식민지 건설(정착민은 1세기 후에 원주민의 공격을 받고 달아남)	1609~1610 제임스타운, '굶주림의 시기'
	1622 포우하탄 인디언의 버지니아 공격
1200 카호키아(세인트루이스 인근 원주민 교역 중심지), 인구 최고 4만 명으로 증가	1636 미국 최초의 대학, 하버드 대학 설립
	1637 피쿼트 전쟁 / 앤 허친슨, 매사추세츠 만 식민지에서 추방
1477 마르코 폴로 저서 출간 /포르투갈 탐험가 헨리 왕자, 아프리카 항해	1639 영국의 아메리카 식민지 최초로 인쇄기 도입
1492 콜럼버스, 스페인 페르난도 왕과 이사벨 여왕의 자금 지원으로 항해를 떠나 유럽인 최초로 신세계 '발견'	1649 메릴랜드, '종교법' 제정으로 종교적 관용 정책 채택
1502 스페인령 아메리카에 아프리카 노예 도착	1675 필립 왕 전쟁
1517 마르틴 루터, 프로테스탄트 개혁 운동	
1518~1550 스페인 탐험가, 질병과 잔혹함으로 아메리카 원주민 제국 파괴	
1550s~1650 유럽의 종교 전쟁	

경제

500/1500	1600
1500 유럽, 상업 · 무역 회복세	1500~1600 영국, 중상주의와 시장 쇠퇴로 식민지 건설에 관심 증가
	1600s 북아메리카에 목축을 기반으로 한 스페인 경제 형성
	1612 존 롤프, 제임스타운에서 담배 경작
	1618 버지니아 회사, 버지니아에서 인두권 제도 확립
	1619 버지니아에 최초의 흑인 노동자 유입
	1640 메릴랜드, 인두권 제도 도입 / 체사피크 지역의 경제 붕괴

1700

1636	로저 윌리엄스, 로드아일랜드 건설
1642	영국 내전 발발
1664	영국, 뉴네덜란드 정복
1676	베이컨의 반란
1682	프랑스, 루이지애나 영유권 주장
1685	뉴잉글랜드령
1688	영국 명예혁명

1734	존 피터 젱어 재판, 사실에 입각한 정부 비판은 명예훼손이 아니라고 판결
1754	프랑스-인디언 동맹 전쟁 발발 (1756년에 7년 전쟁으로 비화)
1760s	캘리포니아에 스페인 정착지 건설
1763	파리 조약 / 1763년의 포고령
1765	숙박법
1766	선언법
1770	보스턴 학살
1771	노스캐롤라이나의 감시단 운동
1772	보스턴 통신 위원회 창설 / 가스페호 방화 사건

정치

1680	북아메리카 식민지 정부와 스페인 사제들, 원주민 종교 탄압 / 원주민의 반란
1690	미국 최초의 신문《퍼블릭 오커런시스》, 보스턴에서 발간
1692	세일럼 마녀 재판
1693	윌리엄앤메리 대학 설립

1700	노예법 통과, 인종에 기반한 아메리카 노예제도 합법화
1701	윌리엄 펜, '자유 헌장' 제정
1708	흑인, 사우스캐롤라이나 인구의 다수 차지
1734	대각성 시작
1739	사우스캐롤라이나의 스토노 반란
1752	벤저민 프랭클린, 연으로 전기 실험

사회/문화

1650s	북아메리카에 흑인 노동자 증가 / 모피 무역 감소
1660	항해 조례 제정
1670s	영국 출산율 저하로 아메리카로의 계약 하인 유입 감소
1675	상무성 신설
1697	노예 수입 증가

1700s	미국 내 소비자 문화 형성
1750	미국 내에서 철 가공을 제한하는 제철법 제정
1763	팩스턴 보이스, 펜실베이니아 세금 감면 요구 / 영국 그렌빌 수상, 영국 부채 감면을 위해 식민지에 세금 부과
1764	설탕법 및 화폐법 제정
1765	인지세법 제정
1766	인지세법 폐지
1767	타운센드 관세 도입
1770	대부분의 타운센드 관세 폐지
1773	차 세법 제정

경제

1700

정치

1773	보스턴 차 사건
1774	제1차 대륙회의 개최
1775	렉싱턴 전투·콩코드 전투 / 미국 혁명 시작 / 제2차 대륙회의 / 워싱턴, 대륙군 지휘
1776	토머스 페인, 《상식》 출간 / 독립선언 / 미국, 트렌트 전투에서 승리
1777	연합 헌장 채택 / 영국, 새러토가 전투에서 참패
1778	프랑스, 공식적으로 미국 승인
1781	콘윌리스, 요크타운 전투에서 항복 / 연합 헌장 비준
1783	파리 평화 조약
1787	북서부 영지법 / 제헌 회의 / 미국 헌법 제정
1789	워싱턴, 초대 대통령 취임 / 권리장전 / 프랑스 혁명 / 법원조직법
1790s	정당의 등장
1793	제넛 사건
1794	제이 조약 / 위스키 반란
1795	핑크니 조약
1797	XYZ 사건 / 외국인법 및 선동 방지법 제정
1798	프랑스와 준(準) 전쟁 / 버지니아 결의안과 켄터키 결의안

사회 / 문화

1763	1763년의 포고령
1765	펜실베이니아 대학교에 아메리카 최초의 의과대학 설립
1769~1781	태평양 해안에 스페인 수도원 설립 / 아메리카 원주민의 질병 전염 / 스페인, 원주민에게 개종 강요
1780	펜실베이니아, 노예제도를 불법으로 선언 / 미국 혁명 말엽, 대부분의 북부 식민지, 노예제도 불법 규정
1784	주디스 사전트 머리, 여성의 교육권을 주장하는 에세이 출간
1786	셰이즈의 반란 / 버지니아 종교 자유령 제정
1789	바티칸, 미국 최초의 주교 임명 / 매사추세츠, 공립학교 여학생 입교 허가 의무화
1790s	백인과 원주민의 폭력 사태 증가
1790	미국 인구, 4백만 명 기록
1794	폴른 팀버스 전투
1797	외국인법과 선동 방지법 제정
1799	뉴욕, 노예제도 폐지

경제

1774	'참을 수 없는 법' 제정
1780s~1790s	기선 등 증기를 동력으로 한 운송 수단 등장 / 미국, 아시아와 무역
1784	제1차 미국 은행의 인가
1792	보호관세 통과
1793	엘리 휘트니, 조면기 발명
1794	유료도로 시대 개막

1800

1800	제퍼슨, 대통령 당선 일명 '1800년 혁명'
1803	루이지애나 매입 / 마버리 대 메디슨 판결
1807	체서피크-레오파드 사건
1812	미국, 영국에 선전포고
1814	하트퍼드 회의 / 겐트 조약
1815	뉴올리언스 전투
1817	존 퀸시 애덤스, 스페인과 플로리다 협상 개시
1819	매킬로크 대 메릴랜드 판결
1820	미주리 타협
1823	먼로 독트린

정치

1800	워싱턴 D.C.로 수도 이전 / 이신론 확산 / 가브리엘 프로서의 노예 반란	1817	미국 식민 협회 결성
1802	제2차 대각성 운동 시작	1820s	선거권 확대
1802	웨스트포인트 사관학교 설립	1820	미국 인구, 1,000만 명에 도달
1804	뉴저지, 노예제도 폐지 / 루이스와 클라크의 탐험 개시 / 해밀턴과 버어의 결투	1822	로키 산맥 모피 회사 설립 / 덴마크 베시의 노예 반란
1808	노예 수입 금지	1826	제임스 페니모어 쿠퍼, 《모히칸족의 최후》 출간
1809	테컴서 연맹 결성	1830s	아일랜드 남부 가톨릭교도의 이민
1811	티피카누 전투	1830	미시시피와 앨라배마에서 촉토족 추방 / 조지프 스미스, 《모르몬의 서》 출간
1815	인디언으로부터 서부 토지 강탈		

사회·문화

1800	해리슨 토지법 제정	1830	볼티모어·오하이오, 철도 운행 개시
1802	의회, 내국세 폐지	1832	잭슨, 미국 은행 재인가 거부권 행사
1807	출항 금지법 제정	1833	잭슨, 미국 은행에서 정부 예금 인출 / 공황 사태 발생
1809	통상 금지법 제정		
1810	제2차 메이컨법		
1816	제2차 미국 은행		
1817	이리 운하 건설 개시		
1819	공포와 불황		
1820s	담배 가격 하락 / 서남부 지역의 면화 풍작		
1828	보호관세(일명 '가증스러운 관세') 제정		
1830s	기업의 성장		

경제

1800

정치

1832	무효화 위기 발발
1836	텍사스, 멕시코로부터 독립선언
1840	자유당 창당
1845	토착 미국인당 창당
1846	오리건 경계 논란 종결 / 미국, 멕시코에 선전 포고 / 윌모트 단서
1848	과달루페이달고 조약
1850	1850년의 타협
1852	미국인당(무지당) 창당
1854	캔자스-네브래스카 법 제정 / 공화당 창당 / 에스페란토 선언
1855~1856	'피의 캔자스' 사건
1857	드레드 스콧 판결
1859	하퍼스페리 병기창 습격 사건
1860	에이브러햄 링컨, 대통령 당선
1861	섬터 요새 사건 / 남부 연합 결성 / 제퍼슨 데이비스, 남부 연합 대통령 선출 / 제1차 불런 전투 / 압류법 통과 / 트렌트호 사건
1862	사일로 전투 · 앤티텀 전투 · 제2차 불런 전투 / 남부 연합, 징병제 실시

사회·문화

1831	내트 터너의 노예 반란 / 주간신문 《해방자》 발간
1833	존 랜돌프, 노예 400명 해방 / 미국 노예제 폐지 협회 설립
1834	로웰 공장 여공(여공 협회) 파업 / 전국 노동조합 협회 설립
1835	세미놀 전쟁 발발
1836	앨라배마·조지아, 크리크족 추방 / 알라모 전투
1837	미주리, 치카소족 추방 / 일부 대학, 여학생 입교 허락 / 호러스 만, 매사추세츠 교육위원회 위원 / 존 칼훈, 노예제도가 '절대 선'이라고 주장 / 아메리카 원주민 협회, 이민 반대 운동
1840~1850	아메리카로 유럽인 150만 명 이주
1841	브룩 농장 설립
1842	매사추세츠, 노동조합 결성 및 파업 '적법' 선언 / P.T. 바넘, 뉴욕에 미국 박물관 개장
1844	모스, 최초의 전신 메시지 송출 / 브리검 영, 조지프 스미스 사망 후에 모르몬교 성도를 이끌고 유타로 이주
1845	프레더릭 더글러스 자서전 출간
1846	윤전기 발명

경제

1834	매코믹, 수확기 특허
1836	정화 회람령 제정
1837	면화 가격 급락
1837~1844	극심한 공포와 불황
1840	독립 재정법 / 철로 길이 약 4,800킬로미터
1840s~1860	동북부 지역을 중심으로 산업 성장 / 공작 기계 및 호환성 부품 제조
1847	존 디어, 강철 쟁기 생산
1848	캘리포니아 금광 개발 호황
1849	면화 생산 호황
1853	개즈던 구매
1860	동북부 지역을 중심으로 철로 건설(4만 3,400킬로미터)
1861	남부 연합, 화폐 발행

정치

1863	노예해방 선언 / 게티즈버그 전투 / 빅스버그 항복 / 북부 연방, 징병제 실시 / 뉴욕에서 징병제 반대 시위 / 링컨, 재건 계획 발표
1864	윌더니스 전투 / 셔먼의 대서양 진격 / 링컨, 대통령 재선 / 링컨, 웨이드-데이비스법 거부권 행사
1865	남북전쟁 종전 / 에이브러햄 링컨 암살 / 해방노예국 창설
1867	의회, 남부 재건 개시 / 공직 보장법 통과
1868	존슨 대통령 탄핵 기각
1870~1871	시행법 통과(KKK, 큐 클럭스 클랜)
1872	남부, 대부분의 백인에게 참정권 부여
1875	'위스키 일당' 추문 / 전국그린백당 창당
1877	1877년 타협으로 재건 종결

사회/문화

1848	세니커폴스에서 여성 인권대회 개최 / 오네이다 공동체 설립
1850s	유럽 이민자, 250만 명으로 증가
1850	호손, 《주홍 글씨》 출간
1851	멜빌, 《모비 딕》 출간
1852	스토, 《톰 아저씨의 오두막》 출간
1854	소로, 《월든》 출간
1855	휘트먼, 《풀잎》 출간
1860	자유주 인구의 26퍼센트, 노예주 인구의 10퍼센트가 도시 거주
1863	전국 여성 애국 동맹 결성
1865	남부, 흑인 단속법 제정 / KKK 결성 / 헌법 수정 조항 제13조 비준
1866	제1차 민권법 제정
1869	헌법 수정 조항 제15조 비준
1870	개혁가, 옛 노예를 위한 학교 4,000곳 건립
1870s	재건 정부의 공립학교 체계 구축
1883	대법원의 인종 분리 지지 판결
1890s	남부의 짐 크로우법 제정
1895	부커 T. 워싱턴의 애틀랜타 타협
1896	플레시 대 퍼거슨 판결

경제

1862	북부, 전쟁 물자 산업 체계 발전 / 홈스테드법 제정 / 모릴법 제정 / 북부 연방, 모니터호와 메리맥호의 해전 승리로 남부 연합 항구 해상봉쇄
1863	남부 연합, 소득세 도입
1863~1864	전국은행법 제정
1864	남부 연합 철도 시스템 노화 / 남부 연합의 극심한 인플레이션
1867	알래스카 매입과 미드웨이 제도 합병
1869	대륙횡단철도, 유타 프로먼터리포인트에서 합류
1873	극심한 공포와 불황
1875	태환법 통화

1850

정치

1864	링컨, 웨이드-데이비스법 거부권 행사
1865	남북전쟁 종전 / 에이브러햄 링컨 암살 / 해방 노예국 창설
1867	의회, 남부 재건 개시 / 공직 보장법 통과
1868	존슨 대통령 탄핵 기각
1870~1871	시행법 통과(KKK)
1872	남부, 대부분의 백인에게 참정권 부여

사회/문화

1860s~1890s	대초원 지대 및 서부 인디언 전쟁
1864	샌드 크리크 학살
1865	남부의 흑인 단속법 / KKK 결성 / 헌법 수정 조항 제13조 비준
1866	제1차 민권법 / 대서양 횡단 전신 케이블
1867	인디언 평화 위원회 설립
1868	헌법 수정 조항 제14조 비준
1869	헌법 수정 조항 제15조 비준 / 프로야구 시작 / 올컷,《작은 아씨들》출간 / 노동기사단 설립 / 대학 간 풋볼 경기 개시
1871	보스턴 및 시카고 화재
1873	철조망 발명 / 기독교 여성 금주 연합 설립
1876	리틀 빅혼 전투
1877	전국 철도 파업

경제

1859	최초의 유정(油井) 개발
1860~1890s	서부의 광산 붐
1862	홈스테드법 제정
1866	서부에서 소 목장 호황
1867	알래스카 매입과 미드웨이 제도 합병
1869	유타 프로먼터리에서 대륙횡단철도 완공
1870s	남부에서 수확물 선취 제도 및 소작인 경작 확산 / 남부의 운송 및 산업 성장 / 서부의 농업 호황
1870	록펠러, 스탠더드 석유 회사 설립 / 뉴욕 시에서 최초의 고가 철로 개장
1873	공포와 불황 / 카네기 철강 회사 설립 / 식목법 제정
1874	블랙힐스 골드러시
1875	태환법 통과

정치

1875	위스키 일당 추문 / 전국그린백당 창당
1877	1877년 타협으로 재건 종결
1881	가필드 대통령 암살
1882	중국인 배척법 제정
1883	펜들턴법 제정
1887	미국, 진주만 기지 확보
1890	머핸, 《제해권이 역사에 끼친 영향》 출간
1892	인민당 창당 / 오마하 강령
1894	콕시의 부대 시위
1895	베네수엘라 경계 논란
1896	브라이언, '황금의 십자가' 연설
1898	전함 메인호 침몰 / 미국-스페인 전쟁 / 파리 평화 조약 / 미국, 하와이·필리핀·푸에르토리코 합병 / 필리핀 전쟁 개전
1899	문호 개방 각서

사회/문화

1879	헨리 조지, 《진보와 빈곤》 출간
1881	미국노동총동맹(AFL) 설립
1883	대법원, 인종 분리 지지 판결 / '황색 언론' 등장
1884	시카고에 최초의 고층 건물 등장
1885	헤이마켓 폭동
1887	도스법 제정 / 미국인 보호 협회 결성
1888	벨러미, 《뒤를 돌아보면서》 출간
1889	오클라호마에 백인 정착민 유입 / 헐 하우스 개장
1890s	남부의 짐 크로우법
1890	운디드니 전투 / 리스, 《나머지 절반의 사람들이 사는 법》 출간 / 이민자가 주요 도시 인구의 대다수 구성
1891	농구 발명
1893	터너, 프런티어 이론 발표 / 시카고에서 컬럼비아 박람회 개최 / 술집 반대 동맹 결성
1894	이민 제한 동맹 결성
1895	부커 T. 워싱턴의 '애틀랜타 타협' 연설 / 크레인, 《붉은 용맹 훈장》 출간
1896	플레시 대 퍼거슨 판결

경제

1876	벨, 전화기 발명
1877	사막 경지법 통과
1879	에디슨, 전구 발명
1880s~1890s	철도 건설로 서남부 지역 멕시코 이민자 증가 / 서부 지역에 휴양 호텔 건설 / 서부 지역의 농업경제 위축
1881	몬태나의 애너콘다 구리 광산 개장
1885	노동계약법 제정
1887	주간 통상법 제정
1890s	미국 농장 27퍼센트가 담보대출
1890	셔먼 트러스트 금지법 / 셔먼 은 매입법 / 매킨리 관세법 제정
1892	홈스테드 철강 파업
1893	공황 시작 / 셔먼 은 매입법 폐지
1894	풀먼 파업
1897	보스턴, 미국 최초 지하철 개통

1900

정치

1900	의화단 반란
1901	미국 사회당 창당 / 플래트 수정 조항 / 매킨리 암살
1904	먼로독트린에 대한 루스벨트 추론
1909	미국, 니카라과 주둔
1913	헌법 수정 조항 제17조(상원 의원 직선제) 비준
1915	미군, 아이티 주둔 / 루시타니아호 격침
1916	미군, 멕시코 주둔
1917	치머만 전보 사건 / 독일의 무제한 전쟁 / 미국, 제1차 세계대전 참전 / 선발 징병법 제정 / 방첩법 제정
1918	보안법 / 윌슨 대통령의 14개조 평화 원칙
1919	파리평화회의 / 미국 상원, 베르사유조약 거부
1920	헌법 수정 조항 제19조 비준
1927	사코와 반제티 사형 집행
1924	국적 기원법 제정 / 도스 안(案)
1928	켈로그-브리앙 조약
1932	워싱턴의 보너스 군대
1933	프랭클린 루스벨트, 뉴딜 정책 시행 / 미국, 소련 승인 / 선린정책
1935	대법원, 전국 부흥법 무효화 선언 / 코플린, 사회 정의를 위한 전국 연합 설립 / 중립법 제정

사회/문화

1903	라이트 형제의 비행기 발명 / 최초의 월드시리즈 / 윌리엄 두 보이스, 《흑인의 영혼》 출간
1906	샌프란시스코 지진 및 화재 / 싱클레어, 《정글》 출간 / 정육 검사법 제정
1909	전국 유색인 지위 향상 협회
1911	트라이앵글 셔츠 회사 화재
1914-1920	'대이주'
1915	영화 〈국가의 탄생〉 상영
1919	헌법 수정 조항 제18조(금주법) 비준 / 시카고 인종 폭동
1920	적색공포
1921	셰퍼드-타우너법
1924	KKK 가입 최고조
1925	스콥스 재판
1927	린드버그, 대서양 단독 횡단 비행 / 영화 〈재즈 싱어〉 상영
1930	미국 가정에 라디오 보급
1931	'스카츠보로 소년들' 체포
1933	금주법 폐지
1934	남부 소작농 조합 / 휴이 롱, '부의 공유를 위한 모임' 조직 / 인디언 재조직법

경제

1900	남부 농민의 70퍼센트가 소작농 / 금본위제법
1901	모건, 유에스 철강 회사 설립
1906	최초의 포드 자동차 제조 / 헵번 철도 규제법
1909	페인-올드리치 관세법
1913	헌법 수정 조항 제16조(소득세) 비준 / 연방 지불 준비법
1914	포드 자동차의 조립 라인 도입 / 연방 통상 위원회법 / 파나마운하 개통
1917	전시 산업 위원회 창설
1919	철강 파업
1929	대공항 시작 / 농작물 판매법
1930	홀리-스무트 관세법 / 황진지대 가뭄 시작
1932	재건 금융 공사 설립 / 농민 휴업 협회 결성
1933	은행 휴업 / 긴급 은행법 / 글래스-스티걸법 / 증권 거래 위원회 설립 / 농업 조정법 / 전국 산업 부흥법 / 테네시 계곡 개발 공사 / 연방 긴급 구호청 / 토목 사업청 설립

연도	정치
1937	루스벨트의 법원 개편안 / 스페인 내전에 '에이브러햄 링컨 여단' 참전
1938	공정 노동 기준법 / 뮌헨회담
1939	나치-소련 불가침조약 / 제2차 세계대전 발발
1940	삼국동맹 / 미국 우선 위원회 창설 / 노후 구축함 거래
1941	무기 대여안 / 대서양헌장 / 일본, 진주만 공습 / 미국, 제2차 세계대전 참전 / 공정 고용 위원회 설립
1942	미드웨이 해전 / 북아프리카에서의 군사행동
1943	과달카날 점령 / 연합군, 이탈리아 침공 / 소련, 스탈린그라드 전투 승리 / 스미스-코넬리법
1944	노르망디 침공 / 미군, 필리핀 점령
1945	얄타회담과 포츠담회담 / 루스벨트 사망 / 트루먼, 대통령직 승계 / 국제연합(UN) 설립 / 제2차 세계대전 종전
1947	트루먼 독트린 / 마셜플랜 제안
1948	베를린 봉쇄 / 히스 재판 시작 / 트루먼, 이스라엘 승인
1949	나토(NATO) 창설 / 소련의 원폭 실험 / 마오쩌둥의 승리
1950	NSC-68 / 한국전쟁 발발 / 매카시, 반공주의 선전 / 매커런 국내 보안법
1951	트루먼, 맥아더 해임

연도	사회/문화
1935	루이스, 미국노동총동맹 탈퇴
1936	미첼, 《바람과 함께 사라지다》 출간
1937	'현충일의 대학살'
1938	공정 노동 기준법
1939	스타인벡, 《분노의 포도》 출간 / 메리언 앤더슨, 링컨 기념관 공연 / 세인트루이스호 입항 거부
1940	라이트, 《토착인 아들》 출간
1942	인종 평등 회의 창설 / 일본계 미국인 강제수용 / 맨해튼 프로젝트 시작
1943	로스앤젤레스의 주트수트 폭동
1946	연합 광산 노조 파업
1947	레빗타운 건설 시작
1950s	교외 주택 호황 / 텔레비전 보급
1952	유니벡, 대통령 선거 결과 예측 / 수소폭탄 폭발 실험 성공
1953	인디언 부족 동화정책
1954	브라운 대 교육 위원회 사건 / 소크, 소아마비 백신 개발
1955	몽고메리 버스 승차 거부 / 미국노동총동맹과 산업 조직 회의 통합
1957	캐루악, 《길 위에서》 출간 / 리틀록의 센트럴 고등학교, 흑인 입교 허가

연도	경제
1935	사회보장법 / 재정착청·농촌 전력화청·사업 추진청 설립
1936	대법원, 농업 조정법 무효화
1937	불황의 심화 / 농장 안정청 신설
1941	일본 자산 동결
1942	전시 생산 위원회 설립 / 소득세법 통과
1944	군인 재정착법
1945	연간 물가 상승률, 14~15퍼센트
1946	원자력 위원회 설립
1956	연방 고속도로법
1960	빈곤선 이하 인구, 50퍼센트 이상
1964	존슨 대통령, 빈곤과의 전쟁 선포
1965	노인 의료보험 도입
1966	빈민 의료 보조 프로그램
1969	빈곤선 이하 인구, 12퍼센트로 감소

1900

정치

1953	한국 정전협정 서명 / CIA의 사주로 이란 쿠데타 발생
1954	육군-매카시 청문회 / 프랑스, 디엔 비엔 푸 방어 붕괴 / 제네바 회담 / 과테말라에서 CIA의 사주로 쿠데타 발생
1956	수에즈 위기
1957	스푸트니크 발사
1959	쿠바, 카스트로 집권 / 베트남, 민족 해방 전선 창설
1961	쿠바 피그스 만 침공 / 베를린 장벽 설치
1962	쿠바, 미사일 위기
1963	존 케네디 암살
1964	통킹 만 결의안 채택
1965	미군 베트남 파병 / 미국, 도미니카 공화국 내전 개입
1968	베트남 구정 공세 / 로버트 케네디 암살 / 시카고 민주당 전당대회 폭동
1969	U2기 사건
1971	펜타곤 문서의 언론 유출 사건 / 윌리엄 캘리, 미라이 학살 유죄판결
1972	닉슨 대통령, 중국 방문 / 제1차 전략무기제한 협정 / 워터게이트
1973	미국의 베트남 철수 / 애그뉴 부통령 사임
1974	닉슨 대통령 사임 / 포드 대통령, 닉슨 사면
1975	남베트남 공산화
1977	파나마운하 조약 서명
1979	캠프 데이비드 협정 / 소련, 아프가니스탄 침공
1980	미국, 모스크바 올림픽 불참
1981	이란, 미국 인질 석방 / 미군 군사력 증강

사회 · 문화

1960	학생 비폭력 조정 위원회 설립
1961	최초의 미국 우주인 / '자유를 위한 승차'
1962	해링턴, 《또 다른 미국》 출간 / 민주 사회 학생 연합 결성 / 카슨, 《침묵의 봄》 출간
1963	워싱턴 행진 / 버밍엄 인권 시위 / 프리던, 《여성의 신비》 출간
1963~1366	존슨 대통령, '위대한 사회' 프로그램
1964	민권법 제정 / '자유를 위한 여름' / 자유 연설 운동 추진
1965	말콤 엑스 암살 / 투표권법 제정 / 와츠 폭동 / 초 · 중등 교육법 / 이민법 제정
1966	전국 여성 협회 설립 / 농장 노동자 연합 결성
1968	킹 목사 암살 / 아메리카 원주민 운동 창설 / 인디언 민권법 제정
1969	미국인 달 착륙 / 우드스톡 페스티벌 / 알카트레즈 점령 / 스톤월 폭동 / 프린스턴 · 예일 대학교, 여성 입교 허가 / 켄트 주립대학교 총격 사건
1970	제1회 지구의 날 / 전국 환경보호법 / 대기 청정법
1971	차별시정조치 대상에 여성 포함
1972	평등권 수정 조항의 비준을 위해 주에 송부 / 수질 청정법 통과

경제

1970s	미국 산업 경제, 일본과의 경쟁으로 약화 / 표적 마케팅 개시
1973	아랍 국가의 석유 금수 조치
1974	스태그플레이션
1976	미국 예산 적자, 사상 최고 기록(660억 달러)
1977	애플사, 최초의 개인용 컴퓨터 출시
1980s	빈곤선 이하 인구, 15퍼센트로 증가 / 인터넷 확산 / 레이거노믹스
1980	재정 적자 9,070억 달러
1981	레이건 대통령, 세금 감면 및 예산 삭감

2000

연도	정치
1983	미국, 그레나다 침공
1985	레이건·고르바초프 정상회담
1986	미국의 리비아 폭격 / 이란-콘트라 사건
1989	베를린 장벽 철거 / 공산주의 체제 붕괴 / 미군의 파나마 주둔 / 톈안먼 사건
1990	이라크, 쿠웨이트 침공
1991	소련 붕괴 / 걸프 전쟁 발발
1998	클린턴 탄핵
1999	클린턴 탄핵 기각

연도	정치
2000	대통령 선거 앨 고어 패배, 부시 승리
2001	세계무역센터 테러 공격 / 미국, '테러와의 전쟁' 개시
2003	미국, 이라크 침공
2004	부시, 대통령 재선
2008	버락 오바마, 미국 최초 흑인 대통령 당선

연도	사회·문화
1973	로 대 웨이드 판결 / 운디드니 점령 사건
1979	스리마일 섬 방사능 누출 사고
1981	미국 최초의 에이즈 환자 발생
1992	로스앤젤레스 인종 폭동
1998	모니카 르윈스키 추문

연도	사회·문화
2005	허리케인 카트리나
2006	미국 역사상 외국 태생 인구 수 최고 수준

연도	경제
1982	극심한 불황
1987	주식시장 폭락
1990	불황
1991	재정 적자 2,680억 달러 / 총채무액 3조 5,000억 달러
1993	북미 자유무역 협정 비준
1996	사회복지 개혁

연도	경제
2002	기업 부정으로 인한 경기 침체

★ 미국 독립선언서

13개 아메리카 국가 연합의 만장일치 선언
The Unanimous Declaration of the Thirteen United States of America

　인류 역사의 흐름 속에서, 인민(people)이 다른 인민과 맺은 정치적 결합을 해체하고 세계 강대국 사이에서 자연법과 신의 섭리가 부여한 독립과 평등의 지위를 차지할 필요가 발생하면, 인류의 신념에 대한 합당한 존경으로 독립을 요청하는 여러 대의(大義)를 선언하지 않을 수 없게 된다.

　우리는 다음을 자명한 진리라고 생각한다. 모든 사람은 평등하게 태어났으며, 조물주는 양도할 수 없는 권리를 부여했는데, 그중에는 생명과 자유와 행복 추구권이 있다. 이 권리를 확보하기 위해 인민은 정부를 조직하며, 정부의 정당한 권력은 피치자(被治者)의 동의로부터 나온다. 또한 어떠한 형태의 정부라도 이 목적을 파기할 때는, 인민은 언제든지 정부를 바꾸거나 폐지할 권리가 있으며, 가장 효과적으로 인민의 안전과 행복을 가져다줄 수 있는 원칙에 기초를 두고, 그 형태의 권력 기구를 갖춘 새로운 정부를 조직할 권리를 가진다. 심사숙고해서, 경미하고 일시적인 이유로 오랜 역사를 가진 정부를 변경하려고 해서는 안 된다. 따라서 인류의 경험을 살펴보면, 사람들은 그들에게 친숙한 형식을 폐지함으로써 악폐를 시정하기보다는 오히려 참을 수 있을 때까지 참으려고 한다. 그러나 오랜 시간 계속된 학대와 착취가 변함없이 동일한 목적을 추구하면서 인민을 절대전제정치에 예속시키려는 계획을 분명히 하게 되면, 이러한 정부를 타도하고 미래의 안전을 위해서 새로운 보호자를 마련하는 것이 인민의 권리이자 의무다. 이것이 지금까지 식민지가 견뎌온 고통이었기에, 이제 기존 정부 체제를 변혁하지 않으면 안 될 필요성이 바로 여기에 있다. 영국의 현 국왕의 역사는 폐악과 착취를 되풀이한 역사이며, 그 직접적인 목적은 아메리카 국가들 위에 절대전제정치를 세우려는 데 있었다. 이를 증명하기 위해, 다음의 사실을 공정하게 사리를 판단하는 세계에 밝히는 바이다.

국왕은 공공선을 위해 매우 유익하고 필요한 법률을 허가하지 않았다.

국왕은 긴급이 요구되는 중요한 법률이라 할지라도 자신이 동의하지 않으면 시행을 정지할 것을 식민지 총독에게 명령했다. 그리고 이렇게 시행이 정지된 법률을 국왕은 전혀 고려하지 않았다.

국왕은, 인민에게는 더할 나위 없는 권리이지만 오직 전제 군주에게만은 두려운 권리인 입법부의 대의권(代議權)을 아메리카 인민이 포기하지 않는다면, 광대한 선거구를 조정하는 법률을 허가할 수 없다고 했다.

국왕은 우리를 괴롭혀 결국은 자신의 정책에 복종시키기 위해 입법기관의 양원을 공문서 보관소에서 멀리 떨어진 유별나고 불편한 장소에서 동시에 소집했다.

국왕은 국왕이 인민의 권리를 침해한 것에 하원이 단호하게 반발한다는 이유로 거듭해서 하원을 해산했다.

국왕은 하원을 이렇게 해산한 뒤 오랫동안 대의원 선출을 허가하지 않았다. 그러나 입법권은 완전히 폐지할 수는 없는 것으로, 결국 전체 인민에게 돌아와 다시 행사하게 되었지만, 그동안에 각 아메리카 국가는 내우외환의 온갖 위험에 당면하지 않을 수 없었다.

국왕은 이들 아메리카 국가의 인구를 억제하는 데에도 노력했다. 이를 위해 외국인의 귀화를 위한 법률 제정을 방해했고, 외국인의 이주를 장려하는 법률도 허가하지 않았으며, 새로운 토지 취득도 여러 가지 조건을 붙여 까다롭게 했다.

국왕은 사법권의 수립에 관계되는 법률을 허가하지 않음으로써 사법행정을 방해했다.

국왕은 재판관의 임기, 봉급의 액수와 지불 문제를 통해 오로지 국왕의 의사에만 복종하는 재판관을 임용했다.

국왕은 우리 인민을 괴롭히고 인민의 재산을 낭비토록 하기 위해 수많은 새로운 관직을 만들고 수많은 관리를 파송했다.

국왕은 평화 시에도 우리 입법부의 동의 없이 상비군을 주둔시켰다.

국왕은 군부를 문민의 통제에서 독립시켜 우위에 놓으려고 했다.

국왕은, 다른 이들과 결탁해, 우리 헌정에 생소하고 우리 법률이 승인하지 않는 사법권에 우리를 예속시키려 했고, 아메리카 국가들에 대해 입법권을 소유하고 있다고 자칭하는 영국 의회의 여러 법률을 승인했다. 즉,
 대규모의 군대를 우리 속에 주둔시키고,
 군대가 우리 주민을 살해해도 기만적 재판으로 이들이 처벌받지 않도록 하고,
 우리와 전 세계 간의 무역을 차단하고,
 우리의 동의 없이 우리에게 세금을 부과하고,

많은 사건에서 배심재판을 받을 특전을 박탈하고,

허구적인 범죄를 재판하기 위해 우리를 본국으로 소환하고,

이웃 식민지에서 영국의 자유로운 법률제도를 철폐하고 전제적 정부를 수립한 뒤 그 영역을 넓히고, 지체 없이 이 정부를 모범으로 삼아 아메리카 식민지에도 동일한 절대적 통치를 도입하려 하고,

우리의 특허장을 박탈하고, 우리의 귀중한 법률을 철폐하며, 우리의 정부 권력 형태를 근본적으로 변경하고, 우리의 입법부를 정지시키고, 어떠한 경우에도 우리를 대신하여 법률을 제정할 수 있는 권한이 자신들에게 있다고 선언하는 법률을 승인했다.

국왕은 우리를 자신의 보호 밖에 둔다고 선언하고 우리와 전쟁을 벌임으로써 이곳의 통치를 포기했다.

국왕은 우리 바다에서 약탈을 자행하고 우리 해안을 습격하며 우리 도시를 불태우고 우리 인민의 생명을 빼앗았다.

국왕은 가장 야만적인 시대에도 그 유례가 없으며 문명국의 수장으로는 도저히 어울리지 않는 잔학과 배신의 상황을 만들고, 이와 더불어 이미 착수한 죽음과 황폐와 포학의 과업을 완수하기 위해 바로 이때에 대규모 외국 용병 부대를 이곳으로 파송하고 있다.

국왕은 공해상에서 포로가 된 우리 동포 시민으로 하여금 자신들이 살고 있는 나라에 대항해 무기를 들거나, 우리의 친구와 형제의 사형을 집행하거나, 그렇지 않으면 스스로 죽기를 강요했다.

국왕은 우리 사이에서 내란을 선동했고, 변경지의 주민, 즉 연령·남녀·신분 여하를 막론하고 무차별하게 살해하는 것을 전쟁의 규칙으로 삼고 있는 무자비한 인디언을 동원하려고 노력했다.

이러한 탄압을 받을 때마다 그때그때 우리는 가장 겸손한 언어로 시정(是正)을 탄원했다. 그러나 여러 차례 계속된 탄원에 돌아온 것은 연속된 박해뿐이었다. 따라서 모든 행위에서 폭군으로 규정할 수밖에 없는 국왕은 자유로운 인민의 통치자로 적합하지 않다.

또한 우리는 영국 형제의 주의를 환기시키는 일도 소홀히 하지 않았다. 우리는 영국 의회가 부당한 사법권을 확대하려고 할 때마다 수시로 그들에게 경고했다. 우리는 우리가 이곳으로 이주하여 정착하게 된 제반 사정을 그들에게 상기시켰다. 그들의 타고난 정의감과 아량에도 호소한 바 있다. 우리는 공통의 혈연관계에 호소하여, 결국에는 우리와의 연결과 결합을 단절시키는 탄압을 거부해줄 것을 그들에게 탄원하기도 했다. 그러나 그들 역시 정의와 혈연의 소리에 귀를 기울이지 않았다. 그러므로 우리는 우리가 영국에서 독립해야 하는 사정을 고발할 필요성을 묵묵히 받아들이면서, 세계의 다른 국민을 대하듯이 영국인도 전시에는 적으로, 평시에는 친구로 대할 것을 주장한다.

이에 우리, 연합한 아메리카 국가 대표들은 전체 회의에 모여서 우리의 올곧은 의도를 세계의 최고 심판자에게 호소하며, 식민지의 선량한 인민의 이름과 권능으로 엄숙히 공포하고 선언한다. 이들 연합한 식민지는 자유롭고 독립된 국가이며 당연한 권리로서 자유롭고 독립된 국가여야 한다. 이들 국가는 영국의 왕에 대한 모든 충성의 의무를 벗으며, 영국과의 모든 정치적 관계는 완전히 해소되고 또 해소되어야 한다. 따라서 이들 국가는 자유롭고 독립된 국가로서 전쟁을 개시하고 평화를 체결하고 동맹 관계를 맺고 통상 관계를 수립하는, 그리고 독립국가가 당연히 할 수 있는 모든 행동과 일을 할 완전한 권리를 가지고 있다. 우리는 신의 가호를 굳게 믿으면서 우리의 생명과 재산과 신성한 명예를 걸고 이 선언을 지지할 것을 서로 굳게 맹세한다.

★ 미국 헌법

미국 헌법*
The Constitution of the United States

전문

우리 미국의 국민은, 더욱 완전한 연방을 형성하고 정의를 확립하고 국내의 안녕을 보장하고 공동의 방위를 도모하고 국민의 복지를 증진하고 우리와 우리의 후손에게 자유의 축복을 확보할 목적으로, 미국(the United States of America)을 위하여 이 헌법을 제정한다.

제1조(입법부)
제1절
이 헌법에 의하여 부여되는 모든 입법권은 미국 연방의회에 속하며, 연방의회는 상원과 하원으로 구성한다.

---

* 미국 헌법은 1787년 5월 25일부터 9월 17일까지 펜실베이니아 주의 필라델피아에서 열린 제헌 회의에서 제안되었다. 미국 헌법 원문에 조(條, article)와 절(節, section) 표시는 있으나 절 안의 항(項, paragraph) 표시는 없다. 항 표시는 관행적으로 편의상 기입한 것이며, 괄호로 묶은 조 설명도 편의상 붙인 것이다. 헌법 전문 중 〔 〕속의 글은 수정 조항의 제정으로 효력이 상실된 부분을 지시하여 독자의 이해를 높이기 위해 넣었음을 밝힌다. 미국 헌법은 수정 조항의 제정에도 불구하고 효력이 상실된 해당 부분을 삭제하지 않고 헌법 전문에 그대로 유지하는 전통을 가지고 있다. ―옮긴이

제 2 절

(1) 하원은 각 주의 주민이 2년마다 선출하는 의원으로 구성하며, 각 주의 선거인은 주 입법부 중 다수의 의원을 가진 원의 선거인에게 요구되는 자격을 구비해야 한다.

(2) 누구든지 연령이 만 25세에 미달한 자, 미국 시민으로서의 기간이 7년이 못 되는 자, 그리고 선거 당시에 선출되는 주의 주민이 아닌 자는 하원 의원이 될 수 없다.

(3) 〔하원 의원의 수와 직접세[1]는 연방에 가입한 각 주의 인구수에 비례하여 각 주에 배정한다. 각 주의 인구수는 연기계약 노동자를 포함한 자유인의 총수에, 과세되지 아니하는 인디언을 제외하고, 그 밖의 인구* 총수의 5분의 3을 가산하여 결정한다.〕[2] 인구수의 산정은 제1차 연방의회를 개최한 후 3년 이내에 행하며, 그 후는 10년마다 법률이 정하는 바에 따라 행한다. 하원 의원의 수는 인구 3만 명당 1인의 비율을 초과하지 못한다.

다만, 각 주는 적어도 1인의 하원 의원을 두어야 한다. 위의 인구수의 산정이 있을 때까지 뉴햄프셔 주는 3인, 매사추세츠 주는 8인, 로드아일랜드 주와 프로비던스 플랜테이션은 1인, 코네티컷 주는 5인, 뉴욕 주는 6인, 뉴저지 주는 4인, 펜실베이니아 주는 8인, 델라웨어 주는 1인, 메릴랜드 주는 6인, 버지니아 주는 10인, 노스캐롤라이나 주는 5인, 사우스캐롤라이나 주는 5인, 그리고 조지아 주는 3인의 의원을 각각 선출할 수 있다.

(4) 어떤 주에서든 그 주의 하원 의원에 결원이 생긴 경우에는 그 주의 행정부가 결원을 채우기 위한 보궐선거의 명령을 내려야 한다.

(5) 하원은 하원 의장과 그 밖의 임원을 선출하며 탄핵의 전권을 가진다.

제 3 절

(1) 상원은 각 주의 주 의회에서 2인씩 선출한 6년 임기의 상원 의원으

---

1 수정 조항 제16조에 의해 변경됨

* 흑인 노예를 지칭함―옮긴이

2 수정 조항 제14조에 의해 무효화됨

로 구성되며 각 상원 의원은 1표의 투표권을 가진다.

(2) 최초의 선거 결과 소집된 때에는 즉시 상원은 의원총수를 동수의 3개 부류로 나누어야 한다. 제1 부류 의원의 임기는 2년, 제2부류 의원의 임기는 4년, 제3 부류 의원의 임기는 6년으로 하고 만료 시에 그 의석을 비워야 한다. 이렇게 하여 상원 의원 총수의 3분의 1은 2년마다 개선한다. 만일 어떤 주에서든 주 입법부의 개회 중, 사직 또는 그 밖의 원인으로 결원이 생긴 경우, 그 주의 행정부는 주 의회의 다음 회기에서 결원을 선출할 때까지 임시로 의원을 임명할 수 있다.

(3) 누구든지 연령이 30세에 미달한 자, 미국 시민으로서 9년이 경과되지 아니한 자, 선거 당시 선출되는 주의 주민이 아닌 자는 상원 의원이 될 수 없다.

(4) 미국의 부통령은 상원의 의장이 된다. 다만, 표결에서 가부 동수일 경우를 제외하고는 투표할 수 없다.

(5) 상원은 의장 이외의 임원들을 선출하며, 부통령이 결원일 경우나 부통령이 대통령의 직무를 대행하는 때에는 임시의장을 선출한다.

(6) 상원은 모든 탄핵을 심판하는 전권을 가진다. 이 목적을 위하여 상원이 개회될 때, 의원들은 선서 또는 확약을 해야 한다. 미국 대통령을 심판할 경우에는 연방 대법원장을 의장으로 한다. 누구라도 출석 의원 3분의 2 이상의 찬성 없이는 유죄 판결을 받지 아니한다.

(7) 탄핵 심판의 판결은 면직이나 명예·위임 또는 보수를 수반하는 미국의 공직 취임·재직 자격을 박탈하는 것 이상이 될 수 없다. 다만, 이같이 유죄판결을 받은 자일지라도 법률이 정하는 바에 따라 기소, 재판, 판결 및 처벌을 면할 수 없다.

제 4 절

(1) 상원 의원과 하원 의원 선거의 일시, 장소, 방법은 각 주에서 주 입법부가 정한다. 그러나 연방의회는 언제든지 법률에 의하여 선거에 관한 규칙을 제정 또는 변경할 수 있다. 다만, 상원 의원의 선거 장소에 관해서는 예외로 한다.

(2) 연방의회는 매년 적어도 1회 집회해야 한다. 그 집회의 시기는 법률에 의하여 다른 날짜를 지정하지 아니하면 12월 첫 번째 월요일로 한다.

제 5 절

(1) 각 원은 소속 의원의 선거, 당선 및 자격을 판정한다. 각 원은 소속 의원 과반수가 출석함으로써 의사를 개시할 수 있고, 정족수에 미달하는 경우에는 출석한 소수의 의원이 연일 휴회할 수 있으며, 각 원에서 정하는 방법과 벌칙에 따라 결석 의원의 출석을 강요할 수 있다.

(2) 각 원은 의사규칙을 정하며, 원내의 질서를 문란케 한 의원을 징계하며, 의원 3분의 2 이상의 찬성을 얻어 의원을 제명할 수 있다.

(3) 각 원은 의사록을 작성하고, 각 원에서 비밀을 요한다고 인정한 부분을 제외하고는 수시로 공표해야 한다. 각 원은 출석 의원 5분의 1이상이 요구할 경우에는 어떠한 의제에 대하여도 소속 의원의 찬반 투표를 의사록에 기재해야 한다.

(4) 연방의회의 회기 중에는 어느 원도 다른 원의 동의 없이 3일 이상 휴회하거나, 회의장을 양원이 개최한 장소 이외의 장소로 이전할 수 없다.

제 6 절

(1) 상원 의원과 하원 의원은 그 직무에 대하여 법률이 정하고 미국 국고로부터 지급되는 보수를 받는다. 양원의 의원은 반역죄, 중죄 및 치안 방해죄를 제외하고 어떠한 경우에도 그 원의 회의 출석 중에 그리고 그 왕복 중에 체포되지 아니할 특권이 있다. 양원의 의원은 원내에서 행한 발언이나 토론에 관하여 원외에서 문책받지 아니한다.

(2) 상원 의원 또는 하원 의원은 재임 중 신설되거나 봉급이 증액된 어떠한 연방 공직에도 임명될 수 없다. 연방 공직에 있는 자는 누구든지 재직 중에 양원 중 어느 한 원의 의원이 될 수 없다.

제 7 절

(1) 세입 징수에 관한 모든 법률안은 먼저 하원에서 제안되어야 한다. 다

만, 상원은 다른 법률안과 마찬가지로 수정안을 발의하거나 수정안에 동의할 수 있다.

(2) 하원과 상원을 통과한 모든 법률안은 법률로 확정되기에 앞서 대통령에게 이송되어야 한다. 대통령은 이를 승인하는 경우에는 이에 서명하며, 승인하지 아니하는 경우에는 이의서를 첨부하여 이 법률안을 발의한 원으로 환부해야 한다. 법률안을 환부받은 원은 이의의 대략을 의사록에 기록한 후 이를 다시 심의해야 한다. 다시 심의한 결과, 그 원 의원 3분의 2 이상의 찬성으로 가결한 경우에는 그 원은 법률안을 대통령의 이의서와 함께 다른 원으로 송부해야 한다. 다른 원에서 이 법률안을 다시 심의하여 의원 3분의 2 이상의 찬성으로 가결할 경우에는 이 법률안은 법률로 확정된다. 이 모든 경우에서 양원은 호명, 구두표결로 결정하며, 그 법률안에 대한 찬성자와 반대자의 성명을 각 원의 의사록에 기재해야 한다. 만일 법률안이 대통령에게 이송된 후 10일 이내(일요일은 제외함)에 의회로 환부되지 아니한 때에는 그 법률안은 대통령이 이에 서명한 경우와 마찬가지로 법률로서 확정된다. 다만, 연방의회가 휴회하여 이 법률안을 환부할 수 없는 경우에는 법률로 확정되지 아니한다.

(3) 상하 양원의 의결을 필요로 하는 모든 명령·결의 또는 표결(휴회에 관한 결의는 제외함)은 이를 대통령에게 이송해야 하며, 대통령이 이를 승인해야 효력이 발생한다. 대통령이 이를 승인하지 아니하는 경우에는 법률안에서와 동일한 규칙 및 제한에 따라 상원과 하원에서 3분의 2이상의 의원의 찬성으로 다시 가결해야 한다.

제 8 절

(1) 연방의회는 다음의 권한을 가진다.

미국의 채무를 지불하고, 공동 방위와 일반 복지를 위하여 조세·관세·간접세 및 소비세를 부과, 징수한다. 다만, 관세·부과금 및 소비세는 미국 전역에 걸쳐 균일해야 한다.

(2) 미국의 신용으로 금전을 차입한다.

(3) 외국과 주 상호 간 그리고 인디언 부족과의 통상을 규율한다.

(4) 미국 전체에 공통되는 균일한 귀화 규정과 파산에 대한 균일한 법률을 제정한다.

(5) 화폐를 주조하고 그 화폐 및 외국 화폐의 가치를 규율하며, 도량형의 기준을 정한다.

(6) 미국의 유가 증권 및 통화의 위조에 관한 벌칙을 정한다.

(7) 우체국과 우편 도로를 건설한다.

(8) 저작자와 발명자에게 그들의 저술과 발명에 대한 독점권을 일정 기간 보유하게 함으로써 과학과 유용한 기술의 발달을 촉진한다.

(9) 연방 대법원 아래에 하급 법원을 조직한다.

(10) 공해에서 범한 해적 행위 및 그 밖의 중죄 그리고 국제법에 위배되는 범죄를 정의하고 이를 처벌한다.

(11) 전쟁을 포고하고 나포 허가장을 수여하고 지상 및 해상에서의 나포에 관한 규칙을 정한다.

(12) 육군을 편성하고 이를 지원한다. 다만, 이 목적에 대한 예산의 지출은 2년을 초과하지 못한다.

(13) 해군을 창설하고 이를 유지한다.

(14) 육·해군의 통수 및 규율에 관한 규칙을 정한다.

(15) 연방의 법률을 집행하고 반란을 진압하고 침략을 격퇴하기 위하여 민병대의 소집에 관한 규칙을 정한다.

(16) 민병대의 조직·무장 및 훈련에 관한 규칙과, 민병 가운데 연방 군무에 복무하는 자들을 다스리는 규칙을 정한다. 다만, 민병대의 장교를 임명하고 연방의회가 정한 규율에 따라 민병대를 훈련시키는 권한을 각 주에 유보한다.

(17) 특정한 주가 미국에 양도하고, 연방의회가 이를 수령함으로써 미국 정부의 소재지가 되는 지역(1평방 마일을 초과하지 못함)에 대해서는 어떠한 사항을 막론하고 독점적인 입법권을 행사하며, 요새·무기고·조병창·조선소 및 기타 필요한 구조물을 건설하기 위하여 주 의회의 승인을 얻어 구입한 모든 장소에 대해서도 이와 똑같은 권한을 행사한다.

(18) 위에 기술한 권한들과 이 헌법에 의해 미국 정부 또는 그 부처 또는

그 공무원에게 부여한 모든 기타 권한을 행사하는 데 필요하고 적절한 모든 법률을 제정한다.

제 9 절

(1) 연방의회는 기존의 각 주 중 어떤 주가 허용함이 적당하다고 인정하는 사람*의 이주 또는 입국을 1808년 이전에는 금지하지 못한다. 다만, 이러한 사람들의 입국에 대해서는 1인당 10달러를 초과하지 아니하는 한도 내에서 입국세를 부과할 수 있다.

(2) 인신 보호 영장에 관한 특권은 반란 또는 침략의 경우에 있어서 공공의 안전이 요구되는 때를 제외하고는 정지할 수 없다.

(3) 재판에 의하지 않는 처벌법(Bill of Attainder) 또는 소급법을 통과시킬 수 없다.

(4) 인두세 혹은 그 밖의 직접세는 앞서 규정한 인구 조사 또는 산정에 비례하지 아니하는 한 부과하지 못한다.

(5) 어떠한 주든 그 주가 수출하는 물품에 조세 또는 관세를 부과하지 못한다.

(6) 어떠한 통상 또는 징세에 관한 규칙도 다른 주의 항구보다 어떤 주의 항구에 대해 특혜 대우를 해줄 수 없다. 또한 어떤 주에 도착 예정이거나 어떤 주를 출항한 선박을 다른 주에서 강제로 입항하게 하거나 관세를 지불하게 할 수 없다.

(7) 어떠한 국고금도 법률로 정한 세출 승인에 의하지 않고는 지출할 수 없으며 법이 정한 세출의 결과로 지출한다. 모든 공금의 수납 및 지출에 관한 정식의 결산서는 수시로 공표해야 한다.

(8) 미국은 어떠한 귀족의 칭호도 수여하지 아니한다. 미국 정부에서 유급 또는 위임에 의한 관직에 있는 자는 누구라도 연방의회의 승인 없이는 어떠한 국왕·왕족 또는 외국으로부터 종류 여하를 막론하고 선물·보

---

* 혹인 노예를 말함—옮긴이

수 · 관직 또는 칭호를 받을 수 없다.

제 10 절

(1) 어떠한 주라도 조약 · 동맹 또는 연합을 체결하거나 나포 허가장을 수여하거나 화폐를 주조하거나 신용증권을 발행하거나 금화 및 은화 이외의 것으로써 채무 지불의 법정 수단으로 삼거나 재판에 의하지 않는 처벌법, 소급법 또는 계약상의 채무를 침해하는 법률 등을 제정하거나 또는 귀족의 칭호를 수여할 수 없다.

(2) 어떠한 주라도 연방의회의 동의 없이는 수입품 또는 수출품에 대하여 검사법의 집행상 절대 필요한 경우를 제외하고는 간접세 또는 관세를 부과하지 못한다. 어느 주에서도 수입품 또는 수출품에 부과하는 모든 간접세나 관세의 순 수입은 미국 국고의 용도에 적합해야 하며, 이런 종류의 모든 법률은 연방의회의 수정과 통제를 받아야 한다.

(3) 어떠한 주라도 연방의회의 동의 없이는 선박에 톤세를 부과할 수 없고 평시에 군대나 군함을 보유할 수도 없고 다른 주나 외국과 협정이나 협약을 체결할 수 없으며, 실제로 침공당하고 있거나 지체할 수 없을 만큼 급박한 위험에 처해 있지 아니하고는 전쟁 행위를 할 수 없다.

제 2 조(행정부)

제 1 절

(1) 행정권은 미국 대통령에게 속한다. 대통령의 임기는 4년으로 하며 동일한 임기의 부통령과 함께 다음과 같은 방법에 의하여 선출된다.

(2) 각 주는 주 입법부가 정하는 바에 따라 그 주가 연방의회에 보낼 수 있는 상원 의원과 하원 의원의 총수와 같은 수의 선거인을 임명한다. 다만, 상원 의원이나 하원 의원, 또는 미국에서 위임에 의한 또는 유급 관직에 있는 자는 선거인이 될 수 없다.

(3) 〔선거인은 각각 자기 주에서 회합하여 비밀투표에 의하여 2인을 선거하되, 그 중 1인은 선거인과 동일한 주의 주민이 아니어야 한다. 선거인

은 모든 득표자의 명부와 각 득표자의 득표수를 기재한 표를 작성하여 이에 서명하고 증명한 다음 봉함하여 상원의장 앞으로 미국 정부 소재지로 송부한다. 상원 의장은 상원 의원 및 하원 의원이 참석한 가운데 모든 증명서를 개봉한 후 투표를 계산한다. 최고 득표자의 득표수가 선임된 선거인 총수의 과반수가 되었을 때에는 그가 대통령으로 당선된다. 만일 2인 이상이 동수의 투표를 획득하고 또 과반수에 달한 때에는 하원은 즉시 그 중의 1인을 대통령으로 비밀투표로써 선출해야 한다. 과반수 득표자가 없을 경우에는 하원은 동일한 방법으로 최다득표자 5인 중에서 1인을 대통령으로 선출한다. 다만, 이러한 방법으로 대통령을 선거할 때에는 주를 단위로 하고 각 주의 하원 의원은 1표의 투표권을 가지며, 그 선거에 필요한 정족수는 각 주의 하원 의원의 3분의 2로부터 1인 또는 그 이상의 의원의 출석으로 성립되며, 선거는 전체 주의 과반수의 찬성이 있어야 한다. 어느 경우에 있어서도, 대통령을 선출한 후 최다수의 득표를 한 자를 부통령으로 한다. 다만, 동수의 득표자가 2인 이상 있을 때에는 상원이 그중에서 부통령을 비밀 투표로써 선출한다.)³

(4) 연방의회는 선거인의 선출일자와 이들이 투표해야 할 날짜를 결정할 수 있으며, 이 투표일은 전국적으로 동일해야 한다.

(5) 누구든지 출생에 의한 미국 시민이 아닌 자 또는 본 헌법의 제정 시에 미국 시민이 아닌 자는 대통령직에 선임될 자격이 없다. 연령이 35세에 미달한 자 또는 14년간 미국 내에 거주하지 아니 한 자는 대통령직에 선임될 자격이 없다.

(6) 대통령이 면직되거나 사망하거나 사직하거나 또는 그 권한 및 직무를 수행할 능력을 상실할 경우에, 대통령직은 부통령에게 귀속된다. 연방의회는 법률에 의하여 대통령과 부통령이 면직·사망·사직 또는 직무수행불능이 된 경우 어느 공무원이 대통령으로서 직무를 수행할 것인가를 정할 수 있다. 이 공무원은 직무수행불능이 제거되거나 대통령이 새로 선임

---

3 수정 조항 제12조에 의해 변경됨

될 때까지 대통령의 직무를 대행한다.

(7) 대통령은 그 직무 집행에 대해 정기적으로 보수를 받으며, 그 보수는 임기 중에 증액 또는 감액되지 아니한다. 또 대통령은 임기 중에 미국 또는 어느 주로부터 그 밖의 어떠한 보수도 받지 못한다.

(8) 대통령은 그 직무 집행을 개시하기 전에 다음과 같은 선서 또는 확약을 해야 한다. "나는 미국 대통령의 직무를 성실히 수행하며 최선을 다하여 미국 헌법을 보전하고 보호하고 수호할 것을 엄숙히 선서(또는 확약)한다."

제 2 절

(1) 대통령은 미국 육·해군 및 현재 미국의 현역에 복무하는 각 주의 민병대의 통수권자가 된다. 대통령은 각 행정 부처의 소관 직무 사항에 관하여 각 부처의 장관으로부터 문서에 의한 의견을 요구할 수 있다. 대통령은 미국에 대한 범죄에 관하여 탄핵의 경우를 제외하고 형의 집행 정지 및 사면을 명할 수 있는 권한을 가진다.

(2) 대통령은 상원의 조언과 동의를 얻어 조약을 체결하는 권한을 가진다. 다만, 그 조언과 동의는 상원의 출석 의원 3분의 2 이상의 찬성을 얻어야 한다. 대통령은 대사, 그 밖의 외교 사절 및 영사, 연방 대법원 판사 그리고 그 임명에 관하여 이 헌법에 특별 규정이 없으나 이후에 법률로써 정할 그 밖의 모든 미국 관리를 지명하여 상원의 권고와 동의를 얻어 임명한다. 다만, 연방의회는 적당하다고 인정되는 하급 관리 임명권을 법률에 의하여 대통령에게만 또는 법원에게 또는 각 부처 장관에게 부여할 수 있다.

(3) 대통령은 상원의 휴회 중 생기는 모든 결원을 임명에 의하여 충원할 권한을 가진다. 다만, 그 임명은 다음 회기가 만료될 때 효력을 상실한다.

제 3 절

대통령은 연방의 상황에 관하여 수시로 연방의회에 보고하고, 필요하고도 유용하다고 판단되는 조치의 심의를 연방의회에 권고해야 한다. 비상사태 시, 대통령은 상하 양원 또는 그중의 한 원을 소집할 수 있으며, 휴회의 시기에 관하여 양원 간 의견이 일치되지 아니하는 경우에는 대통령이 적당하다고 인정할 시기까지 양원의 정회를 명할 수 있다. 대통령은 대사와 그 밖의 외교 사절을 접수하며, 법률이 충실하게 집행되도록 유의하며 미국의 모든 관리에게 그 직무를 위임한다.

제 4 절
미국의 대통령, 부통령, 모든 민간 공무원은 반역죄, 수뢰죄, 또는 그 밖의 중대한 범죄 및 비행으로 탄핵받고 유죄판결을 받음으로써 면직된다.

제 3 조(사법부)
제 1 절
미국의 사법권은 하나의 연방 대법원에, 그리고 연방의회가 수시로 제정·설치하는 하급 연방 법원에 속한다. 연방 대법원 및 하급 법원의 판사는 성실히 직무를 이행하는 한 그 직을 보유하고 그 직무에 대하여 정기적으로 보수를 받으며 그 보수는 재임 중에 감액되지 아니한다.

제 2 절
(1) 사법권은 이 헌법과 미국 법률과 그리고 미국의 권한에 의하여 체결되었거나 체결된 조약으로 하여 발생하는 모든 보통법상 및 형평법상의 사건, 대사와 그 밖의 외교 사절 및 영사에 관한 모든 사건, 해상 재판 및 해상 관할에 관한 모든 사건, 미국이 한 편의 당사자가 되는 분쟁, 2개의 주 및 그 이상의 주 사이에 발생하는 분쟁, 한 주와 다른 주의 시민 사이의 분쟁,[4] 상이한 주의 시민들 사이의 분쟁, 다른 주로부터 부여받은 토지의 권리에 관하여 같은 주의 시민들 사이에 발생하는 분쟁, 그리고 어떤 주나 또는 그 주의 시민과 외국, 외국 시민 또는 외국 신민 사이에 발생하는 분쟁

---

4 수정 조항 제11조에 의해 변경됨

에 미친다.

(2) 대사와 그 밖의 외교 사절 및 영사에 관계되는 사건과, 주가 당사자인 사건은 연방 대법원이 제1심의 재판 관할권을 가진다. 그 밖의 모든 사건에서는 연방의회가 정하는 예외의 경우를 두되, 연방의회가 정하는 규칙에 따라 법률 문제와 사실 문제에 관하여 상소심 재판 관할권을 가진다.

(3) 탄핵 사건을 제외한 모든 범죄의 심리는 배심제로 한다. 그 심리는 범죄가 일어난 주에서 해야 한다. 다만, 그 범죄자가 어느 주에도 속하지 아니할 경우에는 연방의회가 법률에 의하여 정하는 장소에서 심리한다.

제 3 절

(1) 미국에 대한 반역죄는 미국에 대하여 전쟁을 일으키거나 또는 적에게 가담하여 이에 원조 및 편의를 제공할 경우에만 성립한다. 누구든지 명백한 상기 행동에 대하여 2명의 증인의 증언이 있거나, 또는 공개 법정에서 자백하는 경우 이외에는 반역죄의 판결을 받지 아니한다.

(2) 연방의회는 반역죄의 형벌을 선고하는 권한을 가진다. 다만, 반역죄의 선고로 인한 권리 박탈 선고는 그 선고를 받은 자의 생존 기간을 제외하고 혈통을 모독하거나 재산의 몰수를 초래하지 아니한다.

제 4 조(주와 주 및 연방과의 관계)

제 1 절

각 주는 다른 주의 법령, 기록 및 사법 절차에 대하여 충분한 신뢰와 신용을 가져야 한다. 연방의회는 이러한 법령, 기록 및 사법 절차를 증명하는 방법과 그것의 효력을 일반 법률로써 규정할 수 있다.

제 2 절

(1) 각 주의 시민은 다른 어느 주에서도 그 주의 시민이 향유하는 모든 특권 및 면책권을 가진다.

(2) 어느 주에서 반역죄, 중죄 또는 그 밖의 범죄로 인하여 고발된 자가

도피하여 재판을 면하고 다른 주에서 발견된 경우, 범인이 도피해 나온 주의 행정 당국의 요구에 의하여, 그 범인은 그 범죄에 대한 재판 관할권이 있는 주로 이송하기 위하여 인도되어야 한다.

(3) 어느 주에서 그 주의 법률에 의하여 사역 또는 노역을 당하도록 되어 있는 자*가 다른 주로 도피한 경우에, 다른 주의 어떠한 법률 또는 규칙에 의해서도 그 사역 또는 노역의 의무는 해제되지 아니하며, 그는 그 사역 또는 노역을 요구할 권리를 가진 당사자의 청구에 따라 인도되어야 한다.

제 3 절
(1) 새로운 주는 연방의회의 결정에 의해 연방에 가입할 수 있다. 다만, 어떠한 주의 관할 구역에서도 새로운 주를 형성하거나 설치할 수 없다. 또 관계되는 각 주의 주 의회와 연방의회의 동의 없이는 2개 이상의 주 또는 주의 일부를 합병하여 새로운 주를 구성할 수 없다.

(2) 연방의회는 미국에 속하는 영토 또는 그 밖의 재산을 처분하고 이에 관한 모든 필요한 규칙 및 규정을 제정하는 권한을 가진다. 다만, 이 헌법의 어떠한 조항도 미국 또는 어느 주의 권리를 훼손하는 것으로 해석할 수 없다.

제 4 절
미국은 연방 내의 모든 주의 공화정체를 보장하고, 각 주를 침략으로부터 보호하며, 또 각 주의 주 의회 또는 (주 의회를 소집할 수 없을 때는) 행정부의 요구가 있을 때에는 주 내의 폭동으로부터 각 주를 보호한다.

제 5 조(헌법 수정 절차)
연방의회는 상하 양원의 3분의 2가 이 헌법에 대한 수정의 필요성을 인

---

* 흑인 노예를 말함—옮긴이

정할 때에는 헌법 수정을 발의할 수 있으며, 또는 3분의 2 이상의 주 의회가 요청할 때에는 수정 발의를 위한 제헌 회의를 소집해야 한다. 어느 경우에나 수정은 연방의회가 제의하는 비준의 두 방법 중의 어느 하나에 따라, 4분의 3의 주 의회에 의하여 비준되거나, 또는 4분의 3의 주 헌법 비준 회의에 의하여 비준되는 때에 모든 의미와 목적이 확정되고 이 헌법의 일부로서 효력이 발생한다. 다만, 1808년 이전에 이루어질 수정에 의해서는 어떠한 방법으로도 제1조 제9절 제1항에 변경을 가져올 수 없다. 어느 주도 그 주의 동의 없이는 상원에서의 균등한 투표권을 박탈당하지 아니한다.

제 6 조(국가 최고 법)

(1) 헌법이 제정되기 전에 계약된 모든 채무와 체결된 모든 조약은 이 헌법에서도 미국 연합 헌장에서와 같이 미국에 대하여 효력을 가진다.

(2) 이 헌법에 의거하여 제정되는 미국의 법률 그리고 미국의 권한에 의하여 체결된 모든 조약은 이 나라의 최고법이며, 모든 주의 법관은, 어느 주의 헌법이나 법률 중에 이에 배치되는 규정이 있을지라도, 이 헌법에 구속을 받는다.

(3) 앞에서 기술한 상원 의원 및 하원 의원, 각 주의 주 의회 의원, 미국 및 각 주의 행정관 및 사법관은 선서 또는 확약에 의하여 이 헌법을 지지할 의무가 있다. 다만, 미국의 어떠한 관직 또는 위임에 의한 공직에도 자격 요건으로서 어떠한 종교상의 자격도 요구되지 아니한다.

제 7 조(헌법 비준)

9개 주의 헌법 회의가 비준하면, 이를 비준한 각 주 간에 이 헌법은 효력을 발생하는 데 충분하다.

1787년, 미국 독립 12년, 9월 17일, 헌법 회의에 참석한 각 주의 전원 일치의 동의를 얻어 이 헌법을 제정한다. 이를 증명하기 위하여 우리들은 이에 서명한다. (서명 생략)

헌법 수정 조항*

본래의 미국 헌법 제5조에 따라 연방의회가 제안하고 여러 주 의회가 비준한 미국 헌법 수정 조항 및 추가 조항[5]

수정 조항 제1조(종교, 언론 및 출판의 자유, 집회 및 청원의 권리)

연방의회는 국교를 정하거나 또는 자유로운 신앙 행위를 금지하는 법률을 제정할 수 없다. 또한 연방의회는 언론 또는 출판의 자유나 국민이 평온하게 집회할 수 있는 권리 및 불만 사항의 구제를 위하여 정부에 청원할 수 있는 권리를 제한하는 법률을 제정할 수 없다.

수정 조항 제2조(무기 휴대의 권리)

규율 정연한 민병은 자유로운 주의 안보에 필요하며, 무기를 소장하고 휴대하는 인민의 권리를 침해할 수 없다.

수정 조항 제3조(군인의 숙영)

평시에는 어떠한 군인도 소유자의 동의 없이는 어떠한 가택에도 숙영할 수 없다. 전시에도 법률이 정하는 방법에 의하지 아니하고는 숙영할 수 없다.

---

* 수정 조항 제1조부터 제10조까지는 흔히 권리장전이라고 불리며, 제1차 연방의회의 첫 회기에 발의되고 각 주에 보내져 1791년 12월 15일에 비준이 완료되었다. 수정 조항 내용 가운데, ( )로 묶은 조항 설명과 〔 〕로 묶은 발의일·비준일은 독자의 이해를 돕기 위해 첨가하였다. ─옮긴이

5 이 표제는 최초의 10개 수정 조항이 제출된 상하 양원 결의안에만 수록되어 있다.

수정 조항 제4조(수색 및 체포 영장)

부당한 수색과 압수로부터 신체, 가택, 서류 및 재산의 안전을 보장받는 국민의 권리는 침해할 수 없다. 체포 · 수색 · 압수영장은 믿을만한 원인에 의거하고, 선서 또는 확약에 의하여 뒷받침되고, 특히 수색할 장소, 체포할 사람 또는 압수할 물품을 기재하지 아니하고는 이를 발급할 수 없다.

수정 조항 제5조(형사 사건에서의 권리)

누구든지 대배심에 의한 고발 또는 기소에 의하지 아니하는 한 사형에 해당하는 죄 또는 그 밖의 파렴치죄에 의한 처벌을 받지 아니한다. 다만, 육군이나 해군에서 일어난 사건 또는 전쟁이나 공공의 위난 시 현재 복무 중인 민병 간에 발생한 사건에 관해서는 예외로 한다. 누구든지 동일 범행에 대하여 생명이나 신체에 대한 위협을 재차 받지 아니하며, 누구든지 어떠한 형사사건에 있어서도 자기에게 불리한 증언을 강요당하지 아니한다. 누구든지 적법절차에 의하지 아니하고는 생명, 자유 또는 재산을 박탈당하지 아니한다. 정당한 보상 없이는 사유재산이 공적 사용을 위하여 수용당하지 아니한다.

수정 조항 제6조(공정한 재판을 받을 권리)

모든 형사소추에서 피고인은 범죄가 일어난 주 및 법률이 미리 정하는 지역의 공정한 배심에 의한 신속하고 공개적인 재판을 받을 권리가 있고, 피고사건의 성질과 원인에 관한 통고를 받을 권리가 있으며, 자기에게 불리한 증인과 대질심문을 받을 권리, 자기에게 유리한 증인을 얻기 위하여 강제절차를 취할 권리, 자신의 변호를 위하여 변호인의 도움을 받을 권리가 있다.

수정 조항 제7조(민사사건에서의 권리)

보통법상의 소송에서, 소송에 걸린 액수가 20달러를 초과하는 경우에는 배심에 의한 심리를 받을 권리가 보장된다. 배심에 의하여 심리된 사실은 보통법의 규정에 의하는 것 외에 미국의 어느 법원에서도 재심되지 아니한다.

수정 조항 제8조(보석금, 벌금 및 형벌)

과다한 보석금을 요구하거나, 과다한 벌금을 부과하거나, 잔혹하고 이상한 형벌을 과하지 못한다.

수정 조항 제9조(인민이 보유하는 권리)

이 헌법에 특정 권리가 열거되어 있다는 사실이 인민이 보유하는 그 밖의 여러 권리를 부인하거나 경시하는 것으로 해석되어서는 아니 된다.

수정 조항 제10조(주와 인민의 유보 권한)

이 헌법에 의하여 미국 연방에 위임되지 아니하였거나, 각 주에게 금지되지 아니한 권한은 각 주나 인민에 유보(留保)된다.

수정 조항 제11조(주를 상대로 하는 소송)

〔1794년 3월 5일 발의, 1795년 2월 7일 비준〕

미국의 사법권은 미국의 한 주에 대하여 다른 주의 시민 또는 외국의 시민이나 신민에 의하여 개시되거나 제기된 보통법 또는 형평법상의 소송에 미치는 것으로 해석하지 아니한다.

수정 조항 제12조(대통령 및 부통령의 선거)

〔1803년 12월 12일 발의, 1804년 9월 27일 비준〕

　선거인은 각 주에서 집회하여 대통령과 부통령을 비밀투표로 선거한다. 양인 중 적어도 1인은 선거인과 동일한 주의 주민이 아니어야 한다. 선거인은 대통령으로 투표하려는 사람의 이름을 투표용지에서 지정하고, 부통령으로 투표하려는 사람의 이름을 별개의 투표용지에서 지정해야 한다. 선거인은 대통령으로 투표하려는 모든 사람의 명부와 부통령으로 투표하려는 모든 사람의 명부, 그리고 각 득표자의 득표수를 기재한 표를 별개로 작성하여 선거인이 이에 서명하고 증명한 다음, 봉합하여 상원 의장 앞으로 미국 정부 소재지로 송부한다. 상원 의장은 상원 의원과 하원 의원이 참석한 가운데 모든 증명서를 개봉하고 개표한다. 가장 많이 득표한 사람이 대통령이 된다. 다만, 득표수가 선임된 선거인의 총수의 과반수가 되어야 한다. 이와 같은 과반수 득표자가 없을 경우 하원은 즉시 대통령으로 투표된 사람의 명단 중 3인을 초과하지 아니하는 최다 득표자 중에서 대통령을 비밀투표로 선거하여야 한다. 다만, 이러한 방법으로 대통령을 선거할 때에는 선거를 주 단위로 하고, 각 주는 1표의 투표권을 가지며, 그 선거에 필요한 정족수는 각 주의 하원 의원 3분의 2로부터 1명 또는 그 이상의 의원의 출석으로써 성립하며, 전체 주의 과반수가 찬성해야 선출될 수 있다. 대통령 선정권이 하원에 위임되었음에도 하원이 다음 3월 4일까지 대통령을 선정하지 않을 때에는 부통령이 대통령의 직무를 수행한다. 부통령으로서의 최고득표자가 부통령이 된다. 다만, 그 득표수는 선임된 선거인 총수의 과반수가 되어야 한다. 과반수 득표자가 없을 경우에는 상원의 득표자 명부 중 최다 득표자 2인 중에서 부통령을 선정한다. 이 목적을 위한 정족수는 상원 의원 총수의 3분의 2로써 성립하며, 선정에는 의원 총수의 과반수가 필요하다. 다만, 헌법상의 대통령직에 취임할 자격이 없는 자는 미국 부통령의 직에 취임할 자격도 없다.

수정 조항 제13조(노예제도 폐지)
〔1865년 2월 1일 발의, 1865년 12월 18일 비준〕
제1절
노예 또는 강제적 노역은 당사자가 정당하게 유죄판결을 받은 범죄에 대한 처벌이 아니면 미국 또는 그 관할 하에 속하는 어느 장소에서도 존재할 수 없다.

제2절
연방의회는 적당한 입법에 의하여 본 조항을 시행할 권한을 가진다.

수정 조항 제14조(공민권)
〔1866년 6월 16일 발의, 1868년 7월 28일 비준〕
제1절
미국에서 출생 또는 미국에 귀화해 미국의 관할권에 속하는 모든 사람은 미국 및 그 거주하는 주의 시민이다. 어떠한 주도 미국 시민의 특권과 면책권을 박탈하는 법률을 제정하거나 강행할 수 없다. 어떠한 주도 적법절차에 의하지 아니하고는 어떠한 사람으로부터도 생명, 자유, 재산을 박탈할 수 없으며, 그 관할권 내에 있는 어떠한 사람에 대하여도 법률에 의한 평등한 보호를 거부하지 못한다.

제2절
하원 의원은 각 주의 인구수에 비례하여 각 주에 할당한다. 각 주의 인구수는 과세되지 아니하는 인디언을 제외한 각 주의 총인구수이다. 다만, 미국 대통령 및 부통령의 선거인, 사법관 또는 각 주 의회의 인원을 선출하는 어떠한 선거에서도, 반란이나 그 밖의 범죄에 가담한 경우를 제외하고, 21세에 달하고* 미국 시민인 해당 주의 남성 주민 중 어느 누구에게 투표권이 거부되거나, 어떠한 방법으로든지 제한되어 있을 때에는 그 주의 하원 의원 할당수의 기준을 그러한 남성 주민의 수가 그 주의 21세에 달한**

남성 주민의 총수에 대하여 가지는 비율에 따라 감소된다.

제3절
과거에 연방의회 의원, 미국 관리, 주 의회 의원, 또는 주의 행정관이나 사법관으로서 미국 헌법을 지지할 것을 선언한 후에 폭동이나 반란에 가담한 자, 적에게 원조 또는 편의를 제공한 자는 누구든지 연방의회의 상원 의원이나 하원 의원, 대통령 및 부통령의 선거인, 미국이나 각 주 민간 공무원의 관직에 취임할 수 없다. 다만, 연방의회는 각 원의 3분의 2의 투표로써 그 실격을 해제할 수 있다.

제4절
폭동이나 반란을 진압한 공헌에 대한 은급 및 하사금을 지불하기 위하여 기채(起債)한 부채를 포함하여 법률로 인정한 국채는 그 효력이 문제되지 않는다. 그러나 미국 또는 어느 주도 미국에 대한 폭동이나 반란을 원조하기 위하여 기채한 부채, 또는 노예의 상실이나 해방으로 인한 청구에 대하여는 채무를 부담하거나 지불하지 아니한다. 이 모든 부채, 채무, 청구는 위법이고 무효이다.

제5절
연방의회는 적당한 입법에 의하여 본 조항의 규정을 시행할 권한을 가진다.

수정 조항 제15조(흑인의 참정권)
〔1869년 2월 27일 발의, 1870년 3월 30일 비준〕
제1절
미국 시민의 투표권은 인종, 피부색, 과거의 예속 상태를 이유로 미국이

---

* 21세 이상을 의미함—옮긴이

** 21세 이상을 의미함—옮긴이

나 어떠한 주에 의해서도 거부되거나 제한되지 아니한다.

제2절
연방의회는 적당한 입법에 의하여 본 조항의 규정을 시행할 권한을 가진다.

수정 조항 제16조(소득세)

〔1909년 7월 12일 발의, 1913년 2월 25일 비준〕

연방의회는 소득원의 여하를 불문하고 각 주에 배당하지 아니하고 국세 조사나 인구수에 관계없이 소득에 대한 세금을 부과·징수할 권한을 가진다.

수정 조항 제17조(연방 상원 의원의 직접 선거)

〔1912년 5월 16일 발의, 1913년 5월 31일 비준〕

제1절
미국의 상원은 각 주 2인씩의 상원 의원으로 구성된다. 상원 의원은 그 주의 주민에 의하여 선출되고 6년의 임기를 가진다. 각 상원 의원은 1표의 투표권을 가진다. 각 주의 선거인은 주 입법부 중 의원수가 많은 한 원의 선거인에 요구되는 자격을 가져야 한다.

제2절
상원에서 어느 주의 의원에 결원이 생긴 때에는 그 주의 행정부는 결원을 보충하기 위하여 선거 명령을 내려야 한다. 다만, 주민이 주 의회가 정하는 바에 따른 선거에 의하여 결원을 보충할 때까지 주 의회는 그 주의 행정부에게 임시로 상원 의원을 임명하는 권한을 부여할 수 있다.

제3절
본 수정 조항은 본 헌법의 일부로서 효력을 발생하기 이전에 선출된 상원 의원의 선거 또는 임기에 영향을 주는 것으로 해석하지 못한다.

수정 조항 제18조 (금주법)
〔1917년 12월 18일 발의, 1919년 1월 29일 비준, 수정 조항 제21조로 폐기〕
제1절
본 조의 비준으로부터 1년을 경과한 후에는 미국 내와 그 관할에 속하는 모든 영토 내에서 마실 목적으로 주류를 양조, 판매, 운송하거나 미국에서 이를 수입, 수출하는 것을 금지한다.

제2절
미국과 각 주는 적당한 입법에 의하여 본 조를 시행할 경합적 권한을 가진다.

제3절
본 조항은 연방의회로부터 이를 각 주에 회부한 날부터 7년 이내에 각 주의 주 입법부가 이 헌법에 규정된 바와 같이 헌법 수정으로써 비준하지 아니하면 그 효력이 발생하지 아니한다.

수정 조항 제19조 (여성의 참정권)
〔1919년 6월 4일 발의, 1920년 8월 26일 비준〕
제1절
미국 시민의 투표권은 성별을 이유로 미국이나 어느 주에 의해서도 거부 또는 제한되지 아니한다.

제2절

연방의회는 적당한 입법에 의하여 본 조항을 시행할 권한을 가진다.

수정 조항 제20조 (대통령과 연방의회 의원의 임기)

〔1932년 3월 2일 발의, 1933년 2월 6일 비준〕

제1절

대통령과 부통령의 임기는 본 조가 비준되지 아니하였더라면 임기가 만료하였을 해의 1월 20일 정오에 종료하며, 상원 의원과 하원 의원의 임기는 본 조가 비준되지 아니하였더라면 임기가 만료하였을 해의 1월 3일 정오에 종료한다. 그 후임자의 임기는 그때부터 시작된다.

제2절

연방의회는 매년 적어도 1회 집회한다. 집회는 의회가 법률로 다른 날을 정하지 아니하는 한 1월 3일 정오부터 시작된다.

제3절

대통령의 임기 개시일로 정해 놓은 시일에 대통령 당선자가 사망하면 부통령 당선자가 대통령이 된다. 대통령의 임기 개시일까지 대통령이 선정되지 아니하였거나, 대통령 당선자가 자격을 구비하지 못했을 때에는 부통령 당선자가 대통령이 자격을 구비할 때까지 대통령의 직무를 대행한다. 연방의회는 법률로써 대통령 당선자와 부통령 당선자가 다 자격을 구비하지 못하는 경우에 대통령의 직무를 대행해야 할 자 또는 대통령의 직무를 대행할 자의 선정 방법을 규정할 수 있다. 이러한 경우에 선임된 자는 대통령 또는 부통령이 자격을 구비할 때까지 대통령의 직무를 대행한다.

제4절

연방의회는 하원이 대통령의 선정권을 갖게 되었을 때에 하원이 대통령으로 선정한 사람 중 사망자가 생긴 경우와, 상원이 부통령의 선정권을 갖게 되었을 때에 상원이 부통령으로 선정한 사람 중 사망자가 생긴 경우를 대비하는 법률을 규정할 수 있다.

제5절
제1절 및 제2절은 본 조의 비준 후 최초의 10월 15일부터 효력을 발생한다.

제6절
본 조항은 회부된 날로부터 7년 이내에 주 의회 4분의 3에 의하여 헌법 수정 조항으로 비준되지 아니하면 효력을 발생하지 아니한다.

수정 조항 제21조 (금주법의 폐기)
〔1933년 2월 2일 발의, 1933년 12월 5일 비준〕

제1절
연방헌법 수정 조항 제18조는 이에 폐기한다.

제2절
미국의 주, 준주(準州), 속령의 법률에 위반하여 이들 지역 내에서 주류를 양도 또는 사용할 목적으로 이들 지역으로 수송 또는 수입하는 것을 금지한다.

제3절
본 조는 연방의회가 이를 각 주에 회부한 날로부터 7년 이내에 헌법 규정에 따라서 각 주의 헌법 회의에 의하여 헌법 수정 조항으로 비준되지 아니하면 효력이 발생하지 아니한다.

수정 조항 제22조(대통령의 임기 제한)
〔1947년 3월 21일 발의, 1951년 2월 26일 비준〕

제1절
누구라도 2회를 초과하여 대통령직에 선출될 수 없으며, 누구라도 타인이 대통령으로 당선된 임기 중 2년 이상 대통령직에 있었거나 대통령 직무를 대행한 자는 1회를 초과하여 대통령직에 당선될 수 없다. 다만, 본 조는 연방의회가 이를 발의하였을 때에 대통령직에 있는 자에게 적용되지 아니하며, 또 본 조가 효력을 발생하게 될 때에 대통령직에 있거나 대통령의 직무를 대행하고 있는 자가 잔여 임기 중 대통령직에 있거나 대통령 직무를 대행하는 것을 방해하지 아니한다.

제2절 본 조는 연방의회가 각 주에 회부한 날로부터 7년 이내에 주 의회의 4분의 3에 의하여 헌법 수정 조항으로서 비준되지 아니하면 효력을 발생하지 아니한다.

수정 조항 제23조(컬럼비아 특별구에서의 선거권)
〔1960년 6월 16일 발의, 1961년 4월 3일 비준〕

제1절
미국 정부 소재지를 구성하고 있는 특별구는 연방의회가 다음과 같이 정한 방식에 따라 대통령 및 부통령의 선거인을 선임한다. 선거인의 수는 특별구가 주라면 배당받을 수 있는 연방의회 내의 상원 의원 및 하원 의원의 수와 동일한 수이다. 그러나 어떠한 경우에도 최소의 인구를 가진 주보다 그 수가 더 많을 수 없다. 그 선거인은 각 주가 임명한 선거인에 첨가되지만, 대통령 및 부통령의 선거를 위하여 주가 선정한 선거인으로 간주된다. 그들은 특별구에서 집회하여, 헌법 수정 조항 제12조가 규정하고 있는 바와 같이 그 의무를 수행한다.

제2절
연방의회는 적당한 입법에 의하여 본 조항을 시행할 권한을 가진다.

수정 조항 제24조(인두세)

〔1962년 8월 27일 발의, 1964년 1월 23일 비준〕

제1절

대통령 또는 부통령, 대통령 또는 부통령 선거인, 또는 연방의회 상원 의원, 하원 의원을 위한 예비선거 또는 그 밖의 선거에서 미국시민의 투표권은 인두세나 기타 조세를 납부하지 아니했다는 이유로 미국 또는 어떤 주에 의해서도 거부되거나 제한되지 아니한다.

제2절

연방의회는 적당한 입법에 의하여 본 조를 시행할 권한을 가진다.

수정 조항 제25조(대통령의 직무 수행 불능과 승계)

〔1965년 7월 6일 발의, 1967년 2월 10일 비준〕

제1절

대통령이 면직되거나 사망 또는 사임한 때에는 부통령이 대통령이 된다.

제2절

부통령직이 궐위된 때에는 대통령은 부통령을 지명하고 부통령은 양원의 과반수 득표에 의하여 승인을 받아 그 직위에 취임한다.

제3절

대통령이 상원의 임시 의장과 하원 의장에게 그가 대통령직의 권한과 직무를 수행할 수 없다는 서면 성명서를 제출한 때에는 이와 반대되는 서면 성명서가 제출될 때까지 부통령이 대통령 직무 대행으로 대통령직의 권한과 직무를 수행한다.

제4절

부통령과 행정부처의 주요 공무원의 과반수 또는 연방의회가 법률로써 정하는 다른 기관의 과반수가 상원 임시 의장과 하원 의장에게 대통령이 대통령직의 권한과 의무를 수행할 수 없다는 서명 성명서를 제출한 때에는 부통령은 즉시 대통령 직무 대행으로서 대통령직의 권한과 의무를 가진다.

그 후에 대통령이 상원 임시 의장과 하원 의장에게 능력이 없는 것이 아니라는 서면 성명서를 제출하는 경우에는 대통령직의 권한과 직무를 되찾는다. 다만, 이 경우에 부통령과 행정부처의 주요 공무원의 과반수 또는 연방의회가 법률로써 정한 다른 기관의 과반수가 4일 이내에 대통령이 대통령직의 권한과 직무를 수행할 수 없다는 서면 성명서를 제출하는 경우에는 예외로 한다. 이러한 경우에는 연방의회가 이 문제를 결정한다. 다만, 개회 중이 아닐 경우에는 이 목적을 위하여 48시간 이내에 집회한다. 만일 연방의회가 후자의 성명서를 접수하고 21일 이내에, 혹은 연방의회가 개회 중이 아닐 경우에는 연방의회의 소집이 요구된 후 21일 이내에, 양원의 각각 3분의 2 이상의 찬성으로 대통령이 대통령직의 권한과 직무를 수행할 수 없다고 결정하면, 부통령은 계속하여 대통령 직무 대행으로 직무를 수행한다. 그렇지 않으면 대통령은 그 직위의 권한과 직무를 되찾는다.

수정 조항 제26조(18세 이상 시민의 참정권)
〔1971년 3월 23일 발의, 1971년 7월 1일 비준〕

제1절
18세 이상 미국 시민의 투표권은 연령을 이유로 미국 또는 어떤 주에 의해서도 부인되거나 박탈되지 아니한다.

제2절
연방의회는 적당한 입법에 의하여 본 조항을 시행할 권한을 갖는다.

수정 조항 제27조(연방의원의 보수 변경)

〔1789년 9월 25일 발의, 1992년 5월 7일 비준〕

하원 의원 선거를 치르기 전에는 상원 의원과 하원 의원의 직무에 대한 보수를 변경하는 어떠한 법률도 효력이 발생되지 아니한다.

★ 미국 역대 대통령 선거자료

연도	후보(선거 당시 주거지)	정당	일반투표	득표율	선거인단 투표	득표율
1789	조지 워싱턴(버지니아)	-	-	-	69	-
	존 애덤스	-	-	-	34	-
	기타 후보자	-	-	-	35	-
1792	조지 워싱턴(버지니아)	-	-	-	132	-
	존 애덤스	-	-	-	77	-
	조지 클린턴	-	-	-	50	-
	기타 후보자	-	-	-	5	-
1796	존 애덤스(매사추세츠)	연방파	-	-	71	-
	토머스 제퍼슨	공화파	-	-	68	-
	토머스 핑크니	연방파	-	-	59	-
	아론 버어	공화파	-	-	30	-
	기타 후보자	-	-	-	48	-
1800	토머스 제퍼슨(버지니아)	공화파	-	-	73	-
	아론 버어	공화파	-	-	73	-
	존 애덤스	연방파	-	-	65	-
	찰스 C. 핑크니	연방파	-	-	64	-
	존 제이	연방파	-	-	1	-
1804	토머스 제퍼슨(버지니아)	공화파	-	-	162	-
	찰스 C. 핑크니	연방파	-	-	14	-
1808	제임스 매디슨(버지니아)	공화파	-	-	122	-
	찰스 C. 핑크니	연방파	-	-	47	-
	조지 클린턴	공화파	-	-	6	-
1812	제임스 매디슨(버지니아)	공화파	-	-	128	-
	드 위트 클린턴	연방파	-	-	89	-

연도	후보 (출신지)	정당	득표수	득표율	선거인단	선거인단율
1816	제임스 먼로(버지니아)	공화파	-	-	183	-
	루퍼스 킹	연방파	-	-	34	-
1820	제임스 먼로(버지니아)	공화파	-	-	231	-
	존 퀸시 애덤스	공화파	-	-	1	-
1824	존 퀸시 애덤스(매사추세츠)	공화파	108,740	30.5	84	26.9
	앤드루 잭슨	공화파	153,544	43.1	99	-
	윌리엄 H. 크로퍼드	공화파	46,618	13.1	41	-
	헨리 클레이	공화파	47,136	13.2	37	-
1828	앤드루 잭슨(테네시)	민주공화파	647,286	56.0	178	57.6
	존 퀸시 애덤스	국민공화파	508,064	44.0	83	-
1832	앤드루 잭슨(테네시)	민주공화파	687,502	55.0	219	55.4
	헨리 클레이	국민공화파	530,189	42.4	49	-
	윌리엄 워트	반메이슨파	33,108	2.6	7	-
	존 플로이드	무소속	-	-	11	-
1836	마틴 밴 뷰런(뉴욕)	민주당	765,483	50.9	170	57.8
	윌리엄 H. 해리슨	휘그당	-	-	73	-
	휴 L. 화이트	휘그당	739,795	49.1	26	-
	대니얼 웹스터	휘그당	-	-	14	-
	W.P. 매그넘	무소속	-	-	11	-
1840	윌리엄 H. 해리슨(오하이오)	휘그당	1,274,624	53.1	234	80.2
	마틴 밴 뷰런	민주당	1,127,781	46.9	60	-
	제임스 G. 버니	자유당	7,069	-	0	-
1844	제임스 K. 포크(테네시)	민주당	1,338,464	49.6	170	78.9
	헨리 클레이	휘그당	1,300,097	48.1	105	-
	제임스 G. 버니	자유당	62,300	2.3	0	-

연도	후보	정당	득표수	%	선거인단	투표율
1848	재커리 테일러(루이지애나)	휘그당	1,360,967	47.4	163	72.7
	루이스 카스	민주당	1,222,342	42.5	127	-
	마틴 밴 뷰런	자유토지당	291,263	10.1	0	-
1852	프랭클린 피어스(뉴햄프셔)	민주당	1,601,117	50.9	254	69.6
	윈필드 스콧	휘그당	1,385,453	44.1	42	-
	존 P. 헤일	자유토지당	155,825	5.0	0	-
1856	제임스 뷰캐넌(펜실베이니아)	민주당	1,832,955	45.3	174	78.9
	존 C. 프레몽	공화당	1,339,932	33.1	114	-
	밀라드 필모어	아메리카당	871,731	21.6	8	-
1860	에이브러햄 링컨(일리노이)	공화당	1,865,593	39.9	180	81.2
	스티븐 A. 더글라스	북부민주당	1,382,713	29.4	12	-
	존 C. 브레킨리지	남부민주당	848,356	18.1	72	-
	존 벨	제헌연방당	592,906	12.6	39	-
1864	에이브러햄 링컨(일리노이)	공화당	2,213,655	55.0	212	73.8
	조지 B. 매클렐런	민주당	1,805,237	45.0	21	-
1868	율리시스 S. 그랜트(일리노이)	공화당	3,012,833	52.7	214	78.1
	호레이쇼 시모어	민주당	2,834,125	43.9	66	-
1872	율리시스 S. 그랜트(일리노이)	공화당	3,597,132	55.6	286	71.3
	호러스 그릴리	민주당	2,703,249	47.3	80	-
1876	러더퍼드 B. 헤이스(오하이오)	공화당	4,036,298	48.0	185	81.8
	새뮤얼 J. 틸던	민주당	4,300,590	51.0	184	-
1880	제임스 A. 가필드(오하이오)	공화당	4,454,416	48.5	214	79.4
	윈필드 S. 핸콕	민주당	4,444,952	48.1	155	-

연도	후보 (주)	정당	득표수	득표율	선거인단	투표율
1884	그로버 클리블랜드(뉴욕)	민주당	4,874,986	48.5	219	77.5
	제임스 G. 블레인	공화당	4,851,981	48.2	182	-
1888	벤저민 해리슨(인디아나)	공화당	5,439,853	47.9	233	79.3
	그로버 클리블랜드	민주당	5,540,309	48.6	168	-
1892	그로버 클리블랜드(뉴욕)	민주당	5,556,918	46.1	277	74.7
	벤저민 해리슨	공화당	5,176,108	43.0	145	-
	제임스 B. 위버	인민당	1,041,028	8.5	22	-
1896	윌리엄 매킨리(오하이오)	공화당	7,104,779	51.1	271	79.3
	윌리엄 J. 브라이언	민주당	6,502,925	47.7	176	-
1900	윌리엄 매킨리(오하이오)	공화당	7,207,923	51.7	292	73.2
	윌리엄 J. 브라이언	민주당	6,358,133	45.5	155	-
1904	시어도어 루스벨트(뉴욕)	공화당	7,623,486	57.9	336	65.2
	알튼 B. 파커	민주당	5,077,911	37.6	140	-
	유진 V. 데브스	사회당	402,283	3.0	0	-
1908	윌리엄 H. 태프트(오하이오)	공화당	7,678,908	51.6	321	65.4
	윌리엄 J. 브라이언	민주당	6,409,104	43.1	162	-
	유진 V. 데브스	사회당	420,793	2.8	0	-
1912	우드로 윌슨(뉴저지)	민주당	6,293,454	41.9	435	58.8
	시어도어 루스벨트	혁신당	4,119,538	27.4	88	-
	윌리엄 H. 태프트	공화당	3,484,980	23.2	8	-
	유진 V. 데브스	사회당	900,672	6.0	0	-
1916	우드로 윌슨(뉴저지)	민주당	9,129,606	49.4	277	61.6
	찰스 E. 휴즈	공화당	8,538,221	46.2	254	-
	A. L. 벤슨	사회당	585,113	3.2	0	-

연도	후보	정당	득표수	득표율	선거인단	선거인단율
1920	워렌 G. 하딩(오하이오)	공화당	16,152,200	60.4	404	49.2
	제임스 M. 콕스	민주당	9,147,353	34.2	127	-
	유진 V. 데브스	사회당	919,799	3.4	0	-
1924	캘빈 쿨리지(매사추세츠)	공화당	15,725,016	54.0	382	48.9
	존 W. 데이비스	민주당	8,386,503	28.8	136	-
	로버트 M. 라폴레트	진보당	4,822,856	16.6	13	-
1928	허버트 후버(캘리포니아)	공화당	21,391,381	58.2	444	56.9
	알프레드 E. 스미스	민주당	15,016,443	40.9	87	-
	노먼 토머스	사회당	267,835	0.7	0	-
1932	프랭클린 D. 루스벨트(뉴욕)	민주당	22,821,857	57.4	472	56.9
	허버트 후버	공화당	15,761,841	39.7	59	-
	노먼 토머스	사회당	881,951	2.2	0	-
1936	프랭클린 D. 루스벨트(뉴욕)	민주당	27,751,597	60.8	523	61.0
	앨프 M. 랜든	공화당	16,679,583	36.5	8	-
	윌리엄 렘키	통일당	882,479	1.9	0	-
1940	프랭클린 D. 루스벨트(뉴욕)	민주당	27,244,160	54.8	449	62.5
	웬들 L. 윌키	공화당	22,305,198	44.8	82	-
1944	프랭클린 D. 루스벨트(뉴욕)	민주당	25,602,504	53.5	432	55.9
	토머스 E. 듀이	공화당	22,006,285	46.0	99	-
1948	해리 S. 트루먼(미주리)	민주당	24,105,695	49.5	303	53.0
	토머스 E. 듀이	공화당	21,969,170	45.1	189	-
	J. 스트롬 서먼드	주권당	1,169,021	2.4	39	-
	헨리 A. 월리스	혁신당	1,156,103	2.4	0	-

연도	후보	정당	득표수	득표율	선거인단	투표율
1952	드와이트 D. 아이젠하워(뉴욕)	공화당	33,936,252	55.1	442	63.3
	아들라이 E. 스티븐슨	민주당	27,314,992	44.4	89	-
1956	드와이트 D. 아이젠하워(뉴욕)	공화당	35,575,420	57.6	457	60.6
	아들라이 E. 스티븐슨	민주당	26,033,066	42.1	73	-
	기타 후보자	-	-	-	1	-
1960	존 F. 케네디(매사추세츠)	민주당	34,227,096	49.7	303	64.0
	리처드 M. 닉슨	공화당	34,108,546	49.6	219	-
	해리 버드	-	501,643	0.7	15	-
1964	린든 B. 존슨(텍사스)	민주당	43,126,506	61.1	486	61.7
	배리 M. 골드워터	공화당	27,176,799	38.5	52	-
1968	리처드 M. 닉슨(뉴욕)	공화당	31,770,237	43.4	301	60.6
	휴버트 H. 험프리	민주당	31,270,533	42.3	191	-
	조지 C. 월리스	미국 독립당	9,906,141	12.9	46	-
1972	리처드 M. 닉슨(뉴욕)	공화당	47,169,911	60.7	520	55.2
	조지 S. 맥거번	민주당	29,170,383	37.5	17	-
	기타 후보자	-	-	-	1	-
1976	지미 카터(조지아)	민주당	440,828,587	50.0	297	53.5
	제럴드 R. 포드	공화당	39,147,613	47.9	240	-
	기타 후보자	-	1,575,459	2.1	1	-
1980	로널드 레이건(캘리포니아)	공화당	43,901,812	50.7	489	52.6
	지미 카터	민주당	35,483,820	41.0	49	-
	존 B. 앤더슨	무소속	5,719,722	6.6	0	-
	기타 후보자	리버테리언	921,188	1.1	0	-

1984	로널드 레이건(캘리포니아)	공화당	54,455,075	59.0	525	53.3
	월터 먼데일	민주당	37,577,185	41.0	13	-
1988	조지 부시(텍사스)	공화당	47,946,422	54.0	426	50.0
	마이클 C. 듀카키스	민주당	41,016,429	46.0	112	-
1992	빌 클린턴(아칸소)	민주당	44,909,889	43.0	370	55.2
	조지 부시	공화당	39,104,545	38.0	168	-
	로스 페로	무소속	19,742,267	19.0	0	-
1996	빌 클린턴(아칸소)	민주당	47,401,185	49.3	379	49.0
	로버트 돌	공화당	39,197,469	40.7	159	-
	로스 페로	개혁당	8,085,294	8.4	0	-
2000	조지 W. 부시(텍사스)	공화당	50,459,211	47.89	271	51.0
	앨 고어	민주당	51,003,894	48.41	266	-
	랄프 네이더	녹색당	2,834,410	2.69	0	-
2004	조지 W. 부시(텍사스)	공화당	62,028,285	50.73	286	60.0
	존 케리	민주당	59,028,109	48.27	251	-
	랄프 네이더	무소속	463,647	0.38	0	-
2008	버락 오바마(일리노이)	민주당	65,070,489	53	364	61.7
	존 매케인	공화당	57,154,810	46	174	-

★ 찾아보기

ㄱ

가가린(Yuri Gagarin) 340
가비(Marcus Garvey) 58
가옥 소유자 대부 회사 165
가족 보조 계획 477
가짜 전쟁(phony war) 216
〈강〉 134
걸프전 539, 545, 596
게토 124, 360, 402
경제 기회국 391, 392, 442, 476
경제법 155
고등 연구 프로젝트 기관(ARPA) 573
고르바초프(Mikhail Gorgachev) 530, 533, 537
고립주의 199, 208, 210~212, 223
골드워터(Barry Goldwater) 390, 511, 512
공공사업청 160, 177
〈공공의 적〉 127
공동체 행동 442
공보 위원회 45
공정 고용 실행 위원회 246
공정 노동 기준법 183
과학 연구 개발청 240
관세 및 무역에 관한 일반 협정 (GATT) 550, 597
관타나모 미군 기지 601
교토 의정서 595
9·11 사건 548, 600~602
구정 공세 419
국가 대 리처드 닉슨 사건 489
국가 방위 회의 42
국가 안전 보장 회의 290, 293
〈국가의 탄생〉 89
국립 항공 우주국(NASA) 340
국방 동원국 311
국적 기원법 88
국제 개발국 404
국제공산당 59
국제 노동 수호 116
국제연맹 48, 50, 63, 198, 199, 205, 207, 210, 222
국제연합(UN) 50, 281, 309, 472, 474, 593, 595
국제주의 198, 208, 295
국제통화기금(IMF) 597
군산 복합체 380
굶주림의 행진 132
굿맨(Benny Goodman) 257
그래픽 유저 인터페이스(GUI) 573
그랜드 쿨리 댐 192
그레이엄(Billy Graham) 509

그로브스(Leslie Groves) 268
그리니치빌리지 446, 447
그리스 288
그리피스(D. W. Griffith) 89
그린(William Green) 72
그린베레 404
그린벨트 운동(Green Belt Movement) 595
그린스펀(Alan Greenspan) 570
그린피스(Greenpeace) 593
근본주의자 91, 93
글라스노스트 530
글래스-스티걸 법 155
글렌(John Glenn) 340
〈금을 캐는 이들〉 128
금주론자 87, 88, 93
금주법 63, 87, 88, 93
급료 지불세 175, 239
기(Gee) 항공 운항 시스템 243
기독교 연합 511
기독교 우파 510, 511
기디온 대 웨인라이트 사건 478
기술 거품(tech bubble) 570
기업 자유주의 186
기후변동에 관한 정부 간 패널 595
긴급 은행법 153, 155
긴급 주택 지국 177
긴즈버그(Allen Ginsberg) 352
긴즈버그(Ruth Bader Ginsburg) 453
깅리치(Newt Gingrich) 552, 553

ㄴ

나세르(Gamal Abdel Nasser) 377
나스닥 569
나이(Gerald Nye) 210, 217
나토(NATO) → 북대서양조약기구
낙태 454
낙태 시술소 452
낙태 합법화 운동 590
난징 대학살 206
남녀 동등권 수정안 84
남부 기독교 지도자 회의 365, 396, 402
남부 소작농 조합 133
냉전 279, 290, 293, 295, 296, 320, 367, 373, 376, 377, 380, 381, 404, 407, 418, 426, 492, 526, 530, 568, 605
넬슨(Donald Nelson) 239
넬슨(Gaylord Nelson) 460
노리에가 539
노변담화 153
노스(Oliver North) 534
노인 의료보험 390, 391, 552, 579
녹색당 594

농민 휴업 협회 139
농업 조정법 156, 157, 181
농업 조정청 156, 161
농작물 판매법 137
농장 노동자 연합 445
농장 신용청 164
농장 안정청 123, 157
농장 위원회 137
농촌 전력화청 157
뉴딜 110, 111, 131, 134, 143, 148, 152, 153, 156, 160, 161, 166, 167, 169, 170, 175, 179, 181, 182, 184~189, 191~195, 236, 259, 299, 368, 369
뉴딜 구호 기구 189, 192, 236
뉴딜 자유주의 187
뉴딜주의자 158, 161, 193, 260
뉴올리언스 564~566
뉴프런티어 387, 388
니미츠(Chester Nimitz) 228, 265
닉슨(Richard M. Nixon) 315, 319, 375, 385, 387, 425, 443, 461, 463, 464, 466, 468, 472~474, 476~481, 483~493, 497, 498, 500, 512
닉슨 독트린 474

ㄷ

다낭 413
다우존스 산업 평균 지수 522, 569
단일 가격 인상안 75
대공황 88, 105, 106, 108, 110~113, 115, 118~123, 129, 136, 137, 139, 146~149, 166, 194, 195, 206, 222, 236, 325
대기 청정법 461
대량 보복 373, 374
대로우(Clarence Darrow) 92
대륙간 탄도 미사일 338, 473
대서양헌장 219, 220, 279, 375
대이주 55
대이주기 73
대중문화 124, 129, 130, 251, 252, 257, 305, 351, 352, 355, 366, 381, 461
대통령 탄핵 557
대평원 114
대학살 233
대항문화 436~438, 451, 458, 490
덜레스(John Foster Dulles) 373~375, 377, 378
덩샤오핑(鄧小平) 502
데이비스(John E. Davis) 94
데이비스(John W. Davis) 98
데이비드 사노프 연구소 336

데탕트 472, 473
데탕트 정책 474, 512
데브스(Eugene V. Debs) 46
도스(Charles G. Dawes) 200
도스 파소스(John dos Passos) 85, 130
도어시(Tommy Dorsey) 257
도조 히데키(東條英機) 220
도허티(Harry Daugherty) 97
돌(Robert Dole) 553
동성애자 258, 433, 446~448, 549
듀이(Thomas E. Dewey) 259, 302
듀카키스(Michael Dukakis) 535
DDT 335, 336
디보트(Bernard DeVoto) 349
디스크자키 356, 357
DNA 576
디엔 비엔 푸(Dien Bien Phu) 375
디즈(Martin Dies) 133
디즈니(Walt Disney) 128, 343
디즈니랜드 343
〈디즈 씨 도시에 가다〉 128
디지털 혁명 572
〈딕 트레이시〉 125
딘(James Dean) 353
딘(John Dean) 487
딜런(Bob Dylan) 438

ㄹ

라이트(Almorth Wright) 333
라이트(Richard Wright) 124
《라이프》 130, 256
라티노 361, 444, 445
랜돌프(Philip Randolph) 73, 246
랜든(Alf M. Landon) 179
랭(Dorothea Lange) 124
랭스 37
러스틴(Bayard Rustin) 247
러시아혁명 58
레닌(V. I. Lenin) 37
레 둑 토(Le Duc Tho) 466, 468
레밍턴 랜드 사 337
레바논 475, 527
레빗(William Levitt) 343
레빗타운 344
레어드(Melvin Laird) 463
레이(James Earl Ray) 422
레이거노믹스 520
레이건(Ronald Reagan) 387, 453, 498, 512, 514, 516~518, 520~523, 525~529, 533~535, 537, 544, 550, 554, 556, 589
레이건 독트린 526
레이건 연합 517, 518
레이테 섬 266
렘키(William Lemke) 179

로 대 웨이드 사건(판결) 454, 480, 589, 590
로렌스 에너지 센터 592
로렌즈(Pare Lorenz) 134
로멜(Erwin Rommel) 229
로버츠(Owen J. Roberts) 182
로버트슨(Pat Robertson) 511
로브(Karl Rove) 562
로스앨러모스 268
로스타인(Arthur Rothstein) 123
로스 대 국가 사건 478
로이드 조지(David Lloyd George) 50
로저스(William Rogers) 463
로젠버그 사건 315, 317
로지(Henry Cabot Lodge) 51, 198
로크(Alain Locke) 86
로큰롤 353, 355, 356
록펠러(Nelson Rockefeller) 512
론 놀(Lon Nol) 470
롤링 스톤즈 437, 439
롱(Huey P. Long) 167, 170, 179
루벤 패임즈호 219
루블린 281, 282
루비(Jack Ruby) 387
루스벨트(Eleanor Roosevelt) 188
루스벨트(Franklin Delano Roosevelt) 61, 131, 141~144, 146, 153, 155, 157, 160, 163, 164, 166, 167, 170, 171, 175, 179, 181~184, 186, 189, 194, 204, 208~212, 214~220, 223, 229, 231, 238, 246, 259, 260, 267, 279~285, 333, 375, 387, 388, 556, 606, 614
루스벨트(Theodore Roosevelt) 141, 543
루스벨트의 추론 204
루시타니아호 29
루이스(John L. Lewis) 131, 172, 298
루이스(Sinclair Lewis) 85
르윈스키(Monica Lewinsky) 556, 557
리(Russell Lee) 123
리벳공, 로지 253
리스터(Joseph Lister) 331
리오폴드(Aldo Leopold) 456
리차드슨(Elliot Richardson) 488
리클라이더(J. C. R. Licklider) 574
리틀록 363, 364
리틀 스틸 174, 175
〈리틀 시저〉 126
린드버그(Charles Lindbergh) 217

ㅁ

마리화나 436, 437
마셜(George C. Marshall) 229, 289
마셜플랜 289
마술 작전 245
마약 584
마오쩌둥(毛澤東) 206, 287
마이크로소프트사 573
마타이(Wangari Maathai) 595
마틴(Joseph W. Martin) 311
막스 브라더스 128
만델라(Nelson Mandela) 532
만주 공격 211
말콤 엑스(Malcolm X) 403
매카두(William McAdoo) 43, 93, 94
매카시(Eugene McCarthy) 420
매카시(Joseph McCarthy) 317, 318, 321
매카시즘 313, 317, 321, 370
매카티(Maclyn McCarty) 576
매케이(Claude McKay) 57, 86
매케인(John McCain) 608, 611, 612
매코드(James W. McCord) 487
매클라우드(Colin MacLeod) 576
매킨토시 573
맥거번(George S. McGovern) 481
맥나마라(Robert McNamara) 415
맥네리-호겐 법안 77
맥베이(Timothy McVeight) 600
맥아더(Douglas MacArthur) 141, 227, 266, 287, 309~311, 319
맨해튼 프로젝트(계획) 267~269, 271, 316
머슬 쇼얼 161
먼데일(Walter Mondale) 528
먼로주의 202
《메인 스트리트》 85
멘델(Gregor Mendel) 69, 576
멘켄(H. L. Mencken) 85
멜론(Andrew Mellon) 99
모건(Thomas Hunt Morgan) 69, 576
《모래 군의 열두 달》 456
모사데(Mohammed Mossadegh) 377
몰로토프(Molotov) 285
몽고메리(Bernard Montgomery) 231, 264
무기 대여 218, 219
무솔리니(Benito Mussolini) 132, 148, 204, 210, 211, 216, 233
무제한 잠수함 작전 32
〈무지=두려움〉 585
문화적 상대주의(cultural relativism) 191

물가 관리청 238
뮌헨협정 214
뮌헨회담 214
《미국》 130
미국 공산당 131~133
미국노동총동맹(AFL) 54, 72, 73, 172, 173, 328
미국 민권 연합(ACLU) 92
미국 인간 게놈 센터 577
미국 우선 위원회 217
미국 의학 협회 84
미국 자유 연맹 166
미국적 계획 72
미니(George Meany) 328
미 대륙 간 회의 209
미드웨이 섬 228
미라이 465
미란다 대 애리조나 사건 478
미첼(H. L. Mitchell) 133
미첼(Margaret Mitchell) 130
민간 고문 위원회 42
민간 자원 보존단 164, 177, 189, 259
미군 복지단 258
민권운동 362, 366, 367, 398, 402, 426, 442, 444, 451
민권법 304, 397, 399, 426, 443, 451
민족주의 204

민족 해방 전선 411, 419
민주 사회 학생 연합 434
밀러(Glenn Miller) 257
밀로세비치(Slobodan Milosevic) 558
밀리컨 대 브래들리 사건 480

ㅂ

바돌리오(Pietro Badoglio) 233
《바람과 함께 사라지다》 130
바루크(Bernard Baruch) 43
바르샤바조약 293
바에즈(Joan Baez) 438
바이든(Joseph Biden) 609
바이마르공화국 204
바튼(Bruce Barton) 79
바티스타(Fulgencio Batista) 378
반전운동 415, 434, 451, 491
반제티(Bartolomeo Vanzetti) 61
반트러스트법(독점 금지법) 157, 183
방첩법 45
《배빗》 85
〈백설공주〉 129
백신 332, 333, 335
백키 대 캘리포니아대학 이사회 사건 480

버거(Warren Burger) 478
버크-워즈워스 법안 217
번즈(George Burns) 125
법원 개편안 181, 182
베긴(Menachem Begin) 502
베니(Jack Benny) 125
베르사유조약 51, 63, 147
베를린 봉쇄 291
베를린 장벽 407
베리(Chuck Berry) 355
베이루트 527
베이비붐 255, 326, 380, 428, 579
베트콩 411, 412, 414, 419
벡(David Beck) 329
벨로(Saul Bellow) 351
벨 연구소 336
보너스 군대 140, 141
보너스 원정대 139
보쉬(Juan Bosch) 408
보스니아 552
보어(Neils Bohr) 268
보크-화이트(Margaret Bourke-White) 123
보팔 참사 594
복음주의 509~511
복지 자본주의 71, 72
볼셰비키 혁명 35, 209
볼스(Chester Bowles) 238
봉쇄정책 287, 289, 293, 409, 605, 606
부다페스트 379
부시(George H. W. Bush) 535, 537~541, 543, 544
부시(George W. Bush) 560~565, 578, 590, 596, 601, 606, 608, 611
부시(Vannevar Bush) 69, 240
부의 공유 계획 170
부의 공유를 위한 모임 169
북대서양조약기구(NATO) 291, 292, 320, 379, 558, 605
북미 자유무역 협정(NAFTA) 550
〈분노의 포도〉 126
불가침조약 132, 214
《불운의 앤소니》 130
뷰캐넌(Pat Buchanan) 541
브라운 대 토피카 교육 위원회 사건 362
브라운 판결 362~364
브라이언(William Jennings Bryan) 92
브래들리(Omar Bradlley) 263~265, 311
브레즈네프(Leonid Brezhnev) 474, 498, 502
브로워(David Brower) 349
브루스(Louis Bruce) 443
브리앙(Aristide Briand) 200
블랙 파워 402, 403

블랙 팬더 403
비도(King Vidot) 126
비시(Vichy) 216, 229
BCG 333
비트족 351, 352
비틀즈 437
빈곤과의 전쟁 391
빈곤선 394
빈 라덴(Osama Bin Laden) 601
빈민 의료 보조 391, 523

ㅅ

사다트(Anwar Sadat) 502
사라예보 27
사악한 제국 525
사업 계획청 134
사업 추진청 176, 177, 188, 189
사코(Nicola Sacco) 61
사회당 46
사회보장법 176, 182
사회보장 연금 390
사회 정의를 위한 전국 연합 167
산디니스타 527
산업별 노동조합주의 172
산업별 조합 위원회 172
산업별 조합 회의 173, 328
삼국동맹 27, 220

삼국협상 27
상원 전쟁 조사 위원회 260
생-로 전투 263
생어(Margaret Sanger) 83
생태학 455~458
샤(Shah) 504
샤토-티에리 37
샨(Ben Shahn) 123
서먼드(Strom Thurmond) 301, 302
서식스호 30
석유 수출국 기구(OPEC) 482, 485, 498, 500, 501, 522
선동 방지법 45
선린정책 209
선벨트 506
세계 경제 회의 208
세계무역기구(WTO) 597
세계무역센터 600, 601
세계산업노동자동맹 46
세계야생생물기금(WWF) 593
세계은행(World Bank) 597, 598
세계 흑인 향상 협회(UNIA) 58
세르비아 28, 552
세르비아인 552, 558
세이빈(Albert Sabin) 333
세이지브러쉬의 반란 507, 521
센티미터 레이더 242
셀리 대 크래이머 사건 304

셀린저(J. D. Salinger) 351
셀마(Selma) 399
셰파드(Alan Shepard) 340
셰퍼드-타우너법 84
소득세법 239
소수자 차별 철폐 조치 400, 452, 477, 480, 537
소크(Jonas Salk) 333
솝 오페라 347
수소 폭탄 338
수질 청정법 461
술파제 332
슈바르츠코프(Norman Schwarzkopf) 540
〈슈퍼맨〉 125
스미스(Alfred E. Smith) 93, 94
스미스(Gerald L. K. Smith) 179
〈스미스 씨 워싱턴에 가다〉 128
스미스-코넬리법 238
스완 대 샤롯-매클렌버그 교육 위원회 사건 479
스카츠보로 116, 132
스카츠보로 소년 116
스켁터 브라더스 사 160
스콥스(John T. Scopes) 92
스콥스 재판 93
스타(Kenneth Starr) 556, 557
스타워즈 526
스타인(Gertrude Stein) 85

스타인벡(John Steinbeck) 134, 135
스탈린(Joseph Stalin) 131, 132, 214, 233, 279~283, 285, 286, 288, 291, 295, 313, 606
스태그플레이션 483
스톤 대 파월 사건 480
스톤월 인 446
스톤월 폭동 447
스티븐슨(Adlai E. Stevenson) 318, 319, 370
스티븐슨(Robert Stevens) 371
스팀슨(Henry Stimson) 205
스페인 내전 131, 132, 211
스포크(Benjamin Spock) 345
스푸트니크 339
승차 거부 364, 365
시리카(John J. Sirica) 487
시어스 로벅 239
시에라 클럽 349, 457, 593
시카고 연설 211
시카고 폭동 57
신경제 572
신보수주의자 518
신세계 질서 596, 597
신우파 506, 511, 518, 544, 588
신 전문직 여성 82
신좌파 433, 434, 436, 451
14개조 48

써한(Sirhan Sirhan) 422

ㅇ

아랍-이스라엘 전쟁 376
아르곤 숲 전투 38
아르덴느 숲 263
아르벤스 구스만(Jacobo Arbenz-Guzmán) 378
RCA 336
《아무도 모르는 사람》 79
아바나(Havana) 378
아부 그래이브 감옥 605
아옌데(Salvador Allende) 474, 475
아이비엠(IBM) 337, 338, 572, 573
아이젠하워(Dwight D. Eisenhower) 229, 302, 318, 319, 337, 363, 368~370, 373, 375, 377~380, 385, 404, 405, 441
아인슈타인(Albert Einstein) 267
아파르트헤이트 532
아프가니스탄 505, 513, 530, 533, 601, 614
아프가니스탄 침공 505, 543
아프리카계 미국인 54~58, 63, 73, 85, 115, 117, 124, 129, 132, 188, 189, 246, 249, 252, 355, 360, 580, 582, 608, 612

악의 축 603
안전보장이사회 282
알카에다 601
알카트래즈 섬 443
알파넷 573~575
암스트롱(Neil Amstrong) 340
암흑의 화요일 105
애그뉴(Spiro Agnew) 488
애기(James Agee) 134
《애로우스미스》 85
애플(Apple)사 572
액슨 발데즈호 459
앤더슨(John Anderson) 514
앨러머고도 304
앨런(Gracey Allen) 125
앨런(Hervey Allen) 130
얄타 281, 285, 295
얄타협정 283, 285
얄타회담 282~284, 606
〈어느 날 생긴 일〉 128
어빈(Sam J. Ervin) 487
에너지 위기 498
에놀라 게이 271
에니그마 244, 245
에니악 337
에버스(Medgar Evers) 396
에번스(Walker Evans) 123, 134
에브라모프(Jack Abramoff) 565
SDS 433

〈에이머스 앤 앤디〉 125
에이버리(Oswald Avery) 576
에이브러햄 링컨 군단 132
에이즈(AIDS) 447, 584, 586, 587
에이킨(Howard Aiken) 69
에코 파크 349
NSC-68 293
엔젤 대 비탈 사건 477
엘리엇(T. S. Eliott) 85
엘링턴(Duke Ellington) 257
엘스버그(Daniel Ellsberg) 465
엘 알라맹(El Alamein) 229
LSD 436
여성 유권자 연맹 84, 458
《여성의 신비》 449
여성참정권 운동 61
연방 고속도로법 370
연방 극장 프로젝트 177
연방 긴급 구호청 163
연방 농장 안정청 123
연방 복지 기금 554
연방 예금 보험 공사 155
연방 예술 프로젝트 177
연방 음악 프로젝트 177
연방 작가 프로젝트 177
연방정부 인구조사국 337
연방 주택청 165
연방 준비 제도 이사회 570
연방 지불 준비 위원회 110, 155, 483, 500, 522
연방 지불 준비 제도 108, 154
연합 광산 노조 172, 238, 298, 330
연합 자동차 노조 174
연합 철강 노조 174
오닐(Eugene O'Neill) 85
5대국 협정 199
오바마(Barack Obama) 578, 590, 602, 608, 609~614
오보에 시스템 244
오스월드(Lee Harvey Oswald) 387
오스트리아-헝가리 제국 27, 28
오존층 460, 593
〈오즈의 마법사〉 129
오코너(Sandra Day O'Connor) 453
오키나와 전투 266
오키즈 115
OPEC 연합 522
오펜하이머(J. Robert Oppenheimer) 268
올랜도(Vittorio Orlando) 50
와그너(Robert W. Wagner) 171
와그너법 171, 182, 299
와트(James Watt) 521
왓슨(John B. Watson) 81, 82
왓츠(Watts) 401
외교 관계 위원회 51
〈외로운 방랑자〉 125

욤 키푸르 475
우드스톡(Woodstock) 438
〈우리의 일용 양식〉 126
운디드니(Wounded Knee) 443
울워스 395
울프(Thomas Wolfe) 85
워렌(Earl Warren) 362, 388, 477
워렌 위원회 388
워싱턴 군축 회의 199
《워싱턴 포스트》 486
워터게이트 사건 488~493
원자력 위원회 290
원자폭탄 267, 268, 273~275, 304, 306, 313, 316, 338
월리스(George Wallace) 396, 423, 425, 480, 481
월리스(Henry A. Wallace) 217, 218, 260, 302
웨더맨 434
웨스트(Mae West) 129
웨스트(Narthanael West) 130
웨스트 코스트 호텔 대 패리쉬 건 182
위대한 사회 390, 393, 394, 415, 416, 418, 426, 476
위버(Robert Weaver) 392
윈도 573
윌슨(Charles Wilson) 369
윌슨(Teddy Wilson) 257
윌슨(Woodrow Wilson) 28~32, 34, 35, 37, 42, 43, 48~52, 61~63, 93, 143, 210
윌키(Wendell Willkie) 218
유고슬라비아 531, 552, 558
유니벡 337
유보트 작전 40
유엔 환경 프로그램(UNEP) 593
U2기 379
유화 정책 214
육군-매카시 청문회 371
융(Carl Jung) 80
은행 휴업 153
응고 딘 누(Ngo Dihn Nhu) 412
응고 딘 디엠(Ngo Dinh Diem) 376, 409
응구엔 반 티우 (Nguyen Van Thieu) 468
이라크 전쟁 564, 603, 604, 607, 609
이란-콘트라 사건 534
이민 개혁법 580
이스코비도 대 일리노이 사건 478
이슬람 근본주의 598
《이제 우리 유명한 이들을 찬양합시다》 134
2차 뉴딜 166, 170
익스플로러 1호 340
익키스(Harold Ickes) 188

인간 게놈 프로젝트 577
인권 501, 580
인디언 업무 189
인디언 업무국 248, 443
인디언 재조직법 191, 248
인민 전선 131, 132
인설(Samuel Insull) 161
인종 격리법 532
인종 평등 회의 247, 396, 402
인터넷 573, 575
일관작업 67, 242
임시 전국 경제 위원회 183
임신 중절 반대 운동 589

ㅈ

자비스(Howard Jarvis) 513
자연 보전주의자 455
자워스키(Leon Jaworski) 488
자유를 위한 승차 396
자유를 위한 여름 398, 399
자유 연설 운동 434
자유 채권 42
자코뱅 599
잠수함 작전 29, 32
장제스(蔣介石) 204, 205, 207, 286, 287, 293, 472
재건 금융 공사 138, 139

재정착청 157
잭슨(Jesse Jackson) 528
잭슨 주립 대학 465
적색공포 58, 59
전국 국방 연구 위원회 240
전국 노사 관계 위원회 171
전국 부흥청 159~161
전국 산업 부흥법 159, 160, 171
전국 아메리카 원주민 청년 협의회 442
전국 야생 연맹 457
전국 여성당 84
전국 오더본 협회 457
전국 유색인 지위 향상 협회 (NAACP) 57, 396, 402
전국 전시 노동 위원회 43
전국 주택법 303
전국 청년청 177
전국 환경보호법 461
전략무기제한협정 473, 498, 504, 525, 533
전미 오더번 협회 593
전 세계 정보망(World Wide Web) 575
전시 노사분규법 238
전시 동원청 239
전시 산업 위원회 43
전시 생산 위원회 239
전역 군인 권리 장전 297

제너(Edward Jenner) 333
제너럴모터스 173, 174, 368
제네바 회담(협정) 374, 375, 409
제1차 세계대전 26, 38, 40, 82, 88,
　89, 99, 100, 107, 139, 143, 147,
　161, 204, 206, 210, 216, 222,
　223, 239, 250, 258, 333, 552
제2차 세계대전 112, 149, 152,
　193, 194, 206, 207, 227, 236,
　238, 240, 248, 250, 252, 274,
　288, 295, 307, 320, 321, 327,
　328, 331~333, 338, 342, 346,
　366, 369, 374~376, 401, 417,
　444, 482, 484, 485, 505, 506,
　514, 571, 579, 588, 606
조합원 유지 협정 237
존스(Paula Jones) 556
존슨(Bird Johnson) 458
존슨(Hugh S. Johnson) 159
존슨(James Weldon Johnson) 86
존슨(Lyndon Baines Johnson)
　385, 387, 388, 390~393, 397,
　399, 400, 404, 408, 412~415,
　418, 420, 421, 426
《종마 로니건》 130
주간 고속 도로 325, 348, 370
주데텐란트 212, 214
주류 문화 122, 440, 588
주민 발의 13호 513

주베르(Jules-Francois Joubert) 331
주택 담보대출 위기
(mortgage crisis) 610
주트수트 폭동 250
줄기세포 562, 577, 578
중국인 배척법 73, 252
중립법 211, 215, 216, 218
중앙정보국(CIA) 290, 377, 378,
　405, 409, 474, 533
증권 거래 위원회 155
증권 공시법 155
지구온난화 460, 591, 595, 597
지구의 날 460, 461
지역 행동 391
지주 회사법 170
진보 동맹 404
진주만 206, 207, 220~223, 227,
　238, 240, 245, 251
진주만 공격 206, 221, 223, 227,
　238, 240, 245
집적회로 336, 337
징병법 37

차베스(César Chavez) 445
챌린저 341
처칠(Winston Churchill) 216, 219,

231, 279~282, 286, 606
철강 노동자 조직화 위원회 174
청년 문화 351, 353, 381, 429, 433, 436, 439
체르노빌(Chernobyl) 594
체임버스(Whittaker Chambers) 315
체임벌린(Neville Chamberlain) 214
체커스 연설 319
추축국 216, 220, 223, 261, 280
치머만(Arthur Zimmermann) 32
치머만 전문 34
《친구를 사귀고 다른 이들에게 영향력을 미치는 방법》 123
침대차 짐꾼 노조 246
《침묵의 봄》 456
침묵하는 다수 476, 477

ㅋ

카네기(Dale Carnegie) 123
카다피(Muammar al-Qaddafi) 528
카사블랑카 229, 231, 280
카스트로(Fidel Castro) 378, 405, 445
카슨(Rachel Carson) 456
카터(Jimmy Carter) 498, 500~502, 505, 510, 513, 514, 521, 525, 543
카프라(Frank Capra) 127, 128
캐넌(George Kennan) 409
캐루악(Jack Kerouac) 352
캘리(William Calley) 465
캠프 데이비드 협정 502
커글린(Charles E. Coughlin) 167, 169, 179, 210
컨로이(Jack Conroy) 130
컬드웰(Erskin Caldwell) 124
컴퓨터 337, 338
케넌(George F. Kennan) 288, 293
케네디(Edward Kennedy) 514
케네디(John Fitzgerald Kennedy) 385, 387, 388, 391~393, 395~397, 404, 405, 407, 411, 412
케네디(Joseph P. Kennedy) 216, 385
케네디(Robert F. Kennedy) 415, 420~423, 426, 428
케네디 대통령 암살 387, 422, 428
케인스(John Maynard Keynes) 113, 149
켄트 주립 대학 465
켈로그-브리앙 조약 200
코소보 민족주의자 558
콕스(Archibald Cox) 484
콕스(James M. Cox) 61, 143
콘트라 527

콜리어(John Collier) 189, 191, 248
쿠웨이트 539, 540
쿨렌(Countee Cullen) 86
쿨리지(Calvin Coolidge) 77, 95, 97~99
큐 클럭스 클랜(Ku Klux Klan) 89
크릴(George Creel) 45
크메르 루주 470
클라크(Jim Clark) 399
클레망소(Georges Clemenceau) 50
클리포드(Clark Clifford) 415
클린턴(Bill Clinton) 448, 453, 541, 543, 549, 550, 552~554, 556~558, 560, 562, 590, 591
클린턴(Hillary Rodham Clinton) 550, 560, 608
키신저(Henry Kissinger) 463, 464, 466, 468, 472, 474, 498, 512
킹(B. B. King) 355
킹(Martin Luther King Jr.) 365, 396, 397, 399, 400, 402, 403, 422, 428

ㅌ

《타바코 로드》 124
타운센드(Francis E. Townsend) 167, 179
타운센드 계획 167
탈레반(Taliban) 601
태업법 45
태평양전쟁 281
태프트(Robert Taft) 319
태프트-하틀리법 299, 300
터키 288, 407
테네시 계곡 개발 공사(TVA) 161~163
테러리즘 527, 528, 599~601
테헤란회담 280
텔레비전 305, 319, 336, 337, 343, 346~348, 355, 356, 366, 367, 371, 381, 396, 397, 399, 401, 411, 415, 419, 420, 423, 464, 501, 510, 512
톈안먼 광장 532
토머스(Norman Thomas) 133
토목 사업청 164
《토착인 아들》 124
토착주의 88, 89
토착주의자 88
통일당 179
통킹 만 412, 465
튜링(Alan Turing) 244
트루먼(Harry S. Truman) 260, 269, 271, 274, 275, 285~288, 290, 291, 293, 298~300,

302~304, 309~312, 315, 316,
318, 321, 369, 373, 375, 376, 420
트루먼 독트린 288, 293
트루히요(Rafael Trujillo) 408
티팟 돔(Teapot Dome) 97
티푸스 335
팀 크로우 체제 422

ㅍ

파리평화회의 49, 50, 53
파리협정 468, 470
파머(James Farmer) 247
파머(Mitchel Palmer) 59
파스퇴르(Louis Pasteur) 331
파운드(Ezra Pound) 85
파워즈(Francis Gary Powers) 379
팍스(Rosa Parks) 364
판문점 311, 374
팔레비(Mohammed Reza Pahlevi) 377
팔레스타인해방기구(PLO) 527
팔로군 309, 310
팔웰(Jerry Falwell) 510
패튼(George S. Patton) 231
퍼렐(James T. Farrell) 130
퍼먼 대 조지아 사건 479
퍼싱(John J. Pershing) 37, 38

퍼킨스(Frances Perkins) 191, 192
페나이호 212
페니실린 332
페라로(Geraldine Ferraro) 453, 528
페레스트로이카 530
페로(Ross Perot) 541, 543, 550, 554
페르디난트(Franz Ferdinand) 27
페르미(Enrico Fermi) 268
페미니즘 429, 449, 451, 453, 454, 455, 510, 511, 588
페선든(Reginal Fessenden) 68
페어딜 299, 303
페일린(Sarah Palin) 609
펜타곤 문서 465
평등권 수정 조항 453
〈평원을 부숴버린 쟁기〉 134
평화 봉사단 405
평화시 선동 방지법 59
평화유지군 558
《폐적자》 130
포드(Gerald Ford) 470, 489, 490, 497, 498, 500, 512, 514, 543
포드(Henry Ford) 71
포드(John Ford) 126
포버스(Orval Faubus) 363
포스터(Vince Foster) 549
《포춘》 134

포츠담 269, 285, 286, 295
포크너(William Faulkner) 85
포타스(Abe Fortas) 478
포터(David Potter) 342
포트휴런 성명서 433
폴(Alice Paul) 84
푸에르토리코 361, 444, 614
푹스(Klaus Fuchs) 316
풀브라이트(J. William Fulbright) 415
프라하의 봄 428
프랑코(Francisco Franco) 132, 211
프랭크(Leo Frank) 89
《프랭클린 루스벨트와 뉴딜》 185
프레슬리(Elvis Presley) 353
프레이져-렘키 농장 파산법 164
프로이트(Siegmund Freud) 80
프리던(Betty Friedan) 449
플래퍼 83
플레밍(Alexander Fleming) 332
플레시 대 퍼거슨 사건 362
플로리다 논쟁 560
피그스 만 405
피노체트(Augusto Pinochet) 475
피부양 아동 지원 프로그램 177
피시(Hamilton Fish) 133
피츠제럴드(F. Scott Fitzgerald) 85
필립스(Sam Phillips) 355

ㅎ

하딩(Warren Gamaliel Harding) 46, 62, 95, 97, 98, 199
하원 반미 활동 위원회 313, 315, 317
하트(Gary Hart) 528
학생 비폭력 조정 위원회 395, 396, 402
한국전쟁 307, 311, 312, 318~321, 325, 326, 373, 380
할렘 55, 85, 86, 401
할렘 르네상스 57, 85
해리스(Katherine Harris) 561
해링(Keith Haring) 585
해링턴(Michael Harrington) 358
해이머(Fannie Lou Hamer) 399
핵폭탄 305
행동주의 81, 367
허리케인 카트리나 564, 566, 608
허스턴(Zora Neal Hurston) 86
허스트(William Randolph Hearst) 210
헌법 수정 조항 19조 61
헐(Cordell Hull) 209
험프리(Hubert Humphrey) 302, 421~423, 425
헝가리 혁명 379
헤밍웨이(Ernest Hemingway) 85

헤이우드(Big Bill Haywood) 46
헤이즈(Will Hays) 126
헨더슨(Leon Henderson) 238
현금 주고 실어가기 211, 215, 216, 218
현충일의 대학살 174
협의체주의 99
호메이니(Ayatollah Ruhollah Khomeini) 504
《호밀밭의 파수꾼》 351
호찌민(Ho Chi Minh) 375, 409, 411, 470
호찌민 통로 414
호파(Jimmy Hoffa) 330
홀리-스무트 관세법 137, 147
홀부룩(Richard Holbrooke) 552
화이트(William H. Whyte, Jr.) 350
화이트워터 사건 549, 556
환경보호청 461, 477, 521
환경주의 455~457, 459~462, 591, 593
황열병 333
황진지대 114, 115, 135
회사 노조 71
후버(Herbert Hoover) 43, 94, 99, 100, 110, 136~141, 143, 144, 146, 157, 202, 204, 205, 208, 209
후버(J. Edgar Hoover) 59, 316
후버빌 138

후세인(Saddam Hussein) 539, 603
훠버(Edna Ferber) 85
훨(Albert B. Fall) 97
휠러(Burton Wheeler) 217
휴즈(Charles Evans Hughes) 30, 182, 199
휴즈(Langston Hughes) 86
흐루쇼프(Nikita Khrushchev) 379, 405, 406
흑백 분리법 395
흑백 통합의 미시시피 자유 민주당 399
흑인 민족주의 58
홉킨스(Harry Hopkins) 163
히스(Alger Hiss) 315, 317, 319
히틀러(Adolf Hitler) 131, 132, 148, 204, 211, 212, 214, 216, 219, 231, 233, 235, 265, 280, 320
히피 437

있는 그대로의 미국사 3

1판 1쇄 발행일 2005년 3월 14일
2판 4쇄 발행일 2023년 9월 18일

지은이 앨런 브링클리
옮긴이 황혜성 조지형 이영효 손세호 김연진 김덕호

발행인 김학원
발행처 (주)휴머니스트출판그룹
출판등록 제313-2007-000007호(2007년 1월 5일)
주소 (03991) 서울시 마포구 동교로23길 76(연남동)
전화 02-335-4422 **팩스** 02-334-3427
저자·독자 서비스 humanist@humanistbooks.com
홈페이지 www.humanistbooks.com
유튜브 youtube.com/user/humanistma **포스트** post.naver.com/hmcv
페이스북 facebook.com/hmcv2001 **인스타그램** @humanist_insta

편집주간 황서현 **편집** 이재민 신영숙 박환일 김혜경 신현경 최규승 **디자인** 이준용 김태형 유주현
종이 화인페이퍼 **인쇄** 청아디앤피 **제본** 민성사

ⓒ 휴머니스트·황혜성 외, 2005

ISBN 978-89-5862-031-0 03940
ISBN 978-89-5862-032-7 (세트)

- 이 책은 저작권법에 따라 보호받는 저작물이므로 무단 전재와 무단 복제를 금합니다.
- 이 책의 전부 또는 일부를 이용하려면 반드시 저자와 (주)휴머니스트출판그룹의 동의를 받아야 합니다.